La Ceja de Montaña - un paisaje que va desapareciendo
Estudios interdisciplinarios en el noreste del Perú

La Ceja de Montaña - a Disappearing Landscape
Interdisciplinary Studies from North-eastern Peru

Inge Schjellerup

Carolina Espinoza Camus

James Rollefson

Víctor Quipuscoa Silvestre

Mikael Kamp Sørensen

Víctor Peña Huamán

Dedicado a Holger
Dedicated to Holger
* 24-09-2008

THE NATIONAL MUSEUM OF DENMARK

Ethnographic Monographs, No. 3

NATIONALMUSEET

The National Museum of Denmark

Frederiksholms Kanal 12

DK 1220 Copenhagen K

Denmark

ISBN/EAN: 978-87-7602-130-6

Keywords

Anthropology – Archaeology – Ceja de Montaña – Colonization – Ethnobotany – Geographical Informations System – Land use change – colonos – Peru – South America – Vegetation.

Photos: Inge Schjellerup, Víctor Quipuscoa, James Rollefson, Javier Hernández.

Vignettes: Marie Louise Lykke

Diseño gráfico // Typography and layout: Mikael Kamp Sørensen.

Tipo de letra // Font: Frutiger

Carátula // Cover illustration by Víctor Quipuscoa y Víctor Peña, Posic.

Printed and bounded by GRAFICART, Trujillo, Peru.

Contenido

Instituciones participantes / Participating institutions:
National Museum of Denmark
GRAS, Institute of Geography, University of Copenhagen
Universidad Nacional de Trujillo
Universidad Privada Antenor Orrego
Universidad Nacional San Agustín, Arequipa
Instituto Nacional de Cultura
Instituto Nacional de Recursos Naturales
Field Museum, Chicago
under the auspies de CONCYTEC

Participantes / Participants:

Director: Inge Schjellerup

Arqueología / Archaeology:
Víctor Peña Huamán
Rafael Rojas Ruiz
Yovana Zavaletta Cavanillas
Alfredo Pal López Acosta

Antropología/Anthropology:
Carolina Espinoza Camus
James Rollefson
Javier Hernández
Rafael Arévalo

Biología/Biology:
Víctor Quipuscoa Silvestre
Laura Elena Cáceres Martínez
Ítalo Fransisco Treviño Zevallos

Field assistants:
Romulo Ocampo Zamora

Visitor:
Inger Plum

SIG y teledetección / GIS and remote sensing:
Mikael Kamp Sørensen

Agradecimientos

Los autores agradecen sinceramente a la **Fundación V. Kann-Rasmussen**, por las becas con las que se financió el proyecto.

A las Instituciones que apoyaron el proyecto, tales como:

CONCYTEC (Consejo Nacional de Ciencia y Tecnología), por su auspicio e interés especial mostrado hacia nuestro trabajo por su Director General Dr. Javier Verástegui Lazo.

Universidad Nacional de Trujillo, al Rector Dr. Víctor Sabana Gamarra, al Vice-rrector Académico Juan Muro Morey, al Vicerrector Administrativo, Orlando Velásquez Benites, al Jefe de la Oficina de Intercambio Académico, Dr. Weyder Portocarrero Cárdenas, a la Facultad de Ciencias Sociales representado por su Decano Dr. Guillermo Gutiérrez Chacón, al profesor secretario Ms. Carlos Mozo Blas, al Jefe del Departamento de Arqueología y Antropología, Dr. Santiago Uceda Castillo al Director de Escuela de Antropología, Ms. Alfonso Lavado Ibáñez y a los profesores; Dr. Carlos Casussol Urteaga, Ms. Humberto Vega Llerena, Ms. Manuel Vidal Tassara, Ms. Christian Cueva Castillo, Ms. José Elías Minaya, Dr. Carlos Borrego Peralta, además al personal administrativo que colaboraron en la gestión del proyecto. A todos los mencionados gracias por su amistad, por su apoyo e interés mostrado durante mucho años en nuestros trabajos de investigación.

A la **Facultad de Ciencias Biológicas**, al Decano Dr. José Mostacero León, al Dr. Julio Chico Ruiz Director del Herbarium Truxillense (HUT), a los profesores de la UNT, Manuel Fernández Honores, Elmer Alvitez Izquierdo y Erick Rodríguez Rodríguez curador del Herbarium Truxillense (HUT), por su amistad y facilidades que nos han brindado para el proceso de secado de las muestras botánicas.

Universidad Privada Antenor Orrego, al Rector Guillermo Guerra Guerra, al Ms.Cs. Segundo Leiva González, Director del Museo de Historia Natural y a Mario Zapata Cruz, por su amistad, gran conocimiento y colaboración en el proceso y determinación de las muestras.

Universidad Nacional de San Agustín de Arequipa, al Rector Dr. Valdemar Medina Hoyos, al Vicerrector Académico Dr. Víctor Hugo Linares Huaco y a la Vicerrector Administrativo, Dra. Elisa Castañeda Huamán, al Dr. Howard Pinto Arana, Decano de la Facultad de Ciencias Biológicas y Agropecuarias, Dr. Alberto Morales Hurtado, Director de la Escuela Profesional y Académica de Biología, Dr. Henry Díaz Murillo Jefe de Departamento Académico de Biología y al Profesor Abraham Calla Paredes por su amistad y colaboración en el desarrollo de las actividades lectivas durante la permanencia en el campo. Así como, a los alumnos del Grupo científico DIBIOS y todos los miembros del Herbarium Areqvipense (HUSA) por su ayuda en el proceso y mantenimiento de muestras botánicas colectadas.

Agradecemos a **GRAS** del Instituto Geográfico de la Universidad de Copenhague especialmente a Mikael Kamp Sørensen y Dr. Christian Tøttrup por el análisis de imágenes de satélites.

Así mismo al Dr. Michael O. Dillon Jefe del Departamento de Botánica del **Field Museum de Chicago** por su amistad, asesoramiento científico, colaboración en la determinación de las muestras botánicas y revisión del texto botánico.

También al Ph.D. James Rollefson, experto en desarrollo sostenible del Canadá; por su amistad, participación y asesoramiento científico en el equipo de investigación antropológica, además en la revisión y traducción del texto en inglés.

Al abogado Humberto Medrano Toledano, por su amistad, interés y revisión de textos en español.

A la historiadora Lorena Susana Sigüencias Romero, por sus transcripciones de documentos y su energía en buscar nueva documentación en los archivos en Lima y su amistad.

A el alcalde de Soritor, Joel Sánchez Vallejos, por su interés en la historia, amistad y brindarnos momentos alegres, de igual manera al profesor Robinson Bocanegra Guerra de Soritor.

Al Instituto Nacional de Cultura, por otorgar la credencial y permisos para la investigación arqueológica con Resolución Directoral Nacional N° 1225/INC .

Al **INRENA** por la autorización No. 107-2008-INRENA-IFFS-DBC

Agradecemos muy sinceramente a las casas de hospedaje en

Selva Alegre: Casimiro Córdova Cruz
El Dorado: Flor Pérez Mendoza, Severo Villanueva, Uriarte.
Nueva Jerusalén: Reyes Collantes Sánchez
Ventana: José Félix Estela Ruíz
Valle Andino: Samuel Heredia Barboza y Wilson Montenegro Vislao
Salas: Juan Chauca Valqui (Teniente Municipal)
Abra Lajas: Silvio Tuesta
San Francisco: Juan Vásquez García
Posic: Roberto Garrido Rabanal, Sósimo La Torre Yopla.

Un gran reconocimiento a los profesores, médico, técnicos y pobladores de:

El Dorado: Román Córdoba, Virgilio Aguilar Tafur, Luis Infantes Flores, Yolanda Adrianzen Moreto, Médico, Miguel Siccia Rebaza, Agente ,Víctor Lobato Chatilán, Flor Pérez Mendoza, Obdulia Vargas Acuña, Grimaldo Román Córdova, Segundo Cubas, Miguel Román Córdova, Aladino Lobato Chatilan, José Cesar Lobato Chatilan, Filiberto Román Córdova, Gabriel Peña Calle, Alfredo Ramírez Huamán, Grimaldo Román Córdova, Silvio Gracia Vicente, Eladio Berrú García, Héctor Martínez Inga, Eugenio García Jiménez, Héctor Rojas Cercado, Mario Gamonal Díaz, Wilmer Vergaray Carranza, Porfirio

Elmer Serrano Cerna, Hilario Vásquez, Gilmer Sánchez Díaz, Alberto Vallejo Pardo, Luciano Bustamante Bautista, Salatiel Curinambe Lozada, Yoni Delgado Altamirano, Adamastor Delgado Gamonal, Severo Villanueva Aguilar, Santos Choquehuanca Chanta, Alberto Pérez Espinoza, Leonardo Peña Berrú, Berardo Rodríguez Vigil, Isidoro Campos Vílchez, Segundo Cubas, Aurelio Delgado, Virgilio Aguilar, Antonio Guevara, José Demetrio Estela, Dolores Vallejo Bautista, Víctor Cueva Vílchez, Elmer Cubas Delgado, Oscar Lobato, Regulo Colvaqui García, Reina Ilatoma, Olegario Grandes Villacres, Wilmer Colvaqui, Yolanda Adrianzen Moreno, Domiciano Chávez Montenegro, Oswaldo Mejía Irigoien, Marino Cueva Vílchez, Euges Delgado Altamirano, Eugenio García Jiménez, Juvencio Rojas Cercado, Celestino Alarcón Vásquez, José Lázaro, Alberto Cueva, Julio Crisóstomo Llico, Genaro Torres Hernández, Edilberto Rodríguez Enríquez, Jorge Vásquez Rojas, Marcos López López, Carlos Lenin Sánchez Chávez.

Galilea: José Félix Cueva Chillón, Cesar Castro Vargas, Avelino Herrera Hurtado, Jerson Alarcón Rimanachín, Jacobo López, José Alarcón Chamaya, Mauro Huamán Jiménez, Francisco Jonias Más, Castinaldo Aguirre Peña, Eladio Jiménez López, Segundo Olger Rueda García, Luis Castro Vargas, Juanito Alarcón Chamaya, Alcides Camisan García, Andrés Alarcón Chamaya, Víctor Alarcón Vásquez, Genaro López, Leonardo Alarcón Chamaya, Wilder Huamán Jiménez, Antonio Culqui, Domitila Chamaya Chávez, Asunción Aguilar, Inser Chamay, Pelayo Castro, Victoriano Alarcón Díaz, Porfirio Ventura Vidarte, José Carlos Chamaya, Regulo Chamaya Celis, Isauro López Flores, Juan José Castro Vargas, Cesar Castro Vargas, Rodríguez Celes, Sabina Celis Fernández.

Salas: Segundo Rojas Díaz, Rosas Hernández Becerra, Segundo Sixto Lozano Rojas, Edilbrando Muñoz Gallardo, Juan Soto Alberca, Ignacio Santa Cruz Malca, Felisardo Carrera Alejandrina, Augusto Hoyos Izquierdo, Alejandro Díaz, Osvaldo Peña Cano, Wilson Neyra Peña, Juvenal Hernández, Lorenzo Torres Pérez, Víctor Delgado Torres, Vílchez Lorenzo, Gilberto Silva Mayta, Walter Quintan Villanueva, Wilmer Malqui Guevara, Genaro Vilcavana Curihuaman, Silva Zumaeta Gilberto, Silva Meléndez Calixto, Félix Huamán Muñoz, Enrique Quiroz Jiménez, Fernando Alvarado, Luis Valle Gaspar, Nelson Catalino Cruceño Zalaceta, Edison Tafur, Joaquín Choquehuanca Abat, Pablo Domínguez López, José Domingo Padilla García, Marino Vega León, Andrés Zavaleta muñoz, Aquinor Zamora, Noé Jaramillo Guerrero, Lorenzo Aguilar Maldonado, Jaime Santa Cruz Muñoz, Fausto Santa Cruz Muñoz, Sebastián Huatangare, Juan Alfaro, Enrique Gonzales, Carlos Muñoz Peña, Juan Chauca, Brisadia Gonzales Vallejos, Vásquez Coronel, Juliana Vásquez, José Cleiber Gil Zamora, Noé Córdova Peña, Marcelo Castillo Vásquez, Alcibíades Vega León, Enrique Quiroz Jiménez, María López torrejón Wilfredo Amado Cáceres, Carmen Rosa Chachaboltialta, Gloria Bety Chicana, Adolfo Culqui, Noé Trauco Inga, Calixto Silva Martínez, Haydee Meléndez Escobedo, Melanio Carranza Mendoza, Noé Franco Inga, Geiser Ramírez Ríos, Edison Tafur Vela.

Selva Alegre: Julio Arista Novoa, Jackson Quispe Pastor, Eleodoro Farro Díaz, Rosendo Morí Centurión, Walter Caro, Blanca Portocarrero, Víctor Caro, Melitón Flores, Jeiner Perales Pardo, Antonio Colvaqui, Casimiro Córdova, Santos Herrera Altamirano, Wilson Quispe, Ramos Castro, Estanislao, Carlos Pastor Farro, José Quispe Córdova, Luis Flores Vásquez, Enrique Córdova Fernández, Jesús Pereda Novoa, Andrés Gonzales Muñoz, Jaime Peña Zamora, Estanislao Ramos, Julio Arista Novoa, Segundo Izquierdo Fernández.

Omia: Sebastián López Mesías

La Punta (Abra Lajas): Silvio Tuesta, Erika Aroni.

Posic: Roberto Garrido Rabanal, Rómulo Maldonado Montoya

San Francisco: Juan Vásquez García, Judit Vásquez, José Damaso Vásquez Núñez

Nuevo Mendoza: Fernando Urrutia Zamora, Eudocio Acosta, Demetrio Pérez Cusco, Miguel Díaz Pérez, Arecio Pérez Díaz, Edilberto Delgado, Magno Gómez López, José Fernández, José Portocarrero

Hoyos, Amabiles Portocarrero Hoyos, Adolfo Rojas, Georgiano Peña, Juan Chuquiano, Juan Pérez Yoplac, Claudio Villa Novoa, Wilder Yoplac Quintana, Teodoro Pérez Yoplac, José Santos Portocarrero Fernández, Ernesto Pérez Yoplac, Juan Pérez Yoplac, Teodoro Pérez Yoplac, Florentino Pérez Cercado, Adolfo Pérez, Eusebio Gil, Acosta Grandez, Nylser Culqui Valle, Pedro Portocarrero Hoyos, Rocel Chávez, Zaira Pizarro Reyna, María Luzmila Portocarrero Hoyos.

Pampa Hermosa: Carlos Vin Dávila, Manuel Vin Dávila, Jaime Padilla Silva, Francisco Vin Bardales, José Vin Dávila, Gilberto Padilla Silva

Paitoja: Ester Chatilan Cieza, Idelfonso Huamán Sánchez, Víctor Vaca Chatilan, Arsenio Díaz Olano, Gonzales Chávez, Walter Palomino, Santos Zavaleta León, Gilberto Carhuajulca Vallejos, Ermójenes Huamán Fernández, José Melecio Chanta Neyra, Humberto Lozada Vázquez, Luciano Jibaja Grandes, Reynaldo Lozada Vázquez, Rogelio Rojas, Sacarías Facundo Puelles, Segundo Néstor Baca Chatilan, Luciano Jibaja Quinta, Humberto Lozada Vásquez.

Nuevo progreso: Alberto Alvarado, Hipólito Jiménez, Héctor Beche Flores, Hipólito Jiménez, Narciso Carrasco Flores, Gerardo Chingel Elera, Arquímedes Chingel.

Alto Perú: Eliseo Caucha Huamán, Santos Alvarado García, Arcadio Ojeda, Lorenzo Córdova Ruiz, Juan Jaramillo Chuquimarca, Melanio Alvarado García, Manuel Geranio Heredia, Bernardino Velasco Llapango, Eliodoro Heredia Calderón, Sebastián Fabre Abad, Hernán Peña Córdova, Dolores Fernández Delgado, Florentino Castillo Huamán, Inocencio Vargas Palomino, José Antonio Vergara Sánchez, Víctor Ruesta, Elí Calderón Flores, Alfredo Luciano, Teodolfo Neyra Jaramillo, Rogelio Lavan Tello, Luis Castillo Cruz, Elí Carhuapongo, Eduardo Flores Bermeo, Leandro Aguilar, José Chinchay Neira, Juana Espinoza Roque, Juana Culqui Silva, Rogelio Lavan Tello, Felipe Guerrero Naya.

Nuevo Horizonte: Santiago Cabrera Quispe, Celis Ramírez, Johnny Villegas, Segundo Olivera, Eladio Cruz, Toribio Ojeda, Miguel Olivera, Maradona Núñez, Luis López, José Herrera, Samuel Olivera, Manuel Olivera, Segundo Fernández, Wilfredo Huamán, Santos Núñez, José Hernández Rojas, Lázaro Díaz Llatas, Américo Toro Cabrera, Abel Guevara Fernández, Agripina Núñez Quiroz, Enrique Díaz Izquierdo, Luciano Izquierdo Valderrama,

Ventana: José Félix Estela Ruíz

Nueva Jerusalén: Reyes Collantes Sánchez, Salatiel Villoslada.

Valle Andino: Wilson Montenegro Vislao, Esmeralda Díaz Gómez, Zenón González Martínez, Aurora Siesa Coronel, Dagoberto Díaz Muñoz, Ignasia Gómez Vargas, Marcelino Heredia Vásquez, Salomón Heredia Gaviria

Alto Amazonas: Jesús Torres Dávila

Y a nuestros asistentes: Romel Tafur Portocarrero, Alexander Rodríguez Riva, Edwin Jiménez Guerrero, Ronald Pilco Mas (cocinero), Nueva Jerusalén: Himer Villoslada Saucedo.

Y a **GRAFICART,** por el trabajo editorial, a los hermanos Vega Ocaña, por su amistad profunda durante muchos años.

Un reconocimiento muy profundo al profesor Rómulo Ocampo Zamora, de Chuquibamba, por su apoyo sin límites como asistente, en asuntos de logística y por ser el amigo entrañable durante muchos años de investigaciones desde 1974.

La directora del proyecto agradece especialmente a su grupo científico, que durante muchos años ha resistido el trabajo en el campo y a otros participantes en la temporada lluviosa en 2008:

Victor Peña Huamán, Carolina Espinoza Camus, Víctor Quipuscoa Silvestre, Mikael Kamp Sørensen, James Rollefson, Rómulo Ocampo Zamora e Inger Plum, Kristoffer Enggaard y Marie Louise Lykke, los arqueólogos Rafael Rojas Ruiz, Yovana Zavaleta Cabanillas, Alfredo Paul Lopez Acosta, los estudiantes de antropología Javier Hernández y Rafael Arévalo, los botánicos Laura Elena Cáceres Martínez e Italo Francisco Treviño Zevallos y en 2009 a Jonas Sigurdsson, Jens W. Johannsen, Lars Jørgensen, Mikael Nørgaard Jørgensen y Anna Guengerich.

Prólogo

Hace algunos años durante mis investigaciones en la Biblioteca Nacional, con sede en Lima, entré en un restaurante diferente a los que iba cotidianamente para almorzar. Y en vista de que sólo quedaba una mesa libre, me acomodé allí, pues las demás estaban ocupadas por hombres de negocios y funcionarios del gobierno. De pronto una mujer entró y se sentó a mi lado, naturalmente allí empezamos a conversar y resultó que ella trabajaba como secretaria en el Congreso de la República y había nacido en la provincia de Rodríguez de Mendoza. Dentro de la charla me informó que su anciano padre el Dr. Pedro A. Santillán Grandez, sería capaz de contarme algunas de las tradiciones de su lugar de origen. Y lo mejor es que fui invitada a su casa para reunirme con él, lo que acepte con agrado, allí él me contó sobre un sitio llamado Pósic, donde había una salina importante y una mina de oro, información que despertó mi curiosidad, ya que estos dos recursos naturales, siempre han cumplido un rol de gran importancia para las culturas prehispánicas. Y fue allí donde decidí visitar este lugar en un futuro para realizar un trabajo de campo.

Durante el 2008 se realizaron dos trabajos de campo dentro del proyecto *"La Ceja de Montaña va desapareciendo"*. Título que lamentablemente se vuelve más y más evidente, con la migración de personas desde el lado occidental del río Marañón que parece no tener fin, entonces nuevos caseríos y pueblos se fundan casi todos los meses, muchos de los cuales, todavía no se encuentran en los mapas oficiales.

Decidimos iniciar el trabajo de campo en el mes de mayo entrando hacia el área de investigación de la parte de la Ceja de Montaña, al sur de la capital del distrito de Soritor, caserío de Selva Alegre. Sin embargo, la decisión de utilizar Selva Alegre como una estación base para los tres equipos de antropología, arqueología y botánica tuvo que ser abandonada, porque el lugar de vivienda no nos brindaba seguridad, pues nos albergaba una casa de madera, con el techo abierto, adornada de grandes arañas de color verde, las cuales parecían acecharnos constantemente . Entonces los equipos de arqueólogos y botánicos decidieron salir hacia las nacientes del Río Negro y entrar desde el lado norte hacia el interior. En cambio el equipo de antropólogos salió de Selva Alegre para ir hacia El Dorado. Finalmente ambos equipos regresaron a través de Soritor y Moyobamba.

La segunda oportunidad que regresamos al campo para trabajar, se llevó a cabo en los meses de septiembre y octubre, esta vez entramos hacia el interior de las montañas desde el distrito de Omia, Abre Lajas (La Punta), luego seguimos hacia el noreste por Nuevo Mendoza, Alto Perú, saliendo finalmente vía Soritor y Moyobamba (Fig 1-2).

Ambas expediciones se realizaron a pie, apoyados con mulas para llevar el equipaje personal y demás equipos.

Siempre que estamos en un bosque de nubes, resulta lógico esperar fuertes lluvias y humedad permanente, sin embargo durante la última temporada del trabajo de campo, las dificultades fueron muy grandes, lluvias intensas y permanentes que destruyeron los caminos, de tal modo que fue casi imposible transitarlos, pues estaban llenos de pantanos, lodo y derrumbes, por lo que la sobrevivencia de todo el equipo se convirtió en un reto muy importante para nosotros. Al final todos estuvimos de acuerdo que este trabajo de campo había sido el más difícil y peligroso, de todos los desarrollados durante estos años, que hemos hecho investigaciones en la ceja de montaña. Sin embargo los resultados científicos fueron muy satisfactorios, lo que compensó con creces este notable esfuerzo colectivo.

Inge Schjellerup, Copenhague 2009

Introducción

La Ceja de Montaña en el noreste de los Andes de Perú, actualmente está siendo invadida por colonos de la sierra, quienes con sus actividades cotidianas destruyen los paisajes culturales y biológicos. Los colonos emigran de su hábitat original, avanzan hacia el este con su ganado, desarrollando siembras y extracción de madera, actividades con las que alteran los paisajes. Este tema es el que hemos tratado de investigar, describir y analizar durante los últimos años (Schjellerup et al. 2003, 2005) y con este último libro, completamos una serie de tres tomos, con los que terminamos de cubrir una extensa área de más de 3000 kilómetros cuadrados, cuyo foco ha sido en las provincias de Chachapoyas y Rodríguez de Mendoza, de la Región Amazonas y la provincia del Huallaga de la Región de San Martín.

El proyecto ilustrará los procesos de la aculturación en el paisaje cultural en las laderas del este de los Andes, analizará la cultura y ecología entre la Amazonía y los Andes, así como el choque de culturas. La adaptación cultural ha sido posible mediante el desarrollo de varias estrategias, para las diferente zonas ecológicas en los Andes, en donde cada cultura generó opciones específicas referentes a los asentamientos y a la utilización de los recursos.

El proyecto dará nuevas perspectivas y conocimiento sobre:

- La utilización humana de largo plazo en un análisis diacrónico para entender el actual desarrollo en este hábitat
- Las fronteras de la extensión de las culturas anteriores
- Las estrategias culturales como respuesta a factores ambientales y culturales para entender la actual migración en la región
- El tipo de la vegetación del área, con colecciones botánicas y análisis de la información botánica en una perspectiva histórica
- La dimensión de deforestación y otros cambios importantes en el uso de la tierra y el paisaje entre 1960 – 2008 documentados por medio de imágenes de satélites y de los sistemas de información geográficos (GIS).
- Los elementos culturales adoptivos y no adoptivos en la descripción de los procesos de aculturación en patrones asentamientos, cultivos y cultura material en el choque cultural entre la gente indígena y la invasión europea en una perspectiva de largo plazo.
- Y finalmente quiere ayudar a promover el desarrollo local de la comunidad y la identidad cultural.

Las laderas del este de los Andes peruanos, llamadas *"la ceja de la montaña"*, *"la ceja de la selva"* o el bosque nublado, son reconocidas por la importancia global para la diversidad biológica, la cual es mucho mayor que en la selva baja y que anteriormente solamente era considerada por su interés biológico (Young & León, 1997,1998). Ahora se reconoce que la diversidad biológica es mayor debido a la influencia humana.

Los rastros culturales en el paisaje de tres períodos: la cultura Chachapoya < 1470, la cultura Inca 1470 – 1532 y la invasión Española > 1532 han afectado y han modificado el paisaje cultural y biológico considerablemente (tales como asentamientos, caminos, sistemas agrícolas y reliquias de plantas).

La región presenta una de las pocas rutas de paso entre los Andes y la Amazonía. Allí habiendo contacto en siglos, ha sido escenario de los choques culturales entre las diversas culturas: El prehispánico, el periodo colonial y los grupos indígenas darán nuevos conocimiento y perspectivas interesantes sobre los patrones de los asentamientos y de la utilización en el paisaje y en los procesos de la aculturación.

La mayoría de esta área, está bajo presión severa de los colonos contemporáneos que están invadiendo y talando grandes espacios de los bosques. Esta es la razón por la cual desarrollamos nuestra investigación de manera urgente, que dará luces sobre sobre el conocimiento del pasado arqueológico, la diversidad botánica y el fondo antropológico, ya que con la presión antrópica que soportan estas áreas, el conocimiento e información están desapareciendo rápidamente sin ninguna posibilidad de poder recuperarlos posteriormente.

El libro

El primer capítulo, ofrece una introducción general al área de la investigación desde el punto de vista de la geografía, geología, topografía, clima, vegetación, población y utilización del suelo.

El segundo capítulo, se dedica a los resultados de las investigaciones arqueológicas, donde veinte nueve sitios son reportados y descritos desde la época del Intermedio Tardío (c. 1000 – 1470 AD) y del Horizonte Tardío (1470 – 1532 AD). Muchos de los sitios fueron encontrados disturbados, especialmente los relacionados a la ocupación de los orimona, chachapoya e inca.

El tercer capítulo cuenta la historia de la colonización durante el período colonial español hasta la actualidad y revelan a esta región como una zona de transición entre la sierra, a través de la *Ceja de Montaña*, hacía la selva. Muchas fueron las expediciones y misiones en los siglos 16 y 17 hacia estos territorios. La situación de la población local y los primeros españoles afincados en el área, es uno de los muchos ejemplos del abuso hacia la población indígena. La información se basa en trabajos publicados, documentos inéditos e informes de viajes del decimosexto hasta el siglo veinte.

La vida contemporánea de los *colonos* en este ámbito es descrito y analizado en el capítulo cuarto. La investigación antropológica revela los problemas en las condiciones de vida en lugares de difícil acceso, la falta de infraestructura y las dificultades de venta en el mercado. La vida diaria con las actividades agrícolas, centrándose en los cultivos, especialmente la producción de café y la cría de ganado.

Los análisis de las condiciones socio-económicas muestran la gran diferencia en el uso de la tierra, tenencia de la tierra y la propiedad de ganado incluso en pequeñas comunidades agrícolas.

El quinto capítulo, se ocupa de la diversidad biológica, en la vegetación natural y el uso de los recursos naturales con énfasis en la etnobotánica. El análisis de la vegetación del bosque maduro y secundario da el conocimiento sobre la gran variedad en los tres estratos del bosque: el estrato arbóreo, el estrato arbustivo y el estrato herbáceo. Los estudios botánicos ayudan para entender mejor estos bosques y su fragilidad ante la acción del hombre y que urge conocerlos para planificar su utilización y protección, debido a que la gente utiliza muchas especies silvestres y semi-silvestres para satisfacer sus principales necesidades.

El sexto capítulo, trata de los cambios en el uso de la tierra y de los grados de deforestación a base de análisis de imágenes de satélites y datos adicionales recogidos en el campo. Las imágenes de satélites se han convertido en mapas temáticos de la utilización de la tierra y el desarrollo de estas clases se analiza en el período de 1987 a 2001. Se ofrece un cálculo de los grados de deforestación para las distintas áreas, analizando la influencia del terreno y de la infraestructura.

Finalmente en el último capitulo, recoge los datos de los módulos de arqueología, antropología, botánica y geografía los cuales son evaluados y analizados para llegar a la conclusión del estudio.

Capítulo 1

Introducción al área de investigación

Geografía

El área de estudio está ubicada en el norte del Perú, aproximadamente a los 6°18′ S, 77° 11′ W entre los departamentos de Amazonas y San Martín (Fig. 1-1). Formando parte de la zona húmeda de bosque montañoso del Perú que se extiende en dirección norte-sur en las cuestas orientales de los Andes. Según Young & León (1999), esta zona representa algo del último yermo forestal en América del Sur y el área se considera de importancia global para la diversidad biológica (Young, 1992; Young & Valencia, 1992; Young, 1995; Kessler, 1999; Young & León, 1999). Sin embargo, la migración humana a la zona de bosque montano ha aumentando en los años recientes, ejerciendo cada vez más presión en los recursos naturales (Borgtoft et al. 1998; Schjellerup et al. 1999, Young & León, 1999; Schjellerup & Sørensen, 2001, Schjellerup et al. 2003, 2005).

El área de investigación en la campaña del campo cubre aproximadamente 800 km², desde Rodríguez de Mendoza en el oeste, hasta Selva Alegre en el norte y Soritor al este (Fig. 1-2). El limite del área sólo está basado en el proyecto de investigación y no corresponde al dominio politico administrativo. En el área se encuentran pueblos y en la zona rural la población vive dispersa en casas individuales.

No existen connexiones de carreteras en la zona. El acceso principal es por el camino de herradura de La Punta (acesible desde Rodríguez de Mendoza). Una red de caminos conecta los pueblos de Posic, San Fransisco y hasta Alto Perú, donde hay carreterra

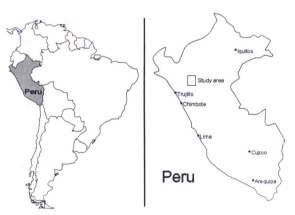

Fig. 1-1. Mapa de América del Sur y del Perú. El rectángulo muestra la localización del área de investigación. // Map of South America and Peru illustrating the location of the study area.

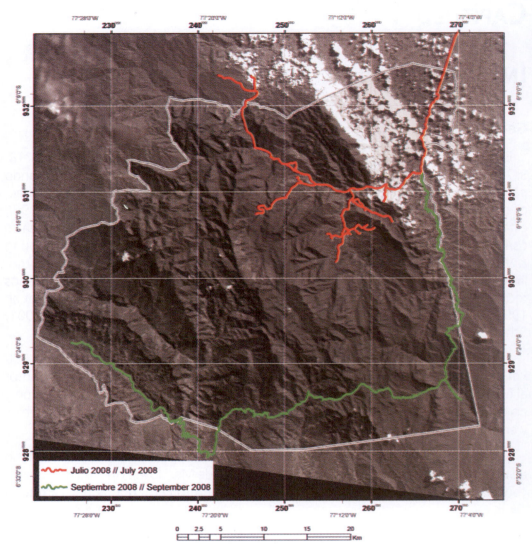

Fig. 1-2. Mapa del área de investigación con las rutas de viaje. // Map of the investigation area with the travel routes.

hacia Soritor y Moyobamba. Desde Soritor otra carreterra da acceso al noreste de la zona a los pueblos de San Marcos y Selva Alegre continuando por un camino de herradura a los pueblos de El Dorado, Galilea y Salas (Fig. 1-3).

Topografía

El bosque húmedo montano al este del norte del Perú está caracterizado por escarpadas gradientes de elevación y valles profundamente escindidos que bajan de la

Cordillera Oriental hacia las tierras bajas de la Amazonía. Los valles principalmente tienen la forma de V, indicando que procesos fluviales son los principales agentes geomorfológicos.

Young (1992) ha propuesto una división de las cordilleras en la vertiente oriental, en dos mayores subdivisiones y seis menores subregiones, relativa a la fisiografía basada en la geología y la topografía de hoy. La provincia fisiográfica de Chachapoyas se extiende a lo largo de una serie de montañas al lado nor-oeste y tiene elevaciones de 800 m s.n.m., al fondo de los valles, hasta los 3400 m.s.n.m. en las crestas, especialmente al lado del oeste frente a la cordillera.

Clima

Toda la zona del bosque montano oriental del Perú está caracterizada por una carencia de datos sistemáticos de clima (Young, 1992; Young & León, 1999). Mapas generalizados de clima indican una gama de temperaturas promedio de 15-22°. Los niveles de precipitación son aproximadamente 2500-3000 mm (Young & León, 1999), aunque según Johnson (1976) la precipitación excede 7000 mm en ciertos lugares. Hay una variación estacional en los niveles de precipitación, con una estación de lluvias que van de setiembre hasta abril y un período más seco que va de mayo hasta agosto. Muchos valles tienen microclimas, como el Valle de Posic con temperaturas bajas y alta humedad.

En el futuro cambios de clima efectarán el área de estudio. Por ejemplo por cambios en la formación de nubes a través del calentamiento global podría resultar en la pérdida de humedad vital de los bosques y una subsiguiente pérdida de biodiversidad.

Vegetación

Aunque la parte dominante del área está cubierta por bosque maduro de hoja perenne, las pronunciadas gradientes altitudinales producen una variedad de tipos transitorios de vegetación. La zona de bosque montano del Perú se caracteriza por altos niveles de biodiversidad, debido a la transición entre especies alpestres en la jalca o el páramo (áreas de montaña alta) y la composición tropical de las especies que se encuentran en la tierra baja de Amazonía (Gentry, 1992, Young & León, 1999).

El bosque tropical montano se encuentra en todas las elevaciones del área; sin embargo, en la mayoría de las crestas sobre 1800 m.s.n.m. son dominantes las especies de bambú y helechos. Como resultado del uso humano de la tierra en los valles, muchas áreas contiguas a los ríos o las quebradas han sido rozadas y son usadas dentro de un patrón de agricultura rotatoria de subsistencia. El paisaje vegetacional es así un mosaico de unidades pequeñas de bosques secundarios de varias edades, huertas y chacras de cultivos, pastos y áreas recién rozadas.

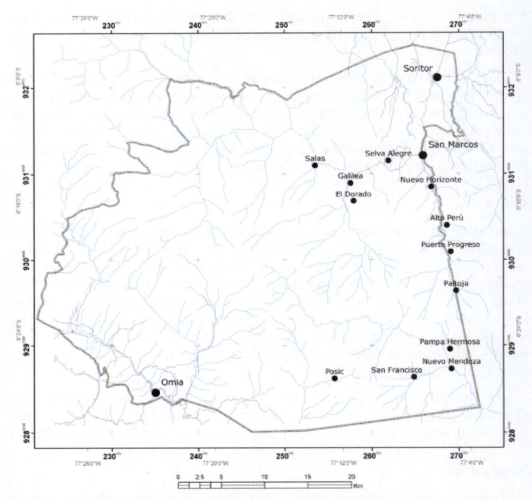

Fig. 1-3. Mapa de los caseríos del área de estudio. // Map of villages in the study area.

Población y uso de la tierra

Nuestro trabajo en el campo ha documentado una amplia existencia de ruinas y andenes de las tribus y de las culturas chachapoya e inca, confirmando la presencia de actividad humana en el área por varios siglos (Schjellerup et al., 1999; Schjellerup and Sørensen, 2001; Schjellerup et al., 2003, 2005).

En los siglos 16 y 17, de la época colonial, esta región era una zona de transición entre la sierra y la selva, donde pasaron varias expediciones de españoles y missioneros. Ellos necesitaban diversas provisiones, animales, comida e indios de los diferentes pueblos. Todo esto alteró el paisaje.

Después el área fue abandonada por siglos, al igual que el caso de muchos lugares en la parte del noreste de Perú. En años recientes se ha visto un aumento profundo en la migración de las montañas andinas hacia la zona del bosque montano (Young & León, 1999, Schjellerup et al. 1999, 2003, 2005).

La colonización de los valles ocurrió a partir de los años 1960s y todavía continua una creciente migración que se mueve desde la sierra. Toda la tierra ha sido obtenida ilegalmente, distribuida por herencia, por repartición comunal o por compra, actualmente todavía queda tierra libre. Tambien las actividades e inversiones de empresas mineras y madereras están aumentando y esta es una tendencia alarmante porque la presencia de estas industrias usualmente generan contaminación y deforestación.

En algunas zonas la agricultura de subsistencia es extensa pero cada vez está siendo reemplazada por la introducción de cultivos comerciales (sobre todo café) y por la crianza de ganado para mejorar la situación económica; complementándose con los cultivos tradicionales: yuca, plátano, maíz y caña de azúcar. La población usa frecuentemente la madera de los bosques para construcción, leña, artículos de la casa y plantas medicinales.

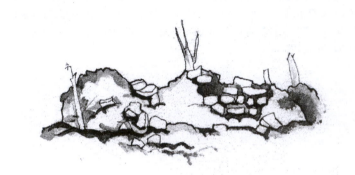

Capítulo 2

La Prehistoria

El equipo de arqueólogos ha localizado varios tipos de instalaciones Pre-Hispánicas y áreas agrícolas, lo que da una visión más clara de la utilización de las áreas donde hemos investigado, lo cual se podría comparar con los resultados de nuestras investigaciones realizadas los últimos veinticinco años, en la parte vecina de la sierra y de la ceja de selva de Chachapoyas (Schjellerup 1985, 1992,1997, Schjellerup et al. 2003, 2005).

Durante el trabajo de campo fueron localizados veintinueve nuevos sitios, pero la mayoría de los sitios encontrados, están de una u otra forma muy destruidos debido a la densa vegetación que cubre a muchos de ellos, y a otro factor causante de su destrucción que es la tala de la vegetación que hacen los colonos para conseguir más tierras para cultivar pastos, café, maíz, etc. Los colonos no tienen ningún tipo de interés en preservar sus restos arqueológicos, ellos ven a las piedras de los muros como un obstáculo para cultivar la tierra.

Los sitios arqueológicos están situados cerca de grandes quebradas, con ríos turbulentos al fondo y en las partes planas de las cimas de los cerros, con grandes terrazas y construcciones desde el Horizonte Medio (800-1000 AD), Intermedio Tardío (1000-1400 AD) hasta el Horizonte Tardío (1400 – 1532 AD). Los restos arqueológicos muestran un número diverso de tipos como: segmentos de caminos que conformaron la red vial y que se encuentran asociados a instalaciones como tampus de los incas, viviendas de formas circulares y rectangulares, un centro administrativo y sistemas de agricultura, que lamentablemente no se observó detalladamente por la densa vegetación que los cubre (Fig. 2-1).

La Ventana A

El sitio La Ventana A está situado hacia el suroeste del poblado de La Ventana, a 9322182 N y 246253 E y a una altitud de 1746 m.s.n.m. c. 350 x 30 m.

La destrucción que ha sufrido el sitio ha causado que se pierdan varias estructuras, quedando solo una de ella que tiene forma circular; esta fue construida a base de piedras unidas con argamasa de barro, tiene un diámetro de 7.30 m, el ancho del muro 0.60 m y una altura de 0.40 m.

Probablemente pertenecen a la cultura de los chachapoya.

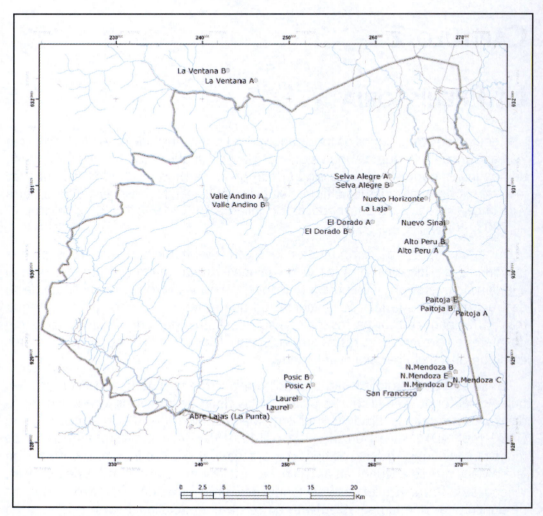

Fig. 2-1. Mapa de sitios arqueológicos. // Map of archaeological sites.

La Ventana B

Ventana B se ubica también hacia el suroeste del poblado de La Ventana a 9323300 N y 242950 E y a una altitud de 2300 m.s.n.m., c. 500 x 50 m.

La tala del bosque ha cubierto las estructuras en este sitio, de las cuales solo se observan algunos muros caídos; pero dos estructuras tienen forma circular de un diámetro de 6 m hecho de piedra, con una altura de 1.40 m y un ancho de 0.50 m.

Probablemente pertenecen a la cultura de los chachapoya.

Valle Andino A (antes Valle Encantado)

Valle Andino A se ubica a una hora a pie del poblado de Valle Andino en dirección oeste, a 9308400 N y 247300 E y a una altitud de 1900 m.s.n.m., c. 500 x 300 m.

El sitio tiene dos estructuras circulares de 5 m de diámetro cada una, con muros que fueron hechos a base de piedras, de un ancho de 0.50 m y una altura de 0.40 m. También se observan muros dispersos de doble paramento de 0.50 m, de ancho por 0.30 m de alto y de variada longitud, que van en diferentes direcciones a manera de delimitar ciertas áreas.

Terrazas agrícolas construidas con piedras de diferentes tamaños a una altura que varía entre 0.40 m a 0.80 m, a manera de pirka. Así mismo, existen algunas pequeñas elevaciones a manera de plataformas o terrazas en diferentes partes de este sitio, la espesa vegetación hace difícil determinar su función (Fig. 2-2).

Probablemente pertenecen a la cultura de los chachapoya.

Valle Andino B /Tampu Quijos Llacta

Tampu Quijos Llacta se ubica hacia el sureste del sitio Valle Andino A, en la unión de dos valles que bajan en dirección norte; a 9307800 N y 247500 E y a una altitud de 1890 m.s.n.m., c. 200 x 150 m.

Conformado por trece estructuras, ocho rectangulares y cinco circulares, con muros hechos a base de piedras. La mayor parte de estas estructuras están construidas en una terraza natural y dos de ellas en una terraza más baja en el extremo norte, que está construida a base de un muro de contención de 1.50 m de altura. Las piedras de este muro son grandes y están colocadas a manera de pirka (Fig. 2-3).

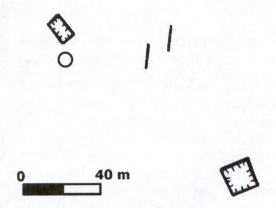

Fig. 2-2. Plano de Valle Andino A. // Plan of Valle Andino A.

Las estructuras rectangulares están dispuestas alrededor de un espacio como patio, las cuales tienen las siguientes dimensiones 20.00 x 8.0, 21.00 x 6.50, 11.30 x 5.00, 12.50 x 6.50, 8.60 x 5.50, 21.00 x 6.40, 16.50 x 6.30 y 11.70 x 6.40 m, sus muros tienen un ancho de 0.50 m y conservan una altura entre 0.40 a 0.80 m. Dos de estas estructuras las más grandes presentan 3 divisiones en su interior.

Las estructuras circulares tienen los siguientes diámetros 13.30, 7.30, 6.00, 6.50 y 11.50 m, con muros de 0.60 m de ancho y una altura entre los 0.20 m a los 0.50 m. Están distribuidas cuatro de ellas al sur del sitio y una en el extremo norte. Una de las estructuras circulares que se encuentra entre dos estructuras rectangulares tiene en su interior un batán en su lado noreste (Figs. 2-4, 2-5).

Las evidencias muestran que se trata de un típico sitio inca como un tampu o sitio administrativo pequeño.

El Dorado A

El Dorado A esta a los 9305650 N y 259700 E, y a una altitud de 1599 m.s.n.m., c. 400 x 40 m.

El sitio está constituido por quince estructuras de forma circular, con diámetros de 4.30, 4.00, 5.30, 4.20, 4.30, 5.30, 5.30, 4.20, 5.50, 3.00, 4.20, 3, 3.30, 4.80 y 6.20 m, sus muros tienen un ancho de 0.30 m los mas angostos y de 0.60 m los más anchos, la altura está entre los 0.20 a 0.70 m. Se distribuyen a través de cinco plataformas en forma ascendente de suroeste a noreste, tres de estas plataformas presentan muros de contención hechos de piedra de 2 m de altura.

En la primera plataforma se ubican cuatro estructuras circulares, en la segunda una estructura, en la tercera plataforma, tres estructuras, en la cuarta, tres estructuras

Fig. 2-3. Parte de muro // Part of surrounding wall. Foto I. Schjellerup.

Fig. 2-4. Batán // grinding stone. Foto I. Schjellerup.

27

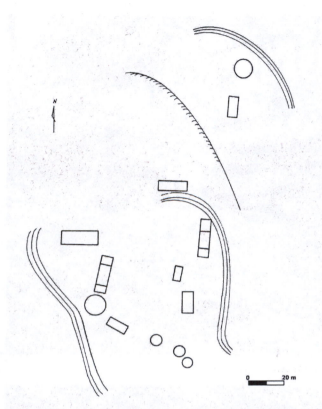

Fig. 2-5. Plano de Valle Andino B. // Plan of Valle Andino B.

y una piedra con petroglifos (Fig. 2-6) y en la quinta y última plataforma cuatro estructuras circulares.

Un muro de 7 m de largo por 0.50 m de ancho por 0.45 m de alto se ubica en la cuarta plataforma. En la quinta plataforma se ubica un muro de 15 m de largo por 0.50 m de ancho por 0.45 m de alto. El ingreso al sitio al parecer ha sido por el primer nivel donde existe un muro en el extremo norte de aproximadamente 25 m de largo por 0.60 m de ancho con una altura de 1 m (Fig. 2-7).

Pertenece a la cultura de los chachapoya.

El Dorado B

El sitio se encuentra hacia el lado suroeste del poblado de El Dorado, a 9304,600 N y 257100 E y a una altitud de 1318 m.s.n.m., c. 270 x 90 m.

Está conformado por nueve estructuras de piedras, ocho de ellas circulares y una rectangular; así mismo por dos muros de doble paramento.

La distribución de las estructuras sigue una orientación suroeste noreste. Las estruc-

Fig. 2-6. Piedra arenisca con petroglifos en forma de escudillas. // Sandstone with cup-shaped petroglyphs. Foto I. Schjellerup.

turas circulares miden 5.00, 5.30, 4.50, 5.00, 4.80, 4.90, 5.00 y 4.90 m de diámetro; seis de ellas se encuentran agrupadas una a continuación de la otra, mientras dos están dispersas a cierta distancia una de la otra.

La estructura rectangular mide 57 m x 4 m y corre paralela al grupo de estructuras circulares, presenta en su interior tres compartimientos de diferentes dimensiones y abierto hacia el lado noroeste de la misma, por donde se ingresaba a ésta.

Dos muros de doble paramento se ubican hacia el noroeste del sitio, tienen un largo promedio de 22 m en dirección suroeste-noreste y un ancho de 0.60 m por una altura de 0.50 m (Fig. 2-8).

Probablemente pertenecen a la cultura de los chachapoya.

Selva Alegre A

Este sitio está en el poblado de Selva Alegre sobre una alargada planicie, a 9311100 N y a 261700 E y a una altitud de 1150 m.s.n.m., c.180 x 40 m (Fig. 2-9).

Selva Alegre A, es un conjunto de siete estructuras de forma rectangular que siguen una orientación oeste – este. Los muros que lo conforman tienen un ancho de 0.50 m y conservan una altura de 0.30 m, fueron construídos a base de piedras

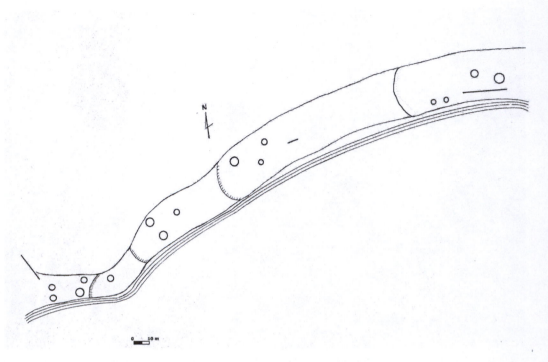

Fig. 2-7. Plano de El Dorado A. // Plan of El Dorado A

unidas con argamasa de barro.

Las estructuras rectangulares tienen diferentes dimensiones las cuales son: 4.00 x 35.00, 15.00 x 2.50, 19.00 x 5.00, 40.00 x 3.00, 11.50 x 3.30, 19.50 x 5.00 y 16.00 x 3.00 m (Fig. 2-10).

En dirección noroeste a 380 m de este sitio se observa restos de un gran camino de 3 m de ancho con muros de contención de 1 m de ancho y una longitud de 20 m un tramo y de 30 m el otro tramo. Este camino también se ve en la entrada del sitio (Fig. 2-11).

Las características constructivas del sitio indican que se trata de un tampu de la cultura Inca y que el camino forma parte de una red de caminos que existió por estos lugares.

Selva Alegre B

Aproximadamente a 40 minutos a pie del poblado de Selva Alegre en dirección sur se encuentra este sitio, dentro de unas chacras de café, a 9310100 N y 261850 E y a una altitud de 1260 m.s.n.m., c. 600 x 150 m.

El sitio tiene una estructura rectangular de 20.70 m x 3.40 m con una división

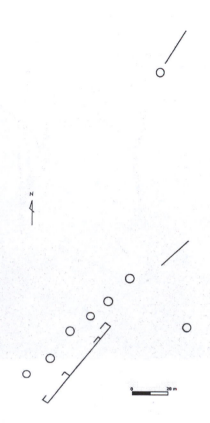

Fig. 2-8. Plano de El Dorado B. // Plan of El Dorado B.

interior en la parte central, que divide a esta en dos compartimientos. En el compartimiento del lado este se encontró un batán en la esquina sur oeste. La estructura, una carpa wasi, tiene tres lados y es completamente abierta hacia el norte. Los muros que conforman esta estructura tienen un ancho de 0.80 m y conservan una altura de 0.40 m (Fig. 2-12).

Siguiendo la pendiente en dirección norte se aprecian terrazas de 20 y 30 m de longitud construidas en forma opuesta a la pendiente de este sitio, con muros bajos de una altura promedio de 0.40 m.

Probablemente pertenece a la cultura inca.

La Laja

La Laja esta ubicado en la margen izquierda de la quebrada La Laja a 9307300 N y 261650 E y a una altitud de 1755 m.s.n.m., c. 415 x 30 m.

El sitio queda arriba de Selva Alegre B, se emplaza en un área ascendente de norte

Fig. 2-9. Vista de Selva Alegre. // View of Selva Alegre. Foto Víctor Peña Huamán.

Fig. 2-10. Tomando medidas del tampu Selva Alegre A. // Measuring the tampu Selva Alegre A. Foto I. Schjellerup.

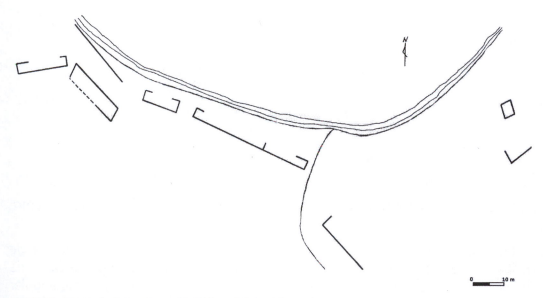

Fig. 2-11. *Plano de Selva Alegre A.* // *Plan of Selva Alegre A.*

a sur en un ápice de un gran cerro llamado cerro Alto, está conformado por seis estructuras (4 circulares y 2 rectangulares), distribuidas en siete plataformas naturales que fueron formadas por cinco desniveles.

Estos desniveles alcanzan diferentes alturas (el primer desnivel tiene 2 m, el segundo desnivel 20 m, el tercer desnivel 11 m, el cuarto desnivel 6 m, el quinto desnivel 24 m y el sexto 4 m).

En estas plataformas se han construido las estructuras y se ha podido encontrar algunos batanes.

En la plataforma uno se encontró dos batanes, uno de ellos de forma ovalada, un segundo batán de forma cuadrada con una pequeña canaleta en tres de sus lados (Fig. 2-13). Esta plataforma actualmente ha sido acondicionada para la siembra de café.

En la segunda plataforma se encontró otro batán de forma triangular con una pequeña canaleta en sus tres lados. También se identificó un muro de 25 m de longitud en dirección suroeste-noreste que tiene un ancho de 0.50 m y una altura de 0.40 m, esta plataforma en la actualidad se encuentra sembrada de caña de azúcar.

En la tercera plataforma se construyó dos estructuras de forma circular con un diámetro de 4.50 y 5 m, con muros hechos de piedra y de un ancho de 0.65 m y una altura de 0.65 m, una de ellas tiene su acceso por el lado oeste y por el este la otra estructura; toda esta plataforma se encuentra cubierta por un bosque de árboles grandes.

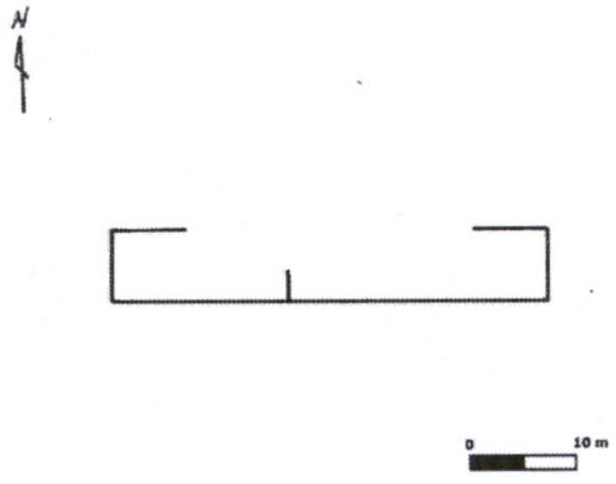

Fig. 2-12 Plano de Selva Alegre B. // Plan of Selva Alegre B.

En la cuarta plataforma no se ha observado evidencia alguna y también se encuentra cubierta de un bosque formado por grandes árboles.

En la quinta plataforma se construyó una estructura de forma circular de 5 m de diámetro, con un muro hecho a base de piedras unidas con argamasa de barro, de un ancho de 0.60 m y una altura de 0.40 m. Así mismo una estructura rectangular de 3.00 x 1.50 m con muros de 0.45 m de ancho por 0.40 m de alto. Esta plataforma también se encuentra cubierta por un bosque de árboles grandes.

En la sexta plataforma se construyó dos tipos de estructuras, una pequeña de forma circular de 2 m de diámetro, con muros hechos de piedras unidas con argamasa de barro, de un ancho de 0.40 m por una altura de 0.30 m y una cuadrada de 4.50 m de lado, con muros hechos de piedra unidos con argamasa de barro de un ancho de 0.60 m y una altura de 0.55 m. Toda esta plataforma se encuentra cubierta por un bosque de árboles grandes (Fig. 2-14).

Hacia el lado este de las plataformas tres y seis se construyeron muros de contención que alcanzan un altura promedio de 0.60 m.

Las características constructivas de este sitio nos indican que se trata de un sitio con ocupación de la cultura de los chachapoya.

Abre Lajas

A unos 30 m al sureste del poblado de La Punta se ubica este sitio, a 9283726 N y 248096 E, a una altitud de 2128 m.s.n.m., c. 35 x 20 m.

El sitio se encuentra muy destruido y está asentado en una planicie natural muy húmeda, donde se encuentra construida una estructura circular de 3.50 m de diámetro hecho a base de un muro de piedras de 0.60 m de ancho por 0.30 m de altura. Por detrás de esta estructura corre un muro de contención hecho de piedras a manera de pirca en dirección oeste-este de 28 m de longitud y una altura de 0.30 m el cual forma una amplia terraza. Otro muro de piedras pero de doble paramento corre paralelo a una pequeña quebrada en dirección sur – norte, ubicado hacia el

Fig. 13. Dos batanes de forma ovalada y de forma cuadrada con una pequeña canaleta en tres de sus lados. // Two grinding stones oval and square-shaped with a small channel on three sides. Foto Víctor Peña Huamán.

lado oeste del sitio, tiene un largo de 15 m, con un ancho de 0.60 m y conserva una altura de 0.80 m (Fig. 2-15).

Al parecer se trata de un sitio de la cultura de los chachapoya.

Tampu Laurel A

Tampu Laurel se ubica entre los sitios La Punta y Posic en el cruce entre dos caminos, a 9284234 N y 250303 E y a una altitud de 1973 m., c. 170 x 80 m.

El sitio está compuesto por seis estructuras rectangulares, cuarto de ellas construidas sobre una gran planicie nivelada con un muro de apoyo hacia el lado norte y este del sitio, de 60 m x 36 m; estas estructuras miden 7.00 x 4.00, 5.00 x 2.5, 12.00 x 3.00 y 9.00 x 3.00 m, sus muros están hechos a base de piedras con mortero de barro y tienen un ancho de 0.70 m por 0.30 m de alto. A unos 80 metros en dirección noreste, bajo un desnivel de 13 m se construyó las otras dos estructuras de 13.00 x 4.00 y de 12.00 x 3.00 m respectivamente. La orientación de las estructuras es de sur a norte, de sureste a noroeste y de este a oeste (Fig. 2-16).

Hacia el sur de las cuatro estructuras pasa un camino Inca, en dirección este-oeste

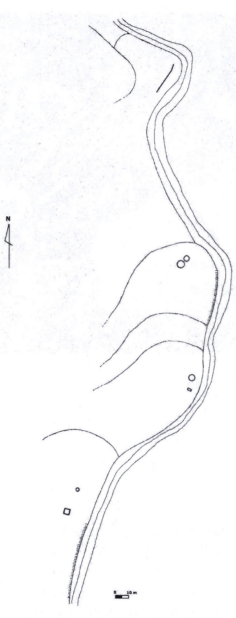

Fig. 2-14. Plano de La Laja. // Plan of La Laja.

de aproximadamente 3 m de ancho, del cual se observaron varios tramos que alcanzan una longitud de 500 m aproximadamente, en partes se observa empedrado y en partes presenta muros de contención para formar el camino.

Por las formas de las estructuras y su ubicación se trata de un tampu de la época inca.

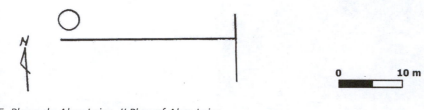

Fig. 2-15. Plano de Abre Lajas. // Plan of Abre Lajas.

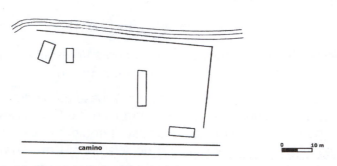

Fig. 2-16. Plano de Laurel A. // Plan of Laurel A.

Laurel B

Se ubica a unos 30 m al norte del lugar conocido como Laurel, a 9285204 N y 251375 E y a una altitud de 1908 m.s.n.m., c. 30 x 4 m.

Se trata de un tramo del camino Inca que conserva una longitud de 30 m en dirección este-oeste, con un ancho de 4 m. Sus bordes están delimitados por piedras de tamaño mediano (0.30 x 0.25 m aproximadamente) que conforman un muro de 0.60 m de ancho por 0.30 m de alto. El trazo sigue las partes suaves y niveladas del terreno siguiendo un trazo recto (Fig. 2-17).

Fig. 2-17. Camino Inca. // Inca path. Foto I. Schjellerup.

Posic A

El sitio se ubica hacia la margen izquierda de la quebrada Mashuyacu, a 9286774 N y 252872 E y a una altitud de 1940 m.s.n.m., c. 200 x 350 m.

Está conformado por varias construcciones hechas a base de piedras areniscas y calizas las que fueron unidas con argamasa de tierra y arcilla. Estas construcciones están distribuidas en una ligera planicie con una suave pendiente de norte a sur. Las estructuras que se construyeron en el sitio son de seis tipos: Estructura mayor de kanchas, baño, kallanca, una kancha, terrazas, tal vez un usnu y una estructura que consideramos se trata de una intihuatana; asociados a un camino empedrado.

La estructura mayor de kanchas tiene una forma rectangular con tres estructuras hacia el lado norte, alcanza a medir 41 x 31 m en total. Esta estructura presenta su ingreso por el lado sur de un ancho de 0.80 m., asimismo presenta en su interior dos patios, el primero rodeado de 10 recintos rectangulares que miden 7.40 x 7.40, 7.20 x 7.20, 7.20 x 7.00, 9.00 x 7.00, 7.50 x 7.00, 8.40 x 6.00, 7.50 x 7.00, 7.00 x 6.40, 7.40 x 6.50 y 7.50 x 7.00 m. Los muros tienen un ancho promedio de 0.70 m y conservan una altura de 1.70 m.

Siguiendo la entrada y pasando por el primer patio en un mismo eje se accede a través de un pasaje de 6.50 m de largo por 2.80 m de ancho al segundo patio que está delimitado por tres estructuras rectangulares, dos se ubican en los lados este,

Fig. 2-18. Baño del Inca. // Inca bath (fountain). Foto I. Schjellerup.

oeste y una grande en el lado norte que tiene dos accesos en el lado sur, sus medidas son: 7.40 x 5.00, 7.40 x 5.00 y 8.50 x 6.50 m.

Treinta metros al noreste de la estructura mayor se encuentra un baño semisubterráneo de forma rectangular de 2.50 x 1.90 y 1.70 m de profundidad. El canal cubierto con piedras que abastece de agua al baño está acondicionado en el muro oeste a un metro de la superficie del interior del baño. Su drenaje no fue identificado porque el piso estaba cubierto por abundante barro y agua. Presenta dos hornacinas de forma trapezoidal en el muro oeste, una a cada lado del conducto de agua de 0.40 x 0.40 x 0.36 m y de 0.45 x 0.41 x 0.32 m. En el muro norte se observo una hornacina de 0.41 x 0.37 x 0.34 m y en el muro sur una hornacina de 0.40 x 0.31 x 0.38 m.

El acceso al baño fue a través de una escalinata de seis peldaños ubicada en la esquina sureste (Fig. 2-18).

Hacia el oeste de la estructura mayor de kanchas se ubicó una construcción rectangular del tipo kallanka de 44.50 x 11.50 m, orientado de este a oeste, presenta cuatro accesos por el lado sur, de un ancho promedio de 0.80 m. El muro que lo conforma tiene un ancho de 0.70 m por una altura de 1.60 m.

Hacia el lado norte de la kallanka, a 16.00 m. se evidencio una estructura pequeña semi-subterránea de forma cuadrada de 2.40 m x 4.00 m, cuya posible función puede

Fig. 2-19. Intihuatana. Foto I. Schjellerup.

ser un usnu. El usnu está en muy mal estado de conservación. En el nivel del piso de tierra muy compacto se encontró bastantes restos de carbón.

Unos 17.60 m al sur de la kallanka se encuentra una plataforma de piedras baja de 2.10 m de lado, altura 0.20- 0.30 m. De su centro sobresale una piedra parada de forma algo triangular con dos caras hacia al este y hacia al oeste con una altura de 0.60 m de tal forma que se puede decir que se trata de una intihuatana (Fig. 2-19).

Hacia el oeste de la kallanka se ubica una kancha de 27 x 17 m. Está conformada por tres estructuras alrededor de un patio, con accesos en el lado norte de 2.40 m de ancho y por el sur de 1.50 m de ancho. La estructura más grande se ubica en el lado oeste y mide 15.00 x 7.50 m, presentando dos accesos interiores en el lado este de 0.80 m de ancho. La estructura del lado norte mide 6.00 x 4.50 m con un acceso de 0.80 m en el lado sur y la estructura del lado sur mide 8.00 x 5.50 m y tiene su acceso de un ancho de 0.80 m en el lado norte.

Todas estas estructuras van a dar a un patio que ha sido delimitado por el lado este por un gran muro de 0.70 m de ancho por 1.10 m de altura haciendo que este recinto tenga una forma rectangular. Presenta un acceso de un ancho de 1 m hacia el lado norte del muro y muy probable que haya existido otro acceso en el lado sur del muro.

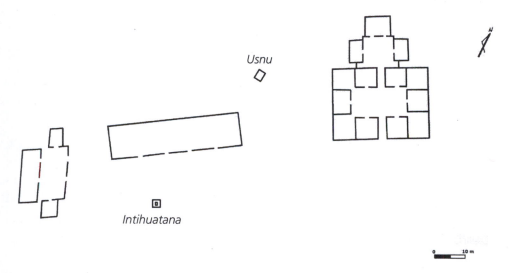

Fig. 2-20. Plano de Posic A. // Plan of Posic A.

Hacia el noroeste de la estructura mayor de kanchas entre la grama y los arbustos se ha observado muros de contención de hasta 1 m de ancho y 1.50 m de altura que conforman terrazas, en algunas de estas se ven muros de doble paramento que forman estructuras de forma rectangular.

La arquitectura que se ha identificado en este sitio es típica de la cultura inca, de un centro administrativo regional donde se puede observar claramente el tipo de patrón arquitectónico incaico conformado por dos áreas residenciales con kanchas, un baño, una kallanca, un usnu, probablemente áreas de depósitos y una intihuatana (Fig. 2-20).

Posic B

Posic B se emplaza sobre una planicie con una ligera pendiente norte-sur, ubicada en la margen derecha de la quebrada Mashuyacu, al norte del sitio Posic A, a 9287707 N y 252674 E y a una altitud de 2006 m.s.n.m., c. 680 x 130 m.

Se compone de ocho estructuras circulares, una estructura rectangular, terrazas y un gran camino empedrado.

Las estructuras circulares presentan un diámetro de 11.00, 15.50, 6.50, 15.00, y cuatro de 6.00 m, con muros hechos a base de piedras, de un ancho de 0.60 m y una altura de 0.30 m, estas se ubican mayormente hacia el lado oeste del sitio y se

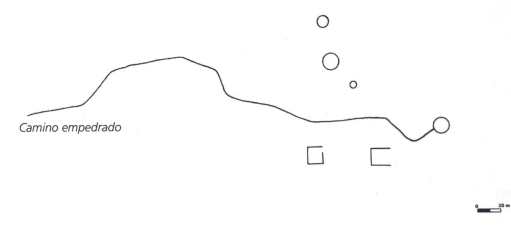

Fig. 2-21. Parte del plano de Posic. B. // Part of Posic B plan.

distribuyen en dirección sur-norte. La estructura rectangular mide 15.00 x 13.50 m y tiene un acceso por la esquina noroeste, sus muros tienen un ancho de 0.50 m y una altura de 0.30 m. La terraza mide 18 x 14 m con una dirección sur-norte.

El camino es empedrado y tiene una longitud de 260 m y ancho de 3 m sigue una dirección sur norte (Fig. 2-21).

Pertenece a una ocupación chachapoya.

San Francisco

El sitio se ubica en la unión de dos quebradas, en una superficie ligeramente plana con una suave pendiente de suroeste a noreste, a 9286091 N y 264975 E y una altitud de 1929 m.s.n.m., c. 230 x 200 m.

Está compuesta por seis estructuras rectangulares distribuidas de oeste a este. La estructura más grande, una carpa wasi, o estructura de tres lados abierto hacia oeste está ubicada en el extremo norte del sitio mide 32.00 x 6.70 m.

Una estructura aislada está ubicada en el lado este del sitio de 10.80 x 7.00 m, un grupo de tres estructuras de diferente tamaño en la parte central de las cuales la más pequeña mide 8.50 x 4.00 m, una mediana de 13.50 x 5.20 m, y otra carpa wasi de tres lados de 20.30 x 4.80 m, abierta en su lado sur.

Un poco hacia el oeste se ubica un recinto de 13 x 10 m, la cual está conformada por dos estructuras de 6.50 x 4.50 m y de 6.00 x 4.50 m, cercadas por un muro en forma de "L". Los muros de todas estas estructuras tienen un ancho promedio de 0.60 m y conservan una altura de 0.70 m (Fig. 2-22).

Probablemente pertenece a una ocupación Inca.

Fig. 2-22. Plano de San Francisco. // Plan of San Francisco.

Nuevo Mendoza A

Nuevo Mendoza A, está ubicado en el mismo poblado de Nuevo Mendoza, en la margen derecha del río Porotongo, a 9288,129 N y 268614 E y a una altitud de 1508 m.s.n.m., c. 50 x 20 m.

Se trata de una estructura de forma rectangular de 34 x 10 m orientada de suroeste a noreste, sus muros fueron hechos de piedra unidas con argamasa de barro y tienen un ancho de 1 m por una altura de 0.90 m. El lado noreste de esta estructura ha sido destruida por el río que en una crecida se ha llevado esta parte. Hacia el lado oeste de esta estructura, según los pobladores, existieron otras estructuras rectangulares en lo que ahora es el campo de fútbol, por lo que se puede concluir que se trata tal vez de un sitio más grande de la época Inca (Fig. 2-23).

Nuevo Mendoza B

Nuevo Mendoza B, está ubicado en la margen izquierda del río Porotongo, emplazado en la cima de un cerro que se extiende en una suave pendiente en sentido noroeste – sureste, a 9288271 N y 269322 E y una altitud de 1625 m.s.n.m., c. 130 x 40 m (Fig. 2-24).

Está conformado por siete estructuras de forma circular con diámetros de 7.00, 6.00, 8.50, 8.50, 6.00, 7.50 y 6.00 m, sus muros fueron hechos de piedra y tienen un ancho de 1 m, conservando una altura entre 0.40 a 0.90 m.

Todas estas estructuras tienen una orientación sureste-noroeste y se encuentran

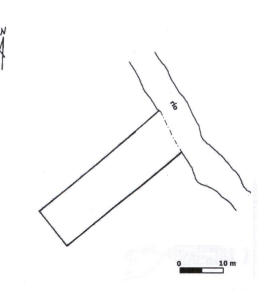

Fig. 2-23. Plano de Nuevo Mendoza A. // Plan of Nuevo Mendoza A.

delimitados por su lado este por un gran muro de 107 m de largo, un ancho de 1 m y una altura de 1 m presentando con un acceso de 3 m de ancho hacia el lado sur-este del sitio (Fig. 2-25.)

La arquitectura conformada por estructuras circulares, con un patio cerrado por un muro podría ser la característica del grupo de los orimona en este territorio (véase el capítulo siguiente sobre la etnohistoria).

Los pobladores mencionan que el nombre antiguo ha sido Ypapuy, pero comparando las distancias y rutas mencionadas por Mogrovejo (Mogrovejo [1593] 1921) es cuestionable.

Nuevo Mendoza C

Se encuentra en el camino que va de Nuevo Mendoza a Garzayacu, a 9286607 N y 269503 E y a una altitud de 1498 m.s.n.m., c. 100 x 20 m.

El sitio tiene tres estructuras circulares y una rectangular. Las estructuras circulares tienen un diámetro de 5.30, 4.60 y 3.60 m, sus muros están hechos a base de piedra unidas con argamasa de barro, tienen un ancho de 0.80 m por una altura de 0.40 m. Estas se distribuyen siguiendo una dirección sur norte.

La estructura rectangular mide 50.00 x 11.50 m y sus muros tienen un ancho de 0.70 m por una altura de 0.60 m, y están en una dirección sureste-noroeste; hacia el lado sureste de esta estructura se observa un muro de 10.80 m de largo en dirección

Fig. 2-24. Vista del cerro con el sitio arqueológico Nuevo Mendoza B. // View of the mountain with the archaeological site Nuevo Mendoza B. Foto I. Schjellerup.

suroeste-noreste, presenta un ancho de 0.70 m y una altura de 0.60 m (Fig. 2-26).

El sitio tiene una ocupación de los chachapoya y una reocupación inca.

Nuevo Mendoza D

A unos 350 metros al norte del sitio Nuevo Mendoza C, siguiendo el camino de Nuevo Mendoza a Garzayacu se ubica este sitio, a 9286974 N y 269213 E y a una altitud de 1489 m.s.n.m., c. 10 x 8 m.

Se trata de una estructura rectangular de 8.70 x 5.30 m con muros hechos a base de piedras unidas con argamasa de barro, tienen un ancho de 0.60 m y una altura de 0.40 m

El sitio probablemente pertenece a la cultura Inca.

Nuevo Mendoza E

Se ubica al sur-este del poblado de Nuevo Mendoza en el camino que va de Nuevo Mendoza a Garzayacu, en la margen derecha del río Porotongo, a 9287857 N y 268677 E y a una altitud de 1500 m.s.n.m., c. 10 x 8 m.

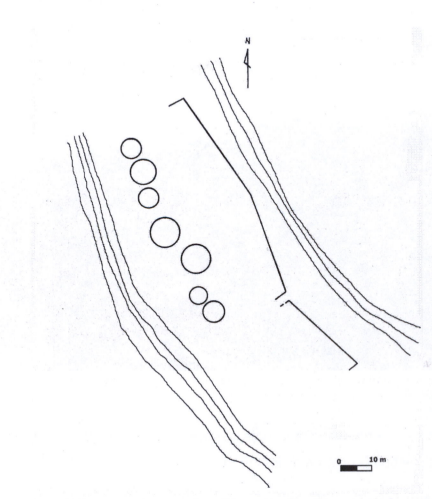

Fig. 2-25. Plano de Nuevo Mendoza B. // Plan of Nuevo Mendoza B.

Conserva una estructura circular de 4.50 m de diámetro, construida con un muro de piedras unidas con argamasa de barro, de un ancho de 0.70 m y una altura de 0.70 m. Al parecer esta estructura es lo único que queda de otras que hubieron en este sitio ya que se encuentran algunas piedras amontonadas en diferentes partes producto de la habilitación de esta área para el cultivo de pastos.

Por las características de esta estructura se trataría de un sitio correspondiente a la cultura de los chachapoya.

Paitoja A

Se ubica hacia el sur-oeste del poblado de Paitoja, a 9295856 N y 269036 E y a una altitud de 1590 m.s.n.m., c. 560 x 180 m. El sitio está compuesto por cinco grupos

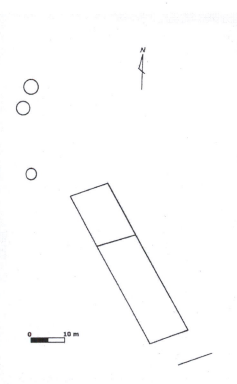

Fig. 2-26. Plano de Nuevo Mendoza C. // Plan of Nuevo Mendoza C.

de estructuras distribuidas de sur a norte, ubicadas en una pendiente en esta misma dirección y a las que denominaremos sectores (Fig. 2-27).

Sector 1.- Está conformado por dos estructuras de forma circular de 5.50 y 6 m de diámetro, construidas con muros de pirka unidas con argamasa de barro de un ancho de 0.80 m y una altura de 0.40 m; y también por tres muros construidos de piedras unidas con argamasa de barro, de un ancho de 0.60 m por una altura de 0.40 m, uno de ellos se ubica hacia el lado norte de las estructuras circulares y tiene la forma de una "L" a manera de delimitar un lado de estas viviendas, tiene una longitud de 9 x 6 m. Al parecer el muro debió tener otro muro en su lado oeste para formar una estructura en forma de "]", lamentablemente este fue destruido por el agricultor que ha habilitado este sitio para sembrar pastizales.

Entre este muro y las viviendas circulares se formó un espacio a manera de un patio el cual es parte de una diferente característica de los sitios con arquitectura circular. Los dos muros restantes se ubican hacia el sur de las viviendas con dirección noroeste de 16 y 23 m respectivamente, son restos de posibles estructuras en el sitio.

Sector 2.- Compuesta por dos estructuras circulares de 4 y 6 m de diámetro con muros que tienen un ancho de 0.60 m y una altura de 0.40 m hechos con piedra

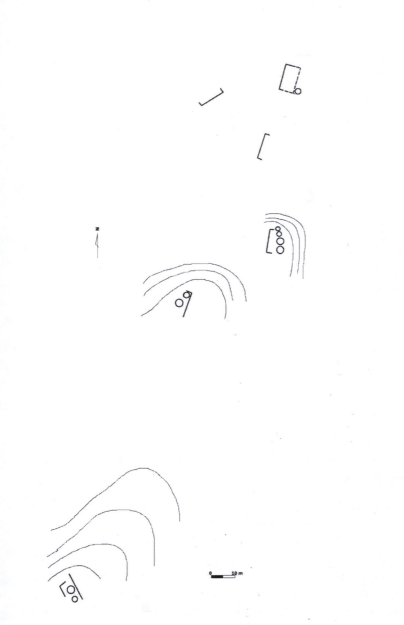

Fig. 2-27. Plano de Paitoja A. // Plan of Paitoja A.

unidas con argamasa de barro. Hacia el este de las estructuras circulares se ha construido un muro de piedra unida con argamasa de barro en forma de "L", el muro
mide 21 m por 5 m. Al parecer el muro debió tener otro muro en su lado sur para
formar una estructura en forma de "]", Al igual que en la anterior área este muro
forma parte de una diferente característica de los sitios con arquitectura circular.

Sector 3.- Presenta cuatro estructuras circulares que tienen un diámetro de 4, 5, 6 y 6 m, se encuentran orientadas de sur a norte y están construidas con muros de piedras unidas con argamasa de barro de un ancho de 0.60 m por una altura de 0.40 m. Hacia el oeste de estas viviendas se ha construido un muro en forma de "]", que mide 19.60 x 4.50 m. Entre este muro y las viviendas circulares se formo un patio igual que en las anteriores áreas.

Sector 4.- Conformado por dos muros de forma de "]", construidos de manera opuesta uno del otro. El que se encuentra hacia el noroeste mide 21.80 x 3.60 m, el que esta hacia el sur este del anterior mide 21.00 x 4.00 m. Los muros fueron construidos de pirka unidos con barro y tienen un ancho de 0.90 m con una altura de 1.10 m.

Sector 5.- Compuesto por una estructura circular muy destruida de 5 m de diámetro, construida con un muro de piedras unidas con argamasa de barro de 0.60 m de ancho por 0.30 m de altura. Hacia el norte de esta vivienda se construyó un muro con pirka unidas con argamasa de barro en forma de "]", del cual se conserva el muro oeste y parte del muro norte, mide 23.50 x 12.00 m; y al igual que las anteriores áreas formo un patio con la estructura circular.

La arquitectura conformada por estructuras circulares, con un patio cerrado por un muro podría ser la característica del grupo étnico de los orimona.

Paitoja B

Paitoja B es ubicada hacia el noreste de Paitoja A, margen izquierda del río Ochique, a 9296400 N y 269210 E y una altitud de 1460 m.s.n.m., c. 30 x 10 m.

Se trata de un muro que tuvo la forma de "]", orientado de suroeste a noreste, conserva el muro del lado sur y mide 28 x 4 m fue construido de piedras unidas con argamasa de barro, y presenta un ancho de 0.90 m por 0.80 m de altura.

Probablemente pertenece a la etnia de los orimona.

Paitoja C

Se encuentra hacia el noroeste del sitio Paitoja B, en la margen izquierda del río Ochique, a 9296737 N y 268981 E y a una altitud de 1495 m.s.n.m., c. 35 x 15 m.

Está formado por una gran estructura rectangular de 35 x 15 m construida con muros de piedras unidas con argamasa de barro de un ancho de 0.90 m y una altura de 1 m.

La estructura tal vez podría haber sido una barbacoa o una iglesia colonial, ya que los orimona no fueron conquistados por los incas.

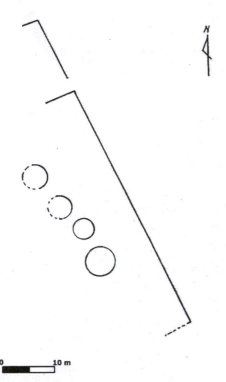

Fig. 2-28. Plano de Paitoja E. // Plan of Paitoja E.

Paitoja D

Se ubica hacia el noreste del sitio Paitoja C, en la margen izquierda del río Ochique, a 9296855 N y 269232 E a una altitud de 1473 m.s.n.m., c. 30 x 25 m.

Sobre una planicie cubierta por pastizales se ve una construcción de forma rectangular de 23 x 12 m hecha con muros de piedras unidas con argamasa de barro, de un ancho de 0.70 m y una altura de 0.40 m.

La estructura tal vez podría haber sido una barbacoa o una iglesia colonial, ya que los orimona no fueron conquistados por los incas.

Paitoja E

Ubicado al norte del poblado de Paitoja, en la margen derecha del río Ochique, a 9296707 N y 269758 E y a una altitud de 1434 m.s.n.m., c. 70 x 25 m.

En un área donde actualmente existe una iglesia evangélica; el sitio esta compuesto por cuatro viviendas de forma circular con diámetros de 5.00, 4.50, 4.40 y 5.50 m,

Fig. 2-29. Vista del sitio arqueológico de Alto Perú A. // View of the archaeological site Alto Perú. Foto Victor Peña Huaman.

fueron construidas con muros de piedras unidas con argamasa de barro de un ancho de 0.70 m y una altura de 0.30 m, están orientadas de sureste a noroeste. Hacia el lado este de las viviendas se observa un muro en forma de "L" de 50 x 6 m, al parecer su forma original fue una estructura en forma de "]", orientado de sur a norte, en su extremo norte, un muro en forma de "L" de 12.60 x 3.50 m forma un acceso de 2.50 m de ancho con este (Fig. 2-28).

La arquitectura conformada por estructuras circulares, con un patio cerrado por un muro podría ser la característica del grupo étnico de los orimona.

Alto Perú A

Alto Perú A es localizado al suroeste del poblado de Alto Perú en la margen izquierda del río Ochique, a 9302992 N y 267546 E y a una altitud de 1279 m.s.n.m., c. 370 x 70 m.

Presenta diez estructuras circulares con diámetros de 3.20, 4.20, 5.20, 5.00, 6.00, 5.80, 6.30, 6.00, 4.70 y 4.30 m, con muros hechos de piedras unidas con argamasa de barro de un ancho de 0.60 m y una altura de 0.50 m.

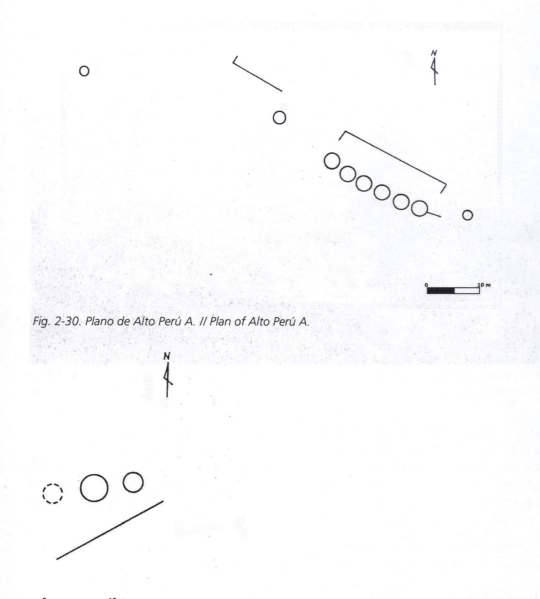

Fig. 2-30. Plano de Alto Perú A. // Plan of Alto Perú A.

Fig. 2-31. Plano de Alto Perú B. // Plan of Alto Peru B.

Dos muros en forma de "]"se encuentran en el sitio, uno de ellos aislado hacia el noreste del sitio, mide 21.50 x 3.20 m, y el otro hacia el norte de cinco estructuras circulares de 44.00 x 4.50 m. Estos muros tienen un ancho de 0.60 m y conservan una altura de 0.50 m (Figs. 2-29, 2-30).

La arquitectura conformada por estructuras circulares, con un patio cerrado por un muro podría ser la característica del grupo étnico de los orimona.

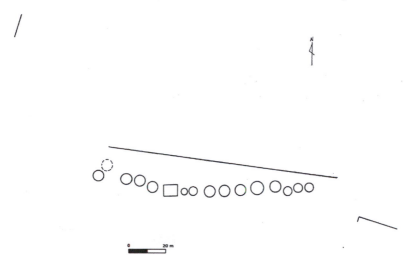

Fig. 2-32. Plano de Nuevo Sinaí. // Plan of Nuevo Sinai.

Alto Perú B

Ubicado a pocos metros al este de la plaza de armas del poblado de Alto Perú, a 9303382 N y 268289 E y a una altitud de 1175 m.s.n.m., c. 50 x 30 m.

El sitio conserva tres estructuras de forma circular de diámetros de 6.00, 6.30 y 7.00 m. Dos de ellas están definidas por muros bajos y de una de ellas solo ha quedado la huella de su forma circular donde estuvo la estructura. Los muros tienen un ancho de 0.50 m y una altura de 0.30 m.

Un muro de piedras de 36 m de longitud en dirección suroeste-noreste se ha construido al sur de las viviendas circulares. Este muro tiene un ancho de 0.60 m y una altura de 0.30 m, y al parecer ha sido un muro en forma de "]", como se ha observado en otros sitios. Las piedras de este muro han sido desmontadas por los pobladores para usarlas en la construcción de las bases de sus modernas casas (Fig. 2-31).

El sitio por su característica arquitectónica de viviendas circulares con un patio cerrado por un muro es muy similar al sitio de Paitoja A y pertenece probablemente a la etnia de los orimona.

Nuevo Sinaí

Nuevo Sinaí se localiza al sureste del poblado de Nuevo Sinaí, en la margen derecha del

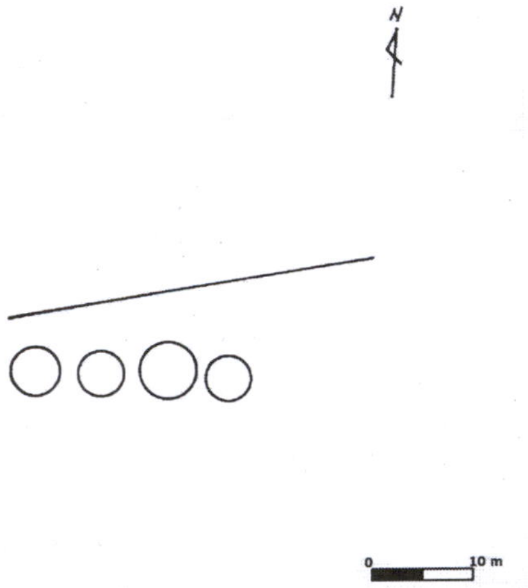

Fig. 2-33. Plano de Nuevo Horizonte. // Plan of Nuevo Horizonte.

río Ochique, a 9305593 N y 268302 E y a una altitud de 1138 m.s.n.m., c. 300 x 40 m.

El sitio está conformado por dieciséis estructuras de forma circular, una estructura rectangular y cuatro muros de diferente longitud. Las estructuras circulares tienen diámetros de 5.50, 5.50, 5.50, 5.70, 7.00, 6.50, 5.30, 6.50, 5.50, 3.50, 6, 6, 6.30, 6.50, 5.50 y 5.30 m, fueron construidas con muros hechos de piedras unidas con argamasa de barro de un ancho de 0.50 m y una altura de 0.40 m.

La estructura rectangular ubicada entre las viviendas circulares mide 7.50 x 6.00 m y sus muros fueron hechos del mismo material que de las viviendas circulares pero con un ancho de 0.60 m y una altura 0.30 m.

Los cuatro muros que se construyeron en este sitio están ubicados en diferentes partes. Un muro ubicado hacia el sureste de las viviendas circulares tiene la forma de "L" y mide 21 x 3 m, al parecer este muro debió ser una estructura en forma de "]" como se ha encontrado en otros sitios de la zona.

Un gran muro de 126 m de largo se construyó hacia el lado norte de las viviendas circulares orientado de noroeste a sureste y dos muros hacia el lado noroeste del sitio de 12.00 y 13.50 m de largo respectivamente, el ultimo muro se adosa a una solitaria estructura circular que se identificó en esta parte del sitio. Estos muros tienen un ancho de 0.60 m y conservan una altura de 0.40 m.

Al parecer el muro que se observó, al norte de las viviendas circulares, ha sido una estructura en forma de "]"como se observaron en los otros sitios descritos anteriormente (Fig. 2-32).

La arquitectura conformada por estructuras circulares, con un patio cerrado por un muro podría ser la característica del grupo étnico de los orimona.

Nuevo Horizonte

El sitio está ubicado al norte del pueblo de Nuevo Horizonte, en la margen izquierda del río Ochique, a 9308493 N y 265845 E y a una altitud de 1142 m.s.n.m., c. 50 x 25 m.

Conformada por cuatro estructuras de forma circular emplazadas en una suave pendiente oeste-este. Estas viviendas tienen un diámetro de 5.00, 5.30, 4.60 y 5.00 m, fueron hechas con muros de piedra unidas con argamasa de barro de un ancho de 0.60 m y una altura de 0.30 m.

Un muro de piedras unidas con argamasa de barro se construyó en el lado norte de las viviendas, en dirección oeste-este. Tiene una longitud de 36 m, con un ancho de 0.50 m y una altura de 0.40 m. Al parecer este muro ha tenido la forma de "]" como los que se han visto en los sitios anteriores, este se encuentra destruido en parte porque esta área ha sido habilitada por los agricultores para sembrar café (Fig 2-33).

El tipo de construcciones circulares con un patio encerrado por un muro podría ser la característica del grupo étnico de los orimona.

Comentario

El cronista Garcilaso de la Vega es uno de los pocos cronistas, que habla de la conquista de los incas hacía Moyobamba.

"Desde Llauantu (Levanto) envió el gran Túpac Inca Yupanqui parte de su ejercito a la conquista y reducción de una provincia llamada Muyupampa (Moyobamba), por donde entró el valeroso Ancohualla cuando desamparó sus estados, por no reconocer superioridad a los Incas, como dijo en la vida del Inca Viracocha; la cual provincia está en los Antis, y por confederación amigable o por sujeción de vasallaje, que no concuerdan en esto aquellos indios, reconocían superioridad a los Chachas, y esta casi treinta leguas de Llauantu, al levante.

Los naturales de Muyupampa habiendo sabido que toda la provincia de Chachapoyas quedaba sujeta al Inca, se rindieron con facilidad y protestaron de abrazar su idolatría y sus leyes y costumbres. Lo mismo hicieron los de la provincia llamada Casayunga, y otras que hay en aquel distrito, de menor cuenta y nombre, todas las cuales se rindieron al Inca con poco o ninguna resistencia. El cual proveyó lo necesario para la vana ceencia y adoración del Sol y para el beneficio de los vassallos; mandó sacar acequias y romper nuevas tierras, para que la provincia fuese más abundante; y a los curacas dió mucha ropa, que ellos estimaron en mucho, y por entonces, mandó parar guerra hasta el verano venidero, y que alojasen el ejercito y trajesen de las provincias comarcanas mucho bastimento para la gente de guerra y para los vasallos nuevamente conquistados, que por la guerra pasada padecían necesidad de comida" (Garcilaso de la Vega [16] 1967, Libro Octavo, Cap.III).

Las investigaciones arqueológicas en estas áreas previamente desconocidas, han confirmado la filiación cultural de 27 sitios correspondientes a la cultura chachapoya así como a la etnia amazónica de los orimona y una fuerte presencia de los incas en la región, como ha sido demostrado anteriormente por nuestras investigaciones (Schjellerup 1985, 1992,1997, Schjellerup et al. 2003, 2005) y probablemente la presencia de dos sitios de la época colonial.

"El pueblo antiguo de Pósic se ubicaba en la parte oriental del distrito de Omia, estaba poblado por gente dedicada a la caza, pesca y agricultura existiendo un lavadero de oro cerca al pueblo. Ellos fabricaron una cadena de oro que pesaba aproximadamente 40 arrobas y era tan larga que podían rodear el templo donde adoraban a sus dioses. La cadena era considerada también un dios, por ello le celebraban pomposas fiestas y procesiones en las que muchos hombres vestidos típicamente paseaban la cadena llevándola por el contorno de la iglesia. Un día al ser atacados sorpresivamente en la oscuridad, por la tribu de los orejones, con la desesperación y la lucha, viéndose perdidos, forzaron las puertas del templo, sacaron la cadena de oro y después de besarla la arrojaron a un pozo profundo para que no cayera en manos de los destructores, al tirar la cadena este pozo se convirtió en lo que es ahora una gran laguna. El pueblo de Pósic fue exterminado casi por completo. Sólo un grupo de más o menos veinte personas trataron de huir tomando dos rumbos, uno de ellos llegó al valle del Huayabamba para dar origen al actual pueblo de Omia. Se afirma que entre estos sobrevivientes estaban los de apellido Tafur, Rodríguez y otros, habitando en la actualidad sus descendientes. De la cadena se cuenta que quedó encantada, dicen que cuando los cazadores se van por esos lugares y se acercan a la laguna o hacen ruido se desencadena una tempestad con mucha fuerza". (La leyenda sobre la desaparición del pueblo de Pósic (Archivo de informes- Instituto Pedagógico Toribio Rodríguez de Mendoza-Chachapoyas).

Conversando con el Señor Rómulo Maldonado Montoya, de Omia (y la información del archivo en Chachapoyas) sobre la leyenda del antiguo pueblo Pósic, la leyenda alumbra la existencia de una mina de oro y quizás algunos de los ritos que los incas efectuaron en su centro administrativo de Pósic. La leyenda es una combinación entre la historia colonial y la historia pre-hispánica. Es similar a la leyenda de la historia de Achamal (Schjellerup et el. 2003), sobre un ataque a una iglesia por una tribu, que en este caso se llamaban los orejones, que quería robar la cadena de oro. No se encontraron restos de una iglesia en Pósic, pero en conclusión según la leyenda es que hubo fuertes ataques de tribus en el tiempo temprano de la colonia, que son documentados en la visita de Mogrovejo, vea el capítulo sobre la etnohistoria.

Se debe tener en consideración que solamente los rastros visibles de la arquitectura de piedra han sido registrados. El clima es como escribió Cieza de León:

Fig. 2-34. Hachas de piedras encontradas en las chacras. // Stone axes found in the fields. Foto. Victor Peña Huaman.

"Es aquella tierra de Moyobamba malsana e que en ella llueve lo más del año, e llena de grandes vascosidades e de grandes sierras, e de montañas, muchos ríos grandes e pequeños." (Cieza de León [1553] 1991, 4 parte fol.198r).

El clima obviamente ha deteriorado las construcciones, además en las áreas calientes los asentamientos pre-hispánicos probablemente fueron construídos más de material perecedero como es actualmente, donde la mayoría de las casas de los colonos se hacen de madera o de muesca.

La mención de galpones en el periodo colonial temprano, también indicaría la relación de una particular tradición de la selva, donde las casas comunes o galpones fueron construidos de madera y de hojas de palma. Excavaciones alrededor de los sitios arqueológicos y en áreas llanas revelarían indudablemente hoyos de los postes de las casas de los campesinos y de galpones.

Un nuevo tipo de patrón arquitectónico se ha localizado en pequeñas colinas y en superficies llanas, formado por construcciones circulares con un patio encerrado por un muro en forma de "]". Probablemente este nuevo patrón arquitectónico corresponde al grupo étnico de los orimona, como se menciona en los escritos de los españoles.

La presencia de la cultura chachapoya al parecer llegó hasta esta parte del extremo este de la región de ceja de selva convirtiéndose posiblemente en el límite de la expansión chachapoya (ver plano de sitios arqueológicos). Una instalación pequeña combina construcciones chachapoya con arquitectura incaica, probablemente para los propósitos de control.

Al parecer Pósic A, fue el último centro administrativo regional inca con el patrón característico de casi todos los sitios inca en la región, con una estructura mayor de kanchas, baño, kallanca, una kancha, terrazas, tal vez un usnu y una estructura que consideramos se trata de una intihuatana.

Las terrazas en las laderas de los cerros cercanos a los sitios son testigos de una agricultura en gran escala que conllevó al cultivo de maíz y la producción de algodón, continuándolo en el período colonial (Fig. 2-34).

Los ejércitos incas no solo estaban compuestos por miles de hombres, sino también por cargadores, grupos de mujeres y niños que los acompañaban para prepararles la comida durante las campañas.

Caminos interconectados pre-hispánicos recorren a través de todos los sitios; los incas hicieron buen uso de parte de esta gran área, como una de las entradas más importantes a la ceja de selva y a la selva baja. Los caminos principales del capac ñan (el camino principal de los incas), tenían varios senderos menores y una conexión importante entre tampus como el de Selva Alegre y El Laurel y sitios administrativos. Había un alto grado de comunicación entre los andes y la selva y esta antigua ruta se mantuvo vigente.

Posiblemente las tribus subieron desde la ceja de selva para intercambiar sus productos (coca, chonta, pieles, plumas, miel y otros) con los habitantes de la sierra, para participar en ceremonias religiosas comunes y ocasionalmente robar sus mujeres. La producción textil de los chachapoya, caracterizada por sus prendas de vestir, especialmente finas en lana y algodón, era muy apreciada tanto por los incas como por los españoles quienes usaban las piezas como regalos y pago de tributos.

Con la invasión española empezaron cambios más drásticos. Las instalaciones incas fueron rápidamente abandonadas en aquellas áreas donde nunca fueron bienvenidos.

Capítulo 3

"Hacia donde sale el sol"

Investigaciones etnohistóricas

El presente y los anteriores estudios arqueológicos han demostrado una presencia significativa de las culturas chachapoya e inca, especialmente se puede observar una fuerte evidencia de la presencia inca, con el gran centro administrativo de Posic. A lo largo de las colinas nororientales de los Andes también hay pruebas contundentes de penetración de los grupos étnicos originarios de la selva amazónica al este.

Investigaciones etnohistóricas con relación a la utilización de la tierra y la interacción entre los diferentes grupos étnicos en estas áreas han pasado previamente inadvertidos. Sin embargo estas investigaciones pueden aclarar los antecedentes, hechos y testimonios que se encuentran en los documentos históricos ya publicados y en los archivos.

Las etnias

Todas las diferentes etnias, tribus o grupos semi-selváticos de las montañas tenían similares costumbres y modos de vivir. De descripciones posteriores sabemos que el vestido consistía de una chusma o camiseta de algodón, hasta las rodillas. Dormían sobre una especie de barbacoa con esteras de palmas (Tena 1776: 158). Practicaban la agricultura de quema y rozo para desarrollar los cultivos alimenticios tales como yuca, plátano (consumiéndolos como frito y hervido), maní y frutas, también se cultivaba el algodón. Las actividades de caza y pesca les proveyeron de carne de monos, roedores y otras muchas especies de animales y peces.

El masato era una bebida muy común, como actualmente lo es en muchos lugares de la selva. Para preparar esta bebida muelen la yuca, la revuelven en harina con saliva y hierven la mezcla, dejándola fermentar por tres días. *"Al cabo de estos, mezclan una cantidad, en un poco de agua y sale una cerveza fuerte, que embriaga."* (Izaguierre 1923:38).

Los misioneros en el siglo S.XVIII rezongan de los aborígenes que *"desagraciadamente aun conservan su primitiva debilidad en la afición a bebidas fermentadas: cosa que los misioneros habían logrado reducir a limites razonables"* (Izaguirre 1923:103).

Fig. 3-1. Indios de montaña, Martinez Compañón 1787, Trujillo del Peru, Tomo II, Fol. 174. // Indians from the Montaña.

Uno de los misioneros fue recibido con bailes de hombres, mujeres y niños, distribuidos en diferentes cuadrillos adornados con plumajes y *"curiosidades raras de que usan en las fiestas de primera clase se me presentaron ... con repiques de campanas, músicas, cantos, galas, estera de palmas, sembrados de flores"* (Izaguirre 1923:197) (Fig. 3-1).

Los cholones quienes vivían más al sur viajaban frecuentemente a la sierra para hacer trueque de sus productos, en una ruta que tomaba generalmente ocho días. Compraban lo que necesitaban, como herramientas, algunas camisas, chupas, capas y rebozos para las mujeres. Las mujeres iban cargadas con unas canastas de coca, con la cual cargan tres arrobas del abastimento (cada uno de 34,5 kg), la que lleva-ban para todo el viaje y con el importe de la coca, compraban lo referido y algunas niñerias. *"Pero no se permite entre ellos que ninguno uso de medias ni de zapatos"* (Izaguirre 1923:199) (Fig. 3-2).

Es común idealizar la vida de los antiguos nativos, creyendo que vivían en un paraíso. Ello nunca fue así. La tensión entre los grupos étnicos, parecían estar omnipresentes siempre y estallaba esporádicamente con expediciones de guerra, robos de mujeres, quemas de casas, chacras y animales.

Fig. 3-2. Indio de los Hivitos y Cholones con traje ordinario, Martinez Compañón 1787, Trujillo del Perú, Tomo II Fol. 30. // Hivito/Cholon Indian in ordinary clothes.

El encuentro

En estas montañas, alrededor los 1530s y los 1540s sucedió el primer encuentro entre los habitantes indígenas y los españoles, cuando estos últimos enviaron varias expediciones tierra adentro con el enorme deseo de encontrar la mítica ciudad de El Dorado. Cronistas de la época hablan de los grupos étnicos en la ceja de selva y de sus recursos, guerras, encomenderos abusivos y fraudulentos, valientes misioneros(as) y enfermedades mortales, en este territorio difícil de montes, montañas, lluvias y jaguares.

Tan sólo algunos sesenta a setenta años antes de la llegada de los españoles los incas habían conquistado el área de los chachapoya y Moyobamba. La población local vivía extremadamente insatisfecha con los nuevos gobernantes, hasta el punto que realizaron numerosas insurrecciones contra los incas. Por lo tanto, muchos de los habitantes percibieron a los españoles como libertadores del yugo de los incas, durante la primera entrada de los conquistadores.

Así el capitán Alonso de Alvarado fue muy bien recibido en el centro administrativo Cochabamba, durante su primera visita en 1535 (Schjellerup 2005:142). Pero esta nativa percepción hacia los españoles pronto cambiaría radicalmente.

Después la fundación de la ciudad de San Juan de la Frontera de los Chachapoyas en 1538, Alonso de Alvarado partió a las tierras más al este. El cacique Guaman de

Cochabamba fue una gran ayuda para apoyar la expedición de Moyobamba, pues suministró gran número de indios para que guiaran en el camino y proporcionaran comida durante el viaje. (RGI Tomo III, 1965:167). Se dice que tres mil indios chachapoya participaron de la expedición de Alvarado (Del Busto Duthuburu 1968:141).

Alonso de Alvarado estuvo acompañado por Pedro de Samaniego y Juan Pérez de Guevara, capitán de la infantería, quien después, lograría conseguir la mayor parte de la encomienda de Alvarado. Cuando llegaron tierra adentro muchos de los pobladores huyeron, por miedo a los caballos. La tierra estaba muy poblada y los incas siempre tuvieron guarniciones de soldados, en la provincia de Chachapoyas, *"porque son esforzadas"* (RGI Tomo III, 1965:160).

Este viaje fue muy duro, tremendamente agotador y bastante problemático debido a la resistencia de la gente. Los primeros registros del Cabildo de Chachapoyas, nos hablan de varios ataques de las tribus de la selva dirigidos hacia el este, donde los habitantes eran muy rebeldes frente a los españoles y hablan de los motilones, como indios salvajes en sus pueblos al margen del río Mayo o río Moyobamba (Libro Primero de Cabildos de la Ciudad de San Juan de la Frontera de Chachapoyas 1958) (Fig. 3-3).

"Pareciendo luego a Pedro de Samaniego que con cuarenta españoles de espada e rodela y ballesta y algunos amigos fuesen a la provincia de Chillao que estaba rebeles e procurase de hacer la guerra a los naturales con todo rigor. Partieron del real con esta determinación: caminaron por una sierra alta y llena de monte. Tuvieron aviso los indios de cómo iban a su tierra, nueva tan temerosa que sin osar aguardar en los pueblo los desamparaban desando las casas yermas. Llegaron los cristianos a uno de estos lugares, que era del señor principal, llamado Longlos, donde hallaron mucho bastimento y algunas manadas de ovejas y aves. Los amigos, que pasaban e dos mil, hicieron cargas de lo que pudieron para llevar al real, destruyendo lo que ellos querían. Avían quedado por los cavemos algunos indios de los que avían desamparado el pueblo; como vieron la destrucción que hacía en sus haciendas, llenos de dolor e ira, dieron mandado a sus capitanes, los juntaron más de cuatro mil hombres de guerra, e puesto en lugares por ellos escogidos y muy sabidos aguardaron a los cristianos y sus amigos, que salían por ellos. Los indios que iban cargados del bastimento huyeron como libres, dejando solos los cristianos, los cuales como oyeron la grita y estruendo tan grande que daban los enemigos, movieron para ellos. Y después de haber muerto e herido a muchos de ellos con las ballestas e espadas, los demás huyeron, desando a los nuestros cansados, y con no más daño de una herida que dieron a uno en el brazo, y como mejor pudieron, dieron la vuelta e se juntaron con Alvarado" (RGI, Tomo III, 1965:162).

Fig. 3-3. Tribu Indios Lorenzos, Rio Mayo. Foto Charles Krohle & Georg Huebner, Peru 1888/89. Copyright Museum für Völkerkunde, Hamburg. // The Lorenzos tribe, Río Mayo near Moyobamba.

Mandamiento y fundación de la Ciudad de Santiago de los Valles (Moyobamba)

Francisco Pizarro antes de su asesinato en 1541, fue informado por Alonso de Alvarado y Pérez de Guevara sobre sus viajes e interesado ordenó lo siguiente:

*"como soy informado que la tierra adentro en el paraje de los Chachapoyas **hacía donde sale el sol** donde se dice Moyobamba estan ciertas tierras y provincias donde ay muchos caciques e indios rico de oro y otras tierras y provincias de muchas gentes que no han dado a su majestad las obediencia e que ay disposición de tierra para que se pueblen de cristianos por ser como la tierra es fertil y de aguas y montes e tierras para labrar y de se tiene noticia que ay minas de oro se acordado en cumplimiento de lo que su majestad me a mandado que la dicha tierra de Moyobamba de suso declarada se pueble de cristianos y todo lo demás que se pudiere haber y descubrir por aquella vía se abra y descubra para que las gentes que en ella se hallaren se pongan debajo del yugo y obediencia de su majestad y vengan al verdadero conocimiento de nuestra santa fe católica que este es el principal deseo que su majestad tiene e que estas tierras se descubran y pueblen e porque para descubrir la dicha tierra y poblarla es menester una persona que vaya por mi teniente y capitán general de la gente que al dicho descubrimiento y población fuere por ende habiendo respeto que*

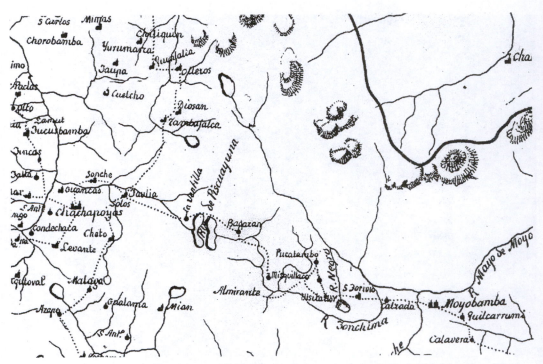

Fig. 3-4. Parte del Plano de la Intendencia de Trujillo, MS1767d. Cortesia de British Museum, London. // Part of the Intendencia of Trujillo's map, MS1767d. Courtesy British Museum, London.

vos este capitán Juan Pérez de Guevara sois persona hábil de confianza suficiencia e de buen recaudo y diligencia y experiencia de las costumbres de los indios para su pacificación e conquista a servicio de su majestad,..entrando la tierra adentro hacía los Cascayungas de la tierra de Moyabamba y pacifiquéis todos los caciques e indios de la dicha tierra haciéndoles guerra por la vía y menos riesgo de cristianos .." (AGI 123, 1578, ramo 4:41v 42r).

En los siglos posteriores hasta el construcción de la carretera en los 1960s muchas expediciones de aventureros, misioneros y negociantes recorrieron la ruta antigua de Chachapoyas hacia Cascayungas por las cordilleras a Taulia, pasando un tercer ramal de la cordillera y atravesando las cimas del Pishcohuañuna *"que quiere decir matanza de pajaros-, porque por su altura y defección atmosferica no pueden vivir los pajaros"* (Larrebue y Correa 1905, Vol.VI:512), a Ventanilla hasta San Agustín de Bagazán, donde según dicen empieza la montaña. Bagazán pertenecía al antiguo corregimiento de Pacclas (Nolasco 1966:310). Durante un viaje en 1845 los viajeros fueron atacados por un jaguar en Bagazán. Siguiendo la ruta a Pucatambo (alrededor Vista Alegre), La Ventana, Santo Toribio (ahora Rioja) hasta Moyobamba (Larrabure i Correa 1905, Vol.VI :512) (Fig. 3-4).

Fig. 3-5. Italiano con sus indios. Le asesinaron y le quemaron su casa. Río Ucuyali. Foto Charles Krohle & Georg Huebner, Peru 1888/89. Copyright Museum für Völkerkunde, Hamburg. // Italian with "his" Indians. They killed him and burned his house.

Juan Pérez de Guevara realizó varias expediciones en la región de la ceja de selva, siguiendo esta ruta o quizás otra ruta mas al sur de Leimebamba – Chilchos - Posic-Soritor hasta Moyobamba. Esta ruta mucho mas directa se dice fue utilizada por un sacerdote que celebró la misa en Caxamarquilla y que después de solo 12 horas de camino pudo celebrar misa nuevamente en Soritor a cuatro leguas de Moyobamba (22 km) (Larrebure y Correa 1905, Vol.VI). Esta ruta estaba todavía operativa durante el viaje del obispo Mogrovejo en 1593 (ver más adelante).

Pérez de Guevara estuvo acompañado por el fraile Gonzalo Hernández de los mercedarios, en esta oportunidad se amotinaron los habitantes y corrieron el riesgo de ser asesinados, pero escaparon con el apoyo de los españoles (Fig. 3-5).

Durante este viaje :

"dijo que el fundaba y fundó la dicha ciudad de Santiago de los Valles que en nom-bre de yndios se llama Guava según y como por la dicha provisión real les mandaba poner e puso por nombre la ciudad de Santiago de los Valles y dijo que la fundaba e fundó libre con aquellas prerrogativas y libertades que a tal ciudad se requiere y desde ahora pedía e suplicaba a su majestad y a los príncipes venideros la tuviese por tal y debajo de su amparo real y en señal de la tal fundación el dicho señor capitán tomó

un palo grande y lo hincó en la mitad de la plaza publica que para la ciudad tiene señalada el cual dijo que señalaba por horca por horca... picota e cuchillo... donde fuesen punidos y castigados los que delinquieren y dijo que señalaba para fundar la iglesia mayor donde fuese celebrado el culto divino en la plaza de la dicha ciudad al un canto de ella hacía la barranca del río un solar que tenga ciento y cuarenta pies en cuadra y sucesivamente señal junto a este dicho solar otro donde fuese casa de cabildo y fundición que tenga ciento e cuarenta pies de frente y ciento y quince de largo hacía la barranca hasta emparejar con la traza de las calles de la dicha ciudad y luego incontinente dijo que señalaba por éxitos e propios a esta dicha ciudad desde las sierras que van al vallezillo de Xepelacio de las cumbres paraca hasta donde entra el río que viene de Oromina en el río grande y por el dicho río arriba de Oromina hasta un arroyo que entra en el dicho río de Oromina que se llama Tonchiva e por el dicho arroyo arriba hasta la dicha sierra de Xepelacio dejando a los indios de Piguelo e Guaciquen un pedazo de tierra entre el cerro que esta camino de la dicha tierra de Xepelacio donde los dichos yndios estan poblados hasta el río Grande adonde hagan sus chacaras e sementeras bien cumplidas y luego incontinente dijo que nombraba por términos e jurisdicción a esta ciudad de Santiago de los Valles de la una parte que comienza por el río grande arriba de comienzo de estos valles del postrer pueblo de estas dichas provincias que se llama Guasta que los dichos términos comiencen de las dichas tierras que alcanza el dicho Guasta hasta llegar a los términos de los indios que tiene encomendadas Martín de Santiago vecino de la ciudad de la frontera y desde allí vengan discurriendo por el valle abajo por el pie de las cordilleras nombro alcaldes y regidores dio huertas y solares a los vecinos hizo el repartimiento de su letra en los vecinos de esta ciudad" (AGI 123, 1578, ramo 4:62r, 62 v).

Gracias a este documento sabemos los nombres de los españoles, sus repartimientos y los nombres de los caciques y sus etnias e igualmente la cantidad de personas que vivieron en la época de la fundación de Moyobamba en 1549. Curiosamente el documento no menciona nada de la presencia de los incas, cosa que nos parece extraña ya que en nuestras investigaciones anteriores y actuales hemos probado una fuerte presencia de los incas. Esto apunta a un rápido colapso del imperio Inca en la zona tras la derrota en Cajamarca.

Otro elemento interesante que podemos extraer del documento es el papel desempeñado por Juan Pérez de Guevara, en la historia de nuestra área de investigación. Cabe señalar que los límites de los encomenderos y los repartimientos de tierras en Chachapoyas y Moyobamba cambiaron muchas veces en el transcurso del tiempo debido a los diferentes intereses de los encomenderos y corregidores.

Expediciones

En el siglo XVI casi todos los intentos de la conquista y colonización en la selva oriental partieron de Moyobamba vía Chachapoyas.

En 1549 la noticia de una invasión pacífica de 300 indios del Brasil en la provincia de Chachapoyas, conmocionó a todo el Perú (AGI, Audiencia de Lima 36, 18r, Hemming 1978:195). Ellos avanzaron río arriba durante más de 10 años y dijeron que estaban huyendo de las vejaciones que sufrían de parte de los conquistadores portugueses en la provincia de Omagua. Su jefe Uiraracu ("Arco Grande") y cuatro personas más fueron llevados a Lima para visitar a la Gasca.

Los "invasores" indios tupi, fueron reasentados en la encomienda del nuevo encomendero, don Juan Pérez de Guevara de Cochabamba, Leimebamba y Chilchos. Sin embargo, él no tenía posesiones en Moyobamba (AGI Patronato Real 123, Ramo 4:53v). Ellos llevaron nuevos informes sobre las riquezas que se encuentran en Amazonas y ello inspiraría la más trágica de las expediciones del siglo XVI al Amazonas, la cual estuvo bajo el mando de don Pedro de Ursúa, que finalmente terminó en la desembocadura del río Amazonas. En 1560 esta expedición partió de las provincias de Chachapoyas y Moyobamba, con gente y provisiones de Chachapoyas, al este, con trescientos españoles, ciento cincuenta ballesteros y seiscientos indios entre hombres y mujeres para servir de cargadores y suplentes. Algunos de los pobladores de Moyobamba sirvieron de guías y traductores (Monguia en Torres de Mendoza 1865, vol.IV:192).

Sólo seis años después, en 1566, Martín de Proveda inició en Chachapoyas cerca del punto de embarque de Ursúa, una misión similar. Eventualmente apareció en Bogotá, Colombia, después que la mayoría de sus hombres hubieran perecido (Markham 1861:1).

Después de un lapso de tiempo de más o menos 40 años, durante el cual los españoles se consolidaron relativamente en la región, Álvaro Enrique de Castillo de Chachapoyas, intentó en 1607, que Lima le otorgara una licencia, pero no tuvo suerte (AGI Audiencia de Lima 36,9 1613).

En su lugar en 1610 el Corregidor de Chachapoyas, Juan Vargas Machuca entró en "tierra adentro" con una licencia real y un gran número de españoles e indios. Se ingenió para hacer la paz con varias de las tribus nativas, entre las que estaban los tabalosos (cerca Moyobamba), pero su esfuerzo de agruparlos en reducciones no tuvo éxito.

"Y no pudieron reducillos por no tener poblaciones, porque cada uno vive donde tienen sus chacras a grandes trechos, gente desnuda y pobre que no tienen ni aspiran á más que comer y beber, y asi no es de ningun interés ni provecho á Su Magestad" (Riva Herrera [1646-1655] 1899:93).

Una década más tarde, Álvaro Enrique de Castillo estaba de nuevo en Chachapoyas pretendiendo tener una licencia del Virrey de Lima. Se instaló por un tiempo con 100 soldados, cuyos malos hábitos no le fue posible controlar, por lo que la expedición fue abortada por el corregidor de la ciudad. Álvaro Enrique volvió a España para obtener la licencia y en esta oportunidad su gestión sí tuvo éxito. Regresó para iniciar una nueva entrada con cincuenta soldados. Las luchas internas así como los conflictos externos rápidamente condujeron al fracaso y la desaparición de esta expedición (Riva Herrera [1646-1655] 1899:4).

Cada expedición hacia el este, implicaba serias molestias para las personas que vivían a lo largo de la ruta (los soldados constituían una perturbación constante), así como en la propia ciudad de Chachapoyas. Así mismo, las expediciones significaban un aumento de los gastos para todos los residentes de la ciudad, quienes obtenían sus ingresos de los indios que vivían en el campo fuera de la ciudad de Chachapoyas.

Muchos de los encomenderos de los repartimientos, vivían en Chachapoyas y por esta razón, la mayoría sentía que tenían que aumentar los montos del tributo en comida y encontrar cargadores para los soldados entre "sus" indios. Cada soldado necesitaba por lo menos dos indios para cargar su ropa y comida, al tratarse de los capitanes y oficiales, estos necesitaban aún más cargadores además de un gran grupo que llevaran las reservas y las municiones.

En 1648 el Corregidor de Cajamarca don Martín de la Riva tuvo la misma idea de dirigirse al oriente. Detrás de su plan había intenciones secretas de encontrar la tierra de las riquezas:

"Por ser notorio que no solo son las dichas provincias ricas ya abundantes de frutos de tierra, muchos ganados algodón y otros géneros de mucho preso, sino que tienen muchos cerros de oro y grandes minerales de plata de que hay muy grandes noticias" (Riva Herrera [1649-1655] 1899:6).

Oficialmente su intención era la de pacificar y bautizar a los grandes grupos de infieles de la Amazonía especialmente a los: motilones, tabalosos, casablancas y otras tribus, una tarea que no había sido completada por don Álvaro Enrique de Castillo. Los españoles de la ciudad de Chachapoyas, ya curtidos por las malas experiencias previas, se opusieron enérgicamente a su campaña prevista. Cartas de algunas de las autoridades y ciudadanos declararon que el alojar y proveer para una nueva expedición significaría la destrucción de las ciudades de Chachapoyas y Moyobamba. Ya que eran gente pobre que no practicaba ningún comercio con excepción de la manufactura de velas de algodón en Moyobamba para los barcos españoles (Riva Herrera [1649-1655] 1899:99). Todos estaban de acuerdo que la entrada más corta y más fácil al este, para conquistar a los turbulentos indios guerreros, era por Caxamarquilla y Condormarca que están a sólo ocho días de viaje de Cajamarca, mientras que la entrada por Chachapoyas está a un mes y medio de viaje desde Cajamarca.

Fig. 3-6. India de Moiobamba cargando platanos, Martinez Compañón 1787, Trujillo del Perú, Tomo II Fol. 36. // Indian woman from Moyobamba carrying bananas.

El Corregidor de Luya y Chillaos, el Capitán Fernando Orejón Escandón, estaba muy acostumbrado a las expediciones hacia el interior, pues era el hijo político del desdichado don Álvaro Enrique de Castillo y habiendo formado parte de sus expediciones, estaba al tanto de las dificultades. El refirió abiertamente sobre los numerosos problemas como originados por la carencia de provisiones, la falta de aliados indios y los problemas de falta de disposiciones de indios aliados, el gran número de bestias de carga necesarios para el transporte de mercancías entre Chachapoyas y Moyobamba, lo que afectaba el comercio normal. Sin estos elementos una expedición era imposible. Al final de cada año no había nunca un excedente de provisiones, sino que por el contrario con frecuencia se producía una aguda escasez: "no hay con que sustentarse" (Riva Herrera [1649-1655] 1899:99). No había suficiente trigo para enviar de Chachapoyas a Moyobamba, lugar donde no crece; la población en Moyobamba recibió todo el trigo del área de Luya, Chillaos y Chachapoyas. Y si una expedición lograba conseguir la cantidad de trigo necesaria, el viaje se prolongaba por más de un mes, debido a las dificultades en el acarreo de las provisiones a través de los caminos extremadamente enlodados, los ríos violentos y las altas montañas en donde se perdían mulas y caballos (Fig. 3-6).

El resultado de aquellas empresas sugeridas por don Martín de la Riva Herrera, fueron cuatro campañas durante los años de 1653-55, entre los indios infieles ó paganos que vivían en las montañas. Las primeras dos campañas salieron de Chachapoyas y Moyobamba, a pesar de la oposición de los ciudadanos españoles. Las expediciones fueron dirigidas hacia los motilones y tabalosos que habían atacado Moyobamba en varias ocasiones.

En su estudio sobre el Alto Amazonas, Golob menciona que los españoles efectuaron varias incursiones a la selva para conseguir esclavos, sobre estas incursiones se escribió muy poco y más bien se concentraron en reportar las incursiones portuguesas provenientes del este. Los españoles comenzaron a irrumpir en la selva, en búsqueda de esclavos que trabajasen en sus encomiendas, en sus campos, minas y molinos. Golob escribe, que si bien las incursiones tuvieron su inicio en el siglo XVI éstas no estuvieron limitadas a dicho siglo. Hay informes sobre incursiones españolas violentas en 1659. Los cazadores de esclavos venían de las ciudades de Chachapoyas, Moyobamba y Jaén (Golob 1982: 132-135). En el Cabildo de Chachapoyas puede encontrarse información que indica que otro de los propósitos de ir hacia el este, hacia la selva, era precisamente la búsqueda de esclavos (Libro Primero de Cabildo de Chachapoyas [1544] 1958:6).

Misioneros

Mientras tanto varios religiosos entraban en los bosques nublados. La Orden de la Merced estaba presente en Chachapoyas en 1541 (Aparicio, Tomo I, 2001) y los mercedarios fueron los primeros misioneros en la ruta hacia Moyobamba, seguidos por los primeros agustinos en 1557. Los misioneros franciscanos de los Doce Apóstoles, llegaron a la región quizás tan temprano como la fundación de la ciudad de Chachapoyas. Una característica común entre los otros misioneros eran sus itinerarios que se dirigían desde Lima a Cajamarca, Chachapoyas y Moyobamba la misma ruta como las expediciones (Biedma et. al. 1989:262, 264, 265) (Fig. 3-7).

Los agustinos entraban por...

"tierra muy áspera y de gran humedad, que todo el año no hace sin llover, y por esta causa los indios tienen sus casas edificadas en las cumbres de las cuestas y altos, unas casas redondas: llegan cuasi a los Motilones, y cerca de allí es cosa de notar que hay unos indios que se llaman los Chalcho [Chilchos] todos ellos y ellas con grandes paperos (Los primeros Agustinos [1550-1570] 1916:56).

En los densos bosques los caminos, siempre fueron riesgosos, pues significaba atravesar ríos y pantanos, esquivando plantas venenosas y sorteando peligrosos animales como: víboras, tigrillos y jaguares.

"El bendito Padre fray Juan Ramírez preguntóles en que parage se avian visto a aquel dia los tigres, digeronle donde, i obligóles a que se fuesen tras el. Unos le figuiron forcados, i otros se le quisieron quedar escondidos, i los que mas le mostravan animo eran los echizeros, contentos de verle ir donde muriese despedacado. El

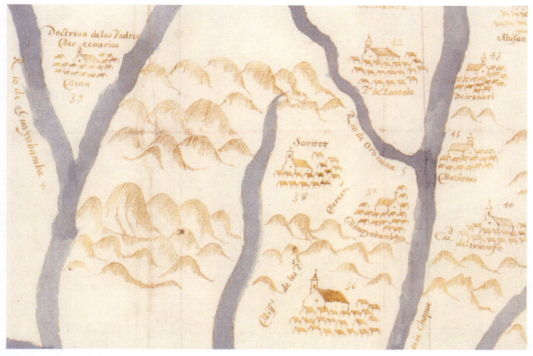

Fig. 3-7. Mapa de los mercedarios en el norte del Perú. Cortesía de Archivo Sección Limite, Ministerio de Asuntos exteriores, Lima. Mapa VPE-015v / The Mercedarios' map of northern Peru, Map VPE-015v.

bendito Religioso caminaron a pie en busca de las bestias, i allaron por el rastro el parage, quando los Indios vieron tan terribles i fieros animales del tamaño de grandes bezerros , i a su miedo mayores de elefantes, o torres, huyendo se bolvian muchos, i ninguno queria passar a ellos, aziendo algunos sumisiones de adorarlos. Alço el buen Padre ojos al Cielo, pidió socorro... mostró una Cruz a las crueles bestias, que tan aconpañadas devian de venir de los demonios, i al punto comencaron a huir, fuelas siguiendo, i a el los Indios mas animados, i mostrando las bestias rendimiento se subieron sobre un gran arbol, mostrando solos dientes i miedo. Tiró la primera piedra, i otras algunos Indios, sin que los animales mostrasen mas que estar amila-nados i rabiosos; animaronse mas Indios, i a pocas pedradas cayeron bramando las terribles bestias, i en el suelo las acabaron de matar, desollaron las pieles manchadas, i trujérólas a poner a vista de todos en la plaza publica" (Calancha 1638:385).

Hasta hace sólo 30 años, los jaguares todavía atacaban a la población y solo hace un año un poblador mató un jaguar grande (Información personal en El Dorado (Fig. 3-8).

La iglesia estableció doctrinas con sacerdotes o frailes que eran encargados de evangelizar y bautizar a los infieles. Una doctrina estaba formada de varios pueblos pequeños, distantes entre sí y hacía de cabecera de doctrina el más importante de ellos,

Fig. 3-8. *Jaguar matado alrededor de El Dorado en 2008. // Jaguar killed near the village of El Dorado en 2008.*

donde residía el cura doctrinero (Aparicio 2001:28). El encomendero debía pagarle al doctrinero su estipendio. Bajo esta modalidad muchas veces los encomenderos *"ponían en sus doctrinas a los curas que les ayudasen a sacar más pingües ganacias, a quienes cooperaban en sus granjerías"* el doctrinero era cera blanca en manos del encomendero como dice Aparicio (2001:28).

En la visita del Obispo Mogrovejo de 1593, encontramos información que nos proporciona, los nombres de los lugares y la cantidad de población de esta remota parte norte del país, a partir de su primera visita en 1586 y su ruta a Moyobamba. Sólo las doctrinas de interés para nuestra investigación son mencionadas.

El libro de visitas de Mogrovejo dice: (Benito 2006:123)

"Su Señoria Ilustrisíma tomó un viaje muy trabajoso para ir a Moyobamba, que es por Ypapuy y Posi (Posic), de my mal camino y áspero y fragoso, y confinan los pueblos de Posi e Ypapuy con indios de guerra..."

La visita habla de los diferentes pueblos y se ve la gran disminución de la gente en solo nueve años:

La doctrina de **Taulia** ahora es una comunidad en el distrito de Molinopampa, provincia de Chachapoyas, aquel tiempo fue cabecera en la doctrina.

"El pueblo de **Taulia**: 16 tributarios, y 16 reservados y de confesión 72 y ánimas 90. Esta vez 22 personas, los de la vez pasada no parecieron. Doctrinero fray Francisco Cabezón.

El pueblo y asiento de **Xebil**: 11 indios tributarios solteros, 4 tributarios casados, reservados solteros y casados 3, 13 mochachos, 17 mochachas, por todos: 50 indios. En este pueblo 23 personas (siete leguas del asiento de Huayabamba [38,5 km]).

El pueblo de **Laya**, el cual por temor de los Ancaes y mal sitio se despobló, y hay 3 indios. (Desde Xebil a Laya hay 4 leguas [22 km]).

Item el pueblo de **Ypapuy**, que está siete leguas de muy mal camino con riesgo de los Ancaes y tiene 11 personas, 22 indios casados, 12 indios viejos reservados, casados y solteros, y 12 indias viudas y solteras, y 16 mochachos. Confirmó su Señoria en este pueblo 11 personas. De Laya a Ypapuy hay 7 leguas de mal camino y con riesgos de Aucau.

El pueblo de **Possi** [Posic] 28 personas, 26 indios tributarios casados, 9 tributarios solteros, 10 indios reservados, casados, 8 indias, viudas y solteras, 16 mochachos, 22 mochachas, en todo 91. Esta vez en este pueblo 28 personas.(De Ypapuy al pueblo de Posic hay 2 leguas [11 km]).

Toda esta población está dentro de la montaña y en tierra peligrosa de enemigos; y la relación de los yanaconas ovejeros de las estancias está en la información que hizo su Señoría" (Mogrovejo [1593] 1921:51) y

"La cual doctrina tiene muchos pueblos y en partes muy trabajosas donde es forzoso ir el sacerdote con mucho cuidado y recato por causa de los indios Motilones y Jeberos que de ordinario salen a Laya y Possi y a toda aquella tierra a cortar las cabezas a los cristianos, y los caminos son muy malos y peligrosos; y su Señoria Ilustrísima visitó todos los dichos pueblos y pasó con harto trabajo el dicho camino y peligro de su vida, y halló en este paraje y sitio la siguiente" (Mogrovejo [1593] 1921:49)

La Doctrina de **Soritor** también pertenecía al territorio eclesiástico de Chachapoyas. **Santiago de Soritor** (fundado en 1561) fue difícil de administrar porque era cabeza de los siete los pueblos de Ranarí, Nijaque, Toe, Palanca, Yantate, Abuao y Guastilla. Algunos pueblos estaban ubicados muy adentro en la montaña de la provincia de Moyobamba. Sólo Soritor y Yantate se encuentran hoy en día, pero en el mapa sin fecha de las misiones de los mercedarios figuran los otros pueblos (Fig. 3-7).

En 1586 cuando Mogrovejo visitó Moyobamba por la primera vez, habían 69 españoles sin mencionar el número de indios; en 1595 viven sólo 27 españoles y 165 indios, además de muchos indios yanaconas y forasteros de otros lugares.

La doctrina de **Moyobamba** se llamaba Doctrinas de los Llanos y tenía los pueblos de Lezetor (¿), Oromina, Gepelacio, Surrón, Chichimaro, Jaque, Yranare y Toche de Sipa. De estos sólo Oromina y Xepelacio son conocidos hoy.

Juan Pérez de Guevara, los chilcho, los posic y los orimona

Juan Pérez de Guevara no gozó de buena reputación como encomendero del repartimiento de Cochabamba, Leimebamba y Chilchos a partir de 1548. Pérez de Guevara los hizo trabajar inhumanamente en sus minas de oro y los obligó a cumplir con exorbitantes cantidades de tributo (Schjellerup et al. 2005, Schjellerup 2008). Pero el título dado a Juan Pérez de Guevara no incluyó los indios que pertenecían a Moyobamba como hemos mencionado antes.

El territorio de los chilcho probablemente se extendía al este hacia el río Huambo, incluyendo un pueblo llamado Laya que también es desconocido hoy. Más al oeste queda el pueblo antiguo de Posic y no como equivocadamente señala Espinoza Soriano "al norte de Rioja" donde ahora existe otro pueblo con el mismo nombre de Posic (Espinoza Soriano 2003:34, 121). Posic fue conocido por sus salinas *"donde van a beber o a comer de aquella sal las obejas"* (BNL A 158:164 r).

Posic era parte de Tawantinsuyu, tal y como nuestras investigaciones lo han comprobado y luego fue parte de Moyobamba en el tiempo colonial temprano.

A partir de 1548 los primeros encomenderos Luis de Moscoso y Pedro de la Mina estuvieron encargados de dos repartimientos en Moyobamba – el uno tenia la mitad del Valle de Orimona de la Sierra y el otro la segunda mitad. Muere Pedro de la Mina y su esposa Ana Ruiz se casa con Francisco Sanabria y ambos fallecen poco tiempo después. Dichas muertes originan que el repartimiento pase a manos de Francisco Núnez.

En pueblo de San Miguel de Orimona existía una iglesia con imágenes de santos (Espinosa Soriano 2003:144).

Juan Pérez de Guevara ideó una manera "creativa" de conseguir tributos en especies naturales como algodón y otros. Parece que el cambio de clima, coincidente con la época de la Pequeña Edad de Hielo, afecto el cultivo de algodón en el valle de los Chilchos y por esta razón Juan Pérez de Guevara, organiza a los chilcho para atacar a los orimona. Juan Pérez de Guevara utilizó a algunos de los chilcho, de los laya y de los posic como mercenarios en el ataque contra los orimona, pensando incorporar dicho territorio orimona a su encomienda y así conseguir más algodón. Los orimona vivían en las zonas de menor altura hacía al este, siendo vecinos de los posic.

Parece que los posic fueron incorporados bajo de la custodia de don Gomez de Toledo, cacique de los chilcho y los visitadores entonces, empadronan a los posic como una etnia perteneciente a los chilcho (Espinosa Soriano 2003:81). El pueblo y tierra de Posic medía tres leguas (16,5 km) a parte del pueblo de los orimona (Espinoza Soriano 2003:154).

En un juicio de 1567-1578 entre el encomendero Francisco Núñez y Juan Pérez de

Guevara, se documenta esta historia de conflictos entre las etnias, robos, matanzas, abusos y problemas limítrofes. Gracias a este documento conocemos los nombres de los caciques, sus etnias o tribus y de la ubicación aproximada de sus territorios. En el momento de la visita de Mogrovejo 20 y 30 años después como hemos visto todavía existían los pueblos de Laya, Posic, Ypapuy y Oromina (Orimona).

Varios testigos mencionan que Juan Pérez de Guevara cambió el nombre del Valle Orimona al de Valle de Ylicate y más tarde a Panacote . Al parecer el haber cambiado los nombres de algunos de los caciques para generar confusión y de esta manera retener más tributo (BNL A 158: 163v, 164r).

Los documentos mencionan los siguientes caciques e indios de los **posic**:

Los caciques de don Diego Poci, don Manuel Poci, don Juan, don Pedro, don Diego Otapi, don Diego Capillach, yanacona Francisco Chan, Hernando Tobsi, don Asto Ximbo (quemado vivo por los españoles), Titipuy Ximbo (ahorcado), cacique Ypoala;

Y del pueblo de **Ypapuy**:

Don Aticuilla (muerto por Francisco Jara), don Moquit (mutilado y muerto por Jara), la mujer Hizos (mutilada de la nariz por Francisco Jara), Miguel Chancha, don Cristóbal Colimbo (muertos por una lanza);

De **los orimona** menciona los caciques e indios de:

Don Francisco y Don Pedro Orimona, don Francisco Achucapa, don Pedro Capi-cero, don Carlos Orimona, don Colinbo Pacima, Oribanaco (atacado por los perros cazadores), Upique, Tapaca, Exobi y su hijo Irioma (muertos por gente de Posic) Quibixamo, Toribitibo, Bizcaco, Poxo Minran,Carlos Chizatopa, Loachipa y su mujer Otongo e hijo Ochiparo, Capiña y su mujer Ycaxotiya, Yxotepo, Gonzalo Baçiçanbo y su mujer Maria, Alonso Motaza, Eriabonoco, Opichitapaco y Quibixamo (mutilados y muertos por los españoles junto con los de Posic, Chilcho y Laya), una mujer Chu-cachi (muerta por Francisco Chan de Posic), Tiquiteba (envenenado por el cacique don Pedro de Posic), las mujeres Catacaico y Corapa (se inmolaron por los caciques de Posic), la mujer Copaya (ahorcada por don Diego de Posic), Oritibano (ahorcado por don Pedro de Posic), Gonzalo Ipacejenio.

En un documento que lamentablemente no logramos ubicar hasta ahora, Espinosa Soriano menciona que Juan Pérez de Guevara consideraba los posic como salvajes que:

"no practicaban la agricultura, ni la ganadería, ni textilería… y que acostumbraban la cacería de cabezas para lo cual asaltaban a los pueblos vecinos durante las no-ches" (Espinoza Soriano 2003:70). Intentó "civilizarlos" con la enseñanza del cultivo de maiz, instaló una estancia para criar chanchos todo encargado a un tal Francisco

Jara, que permaneció allí un año y medio (1553-54) y después en 1562.

Comparando el contenido de este "supuesto documento" con nuestras investigaciones arqueológicas, se aprecia una gran discrepancia. El sitio de Posic muestra huellas de un pueblo de la cultura chachapoya, hacia un lado del río y por el otro, un centro administrativo inca con terrazas de piedra para la agricultura, probablemente para el cultivo de maíz, que tenía una importancia medular para los incas. Entonces, ¿cómo podrían los indios en Posic no conocer nada de este tipo de agricultura? Puede ser que el centro Inca en Posic dejó de existir en los últimos años de los 1530s, pero todavía había personas que vivían en el lugar y en 1586 hubo noventa y un habitantes en Posic. En menos de 30 años los posic no retrocedieron a un estado de "salvajes". Sin duda Juan Pérez de Guevara, para justificar sus intrigas, describió a esta etnia como compuesta de hombres salvajes.

Antes y durante el reinado de los incas las etnias de los chilcho, laya, posic, ypapuy y orimona de la ceja de la selva mantuvieron disputas constantes entre sí. Sin duda eran grupos belicosos.

Un testigo en el juicio entre Juan Pérez de Guevara y Francisco Nuñez dice que en el tiempo *"Que se conquisto la tierra que los unos con los otros traían guerra [sic] de suerte que se mataban los unos a los otros lo qual era cosa publica i notoria"* (BNL A 158:198v). Con esta aparente predisposición a la venganza, era fácil para los españoles animar a los caciques para llevar a cabo actos de venganza entre sí, pero no era excusa para que los españoles sean tan crueles contra los indios.

Los caciques de los orimona que hablan la lengua del inca en el juicio dicen que *"nunca el Inka conquisto el dicho pueblo ni fue sujeto sino libre porque si lo hubiera conquistado tuviera casa en el dicho pueblo de Orimona"*(por presunción no existía una casa del Inca) y *"nunca fuimos sujetos a los inkas como lo fueron los dichos caciques e indios de la dicha provincia de Chillcho que confina con nuestras tierras ni reconocimos otro señor en tiempo alguno hasta que por vuestro mandado los españoles [llamados biracochas en otro parte del documento] después que poblaron la Ciudad de los Chachapoyas pasaron adelante y descubrieron las provincias de Moyobamba y poblaron la dicha Ciudad de Santiago de los Valles a siete leguas de nuestras tierras y dicho valle de Orimona de la Sierra la cual dicha Ciudad de Santiago pobló el dicho capitán Juan Pérez de Guevara y nos repartió a los vecinos de la dicha ciudad a todos los indios que se incluyen en el dicho Valle de Orimona Posiq/Ylecat y Ipapuy, Hohi, Panacoto y todos fuimos y acudimos a la dicha ciudad a servir y tributar a nuestros encomenderos ansi por ser de los terminos de la dicha ciudad y tan cercanos y en nuestro natural como por estar nuestras tierras a mas de treinta leguas de la Ciudad de la Frontera y diferente temple y gente y después que el dicho capitán Juan Pérez de Guevara de sola su autoridad nos quiso usurpar ayudándose de los dichos caciques e yndios de la dicha provinçia de Chillcho para el dicho efecto y con muchos dellos entro en el dicho Valle de Orimona y prendió vn cacique llamado Astoçinbo y lo hizo quemar en el dicho pueblo y asiento de Posiq y asimismo hizo ahorcar a otro indio porque no querían acudir a sus llamamientos y los dichos caciques de Chillcho con el amparo que tenían del dicho Juan Pérez de Guevara y del dicho Enrrique Xara ahorcaron y mataron otros indios e indias demás las dichas haciendas que nos han tomado y por esta fuerza no castigada el dicho don Juan Chillcho hace las dichas fuerzas y prisiones ahora nuevamente"* (BNL A 158:200r, 243 r).

En los años desde 1555 hasta 1570 los orimonas sufrieron el robo de 100 obejas (llamas), 600 piezas de ropa (mantas y vestidos), 100 pesos de plata menuda, 6000 arrobas de algodón, cera, aves, chaquiras, cuys, cerbatanas, macanas, machetes y redes de caza. Además los españoles les echaron a los perros de caza a algunos de los indios, otros fueron mutilados, ahorcados, de otro lado sus casas y chacras fueron quemadas. Fueron amenazados, para que mientan sobre los nombres. Solo quedaron 40 orimonas ya que una gran mayoría huyó al monte, la solución de siempre a los problemas graves.

En 1583, el repartimiento de Chitimaros y Licata ¿Orimona? del encomendero de Francisco Nuñez, tenía en total 280 personas, reducidos en dos pueblos con los mismos nombres. El repartimiento de Oromina del encomendero Pedro de Bardales, tenia 191 personas, en un pueblo del mismo nombre (Relación de los oficios que se proveen en el reino del Perú años 1578-1583:262-266).

En 1590 a raíz de la visita de Moyobamba se informa que los indios del repartimiento de Orimona de la sierra y Chitimaro son de la encomienda de Gerónimo Nuñez de Moscoso y todos son reducidos al pueblo de Xepelacios afuera del repartimiento de Chitimaro. En los dos repartimientos hay en total 61 indios entre casados, viudos, solteros y tributarios.

En el pueblo de Horomina en el repartimiento de Orimina [Orimona] había 15 indios tributarios y un cacique de la encomienda de Pedro Bardales (Lenci y Vicente 1997:148,174). En el mismo año el corregidor enfatiza que son indios muy bien aprovechados por tener buenas tierras en donde se coge mucho algodón y son fértiles para hacer buenas chacras de maíz y yuca (Lenci y Vicente 1997:175).

El nombre de Posic no se encuentra en las visitas de 1583 y 1590, pero más tarde en 1684, Juan López de Vargas, encomendero de San Yldefonso (de los chilcho), vino a la reducción de unos indios sujetos al pueblo de San Yldefonso por formar parte de su encomienda. En esta época el pueblo de los chilcho fue reducido a otro lugar en la sierra. Este pueblo existe hasta hoy con el nombre de Montevideo (Schjellerup et al. 2005).

Juan López de Vargas tenía noticia de alguna gente que estaban inconformes por las largas distancias, porque los perjudicaba en lo que tenían; dice que el pueblo

Fig. 3-9. Rioja, calle. Foto Charles Krohle & Georg Huebner, Peru 1888/89. Copyright Museum für Völkerkunde, Hamburg. // Street in Ríoja.

de su encomienda dista de donde están estos indios más de veinte y cinco leguas (137,5 km).

"Los indios agraviados huyendo se retiraron mas de ocho leguas (44 km) dejando sus casas y sembrados. Yendo yo con noticia que tuve de una mina que había en el paraje llamado Posi, hallé a estos indios pereciendo de hambre por haber dejado sus casas y sembrados: tuve de dejar mi viaje por sosegarlos, y volverlos a su centro, donde por este paraje entran, y salen a donde asistimos yo y otros vecinos son muy amigos; en virtud de esto se podrán reducir todos" (Tena:186v,187r).

Esta información parece fue la última, sobre la existencia del pueblo de Posic, como parte de la encomienda de los chilcho, antes de la entrada de gente de Omia en nuestros tiempos.

Tiempos modernos

En 1782 el obispo don Baltasar Jaime Martínez de Compañón, estuvo en Moyobamba durante su visita. El fundó el pueblo de Santo Toribio de la Nueva Rioja (Rioja), lugar que antiguamente se llamaba Uquigua (Fig. 3-9), reuniendo varios pueblos que existían en las cercanías de Moyobamba y que casi se habían extinguido

Fig. 3-10. Pasando el Rio Tonchima en 1946. // Crossing the Rio Tonchima en 1946. Delgado 1946.

por causa de las epidemias y pestes que ocurrieron en distintas épocas (Raimondi 1874 Tomo III:198)

Se trataba de los pueblos de Nijaque, Iranari, Toé, Yantaló, Soritor y Yorongos aunque parece que Yantaló, Soritor y Yorongo continuaban existiendo como pueblos o caseríos. En el acta de la fundación del Pueblo de Santo Toribio de la Nueva Rioja dice que:

" *a cada uno de los indios los colocaré en cada manzana para que hagan sus casas de once varas de largo y cinco de ancho, con una sala, un cuarto y su cocina al patio de estos no pagarán tributo ni servirán de concertado y ni pasarán fiestas hasta que se acabe la fundación. Y las indias, mientras que sus maridos estén en el trabajo de la Iglesia y hagan sus chacras, los sábados cada semana irán a los antiguas pueblos para que traigan sus víveres, sus algodones y tornos de hilar y desmotar, y Gaviria mandará poner canoas en Tonchima y el Mayo para que no tengan peligro en las idas y vueltas que han se hacer*" (Velázquez de Novoa 1959:4) (Fig. 3-10).

En los 1780s Cosme Bueno menciona en su "Descripción Geográfica del Perú (1784:63r) que:

"*La Provincia de Chachapoyas confina por el Sureste con las montañas de los Indios*

Fig. 3-10. Moyobamba, calle del Comercio. Foto Charles Krohle & Georg Huebner, Peru 1888/89. Copyright Museum für Völkerkunde, Hamburg. // Commercial street, Moyobamba.

infieles" y "mas hace el comercio es el algodón, y el tabaco, siendo el de partido de Moyobamba de especial calidad, donde sirven estas dos especies de moneda provincial " (Fig. 3-10).

La manufactura de sombreros fue introducida a Moyobamba en 1826 por una persona de Guayaquil. Como el material de bombonaje se encontraba en las márgenes del río Mayo, el tejer y vender de los sombreros hasta Huánuco, Huaráz, Patáz y Chachapoyas creció hasta tener una importancia económica significativa. Los sombreros tenían un valor fijo según la calidad del tejido (Larrebure y Correa Vol.VI: 294,1905).

Soritor pertenecía a Moyobamba y tenía los siguientes anexos: Irinari, Intolo, Avisado, Nijaque, Palanca y Thoés.

Moyobamba formó parte de la Gobernación de Maynas, debajo de la Audiencia de Quito y sede de muchas actividades políticas, administrativas y de las misiones de los Franciscanos de Ocopa. Durante la emancipación, Moyobamba permaneció fiel a la corona española. Acontecieron varias batallas para consolidar la independencia de Maynas, siendo una de ellas "La batalla de Habana".

En 1832 el departamento de Amazonas fue creado con las provincias de Pataz, Maynas y Chachapoyas.

En los 1830s el río Tonchima constituía el límite entre la provincias de Chachapoyas y Moyobamba (Mainas). Hasta 1802 el límite entre estas provincias era el lugar de Pucatambo (ahora Vista Alegre), perteneciendo a la población de Rioja y Moyobamba, pero por informes falsos en este año 1802 se agregó a Chachapoyas, permaneciendo así hasta 1836, época en que volvió a pertenecer a Moyobamba (Raimondi 1874, Tomo III:197).

En los años siguientes diferentes políticos, ubicaron a Moyobamba de un lado al otro, entre nuevas creaciones de departamentos y provincias, como la provincia Litoral de Loreto y al fin en 1906 Moyobamba fue incorporado en la creación del departamento de San Martín como provincia y capital (Cárdenas Silva 2006).

La ruta por Posic- Soritor- Moyobamba fue olvidada hasta 1840 cuando se pensó abrir un camino directo a Moyobamba desde Cajamarquilla, porque la tradición oral mencionaba que antiguamente existió ese camino. Sin embargo, la iniciativa no tuvo resultado y después fue olvidado nuevamente.

Orimona existe como un pueblo con el nombre de Orimina y en un lugar diferente.

Actualmente subsiste un diferendo limítrofe entre las Regiones de Amazonas y San Martín, pues sus límites políticos no están totalmente definidos, especialmente "tierra adentro". Pero el límite debería ser como era antes de 1802 por La Ventana – Vista Alegre perteneciendo el oeste a la región de Amazonas y el este a la región de San Martín.

Conclusión

Las fuentes históricas revelan esta región como una zona de transición, entre la sierra a través de la ceja de selva hacía la selva. Muchas fueron las expediciones desarrolladas en los siglos 16 y 17 en las cuales que fueron necesarios el aporte de muchos indios de carga, indias para cocinar, provisiones y disposiciones para proporcionar guía a los españoles (Fig. 3-11).

Las esperanzas de los españoles de encontrar nuevas tierras y riquezas "hacía donde sale el sol" fue el motivo principal de la conquista, para lo cual realizaron expediciones muy complicadas a los bosques nublados, lo que hemos mencionado líneas arriba. Siempre hubo peligro debido a los indios salvajes y feroces jaguares que mataban a la gente "que es cosa ordinaria" (BNL A 158:121v).

Los repartimientos otorgados por Pedro de la Gasca, originaron muchos problemas, debido a que los límites entre las regiones de Chachapoyas y Moyobamba no estuvieron bien definidos. Las acciones del encomendero Juan Pérez de Guevara se describen como despreciables, infligiendo penurias increíbles sobre la población indígena. Debe ser descrito como uno de los más horrendos y repudiables encomenderos que he tenido el Perú.

Fig. 3-11. Moyobambinos. Foto Charles Krohle & Georg Huebner, Perú 1888/89. Copyright Museum für Völkerkunde, Hamburg. // Women from Moyobamba.

En este ámbito, con el abuso de encomenderos como Juan Pérez de Guevara, las constantes luchas entre los distintos grupos de indios alentados por los españoles y las epidemias, que por la falta de resistencia de los indios a las nuevas enfermedades, generaron la destrucción masiva de las sociedades indígenas y el colapso de sus poblaciones.

Los viajeros tomaron el camino de Chachapoyas hasta Moyobamba por dos rutas: una de Molinopampa (siete horas de Chachapoyas, Tambo Ventanilla, Tambo Bagazán (siete horas de Ventanilla), Almirante (cinco horas), Pucatambo (seis horas) y Visitador. Middendorf, un viajero alemán escribe en 1876 que la ultima parte de Pucatambo a Visitador es la peor por la cuesta, la misma que consiste de una escalera larga de sólo dos pies de ancho. De Visitador son dos horas a Rioja y vía Calzada son seis horas y se atraviesan los ríos Tonchiman e Indoche, el primero en canoa, el segundo a vado, antes del llegar a Moyobamba (Middendorf 1895:235).

La otra ruta fue de Leimebamba – El Valle de los Chilcho – Posic – Orimona – Soritor hasta Moyobamba pero por sus partes pantanosos y el peligro de ataques de indios infieles y jaguares fue probablemente abandonado en los 1600s. La ceja de la selva, otra vez empezó cubrir el área con monte que casi permanece hasta el día de hoy.

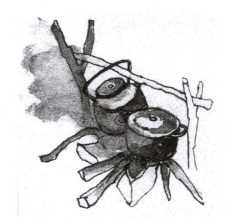

Capítulo 4

Estudios antropológicos

Introducción

Después de más de 400 años de olvido, nuevos colonizadores redescubrieron fértiles valles cerca de la frontera compartida entre los departamentos de Amazonas y San Martín. Los pioneros encontraron un paraíso de exuberante vegetación y lo más importante, visionaron una gran oportunidad de mejorar sus vidas con chacras extensas y productivas, a las que no podían acceder en sus lugares de origen. Sin embargo ellos debieron enfrentar grandes desafíos, días extensos de duro trabajo para construir los caminos de acceso, despejando la selva, viviendo en aislamiento y careciendo de servicios básicos e infraestructura. Pero la esperanza de una vida mejor era tan atrayente que los más intrépidos siguieron su sueño e hicieron grandes transformaciones en los valles. En poco tiempo consiguieron tener buenas cosechas de café, superando con creces lo soñado. También expusieron la gran fragilidad de aquellas tierras; la erosión y las plagas que podrían convertir un sueño en pesadilla, no solamente para ellos sino también para la humanidad debido a la deforestación y los profundos daños a los recursos naturales.

Historia de las recientes oleadas migratorias

El Estado peruano hizo una promoción importante para la colonización de la selva alta desde los años 60 (primer gobierno de Fernando Belaunde), ofreciendo nuevas oportunidades a los ciudadanos y sobre todo, para aliviar la fuerte presión poblacional sobre Lima y las otras ciudades de la costa debido a la migración. La planificación urbana en estas ciudades no había previsto el incremento acelerado de la inmigración de millones de campesinos pobres, por lo que su infraestructura y servicios era cada vez más deficiente. Las políticas del gobierno para desviar una parte de la inmigración hacia el interior del país tuvieron algún éxito. En el interior, nuevos pueblos se fundaron y crecieron muy rápido. En 1984 el Congreso aprobó la ley que estableció el distrito de Nuevo Cajamarca con su ciudad capital del mismo nombre. La creación de Nuevo Cajamarca y la construcción de la ruta Marginal de la Selva incrementaron la migración del poblador andino, sobre todo del departamento de Cajamarca y de los pueblos aledaños hacia la selva alta con rumbo al este.

Se formaron grupos expedicionarios en búsqueda de nuevas tierras fértiles en la selva alta. Al encontrar estas tierras se unieron para colaborar en la construcción de los caminos de acceso y delimitar las parcelas. Los centros poblados empezaron sencillamente con una asamblea comunal donde se aprobó el nombre del lugar y

Recuadro 4.1 Objetivos, métodos y técnicas antropológicas

Objetivos

Los objetivos de la investigación han sido: describir las razones y el proceso de migración y formación de los caseríos en los últimos años en las cuencas del área en estudio; también conocer y analizar las prácticas agrícolas junto a la vida cotidiana de los pobladores; asimismo analizar las consecuencias socio-ambientales de esta migración y finalmente plantear recomendaciones para un manejo sostenible de los ecosistemas.

Métodos y técnicas

El trabajo de campo se inició en forma paralela con los otros módulos de investigación. Se ha utilizado el método etnográfico para comprender y explicar el proceso de migración de los colonos, los cambios en sus prácticas agrícolas y la adaptación en la selva alta. Las técnicas para el recojo de la información fueron:

La observación
Mediante esta técnica se analizó las prácticas agrícolas de los colonos, la distribución del trabajo, la cosecha y la comercialización;

La observación participante
El periodo de convivencia dentro de sus hogares permitió comprender los comportamientos de los colonos, sus costumbres, creencias y expectativas de vida;

El cuestionario
Se aplicó a 264 familias para conocer los aspectos cuantitativos como los niveles socio - económicos en relación a la cantidad de hectáreas de tierras de cultivos, producción, promedio de ingreso y egreso de las familias. Se seleccionó como informante al jefe de familia, la madre o el padre, considerando a la familia como la unidad doméstica caracterizada por tener una residencia común y una cocina. El cuestionario fue elaborado por Inge Schjellerup y Carolina Espinoza.

La entrevista en profundidad
Se recogió la historia sobre los procesos de formación de los caseríos y las historias de vida para describir e interpretar las vivencias de los colonos, desde su punto de vista y también para analizar la problemática desde su enfoque y sus posibles soluciones;

Registro de las viviendas
Se tomó los puntos de las viviendas con el GPS, lo que servirá de insumo para la elaboración del plano del centro poblado;

se redactó el acta de creación firmada por todos los presentes. Luego hicieron los trámites para ser reconocidos como anexo o directamente como caserío.

A partir de los años 70, algunos grupos de expedicionarios salieron de Soritor hacia el sur para crear los caseríos de Nueva Esperanza y San Marcos ubicados en la cuenca norte del Óchique, que es bastante ancha y poco accidentada. En poco tiempo, San Marcos creció de manera acelerada con rutas de acceso a Soritor y una red de trochas de penetración, así se articuló y se reconoció como punto de intercambio para los caseríos que se encuentran a su alrededor.

En los años 80, los colonos llegaron hasta Alto Perú por el sur y por el oeste hasta Galilea y Selva Alegre. Desde estos caseríos se percibe la geografía escabrosa de montaña, en ambas direcciones, constituida por los contrafuertes del Pishcohuañuna. A fines de los años 90, los colonos empezaron a penetrar este accidentado territorio buscando otros valles fértiles.

Los distritos del área

El repartimiento de Soritor fue creado en 1561, en época de la Colonia. Actualmente este distrito se ubica en la provincia de Moyobamba, departamento de San Martín. Tiene una población de 23.320 habitantes, según el censo de 2007, con más de doce caseríos y con una extensión territorial de 256 Km^2; limita por el norte con Habana, al este con Jepelacio, al oeste con Rioja y al sur con Rodríguez de Mendoza en Amazonas. Está bañado por los ríos Tónchima, Indoche y Óchique. La población y las distancias desde la Plaza de Armas de Soritor hacia los caseríos de su distrito figuran en la Tabla 4-1.

Tabla 4-1. Caseríos de Soritor según población[1] y distancia

Caserío	Población	Km de Soritor	Ubicación
Selva Alegre	197	12	Valle de Tónchima
Galilea	ND	15	Valle de Tónchima
Nueva Esperanza	236	6	Valle de Óchique
Nuevo Horizonte	363	13	"
Alto Perú	774	20	"
Puerto Progreso	[2]	24	"
Paitoja	221	27	"

1   Fuente de la población: Censo de población 2007 del INEI
2   incluido dentro de la población de Alto Perú
ND   Número desconocido

Recuadro 4.2 La historia de Posic, según Virgilio Aguilar Tafur (53 años)

El señor Aguilar fue el único hombre entrevistado, que tenía enlaces históricos de más de cincuenta años con los valles. Está es su historia.

"Desde que éramos pequeños mi padre nos contaba sobre la historia del pueblo de Posic. El nos decía que no era una leyenda sino que era la verdadera historia, que a él le había contado su padre; mi padre vivió hasta los 102 años y murió en el año 2008 y mi abuelo vivió hasta los 94 años el también fue agricultor y algunas veces carguero conociendo muy bien estos caminos, entonces esta historia es desde los años de 1800 aproximadamente.

Mi padre me contaba que había una población de indios en Huamanpata, lugar ubicado en las alturas y otra en Posic cerca a las minas de sal y los lavaderos de oro. Entre estos dos pueblos habían caminos por lo que se comunicaban entre si y también existía una tribu llamada los orejones, que estaba asentada en la ribera del río del Huambo, en Mendoza, su población era numerosa y estaba bien internada en el bosque cerca a los ríos que salen por Tingo María. En uno de esos ríos había una raíz de árbol que servía como puente para ir de una banda a la otra y fue por allí que los orejones cruzaron y llegaron a Posic, en este lugar atacaron más o menos entre las 12:00 y 1:00 de la madrugada, quemando todas las casas y matando a casi todas las personas, solamente dos pudieron escaparse. Uno de ellos, Tobías, quien junto a su amigo caminaron hasta llegar al lugar que hoy se conoce como Omia, encontrando allí a una persona, le contaron lo sucedido y se alojaron en su casa quedándose a vivir allí. Formándose así el pueblo de Omia. Luego los orejones tomaron otra ruta, ya que ellos conocían todas las rutas y atacaron Huamanpata, que era una población civilizada, mataron a los pobladores y un grupo logro huir, refugiándose en el lugar que hoy se conoce como Mendoza.

Así se inician las poblaciones de Mendoza y Omia. Según me contaron, los orejones regresaron en dos oportunidades más pero como ya no encontraron a nadie no causaron más daño."

Actualmente se pueden encontrar los restos de la población de Posic, parece que han sido los pobladores chachapoya, porque tienen las mismas características de sus viviendas: son circulares, tienen una entrada que no es muy ancha, los muros de piedra son altos y el resto de su arquitectura se ha caído, probablemente sus techos eran de otro material, pero ya no existen huellas de lo demás.

"Mi padre decía que había personas que venían en busca del oro y traían consigo un cuero de ternero, el cual colocaban en la chorrera de agua, por el lado del pelo, luego al retirarlo encontraban las arenitas de oro adheridas al cuero, ellos se llevaban estas arenitas, con lo cual después podían comprar algunas cosas o también hacían trueque para obtener los productos que necesitaban. Esta chorrera de agua estaba en Posic, éste era un lugar que tenía buenas minas, ahí estaban la de sal y la de oro. Pero la de

> *oro, con el tiempo se sepultó, no se sabe exactamente dónde está, seguramente la misma vegetación la ha tapado; el agua debe estar circulando internamente, pero no la encuentran hasta el momento. Sobre la mina de sal se puede identificar algunas construcciones con piedra del río, se las reconoce porque son suaves, están acomodadas en círculos: aquí está un círculo, dejan un espacio vas más allá, otro círculo y así están en ese sentido, en media montaña".*
>
> *También me contaba que los pobladores mencionaban que existieron caminos entre los pueblos de los indios de la selva y de la sierra; éstos eran los caminos empedrados que se les conoce como camino del Inca. Partía de Cajamarquilla (Provincia de Bolívar) pasando por el distrito de Chuquibamba (provincia de Chachapoyas). Seguía al nororiente cruzando las montañas de gran elevación llamadas "Paña Huamcad", llegando hasta los lavaderos de oro y la mina de sal de Posic donde se realizaba el intercambio o trueque. Este camino inca era conocido y recorrido por los naturales de Chuquibamba y continuaba por Huamanpata, San José hasta llegar a Molino Pampa."*

En el área de investigación se encuentran los caseríos de Salas, El Dorado, Galilea, Selva Alegre, Nuevo Mendoza, Puerto Progreso, Paitoja, Alto Perú y Nuevo Horizonte y tres centros poblados: Posic, San Francisco y Pampa Hermosa.

La cuenca del río Lejía Grande, se ubica geográficamente en el distrito de Alto Saposoa en la provincia de Huallaga del departamento de San Martín, pero administrativamente sus caseríos de Nuevo Mendoza y Garzayacu, ubicados a unos 9 Km al sur de Paitoja, hacen sus trámites con las organizaciones gubernamentales de Amazonas. Cerca de Nuevo Mendoza, en la quebrada Shitari, se ubica el centro poblado de San Francisco con menos de diez habitantes permanentes.

La provincia de Huallaga fue fundada por el mismo decreto de creación de Moyobamba en el año de 1540 con una superficie de 2380 km² y tiene una población de 22.000 habitantes. El distrito de Alto Saposoa es poco poblado, tiene 2.000 habitantes. En el año de 1993, alrededor de la mitad de esta población fue indígena pero, con el ingreso de los nuevos colonos en los últimos años, esta proporción ha disminuido.

Hace aproximadamente diez años, debido a la abundante fauna, algunos indígenas venían desde el sur para cazar en estos territorios. Actualmente, en el valle del río Lejía Grande en el extremo norte de Alto Saposoa, no hay evidencia de actividad, ni presencia indígena.

La región de estudio en el departamento de Amazonas, se ubica en la provincia de Rodríguez de Mendoza, específicamente en los distritos de Omia al sur y Vista Alegre un poco más al norte. El distrito de Omia tiene una extensión territorial de 175,18 km² a una altura promedio de 1300 m.s.n.m. y limita por el noreste con el distrito de Vista Alegre, al suroeste con los distritos de Chirimoto, Milpuc y Santa Rosa, al noroeste con el distrito de San Nicolás y al sureste con el departamento de San Martín.

El distrito de Omia fue creado en época republicana el 5 de febrero de 1875, su capital es el pueblo de Omia. Según el censo del INEI de 2007, su población fue de 7053 habitantes con una densidad poblacional de 40,3/km². Su territorio está bañado por el río San Antonio y el río Tonchimillo en el norte. En este estudio son de interés los caseríos de Nuevo Omia y El Dorado en el valle de Tonchimillo. El comercio de ambos caseríos se hace a través de Selva Alegre a 6 km de El Dorado.

Tabla 4-2. Fecha de fundación de los centros poblados, anexos y caseríos

Nuevo Mendoza	2000
San Francisco	2000
El Dorado	1998
Pampa Hermosa	1998
Salas	1997
Paitoja	1997
Puerto Progreso o la Unión	1995
Alto Perú	1994
Nuevo Horizonte	1994
Nueva Esperanza	1990
Galilea	1989
Selva Alegre	1987

El caserío de Salas se ubica a 8 km de Selva Alegre en el distrito de Vista Alegre en la provincia de Rodríguez de Mendoza. Tiene una extensión territorial de 899,02 Km². Su enlace con el departamento de Amazonas está al sur oeste en la provincia de Chachapoyas y más al sur con otros tres distritos de la provincia de Rodríguez de Mendoza. Comparte su frontera al noreste, noroeste y sureste con el departamento de San Martín. Vista Alegre es el distrito más extenso de la provincia. Fue creado el 31 de octubre de 1932 mediante Ley N° 7626. Su capital es el pueblo de Vista Alegre. Su población en el año 2007 fue de 1371 habitantes con una densidad poblacional de 1,5/km². Dentro del Recuadro 4.3 se presenta el contexto político administrativo de los territorios del Perú.

Rutas antigüas en los valles

Al ver el mapa de elevaciones (Fig. 1-2) se observa sólo una vía muy notoria de comunicación oeste-este que pasa por el valle del río Salas hasta el valle de la naciente del río Negro. Este camino fue el más utilizado desde hace muchos siglos. En la carta de la Intendencia de Trujillo de 1787, se ve claramente este camino donde se reconoce que el río Salas es el tributario del río Tónchima, que drena todo su caudal al oeste (Fig. 3-4).

Recuadro 4.3 Contexto político administrativo

La organización territorial republicana en el Perú está dividida en regiones, provincias, distritos y caseríos. Los presidentes regionales son elegidos por voto popular y dirigen el Consejo Regional, son responsables de la ejecución presupuestal en su respectivo ámbito geográfico, delegando responsabilidades a las diferentes gerencias y direcciones regionales, como por ejemplo la gerencia de Desarrollo Social, tiene como direcciones, educación, salud entre otras.

Según la ley de Demarcación y Organización Territorial N° 27795 y el INEI se establece la clasificación que usa hoy en día de la siguiente manera.

Centro poblado, es el lugar que debe estar identificado mediante un nombre y habitado con ánimo de permanencia por lo menos con una familia;

Caserío, debe tener una población concentrada entre 151-1000 habitantes y puede estar dividido en anexos.

Hay otros requerimientos para que un centro poblado de más de 150 habitantes sea oficialmente reconocido como caserío. Muchos de los centros poblados identificados dentro de este estudio como caserío no han hecho todavía los trámites correspondientes para este reconocimiento.

Para la construcción y mantenimiento de las escuelas, caminos, puentes y canales los pobladores tienen la tradición de organizarse mediante sus comités de obras. Las autoridades locales solicitan el presupuesto necesario al Director Regional correspondiente y estos comités ayudan muchas veces con un trabajo gratuito, lo que se conoce desde siglos como mita ó república. Esta organización es una de las más importantes en estos pueblos lejanos porque permite la articulación económica y garantiza su sobrevivencia.

De todos los caseríos de los valles de los contrafuertes existe solamente Vista Alegre, ubicado al lado del río Salas, el cual se ha poblado a través de los siglos desde la época prehispánica, debido a su proximidad al otro valle del río Negro que da un acceso relativamente fácil a los pueblos más grandes. Por las epidemias, el aislamiento y la dificultad de transporte fueron abandonados hace siglos todos los otros pueblitos antiguos.

Otro afluente importante del río Tónchima, el Tonchimillo, abre otra posibilidad de pasar al sur, cruzar el valle del río Lejía Grande al oeste y atravesar algunas quebradas para llegar al río Lejía Chico que da acceso al río San Antonio. Desde este último valle hay más opciones para ir hacia el norte hasta Cajamarca o al sur al valle del Huambo. Sabemos por los otros capítulos de este libro, que esta ruta pasando por Posic y sus minas de oro y sal, fue utilizada en la época prehispánica y colonial.

Fig. 4-1. El valle accidentado del río Tónchima. // The rugged valley of the Tónchima River. Foto J. Rollefson.

La última utilización estratégica para la comunicación de estos valles, antes de 1998, fue hecha por hombres de carga, quienes caminaron por el Tonchimillo hasta Omia y Mendoza, para vender los célebres sombreros de paja bombonaje, fabricados en la región de Moyobamba. Esto empezó a mediados del siglo XIX y continuó más de setenta años. La historia de un descendiente directo de uno de los cargueros es presentada en el Recuadro 4.4.

El río Óchique u Ochque, es un tributario del Tónchima que va de sur a norte. Cerca del Tónchima hay poco desnivel en la región de Soritor y San Marcos, pero brinda el drenaje de una región más montañosa al nivel de los caseríos de Alto Perú y Paitoja. Este valle ofrece una manera de contornear los contrafuertes más accidentados del Pishcohuañuna pasando por el sur. Hoy todavía queda una ruta de tránsito y la empresa Compañía Peruana Forestal S.A (COPEFOR), la utiliza para dar acceso a su gran concesión forestal ubicada al sur.

El último valle de los nuevos caseríos es el del río Lejía Grande (en la carta de Rioja N° 1458 del Instituto Nacional Geográfico se identifica como el río Porotongo). Éste tiene su cabecera al sur-oeste de la cuenca del Tonchimillo y sigue camino hasta el sur-este para llegar al río Saposoa.

Recuadro 4.4 La ruta de los cargueros según Virgilio Aguilar Tafur (53 años)

"Yo soy Virgilio Aguilar Tafur hijo de un agricultor que debido a los escasos recursos económicos trabajaba como carguero. El iba por la antigua ruta que unía los pueblos de Omia y Soritor siguiendo las huellas que hoy todavía existen. Cuando regresaba partía de Soritor siguiendo la ruta del río Tónchima y luego continuaba por el Tonchimillo hasta el caserío que hoy se conoce como Nuevo Omia, de allí continuaba hasta la quebrada del Susto, cruzaba ésta quebrada y caminaba tres horas a un buen paso hasta llegar al río Lejía Grande, después de cruzar el río y se camina por una cuesta que se le conoce como los Altamiranos, hasta allí decían que es el límite de San Martín y empieza Amazonas. De este lugar se accede al camino que sale a Nuevo Mendoza, de seguir por el camino a la derecha, por la parte alta se llega a la Minas de Sal y de Oro, lugar conocido como las minas de Posic, en cambio si se continúa el camino hasta llegar a Laurel y después al río Lejía Chico, de allí se·llega a la carretera que va a Nuevo Chirimoto y a la otra banda, por el otro lado se sale por Milpo, Chirimoto Viejo, Limabamba; esa es la ruta de Achamal.

Mi padre me contaba que había las faenas de trabajo para el mejoramiento del camino, estos grupos partían de Omia de 10 a 15 personas, pero algunas veces venían acompañados por los soldaditos por espacio de 15 días y después regresaban para que otros grupos vinieran.

Mi padre hacía este recorrido en cuatro días llevando su carga de 50 Kg al hombro más su fiambre. Él me decía que estos lugares eran muy hermosos y siempre tenía la idea de venir a vivir aquí y fue así que cuando se creó este caserío El Dorado yo vine a trabajar acá, traje a mi padre en el año 2000, lo he tenido aquí sólo dos años luego nos trasladamos a una casa que compré en Soritor, falleciendo allí en esta ciudad a la edad de 102 años."

Los estudios arqueológicos muestran claramente que en estos valles habían caminos de los chachapoya e inca y también una explotación agrícola importante. Los contrafuertes de esta región son generalmente muy accidentados (Fig. 4-1) y hay solamente algunos lugares de baja pendiente propicios para la agricultura. Es por ello que encontramos los nuevos caseríos casi por encima de los restos de los pueblos de los chachapoya e inca. La diferencia de ubicación de los antiguos pueblitos chachapoya con los caseríos de hoy es sobre todo en la elevación. Los chachapoya escogieron casi siempre un promontorio por donde hay una vista panorámica del valle, mientras que los colonos de hoy se establecen por debajo, más cerca del río (Fig. 4-2 y 4-3).

El aislamiento y el difícil acceso a través de tierras muy escarpadas son las razones por las cuales no se han aprovechado estos valles para la agricultura desde la desaparición de los indígenas causada por las epidemias y la aparición de plagas hace algunos siglos.

Fig. 4-2. Alto Perú visto desde el sitio Chachapoya. // Alto Perú as seen from Chachapoya site. foto J. Rollefson.

Una de las primeras etapas en la colonización es la construcción de senderos para acémilas. Después de la tala del bosque, de la siembra y de la construcción de una choza, la prioridad de los colonos es mejorar estos caminos hasta que haya una trocha carrozable para abrir realmente el acceso a los mercados. Antes de tener esta trocha las posibilidades de comercio eran muy limitadas; para la agricultura, específicamente en el caso del café, debido a que este producto tiene un alto precio por kilogramo, mientras la ganadería se beneficiaría porque el ganado se puede trasladar vivo por los senderos.

Infraestructura actual en los valles

Rutas contemporáneas en los valles

Con la reciente colonización de los valles, toda la red local de trasporte se encuentra en un rápido desarrollo. Para dar acceso a los valles de Tonchimillo y Salas se ha construido el 2007 una trocha carrozable entre San Marcos y Selva Alegre, donde se cuenta con servicio de colectivos. Aunque se han empezado los trabajos para continuar esta trocha hasta los otros caseríos, en el 2008 todavía los colonos y sus productos debieron salir de Nuevo Omia, El Dorado, Galilea y Salas a pie y en mula hasta Selva Alegre.

Figura 4-3. Sitio Chachapoya en la cima de la cuesta visto desde Alto Perú . // Chachapoya site on crest of hill as seen from Alto Perú. Foto J. Rollefson.

En la Fig. 4-4 se observa la red de rutas de la región con el tiempo promedio entre un punto y otro. El tiempo que se toma para ir a pie de un caserío al otro es relativo, porque depende de la persona, del camino y de las lluvias (muchos de los senderos son muy resbalosos y fangosos en la temporada de invierno). Por ello, el tiempo va a prolongarse con la lluvia pero va a acortarse en la estación seca. El sendero que va por las montañas desde Selva Alegre se divide en dos, después de una hora y media. Un camino a Salas al oeste; el otro va a Galilea y continúa al Dorado y Nuevo Omia al sur. Hasta el 2006, el sendero de Nuevo Omia hasta Omia al sur fue utilizado, pero, debido a la circulación excesiva del ganado, el camino se ha deteriorado a tal punto que casi todo el transporte pasa por El Dorado al norte.

Para acceder a la cuenca superior del Óchique hay una carretera afirmada desde San Marcos hasta Alto Perú. De Alto Perú hay una trocha carrozable con servicio de mototaxi a Puerto Progreso. De este último lugar el recorrido se hace a pie (Figs. 4-5 y 4-6) pero eso va a cambiar en uno o dos años con una nueva ruta construida por la empresa forestal COPEFOR. Esta empresa tiene una concesión del Estado Peruano de 47000 hectáreas para la explotación de madera en San Martín y para dar acceso a ella ha iniciado la construcción de una carretera que ha llegado a Paitoja en el año 2008 y se proyecta continuar 30 Km en el 2009-2010, pasar por Garzayacu y llegar hasta Palmeras.

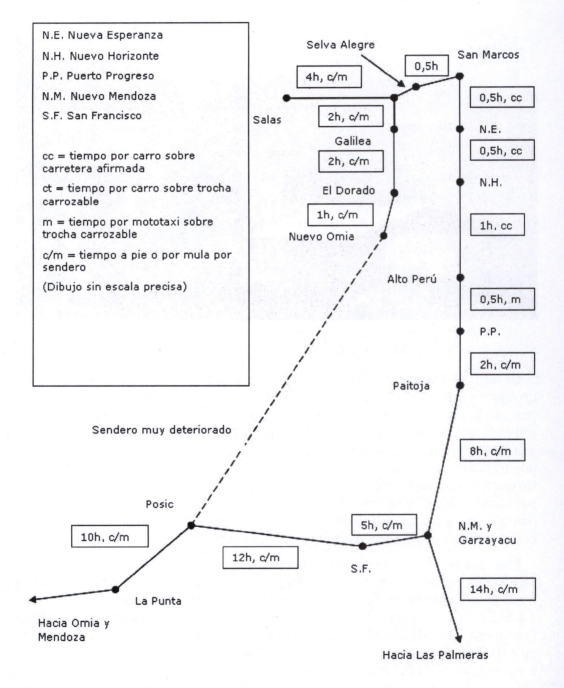

N.E. Nueva Esperanza

N.H. Nuevo Horizonte

P.P. Puerto Progreso

N.M. Nuevo Mendoza

S.F. San Francisco

cc = tiempo por carro sobre carretera afirmada

ct = tiempo por carro sobre trocha carrozable

m = tiempo por mototaxi sobre trocha carrozable

c/m = tiempo a pie o por mula por sendero

(Dibujo sin escala precisa)

Selva Alegre

San Marcos

0,5h

4h, c/m

0,5h, cc

Salas

2h, c/m

N.E.

Galilea

0,5h, cc

2h, c/m

N.H.

El Dorado

1h, c/m

1h, cc

Nuevo Omia

Alto Perú

0,5h, m

P.P.

2h, c/m

Paitoja

Sendero muy deteriorado

8h, c/m

Posic

5h, c/m

N.M. y Garzayacu

10h, c/m

12h, c/m

S.F.

La Punta

14h, c/m

Hacia Omia y Mendoza

Hacia Las Palmeras

Fig. 4-4. Rutas de los valles. // Routes of the valleys.

Fig. 4-5. Peldaños en el camino entre Paitoja y Nuevo Mendoza. // Steps in the trail between Paitoja and Nuevo Mendoza. Foto J. Hernández

El sendero de Nuevo Mendoza hacia el oeste, es difícil (Fig. 4-7). Por eso casi todo el transporte, salvo el de los poblados más pequeños como San Francisco, pasa por Paitoja hasta San Marcos y Soritor en Moyobamba. Hay servicio de colectivos entre San Marcos y Soritor, también entre Soritor y los pueblos más grandes de Rioja o Moyobamba.

La población se ha organizado desde el año 2007, formando un comité de obra comunal para la construcción de la carretera Selva Alegre - El Dorado - Salas. La participación de los pobladores es mediante el trabajo comunal y el aporte con dinero para la compra de combustible para las máquinas, así como el pago de los salarios de los chóferes que manejan esta maquinaria. La obra presenta un avance significativo, sin embargo las lluvias intensas del 2009 están impidiendo su terminación en este año

Puentes

Existen dos puentes peatonales principales: el puente ubicado entre Selva Alegre y Salas que cruza el río Tonchimillo, el cual fue construido con el apoyo del Fondo Nacional de Cooperación para el Desarrollo (FONCODES) en el año 2000 y el puente de Alto Perú, que cruza el río Óchique, construido en el año 2006. Las mototaxis y los peatones usan este puente para subir el Óchique y continuar la ruta hasta llegar a Paitoja.

Fig. 4-6. Una mula en el camino entre Paitoja y Nuevo Mendoza. // Mule on trail between Paitoja and Nuevo Mendoza. Foto J. Hernández.

También existen en los valles algunos puentes pequeños que han sido construidos por los pobladores mediante los trabajos comunales denominados "república".

Sistemas de comunicación

Las ciudades centrales importantes para el comercio y la comunicación interprovincial y regional son Soritor y Rodríguez de Mendoza. En éstas se concentran los medios públicos de comunicación: cabinas de teléfonos, locutorios, agencias de transporte de carga, de pasajeros, radios locales, periódicos, instituciones públicas y privadas. Los pueblos secundarios para dichas actividades son Omia y San Marcos. Omia es un pueblo pequeño sin mucho movimiento económico a diferencia de San Marcos, que recién abrió sus cabinas públicas para llamadas telefónicas. La población se concentra en este lugar especialmente los días sábados y domingos para comunicarse vía telefónica, porque los caseríos de alrededor no disponen de este servicio.

San Marcos tiene locales para llamadas telefónicas y el servicio de mensajería para los usuarios se realiza usando una bocina o parlante, se vocea el nombre de la persona tres veces y se indica la hora de la llamada, este servicio empieza a las 8:00 a.m. y dura hasta media noche. Debido a esto frecuentemente se escucha el perifoneo en la calle mencionando el nombre de las personas.

Los caseríos de El Dorado, Garzayacu y Alto Perú tienen servicios de comunicación satelital, cuya implementación se inició a partir del 2002. Otro de los medios de

100

Figura 4-7. El camino cerca de San Francisco. // The trail near San Francisco. Foto J. Hernández.

comunicación importante son los teléfonos móviles, pero el problema de este servicio es la interferencia debido al relieve montañoso de la región, por eso los usuarios activan sus celulares en las lomas de los cerros o en las zonas más despejadas donde ingresa la línea.

Los sistemas de mensajes, cartas ó encomiendas, se realizan mediante encargo. Por ser una zona de mucho tránsito los encargos se cumplen en forma rápida, salvo en la temporada de lluvia.

Los mercados

Los mercados provinciales están ubicados en Moyobamba y Rodríguez de Mendoza, los distritales en Soritor y Omia y el mercado local en el caserío de San Marcos. Éste es identificado según los entrevistados como el más importante por el movimiento económico del café; aquí se concentra la producción del café de las cuencas del Tónchima, Tonchimillo, Salas y del Óchique. La temporada de mayor movimiento económico es durante los meses de mayo a julio, conocido por los pobladores como la "Cosecha Grande", sin embargo durante todos los meses del año existe un flujo económico importante.

San Marcos es un pueblo con construcciones de material noble, con grandes centros de acopio del café y también servicios de transporte: camiones, camionetas y autos para llevar el producto a los mercados provinciales, nacionales e internacionales. También en este mercado se comercializa madera y ganado, que viene de las distintas cuencas vecinas y los productos de panllevar que se venden en menor escala. El intercambio se produce en doble sentido, a la vez que el poblador vende sus productos, compra víveres, abarrotes, implementos, maquinarias y todos los insumos que necesita para mantenerse en la selva alta. En estos mercados no se desarrolla el trueque.

Electricidad, agua y desagüe

Electricidad

La mayoría de las familias en estos valles no tiene servicio de energía eléctrica, se alumbran frecuentemente con velas y raramente con mecheros a kerosene. Algunos pobladores tienen generadores diesel para su alumbrado, pero el costo, la distancia y el camino dificultan este servicio.

El único caserío de todas estas cuencas que ha construido su central hidroeléctrica es El Dorado, el cual inició sus gestiones con un comité en el año 2002 y en el año 2007 inauguró la central, que beneficia a 42 viviendas, pagando cada una de ellas mensualmente 5 nuevo soles.

El problema de este servicio es que la obra de ingeniería civil del canal no ha sido bien construida, porque no se ha considerado la variación del flujo de agua durante el año, ya qué en época lluviosa aumenta el caudal destruyendo dicho canal y el servicio eléctrico se interrumpe constantemente, hasta que nuevamente ponen el canal operativo. Razón por la que las autoridades de este caserío ya están gestionando ante las autoridades de Moyobamba, su incorporación a la red eléctrica del sistema interconectado con la central hidroeléctrica del Mantaro.

Agua

Se conoce como red de agua entubada a la captación del agua de un puquio, manantial ó quebrada, la cual es represada para luego ser distribuida por medio de tubos sin ningún tratamiento de salubridad.

En estas cuencas sólo dos caseríos tienen red de agua: Selva Alegre y el Dorado donde aproximadamente el 48% de las familias, concentradas en la zona urbana, se benefician de este servicio. En el Dorado hay dos redes, una que capta el agua directamente de la quebrada de Las Mellizas para la parte baja del caserío y la otra red empieza en un manantial en la misma quebrada y provee agua para la parte alta. Se instalaron las redes en los años 2003 y 2004.

Aunque las fuentes del agua se ubican lejos de las chacras para evitar la contaminación, el médico manifestó que es mejor tomar medidas preventivas de salubridad hirviendo el agua para el consumo.

La red de agua entubada de Selva Alegre fue construida en el año 2000 y capta el agua del manantial llamado Tucuyacu. El agua llega solamente a algunas casas y a las piletas públicas, pero todavía algunos pobladores recogen el agua de los ríos.

Desagüe

Ninguno de los caseríos tiene desagüe, sólo usan como servicio las letrinas familiares construidas desde el año 2000.

La colonización y la vida cotidiana relatada por los colonos

Los relatos orales recogidos mediante las entrevistas detalladas, expresan la perspectiva de los colonos, sus experiencias e historias de vida ayudan a comprender las razones fundamentales de esta colonización. Los siguientes relatos se han seleccionado para ilustrar diferentes aspectos de su vida cotidiana, desde los desafíos de la primera migración hasta las manifestaciones sobre el rol de la mujer en estos grupos sociales. Para una mejor comprensión no se transcribe el relato en forma literal sino que se ha organizado la información, sin perder el mensaje esencial, la originalidad y la forma de expresión de cada persona.

Sr. Víctor Abel Lobato Chutilan (38 años), El Dorado

Víctor Lobato (Fig. 4-8) emigró de un pueblito de Cajamarca llamado Choropampa, con una población acogedora y trabajadora pero con pocas oportunidades de desarrollo. Las parcelas medían una o dos hectáreas sin posibilidad de expansión. Se necesitaba casi una semana de caminata para salir de Choropampa por senderos accidentados y fangosos para llevar a vender el café y comprar provisiones. Los que soñaban con una vida mucho mejor tenían que emigrar.

Víctor, narra su experiencia de pionero y enfatiza la importancia de la colaboración para establecer los nuevos caseríos. Este es un tema en que muchos colonos están de acuerdo, pues ellos recuerdan claramente la vida tan difícil de los primeros años, pero al mismo tiempo, reconocen, la ayuda importante que les brindaron los primeros migrantes a los que llegaron después; ofreciéndoles alimentación y si era posible, trabajo como peones, para que perciban algún ingreso. Víctor alude a otro tema común entre los colonos, el reconocimiento de los cambios importantes en el medio ambiente en estos valles debido a las actividades de desarrollo.

"Soy agente municipal del caserío. Yo llegué a estos lugares cuando tenía de 19 a 20 años. Vine en el año 93, a buscar una mejor vida, porque nosotros somos naturales de la provincia de Chota, Cajamarca. En ese tiempo este valle de Tonchimillo era virgen como ustedes todavía pueden ver en algunos sitios, pero después ingresaron otras personas más.

En total fuimos cinco los que ingresamos a instalarnos acá más tarde, pero sólo yo he quedado, porque todos ya se fueron y otros han muerto. El camino que tomamos fue desde Soritor y seguimos por San Marcos, Selva Alegre y Galilea hasta ingresar a este valle. Galilea ya existía. Vinimos aquí casi como animalitos, caminando y haciendo trochas. En ese tiempo

Fig. 4-8. Víctor Abel Lobato Chutilán, Alcalde, El Dorado. // Victor Abel Lobato Chutilán, mayor of El Dorado. Foto J. Rollefson.

encontramos muchos animales, estos venían hasta nuestra casa, la que queda pasando a la banda del río, el tigre rondaba por acá cerca del río. Al llegar aquí, encontramos pocos vivientes, solamente un señor Federico, él era quién nos mantenía, porque había venido un año antes que nosotros, pero él ya murió. Este señor tenía un poquito de árboles frutales, como plátanos, también cultivaba yuca. Él nos salvaba con las provisiones hasta que pudimos tener producción propia, como acá la producción es rápida, un año más o menos, sufrimos mucho todo este primer año, después ya tuvimos de todo. Nos dedicamos al café, como muchos lo hacen hasta ahora, casi siempre asociado con yuca, plátano, fríjol, maíz, dentro del café.

En el 2001 se inició la formalización de propietarios a través del PETT, vinieron los funcionarios desde el departamento de Amazonas para hacer la titulación. En ese entonces ya había unas 200 parcelas.

El agua que obteníamos antes era del río que se llama Tonchimillo. El agua entubada que tenemos ahora, la sacamos de la quebrada llamada las Mellizas. Recientemente, desde hace un año contamos con electricidad; para nosotros era indispensable nuestra luz. La logramos con la fuerza de los hombres y un poco de gestión, en un 50% es nuestra fuerza y dinero de todos los ciudadanos. El otro 50% es el apoyo de nuestro alcalde distrital de Omia, el señor Julián del Águila.

Nosotros como líderes, organizamos a los pobladores, mensualmente los llamamos a reuniones, donde velamos por el desarrollo de todos. Hasta ahora tuvimos éxito en las gestiones; por la voluntad de Dios estamos haciendo muchas obras y esperamos que siempre así sea en el futuro.

Ahorita estamos construyendo el colegio secundario y proyectando que nuestro caserío se convierta en capital de un nuevo distrito, además tenemos como proyecto la electrificación para la escuela y estamos próximos a empezar en junio el puente colgante peatonal del Tonchimillo. También impulsamos otro proyecto más grande para brindar electrificación para El Dorado y Nuevo Omia. La energía eléctrica que pensamos captar es la que viene del sistema interconectado del Mantaro.

El cambio que veo en el paisaje, se nota en la virginidad del valle, somos tanta población que hemos destruido los árboles para hacer nuestras chacras, que ahora los animales están alejados porque nosotros mismos vamos ahuyentándolos, destruyendo los árboles."

Sra. Flor Pérez Mendoza (42 años), El Dorado

Flor Pérez, es ama de casa y líder entre las mujeres, además presta sus servicios como partera. Sus reflexiones añaden toda una dimensión a la descripción de la vida familiar. Con sus comentarios se puede entender mejor el proceso interno de la familia y la toma de decisiones. Flor no tiene temor de expresar sus ideas y hacernos ver lo que pasa dentro de las familias, su trabajo de partera le ayuda a tener una visión amplia sobre los problemas. Ella se expresa muy apasionadamente cuando habla de la vida dura de la mujer en estos valles, de su sufrimiento por los maltratos y la violencia por parte de sus esposos, de sus enfermedades físicas, sus embarazos seguidos y de la tristeza que sienten por vivir en estos lugares aislados. Estos problemas también han sido identificados por los representantes de las iglesias católica y protestante, por eso en sus prédicas mencionan sobre la importancia de respetar a su cónyuge y evitar toda forma de violencia familiar; pero los embarazos seguidos siguen siendo un problema latente, según los representantes de los puestos de salud, los programas de planificación familiar empiezan a caminar en forma lenta pero significativa en estas cuencas.

Otro de los mensajes de su relato está relacionado con el duro trabajo físico de los integrantes de las familias y con la sobre carga de trabajo que tiene la mujer: *"Se empieza el día de trabajo antes de la salida del sol y sólo se termina con la oscuridad de la noche"*. Las pendientes de las chacras no permiten la tecnificación de las labores agrícolas, aparte de la tala inicial de los árboles que se hace con motosierra. Aún la caminata cotidiana por los senderos escabrosos y fangosos de montaña, implica un gran esfuerzo y ejercicio físico que se realiza permanentemente, intensificándose con el trabajo mismo en las chacras. Debido a este continuo ejercicio no se encuentra en estas cuencas personas obesas. Pero esta dura labor trae como consecuencia, un profundo cansancio al finalizar el día. En este sentido, se entiende muy bien la poca disponibilidad de los pobladores para las propuestas de mejoramiento de sus técnicas agrícolas, cuando estas impliquen el incremento de su trabajo; tampoco disponen de tiempo para reuniones educativas u otras de este tipo, a pesar de que frecuentemente éstas se realizan durante la noche. Por ello, es importante considerar todo este conjunto de factores para implementar programas o proyectos de desarrollo relacionados a la gestión, al cambio de pensamiento, de actitud o de comportamiento de la gente de estos valles.

La señora hace una alusión breve al despilfarro que hacen muchos colonos. El tener dos o tres mil soles en sus bolsillos después de una buena cosecha de café origina un cambio radical en sus vidas, marcadas por sus limitaciones económicas. Es una tentación para hacer algunos gastos frívolos y disfrutar un poco de la vida que es difícil rechazar. Para algunos este despilfarro se convierte en costumbre, dejando de lado las inversiones importantes o las necesidades de la familia. En los nuevos caseríos hay pocas oportunidades de diversión pero hay la venta de cerveza o chicha y con la llegada de electricidad como en El Dorado, hay también la música y el baile con mujeres exóticas el sábado.

"El sufrimiento de la mujer es por la distancia de los caminos; no tiene salida hacia los pueblos, está incomunicada. Hay también un sufrimiento en la chacra; hay que ver a los animales, ver a los niños; a veces también falta el dinero o también la mujer sufre cuando los niños caen enfermos. Yo me levanto cinco y media de la mañana para hacer el desayuno, para ver a los niños y darles sus alimentos, también para alimentar a los animales y así muchísimas cosas más que tenemos que hacer; todo el día trabajamos más que el hombre. Cuando tenemos vacas hay que sacar la leche, ver a los animales pequeños, que no se queden en las partes soleadas porque se enferman, entonces hay que tener mucho cuidado también con ellos.

Cuando es tiempo de cosecha se tiene peones en la chacra y debemos llevarles el almuerzo, a veces son 10, 12, 15 peones y tenemos que cocinar bastante. De regreso volvemos cargadas con leña y hierba para los cuyes, continuamos con el trabajo de la cocina preparando la merienda y atendiendo a todos. Por lo menos termino el trabajo en la cocina a las 9:00 de la noche. Los que van a dormir también preparan sus camas, ya no me encargo de eso. Pero cuando eran chicos yo tenía que atenderlo, por eso sufre la mujer. A las nueve cuando está mi esposo, si él no está cansado, hay que atenderlo (se ríe). Después a descansar un poco. Y otra vez en la mañana al trabajo, así todos los días.

En las parejas hay diferentes acuerdos o maneras de vivir; con mi esposo, si queremos vender una vaca tenemos que ponernos de acuerdo los dos. Si estamos de acuerdo se vende, en caso contrario no, pero en otros casos cada uno decide. La esposa tiene su ganado y el esposo también, así venden aparte uno y el otro. En mi caso yo puedo disponer de los animales pequeños como cuyes, él no se mete en animales pequeños. Pero en animales grandes sí y él me dice cuando se va a vender. En algunas parejas existe la concordancia en otros en cambio como son machistas los hombres, venden cuando se les da la gana y no respetan la opinión de la mujer para nada.

Sobre el dinero acordamos que esa plata debe ser invertida para no quedarse en la pobreza, pero en otros casos he visto muchísimas veces que los hombres malgastan el dinero, hasta dejan con hambre a sus hijos.

En las sesiones comunales se puede observar que la mayoría de los hombres son machistas y conocemos que los machistas no opinan con su señora, lo que él hace nadie lo deshace. Entonces, la mujer no tiene potestad para gastar nada de lo que tienen. Por eso es que hay muchas parejas que comienzan a pelearse y frecuentemente llegan a separarse.

Cuando las jóvenes se casan, el esposo lleva a la esposa y la encierra, me parece principalmente por dos motivos; celos y trabajo, ya que el hombre se interna en la chacra y la mujer comienza a criar sus animales y ahí no tiene salida, porque ya no tienen tiempo.

No creo que sea feliz la mujer, muchas han dejado a su familia y viven tristes, pero a pesar de todo se acostumbran, es mas deben acostumbrarse, porque aquí hay señoras jóvenes que son de otros sitios, ellas dicen: Hace tantos años no me voy a ver a mi familia, no sé cómo estarán mi papá y mi mamá. Pero ya no pueden visitarlos porque tienen sus animales y no hay quien se quede en su casa.

Yo he atendido muchos partos. Veo que algunos hombres obligan a sus esposas a tener varios hijos. Inclusive a quienes expresan exageradamente que ellos pueden tener los hijos, hasta cuando ellos quieran, porque a nadie le piden que los ayude a mantenerlos, sino que ellos los van a mantener. He atendido mujeres que ya están enfermas y los niños desnutridos. ¡Esto no es justo, no es solo las ganas de tener niños! les digo, Miren como están estos niños y ahora ya tienen otro. ¿Cómo los van a ver? y me responden: Eso no le preocupe, no es su problema, usted solo atienda el parto y nada más. ¡Qué puedes hacer con esta gente! Lamentablemente esto es frecuente. No he visto niños que han muerto, pero sí muy desnutridos, viven chiquititos y no crecen, aquí también hay muchas parejas que tienen esa clase de hijos. Las mujeres dicen: Ya no he querido tener más pero mi fulano, no ha querido cuidarse."

Sr. Luciano Jibaja Quinta (48 años), Paitoja

Luciano Jibaja, es un intrépido agricultor, él se identifica como un hombre emprendedor. Se desplaza de un lugar a otro donde tiene sus propiedades, las cuales todavía se encuentran en la informalidad. Esto le parece más cómodo porque tienen desconfianza en el proceso de titulación emprendida por el estado, debido a la experiencia negativa de otros colonos. Esta actitud es común en algunos pueblos, pero en otros como El Dorado, es al contrario; en este lugar las autoridades y el pueblo ven el valor de la titulación. Saben bien por los ingenieros del gobierno que hay una zona de protección cerca de su chacra (es decir que la zona fue declarada intangible y apta solo para protección) y van a respetar esta regla.

"Soy natural de Piura. Acompañe a mi padre hasta los 25 años y de ahí me retiré a San Ignacio en Cajamarca y luego regrese a la sierra. Después vine buscando mi terrenito; viví por un tiempo en Alto Perú y había bastantes comentarios de que había terrenos gratis o baratos para comprar por la montaña.

Fuimos a ver y mi hermano compró un terreno, en el cual me puse a trabajar junto a él. Luego me pasaron unas hectáreas donde pude hacer mis fincas y ahí empecé a construir mi futuro. El terreno de mi hermano costó aproximadamente S/.450 en el año 89. Cuando yo compré en el año 1995 me costó S/.4.500. En el 95 había pocos habitantes aquí, sólo 14. Ellos fueron a traer a su familia y así fue creciendo Paitoja. Cuando vinimos había unos 60 y de ahí han venido muchos más.

A mí me gusta la agricultura y a mis hijos también, quise darles estudio a los primeros pero no han querido; tampoco los otros; más les gusta el trabajo. Les he hecho terminar la primaria pero la secundaria no. Yo también estudie la primaria hasta el cuarto año, pero gracias a Dios los primeros años del estudio han sido muy buenos.

Bueno, lo que más necesitamos ahora nosotros es el enripiado (ruta afirmada) y también una red de electricidad. La COPEFOR hará el enripiado; también queremos que nos apoye el municipio.

Necesitamos urgente el agua potable, aunque sea una cañería para cada casa, estamos mal porque el agua acá se agota cuando ya no llueve, por acá todo está seco y de allí tenemos que correr a la quebrada para traer el agua sucia. También necesitamos una posta médica, a veces sucede algún corte, o una enfermedad y no tenemos ayuda; no tenemos un promotor de salud, pero vamos a ver, ojalá Dios quiera para hacer un botiquín.

Yo tengo aproximadamente unas 70 u 80 hectáreas; tendré unas treinta trabajadas, mayormente me dedico a la siembra de pasto, también estoy apto si hubiera programas para reforestar, pues esto necesitamos mucho aquí, me cuentan que hay un cedro que a los 5 años ya está listo para sacar madera, yo quiero ver la posibilidad de sembrar ese cedro, quizás en algún momento nos puedan ayudar con la semilla, para tener un vivero y así sembrar, porque algunos lo siembran directamente sin hacer almácigo pero no funciona muy bien.

Si hemos cometido errores al talar la montaña, es porque desconocíamos su importancia para que tengamos agua, la situación es que nosotros somos ya mayores. De repente Dios nos puede llamar, pero nuestros hijos son los que van a sufrir en el futuro, por eso tenemos la idea de hacer un vivero. Mis hijos no son casados, son jóvenes, están a mi cargo todavía. Creo que al tener mis hijos debo pensar en el futuro, no se trata sólo de tener mucho dinero. Aunque allá tengo mis fincas es un poco difícil vivir, entonces ahorita estamos acá cultivando haciendo poco a poco mis dos hectáreas de café, las cuales creo que deben darnos alguna cosa.

A mí me gusta esta zona, pero por Tarapoto también tengo un terreno, por allí es más caliente y produce mejor el café por eso estuve yendo hace 2 años a Nuevo Chanchamayo, allí tengo mis terrenos y mi casa con agua potable, bonito es el sitio, solamente está muy lejos. De Picota hasta arriba son 4 horas en carro cuando la carretera está en buen estado, pero si está fea el barro no deja que llegue la movilidad.

Al café lo que más le afecta aquí es el "ojo de pollo". Sobre el ganado, lo que le ocurre a veces es el carbunclo, por lo que nosotros siempre inyectamos al ganado, aunque hace más de un año que no he inyectado a mi ganado. También son atacados por el uñero, que otros le dicen fiebre aftosa; el ganado cojea, le da una fuerte infección a su pata, hay que ponerle una ampolla rápidamente para que no muera, otra enfermedad es el tupe, un insecto que pica al animal, dejando sus huevos entre el musculo y la piel, donde se desarrolla una larva, esta es muy costosa para controlarla. Se gasta un promedio de 30 o 40 soles en cada animal, se gastaba a veces 10 soles en una ampolla cada dos meses o si se le pone el triple, cada tres meses; es un gasto fuerte pero no hay otra solución.

Para la parte de arriba no es posible entrar porque algunas son tierras protegidas, tenemos miles de hectáreas arriba, pero no hay una trocha: nadie debe entra a talar eso, ya que es una área de conservación, sin embargo mucha gente ha entrado, vienen de Tarapoto, de Moyobamba, entonces los ingenieros nos han notificado y advertido dos veces, que nadie debe tocar ese bosque.

Todavía no tenemos título del terreno, ni plano. El título lo dan desde San Marcos a 4 kilómetros de aquí, tampoco tienen títulos en Sinaí, pero en Nuevo Horizonte ya tienen títulos, lo que pasa es que mucha gente ha comprado terrenos y en la titulación hay mucha gente a la que han engañado y le hacen entender mal. Por eso algunos no quieren sacar el título. Yo tengo mi terreno bien delimitado de quebrada a quebrada no le pongo cercos y no hay ningún problema; tengo mi vecino que tiene ganado allá y yo mi ganado acá; pero él no pasa.

En la repartición me querían dar muy al fondo donde hace mucho frío; no me gustaba. Cuando llueve se inundan las invernas, lo cual no es muy productivo. Por acá donde me vendieron esta mejor.

Ahora tengo 48 años, bueno, Dios nos da vida para hacer todo. Soy católico, siempre respetando la cruz, al Señor Cautivo de Ayabaca, gracias a él me ha ido bien. Yo he tenido que sufrir, trabajar. Yo he entrado con ánimo fuerte a trabajar, decidido a triunfar. Gracias a Dios estamos pasando una vida feliz hasta el momento."

Felipe Guerrero Naya (57 años), Alto Perú

Felipe Guerrero es uno de los más antiguos agricultores de este lugar y su relato muestra el coraje de los pioneros en esta región. Él explica la importancia de la caza en los primeros años, pero también la rápida desaparición de este recurso. Además muestra la desconfianza hacia los técnicos que vienen a estos caseríos. Por ejemplo, niega la asociación entre la tala del bosque y la erosión producida por los huaicos. Muestra incredulidad a las repercusiones futuras ligadas al medio ambiente por las actividades de los colonos.

"Yo soy de la provincia de Huancabamba perteneciente a la región Piura y allí escuche comentarios sobre terrenos por aquí. No había caminos hasta Alto Perú. Entonces, me instalé en el poblado menor de San Marcos durante 3 años e hicimos reconocer al caserío de Alto Perú. Vinimos en 1981 en compañía de 10 amigos porque teníamos miedo de las fieras, pues no conocíamos nada, por eso es que trabajábamos unidos.

Aquí no vivía nadie, solamente habían paisanos que tenían sus lotes localizados por unas pequeñas tierras, ya eran dueños de un terreno trabajado. Entonces nos organizamos para distribuir la tierra otorgándole 300 metros de marginal y 1000 metros de alto para cada posesionario. De esos tiempos solamente quedan cuatro amigos, los demás regresaron porque era muy triste, se sufría mucho, no había qué comer, ni siquiera teníamos yuca, ni plátano, por lo que íbamos a comprarlos a San Marcos, a veces incluso traíamos alimentos desde Soritor, en ese entonces la carretera no era afirmada, solamente había una trocha carrozable, por lo que trajimos muchas veces nuestros víveres al hombro desde Soritor. Desde San Marcos hasta acá lo hacíamos en un día salíamos a las 8 a.m. y estábamos llegando a nuestras casas a las 5 p.m. El camino antiguo en ese tiempo era, pasando por el río, y en partes por la montaña y otra por el agua más o menos, 12 veces pasábamos el río

Los animales que había eran: Sachavaca, venado, sajino, majás, carachupa, león. Pero lo que cazábamos frecuentemente eran el venado y el majás los cuales vendíamos en Soritor, Moyobamba o Rioja y con eso comprábamos los ingredientes que nos faltaban. El pueblo se empezó a formar a los dos años.

En la mayoría de las chacras estamos sacando café, los que tienen posibilidades hacen su ganadería y después el panllevar: plátanos, yuca, maíz: Lo que se siembra produce.

Hay cambios que no se entienden por aquí, muchos técnicos que vienen, nos dicen que cambia el verano porque se está destruyendo las montañas. Pero me parece que es mentira, lo que pasa es que todos los años no son iguales, por ejemplo hablando de este año, los que estamos hace tiempo vemos que en el verano antes no se producía ni 8 días de calor y ahora que estamos en la misma época se siente el verano hasta un mes o 2, 3, 4 meses, pero dicen que es de las montañas. Para mí no es así; yo estoy acá desde el 81 y no me van a engañar diciendo que si se tumba una montaña hay verano. También dicen que si se tumba los árboles de la montaña hay huaico, eso es mentira porque los huaicos mayormente ocurren cuando hay crecimientos de ríos, también a veces hay peladeros que llamamos nosotros; y eso es por mucha lluvia.

Solamente tenemos el problema de la tierra, que está cambiando el monte virgen, pero sólo cambia cuando se hace un trabajo que llamamos "pulmado" ahí sí ya cambia, después el único problema que tenemos es el "ojo de pollo" que nos está afectando al café.

Por aquí otra cosa que observo es la migración de gente, pero eso se da, creo, por todo sitio que sabe que hay montañas para trabajar y porque al abrirse una nueva carretera de todas formas sucede la migración.

Me encuentro orgulloso acá con mi familia, que siquiera tengo que comer el pan del día."

Para entender los grandes retos de los pioneros, se evoca lo relatado por Sr. José Luis Portocarrero (46 años), uno de los fundadores de Nuevo Mendoza. Él nos contó cómo un grupo de pobladores del caserío de Tocuya en la provincia de Rodríguez de Mendoza exploró los contrafuertes durante 19 días para encontrar un valle fértil y fundar Nuevo Mendoza. Los veinte socios trabajaron seis años, de 1995 hasta 2001, para construir un camino de acceso desde Omia hasta Nuevo Mendoza. Construían el camino 15 días en la selva y pasaban después 15 días en su caserío. Pero el camino todavía era difícil y demoraban de 4 a 5 días para llegar. Debido a las dificultades solamente se animaron a ingresar tres socios en el 2001 para establecer sus chacras, los otros vendieron sus terrenos.

A través de todos los relatos se ve el mosaico de los colonos, sus actitudes y dificultades. Ellos son trabajadores independientes pero reconocen la importancia de la colaboración para crear sus nuevos caseríos. Los grandes desafíos aparentes están asociados al aislamiento y a la falta de infraestructura: escuelas, servicios de salud, alcantarillado, trochas carrozables. El contexto social conduce a otros problemas tales como la precocidad del matrimonio, la falta de planificación familiar y la deserción escolar, principalmente en el nivel primario. El nuevo y urgente desafío que debían enfrentar los migrantes se percibe a través de las palabras, "ojo de pollo". Debido a esta plaga empieza a disminuir significativamente la producción del café y por ello van a necesitar cambios importantes en sus actitudes y en el manejo de la tierra.

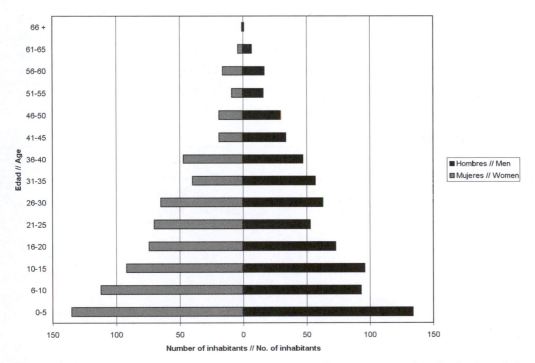

Fig. 4.9. Distribución demográfica de la población de los valles. // Demographic distribution of the population of the valleys.

Los pobladores de los valles

La muestra de la población total es de 1424 habitantes que corresponde a 264 unidades familiares con un promedio de 5.4 integrantes por familia. Las poblaciones masculina y femenina son casi iguales, 721 varones (50,6%) y 703 mujeres, (49,3%). El censo del INEI en 2007 muestra un porcentaje de hombres un poco más alto, por ejemplo 56% de hombres en El Dorado y 57% en Salas.

El perfil de la pirámide poblacional en estas dos cuencas es de tipo expansivo con una base ancha y una cúspide estrecha (Fig. 4-9). En las edades de 0 - 5 años hay 18,9% de la población, de 5 - 10 hay 14,1%, y de 11-20 hay 23,5%. Esta situación muestra un alto incremento de la natalidad con tendencia al crecimiento rápido de la población. Uno de los aspectos más resaltante de la población es que el 74,3% del total es menor de 31 años y sólo el 0,1 % es mayor de 66 años.

Lugares de origen de los migrantes

Se puede ver por la Tabla 4-3 que casi la totalidad de los colonos de los valles son de origen andino, lo cual tiene una consecuencia importante: casi ningún colono tiene experiencia con la agricultura apropiada para el clima muy lluvioso de los valles.

La mayor parte de familias inmigrantes provienen del departamento de Cajamarca con 181 familias, un 68,5% del total; el segundo departamento de proveniencia es Amazonas con 42 familias que representa el 15,2%; le sigue Piura con un total de 27 familias (10,2 %). Desde San Martín se han desplazados nueve familias (3,4%), y del departamento de Lambayeque proceden cinco familias que representan el 1,9% del total.

Tabla 4-3. Lugares de origen de los migrantes

| Lugar de residencia | Lugar de Origen | | | | | Total | % |
	Caja-marca	Ama-zonas	Piura	Lam-bayeque	San Martín		
Selva Alegre	13	6	2		1	22	8,3
Salas	36	6	4	1	2	49	18,6
El Dorado	48	4	2	2	2	58	21,9
Galilea	19	5	3	1	2	30	11,4
Posic	1	-	-	-	-	1	0,4
San Francisco	-	1	-	-	-	1	0,4
Nuevo Mendoza	5	16	-	-	1	22	8,3
Pampa Hermosa	2	4	-	-	-	6	2,3
Paitoja	11	-	5	-	-	16	6,1
Puerto Progreso	5	-	1	-	-	6	2,3
Alto Perú	14	-	10	1	1	26	9,8
Nuevo Horizonte	27	-	-	-	-	27	10,2

Las familias

Las redes familiares han jugado un rol muy importante en el proceso de migración en estas cuencas. Los primeros migrantes fueron los hombres, quienes hicieron la exploración del lugar; después llevaron a sus esposas e hijos. Se incrementa la migración por medio de la información, a través de la red familiar, quienes comentan las buenas oportunidades agrícolas; llegando entonces los hermanos y otros parientes.

Las familias más antiguas sirvieron de apoyo a sus parientes que recién llegaban, brindándoles alojamiento en sus casas, alimentación y trabajo en sus chacras hasta que ellos puedan establecerse, obtengan sus terrenos para sembrar y construir sus casas. En el caso de las familias extensas, es decir una familia formada por los padres, hijos, abuelos, tíos u otros parientes, existe una colaboración familiar. Los parientes ayudan en el cuidado de los niños o en las labores de las chacras. También hay abuelos que ayudan económicamente con el producto de sus chacras o comparten la ayuda económica que les envían sus hijos que se encuentran en otras ciudades, ya sea en víveres o dinero. En la Tabla 4-4 se ve el número de familias por caserío.

Tabla 4-4 Familias nucleares y extensas por caserío[1]

	Familia nuclear			Familia extensa			Total
	Nº	Total integrantes	%	Nº	Total integrantes	%	
Selva Alegre	20	131	7.6	2	12	0.8	22
Salas	44	215	16.6	5	29	1.9	49
El Dorado	52	312	19.7	6	86	2.3	58
Galilea	29	89	11	1	6	0.4	30
Posic	1	1	0.4	-	-		1
San Francisco	-	-		1	3	0.4	1
Nuevo Mendoza	21	126	8	1	7	0.4	22
Pampa Hermosa	5	22	1.9	1	6	0.4	6
Paitoja	14	78	5.3	2	6	0.8	16
Puerto Progreso	5	25	1.9	1	8	0.4	6
Alto Perú	25	137	9.5	1	11	0.4	26
Nuevo Horizonte	25	96	9.5	2	18	0.8	27
Total	241	1 232	91.4	23	192	9	264

1   El número de familias extensas en esta tabla se refiere a sólo las familias extensas bajo un mismo techo

En cada caserío hay redes importantes de familias, pero hay solamente un 9% de familias extensas bajo un mismo techo. Muchos tíos, hermanos u otros miembros comparten el mismo techo durante un año o dos, luego muy pronto construyen su propia casa. El porcentaje de familias extensas bajo un mismo techo es bajo, porque hay muchos jóvenes entre los 15 y 25 años que se retiran de la casa de sus padres para formar sus propias familias nucleares. Esta práctica tiene sus raíces en la alta deserción escolar, las pocas posibilidades de diversión en los caseríos y las buenas oportunidades para los jóvenes de trabajar como peones y de establecer su propia chacra con el apoyo de sus padres.

Los nuevos reglamentos y leyes de titulación de tierras, así como las creencias religiosas motivan a las parejas a formalizar su compromiso mediante el matrimonio pero todavía existe un alto porcentaje de convivencia entre las parejas. Otro ejemplo que muestra la actitud de las parejas hacia la informalidad familiar. De las 264 familias, 129, el 49%, son convivientes y 121 familias, el 45,8%, son casadas a diferencia del 0,8% que son viudas, el 2,0% solteras y el 2,7% separadas (Tabla 4-5).

Tabla 4-5. Estado civil de las parejas por caserío

Estado civil Caserío	Casados	Conviviente	Separado	Soltero	Viuda	Total
Selva Alegre	9	13	-	-	-	22
Salas	21	25	1	1	1	49
El Dorado	28	28	2	-	-	58
Galilea	16	12	1	1	-	30
Posic	1	-	-	-	-	1
San Francisco	-	1	-	-	-	1
Nuevo Mendoza	15	5	-	2	-	22
Pampa Hermosa	1	5	-	-	-	6
Paitoja	5	9	1	1	-	16
Puerto Progreso	1	5	-	-	-	6
Alto Perú	14	10	1	-	1	26
Nuevo Horizonte	10	16	1	-	-	27
Total	121	129	7	5	2	264
%	45.8%	49%	2.7%	2%	0.8%	100%

Economía familiar

El equipo antropológico ha coleccionado los datos de 264 familias en los valles para determinar los gastos y los ingresos de los colonos.

Gastos para alimentos

El aislamiento y el costo de transporte influyen bastante en los gastos de los colonos. Se ve que existe una diferencia importante en los precios de los alimentos, por ejemplo una gallina, cuesta dos veces más cara que en la costa. Este aspecto se explica por los problemas de transporte. Tanto del pollo como de su alimento (Tabla 4-6). Muchos colonos tienen algunos pollos, pero nadie hace crianza a grande escala.

El pollo constituye una de las fuentes de proteína más importantes en Perú, pero por su costo, en los valles se consume en pequeñas cantidades. Entonces, para los colonos los atunes en conserva y menestras juegan un rol importante como fuente de proteínas. Los carbohidratos, como el arroz y los fideos son consumidos frecuentemente debido al trabajo duro de los colonos; el transporte encarece estos productos, duplicando su precio.

El total de los gastos básicos para la alimentación de una familia de cuatro personas por un período de una semana es alrededor de S/.80 y por un año de S/.4160. La cifra por semana parece una buena estimación, porque está cerca de la regla empírica que usa la gente de 3 soles diarios por persona para la comida básica.

Tabla 4-6. Gastos básicos para alimentos por semana de una familia de cuatro personas

Alimento	Medida	Precio (.S/.)	Consumo por semana	Gastos básicos (S/.) por semana
Arroz	Kg	2,6	7 Kg	18,2
Papas	Kg	1,75	1,3 Kg	2,3
Fideos	Kg	3,6	2 Kg	7,2
Cebolla	Kg	2	1 Kg	2
Aceite	Litro	7,5	1,25 L	9,4
Sal	Kg	1		0,5
Azúcar	Kg	2,2	2	4,4
Pan	8 x	1	16	2
Atún grate	Lata	1,5	8	12
Otro Pescado	Lata	2,5		
Huevos	3 x	1	6	2
Menestras	Kg	1,5	3,3	5
Verduras	Atado	0,5	4	2
Condimentos *1	Bolsita	0,5	2	1
Carne				
Gallina	Unidad	20 – 30	0,25	5
Cuy	Unidad	15 – 25		
Pato	Unidad	25 – 30		
Res	Kg	8	0,5 Kg	4
Chancho	Kg	6	0,5 Kg	3
Carne de caza *2	Kg	6 – 10		
Bebidas				
Cerveza	320 ml	4		
Cañazo	650 ml	2,5		
Gaseosa	600 ml	1,5		
	2 litros	3		
Café en sobre	50 gr.	0.50		
Leche	Litro	1		
Leche Evaporada	Lata	2,5		

*1   Condimentos como ajo, palillo, ajino-moto, rocoto, orégano, pimienta.
*2   Carne como venado, añuje, majas, sajino, o pava de montaña.

La comida típica se constituye de arroz (casi siempre) con menestras, papas o plátanos, atún o un huevo; lo pueden variar con pescado, fresco o seco, o con pedazos de chancho o pequeñas presas de gallina. Hay costumbre de servir una sopa elaborada con fideos y cebolla, acompañada con yuca, papas o michuca y un aderezo de palillo.

Se consumen cuy, pato o pavo, pero sólo en ocasiones especiales. El maíz se consume de vez en cuando, sobre todo en los dos o tres primeros años de permanencia, cuando el maíz es sembrado con fríjol en las chacras recién desmontadas.

Las bebidas que se suelen consumir son: agua caliente con hojuelas de avena, café de sobre, refrescos preparados de sobre e infusiones de limoncillo.

Por su facilidad de adaptación y crecimiento en el ambiente de los valles, el plátano es el fruto más importante que los demás. Hay escasez de otras frutas, como papayas o naranjas debido a que solamente en algunos sitios los árboles frutales producen bien.

Gastos para ropa

Otro gasto esencial del colono en los valles es el que origina la ropa. En la Tabla 4-7 se presenta los gastos anuales aproximados por persona.

Tabla 4-7. Gastos básicos para ropa por persona

Ropa	Precio por unidad o par (S/.)	Gastos básicos por año por persona (S/.)
Pantalón	30	30
Polo	15	30
Chompa	25	25
Zapatos	35	35
Camisa	15	15
Botas	20	20
Medias	2	8
Calzoncillos	3	9
Total		172

Para una familia de cuatro, entonces, los gastos anuales para la ropa son alrededor de S/.700.

Otros gastos familiares

Otros gastos familiares incluyen:

- Jabón, lejía y detergentes para limpiar por aproximadamente S/. 250 por año
- Cuadernos, lápices y papel para la escuela,
- Tarjetas para telefonear,
- Velas y fósforos,
- Medicinas sencillas como ibuprofeno

Algunas familias apoyan con la pensión de sus hijos en Soritor o Moyobamba para continuar su educación. Otros tienen gastos para cargar baterías, que son utilizadas para unas bombillas de luz para alumbrar la casa. Donde hay electricidad como en Nueva Esperanza, se compra electrodomésticos y televisores. Pero estos no son considerados como gastos básicos y el estimado para una familia de cuatro integrantes es de 4160 por comida, 700 por ropa, 440 para lo demás, que hace un total de S/.5300 por año. Con ingresos por debajo de esta cifra, o el equivalente de S/.1300 por persona, la familia puede ser considerada al borde de pobreza extrema. Una familia con ingresos tan bajos, va a tener dificultades para satisfacer sus necesidades básicas. Originando la desnutrición de los más vulnerables, los niños. El saldo es muy sensible a pequeños gastos adicionales, el consumo de solamente dos cervezas por semana aumenta los gastos de alimentos y bebidas en 10%.

En la Tabla 4.8 hay una presentación de los ingresos y egresos. Los egresos representan todos los costos de alimentación, salud, herramientas y los salarios de los peones, etc. El saldo representa lo que es disponible como ahorro, inversión o gastos discrecionales. En la Tabla 4-8 se presenta el saldo en función del ingreso de la unidad familiar.

Tabla 4-8. Saldo anual de la unidad familiar por rango de ingreso

Rango del Ingreso anual (S/.)	No.	Total Ingresos	Promedio Ingresos	Total Egresos	Promedio Egresos	Promedio Saldo
1000 – 5000	72	318.466	4423	275.393	3825	598
5001 / 10.100	68	456.748	6717	339.043	4986	1731
10.100- 20.099	63	1.020.360	16196	650.932	10.332	5.864
20.100 – 30.099	45	1.097.270	24.384	623.906	13.685	10.519
30.100- 40.099	8	273.000	34.125	113.865	14.211	19.892
40.100- 50.000	7	316.950	45.729	105.142	15.020	30.258
60.000 +	1	63.360	63.360	13.031	13.031	50.329
Total	264	3.546.154	13.432	2.121.312	8035	5397

Se puede observar en esta tabla, que los dos grupos con rangos más bajos tienen egresos que corresponden al promedio de S/.3825 y S/.4986. Sí consideramos que las familias están conformadas por menos de cuatro personas, se confirma la propuesta que los gastos son de S/.5300 para una familia de cuatro miembros. El saldo promedio para gastos discrecionales en el rango más bajo es de solamente S/.598 o $200 (cambio 2008). Al observar estos ingresos bajos se puede comprobar las raíces de la desnutrición infantil que mencionó la partera de El Dorado. Las familias con menos de S/.5000 de ingresos son las que se encuentran en una situación de extrema pobreza, que en la muestra está representada por el 27% de las familias.

Otro aspecto interesante de la encuesta es el lugar de donde provienen las familias de los rangos más bajos. Se puede anticipar que los más pobres se establecieron en los cuatro últimos años. Siendo los caseríos de Salas y El Dorado los que están en esta categoría, ya que los datos muestran que la gran mayoría de las familias tiene ingresos menores de S/.5000.

Las familias con ingresos mayores de S/.10.000 por año tienen una situación económica más estable. Este grupo tiene un saldo promedio de S/.5.864 o $2.950. En el contexto rural del Perú de hoy, esta cifra es bastante alta y atrae mucho interés de las regiones pobres, específicamente de la sierra.

La religión

La religión en los valles cumple un papel importante en el proceso de adaptación de los migrantes porque les permite amortiguar el choque del aislamiento, planteando redes sociales de apoyo. Las redes de ayuda mutua de solidaridad y convivencia representan también un enlace con lo externo, tanto nacional como internacional.

Las religiones y sus siete iglesias en estas cuencas se organizan sobre la base de sus creencias, prácticas personales, ritos y enseñanzas colectivas como aliciente para obtener fortaleza espiritual y enfrentar la vida. Unos de los temas más importantes que aparecen muchas veces en los sermones son la esperanza, la importancia de una familia donde hay amor y la bondad de Dios ofreciéndoles una naturaleza que ellos deberían cuidar.

Uno de los sacramentos donde se manifiesta la estructura de esta representación simbólica del pensamiento religioso es el bautismo, que es practicado por todas las religiones de estas cuencas. El bautismo constituye uno de los principales ritos porque simboliza el inicio de una nueva vida a través del arrepentimiento y la limpieza de los pecados, esta conversión les identifica como seres puros, estableciendo una alianza con Dios, reafirmando sus expectativas como migrantes, de encontrar una mejor vida en estas cuencas de la selva alta. Además, el sufrimiento que se experimenta al vivir en estos lugares, va a tener una simbolización sagrada que les ayuda a soportar y resistir los problemas con una actitud de resignación; es la necesidad de sufrir para luego obtener la gloria de Dios.

Estos grupos religiosos tienen como día central de sus reuniones el séptimo día, el cual es identificado en la Biblia como día de descanso, este principio es controversial entre las iglesias, por ejemplo los católicos se reúnen el día domingo y los evangélicos el día sábado. También se planifican otras reuniones dentro de la semana como la lectura de la Biblia, conferencias, capacitaciones, hasta un promedio de tres reuniones por semana en algunas iglesias.

Las iglesias protestantes tienen una vida institucional más activa, constantemente planifican retiros, convenciones y visitas de sus pastores que se trasladan desde otras ciudades para ayudar, asesorar y capacitar a sus fieles.

Las religiones que tienen mayor número de integrantes en estas cuencas son tres: la católica con 53,8%, la adventista del séptimo día con un 19,3% y la evangélica con un 19,3%, ver Tabla 4-9.

Tabla 4-9. Religiones existentes en las cuencas

Religión	Nª de Integrantes	%
Católica	142	53,8
Adventista del 7ª Día	51	19,3
Evangelista	51	19,3
Pentecostés	6	2,3
Nazarena ·	2	0,8
Testigos de Jehová	4	1,5
Iglesia de Cristo	5	1,9
Ateos	3	1,1
Total	264	100

Educación

La educación a nivel de primaria, consta de seis años de estudios que van desde el primer grado hasta el sexto grado, luego se continúa con el nivel secundario de cinco años. Poco después de la fundación de un nuevo caserío se construye una escuela primaria cuando se muestra el mínimo requisito de 15 estudiantes. Así se crearon las primeras escuelas en Alto Perú el año 1985 y en Selva Alegre el año 1987.

La mayoría de los niños tienen acceso a la escuela primaria aunque algunos tienen que caminar uno o dos kilómetros por senderos a veces muy fangosos. El acceso al nivel secundario solamente es posible en los colegios de El Dorado y de El Alto Perú desde el 2002. El total de alumnos del nivel primario en todos los caseríos de estas cuencas es de 736 y del nivel secundario es de 188 alumnos (Tabla 4-10).

Tabla 4-10. Número de alumnos por caserío en el nivel educativo primario y secundario

Caserío	Alumnos	
	Primaria	Secundaria
Selva Alegre	42	-
Salas	119	-
El Dorado	146	77
Galilea	26	-
Nuevo Mendoza	37	-
Garzayacu	54	-
Paitoja	53	-
Alto Perú	195	111
Nuevo Horizonte	64	-
Total	736	188

El mejoramiento de las escuelas se realiza con la participación de la población en coordinación con los gobiernos regionales y también mediante la organización de los padres de familia que ofrecen sus servicios de trabajo (Figs. 4-10 y 4-11). En algunos caseríos la prioridad es el crear y construir un colegio secundario, para animar a sus hijos a continuar sus estudios. En caseríos como Salas los pocos estudiantes de secundaria demuestran un ánimo extraordinario al caminar por lo menos dos horas por senderos fangosos hasta llegar a Selva Alegre, para tomar un carro que les lleve hasta su colegio.

Aunque parezca que existe interés para educar a los niños, los profesores de la región constatan un nivel muy elevado de deserción escolar y otros problemas graves. Para analizar estos hechos, se debe considerar el sistema peruano de educación pública en la región y la condición social de las familias.

El sistema educativo tiene dos retos muy importantes: mejorar la infraestructura disponible y las condiciones laborales de los profesores. En sus inicios la infraestructura educativa se construye por iniciativa de los padres de familia con materiales rústicos de la zona sin prever las condiciones para un óptimo desarrollo de las actividades pedagógicas. Sus ambientes son poco iluminados y ventilados, el sonido de la voz del profesor se pierde en el ambiente porque los techos de calamina son altos y aun peor, porque son muy ruidosos en las estaciones de lluvia. Las bancas, mesas y pizarras son sencillas. En los caseríos de Nuevo Mendoza, Garzayacu y Galilea las aulas son unidocentes es decir con un solo profesor para todos los grados, debiendo los alumnos ubicarse en una sola aula y sentarse en diferentes direcciones frente a una pizarra según el grado al que pertenecen. En contraste los caseríos de El Dorado, Salas y Alto Perú tienen un profesor para cada grado, mientras que en los otros caseríos hay dos profesores y se distribuyen entre los dos, los seis grados.

La inseguridad laboral es un obstáculo para los profesores y no incentiva la elaboración de un plan de trabajo para el mediano o largo plazo, porque casi todos son contratados por un año y les confirman su contratación en los meses de marzo y abril cuando ya empezó el año académico. Algunos profesores dejan a sus familias en pueblos lejanos como Chachapoyas, debiendo viajar los fines de semana o si está muy lejos después de varios meses. Tampoco el personal docente tiene una constante actualización de los temas debido a sus pocas capacitaciones y la falta de infraestructura para apoyarlos. En cuanto a las condiciones sociales se nota primero el nivel de escolarización de los padres en la Tabla 4-11.

El 87,3% de la población total no ha completado la educación secundaria y el 27,9% no han completado la primaria. Sólo Salas y El Dorado tienen algunos habitantes con una educación superior. Es fácil entender a los profesores cuando dicen que los padres no brindan mayor apoyo en las tareas. Muchos padres no tienen la capacitación para apoyar en las tareas. Los padres también están muy cansados después del trabajo en las chacras. Ellos ofrecen su trabajo manual cuando se necesita para mejorar la escuela, pero les queda poca energía para apoyar las actividades diarias.

Fig. 4-10. Construcción de la nueva escuela en Nuevo Mendoza. // Construction of the new school in Nuevo Mendoza. Foto J. Hernández.

Pocos asisten a las reuniones de padres. El apoyo a la educación se limita muchas veces a matricularlos y darles algunos útiles escolares como un cuaderno y un lapicero.

Hay tanto trabajo en la chacra, que en algunas estaciones son los jóvenes que asumen otras responsabilidades en forma temporal, sobre todo la mano de obra necesaria en los cultivos de café. Aun cuando los estudiantes de secundaria vienen por la tarde a la escuela (en la mañana hay clases de primaria y en la tarde clases de secundaria) muchas veces están muy cansados por haber trabajado en la chacra antes de ir al colegio. Es difícil promover la motivación en los estudiantes para terminar sus estudios secundarios.

El gobierno peruano trata de brindar estimulación temprana a los niños a través de su programa no escolarizado de educación inicial (PRONOEI). En El Dorado inició este programa con el modelo autogestionario, financiado con los recursos de la comunidad desde el año 2002, teniendo 20 matriculados en el año 2008. Según los profesores la diferencia en el rendimiento de los estudiantes del primer grado entre los niños que han recibido esta capacitación y los demás, es notoria. También es un problema para los profesores, porque deben utilizar métodos y técnicas para dos grupos distintos; es como desarrollar dos clases en vez de una. Es un problema social también en el sentido del que la probabilidad para los dos grupos de alcanzar el mismo nivel más tarde es mínima. Es decir, existe una tendencia de los estudiantes que no asistieron al PRONOEI de abandonar la escuela muy tempranamente.

Tabla 4-11. Grado de instrucción de la población según caserío

Grado Caserío	A	S.I.	P.I.	P.C.	S.I.	S.C.	Sup	TOTAL
Selva Alegre	-	42	40	49	3	9	-	143
Salas	-	51	19	112	-	50	12	244
El Dorado	-	23	90	189	24	46	26	398
Galilea	-	14	23	44	8	5	1	95
Posic	-	-	-	1	-	-	-	1
San Francisco	-	-	-	3	-	-	-	3
Nuevo Mendoza	-	19	15	88	-	11	-	133
Pampa Hermosa	-	6	-	16	2	4	-	28
Paitoja	5	14	-	61	4	-	-	84
Puerto Progreso	-	-	3	28	1	1	-	33
Alto Perú	-	22	-	109	6	11	-	148
Nuevo Horizonte	3	9	-	83	15	4	-	114
Total	8	200	190	783	63	141	39	1 424
%	0.6	14	13,3	55	4,4	10	2,7	100

A=Analfabeto, S.I.=Sin instrucción, P.I.=Primaria Incompleta, P.C.= Primaria Completa, S.I.=Secundaria Incompleta, S.C.= Secundaria Completa, Sup=Superior.

Se ve que el PRONOEI, es un programa muy importante para ayudar a los niños de los valles. El desafío es fomentar una participación de la totalidad de la población. Para conseguir eso, hay que capacitar a la gente y ofrecer el Programa de manera descentralizada. Otro de los programas que los profesores constatan como muy útil es el Desayuno Escolar. Alrededor de las 10:30 a.m. dos madres hierven la leche en una olla y luego reparten un vaso de leche y un paquete de galletas a cada estudiante de primaria (Fig. 4-12). Sin esta pausa para nutrir a los estudiantes, los profesores notan una baja de atención acentuada y eso empeorará la receptividad de los estudiantes para aprender.

Los colonos se dan cuenta que la educación de sus hijos es importante para ofrecerles mejores oportunidades en la vida. Pero las condiciones sociales y ambientales presentan desafíos importantes a los estudiantes y la mayoría no concluyen la educación secundaria.

La salud

La salud de los pobladores de los valles es precaria y tiene relación con las condiciones sanitarias: la falta de tratamiento del agua para el consumo humano, el inadecuado manejo de la basura, los deficientes servicios higiénicos y de desagüe, el hacinamiento en los hogares, los hábitos de higiene (sobre todo la carencia de

Fig. 4-11. Trabajo comunal para mejorar la escuela en El Dorado. // Communal work to improve the school in El Dorado. Foto J. Rollefson.

higiene bucal) y el clima húmedo que predispone a la población para las infecciones respiratorias.

La Dirección Regional de Salud de Amazonas, reporta las estadísticas siguientes de 2007, sobre las diez primeras causas de morbilidad en el distrito de Vista Alegre, que incluye El Dorado y Salas.

Tabla 4-12. Diez primeras causas de morbilidad general

N°	Enfermedad	Casos	Tasa
1	Enfermedades de la cavidad bucal, de las glándulas salivales y de los maxilares	979	32
2	Infecciones respiratorias agudas (IRA)	974	31.7
3	Desnutrición	223	7.26
4	Enfermedades infecciosas intestinales	217	7.06
5	Helmintiasis (infestación parasitaria del cuerpo)	166	5.40
6	Infección a la piel y al tejido subcutáneo	144	4.68
7	Otras enfermedades del sistema urinario	118	3.84
8	Traumatismos y heridas	110	3.58
9	Enfermedades del esófago y del estómago	80	2.60
10	Enfermedades de transmisión sexual – ETS	60	1.95

Fuente: oficina de estadística DRSA 2007

La tasa de las enfermedades bucales y las infecciones respiratorias agudas destacan frente a las demás. Es interesante que los profesores de las escuelas locales hablen de un nivel de desnutrición de los niños más importante que la cifra del 7% en el cuadro, tal vez porque en este año había una cobertura de la población de 30%.

Los datos estadísticos que se muestran en Tabla 4-13 fueron obtenidos del puesto de salud del Alto Perú en San Martín y corresponden al año 2008.

Tabla 4-13. Principales enfermedades en el caserío Alto Perú

Enfermedades	Total de 5 meses[1]
Parasitósis	205
Infecciones diarréicas agudas-EDA	52
Infecciones de la piel – micosis	103
Infecciones respiratorias agudas –IRA	62
Vaginitis	104

Fuente: informe de la técnica sanitaria de Alto Perú-2008
1 Total de cinco meses, mayo – agosto, 2008

Los puestos de salud

Los puestos de salud son la base del sistema de tratamiento y de prevención de las enfermedades en muchos de los caseríos. Hace poco había en caseríos como Salas los servicios de salud a través de una brigada de salud itinerante compuesta por un médico, un técnico y una partera. En el año 1991, se creó el primer puesto de salud en Alto Perú, siendo el primero que se creó en estas cuencas, dependiendo administrativamente del centro de salud de Soritor. Tiene una técnica sanitaria. En el año 2002 se creó el puesto de salud de El Dorado, que depende administrativamente del centro de salud de Pomacochas, Amazonas. El cual desde el 2004 tiene un técnico en enfermería y al partir de 2005 un médico. En el 2007 se creó el puesto de salud más reciente en el caserío de Salas, perteneciente al centro de salud de Vista Alegre, Amazonas, con un técnico y un enfermero. Todos los puestos de salud han sido construidos e implementados con el apoyo del gobierno y con la participación de la comunidad. Sus construcciones son básicas y carecen de una buena infraestructura, no contando con los servicios de desagüe, ni agua en algunos casos. El terreno donde funciona el puesto de salud de El Dorado fue donado por la comunidad y tiene aproximadamente un área total de 4000 m²; su construcción es de madera con seis ambientes. Por su construcción y su equipamiento el puesto de El Dorado es uno de los mejores en estos valles.

La planificación, el diagnóstico y la promoción de la salud

Un rol muy importante tiene la promoción de una buena salud. Los responsables y la comunidad desarrollan talleres de planificación para identificar los principales problemas de salud, elaborando un diagnóstico en cada caserío. Por ejemplo, en El

Fig. 4-12. Programa de Desayuno escolar en acción, El Dorado. // Program of School breakfast in action. Foto J. Rollefson.

Dorado el diagnóstico se ha dividido en cuatro áreas: salud, saneamiento ambiental, sociocultural y administrativo, identificando los problemas y priorizándolos en forma jerárquica en cada área. Los tres principales problemas del área de salud son: la poca cobertura, la alta incidencia de IRA, EDA y la baja cobertura de partos; en el área de saneamiento: el hacinamiento de los hogares, el manejo inadecuado de la basura y la falta de tratamiento del agua para consumo; en el área sociocultural: la resistencia y el temor al personal de salud, las creencias culturales sobre la enfermedad y la automedicación y en el área administrativa: la infraestructura inadecuada, ambientes reducidos y la falta de equipamiento.

La comunidad y los responsables del puesto de salud trabajan en coordinación permanente para garantizar el éxito de los programas, desarrollando talleres de planificación para plantear sus objetivos, metas y estrategias. Pero todas estas iniciativas que ayudan a unir esfuerzos dependerán de las motivaciones del personal que trabaja en estos lugares y del tiempo de permanencia (Tabla 4-14).

Tabla 4-14. Diagnóstico de salud en el caserío El Dorado

Salud	Saneamiento Ambiental	Sociocultural	Administrativo
- Aproximadamente 70% de la población sin cobertura de salud.[1] - Alta prevalencia de casos de IRA y EDA en menores de 5 años. -Baja cobertura de partos institucionales y gestantes controladas. - Alto riesgo de morbilidad materno perinatal. - Falta de seguimiento de pacientes en diferentes programas de salud. - Elevada incidencia de caries dental, heridas y piodermas. - Alta prevalencia de parasitosis intestinal. - Elevada prevalencia de desnutrición infantil.	- Hacinamiento en los hogares. - Inadecuada eliminación de excretas y basura. - No disposición de agua potable. - Falta de relleno sanitario. - Convivencia con animales domésticos. - Eliminación de sustancias orgánicas como el despulpado de café peri domiciliario donde abundan los insectos. - Presencia de vectores como Lutzomia o "Manta Blanca".	- Resistencia y temor al personal de salud masculino. - Mitos y hábitos. - Creencias en "el susto", "el mal aire", muchas veces acudiendo al curandero antes que al establecimiento de salud. -Automedicación con productos farmacéuticos y medicinas folclóricas. - Bajo nivel de instrucción de la población. - Bajo nivel socio económico. - Actitudes machistas. - Pobladores acostumbrados al fiado de medicamentos. - Anexos alejados y de difícil acceso. - Poco interés de la población a la medicina preventiva. - Rompimiento de los núcleos familiares por violencia. - Poco interés por los diferentes métodos de planificación familiar.	- Infraestructura deteriorada. - Ambientes reducidos para una buena calidad de atención. - Falta de equipamiento y material didáctico. - Muy poco apoyo a nivel de microrred. - Escasos ingresos RDR, por el nivel de pobreza. - Falta de apoyo e incentivo al personal ante los gastos del trabajo extramuros. - Por ser PS satélite no se logra administrar los ingresos por SIS. - Poca capacitación al personal de salud por parte de la DRSA y microrred. - Falta de coordinación con organizaciones de base y autoridades locales. - Bajos sueldos e inestabilidad laboral para los trabajadores de salud contratados, pocos incentivos y nada de beneficios.

1. La cobertura se extiende a todos los que tienen su DNI o Documento Nacional de Identidad. Por la informalidad muchos de los inmigrantes no tenían este documento; el acceso a los servicios gratuitos de los puestos de salud es un buen estímulo para adquirir este documento.

Enfermedades de la región

Infección vaginal

Las curanderas, afirman que muchas mujeres sufren de problemas vaginales, con los síntomas de secreción constante, olores fuertes, picazón, ardor, dolor o irritación al orinar o al tener relaciones sexuales, las mujeres acuden a sus consultas para ser tratadas de estas infecciones causadas por hongos o por bacterias y ellas les dan las hierbas y las recomendaciones para los lavados vaginales, pero muchas de ellas no mejoran (Tabla 5-3). *"No mueren pero se tullen y se vuelven huesito, ahí viven como gatitos en la casa, cerca del fogón"* Sabina Celis (62 años) – Curandera de Galilea, Mayo 2008.

La anemia

Es frecuente en las mujeres; las curanderas mencionan que se manifiesta en la palidez, el bajo peso y en las complicaciones posteriores al parto. Ellas dicen que la causa principal es el corto espacio entre un embarazo y otro (espacio intergenésico). Las mujeres pueden llegar a tener de 12 a 15 hijos porque inician su vida marital muy jóvenes, algunas desde los 12 años y no planifican su familia.

La sarna

La escabiosis o sarna, es una enfermedad de la piel causada por el ácaro parásito *Sarcoptes scabiei*, llamado comúnmente arador de la sarna. Estos ácaros que penetran en la piel, causan una reacción alérgica que provoca mucha picazón. Al rascarse se forma heridas y escamas en la piel. Es muy contagiosa y se transmite en las escuelas y dentro de la familia.

Reacciones al árbol "Itil"

El Itil (*Toxicodendron striatum*), es una planta tóxica cuya resina puede causar graves lesiones en la piel. Crece hasta 6 o 7 m de altura, con tronco delgado, copa irregular y ramas derechas; hojas pecioladas, ovales, aserradas, lisas y de color verde oscuro; flores blanquecinas y fruto drupáceo, semejante a una manzana y con un hueso muy duro. Al contacto de la piel con este árbol, se pueden producir reacciones tóxicas o alérgicas; los síntomas son fiebre, picazón, erupciones e hinchazón. Muchos campesinos no lo reconocen y cuando van a la chacra a trabajar cortan el árbol y rápidamente enferman. Algunos mencionaron que fue tan fuerte la fiebre y la hinchazón que tuvieron que trasladarlos de emergencia hasta el centro médico de Soritor.

Picaduras de insectos

La picadura de punga

La punga, es un insecto muy chiquito de color pardo que se introduce en la piel produciendo mucha picazón y cuando se saca el gusanito se infecta la herida. Esta picadura es muy frecuente porque el insecto se encuentra en las plantaciones de café y en los campos de hierba donde los niños se sientan a jugar.

Infestación de piojos

El piojo, es un pequeño insecto que se alimenta de sangre humana. Son de dos tipos: el piojo de la cabeza y el piojo púbico. Su picada causa un escozor intenso en esas regiones. Los huevos de ambos piojos se encuentran en la base del cabello a nivel de la piel y son llamadas liendres. Es muy fácil su transmisión entre los niños. Muchos profesores desarrollan campañas para erradicar este hectoparásito, pero no se ha podido lograr en su totalidad.

Picadura de pulga

La pulga, es un insecto que se alimenta de la sangre de los animales y humanos. Su picadura produce erupciones en la piel e inflamación. Las pulgas generalmente pican en la parte más baja de las piernas. Los pobladores mencionan que las pulgas aparecen frecuentemente en las épocas de calor.

Plaga de chinches

Los chinches, son insectos pequeños ovalados, de color castaño marrón que se alimentan de la sangre durante la noche u horas tempranas de la mañana. Se encuentran en las ropas de cama o en las fisuras de las paredes y muchas veces pasan por desapercibidas porque algunas personas no tienen reacción alérgica a las picaduras. Otras en cambio sí tienen reacción, la cual se presenta con hinchazón, enrojecimiento y escozor intenso de la piel.

Plaga de cucarachas

Los tipo de cucarachas en estos valles son de color casi rojizo de tamaño grande y pequeño; son omnívoras y nocturnas. Son frecuentes en los hogares por la presencia de desperdicios orgánicos, sobre todo en las épocas de calor porque se incrementa la basura por el procesamiento del café de la cosecha grande. Es un riesgo para la salud de los pobladores por ser agente de diferentes bacterias y virus, como por ejemplo la salmonella.

Patrón de asentamiento

Según la vivencia de los colonos, el patrón de asentamiento en los valles puede clasificarse en tres etapas:

Primera etapa: En esta etapa se da el ingreso de los pequeños grupos de exploradores. Los viajes son esporádicos con un tiempo corto de permanencia. Es la etapa errante sin un patrón de asentamiento típico, caracterizado por la construcción de ramadas temporales, utilizando los árboles como postes donde se amarraba el plástico extendido para guarecerse de las lluvias; se trabajó la trocha con machete y se identificaron las quebradas, los ríos y los cerros. Después, hacían sus visitas normalmente dos veces por año para poder sembrar, cosechar y así confirmar la fertilidad del suelo. Sin embargo, sus viajes a los lugares más lejanos se limitan a una vez por año o una vez cada dos años.

Segunda etapa: Se construye un patrón de asentamiento horizontal que sigue la ruta de la cordillera. Los caminos de herradura tienen un trazo paralelo al río a media montaña y las viviendas se construirán a cada lado del camino, formándose dos espacios arriba y abajo. Cuando la anchura del valle lo permite, como en Salas y El Dorado, se establece un segundo o tercer camino paralelo y más alto donde se despeja otra línea de chacras (Figs. 4-13, 4-14 y 4-15).

Tercera etapa: Esta etapa es asociada al crecimiento de la población y la formación del centro poblado. Se observan los rasgos españoles de los asentamientos, caracterizados por una plaza central como medio geográfico común y socializador

Fig. 4-13. Vista de El Dorado en la cual se ve el humo de la quema del bosque. // Vista of El Dorado with smoke from burning forest in the background. Foto J. Rollefson.

con la distribución de viviendas, iglesias, tiendas y locales comunales alrededor de aquella. En esta etapa se construyen los caminos secundarios de herradura, en el interior del centro poblado y los caminos de articulación con otros centros poblados cercanos. Para la ubicación del asentamiento se toman medidas de prevención contra las inundaciones, instalándose a una distancia de 100 o 200 m lejos de los ríos. Este conocimiento es el resultado de la experiencia sobre los caudales de los ríos y el gran aumento de éstos en la estación de lluvia.

Viviendas y construcción

Los pioneros no pagaron por los terrenos para la construcción de la vivienda, actualmente se paga entre 200 y 300 nuevos soles. En la construcción de la vivienda se nota un cambio rápido tanto en los modelos como en los materiales y técnicas. Los pioneros construyeron chozas de un piso con madera sin trabajar, empleando sobre todo la técnica de la muesca que consiste en amarrar los troncos entrelazados en cada esquina para dar la forma rectangular a una habitación. En muchos casos esta casa fue abandonada pocos años después, por una construcción más sólida de dos pisos, que tiene un altillo abierto para conservar en área seca la comida y el café. Los techos primero eran de hoja de palmito, pero hoy casi todos son de calamina. Estos son mucho más durables y evitan el problema de las tarántulas que se alojan

Fig. 4-14. La entrada a Salas. // The entry to Salas. Foto J. Rollefson.

fácilmente dentro de los techos de hojas de palmito (Fig. 4-16).

Actualmente el mayor número de viviendas son de madera aserrada. Típicamente la casa tiene un esqueleto de madera con horcones (vertical) y vigas (horizontal). Los horcones muchas veces se sostienen en una base con cimientos. La armadura del techo es a dos aguas, los diagonales apoyados sobre la solera superior (Fig. 4-17). Hay una área sobresaliente del techo que sirve para evitar que la lluvia caiga sobre las paredes y la base de la casa. Toda la construcción es de madera de buena calidad, la razón es la facilidad de obtención del material y su escasa valoración económica en estos caseríos aislados, debido a la dificultad de trasladar la madera por senderos estrechos y peligrosos a mercados donde tiene mayor valor económico.

En Salas, El Dorado y Alto Perú hay aserraderos, pero en los otros caseríos los tablones todavía se hacen con la motosierra. La venta comercial de estos tablones hechos con la motosierra está prohibida, por el excesivo desperdicio de la madera en el corte, debido al ancho de la cadena de la sierra, pero su uso es frecuente porque es una forma económica de obtener los tablones. Para hacer los tablones de una viga los trabajadores estiran con tensión una cuerda fina impregnada con tinta por encima de la línea de corte. Guardando bien los dos extremos fijos, se tira la cuerda al centro y se la suelta de manera brusca. La cuerda toca con fuerza la madera y deja una línea bien recta de tinta, la cual se usa para alinear la motosierra en el momento de cortar.

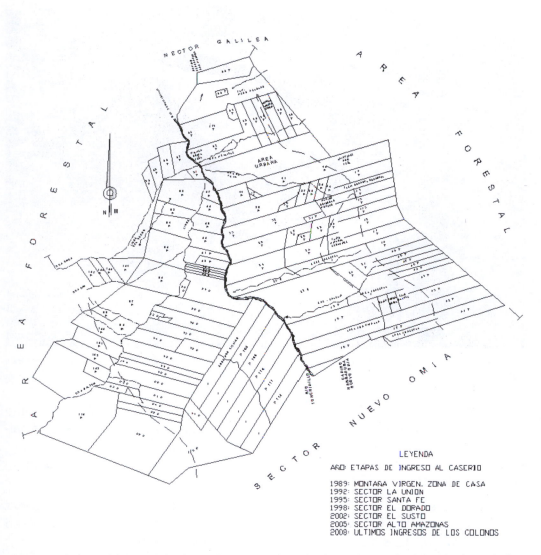

LEYENDA

AÑO: ETAPAS DE INGRESO AL CASERIO

1989: MONTAÑA VIRGEN, ZONA DE CASA
1992: SECTOR LA UNION
1995: SECTOR SANTA FE
1998: SECTOR EL DORADO
2002: SECTOR EL SUSTO
2005: SECTOR ALTO AMAZONAS
2008: ULTIMOS INGRESOS DE LOS COLONOS

Fig. 4-15. El plano del caserío de El Dorado. Fuente Plano de El Dorado por el Ministerio de Agricultura de Perú reproducido por Raphael Arévalo Jiménez y Javier Hernández Huangal. // Plan of El Dorado. Source: Ministry of Agriculture.

El costo de una vivienda varía mucho dependiendo de las condiciones particulares del migrante. Toda la madera que se necesita para la construcción de una casa lo puede proporcionar un solo árbol de cedro grande (Fig. 4-18). Si el colono tiene este tipo de árbol en su terreno, el costo del tablón para la casa será el precio que se pague por el trabajo del motosierrista, más el combustible. La calamina galvanizada para el techo cuesta alrededor de 30 nuevos soles por hoja, más el transporte según la distancia.

131

Fig. 4-16. La vieja cocina y la nueva casa, El Dorado. // The old kitchen and the new house, El Dorado. Foto J. Rollefson.

La vivienda será construida en función de los recursos económicos con que cuente la familia. Con poco dinero se tendrá acabados más rústicos y con más dinero se adicionará: balcones, ventanas con vidrio y puertas con madera tallada. Ya hay algunas casas con fierro en las ventanas. Se habla en El Dorado de un costo total de S/.3000 por una casa rústica de 50 a 75 metros cuadrados.

Todavía se encuentra diferentes tipos de casas de las más simples a las más modernas, pero la tendencia es al mejoramiento de la vivienda. La mayoría conservan el color de la madera, sin embargo actualmente también podemos ver algunas casas pintadas.

Por lo general la cocina se ubica en el primer piso de la casa principal, pero algunos tienen una choza vieja a lado de la casa específicamente para la cocina. Casi no hay cocinas (hornos) mejoradas, por eso hay bastante humo en la casa a la hora de cocinar (Fig. 4-19). Junto a la vivienda se ubican: el patio para lavar la ropa, la ducha, la letrina y a veces una huerta sembrada con flores, algunos árboles frutales y en pocos casos verduras.

Fig. 4-17. Esqueleto de una nueva casa, El Dorado. // Structure of a new house, El Dorado. Foto J. Rollefson.

Tenencia de la tierra

Los primeros colonos tomaron posesión de tierra sin hacer ningún pago, considerándolo como un derecho adquirido por haber sido los primeros en redescubrir el valle. Ellos tuvieron un mutuo entendimiento para delimitar los terrenos considerando las características geográficas del lugar. Muchos se apropiaron de grandes extensiones, hasta 80 hectáreas, para después parcelarlas y venderlas a los migrantes que vinieron en los años siguientes.

Aún cuando los colonos no tienen el título de propiedad de la tierra, existen muchas transacciones de compra-venta de terrenos. Esto ocurre porque la mayoría de los colonos tiene la costumbre de trabajar y hacer sus negocios en la informalidad. Además, hasta ahora, existe una gran tolerancia del gobierno por lo informal.

Existe un riesgo al comprar un terreno sin título, debido a que el vendedor pueda que no sea el propietario o porque el mismo terreno puede venderse dos veces, pero la gente continúa adquiriendo terrenos con esta modalidad informal. Tabla 4-15 se presenta la forma de adquisición de la tierra en los valles y muestra la frecuencia de la adquisición de amplias superficies por parte de los primeros colonos, la parcelación de la tierra y su venta en los cinco años siguientes.

El 83,3% de la población ha obtenido sus tierras mediante la compra y el 9,1% por medio de la colonización, es decir sin pago por la tierra que se toma. Pero son pocos los pioneros que aún permanecen en estas tierras, algunos se han ido a

Fig. 4-18. Un árbol para hacer una casa. // A tree to make a house. Foto J. Hernández.

colonizar otras tierras o han salido con su dinero a los pueblos que les ofrecían mejores servicios.

Tabla 4-15. Formas de adquisición de la tierra

Formas de Adquisición	N°	%
Por compra	220	83,3
Por colonización	24	9,1
Por herencia	9	3,4
Repartición comunal	10	3,8
Intercambio	1	0,4
TOTAL	264	100

Actualmente los colonos compran y venden sus tierras, los precios de las parcelas para el cultivo de café dependen del estado del desmonte del terreno o del estado del cultivo mismo. En las entrevistas, los colonos de Selva Alegre, Salas y El Dorado decían haber pagado entre S/. 1.500 y 5.000 por hectárea.

"…el precio varía según la ubicación de la finca y de la edad de ésta, por ejemplo, una finca ubicada en el sector El Susto y de cuatro años cuesta entre 4.000 y 6.000 nuevos soles, porque el terreno es mucho más productivo y aun se puede obtener ganancias secundarias por la saca de madera, además que la productividad del café es muy buena…", Virgilio Aguilar, El Dorado.

Fig. 4-19. Cocina típica, entre Galilea y El Dorado. // Typical kitchen, between Galilea and El Dorado. Foto J. Rollefson.

El promedio del precio de la parcela para el cultivo de café ha bajado recientemente por causa de la plaga denominada "ojo de pollo", enfermedad que puede disminuir considerablemente el rendimiento del café.

Un pastizal para ganado se vende aproximadamente a S/. 2.500 por hectárea. El precio de un solar para la construcción de una casa ha aumentado en estos años debido a la continua migración. En solar urbano de 300 m² en El Dorado costaba S/.10 en 2001; en 2008 el costo ha subido a S/.200 por un solar urbano y S/.100 por un solar rural.

La posibilidad de los propietarios de extender la utilización de sus tierras se refleja en la tabla 4-16.

Tabla 4-16. Extensión y uso de la tierra

Uso de la Tierra	Has.	%
Cultivada	1 074,19	40,6
No cultivada	1 571,25	59,4
Total	2 645,00	100

Todavía queda el 59,4% de las tierras compradas sin cultivar. Hay dos factores que lo explican:

- El corto tiempo en el que se ha desarrollado la colonización de estas tierras
- La intensidad de la mano de obra necesaria para trabajar estas tierras

Un factor importante que afecta al suelo es la agricultura intensiva que provoca un sobre uso del suelo por la falta de descanso (llamado barbecho) de éste y otro es la ausencia de la rotación del cultivo, acentuándose más el empobrecimiento del suelo. Muchas veces un cafetal, cuyo rendimiento de producción es muy bajo, se convierte en pocos años en pastizal. Esto se observa, sobre todo, en lugares poblados hace más de diez o quince años como Selva Alegre.

"Cuando el café rendía muy poco y también los demás cultivos, decidí sembrar pasto, porque es mucho más rentable y menos trabajoso...", Santos Herrera, Selva Alegre.

El promedio de la extensión de la chacra en El Dorado, es de 16,26 hectáreas y hay solamente un 5,2% de los colonos que tienen dos hectáreas o menos (Tabla 4.17), mientras que en sus lugares de origen la gran mayoría de los colonos no hubiera podido tener dos hectáreas de chacra. La disponibilidad de estas tierras a bajo precio, relacionado con la buena productividad por hectárea de las nuevas tierras, es la razón fundamental para la migración. En los valles, durante los primeros años de cosecha, el rendimiento de sólo dos hectáreas es tan bueno, como para satisfacer las necesidades básicas de una pequeña familia.

Tabla 4-17. Extensión de la propiedad según rango en El Dorado[1]

No de Has	No de propietarios	Porcentaje (%)
0 – 2	6	5,2
2,1 -5	18	15,5
5,1 – 10	20	17,2
10,1 – 15	27	23,3
15,1 – 20	9	7,8
20,1 – 25	14	12,1
25,1 -30	10	8,6
30,1 – 40	7	6,0
40,1 – 50	1	0,9
50,1 – 60	0	0
60-1 – 70	2	1,7
70,1 – 80	2	1,7
Total 1 886,46	116	100
Promedio 16,26		

1.   Fuente: Registro de los títulos de El Dorado.

Según las entrevistas ambos cónyuges son los propietarios de las tierras con un 50,4 % del total a diferencia del 1,9% en que la propietaria es la mujer (Tabla 4-18).

Según la tradición patriarcal andina el propietario de la tierra es el hombre, lo cual se aprecia en estos valles porque el hombre es el propietario con un 47,7%. Aunque hay cambios en los últimos años. Por ejemplo: el Programa Especial de Titulación de Tierra y Catastro Rural (PETT) solicitó como requisito que los dos cónyuges figuren como propietarios de la chacra. Estas nuevas normas están incentivando a un cambio de actitud hacia la mujer. Muchas mujeres han mencionado sobre un cambio positivo en la actitud de sus esposos y un mayor respeto hacia ellas.

Tabla 4-18. Propietario de la tierra

Propietario	No	%
Hombre	126	47,7
Mujer	5	1,9
Ambos	133	50,4
TOTAL	264	100

Aunque muchos colonos se sienten bastante cómodos por no tener título de su tierra y trabajando en la informalidad, sin duda la titulación formal presenta varias ventajas importantes. Sobre todo, la titulación evita problemas de disputa entre diferentes personas por la misma tierra. Un título de propiedad baja el riesgo de fraude en la venta de las tierras y eleva su precio, al existir mayor seguridad jurídica sobre la propiedad del predio. Incluso se podría hipotecar el predio para acceder a algún crédito, pero la limitación estaría en la lejanía de los caseríos y el reconocimiento y valoración que puedan hacer las instituciones bancarias de estas propiedades.

De los caseríos estudiados, El Dorado es uno de los caseríos con mayor cantidad de predios con títulos de propiedad, sin embargo, el levantamiento catastral por PETT no se ha realizado mediante una buena medición de cada parcela in situ. Por eso, surgen problemas de linderos de la propiedad entre los vecinos, según Román Córdova, teniente-gobernador del año 2009. Aun con la experiencia de este levantamiento inadecuado, los colonos de El Dorado reconocen el valor de la formalización de las propiedades. El progreso en la formalización fue debido, en gran medida, a la iniciativa de sus dirigentes y a su nivel educativo, porque muchos de ellos tienen un nivel superior de educación, al deseo de superación que ellos imparten y a la organización de su gobierno local, que logró convencer al PETT de la prioridad que ellos tenían. Por ser una gestión gratuita, el proceso de la titulación tiene una demanda que supera la capacidad de los servicios y recursos del programa para brindar una mejor atención.

El PETT tenía como base de sus operaciones el Decreto Legislativo 667, Saneamiento de la propiedad rural, que ha simplificado la prueba de la posesión de la tierra y su formalización dentro del Registro de Predios Rurales.

Al reconocer la prioridad de una región para un saneamiento de la propiedad se forma una brigada multidisciplinaria de ingenieros, agrónomos, abogados y topógrafos bajo la dirección de PETT. Se procede a un levantamiento catastral con ayuda de planos fotogramétricos. Normalmente un representante del INRENA, Instituto Nacional de Recursos Naturales, debería tener un rol importante dentro de la brigada, pero esta coordinación no siempre se concreta.

La brigada trabaja con el gobierno local y los ciudadanos para hacer un empadronamiento de los posesionarios y cada uno llena su formulario. El posesionario tiene la obligación de acreditar y sustentar su posesión, aprovechando, por ejemplo, un aviso de la Agencia Agraria local.

Con esta base se pasa a la etapa de la inscripción provisional o derecho de posesión. Hay una notificación a los colindantes, publicación de edictos en lugares públicos, como la oficina de la municipalidad y las iglesias. Hay un plazo de 30 días para que otro ciudadano formule su oposición a este derecho de posesión. Sin oposición o con fallo favorable judicial, el derecho se convierte en Título de Propiedad el cual se inscribe definitivamente en el Registro de Propiedad. El teniente de la municipalidad asegurará el seguimiento de la propiedad si hay una venta eventual.

Casi la totalidad de parcelas en El Dorado son tituladas y por eso disponemos de nombres fiables en cuanto a las estadísticas de sus tierras. En otros lugares, como Salas, sólo algunos poseen títulos, en otros sitios casi nadie tiene título. Se podría preguntar después de esta discusión sobre la titulación: ¿En dónde está la protección de la selva y de su medioambiente? En la época de la colonización de los valles había leyes que protegían el bosque primario, específicamente en el 2000 se aprobó el Ley forestal y de fauna silvestre, Ley No. 27308.

El Artículo 27 de la Ley forestal de 2000 tiene esta prohibición: *Queda prohibida la quema de bosques y otras formaciones forestales en todo el territorio nacional, salvo autorización expresa del INRENA.* También en el Artículo 26 se dispone:

En las tierras de la selva determinadas por el INRENA, se propicia el uso de sistemas agroforestales y forestales, como medio de proteger el suelo de los procesos de erosión y su degradación, reservándose un mínimo del 30% de su masa boscosa y una franja no menor de 50 metros, del cauce de los ríos, espejos de agua y otros similares. El cambio de uso debe ser autorizado por el INRENA basado en un expediente técnico que garantice la sostenibilidad del ecosistema, de acuerdo a lo establecido en el reglamento.

Entonces, cada colono hubiera contactado con INRENA antes de emprender cualquiera acción de conversión de una parcela forestal para uso agrícola. Pero, al no realizar ningún trabajo en la parcela, el colono no tendría una buena base para reclamar el derecho de esta parcela. Entonces, el colono tiene la costumbre de proceder a reclamar una parcela y pasar a construir una choza y talar una parte de esta tierra. La solución para el colono es sencilla. Va a desmontar su parcela, construir su choza y sembrar su cafetal o su pasto antes de ver a las autoridades de manera formal. ¿Actuar así no es lícito, pero quien va a perseguir este delito? Las autoridades podrían intervenir según el Artículo 7 de la Ley forestal de 2000:

El recurso forestal y de fauna silvestre mantenido en su fuente y las tierras del Estado cuya capacidad de uso mayor es forestal, con bosques o sin ellos, integran el patrimonio forestal nacional. No pueden ser utilizados con fines agropecuarios u otras actividades que afecten la cobertura vegetal, el uso sostenible y la conservación del recurso forestal, cualquiera sea su ubicación en el territorio nacional, salvo en las casos que señale la presente Ley y su reglamento.

Pero no hay los recursos humanos necesarios dentro de las organizaciones como INRENA para aplicar esta ley de manera general. Entonces, el colono puede normalmente aprovechar su chacra y más tarde pedir su titulación. Se confía en la tolerancia del gobierno sobre el proceso de la informalidad y tal vez en los pocos recursos que tiene INRENA para responder a las acciones de este tipo. Las autoridades que van a adjudicar la formalización podrían considerar el acto ilícito en las primeras instancias, pero en casi todos los casos el proceso continua hasta la titulación. Muchos colonos venden algunas de sus parcelas antes de cumplir su proceso de titulación formal. El comprador tiene un riesgo de que no se llegue a una formalización después, pero tiene un recibo que usará para justificar su derecho a la propiedad.

En diciembre 2008 se emitió el Decreto Legislativo No. 1090 que aprueba una nueva ley forestal con solamente algunos cambios de la ley de 2000. En la nueva ley el papel del INRENA es la responsabilidad de la Autoridad Nacional Forestal de Fauna Silvestre. Hay otros cambios para fortalecer la ley; de esta manera el Perú responde a algunas críticas de los Estados Unidos en las negociaciones del Tratado de Libre Comercio con ese país. Sin duda, el impacto más importante de este Tratado y los cambios introducidos en la ley es que va a aumentar de manera importante la vigilancia de la procedencia de la madera puesta en venta, para asegurar que la tala se haga de manera sostenible según un plan de manejo aprobado. La venta de madera informal, es decir ilegal, debería ser más difícil.

Sin embargo, se debe señalar que todo esto se encuentra en proceso de revisión. Esta nueva ley y la Ley 1064 fueron derogadas en junio del 2009 debido a las importantes protestas de los indígenas que acusan al gobierno de no haber respetado el Convenio 169 de la Organización Internacional de Trabajo, ratificado por el Perú, que impone una consulta entre el gobierno y los nativos en cualquier decisión que impacte en el uso de las tierras donde viven. El Convenio va más allá y dice: *"Deberá reconocerse a los pueblos interesados el derecho de propiedad y de posesión sobre las tierras que tradicionalmente ocupan".*

Actividades económicas

Caza y pesca

En los inicios los colonos cazaban y pescaban para sobrevivir y también para tener un poco de dinero en efectivo al vender la carne en ciudades como Moyobamba. Pero la fuerte presión de la caza ha ocasionado la disminución importante de los animales. En la muestra de las 264 familias el 22% practican la caza y 17% la pesca.

Los cazadores utilizan la escopeta, en el día y en la noche, y también lo que llaman el trampero. El cazador pone el trampero, compuesto de un cañón, percutor y gatillo, al lado de una guarida de animal y lo arregla para disparar cuando el animal empuje sobre un pequeño cordel lijado al gatillo.

Los pescadores utilizan sobre todo la atarraya para atrapar los pequeños plateados. El pescador arroja la red de la atarraya abierta en una parte del río y cuando esta se sumerge cierra la red y la jala. No pescan así cuando el agua está transparente porque los peces se ahuyentan al ver la red, pero es eficaz cuando el agua está turbia, después de la lluvia. La "carachama" se pesca con la mano, buscándola al fondo bajo las piedras. Es importante cogerla fuertemente cerca de la cabeza porque tienen espinas dorsales atrás de las agallas y ellas pueden ocasionar daño en las manos al equivocarse de posición.

Los cazadores y pescadores nos han dado la información sobre los animales encontrados en los valles, han hecho referencia sobre todo a épocas pasadas, hace 10 a 15 años. Los pequeños roedores se mantienen pero las grandes presas como el venado se ven solamente en lugares aislados ocasionalmente. Los monos son escasos, como el mono "choro de cola amarilla" (*oreonax flavicauda*) que es una especie endémica y está amenazada, por la destrucción de su hábitat, cacería indiscriminada y tasa de reproducción lenta, razón por lo que merece una estricta protección.

Se puede resumir la situación diciendo que los colonos se han aprovechado de los recursos naturales de la fauna con muy poco cuidado de su sostenibilidad.

En el 2009 empezó un proyecto en Moyobamba para proteger y conservar el mono tocón (*Callicebus oenanthe*) y al mismo tiempo, sensibilizar a la gente a propósito de la conservación de los recursos naturales y la biodiversidad. Este es un buen precedente que vale la pena seguir con otros proyectos semejantes.

La agricultura en los valles

Casi todos los colonos de estos valles tienen una tradición agrícola. En sus lugares de origen la mayoría poseía poca tierra, una hectárea o menos y los más pobres no poseían ningún terreno, trabajaban como peones. En sus lugares de origen las posibilidades de aumentar la superficie de sus chacras eran mínimas y para los que no tenían chacras sus posibilidades de obtener una era aun peor. Por ello, la

Recuadro 4.5 Animales silvestres de la región[1]

Achuni o nasua (*Nasua nasua*), coati. Es un pequeño animal con cabeza parecida a la de un osito. Es de color gris con anillos claros en la cola. Tiene afiladas garras que le permiten subir y bajar con gran facilidad por troncos y ramas. Se domestica fácilmente y su carne es comestible. Vive en grupos y se alimenta de frutos.

Añuje o agutí (*Dasyprocta punctata*). Este roedor, del tamaño de un conejo, es bastante dañino para la agricultura. Su carne es muy rica.

Carachupa o armadillo de nueve bandas (*Dasypus novemcinctus*). No son de gran tamaño. Al ser perseguidos se encierran en su caparazón en busca de defensa. Por su agradable carne lo persiguen hombres y fieras.

Huangana o pecarí barbiblanco (*Tayassu pecari*). Es propio del Amazonas, alcanza unos 60 Kg. Anda en manadas de centenares de individuos y precisamente por su carácter gregario mejora su capacidad defensiva este bravo animal.

Intuto o zarigüeya orejiblanca andina (*Didelphys pernigra*). En Loreto este marsupial didelfimorfo se llama zorro por ser el terror de las gallinas.

Majaz o picuro o paca común (*Agouti paca*). Este roedor es mayor que un conejo y tiene la carne muy fina y agradable.

Mono aullador rojo (*Alouatta seniculus*). Se puede oír cada cierto tiempo en la selva.
Mono choro de cola amarilla (*oreonax flavicauda*). Es una especie amenazada con solamente algunos centenares de animales silvestres en el mundo. Hay un pequeño grupo alrededor de Nuevo Mendoza.

Motelo o tortuga terrestre de patas amarillas (*Geochelone denticulada*). Llega a medir más de 50 cm. de largo. Su carne es muy apreciada. En algunos casos sirve de "juguete" de los niños y en otros, los adultos lo utilizan para rajar la caña sobre él.

Oso de anteojos (*Tremarctos ornatus*). No muy común en la región. En otras partes del Perú hay proyectos de conservación de este oso atrayente.

Sajino o pecarí de collar (*Tayassu tajacu*). Esta especie de pecarí tiene una franja blanquecina en el pescuezo, a modo de collar, su piel está mejor cotizada. Vive en parejas o en grupos reducidos, exponiéndoles más fácilmente a la ruda persecución a que lo someten los hombres, los tigres y las boas.

Tigres

Otorongo o tigre (*Panthera onca*). Es leonado con pintas circulares, negras y blanquecinas. En pleno desarrollo alcanza 2.50 metros de largo por 60 centímetros de alzada. Es atrevido y astuto, y si está hambriento ataca al hombre aun en pleno día. Cuando se acostumbra por las cercanías de alguna criandera o centro poblado se convierte en una fiera temible y perjudicial.

Ocelote o Tigrillo (*Panthera pardus*), leopard. Es un leopardo poco mayor que un gato. Al hombre le rehuye aun cuando se vea perseguido. Su piel es más fina y vale más que la de los tigres grandes.

Venado o corzuela colorada (*Mazama americana*). El macho de este cérvido de color rojizo tiene pequeños cuernos, la hembra no. Sufre tal intensidad de caza que ya está casi extinguido en la región.

Aves

Gallito de las rocas (*Rupícola peruviana*). Es el ave nacional del Perú y todavía se ve en los bosques de los valles.

Paujil (*Crax globulosa*). Del tamaño de una pava casera, color negro con pechuga blanca se aprecia por su excelente carne, es domesticable.

Pava rajadora (*Pipile cumanenses*) y Pava amazónica (Penelope jacquacu). Ambas se cazan por su fina carne.

Serpientes

Loro Machachuy o Loro Machaco (*Bothrops bilineatus*). Víbora muy venenosa, es de color verde y habita en el ramaje de las plantas, donde pasa desapercibida.

Jergón (*Bothrops atrox*). Víbora de color pardo que se confunde con las hojarasca que recubre el suelo. Es muy venenosa y su mordedura es casi siempre mortal si no hay tratamiento.

La Chuchupe o Shushupe (*Lachesis muta muta*). Víbora que llega a medir más de dos metros de largo. Es muy venenosa y de gran ferocidad. Es muy temible, pues existe la creencia de que persigue al hombre en forma implacable, siendo necesario arrojarle sombreros o camisas, para que en estos objetos desate su furia y permita que la persona acosada se aleje de ella.

Peces

Carachama. Muchas especies de la familia Loricariidae se llaman así en Perú. Son peces gato acorazadas con una ventosa bucal. Ejemplo de una especie de la región es *Pterygoplichthys pardalis*. Parecen ser de la época de los dinosaurios, pero son bien apreciados por su sabor.

Plateado o sardina. muchas especies de la familia de characidae se llaman así en Perú. En los valles parecen ser del género *hemibrycon* y ejemplo de una especie es el *hemibrycon huambonicus*. Como indica el nombre común, son de color de plata y miden hasta 12 cm. de largo. Son sabrosos frescos o ahumados.

La fuente de unas descripciones de los animales fue el sitio Web de Soritor, http://www.soritor.com/.

disponibilidad aparente de estas tierras fértiles en los valles abandonados hace siglos ha sido la razón determinante de la migración.

Los colonos llegaron para aprovechar las tierras de los valles. Visionaban mucho más que la agricultura de subsistencia; veían la oportunidad de cosechas de alto valor económico como el café. En los dos o tres primeros años el colono siembra y cultiva sus productos de pan llevar, pero su meta es llegar a producir cosechas de valor económico. En los valles había solamente dos opciones económicas, el cultivo de café y la crianza de ganado. La mayoría optó por el cultivo del café, pero para quienes tienen dinero para invertir en el ganado, la crianza es una opción rentable.

En algunos lugares donde la tierra fue clasificada apta para ganado y no para el cultivo, por ejemplo algunos lotes por encima de El Dorado, los colonos no tenían otra opción que la ganadería. En otros casos, particularmente alrededor de Selva Alegre, la producción de café ha bajado por causa de las plagas y la pérdida de fertilidad del suelo, a tal punto que las plantaciones fueron convertidas en pastos.

Los primeros años del cultivo

Al inicio, casi la totalidad de las tierras de los valles era bosque primario, con una vegetación exuberante, que dejaban pasar a la gente solamente, después de mucho trabajo de machete. Entonces, los colonos empezaron con el rozo, tala y quema, actividad realizada en la estación más seca del año entre junio y agosto para permitir la quema. Actualmente el desmonte es más rápido con el uso de la motosierra para la tala; muchos aprovechan este servicio a un costo de 30 a 40 soles/día para el motosierrista, más su costo para aceite y gasolina. El machete continúa siendo la herramienta fundamental para hacer el rozo. Los colonos han aprendido a dejar algunos troncos y tocones para permitir al suelo resistir mejor la erosión que suele seguir con las lluvias fuertes de la región. Por la misma razón no tardaban en sembrar frejol y maíz con otras plantas, que a la vez, crecen bien, dan sombra al café, compiten con las malas hierbas, son alimenticias y fácil de extirpar. El café necesita más espacio a los dos años (Fig. 4-20). Por experiencia, los colonos han encontrado que el plátano, caña, yuca y la michuca (también llamada vituca) son los más apropiados, además del maíz y del frejol.

Aún con una pequeña parcela el colono puede producir mucho más de estos productos secundarios, de los que su familia puede consumir. Desafortunadamente otros colonos tienen exceso de producción en los mismos productos y el precio al que pueden acceder en mercados más lejanos no supera los costos de transporte. Por eso tal vez, es que hay un poco de desinterés por estos productos secundarios. Sirven para las necesidades inmediatas de comida y para bajar sus gastos al usarlos para reemplazar los alimentos que se compran de afuera, pero no tienen mucho valor en el contexto específico de los valles. También hay algunos productos secundarios que no son frecuentes porque suelen producir muy poco en los valles, sin duda, a causa de la humedad elevada y los hongos que atacan el árbol. Por las dos razones, a pesar de la lista extensa de las plantas alimenticias en Tabla 5-2, hay solamente algunos productos secundarios tales como el plátano que son muy comunes. En San Francisco, existe una huerta excepcional, en variedad de legumbres y hortalizas con arracacha, haba, pallar, frijol toda la vida, tarwi, ají, apio, chiclayo, repollo, perejil, hierba buena, hierba luisa y cebolla. Es porque su sitio está muy aislado y la familia tiene que ser autosuficiente.

El cultivo del café

El interés económico

El cultivo de café en los valles se explica por su gran valor económico. Por el clima, las lluvias a través del año, aún en la estación seca, se produce tres cosechas por año y el rendimiento es alto, al menos cuando la fertilidad de la tierra es buena y no hay plagas importantes. En estas condiciones una producción de 30 quintales por hectárea es muy frecuente y en casos especiales sube hasta 60 quintales/hectárea (Recuadro 4.6). Con dos hectáreas se necesita el trabajo del hombre y de la mujer, algo como 500 jornales en el año, para lograr esta producción. El precio neto del café es en estos tiempos está alrededor de 225 soles/q (de 20% de humedad). Con una producción de 33 quintales/hectárea el cálculo aproximado del salario diario del colono es:

$$((33 \text{ qq/Ha})/a) (2 \text{ Ha}) (225 \text{ soles/q}) (a/500 \text{ d}) = 30 \text{ soles/día}.$$

Esta familia tendrá 15.500 soles por año de ingresos. Las dos cifras son muy atrayentes en el contexto del Perú rural. Los salarios diarios de más de 15 soles no son frecuentes. Aun cuando la producción baja a un mediocre 15qq/Ha, el salario todavía es interesante. El cultivo del café es atrayente, de modo evidente, sin embargo se necesita un análisis más detallado para ver las inversiones en efectivo y sobre todo en trabajo para lograr eso.

Análisis del trabajo en el cultivo del café

Las actividades asociadas al cultivo se presentan en el Recuadro 4.7. Hay dos actividades importantes no incluidas en el Recuadro, la tala, rozo y quema inicial, la siembra y cultivo de las plantas protectoras como la yuca.

Figura 4-20. Café sembrado con yuca, maíz y plátano. // Coffee planted with yucca, corn and banana trees. Foto J. Rollefson.

En la Tabla 4-19 se presenta un resumen con la información sobre la fuerza laboral necesaria en los primeros años del cultivo del café y las cosechas resultantes. Es una buena aproximación, aplicable a los valles como el del río Salas o del río Tonchimillo en donde los colonos acaban de hacer el rozo y quema de nuevas chacras y las plagas todavía no han atacado las plantas. Las cifras son basadas en información proporcionada por los colonos. Para el deshierbo se necesitan 30 jornales por cada vez y una buena cosecha necesita de 60 jornales. Los valores exactos dependen de muchos factores: el clima, las pendientes de la chacra, la variedad de café. En chacras alrededor de los pueblos como Nuevo Horizonte las condiciones son muy diferentes, después de años de cultivo. La fertilidad del suelo no es buena y hay un impacto muy importante de las plagas. El promedio de productividad de la región es de 20qq/Ha. Que es la combinación de malas cosechas de sitios como Nuevo Horizonte con las buenas de sitios como Salas.

Hay una regla empírica que se aplica en los países productores de café que para la cosecha de un quintal de café requiere seis jornales. Entonces, si la producción es de 10 quintales por cada una de las tres cosechas en un año (30 qq/a) la cifra de los colonos es coherente con la regla empírica. Pero los colonos hablan de cosechas de hasta 20 quintales en una sola cosecha y todavía hablan de 60 jornales. Eso no parece coherente. Es importante recordar que las cosechas extraordinarias se

Recuadro 4.6 El quintal en el comercio de café

El quintal, es una antigua unidad de medida de peso Inglesa que tiene 100 libras o 46 kilogramos. En el comercio de café, el quintal representa, lo que puede convertirse en 46 Kg de café oro (green coffee), es decir el grano de café sin cáscara a un 12% de humedad. Para obtener 46 Kg de café oro, se necesitan alrededor de 56 Kg de café pergamino, al 12% de humedad. Entonces se habla del quintal de 56 Kg de café pergamino. La humedad de 12% es importante, pues por encima de esta el café no se conserva bien y su calidad disminuye. En los valles es difícil conseguir el 12% de humedad, en la estación lluviosa, entonces los colonos acostumbran vender un café "comercial" entre 20 a 24% de humedad a los intermediarios. Se habla de un quintal de 56 Kg de café pergamino comercial pero no se tiene en cuenta la diferencia del peso por la humedad adicional. Normalmente se debería multiplicar por 1.128 el peso de café con humedad al 22% para dar la misma cantidad de café al 12%. Entonces, el quintal de café pergamino de 22% debería ser 63 Kg, sin embargo la tradición es de usar todavía la unidad de 56 Kg. En el comercio el comprador suele ofrecer un precio por el quintal húmedo con un descuento mucho más importante que el factor de 1/1.128 por el trabajo adicional de seca. En el 2008 el café pergamino con un 12% de humedad, se vendió alrededor de S/.320/q en cambio el café con humedad del 22% se vendió a S/.225/q, o sea una diferencia del 42%. Es sumamente importante para el agricultor tratar de conseguir llegar a una humedad del 12%.

Los colonos recolectan el café en cereza, luego lo despulpan, fermentan y secan para obtener café pergamino, a este café se le procesa quitándole la cáscara, luego es seleccionado y ensacado para su exportación o torrefacción.

La pulpa representa aproximadamente el 40% de su peso en pergamino. Al poner P = peso de la pulpa y G = peso del grano pergamino se establece que:

P = 0.4 (P + G), o P = (2/3)G, y la cereza total pesa, P+G = (5/3)G.

Para lograr 55 a 56 Kg de café pergamino con humedad del 12%, se necesitan entre 66 y 72 Kg de café con humedad del 22%. Por el peso de la pulpa se debe recolectar entre 110 y 120 Kg de cereza de café para producir un quintal de café.

realizan en el tercero, cuarto y quinto años en los cuales las condiciones son las mejores. Las plantas tienen el tamaño ideal para la recolección y hay una concentración de cerezas que se ve raras veces en otros lugares. Desde el punto de vista económico es muy interesante: hay muy buenos ingresos y la productividad laboral es alta de modo que hay menores egresos.

Tabla 4-19. Fuerza laboral por año para cultivar una hectárea de café y las cosechas resultantes

| Año | Jornales | | | | Cosecha (q) | Ingresos (S/.) |
---	Deshierbo	Cosecha	Otras	Total		
1	90	0	130[1]	220		
2	120	0	10[2]	130		
3	120	120	20[3]	260	30[4]	6750
4	60	180	20	260	50	11.250
5	60	180	20	260	60	13.500
6	60	180	20	260	50	11.250[5]

1. Se considera todas las actividades de la siembra hasta el repique más 33 días por una combinación de un primer deshierbo y siembra de plantas de protección como la yuca más 30 días por la roza y quema.
2. Mantenimiento de las plantas secundarias.
3. Estos jornales son asociados con la preparación del café para venta.
4. La fecha de la primera cosecha depende de la variedad del café, en algunas empieza la cosecha en el segundo año.
5. Es importante reconocer que muchos de estos valores son excepcionales, aún para Perú los promedios oscilan entre 15 a 18 quintales por hectárea.

En los tres primeros años las malas hierbas crecen tan rápido que el deshierbe suele hacerse cuatro veces por año. Después, con la sombra de los cafetos, el deshierbo es necesario solamente dos veces por año. Los colonos tienen otra forma de calcular la fuerza laboral necesaria para el cultivo del café. Ellos tienen la regla empírica que un colono puede ocuparse, con la ayuda de su esposa pero sin peones, de una chacra de dos hectáreas. Con más de dos hectáreas hay demasiado trabajo para la pareja y se debe pagar peones.

La venta del café

Hay compradores de café pergamino (con cáscara) en los caseríos o más lejos como en Selva Alegre o San Marcos. El comprador local suele ser una persona que tiene sus mulas para transporte. Por supuesto el precio local va a considerar los costos de transporte. Las mulas se alquilan a 25 soles en promedio el viaje y el arriero 25 soles adicionales. Una mula carga alrededor de 1,25 quintales, es decir 70 kilogramos. Entonces el costo para transportar 5 quintales con cuatro mulas y el arriero es de aproximadamente 125 soles, o 25 soles/q. El vendedor que quiere ir a San Marcos para tener un mejor precio tiene que pagar el flete en camión. Entonces el trasporte total con mula y camión sube hasta 30 soles por quintal de café lo cual representa entre 10 y 13% del precio final, que es alrededor de 225 soles por quintal de café comercial, es decir de 20 a 24% de humedad. Si el colono puede conseguir un café de calidad de 12% de humedad, el precio sube hasta 320 soles por quintal. Eso es más factible entre junio y agosto durante la estación seca y con un buen cuidado del proceso de secado. Es importante señalar que los precios de café fluctúan mucho en el mercado internacional y el precio de 2008 no es necesariamente representativo para todos los años.

Recuadro 4.7 Actividades en el cultivo de café

Trabajo (jornales)	Etapa	Descripción
1	Cama almácigo	Se prepara tierra de calidad, en un área de 7m de largo por 1,5m de ancho
2	Semilla	Se escogen y lavan las cerezas de mejor calidad, luego se dejan secar por 2 días antes de sembrarlas en las camas
15	Germinación y crecimiento inicial	Se mantiene la cama germinadora durante 60 días. La planta pasa por tres etapas, el palito de fósforo, luego continúa cuando aparecen algunos brotes y la mariposa cuando sale los cotiledones.
15	Repique	La mayoría hacen la preparación de unas bolsas con buena tierra y proceden al repique de las mariposas en bolsas para facilitar el transporte y el trasplante. Algunos pasan directamente a la siembra en la chacra sin usar bolsas.
20	Preparación de la tierra	Se continúa con la limpieza, la labranza, el trazado, el estaqueo y el hoyado, en la chacra.
20	Trasplante	Hacen el trasplante en los hoyos. Se siembra los plantones separados de una distancia de 1,25 a 2,5m en época de lluvia, para que el plantón se pegue bien al suelo,
30 cada vez	Deshierbo	Se limpia la maleza con machete y gancho. Se hace 4 veces por año en los primeros años y 2 veces después del tercer año.
60 cada vez	Cosecha	Se recoge cuidadosamente los frutos maduros dejando los verdes para la próxima recolección en 2 semanas. Se cosecha 3 veces al año, entre los meses diciembre a febrero, de abril a junio y de setiembre a octubre. La primera cosecha depende de variedad, 2 años para Caturra, 3 para Típica.
	Despulpado, fermentado, Lavado	Se lavan las cerezas para sacarles la tierra, las hojas secas y palitos antes de despulpar. Se coloca en la despulpadora, una vez despulpado se pone a fermentar entre 12 a 18 horas para poder extraer el mucílago que cubre el grano, nuevamente se lava
	Secado	Se esparce los granos de manera homogénea por encima de los plásticos expuestos al sol. Se consigue dos tipos de grano pergamino, el comercial de 20 – 26% de humedad, que se secan entre 2 -3 días y el de 12% de humedad que necesita mayor tiempo de secado.

Los problemas en el cultivo del café

Con las lluvias abundantes el cafeto es susceptible a algunas plagas las cuales presentamos en la Tabla 4-20. Todas las plagas pueden bajar de manera sensible la producción.

Tabla 4-20 Plagas del café

Nombre local	Nombre científico	Características
Ojo de pollo	*Mycena citricolor*	Presenta manchas circulares y claras (Fig. 4.18); el hongo ataca toda la planta, la humedad tiene un papel importante en su desarrollo.
Seca seca	*Rosellinia budones*	Este hongo ataca desde la raíz siguiendo al tallo; casi siempre mata a la planta; se produce por excesiva humedad y falta de ventilación.
Arañero	*Pellicularia koleroga*	Este hongo se desarrolla por el exceso de humedad, su nombre es debido a que asemeja a una telaraña
Broca	*Hypothenemus hampei*	Este coleóptero ataca las cerezas para dejar sus huevos y son las larvas al comer la pulpa que hacen el daño

Aunque todas estas plagas son frecuentes en los valles, la más seria en este momento es el "ojo de pollo". La humedad debida a la frecuencia de las lluvias y el rocío son condiciones ideales para su proliferación. Es sumamente importante, desarrollar un manejo adecuado de la sombra y ventilación de las plantas para ayudar a combatir esta plaga. Ha bajado tanto la producción en algunas chacras de Selva Alegre y El Dorado que mejor se les ha convertido en pasto para ganado.

Aparte de las plagas existen otros problemas importantes, que están asociados con el cultivo del café en los valles. Todos afectan la sostenibilidad de este cultivo. La pérdida de fertilidad del suelo es evidente, en solo cinco o seis años los terrenos están empobrecidos, careciendo de nutrientes fundamentales para las plantas como son fosfatos, nitratos y potasio. Los factores que influyen en la pérdida de fertilidad son la erosión causada por la escorrentía de las pendientes, en parcelas que han sido intervenidas con talas y quemas constantes. Pensamos que es necesario que los colonos, usen técnicas adecuadas y eficaces para evitar la erosión. La erosión es sobre todo evidente con los huaicos que se ven frecuentemente, pero la escorrentía gradual de los campos es también importante a medio plazo.

Los animales domesticados en la economía de los valles

En los valles los animales para el transporte son importantes. La mayoría de los productos que entran o salen de los valles pasan por sus lomos. Algunas familias se han especializado en ofrecer sus servicios de transporte, con la ayuda de una pequeña recua de mulas o caballos. Otras familias tienen una o dos mulas, las que utilizan para sus propias necesidades. Una mula de tres años en buena condición, representa una inversión importante de S/.2200 a S/.3000.

Los precios de los animales menores de consumo local son bastante altos debido al aislamiento; entonces, muchas mujeres aprovechan la crianza de algunos cuyes o gallinas para ayudar a cubrir los gastos familiares (Tabla 4-6).

Figura 4-21. La plaga del café, ojo de pollo. // The coffee disease, Mycena citricolor. Foto J. Rollefson.

Tabla 4-21. Lista de animales domesticados en los valles

Animales	Total
Animales de trasporte	
Mulas	284
Caballos	59
Animales para venta exterior	
Ganado vacuno	858
Borregos	7
Animales para venta o consumo local	
Gallinas	2649
Cuyes	1733
Patos	206
Pavos	204
Cerdos	188
Conejos	12
Gallinetas	12
Mascotas	
Perros	317
Gatos	68
Total	6597

Aunque los perros y gatos son clasificados como mascotas en la Tabla 4-21, tienen también su rol útil. Los perros alertan a la familia de la llegada de extraños, ayudan también a cuidar el ganado, ahuyentando a los animales perjudiciales a los demás animales domésticos y los gatos ayudan en el control de roedores como ratas y ratones.

La crianza del ganado

La crianza del ganado tiene sus ventajas. El pasto se mantiene verde todo el año y es poco costoso; el trabajo es menos oneroso que el cultivo del café y los costos de transporte son bajos porque el ganado se traslada por sus propios medios.

En los valles, los desafíos están asociados a las enfermedades del ganado y a la calidad del pasto que puede disminuir de manera importante si no existen las medidas apropiadas. La buena noticia es que hay remedios eficaces para las enfermedades (Tabla 4-22).

Tabla 4-22. Plagas del ganado y sus remedios

Plaga	Nombre científico	Descripción	Remedio	Precio por 3 meses de tratamiento (S/.)
Tupe	*Dermatobia hominis*	Es la larva de la mosca Dermatobia que se llama tupe. Se transmite a la piel del ganado por un vector intermedio tal como un mosquito o una garrapata. La larva causa serias molestias al animal y daña irreversiblemente el cuero.	RAN	80
Garrapata	*Ripecephalus microplus o Boophilus microplus*	La garrapata común debilita el ganado y baja mucho su conversión de alimentos a carne, su ciclo biológico es muy rápido pasando de de larva, ninfa hasta adulto en sólo tres semanas .	Electroline	22
Alicuya	*Fasciola hepatica*	Este parásito afecta al ganado y es muy peligroso porque también infesta al ser humano. Es muy grave para la salud.	Panacur	25
Tenia	*Taenia solium*	Es un parasito de varios metros de longitud que se aloja en los intestinos. Ocasiona pérdida importante del peso y desnutrición. También constituye un peligro para el ser humano.	Panacur	25

Por año la prevención de estas plagas cuesta por animal un poco más de 500 soles. Los mejores ganaderos logran un engorde de 100 kilogramos por trimestre en su ganado, es decir un poco más de 1Kg/día. El precio de ganado de pie es normalmente alrededor de 8 a 9 soles/Kg; entonces las ganancias brutas por cabeza por año con este ritmo de engorde son (8)(400) = 3200 soles. La ganancia neta es cerca de 2600 soles teniendo en cuenta los gastos de 500 soles en medicamentos y 100 soles de suplementos como calcio. Este ritmo de engorde no parece ser el promedio en los valles aun con una baja de 30% en el ritmo hasta 70 Kg por trimestre, la ganancia neta es todavía interesante, 1640 soles por cabeza. Los grandes productores tienen entre 50 y 150 cabezas; por lo que terminan con buenos saldos, aún cuando deben pagar empleados a este nivel de producción.

La volatilidad de los precios del ganado, acentuada por el mercado local restringido, fue un problema en el 2009. La cosecha grande del café fue más baja que la normal debido a las lluvias abundantes, entonces por falta de efectivo algunos agricultores vendieron su ganado incrementando la oferta con respecto a la demanda, lo que influyó en una baja del precio a sólo 4 soles/Kg.

La tala y explotación comercial de madera

Hay dos grandes desafíos asociados en cuanto a la comercialización de la madera de los valles:

- La venta comercial de la madera está prohibida, se necesita un permiso explícito de las autoridades competentes (de INRENA en 2007).
- El traslado de la madera hasta un mercado donde el precio es interesante es muy difícil y el precio local es barato.

Sin embargo, hay aserraderos en algunos caseríos y existe comercio de la madera a nivel local. El colono, al hacer el desmonte para establecer una nueva chacra, puede aprovechar de la tala de los grandes árboles, como el cedro, para tener ganancias interesantes. Si decide no venderlo, al menos lo puede usar en la construcción de su casa. Hay motosierristas disponibles en todos los caseríos, a quienes se les paga para hacer el corte inicial y sacar la madera con más facilidad. Si no hay aserrío en el caserío ellos pueden continuar a hacer hasta tablones. El método fue descrito con el tema de construcción.

La madera se vende normalmente en pies tablares. Un pie tablar representa una tabla de 1 pie de largo por 6 pulgadas de ancho por 2 pulgadas de espesor o todo equivalente a eso, por ejemplo un pie por cuatro pulgadas por tres pulgadas. A convertir las medidas en las del sistema métrica se puede ver que un metro cúbico vale 424 pies tablares. De la madera rolliza considera que normalmente se puede recuperar solamente 52% en forma de tabla. Entonces, 1 metro cúbico de madera rolliza representa 424 por 0.52, es decir 220 pies tablares.

En las regiones aisladas de San Martín o Amazonas, el transporte de madera y los intermediarios dejan al agricultor con muy poco del valor total. Por ejemplo, alrededor de Nuevo Mendoza el pie tablar se compra 0.80soles. Sube el precio a 2 -2.50 soles por el mismo pie en Alto Perú donde hay acceso a una trocha carrozable. En Lima este mismo pie se vende entre 15 y 20 soles. Con la nueva ruta que se construye de Alto Perú hasta Las Palmeras aumenta la tentación del comercio ilícito de la madera. En la Figura 4-22 se constata que este tráfico ha empezado.

Lo bueno, dentro de todo este panorama, es que la construcción de casas está más al alcance de los colonos con los precios baratos de la madera local.

Análisis socio-económico

El nuevo colono enfrenta un desafío muy importante durante los dos primeros años, sobrevivir, ya que durante este tiempo tiene que invertir y mantenerse, sin tener la producción que le genere ingresos suficientes para que pueda establecerse y cultivar su chacra.

El trabajo es tan intensivo que, aun con una hectárea, tendría poco tiempo sobrante para ganar dinero trabajando como peón de otra chacra. Pocos son los colonos que tienen los recursos suficientes (ahorros) para superar fácilmente este período inicial.

Estrategias de colonización para las nuevas familias

La estrategia utilizada por el nuevo colono es la de establecer su chacra poco a poco, empezando con un cuarto ó media hectárea y con ello dejar parte de su tiempo libre para ganar dinero efectivo como peón, el pago por este trabajo asalariado es de 10 a 12 soles por día con comida o 15 soles por día sin comida.

Un joven que ha trabajado 2,5 años puede ahorrar 5000 soles que sirven como capital inicial para invertir en una casa rudimentaria y una hectárea de terreno, o ha logrado una cifra equivalente con la ayuda de su padre. El colono suele postergar el desmonte y cultivo de una chacra de una hectárea para tener bastante dinero para pagar sus necesidades. El caso presentado de una pareja que establece un cuarto de hectárea en cada uno de los dos primeros años (Tabla 4-23). El pago como peón es de 10 soles diario con comida.

Si la pareja tiene un hijo en lugares como Salas, las cifras no cambian mucho, debido a la ayuda social ofrecida por el Estado, que a través del Programa ¨Juntos¨ (Programa Social dirigido a la población de mayor vulnerabilidad, en situación de extrema pobreza, riesgo y exclusión), hace entrega de 100 soles mensuales a cada representante (madre, padre) de cada hogar participante en situación de extrema pobreza, con la condición de que los niños/as asistan la escuela, igualmente que las madres gestantes y niños/as asistan a un centro de salud a recibir atención integral en

Fig. 4-22. Mulas cargando madera de cedro, El Dorado. // Mules carrying cedar wood, El Dorado. Foto I. Schjellerup.

nutrición y salud, otra condición es la inscripción de los niños/as para que obtengan su documento de identidad. Entonces, en este caso los egresos se incrementan en 1300 soles por año y los ingresos aumentan en 1200 soles. En otros caseríos como El Dorado los colonos no tienen acceso al Programa ¨Juntos¨, por lo que su situación es más precaria. Con un segundo hijo la situación económica de la familia, se torna más precaria aun, ya que este programa, otorga 100 soles por familia y no por niño. Con los gastos adicionales de este segundo niño, es muy difícil satisfacer las necesidades básicas de la familia, sin la ayuda de la familia extendida.

En conclusión, un colono joven, bien disciplinado y trabajador, que ahorra su dinero durante por lo menos dos o tres años antes de casarse y que tiene cuidado en planificar su familia y sus gastos, puede lograr un mejor nivel de vida después de cuatro o cinco años; sin embargo al no mostrar la madurez necesaria, el joven casado tendrá graves problemas económicos, cuyas consecuencias generan la desnutrición infantil y desintegración familiar, tal como lo ha constatado la partera de El Dorado. El impacto social es grave porque este tipo de problema familiar tiende a propagarse a través de las generaciones.

Tabla 4-23. Análisis económico de una pareja joven al desarrollar su chacra

Año	Jornales en chacra	Jornales como peón	Ingresos de peón (S/.)	Ingresos de chacra (S/.)	Gastos (S/.)	Saldo (S/.)
1	54	240	2400	0	1980	420
2	88[1]	200	2000	360[2]	2000[3]	360
3	98	190	1900	2050	2030	1920
4	130	160	1600	4860	2120	3840
5	130	160	1600	6050[4]	2120	5530
6	130	160	1600	6050	2120	5530

1. Según la Tabla 4-21 se necesita 220 jornales en el primer año de una chacra de una hectárea y 130 en el segundo. Entonces para el secundo año de una cuarta hectárea y un primer año de otra cuarta hectárea se necesita (220 + 130)/4 = 88 jornales.
2. En este año hasta el tercer año después de la semblanza de la secunda hectárea se incluye 1 sol/día equivalente de ingresos de los productos secundarios de la chacra
3. Según el análisis, los gastos básicos son S/.1300 por persona, incluido S/.3 por día para la comida. Entonces para dos personas con el hombre que no tiene gastos de comida durante 200 días por trabajar con comida incluida, los gastos son 2(1300) – (200)(3) = S/.2000.
4. Este cálculo se base sobre la cosecha del quinto año de una cuarta hectárea y el cuarto año de otra cuarta hectárea multiplicado por 220 soles por quintal, es decir (220)(50 + 60)/4 = 6050 soles.

La sostenibilidad y el manejo de la tierra en los valles

El manejo de la chacra y sus consecuencias

A través de las secciones precedentes se muestra cómo se desarrolla la vida de los colonos en las chacras de café. Trabajan mucho al inicio desde la tala del bosque, siembra, preparación de la tierra y repique. Siguen con los trabajos seis días por semana con el deshierbo y la cosecha en su chacra o como peón. Están cansados y tienen la impresión de "no puedo más". Pero es muy importante analizar lo que no se hace para entender bien las consecuencias negativas que se observan cada día:

- No hacen la poda del cafeto
- No usan abonos ni fertilizantes
- No establecen una cobertura verde ni siembran a contrapendiente o con curvas a nivel para controlar la escorrentía
- No plantan árboles de sombra
- No respetan los límites de no talar las franjas marginales ubicadas a menos de 50m de un río o quebrada (este es un pequeño grupo pero las consecuencias son muy evidentes) (Fig. 4-23)
- No manejan las distancias entre los cafetos y el bosque para asegurar una buena ventilación de los cafetos
- No tienen la información necesaria para elegir la variedad de café apropiada.

Preguntamos ¿por qué no siguen estas buenas prácticas?, quizás la respuesta inmediata sea, debido a la escasez de tiempo y excesivo esfuerzo para realizar todas las tareas que exige el manejo de un cultivo de café. Pero quizás la razón principal es que casi la totalidad de los colonos vienen de lugares más secos, donde no se cultiva el café y no se conocen los problemas asociados con la humedad. Ellos continúan con sus costumbres en el manejo de la tierra porque no perciben las consecuencias nefastas que se manifiestan de manera discreta en los dos o tres primeros años. Solamente después de cinco a ocho años son muy evidentes los problemas serios por falta de medidas apropiadas para evitar la erosión, las plagas y el deterioro de la fertilidad del suelo. A continuación se analiza cada punto de las prácticas inadecuadas y sus impactos.

La poda del café

La poda tiene las siguientes funciones:

- Concentra el crecimiento en las ramas más sanas y productivas.
- Asegura una buena ventilación de la planta y una buena exposición al sol de las hojas al eliminar la superposición de ramas dentro de una misma planta y entre diferentes plantas.
- Guarda una forma y un tamaño de la planta que facilita la cosecha.

Todos estos aspectos son muy importantes en el contexto de los valles

- Al elegir las ramas bien se promueve la salud de la planta, eliminando las ramas más susceptibles de tener inicios de enfermedades.
- La ventilación del aire que deja secar las hojas entre las lluvias y después del rocío de la mañana, es crítica para evitar el ¨ojo de pollo¨.
- Muchos colonos no eligen la variedad Typica, que es resistente al "ojo de pollo", porque sus ramas crecen muy altas y suelen romperse al querer plegarlas. Con una buena poda estos problemas no existirían y los colonos podrían elegirlas por sus cualidades benéficas.

El Abonamiento

La escorrentía y la recolección de las cerezas al ritmo típico del monocultivo del café extraen rápidamente los nutrientes esenciales del suelo como el nitrógeno, el fósforo y el potasio, los cuales no son remplazados al mismo ritmo por los procesos naturales del suelo. La medida más importante, consiste en evitar la pérdida inútil de estos nutrientes y después ver como reemplazarlos, con métodos naturales sí es posible, como por ejemplo, con leguminosas para fijar el nitrógeno. Una fuente de abono disponible, pero muy poco utilizada en Perú, es por compostaje de la pulpa de la cereza.

La cobertura verde y el control de la escorrentía

La técnica de la cobertura verde, consiste en sembrar y cultivar plantas arvenses

Figura 4-23. Deforestación de una quebrada, Pampa Hermosa. // Deforestation of a gully, Pampa Hermosa. Foto J. Hernández.

alrededor de la planta principal, el cafeto. En este caso, que compiten e interfieren muy poco con esta planta, pero sí interfieren eficazmente con el crecimiento de las malezas. Este tipo de planta se llama arvense noble. La arvense noble elegida suele tener otra propiedad adicional muy benéfica, que es la fijación del nitrógeno, como es en el caso de una de las arvenses nobles más utilizadas: el maní forrajero (*Arachis pintoi*).

El gran interés de la cobertura verde es la disminución muy importante de la escorrentía. Las hojas de la arvense noble disminuyen el impacto de las gotas de lluvia y crean un tejido fuerte con sus raíces en la capa superior. Muchos estudios muestran su efectividad. Actualmente los colonos cortan y arrastran las malezas con el machete y el gancho (pequeña azada). Así dejan al suelo expuesto a una escorrentía importante, sobre todo cuando no siembran a contrapendiente y con curvas a nivel.

Árboles de sombra

Parece un poco paradójico proponer árboles de sombra, cuando el secado de las plantas del café es tan importante, pero los árboles de sombra ayudan a establecer un micro clima más estable para el crecimiento de los cafetos, además también por ser leguminosas, son una fuente de nitrógeno natural. Es verdad que ellos no deberían dar mucha sombra; entonces, una buena poda para limitar las ramas es muy importante. En la región los árboles de sombra apropiados son de la familia Fabaceae como el shimbillo (*Inga spp.*) o la huaba (*Inga edulis*).

Evitar pendientes fuertes y quebradas

Casi todos los huaicos que se ven, son asociados con pendientes fuertes del suelo, también donde se concentran el flujo del agua, es decir, en las quebradas. En las pendientes el cultivo del terreno es difícil y existe una alta probabilidad de perder todo con un huaico; la calidad del agua baja mucho con la erosión; este tipo de cultivo está prohibido por la Ley. Hay que respetar la zona prohibida de 50 m de ancho de toda quebrada o río.

La ubicación de los cafetos

Casi siempre se inicia la plaga del "ojo de pollo" en los cafetos, por el límite inferior de la chacra contigua a un bosque. En la noche el aire fresco se acumula en tales lugares y hay un rocío importante, luego por la mañana hay sombra y poca ventilación entonces la planta no seca bien, lo que genera condiciones ideales para que el "ojo de pollo" prospere. Por ello se debe dejar limpios y abiertos estos espacios para dar más ventilación a los cafetos más cercanos al bosque.

Elección de variedades del café

Algunas variedades del café son populares porque son precoces, es decir se cosechan un año antes que las demás. Se entiende la decisión de elegirles porque el colono típico pasa por su punto económico más difícil, al esperar su primera cosecha. Pero es una elección que puede tener consecuencias negativas a mediano y largo plazo. La importancia de la producción a largo plazo y la resistencia de las plantas a las plagas, deberían tener una ponderación más importante al momento de elegir las variedades y de este modo asegurar la sostenibilidad de la chacra.

El manejo del pasto y sus consecuencias

El manejo apropiado del pasto parece mucho más fácil, que el de la chacra del café; sin embargo esto es engañoso; basta con recordar la colonización de la selva del Brasil, donde el manejo de los pastos fue una de las experiencias más desastrosas sobre el medio ambiente. Hay pastos abandonados que van a demorar décadas para su recuperación por la compactación y otros daños infligidos al suelo.

En primer lugar se debe elegir bien el tipo de pasto según las características del terreno y su drenaje. Si el drenaje es muy pobre, primero debe mejorarse. Se puede elegir entre diferentes tipos pasto como son: Brachiaria, grama azul, ryegrass, etc.

El manejo del pastoreo es sumamente importante, sin embargo en los valles se observa mucha negligencia en este aspecto. Idealmente el ganado debería ser restringido a pasar uno o dos días en una zona específica del pasto, luego rotar hacia otra. El ganado debería regresar a esta misma zona después de un tiempo bien de-

Recuadro 4.8. La sostenibilidad y el manejo de la tierra

El actual manejo de la tierra asociado a las actividades agrícolas y ganaderas pone en peligro la base misma de los ecosistemas, así como la agro-economía en la región. Es necesario y urgente rectificar la situación mediante cambios importantes en las prácticas agrícolas y en el manejo de los cultivos. Falta saber cuáles son los caminos más propicios para lograr estos cambios.

A continuación hay algunas preguntas, respuestas y propuestas de acciones pendientes para ayudar a definir un camino propicio hacía un futuro mejor.

Tema	Descripción	Solución
¿Cuáles son los requisitos previos para establecer una base para apoyar el conjunto de acciones?	Se debe establecer una base sólida de concertación de acción social a nivel de los valles. Los problemas son graves y los cambios importantes. Debe concertarse los recursos humanos y financieros de manera que el programa de acción sea eficaz, eficiente y rentable. Deben identificarse a los líderes dentro de los agricultores, las instituciones y gobiernos que muestren interés para ir adelante con tales programas prácticos de desarrollo sostenible. Deberían figurar en primer plano dentro de las organizaciones implicadas el Proyecto Especial de Alto Mayo (PEAM) por su experiencia y por sus técnicos expertos, las asociaciones agrícolas como la Asociación de Productores Cafetaleros Agrarios Selva Soritor, el MINAG, los colegios y universidades de la región y los gobiernos distritales y regionales.	Hacer un sondeo en los pueblos y las organizaciones para identificar a los líderes y las posibles fuentes de recursos.
¿Qué habilidad social es particularmente importante en la realización de este programa de desarrollo sostenible?	Es muy importante la comunicación y dentro de ella, la práctica de la retroinformación participativa, es decir un proceso en el cual los dos interlocutores usan técnicas bien establecidas para bien entenderse. Muchos de los colonos tienen una desconfianza de los representantes del gobierno. Han vivido años en la informalidad y tienen miedo de ser engañados por las autoridades.	Seleccionar bien a los asesores y a los representantes de instituciones con responsabilidades de interacción con los colonos que tienen la capacidad de comunicar de manera participativa, además de ser expertos técnicos.
¿Hay temas que todavía necesitan investigaciones para clarificar mejor las buenas prácticas?	Sí. Por ejemplo, hay muchos estudios internacionales sobre la cobertura verde, pero las experiencias sistemáticas en las condiciones específicas de los valles no se han hecho. Aunque hay disponible por PEAM el servicio de análisis de los suelos para N, P, K etc. se necesita un análisis sistemático al nivel distrital para identificar las tendencias en la pérdida de fertilidad y las razones para los cambios. En la gestión de los pastos hay mucho que investigar para identificar las prácticas específicas que responden eficazmente a las condiciones ambientales y humanas de los valles.	Encontrar los recursos necesarios e iniciar las experiencias y demostraciones apropiadas con la participación activa y concreta de las asociaciones agrícolas y sus miembros.
¿Hay temas que necesitan sobre todo transferencia de tecnología, demostración y adaptación a las condiciones locales?	Sí. Hay que demostrar muchas prácticas y formas de manejo en parcelas designadas para este fin. Es importante reconocer que el control de las plagas necesita un conjunto de acciones; si no hay saneamiento de las plantas de cultivo con, por ejemplo, la demostración de la poda, la plaga va a continuar.	Identificar de manera más específica los proyectos de demostración y los sitios a través de los valles donde las demostraciones van a ser más útiles.

¿Cómo se puede recuperar tierras cultivadas que no respetan los límites de tala hasta los 50 metros de las quebradas y los ríos?

Se debe establecer una concertación de acción entre las autoridades distritales y locales para poder comunicar:
- Que tales prácticas de cultivo no son toleradas.
- Un plan concreto de acción que ofrece oportunidades económicas a los colonos afectados para participar en una reforestación de los lugares.

Conseguir esta concertación entre las autoridades de diferentes niveles del gobierno.

¿Qué incentivos financieros son disponibles para fomentar un desarrollo más sostenible?

Una certificación orgánica y de comercio justo vía una cooperativa ofrece la oportunidad de un mejor precio de café. Por ejemplo, Oro verde es una cooperativa de San Martín con la participación de 1200 familias. Recibió en 2008 un precio de 375 soles por quintal de café comercial, mucho más que los productores de El Dorado.

Continuar el trabajo a través de las asociaciones agrícolas para conseguir la certificación.

¿Qué acciones son prioritarias para enraizar una base dentro de toda la población para promover una actitud positiva hacía las actividades de cambio?

Un programa complementario dentro de las escuelas es sumamente importante para conseguir una acción concertada.

Involucrar a las autoridades de educación, a los profesores y a los representantes de los caseríos para implementar un programa que conlleve a una comprensión de los principios del desarrollo sostenible y su aplicación práctica en los valles. Además, el programa escolar debe incluir a los estudiantes en proyectos concretos de acción al nivel de la escuela y la casa.

¿Cuáles son los temas prioritarios a nivel nacional y regional que, por inacción, pueden comprometer todo el proceso de desarrollo sostenible en los valles?

Se necesita un marco institucional más claro de como el Perú puede desenvolver de su estado de informalidad a larga escala en la tala y uso de los bosques hasta un régimen sostenible. Este marco debe ofrecer una oportunidad para pequeñas empresas y cooperativas de operar a la escala local. A pesar de todo el éxito de Oro Verde para promover una agricultura sostenible en la región alrededor de Lamas la situación se empeora porque este éxito económico incita en otros la tala, rozo y quema de bosques vírgenes de manera informal, es decir ilegal.

Promover un debate a nivel regional con la participación de expertos nacionales para llegar a nivel nacional con sugerencias concretas para las leyes y sobre todo, los programas concretos para apoyar una transición de la situación actual hacia un uso más sostenible del bosque, con una clara posibilidad de participación de pequeñas empresas y cooperativas responsables en proyectos agro-forestales.

¿Qué otras medidas son de prioridad para conseguir un verdadero desarrollo sostenible que implique el desarrollo ambiental, económico y social?

El gobierno del Perú tiene muchos buenos programas al nivel socio-económico, Agua para todos, Juntos, Desayuno Escolar, PRONOEI etc., pero están desarticulados. No hay la presencia a nivel local de autoridades con el poder de iniciar procesos para establecer más cohesión en los programas para responder bien a las necesidades locales. En los valles, la salud bucal es un problema severo y el programa de Desayuno Escolar empeora este problema. No es que el programa sea malo, es muy bueno pero no se ha aprovechado la oportunidad de asociarlo con un programa económico de promoción de la salud bucal.

Abrir la comunicación y espacios de dialogo a todos para identificar oportunidades de articulación de los programas y autorizar a los representantes de los gobiernos o de las instituciones para seguir con acciones concretas para articular los programas al nivel local. Implementar nuevos programas prioritarios como el de fomentar la salud bucal como complemento del programa Desayuno Escolar.

Resumen

La base misma del desarrollo sostenible es ofrecer la oportunidad de vivir bien a la próxima generación. En esta perspectiva una buena educación se impone como una de las llaves esenciales para conseguir el desarrollo sostenible. Los niños necesitan de una base científica y las habilidades sociales para entender bien el contexto social, económico y ambiental en lo que viven. Ellos tienen que elegir las opciones con una buena perspectiva de las consecuencias. Actualmente tanto la población como el gobierno reconocen la necesidad de un mejoramiento del sistema educativo peruano, de modo prioritario. Los problemas son aun más agudos en lugares aislados como es el caso de los valles estudiados

Establecer un proyecto piloto con el apoyo de las regiones de San Martín y Amazonas para constituir un conjunto de acciones complementarios que apunta un mejoramiento sustancial de la educación en los valles. Implica recursos importantes para capacitar e incentivar a los profesores, los estudiantes y los padres.

terminado, algo como de 45 a 60 días, tiempo suficiente para dejar crecer el pasto, pero no demasiado para evitar que aumente el contenido de lignina, sustancia que limita la digestibilidad del pasto. Resulta fundamental evitar el sobre pastoreo e igualmente hay también que evitar el poco pastoreo. Con este manejo mucho más intenso, la productividad y la sostenibilidad aumentan de manera muy importante. Estos principios de buen manejo parecen poco conocidos en los valles y se constata al observar directamente un fuerte deterioro de los pastos.

Conclusión

Este estudio aspira a que a una toma de conciencia, sobre lo que está sucediendo en los valles de Salas, Tonchimillo y Óchique y a proponer algunos caminos hacia un desarrollo sostenible. El estudio mostró como, un grupo de inmigrantes han sabido superar muchos retos para conseguir la colonización de unos valles donde no había ni casa ni chacra hace solamente veinte años. Es un testimonio documentado sobre su modo de vida y su manera de desarrollar una nueva infraestructura de base con hogares, escuelas, caminos y chacras.

El estudio expuso la fragilidad y vulnerabilidad de todo un ecosistema y su capacidad de servir a esta población. Hay documentación y análisis del rol del colono en los cambios que ponen en gran peligro no sólo el ambiente, sino también su base económica y social. La experiencia agrícola de los primeros años del cultivo es engañosa, pues hay cosechas impresionantes con un manejo elemental de la tierra. Las verdaderas consecuencias de un manejo inadecuado, con cosechas deficientes se ven solamente después de cinco o seis años. En efecto, la sostenibilidad del cultivo de café, así como de la crianza sostenible de ganado en los valles requiere un manejo adecuado, realidad de la que muy pocos colonos se han dado cuenta.

Es urgente hacer investigaciones y demostraciones con la participación activa de los colonos para promover un manejo de tierra y prácticas agrícolas más apropiadas para la región. Los recursos naturales básicos, tierra, flora y fauna, que deberían ser sostenibles para las generaciones futuras, lamentablemente están amenazados en el corto plazo, por daños que tardarían décadas para recuperarse. La caza incontrolada y la destrucción del hábitat amenazan la existencia de algunas especies éndemicas de fauna, en es el caso del mono choro de cola amarilla.

La unidad básica de la economía es la chacra familiar, con un enfoque en el cultivo de café y la crianza del ganado. Como las rentas de la chacra son inciertas, la familia misma es vulnerable. Existen también importantes desafíos que deben afrontar la generación de jóvenes. El estudio muestra claramente que el éxito de la nueva familia depende de una disciplina y madurez poco común. Ya que la gran mayoría de los jóvenes abandonan la escuela entre los 15 y 17 años de edad. Ellos se encuentran poco preparados para asumir las responsabilidades como padres, pero suelen casarse jóvenes por su propia cultura. Con el agotamiento de los buenos terrenos tendrían ellos que hacer el rozo y quema de las tierras aun más frágiles y el ciclo de destrucción tendería a acelerarse.

Este ciclo vicioso de deterioro ambiental y socio-económico, se romperá solamente con un programa integral, empezando con iniciativas educativas diseñadas para responder a las condiciones específicas de los valles. A nivel adulto se necesita experimentos y demostraciones muy prácticas. Para preparar bien a los niños de dos a cinco años para el aprendizaje se necesita una promoción intensa con meta de incluir todos de esta edad dentro del programa PRONOEI. En las escuelas primarias y secundarias se necesita un esfuerzo particular para capacitar y motivar a los profesores. Se deben crear las condiciones más favorables a la enseñanza, incluyendo programas integrados de salud y de ayuda social.

Una valla evidente que se debe romper antes de toda iniciativa de mejoramiento, es la desconfianza, que tiene la gran mayoridad de la población en los gobiernos. Los colonos tienen costumbre de hacer su vida en la informalidad. Para ayudar a generar confianza se tiene que implicar a la gente en una comunicación participativa, en la donde se escuchen y se hablen los dos lados para bien entenderse y llegar a acuerdos. No es fácil pero es el camino por donde se debe pasar.

Hay buenas noticias dentro del estudio. En la región existen excelentes programas como el Desayuno Escolar y PRONOEI. Hay buenos recursos técnicos disponibles, como los dentro del PEAM. Los colonos tienen una tradición bien establecida de trabajo comunal. Lo que falta es una buena integración de los programas y la extensión del concepto del trabajo comunal a un refuerzo de las asociaciones y las cooperativas abiertas a una colaboración externa. Los representantes de los gobiernos y de las agencias de desarrollo tienen que identificar y colaborar con los líderes que gozan de la confianza de sus comunidades, para crear así, una base sostenible desde el punto de vista económico, social y ambiental.

En el contexto de los valles, el desarrollo sostenible es un desafío importante porque implica un cambio de actitud de los pobladores y las autoridades con las cuales, tienen que trabajar conjuntamente de un modo articulado. Las instituciones deben cooperar entre si y con los colonos para ofrecer programas integrados. El camino no es fácil, pero sí es factible.

Capítulo 5

Bosques montanos y premontanos orientales

LA VEGETACIÓN EN LA CUENCA DEL RÍO TONCHIMILIO Y RODRÍGUEZ DE MENDOZA

Introducción

Áreas abiertas por la tala de bosques en estas regiones ocupan grandes áreas. Los suelos se han erosionado, existen deslizamientos de tierras, inundaciones y ha disminuido la provisión de agua, como lo mencionaran Gentry & López Parodi (1980); por esta razón se creó el Bosque de Protección del Alto Mayo; sin embargo, poco ha servido para proteger los hábitats y por ende la diversidad. Muchas especies han sido taladas completamente, como ocurre con *Swietenia macrophylla* = caoba (Meliaceae). Esta especie fue recolectada y considera frecuente por Llewelyn Williams 1929-1930 (Williams 1936); sin embargo Dillon & Sánchez (2002) manifiestan no haber encontrado a ningún individuo, lo que demuestra la magnitud de la intervención de estos bosques.

En el recorrido de la Cuenca del río Tonchimillo y Rodríguez de Mendoza, que comprende los distritos de Soritor y Elías Soplín Vargas (departamento de San Martín), Vista Alegre y Omia (departamento de Amazonas) se ha recolectado aproximadamente 450 taxa de plantas. Estas corresponden a 239 géneros agrupados en 104 familias, de los cuales 4 géneros corresponden a líquenes, 4 a briofitos, 23 a helechos y 198 pertenecen a angiospermas o plantas superiores.

La vegetación de esta área comprende formaciones vegetales similares a las establecidas para las cuencas de Huambo, La Meseta y el valle de Los Chilchos (Quipuscoa en Schjellerup et al. 1999, Schjellerup et al. 2003, 2005). Las cuales están basadas en clasificaciones realizadas por Weberbauer (1945), Tosi (1960) y Holdridge (1982).

El área de estudio presenta tres tipos principales de vegetación: Bosque húmedo montano que comprende desde los 1800 m hasta 2900 m, bosque montano bajo desde 1200 m hasta 1800 m y bosque premontano desde 800 m hasta 1200 m de elevación.

Recuadro 5.1 Metodología

Las investigaciones botánicas realizadas en ea Cuenca del río Tonchimillo y Rodríguez de Mendoza, comprendieron dos etapas, una de campo y la otra de laboratorio. En el campo se tomaron datos según sean los objetivos a cumplir. Así para el análisis de la diversidad de los bosques maduros y secundarios se realizaron transectos de 5 m x 240 m, divididos en 48 sub unidades de 5m x 5m cada una y parcelas de 20 m x 20 m, con dos repeticiones en cada área muestreada. Se realizaron inventarios de las plantas que crecen dentro y alrededor de las construcciones arqueológicos tomando datos de parcelas de 20 m x 20 m. Para el estudio etnobotánico, se realizaron entrevistas y encuestas a los pobladores generalmente a los de mayor edad, elaborando listas de las especies útiles y forma de aprovechamiento, los cuales fueron verificados al visitar sus hogares y chacras de cultivo.

Generalmente se colectaron siete muestras de cada planta, valiéndose para tal efecto de un desplantador, tijeras podadoras y machetes, según se trate de hierbas, arbustos o árboles (Fig. 72). Las muestras seleccionadas de cada planta contenían flores y frutos, además de hojas, en algunos casos solamente flores o frutos y en plantas monoicas y dioicas se colectaron las ramas floríferas masculinas y femeninas.

Las muestras fueron colocadas en diarios usados, enumeradas, prensadas, empaquetadas y conservadas en alcohol, durante la permanencia en el campo hasta el secado en el Herbario. Así mismo se tomaron datos "in situ" del hábito, habitat, usos, forma de aprovechamiento, fecha de colección, características particulares de la planta, elevación, localización geográfica con ayuda de GPS y se tomaron fotos digitales de todos.

La "técnica del alcohol" consiste en colocar las ramas seleccionadas dentro de periódicos usados. Luego, en un costado del periódico se escriben las iniciales del colector y se enumeran; éstas se apilan una sobre otra hasta aproximadamente 15 cm de alto, todas con la abertura a un mismo lado, posteriormente las muestras se envuelven con periódicos usados formando un paquete que es atado con hilo pabilo dejando la abertura de las muestras sin envolver. Los paquetes formados se introducen en una bolsa plástica gruesa y resistente y se acomodan con la abertura hacia arriba, luego se agrega la solución de alcohol y agua en la misma proporción, dependiendo del tipo de muestra y del tiempo de permanencia en el campo. La proporción de alcohol debe ser mayor cuando se trate de plantas crasas o suculentas y menor si son hierbas no suculentas o si se trata de helechos, briofitos o líquenes. La solución de agua y alcohol (de no conseguirse alcohol agregar "aguardiente" o "cañazo" sin diluir) debe cubrir completamente las muestras, colocando sobre éstas otras muestras hasta llenar la bolsa. Posteriormente la bolsa se cierra herméticamente con cinta de embalaje y se enumera la bolsa para su prioridad en el secado. Finalmente se coloca dentro de un saco de polietileno, asegurándolo para su transporte hasta el Herbario en mulas y en bus.

Esta técnica nos permite conservar las muestras por dos hasta tres meses antes del secado, sobretodo cuando se colecta en lugares inaccesibles a vehículos en bosques húmedos, donde es difícil de llevar una estufa; sin embargo, las muestras pierden el color de las flores y hojas, para esto el colector debe anotar entre otras características el color de sus órganos.

En el herbario se procedió al secado, montaje, etiquetado y determinación de las muestras. La determinación de muchas especies se realizó con la ayuda de material herborizado y haciendo uso de literatura especializada, claves taxonómicas o con ayuda de los especialistas. Algunas muestras fueron clasificadas porque resultaron nuevas para la ciencia, las cuales han sido descritas, esquematizadas. El material colectado fue incorporado al Herbario Antenor Orrego (HAO) de la Universidad Privada Antenor Orrego de Trujillo, Herbarium Truxillense (HUT) de la Universidad Nacional de Trujillo, Herbario de la Universidad Nacional de San Agustín de Arequipa (HUSA) y cuatro duplicados enviados al Herbario del Field Museum (F) de Chicago U.S.A., institución que distribuyó el material a los especialistas para su determinación y clasificación.

Tabla 5-1: Tipos de vegetación

Vegetación	Altura (m.s.n.m.)
Bosque montano	1800-2900 m
Bosque montano bajo	1200-1800 m
Bosque premontano	800-1200 m

Vegetación natural

Los bosques de la Cuenca del río Tonchimillo y Rodríguez de Mendoza fueron utilizados desde tiempos pre-hispánicos por cientos de años. En estas áreas se establecieron tribus de la selva peruana y las culturas Chachapoya e Inca, aprovechando los recursos naturales. Después de la conquista por los españoles, estos ambientes modificados fueron abandonados, porque los nuevos centros urbanos se localizaron principalmente en la costa y algunas zonas de sierra y selva. Había un mayor interés en la búsqueda de oro, y poco interés por los recursos vegetales y animales en la ceja de selva; así como, la concentración de las poblaciones en la costa de Perú, hicieron posible la recuperación de los bosques y la conservación de muchas especies vegetales dentro de estos ambientes.

Fig. 5-1. Interior del bosque montano con presencia de quebradas siempre con agua. // Gorges in rhe montane forest always carry water. Foto V. Quipuscoa.

En la actualidad la migración iniciada desde hace algunas décadas, ha generado un cambio más severo en el bosque maduro. Cada día se están diezmando los hábitats de muchas especies ya descritas y otras aun no conocidas por la ciencia, causando el deterioro de gran parte de los recursos genéticos. Esto es debido a la tala indiscriminada, uso no planificado de las tierras de cultivo, crianza de ganado, degradación del suelo e introducción de muchas especies. Sin embargo, es posible reconocer algunas formaciones vegetales en esta zona, que con el tiempo estarán ocupadas por especies introducidas o quizá permanezcan muy erosionadas.

Bosque montano 1800-2900 m

La estructura de este bosque es similar al bosque montano del valle de Los Chilchos (Schjellerup et al. 2005), sobretodo en el lado de Rodríguez de Mendoza, pero con un aumento en la diversidad de especies para el lado de Moyobamba y Rioja. Comprende áreas disturbadas por lo general las cercanas a centros poblados, donde la deforestación es muy severa; pero la mayor cantidad de área corresponde a bosque maduro. Se extiende por arriba de los 1800 m de elevación, incluye lugares del Departamento de Amazonas, Provincia de Rodríguez de Mendoza, parte alta de Salas, Valle Andino, alrededores de Lejía (Punta de Carretera), Laurel, Posic y Quebrada Agua Sal. Las familias de plantas mejor representadas son: Rubiaceae (9%), Gesneriaceae

Fig. 5-2. Romerillal en Posic con predominancia de Retrophyllum rospigliosii (Pilg.) // Romerillal in Posic with a predominance in Retrophyllum rospigliosii (Pilg.). Foto V. Quipuscoa.

(7%), Lauraceae (6%), Araceae (5%), Melastomataceae, Moraceae y Piperaceae 4% cada una; Solanaceae, Fabaceae, Arecaceae, Ericaceae y Cyclanthaceae con 3% cada una y el 46% las demás familias. Resultados obtenidos de los taxa registrados en los transectos realizados, comprende superficies planas e inclinadas, con bastante hojarasca y escasa luminosidad (Fig. 5-1).

Estrato arbóreo

El estrato arbóreo llega a los 35 - 40 m de alto. Los árboles más grandes corresponden a especies del género *Ficus* = renaco o simbillos (Moraceae) alcanzan los 40 m de alto con 0,80 - 1,20 m de DAP. Otras especies conspicuas pertenecen a los géneros: *Cedrela* = cedro (Meliaceae), *Retrophyllum* = romerillo y *Podocarpus* (Podocarpaceae) (Fig. 5-2), *Myrcianthes* = lanche (Myrtaceae), *Inga* = shimbillo o pacae (Fabaceae) y especies de Lauraceae (*Nectandra* = moena o ishpingo, *Ocotea* = moena y *Aniba* = urcomoena), que alcanzan el dosel superior. Los tallos de estos árboles crecen rectos y sostienen muchos epífitos.

Producen gran cantidad de biomasa y la caída de sus hojas genera una capa gruesa de hojarasca que cubre completamente el suelo. En muchos casos se ha encontrado árboles caídos, dejando expuesto todo el sistema radical, indicando que los suelos

Fig. 5-3. Helechos arborescentes de Dicksonia (Dicksoniaceae) forman el estrato arbóreo del bosque montano. Tree ferns Dicksonia (Dicksoniaceae) form the montane forest tree layer. Foto V. Quipuscoa.

no son profundos y para mantenerse erguidos algunas especies han desarrollado raíces tabulares (gambas), estructuras que ayudan a sostener el sistema aéreo de las plantas.

Rubiaceae es la familia más diversa en géneros y especies, está mejor representada por los géneros: *Cinchona* (cascarilla), *Ladenbergia, Palicourea, Psychothria, Isertia* y *Remigia*; la mayor diversidad está contenida en los géneros *Palicourea* y *Psychothria*; con especies que no alcanzan el dosel superior debido a su mediana altura. Los géneros: *Nectandra* (moena o ishpingos), *Aniba, Ocotea* (moena) y *Persea* (palta silvestre) de la familia Lauraceae constituyen otro elemento de importancia; es común la presencia de muchos individuos de *Nectandra* de 5 - 7 m de alto y con 0,1 - 0,15 m de DAP.

Especies de Fabaceae principalmente de los géneros: *Inga* (shimbillo o pacae), *Erythrina* (pajul o pajuro silvestre) y *Albizia* crecen formando el dosel superior. Los shimbillos producen frutos comestibles y crecen mejor al borde de ríos y quebradas. *Podocarpus* (Podocarpaceae) es un representante de ginmosperma (Pinophyta), división poco representada en los trópicos, se distribuye hasta el bosque montano alto, los individuos de esta especie son de gran altura y poseen una cobertura mayor a las demás. Las familias: Myrtaceae (*Myrcianthes* = lanche), Meliaceae (*Cedrela* =cedro) y

Moraceae (*Ficus* género muy diverso en esta zona y *Clarisia*) son abundantes. Albergan a muchos epífitos en sus ramas y han desarrollado raíces tabulares, para mantenerse erguidos, soportando los fuertes vientos y las abundantes precipitaciones.

Otros representantes de árboles con alturas menores, corresponden a especies de Magnoliaceae (*Magnolia*), Myricaceae (*Morella pubescens* = laurel, especie abundante en algunos bosques y fue usado para la extracción de cera), Cecropiaceae (*Coussapoa, Cecropia y Pourouma*), Euphorbiaceae (*Alchornea* = chupica blanca, *Croton* = sangre de grado), Annonaceae (*Guatteria y Duguetia*), Caricaceae (*Vasconcellea*), Chloranthaceae (*Hedyosmum* = piño), Cunoniaceae (*Weinmannia* = sayo), Meliaceae (*Guarea* = cansaboquilla), Sapotaceae (*Pouteria* = lúcuma), Ulmaceae (*Trema micrantha* = atadijo), Tiliaceae (*Heliocarpus americanus* = llausa), Clusiaceae (*Clusia*), Sapindaceae (*Allophylus*), Melastomataceae (*Miconia*), Marcgraviaceae (*Marcgraviastrum*), Siparunaceae (*Siparuna*), Fabaceae (*Senna y Albizia*), Urticaceae (*Urera* = ishanga y *Myriocarpa*), Asteraceae (*Vernonanthura, Verbesina y Clibadium*, géneros con especies arborescentes) y Solanaceae (*Solanum y Cestrum*) son las familias mas comunes en esta formación.

Especies de Arecaceae (palmeras) son parte de este estrato y en algunos casos se agrupan para formar palmares o chontales, que se ubican en laderas y cimas de los cerros, los géneros más diversos son: *Bactris, Wettinia* y *Geonoma*, principalmente los dos primeros poseen especies que superan los 15 m de alto. Los helechos arborescentes de los géneros *Catea* (Cyatheaceae) y *Dicksonia* (Dicksoniaceae), alcanzan los 8 - 14 m de alto y sus tallos están cubiertos por numerosas especies de epífitos (Fig. 5-3).

Sobre los troncos y ramas de los árboles, crecen muchas especies. Desde algas, hasta hongos saprófitos (*Ganoderma, Auricularia* = Callampa u oreja y *Polyporus*) que se alimentan de la corteza de los árboles, sobretodo de árboles con muchos años de vida. Los líquenes (*Usnea*) constituyen otro grupo diverso, así como los musgos y hepáticas de muchos géneros principalmente *Frullania* que cubre casi por completo el tronco de la mayoría de especies.

Las epífitas poseen gran diversidad, se trata de plantas que usan a los árboles sólo de soporte, porque los sistemas conductores de ambas plantas son independientes. Un grupo corresponde a Pteridophyta (helechos) con muchos representantes, principalmente de las familias: Dryopteridaceae (*Elaphoglossum*), Lomariopsidaceae (*Nephrolepis*), Woodsiaceae (*Diplazium*), Aspleniaceae (*Asplenium*), Polypodiaceae (*Campyloneurum, Polypodium, Lellingeria, Cochlidium, Pecluma y Niphidium*), Blechnaceae (*Blechnum*), Hymenophyllaceae (*Hymenophyllum y Trichomanes*), Vittariaceae (*Vittaria y Radiovittaria*) y Lycopodiaceae (*Huperzia*). Otro grupo lo constituyen las angiospermas, en general de las familias: Araceae (*Anthurium, Philodendron, Rhodospatha y Caladium*), Begoniaceae (*Begonia*), Bromeliaceae (*Guzmania, Tillandsia,*

Vriesea, Aechmea y *Racinaea*), Cyclanthaceae (*Asplundia*), Piperaceae (*Peperomia*), Orchidaceae (*Pleurothallis, Stelis, Masdevallia, Odontoglossum, Dichaea, Gongora, Oncidium, Maxillaria, Epidendrum* y *Telipogon*) y Cactaceae (*Rhipsalis, Disocactus* y *Epiphyllum*).

Suspendidas en las ramas o envueltas en los tallos de los árboles, se encuentran enredaderas, lianas o bejucos y plantas apoyantes, que en su mayoría corresponden a las familias: Campanulaceae (*Siphocampylus*), Ericaceae (*Psammisia* = alicón), Smilacaceae (*Smilax*), Fabaceae (*Mucuna*), Asteraceae (*Mikania* y *Munnozia* = lechero), Apocynaceae (*Mandevilla* y *Mesechites*), Euphorbiaceae (*Plukenetia*), Acanthaceae (*Mendoncia*), Bignoniaceae, Sapindaceae y un helecho voluble de la familia Blechnaceae (*Salpichlaena*). Los hemiepífitos corresponden a helechos de los géneros *Diplazium* (Woodsiaceae) y *Asplenium* (Aspleniaceae), las angiospermas hemiepífitas a las familias: Solanaceae (*Solanum, Trianaea* y *Juanulloa*), Ericaceae (*Thibaudia* y *Sphyrospermum*), Piperaceae (*Piper*), Gesneriaceae (*Columnea* y *Drymonia*) y Marcgraviaceae (*Marcgravia*) de esta última familia, los juveniles se observan constantemente sobre los troncos de los árboles. Así mismo, crecen muchas especies hemiparásitas de las familias Loranthaceae (*Aetanthus, Psittacanthus* y *Struthanthus*) y Viscaceae (*Phoradendron* y *Dendrophthora*).

Fig. 5-4. Symbolanthus (Gentianaceae) es parte del estrato arbustivo del bosque montano. // Symbolanthus (Gentianaceae) is part of the mountain forest shrub layer. Foto V. Quipuscoa.

172

Estrato arbustivo

Este estrato alcanza los 5 - 7 m de alto. Posee abundancia y diversidad de Piperaceae (*Piper* = matico, cordoncillo) y Asteraceae (*Pentacalia, Vernonanthura, Verbesina, Barnadesia, Piptocarpha, Clibadium, Gynoxys, Liabum, Chromolaena, Baccharis, Erato* y *Lycoseris*); que juntas poseen ca. 45% de las especies. Otras familias frecuentes corresponden a: Capparaceae (*Cleome* y *Podandrogyne*), Melastomataceae (*Clidemia, Miconia* y *Merania*), Rubiaceae (*Palicourea* y *Psychothria*), Euphorbiaceae (*Plukenetia* y *Acalypha*), Acanthaceae (*Justicia* y *Sanchezia*), Begoniaceae (*Begonia parviflora*), Apocynaceae, Campanulaceae (*Centropogon*), Gentianaceae (*Symbolanthus*), (Fig. 5-4) Ericaceae (*Gaultheria* y *Cavendishia*), Gesneriaceae (*Besleria*), Onagraceae (*Fuchsia*), Polygalaceae (*Monnina*), Phytolaccaceae (*Phytolacca*), Rosaceae (*Rubus* = zarzamora), Solanaceae (*Solanum, Larnax, Lycianthes* y *Capsicum*), Araliaceae (*Schefflera*), Marcgraviaceae (*Marcgraviastrum*), Arecaceae (*Geonoma* = palmiche), Urticaceae (*Phenax* y *Urera*) y Poaceae (*Chusquea*) con especies que crecen apoyándose en otras plantas y alcanzan hasta los 7 m de longitud. El género *Diplazium* (Woodsiaceae) con ca. 3 especies de helechos es el más conspicuo de esta división y alcanzan los 2 - 3 m de alto.

Estrato herbáceo

Sus principales componentes, pertenecen a helechos que cubren de forma uniforme el suelo. Además, está representado por muchas Gesneriaceae, tanto en la zona de Moyobamba y Rioja (departamento de San Martín), así como para Rodríguez de Mendoza (departamento de Amazonas).

En lugares muy húmedos los musgos son abundantes, principalmente del género *Sphagnum* (Sphagnaceae); pero es común la presencia de especies de *Selaginella* (Selaginellaceae), entre otros helechos están presentes las familias: Blechnaceae (*Blechnum*), Aspleniaceae (*Asplenium*), Woodsiaceae (*Diplazium*), Pteridaceae (*Pteris* y *Pityrogramma*), Polypodiaceae (*Campyloneurum, Polypodium*), Gleicheniaceae (*Sticherus*), Lycopodiaceae (*Lycopodium* y *Lycopodiella*) y Dryopteridaceae (*Elaphoglossum*).

Las angiospermas representadas por las familias: Heliconiaceae (*Heliconia* = platanillo), Zingiberaceae (*Renealmia*) y Costaceae (*Costus*), se trata de megageófitos (hierbas grandes de 2,5 - 3 m de alto) que, algunas veces se agrupan en pequeñas comunidades monoespecíficas (heliconiales). La familia Araceae (*Anthurium, Xanthosoma*) es diversa, sus especies poseen tallos cortos o delgados, con hojas grandes y suculentas. Existe además, diversidad en especies de Piperaceae (*Peperomia*), muchas especies con flores de formas y colores variados de Gesneriaceae (*Besleria, Drymonia, Corytoplectus, Gasteranthus, Codonanthe, Monopyle, Gloxinia, Episcia* y *Pearcea*) (Fig. 5-5), Bromeliaceae (*Pitcairnia* y *Greigia*), Cyclanthaceae (*Asplundia, Carludovica* y *Cyclanthus*), Orchidaceae (*Phragmipedium, Epidendrum, Odontoglossum, Elleanthus, Altensteinia* y *Maxillaria*), Commelinaceae (*Tradescantia*), Begoniaceae (*Begonia*),

Fig. 5-5. Pearcea (Gesneriacae) es un representante de la esta familia muy diversa en los bosques montanos. // Pearcea (Gesneriacae) is a representative of this very diverse family in montane forests. Foto V. Quipuscoa.

Calceolariaceae (*Calceolaria* = globitos), Poaceae (*Ichnanthus*), Cyperaceae (*Cyperus* y *Eleocharis*), Campanulaceae (*Centropogon* y *Burmeistera*), Iridaceae (*Sisyrinchium*), Amaranthaceae (*Iresine* y *Alternanthera*), Asteraceae (*Jungia, Erato, Polyanthina, Viguiera, Fleischmannia* y *Munnozia*) Oxalidaceae (*Oxalis*), Urticaceae (*Pilea*) y Violaceae (*Viola*).

Varias especies son trepadoras o volubles. Están representadas principalmente por las familias: Alstroemeriaceae (*Bomarea* = moco-moco), Dioscoreaceae (*Dioscorea*), Convolvulaceae (*Ipomoea*), Passifloraceae (*Passiflora*), Tropaeolaceae (*Tropaeolum*), Asteraceae (*Mutisia*), Cucurbitaceae (*Gurania, Psiguria* y *Cayaponia*) y Vitaceae (*Cissus*). Algunas plantas no obtienen su alimento mediante la fotosíntesis, pero se nutren de restos de materia vegetal (saprófitas), se trata de plantas pequeñas de las familias Balanophoraceae (*Corynaea, Helosis* y *Langsdorffia*) y Burmanniaceae (*Gymnosiphon*).

En esta formación se distinguen algunas comunidades propias como: brezal, alisal y bosques esclerófilos.

Brezal
Esta es una comunidad muy particular, establecida desde los 1950 m hasta los 2200 m de elevación y se observa como una isla en el bosque montano, para las plantas que se han establecido. En todo el área se observan los cerros cubiertos de vegetación con todos los estratos de bosque montano; sin embargo, frente a las ruinas Incas de Posic, a la margen derecha del río de Posic, se ubica un cerro de pendientes abruptas, con escasa vegetación arbórea y se distingue fácilmente por el color grisáceo, que le confiere la gran cantidad de líquenes que cubren el suelo y la mayor concentración de arbustos y hierbas, en su mayoría esclerófilos.

Fig. 5-6. Vaccinium (Ericaceae) forma parte del brezal, donde esta familia es diversa y abundante. // Vaccinium (Ericaceae) is characteristic of the Brezal where this family is very diverse. Foto V. Quipuscoa.

Las plantas alcanzan los 3 - 4 m de alto, pero sólo en ciertas quebradas las especies llegan a los 7 m de alto como máximo. Toda el área está sometida a las mismas condiciones climáticas, pero difieren en el tipo de suelo, que está conformado por arena blanca y con poco humus. Los géneros poseen especies de árboles en los bosques aledaños; pero posiblemente por el tipo de suelo, estas especies no alcanzan el dosel de bosque maduro que los rodea y se han adaptado a estas condiciones. Algunos géneros, poseen mayor diversidad específica en comunidades Altoandinas como: *Huperzia, Senecio* y *Paepalanthus*.

Las especies arborescentes, se encuentran dispersas o en las quebradas y pertenecen a las familias: Ochnaceae, Clethraceae (*Clethra*), Cunoniaceae (*Weinmannia*) y Clusiaceae (*Clusia*). Los arbustos crecen dispersos y forman matorrales en algunos casos. La familia Rubiaceae (*Psychotria* y *Cinchona* = cascarilla) muy diversa en el bosque maduro, posee especies de poca altura. Ericaceae (*Bejaria, Gaultheria* y *Vaccinium*) (Fig. 5-6) es la familia más representativa y abundante.

Otras especies pertenecen a las familias: Araliaceae (*Schefflera*), Melastomataceae (*Brachyotum, Tibouchina* y *Miconia*), Asteraceae (*Baccharis, Calea, Vernonanthura, Mikania* y *Senecio*), Smilacaceae (*Smilax*) y Poaceae (*Chusquea* = suro).

En el estrato herbáceo las orquídeas terrestres son predominantes, principalmente en la parte baja del cerro, con mayor diversidad en los géneros: *Epidendrum, Stelis, Maxillaria* y *Sobralia*, esta última destaca por su mayor tamaño, llega a medir hasta 2 m de alto.

Otras hierbas corresponde a las familias: Asclepiadaceae (*Ditassa*), Asteraceae (*Erigeron* y *Hieracium*), Bromeliaceae (*Tillandsia* y *Puya*), Piperaceae (*Peperomia*), Poaceae (*Chloris* y *Andropogon*), Scrophulariaceae (*Castilleja*), Liliaceae, Eriocaulaceae

Fig. 5-7. Alnus acuminata Kunth = aliso (Betulaceae) forma los alisales o bosques de alisos en el río Posic. // Alnus acuminata = alder Kunth (Betulaceae), alder forest by the river Posic. Foto V. Quipuscoa.

(*Paepalanthus*), hierbas arrosetadas de Rubiaceae y con especies volubles de Dioscoreaceae (*Dioscorea*). *Paepalanthus* posee distribución altitudinal disyunta, crece a bajas elevaciones, pero citado para las zonas altoandinas de Perú. Los helechos están representados por las familias: Dryopteridaceae (*Elaphoglossum*), Lomariopsidaceae (*Nephrolepis*), Hymenophyllaceae (*Trichomanes*) y Lycopodiaceae (*Huperzia*), las especies terrestres de *Huperzia* poseen gran diversidad en las formaciones altoandinas de Perú. Está presente además *Pteridium aquilinum* = choz o shapumba (Dennstaedtiaceae), pero no formando shapumbal. Muchas especies de Briophyta (*Polytrichum, Polytrichadelphus*) y Lichenophyta (*Stereocaulon, Usnea*) cubren el suelo y contribuyen en gran medida con la coloración de esta área.

Alisal o bosque de alisos

Se ubica a ambos márgenes del río Posic, desde los 1800 m hasta los 2000 m de elevación. La especie abundante y dominante es *Alnus acuminata* = aliso (Betulaceae), que alcanza los 15 - 20 m de alto. Cuando las lluvias son abundantes, esta vegetación está constantemente afectada por el desborde del río. En época de secano (disminución de lluvias), los árboles crecen rápidamente y al finalizar esta temporada (setiembre – noviembre), las hojas se caen y existe gran producción de inflorescencias (amentos); los amentos masculinos se caen luego de producir polen y los femeninos se convierten en frutos que producen semillas aladas, las que se diseminan fácilmente. Aunque son transportadas por el viento y agua, no forman bosques en otros lugares, sólo se han ubicado a ambos lados del río (Fig. 5-7).

Esta especie en la actualidad es poco usada por los pobladores, quienes prefieren otras maderas de mayor importancia comercial de las familias Meliaceae y Lauraceae, que abundan en el bosque montano. Conjuntamente con *Alnus acuminata* crecen plantas dispersas de Lauraceae (*Nectandra* = ishpingo y *Ocotea* = moena) que pueden alcanzar los 12 - 15 m de alto, Meliaceae (*Cedrela, Guarea*), Melastomataceae (*Miconia*), Solanaceae (*Solanum*), Fabaceae (*Inga* y *Erythrina*), Sapindaceae (*Allophylus*), Rubiaceae (*Psychothria* y *Palicourea*), Asteraceae (*Verbesina*) y helechos arbóreos de la familia Dicksoniaceae (*Dicksonia*).

Algunos epífitos crecen cuando los árboles poseen muchos años de vida, entre ellos: Araceae (*Anthurium*), Bromeliaceae (*Racinaea* y *Tillandsia*) y helechos de la familia Aspleniaceae (*Asplenium*). Los hemiepífitos presentes pertenecen a las familias: Gesneriaceae (*Drymomia*) y Cyclanthaceae (*Asplundia*); además crecen lianas o bejucos de Ericaceae (*Psammisia*), Acanthaceae (*Mendoncia*) y algunos hemiparásitos de la familia Viscaceae.

Los arbustos presentes crecen en forma densa y cubren por lo general, la totalidad de los espacios. Sus principales representantes pertenecen a las familias: Rosaceae (*Rubus*) que alcanzan los 7 - 8 m de alto, Begoniaceae (*Begonia parviflora*), Melastomataceae (*Miconia, Brachyotum*), Solanaceae (*Larnax, Lycianthes* y *Solanum*) y Urticaceae (*Urera*). En tanto que, las hierbas están representadas por especies de las familias: Oxalidaceae (*Oxalis*), Loasaceae (*Klaprothia* y *Nasa*), Araceae (*Anthurium*), Scrophulariaceae (*Alonsoa*), Cucurbitaceae (*Psiguria*), Lamiaceae; muchas hierbas palustres de las familias Apiaceae (*Hydrocotyle*) y Cyperaceae (*Scleria* y *Rhynchospora*). Los helechos más abundantes pertenecen a Pteridaceae (*Pteris*), Aspleniaceae (*Asplenium*) y Woodsiaceae (*Diplazium*).

Bosque esclerófilo

Estrato arbóreo

Este tipo de bosque se ubica en la cima del cerro denominado La Cordillera, que corresponde a la parte más alta del camino a Nueva Mendoza y de allí a San Marcos y Soritor en Moyobamba (San Martín), se extiende desde los 2300 m hasta 2500 m de elevación. Se caracteriza por la presencia de árboles pequeños esclerófilos. El suelo es húmedo y en algunos lugares se torna pantanoso.

Los árboles alcanzan como máximo 10 m de alto y presentan abundancia y diversidad de Clusiaceae (*Clusia*). Asociadas a estas plantas crecen especies de: Araliaceae

(*Schefflera*), Cecropiaceae (*Pourouma*), Cunoniaceae (*Weinmannia*), Chloranthaceae (*Hedyosmum*) y Podocarpaceae (*Prumnopitys*). Helechos arborescentes de las familias: Dicksoniaceae (*Dicksonia*) y Cyatheaceae (*Cyathea*). Aunque los árboles no alcanzan gran altura, sobre sus ramas crecen epifitos de las familias: Araceae (*Anthurium* y *Philodendron*), Bromeliaceae (*Tillandsia, Guzmania* y *Racinaea*) y Orchidaceae (*Stelis* y *Pleurothallis*). Los helechos están representados por: Polypodiaceae (*Polypodium* y *Pecluma*), Dryopteridaceae (*Elaphoglossum*) e Hymenophyllaceae (*Hymenophyllum* y *Trichomanes*); además, crecen musgos de la familia Sphagnaceae (*Sphagnum*) y muchos líquenes. Muchos individuos de *Marcgravia* (Marcgraviaceae) en desarrollo, crecen sobre los troncos de los árboles y helechos del género *Salpichlaena* (Blechnaceae). Las especies hemiparásitas pertenecen a las familias: Loranthaceae (*Aetanthus* y *Struthanthus*) y Viscaceae (*Phoradendron* y *Dendrophthora*).

Estrato arbustivo

En el estrato arbustivo, existe diversidad de Ericaceae (*Cavendishia, Gaultheria, Vaccinium, Thibaudia* y *Sphyrospermum*), Loranthaceae (*Gaiadendron*) y Melastomataceae (*Tibouchina, Miconia* y *Brachyotum*), que alcanzan hasta 4 m de alto. Otras familias abundantes corresponden a Asteraceae (*Baccharis, Aristeguietia, Munnozia, Diplostephium* y *Piptocarpha*), Solanaceae (*Larnax, Solanum*), Rosaceae (*Rubus*), Rubiaceae (*Psychotria*) y Poaceae (*Chusquea*).

Estrato herbáceo

Las hierbas son abundantes, principalmenten de familias: Araceae (*Anthurium*), Bromeliaceae (*Pitcairnia*), Cyclanthaceae (*Asplundia*), Cyperaceae (*Eleocharis, Scleria*), Piperaceae (*Peperomia*), Eriocaulaceae (*Tonina*), Fabaceae (*Desmodium*), Orchidaceae (*Elleanthus* y *Epidendrum*), Oxalidaceae (*Oxalis*), Poaceae (*Cynodon*), Urticaceae (*Pilea*) y Xyridaceae. Algunas especies volubles de Dioscoreaceae (*Dioscorea*) y trepadoras de Cucurbitaceae y Passifloraceae (*Passiflora*). Los helechos con especies de: Lycopodiaceae (*Lycopodium* y *Lycopodiella*), Pteridaceae (*Pteris, Eriosorus*), Lomariopsidaceae (*Nephrolepis*), Gleicheniaceae (*Gleichenia*) y Dennstaedtiaceae (*Pteridium*) principalmente.

Bosque montano bajo 1200-1800 m

Esta formación aunque no está bien limitada del bosque montano, se encuentra más disturbado, debido a la acción antrópica. Se caracteriza por presentar mayor diversidad de Rubiaceae que el bosque montano. Esta situado en las partes bajas de Nueva Mendoza (Amazonas) y en los lugares de Ventana, Tonchimillo (El Dorado), Nueva Galilea, Nueva Jerusalen y parte alta de Selva Alegre en San Martín. El clima es templado a cálido y los pobladores han deforestado grandes áreas para sembrar principalmente café, dejando algunas especies arbóreas en sus cultivos.

Fig. 5-8. Macbrideina peruviana Standl. (Rubiaceae) es un representante de esta familia la más diversa de los bosques montanos. // Macbrideina peruviana Standl. (Rubiaceae). Foto V. Quipuscoa.

Se extiende desde los 1400 m hasta los 1900 m de elevación, corresponde a lugares empinados y superficies planas que se forman principalmente a los márgenes de los ríos. Las familias de plantas mejor representadas son: Rubiaceae (13%), Lauraceae (10%), Piperaceae (7%), Melastomataceae (6%), Fabaceae (5%), Moraceae y Araceae 4% cada una; Solanaceae y Arecaceae con 3% cada una y el 45% las demás familias. Resultados en base al total de angiospermas registradas en los transectos establecidos.

Estrato arbóreo

Las especies alcanzan los 30 - 35 m de alto y corresponde a especies de *Ficus* = renaco (Moraceae) que pueden alcanzar el dosel superior con 1,2 m de DAP, *Cedrelinga* = tornillo (Fabaceae) y especies de Lauraceae (*Nectandra* = moena o ishpingo, *Aniba* = urcomoena, *Endlicheria* = roble y *Ocotea* = moena), la más conspicua, cuyos individuos poseen de 0,2 - 0,5 m de DAP, dependiendo de la edad de los árboles y las especies.

La familia Rubiaceae es la más diversa con especies de los géneros: *Psychothria, Palicourea, Macbrideina* (Fig. 5-8), *Isertia, Cinchona, Elaeagia, Coussarea, Guettarda, Ladenbergia, Tocoyena* y *Bathysa*; los géneros *Psychothria* y *Palicourea* son los más diversos y abundantes en el bosque, los demás géneros están poco representados en estas áreas. Algunas especies alcanzan los 15 - 20 m de alto y son apreciados por la madera.

Otras familias diversas en especies son: Melastomataceae (*Miconia, Meriania* y *Bellucia*), Fabaceae (*Inga* = shimbillo), Myrsinaceae (Myrsine), Annonaceae (*Guatteria*), Euphorbiaceae (*Alchornea* y *Croton*), Myrtaceae (*Myrcianthes* = lanche), Anacardiaceae (*Toxicodendron*), Theophrastaceae (*Clavija* = limoncillo), Clusiaceae (*Clusia*), Cecropiaceae (*Cecropia, Coussapoa* = uvilla pequeña), Araliaceae (*Dendropanax* = uvilla grande), Buxaceae (*Styloceras*), Papaveraceae (*Bocconia integrifolia* = pinculo) y Cunoniaceae (*Weinmannia*). Algunas familias aunque no son abundantes forman parte de estos bosques, un grupo diverso pertenecen a las Arecaceae (palmeras) principalmente de los géneros: *Iriartea, Wettinia, Bactris* y *Oenocrapus*, que puede alcanzar hasta 15 m de alto, según sean las especies y en ciertas áreas forman sus propias comunidades. Los helechos arborescentes de *Cyathea* (Cyatheaceae) crecen hasta los 12 m de alto con muchas especies epifitas en sus tallos.

Muchas plantas epífitas crecen en las ramas de los árboles; las angiospermas son las más diversas y están representadas por las familias: Bromeliaceae (*Tillandsia, Racinaea* y *Guzmania*) las más abundantes, Araceae (*Anthurium*), Orchidaceae (*Pleurothallis, Telipogon* y *Stelis*), Piperaceae (*Peperomia*) y helechos de las familias: Hymenophyllaceae (*Hymenophyllum* y *Trichomanes*), Aspleniaceae (*Asplenium*), Polypodiaceae (*Campyloneurum, Polypodium, Pleopeltis, Microgramma, Micropolypodium* y *Enterosora*), Vittariaceae (*Vittaria* y *Radiovittaria*), Dryopteridaceae (*Elaphoglossum*) y Woodsiaceae (*Diplazium*). Existe abundancia de Briophyta (musgos y hepáticas) y líquenes (*Pseudociphellaria*). Las especies hemiepífitas pertenecen a: Araceae (*Philodendron*), Ericaceae (*Sphyrospermum*), Solanaceae (*Juanulloa*), Marcgraviaceae (*Marcgravia*) y Cyclanthaceae (*Asplundia*), y las hemiparásitas representadas por: Loranthaceae (*Oryctanthus, Psittacanthus* y *Aetanthus*) y Viscaceae (*Phoradendron* y *Dendrophthora*). Los bejucos o lianas poseen de 10 - 20 cm de DAP, la familia más diversa es Bignoniaceae, seguida de Smilacaceae (*Smilax*), Acanthaceae (*Mendoncia*), Fabaceae (*Bauhinia* = escalera de mono), Malpighiaceae (*Heteropterys* y *Banisteriopsis*), Rubiaceae, Sapindaceae y algunos helechos lianescentes (*Salpichlaena*, Blechnaceae).

Estrato arbustivo

Los arbustos no superan los 8 m de alto, con abundancia de Ericaceae (*Bejaria, Cavendishia, Vaccinium, Psammisia* y *Semiramisia*) y Piperaceae (*Piper*), algunas especies de Ericaceae son bejucos o crecen apoyados en otras plantas. Asociadas a las anteriores crecen las familias: Rubiaceae (*Psychotria, Palicourea* (Fig. 5-9), *Condaminea* y *Hamelia*), Gentianaceae (*Macrocarpaea* y *Symbolanthus*), Campanulaceae (*Centropogon* y *Siphocampylus*), Clusiaceae (*Clusia*), Melastomataceae (*Meriania, Miconia* y *Tibouchina*), Proteaceae (*Oreocallis*), Siparunaceae (*Siparuna*), Fabaceae

Fig. 5-9. *Palicuorea (Rubiaceae)* género muy diverso que forma parte de los bosques montanos de la zona. // *Palicuorea (Rubiaceae)* is a very diverse genus. Foto V. Quipuscoa.

(*Senna*), Euphorbiaceae (*Acalypha*), Arecaceae (*Geonoma, Chamaedorea, Hyospathe*) y Acanthaceae (*Sanchezia*). Varios arbustos sólo alcanzan los 2 m de alto, principalmente de las familias: Asteraceae (*Baccharis, Erato, Lycoseris, Oyedaea* y *Pentacalia*), Capparidaceae (*Podandrogyne* y *Cleome*), Gesneriaceae (*Besleria, Columnea* y *Drymonia*), Loasaceae (*klaprothia*), Poaceae (Chusquea), Araliaceae (*Schefflera*), Sapindaceae y Solanaceae (*Solanum, Larnax* y *Lycianthes*).

Estrato herbáceo

Cubriendo el suelo crecen especies de musgos (*Sphagnum* y *Polytrichadelphus*) y muchas especies con flores de las familias: Acanthaceae (*Justicia*), Apiaceae (*Hydrocotyle, Sanicula*), Asteraceae (*Munnozia, Polyanthina*), Araceae (*Anthurium* y *Xanthosoma*), Bromeliaceae (*Pitcairnia* y *Guzmania*) (Fig. 5-10), Cyclanthaceae (*Carludovica, Asplundia* y *Cyclanthus*), Fabaceae (*Desmodium*), Gesneriaceae (*Besleria, Seemannia, Pearcea* y *Gloxinia*), Heliconiaceae (*Heliconia*), Loasaceae (*Klaprothia*), Orchidaceae (*Elleanthus, Altensteinia*), Polygalaceae (*Polygala*), Piperaceae (*Peperomia*), Solanaceae (*Whiteringia, Larnax, Solanum, Physalis, Jaltomata* y *Darcyanthus*).

Muchas especies son trepadoras de las familias: Cucurbitaceae (*Gurania* y *Psiguria*), Passifloraceae (*Passiflora* =quijos y otras especies), Sapindaceae (*Urvillea*) y Vitaceae

Fig. 5-10. Guzmania (Bromeliaceae) género diverso que crece en el bosque montano bajo. // Guzmania (Bromeliaceae) is a diverse genus found in the lower montane forest. Foto V. Quipuscoa.

(*Cissus*). Otras son volubles principalmente especies de: Tropaeolaceae (*Tropaeolum*), Alstroemeriacea (*Bomarea*), Dioscoreaceae (*Dioscorea*), Menispermaceae (*Cissampelos*), Convolvulaceae (*Ipomoea*), Asclepiadaceae y varias especies escandentes de Asteraceae (*Mikania* y *Munnozia*).

Los helechos constituyen un grupo diverso y pertenecen a las familias: Aspleniaceae (*Asplenium*), Woodsiaceae (*Diplazium*), Lycopodiaceae (*Lycopodium, Lycopodiella* y *Huperzia*), Dennstaedtiaceae (*Lindsaea*), Dryopteridaceae (*Didymochlaena*), Pteridaceae (*Pteris*), Hymenophyllaceae (*Trichomanes*) y Blechnaceae (*Blechnum*).

Chontales

Los chontales se ubican en laderas y cima de los cerros. Las Arecaceae (palmeras) son las especies dominantes y abundantes, alcanzan los 12 - 15 m de alto. Están presentes los tres estratos con abundantes epífitos similares al del bosque que los rodea. En el departamento de San Martín (Ventana), *Wettinia* y *Oenocarpus* son los géneros más conspicuos y se encuentran asociados a *Hyospathe* y *Chamaedorea*. Se extienden en grandes áreas; pero, en la actualidad las poblaciones de palmeras han sido diezmadas, principalmente por la acción antrópica. En el departamento de Amazonas (El Dorado y Paitoja), *Iriartea* y *Bactris* son los géneros dominantes (Fig.

Fig. 5-11. Especies de Iriartea (Arecaceae) forman los chontales. // Iriartea species (Arecaceae) dominate the Chontales. Foto V. Quipuscoa.

5-11) están asociados a *Attalea* y *Geonoma*. Este último género es más diverso y dominante a mayores elevaciones.

Helechos arborescentes de Cyatheaceae (*Cyathea*) y Dicksoniaceae (*Dicksonia*), están asociados a estas comunidades y angiospermas de las familias: Lauraceae, Rubiaceae, Melastomataceae y Fabaceae principalmente. Los arbustos alcanzan los 5 - 7 m de alto, representados por las familias: Malpighiaceae, Ericaceae, Piperaceae, Melastomataceae y Solanaceae. Hemiepífitos de las familias: Gesneriaceae, Araceae, Marcgraviaceae, Gesneriaceae y Solanaceae. Muchas hierbas están asociadas, principalmente helechos, Solanaceae, Gesneriaceae y Orchidaceae (*Cranichis* y *Epidendrum*).

Bosque premontano (600-1200 m)

Este tipo de bosque está influenciado por factores climáticos y edáficos del bosque montano bajo y del bosque Tropical (selva baja). Tales condiciones han establecido una vegetación con características similares a ambas formaciones vegetales. La siembra de grandes extensiones de café, instalación de invernas, la cercanía a ciudades con importante movimiento comercial (Moyobamba y Rioja) y la presencia de carreteras y caminos, son las causas de la destrucción severa de la mayor parte de estos bosques. Aunque son pocas las extensiones con áreas de bosque maduro, la vegetación ha sido estructurada en base a los remanentes de bosque establecidos en lugares empinados, quebradas y márgenes de los ríos.

Se encuentran alrededor de los centros poblados de: Salas, Selva Alegre, Paitoja, La Unión, Alto Perú y San Marcos. Las familias de plantas mejor representadas son: Rubiaceae (12%), Lauraceae (10%), Fabaceae (7%), Piperaceae (6%), Melastomataceae (5%), Moraceae (4%), Arecaceae (3%) y el 53% las demás familias. Resultados en base al total de angiospermas registradas en los transectos establecidos.

Estrato arbóreo

En este estrato los árboles llegan a los 40 m en el dosel superior. Las especies más conspicuas pertenecen a las familias: Moraceae (*Ficus* = renaco, *Sorocea* y *Helicostylis*), Myristicaceae (*Virola* = cumala), Meliaceae (*Cedrela* = cedro, *Guarea* y *Trichilia*), Lauraceae (*Nectandra* = ishpingo, *Aniba* = moena, *Beilschmiedia, Endlicheria, Ocotea, Pleurothyrium* y *Rhodostemonodaphne*), Rhamnaceae (*Colubrina* = shayna), Myrtaceae (*Myrcianthes* = lanche y *Eugenia*), Fabaceae (*Inga* = shimbillo, *Erythrina, Swartzia, Senna* y *Cedrelinga* = tornillo), Bignoniaceae (*Jacaranda*), Melastomataceae (*Bellucia* = níspero, *Miconia, Blakea* y *Graffenrieda*), Tiliaceae (*Apeiba* = Peine de mono, *Heliocarpus americanus* = llausaquiro), Chrysobalanaceae (*Couepia* = parinari), Ulmaceae (*Trema micrantha* = atadijo), Euphorbiaceae (*Croton* = sangre de grado, *Sapium, Alchornea triplinervia*), Quiinaceae (*Lacunaria*), Olacaceae (*Heisteria*) y Lecythidaceae (*Eschweilera*).

Rubiaceae al igual que en las anteriores formaciones es la más diversa. Los géneros *Psychothria* y *Palicourea* contienen la mayoría de especies. *Macbrideina, Isertia, Cinchona, Coussarea, Guettarda, Ladenbergia, Tocoyena* y *Bathysa* alcanzan alturas entre los 15 - 20 m y forman parte de la diversidad del bosque montano bajo y algunos géneros con el bosque tropical. Aunque no alcanzan el dosel superior, las familias: Araliaceae (*Schefflera*), Apocynaceae (*Himatanthus* y *Tabernaemontana*), Cecropiaceae (*Cecropia* = cetico y *Pourouma*) Caricaceae (*Vasconcellea* = papailla), Clusiaceae (*Clusia*), Annonaceae (*Guatteria*), Flacourtiaceae (*Casearia*), Malpighiaceae (*Byrsonima* = indano), Verbenaceae (*Aegiphila*), Siparunaceae (*Siparuna*) y Actinidaceae (*Saurauia*), alcanzan los 8 - 12 m de alto, familias con especies en ambas formaciones adyacentes.

Las palmeras (Arecaceae) alcanzan los 10 - 12 m de alto y están representadas por los géneros: *Iriartea* = pona, *Astrocaryum* = chonta, *Bactris, Oenocarpus, Socratea, Attalea, Hyospathe* y *Chamaedorea*. Helechos arborescentes de Cyatheaceae (*Cyathea*) alcanzan alturas similares a muchas palmeras y los tallos están cubiertos por muchos epífitos.

Los epífitos pertenecen a las familias: Araceae (*Anthurium* y *Philodendron*), Bro-

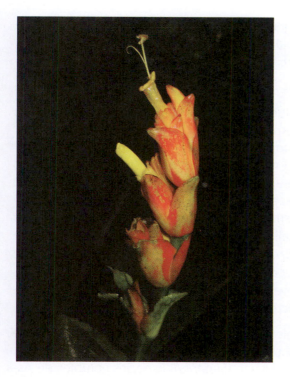

Fig. 5-12. Sanchezia (Acanthaceae) es un género diverso del bosque montano bajo y bosque premontano. // Sanchezia (Acanthaceae) is a diverse genus of lower montane forest and pre-montane forest. Foto V. Quipuscoa.

meliaceae (*Guzmania, Tillandsia, Racinaea* y *Vriesea*), Orquidaceae (*Odontoglossum, Epidendrum, Pleurothallis, Encyclia, Comparettia, Telipogon, Maxillaria* y *Oncidium*), Piperaceae (*Peperomia*). Los helechos son abundantes y están representados por las familias: Aspleniaceae (*Asplenium*), Woodsiaceae (*Diplazium*), Tectariaceae (*Tectaria*), Dryopteridaceae (*Elaphoglossum* y *Polybotrya*), Lomariopsidaceae (*Nephrolepis*), Vittariaceae (*Vittaria*), Marattiaceae (*Danaea*) y Polypodiaceae (*Niphidium, Campyloneurum* y *Micropolypodium*). Hemiepífitos de las familias: Rubiaceae (*Hillia*), Gesneriaceae (*Drymonia* y *Columnea*), Marcgraviaceae (*Marcgravia*), Solanaceae (*Juanulloa*) y helechos del género *Salpichlaena* (Blechnaceae). *Phoradendron* (Viscaceae) es el género representante de plantas hemiparásitas.

Estrato arbustivo

Las plantas alcanzan los 5 m de alto como promedio, algunas especies llegan hasta los 8 m, sobre todo cuando crecen cercanas a fuentes de agua, ya sea a los lados de quebradas o al borde de los ríos. Posee predominancia de las familias: Melastomataceae (*Clidemia, Miconia, Tibouchina, Meriania* y *Leandra*), muchas especies de Piperaceae (*Piper*), Rubiaceae (*Palicourea, Psychotria* y *Hamelia*), Solanaceae (*Juanulloa*), Tiliaceae (*Triumfetta*), Euphorbiaceae (*Acalypha* y *Phyllanthus*), Araliaceae (*Schefflera*), Asteraceae (*Liabum, Munnozia, Piptocarpha, Baccharis, Vernonanthura* y *Cyrtocymura*), Acanthaceae (*Pachystachys* y *Sanchezia* (Fig. 5-12), Begoniaceae

(*Begonia parviflora* = chulco), Campanulaceae (*Centropogon*), Gentianaceae (*Macrocarpaea*), Gesneriaceae (*Besleria*), Solanaceae (*Solanum, Lycianthes* y *Larnax*) y Urticaceae (*Urera caracasana* = ishanga).

Estrato herbáceo

Las hierbas son predominantes en lugares húmedos, aunque existen muchas especies introducidas debido a la disturbancia de los bosques. Las familias mejor representadas son: Heliconiaceae (*Heliconia*), Zingiberaceae (*Renealmia*) y Costaceae (*Costus*), geófitos que alcanzan los 2 - 3 m de alto; otras angiospermas pertenecen a: Acanthaceae (*Justicia* y *Ruellia*), Amaranthaceae (*Iresine* y *Achyranthes*), Araceae (*Anthurium* y *Xanthosoma*), Commelinaceae (*Tradescantia*), Cyclanthaceae (*Asplundia*), Cyperaceae (*Scleria*), Fabaceae (*Desmodium*), Gesneriaceae (*Pearcea, Gloxinia* y *Seemannia*), Loasaceae (*Klaprothia*), Oxalidaceae (*Oxalis* = chulco morado), Poaceae (*Paspalum, Ichnanthus, Lasiacis, Olyra, Orthoclada* y *Pseudechinolaena*), Orchidaceae (*Cyclopogon* y *Cranichis*), Piperaceae (*Peperomia*), Rubiaceae (*Geophila*), Solanaceae (*Witheringia, Physalis, Jaltomata* y *Browalia*) y helechos de las familias: Thelypteridaceae (*Thelypteris*), Polypodiaceae (*Microgramma*) y Selaginellaceae (*Selaginella*).

Bejucos o lianas crecen sobre los árboles, representados por las familias: Fabaceae (*Mucuna* = soguilla), Malpighiaceae (*Heteropterys, Stigmaphyllon* y *Mascagnia*), Asteraceae (*Mikania* y *Munnozia*), Sapindaceae (*Serjania*). Especies volubles de Asclepiadaceae, Convolvulaceae (*Ipomoea*), Dioscoreaceae (*Dioscorea*), Valerianaceae (*Valeriana*) y trepadoras como: Cucurbitaceae (*Gurania* y *Psiguria*), Vitaceae (*Cissus*) y Passifloraceae (*Passiflora*).

Vegetación modificada por el homre

Los bosques de la cuenca de Tonchimilio y Rodríguez de Mendoza fueron utilizados por el hombre por cientos de años atrás. En los últimos años la migración y el reordenamiento de los asentamientos humanos, de muchos lugares del norte del Perú, hacia la ceja de selva, ha modificado el paisaje, al establecer pueblos para dedicarse a la agricultura, ganadería y extracción de madera.

Chacras y huertas

Los pobladores de estas cuencas usan gran parte de los bosques premontano, montano bajo y montano, para sus prácticas agrícolas. Los cultivos no dependen del agua de los ríos o quebradas para su regadío, el agua de la lluvia es suficiente para sus prácticas agrícolas. Los cultivos se realizan con la agricultura de quema y rozo, para establecer cultivos anuales, bianuales o de ciclo intermedio, y perennes como el café y frutales.

Las chacras son delimitadas (cercadas) con árboles que siembran o dejan crecer. De esta manera establecen cercos vivos; éstos sirven para indicar la propiedad, proteger los cultivos de animales mayores y para dar sombra a las especies cultivadas.

Las especies seleccionadas para cercar las chacras, poseen espinas, pelos híspidos (rígidos y punzantes), sustancias irritantes o tallos bien ramificados y de gran altura. Estas especies en su mayoría son constituyentes del bosque maduro como: Meliaceae (*Cedrela* = cedro), Fabaceae (*Inga* = shimbillo y *Erythrina* = pajul o pajuro), Lauraceae (*Nectandra* = ishpingo y *Ocotea* = moena), Solanaceae (*Cestrum* sp. = hierba hedionda y *Solanum* sp.), Anacardiaceae (*Toxicodendron* = itil), Urticaceae (*Urera* = ishanga), Malvaceae (*Bellucia* sp. = níspero), Myristicaceae (*Virola* = cumala), Arecaceae (*Bactris* sp. = pona) y Euphorbiaceae (*Croton* sp. = sangre de grado). Algunas especies han sido introducidas a estos ecosistemas para tales fines como especies de: Euphorbiaceae (*Euphorbia cotinifolia*), Solanaceae (*Acnistus arborescens*), Agavaceae (*Agave* = penca y *Furcraea* = cabuya) y Malvaceae (*Malvaviscus penduliflorus* = malva).

En la actualidad la práctica de cercos vivos esta reemplazándose por el uso de "alambre de púas". El alambre es adquirido en las ciudades y conducido hasta el campo, donde es colocado en postes de madera dura y resistente a la humedad.

Cultivos perennes

Los cultivos perennes no se siembran cada ciclo agrícola y normalmente tienen una vida útil después de sembrados por varios años, pudiendo llegar a tiempos verdaderamente largos. Estos cultivos tienen la propiedad de florecer periódicamente y producir frutos, excepcionalmente producen en forma permanente. Están constituidos principalmente por especies leñosas y son llamados también de vida larga. Ocupan menor espacio con respecto a otros tipos de cultivo y están asociados a pobladores que han fijado su permanencia en estos lugares.

El Café (*Coffea arabica*, Rubiaceae), es el principal cultivo. La mayor parte del bosque está modificado para sembrar café. En la mayoría de casos, luego de establecer este cultivo, siembran árboles o mantienen el brote de plantas arbóreas para darles sombra. Las especies elegidas son de rápido crecimiento y de copa ancha. Pertenecen por lo general a especies de *Inga* = shimbillo (Fabaceae), *Nectandra* = ishpingo y *Ocotea* = moena (Lauraceae), *Rollinia mucosa* = anona (Annonaceae) y *Heliocarpus americanus* = llausaquiro (Tiliaceae). En algunos casos siembran café en el bosque ligeramente disturbado, es decir, dejan los árboles altos y frondosos, pero cortan los arbustos y especies de menor altura. Son pocos los cultivos de café que están expuestos sin protección de los árboles.

Los frutales se cultivan en huertos, asociados entre sí. La mayor diversidad y cantidad se han establecido en el bosque premontano y montano bajo, las condiciones de estas zonas, son propicias para establecer frutales. Por arriba de estas formaciones, disminuye la producción y la diversidad de especies cultivadas, pero la mayoría de huertos poseen el 80% de similitud. Los principales frutales de climas cálidos pertenecen a las familias: Rutaceae (*Citrus aurantium* = naranja, *C. aurantifolia*

= lima y *C. limon* = limón), Annonaceae (*Annona muricata* = guanábana, *Rollinia mucosa* = anona), Arecaceae (*Cocos nucifera* = coco), Anacardiaceae (*Mangifera indica* = mango), Sapotaceae (*Pouteria lucuma* = lúcuma). Otras son de clima templado o pueden aclimatarse a elevaciones mayor a los 1800 m, principalmente de las familias: Passifloraceae (*Passiflora ligularis* = granadilla), Myrtaceae (*Psidium guajava* = guayaba), Rosaceae (*Malus domestica* = manzana), Lauraceae (*Persea americana* = palta), Rutaceae (*Citrus reticulata* = mandarina)

Algunos cultivos son de ciclo intermedio, éstos poseen una vida útil por más de dos años, pero no pasan los cinco. Muchas de estas especies se propagan vegetativamente, ya sea a través de esquejes o hijuelos que nacen alrededor de la planta principal como: Musaceae (*Musa acuminata* = plátano), Vitaceae (*Vitis vinifera* = uva), Poaceae (*Saccharum officinarum* = caña de azúcar), Bromeliaceae (*Ananas comosus* = piña), Araceae (*Colocasia esculenta* = michuca), Convolvulaceae (*Ipomoea batatas* = camote), Asteraceae (*Smallanthus sonchifolius* = yacón) y Euphorbiaceae (*Manihot esculenta* = yuca) y otras a través de semillas como: Caricaceae (*Carica papaya* = papaya), Passifloraceae (*Passiflora edulis* = maracuyá), Solanaceae (*Solanum quitense* = chile o naranjilla, *Solanum sessiliflorum* = cocona), Fabaceae (*Phaseolus vulgaris* = Frejol toda la vida y *Lupinus mutabilis* = tarwi), Cucurbitaceae (*Sechium edule* = caigua) y Euphorbiaceae (*Plukenetia volubilis* = sacha inchi).

Cultivos anuales
Son plantas herbáceas de ciclo corto y las especies viven por un tiempo menor a un año; generalmente desde los 2 hasta los 6 meses. Pasado este tiempo, las plantas luego de producir frutos se secan y solamente las semillas sirven para otra siembra. Posterior a la tala del bosque, las especies anuales son las primeras que se cultivan, si el suelo aun continúa fértil, entonces prosiguen con cultivos de ciclo intermedio y después con los perennes. Cuando las cosechas no son de buena calidad, se abandonan estas tierras para deforestar otras áreas. No existen grandes áreas con estos cultivos y a este grupo pertenecen las hortalizas, muchas gramíneas (Poaceae), legunimosas (Fabaceae), Cucurbitaceae, entre otras.

Huertas
En áreas pequeñas realizan por lo general policultivos, los pobladores forman huertas para abastecerse de productos de uso diario. En ellas cultivan muchas especies principalmente alimenticias, medicinales y ornamentales. La mayoría son herbáceas están asociadas a algunas leñosas.

En la cuenca de Tonchimilio es común el policultivo de especies alimenticias como: *Solanum quitense* (chile o naranjilla), *Allium fistulosum* (cebolla china), *Solanum betaceum* (berenjena), *Cyclanthera pedata* (caigua), *Solanum sessiliflorum* (cocona), *Coriandrum sativum* (culantro), *Passiflora ligularis* (granadilla), *Psidium guajava* (guayaba), *Citrus limon* (limón) y *Solanum esculentum* (tomate); especies medicinales de

Alternanthera sp. (lancetilla), *Cichorium intybus* (achicoria), *Iresine herbstii* (cachurro), *Foeniculum vulgare* (anís grande o hinojo), *Plantago major* (llantén), *Matricaria recutita* (manzanilla), *Aloe vera* (Sábila), *Cedrela* sp. (cedro) y *Eucalyptus globulus* (Eucalipto), asociadas a ornamentales como: *Malvaviscus penduliflorus* (malva), *Hibiscus rosa-sinensis* (cucarda), *Pelargonium roseum* (geranio) y varias especies de Orchidaceae.

Para la zona de Rodríguez de Mendoza, los principales policultivos contienen plantas alimenticias de *Allium fistulosum* (cebolla china), *Capsicum pubescens* (rocoto), *Petroselinum crispum* (perejil), *Solanum sessiliflorum* (cocona) y *Passiflora ligularis* (granadilla), con especies medicinales de *Cestrum auriculatum* (hierba santa), *Origanum vulgare* (orégano), *Mentha spicata* (hierba buena) y *Cymbopogon citratus* (hierba Luisa), las que están asociadas a ornamentales de *Agapanthus* umbellatus, *Brugmansia arborea* (floripondio), *Dianthus caryophyllus* (clavel), *Hibiscus rosa-sinensis* (cucarda), *Gladiolus communis* (gladiolo), *Pelargonium roseum* (geranio) y *Zantedeschia aethiopica* (cartucho).

Invernas

Corresponde a pasturas, donde los terrenos se encuentran cultivados con pastos o especies forrajeras. Se usa para crianza continua de ganado vacuno y equino (caballos, mulas y asnos) principalmente. En algunos casos las invernas se alquilan para alimentar la recua (animales de carga) de viajeros o comerciantes. Para alimentar animales menores (cuyes), se realiza cosecha de corte diariamente del pasto, principalmente de Poaceae (*Lolium multiflorum* = reygrass y *Panicum scoparius* = gramalote y *Pennisetum purpureum* = pasto elefante).

Existen invernas con predominancia de algún pasto, otras con mezcla de algunas especies. Sin embargo, las invernas establecidas por varios años son las que poseen mayor cantidad de especies, incluyendo malezas, debido a que no se realiza mantenimiento de las pasturas.

Las invernas por lo general son poco productivas y son de corta duración; la práctica del libre pastoreo es la causa del mayor daño a las invernas. En lugares como la Punta de Carretera (Lejía), recomiendan no cortar totalmente los árboles y cultivar pastos bajo la sombra que estas especies proveen. Cuando la deforestación es completa, con el pasar del tiempo, las fuertes lluvias causan erosión e infertilidad de los suelos. Por eso mantienen los árboles grandes y frondosos de las familias: Euphorbiaceae (*Croton*), Fabaceae (*Inga*), Lauraceae (*Nectandra*) y Rubiaceae para establecer una inverna. De ésta manera, el periodo para establecer el cultivo de pastos dura dos años, no así cuando se establece en áreas totalmente deforestadas, donde la inverna es productiva al año después de la siembra.

Los principales pastos pertenecen a las familias: Poaceaea (*Pennisetum clandestinum* = grama azul, *Pennisetum purpureum* = pasto elefante y *Brachiaria* = brecaria, *Setaria* sp. =paja mona, *Paspalum* = nudillo, *Brachiaria brizantha* = brisanta y *Lolium multiflorum* = reygrass), Asteraceae (*Philoglossa mimuloides* = agashul), Fabaceae (*Trifolium* spp. =trébol) y Commelinaceae (*Commelina* sp. = ñul).

Vegetación secundaria y lugares deforestados

La mayor deforestación e intervención de los bosques corresponde al bosque pre-montano y montano bajo, donde se han establecido los asentamientos humanos. Gran parte de bosques secundarios pertenecen a purmas que se ubican en las laderas de los cerros. La vegetación arbustiva y herbácea se ha establecido principalmente a los márgenes de ríos.

La modificación de los bosques posee muchas causas, entre ellas: La tala excesiva para establecer cultivos, invernas, extracción de madera, construcción de carreteras y en algunos casos la costumbre de algunos pobladores de quemar la vegetación en las partes altas de los cerros pensando que esa actividad genera precipitaciones, cuando la época de sequía se prolonga.

La extracción de madera con fines comerciales, es cada vez más severa, ya sea por los pobladores o empresas que tienen concesiones de grandes áreas. Esta actividad está acompañada con la construcción de carretas y por tanto con la migración de la gente. Llewelyn Williams de Field Museum en los años 1929-1930 (Williams 1936) realizó exploraciones botánicas centradas en especies maderables económicamente importantes para la construcción. En ellas menciona que Swietenia macrophylla (caoba peruana) era muy frecuente. Sin embargo en colecciones realizadas por Dillon & Sánchez desde 1996-2001 en estas áreas, no ha encontrado un solo individuo de esta especie en el Alto Mayo, mencionado antes. Todo esto es una clara muestra de la destrucción severa de los bosques.

Actualmente se pueden encontrar herbazales, shapumbales (chozales), vegetación secundaria arbustiva y purmas, tanto en la cuenca del río Tonchimilio como el área de Rodríguez de Mendoza.

Herbazales

Son áreas cubiertas de hierbas, con algunos arbustos dispersos. Se forman a partir de cultivos o invernas abandonadas por su baja productividad. Se desarrollan en lugares húmedos o al margen de los ríos, sobretodo en lugares planos o poco inclinados.

Este tipo de formación posee vida corta de 2 – 4 años, con el tiempo los arbustos se vuelven más densos y dominantes. Las familias mejor representadas corresponde a: Poaceae (32%), Asteraceae (30%), Cyperaceae (12%), Rubiaceae (5%) y otras familias (21%).

Los herbazales constituyen la modificación más conspicua del paisaje en estas áreas.

Se considera la primera fase de la sucesión de comunidades de plantas y se forman luego de la deforestación y uso intensivo de los suelos, los cuales son abandonados cuando se vuelven improductivos. La vegetación está constituida generalmente por especies introducidas o invasoras, que escapan a los cultivos o permanecen en estos terrenos luego de ser abandonados.

Entre los principales componentes destacan las familias: Poaceae (*Paspalum, Setaria, Chloris, Brachiaria, Eleusine, Pennisetum* y *Lolium*), Asteraceae (*Ageratum, Pseudoelephantopus, Conyza, Erechtites, Galinsoga, Bidens, Sonchus* y *Taraxacum*), Cyperaceae (*Cyperus, Eleocharis, Killinga* y *Rhynchospora*), Rubiaceae (*Richardia, Spermacoce* y *Galium*), Solanaceae (*Solanum*), Lamiaceae (*Hyptis*), Orchidaceae (*Cranichis*), Gesneriacae (*Seemannia*) y Verbenaceae (*Verbena*).

Shapumbales o chozales

Los shapumbales o chozales se forman por la proliferación de *Pteridium aquilinum* = shapumba o choz (Dennstaedtiaceae), en campos degradados y abandonados. En las vertientes occidentales del norte y centro de Perú, son llamados garadales o pteridiales. En el Perú se considera una planta invasora difícil de erradicar; sin embrago, en países del oriente, las hojas y rizomas son usadas en la alimentación, como medicinales o comerciales.

La shapumba es un helecho con rizomas desarrollados, las hojas (frondas) alcanzan los 2 - 3 m de longitud. Esta especie es cosmopolita y sólo falta en los polos y en zonas desérticas. Es una especie que soporta las variaciones climáticas, edáficas y carece de depredadores. Se aclimata fácilmente a cualquier ambiente, desarrolla una amplia cobertura debido a su rápido desarrollo y propagación. Es resistente a los incendios o quema de rozos en la preparación de campos de cultivo.

Es una especie que se encuentra en casi todos los lugares disturbados de la cuenca de Tonchimilio y de Rodríguez de Mendoza. Aunque es dominante, algunas especies están asociadas formando parte del shapumbal, principalmente Asteraceae, Lamiaceae, Fabaceae, Melastomataceae, Piperaceae, Rubiaceae, Malvaceae y Verbenaceae.

Los suelos ocupados por esta vegetación no son incorporados rápidamente a la agricultura. A la pobreza del suelo se añade la acidificación provocada por la quema periódica de estos ambientes. A medida que pasa el tiempo y los arbustos van creciendo, los árboles pueden iniciar lentamente la formación de una purma.

Vegetación secundaria arbustiva

La vegetación secundaria arbustiva constituye la segunda fase en la sucesión de comunidades de plantas y se forma a partir de un herbazal o de un chozal. En algunos casos se forma directamente de cultivos abandonados o áreas deforestadas abandonas. Puede permanecer por 4 - 6 años, si no es alterado, aparecen especies arbóreas que continúan su crecimiento hasta formar las purmas. Se ubica cerca a ríos, quebradas y en lugares cercanos a los centros poblados.

Está conformado por arbustos introducidos y arbustos que forman parte del bosque maduro y están asociados a hierbas y árboles dispersos. La composición florística depende de la elevación y lugares donde se han establecido. Desde Tambo de Laurel hacia Posic a 1890 m de elevación se ubica a manera de isla dentro del bosque, la formación arbustiva con predominancia de Asteraceae (*Baccharis genistelloides* = karkeja y *Baccharis* sp. = chilca), asociados a Melastomataceae (*Meriania* y *Brachiotum*), Malvaceae (*Sida*) y Lamiaceae (*Scutellaria*). Las hierbas predominates corresponden a Poaceae (*Andropogon* y *Setaria*), Orchidaceae (*Epidendrum* y *Elleanthus*), Piperaceae (*Oxalis*), Lomariopsidaceae (*Nephrolepis*), Dryopteridaceae (*Elaphoglossum*) y Dennstaedtiaceae (*Pteridium aquilinum* = shapumba).

En lugares de la cuenca de Tonchimilio son predominante las familias: Asteraceae (*Baccharis* sp. = chilca, *Vernonanthura patens* = palo de agua, *Aequatorium*, *Pentacalia* y *Verbesina*), Piperaceae (*Piper* sp. = matico), Solanaceae (*Solanum*), Fabaceae (*Inga* y *Erythrina*) y Melastomataceae (*Miconia* y *Tibouchina*) (Fig. 5-13). Las hierbas con predominancia de: Poaceae (*Setaria*, *Brachiaria*, *Eleusine* y *Pennisetum*), Rubiaceae (*Richardia*) y *Pteridium aquilinum* = choz.

Fig. 5-13. Tibouchina (Melastomataceae) es uno de los géneros de esta familia que forma parte del bosque montano y vegetación arbustiva secundaria // Tibouchina (Melastomataceae) is and secondary shrub found in the montane forest. Foto V. Quipuscoa.

Purmas

Este tipo de vegetación corresponde a bosques secundarios y por lo general poseen de 8- 12 años de vida. Es el precedente para la recuperación de los bosques maduros, en tanto, no sean alterados. Las purmas dependiendo de la edad, poseen características de bosque maduro, está constituído por tres estratos, pero con menor diversidad de epifitos y lianas. Las especies de fácil germinación y de rápido desarrollo son las dominantes y de acuerdo a estas características, las purmas reciben el nombre de cecropiales, atadijales y renacales. Muchas de éstas poseen una estructura semejante a las purmas del valle de Los Chilchos, con algunas diferencias en la composición florísitica (Schjellerup et al. 2005).

Los cecropiales poseen dominancia de la familia Cecropiaceae (*Cecropia* = cetico, *Coussapoa* = higuerón y *Pourouma*), seguida de *Heliocarpus americanus* = llausa (Tiliaceae), en algunos casos la llausa supera en abundacia a Cecropiaceae. Están presentes los tres estratos, pero los árboles son los más abundantes y dominantes, los más altos alcanzan los 12 - 15 m de alto, con 18 - 22 cm de DAP y se forman desde los 800 m hasta los 2000 m de elevación.

Los árboles acompañantes pertenecen a las familias: Chloranthaceae (*Hedyosmum*), Euphorbiaceae (*Alchornea triplinervia* y *Sapium*), Fabaceae (*Inga*), Moraceae (*Ficus*), Solanaceae (*Solanum*), Anacardiaceae (*Toxicodendron* = itil), Ulmaceae (*Trema*) y helechos arborescentes de *Cyathea* (Cyatheaceae). Sobre estos árboles crecen helechos epífitos de los géneros *Asplenium* (Aspleniaceae) y *Diplazium* (Woodsiaceae), y hemiepífitos de las familias Gesneriaceae (*Drymonia*) y Solanaceae (*Solanum*).

En el estrato arbustivo *Miconia* y *Clidemia* (Melastomataceae) son los dominantes y están asociados a las familias: Asteraceae (*Vernonanthura* y *Erato*), Rubiaceae (*Psychotria*), Solanaceae (*Lycianthes*), Begoniaceae (*Begonia parviflora*), Araliaceae (*Schefflera*), Piperaceae (*Piper*), Rubiaceae (*Palicourea*), Poaceae (*Chusquea*) y Urticaceae (*Urera*).

Las hierbas representadas por: *Heliconia* (Heliconiaceae) *Anthurium* (Araceae), *Ichnanthus nemorosus* (Poaceae), *Renealmia* (Zingiberaceae), *Pteris* (Pteridaceae), *Tradescantia* (Commelinaceae), *Bomarea* (Alstroemeriaceae), *Passiflora nitida* = quijos (Passifloraceae) y Asteraceae con los géneros *Mikania* y *Munnozia*.

En el bosque montano de Rodríguez de Mendoza (Posic), las purmas de 12 - 14 años de vida, se han formado por la disturbancia del bosque para sembrar café. A estas elevaciones los cultivos de café no prosperan y por tanto, los terrenos abandonados se transforman en purmas que alcanzan los 25 m de alto. La especie dominante corresponde a *Heliocarpus americanus* = llausa (Tiliaceae) con 0,20 - 0,40 m de DAP. El llausal posee muchas especies de árboles de menor altura de las familias: Moraceae (*Ficus*) de 10 - 12 m de alto, Ulmaceae (*Trema*) de 8 - 12 m de alto, y 0,2 m de DAP; Anacardiaceae, Lauraceae (*Nectandra* y *Persea*), Fabaceae (*Inga*), Cecropiaceae (*Ce-*

cropia), Clusiaceae (*Clusia*), Euphorbiaceae (*Alchornea triplinervia, Croton* = sangre de grado y *Sapium*), Papaveraceae (*Bocconia integrifolia* = pincullo), Asteraceae (*Pollalesta*) y Myrtaceae; helechos arborescentes del género *Cyathea* (Cyatheaceae).

Los epífitos son mas diversos en este tipo purma y está conformado por especies de las familias: Araceae (*Anthurium* y *Philodendron*), Polypodiaceae (*Polypodium* y *Campyloneurum*), Lomariopsidaceae (*Nephrolepis pectinata*), Dryopteridaceae (*Elaphoglossum*), Aspleniaceae (*Asplenium*) y Woodsiaceae (*Diplazium*). Los hemiepífitos representados por: Marcgraviaceae (*Marcgravia*), Cyclanthaceae (*Thoracocarpus* y *Asplundia*), Blechnaceae (*Salpichlaena*), Gesneriaceae (*Drymonia*); hemiparásitas del género *Phoradendron* (Viscaceae) y lianas o bejucos de las familias: Acanthaceae (*Mendoncia*), Smilacaceae (*Smilax*), Apocynaceae, Bignoniaceae y Sapindaceae.

El estrato arbustivo con individuos dispersos de las familias: Euphorbiaceae (*Acalypha*), Campanulaceae (*Centropogon*), Melastomataceae (*Miconia*), Piperaceae (*Piper*), Siparunaceae (*Siparuna*), Solanaceae (*Solanum* y *Lycianthes*), Rubiaceae (*Psychotria*), Urticaceae (*Urera*), Arecaceae (*Geonoma)* (Fig. 5-14), Poaceae (*Chusquea*) y Asteraceae (*Aequatorium* y *Baccharis*).

Las hierbas están poco desarrolladas, pero crecen mejor en lugares abiertos y alrededor de la purma. Las familias mejor representadas son: Poaceae (*Ichnanthus*), Asteraceae (*Philoglossa, Acmella* y *Siegesbeckia*), Orchidaceae (*Altensteinia*), Piperaceae (*Peperomia*), Commelinaceae (*Tradescantia*), Costaceae (*Costus*), Heliconiaceae (*Heliconia*), Zingiberaceae (*Renealmia*), algunas hierbas volubles (*Dioscorea* y *Valeriana*) y helechos de las familias Dennstaedtiaceae (*Pteridium aquilinum* = shapumba) y Pteridaceae (*Pteris*).

Los atadijales o tremales están constituidos principalmente por *Trema micrantha* = atadijo (Ulmaceae) como especie dominante. Alcanzan los 12 - 15 m en el dosel superior y permanecen por largos periodos de tiempo. Se ubican cerca a los bosques maduros y en lugares inclinados. Poseen dentro de su estructura muchas especies de las demás purmas con predominancia de las familias: Tiliaceae (*Heliocarpus americanus* = llausa), Lauraceae (*Nectandra* = ishpingo), Melastomataceae (*Miconia*), Rubiaceae (*Palicourea* y *Psychothria*), Fabaceae (*Inga*), Euphorbiaceae (*Alchornea* y *Sapium*) y en forma dispersa especies de *Cyathea* (Cyatheaceae). Los demás estratos de similiar composición a otras purmas.

Los renacales contienen predominancia de muchas especies de *Ficus* = renaco o higuerón (Moraceae). Estos se desarrollan mejor en el bosque premontano, donde alcanzan los 14 - 17 m de alto, con 0,30 - 0,70 m de DAP. Posee mayor diversidad en todos los estratos que las otras purmas y contiene mayor cantidad de epífitos y lianas. Son los de mayor duración y en bosques tropicales llegan a constituirse en bosque maduro.

El estrato arbóreo está representado por las familias: Annonaceae (*Guatteria*),

Fig. 5-14. Especies de Geonoma (Arecaceae) forma parte de los chontales de las partes altas y vegetación secundaria (purmas). // Geonoma Species (Arecaceae) is part of the Chontales. Foto V. Quipuscoa.

Caricaceae (*Vasconcellea*), Cecropiaceae (*Cecropia* y *Coussapoa*), Clusiaceae (*Clusia*), Euphorbiaceae (*Alchornea*), Fabaceae (*Inga*), Lauraceae (*Nectandra*), Meliaceae (*Cedrela*), Theophrastaceae (*Clavija*), Tiliaceae (*Heliocarpus americanus* = llausa) y Ulmaceae (*Trema micrantha* = atadijo); palmeras de los géneros *Attalea* y *Bactris*, y helechos de la familia Cyatheaceae (*Cyathea*).

Se observa muchas especies epífitas principalmente de las familias: Araceae (*Anthurium* y *Philodendron*), Orchidaceae (*Stelis* y *Pleurothallis*). Los helechos son diversos y abundantes, principalmente de las familias: Polypodiaceae (*Campyloneurum* y *Polypodium*), Hymenophyllaceae (*Trichomanes*), Aspleniaceae (*Asplenium*), Woodsiaceae (*Diplazium*) y Dryopteridaceae (*Elaphoglossum*). Los hemiepífitos están representados por Marcgraviaceae (*Marcgravia*) y Solanaceae (*Juanulloa*), las lianas o bejucos por Apocynaceae, Asteraceae (*Mikania*), Sapindaceae y Blechnaceae (*Salpichlaena*).

Los arbustos alcanzan los 5 - 6 m de alto con especies bien desarrolladas de Asteraceae (*Vernonanthura patens* = palo de agua), Begoniaceae (*Begonia parviflora*), Campanulaceae (*Centropogon*), Arecaceae (*Geonoma*), Euphorbiaceae (*Acalypha*), Melastomataceae (*Miconia*), Araliaceae (*Schefflera*), Piperaceae (*Piper*), Rubiaceae (*Psychotria, Palicourea*), Poaceae (*Chusquea*), Siparunaceae (*Siparuna*), Solanaceae (*Solanum, Lycianthes* y *Capsicum*) y Urticaceae (*Urera*).

Las hierbas cubren gran parte del suelo y pertenecen a las familias: Araceae

(*Anthurium* y *Monstera*), Commelinaceae (*Commelina* y *Dichorisandra*), Costaceae (*Costus*), Cyclanthaceae (*Cyclanthus bipartitus*), Heliconiaceae (*Heliconia*), Piperaceae (*Peperomia*), Poaceae (*Ichnanthus*), Zingiberaceae (*Renealmia*), hierbas trepadoras de Cucurbitaceae (*Psiguria*), volubles como Dioscoreaceae (*Dioscorea*) y helechos de la familia Pteridaceae (*Pteris*).

La Etnobotánica

Uso de recursos en la cuenca del río Tonchimilio y R. de Mendoza

En las dos cuencas los pobladores usan aproximadamente 355 especies de plantas, de las cuales 87 (25%) son plantas alimenticias cultivadas, 67 (19%) usadas en la construcción, confección de muebles, herramientas, artesanías, utensilios y para leña, 148 (42%) como medicinales, 56 (16%) ornamentales, 25 (7%) para cercos vivos, 33 (9%) forrajes, 25 (7%) frutas silvestres, una es usada para la pesca, una para lavar, una para el curtido de cueros, una para el alumbrado de las casas y una como perfume. El 34% (122) de especies usadas son introducidas y el 66% (233) son nativas.

La familia Poaceae (gramíneas) es la más usada con 30 especies (8%), seguida de Fabaceae (leguminosas) 31 (9%), Solanaceae 23 (6%), Asteraceae 23 (6%), Euphorbiaceae 13 (4%), Lamiaceae 11 (3%), Lauraceae 10 (3%) y 214 especies (61%) corresponden a 96 familias.

Los colonos que habitan actualmente esta zona, poseen más conocimientos del uso de plantas de sus lugares de origen. La experiencia, convivencia y la interrelación con pobladores de comunidades nativas, ha hecho posible la generación de nuevos conocimientos etnobotánicos. Muchas plantas han sido introducidas a estos ecosistemas, así como las formas de uso, algunos conocimientos fueron adquiridos a partir de sus experiencias y otros han sido incorporados a su acervo cultural como aprendizaje de las comunidades nativas.

Algunas especies silvestres son usadas en la alimentación como: *Iriartea* sp. = chonta (Arecaceae), única especie de esta familia cuyas hojas tiernas se consumen en ensaladas; *Plukenetia* sp. = sacha inchi de monte (Euphorbiaceae) tiene similar uso que *Plukenetia volubilis* = sacha inchi (Fig. 5-15). *Artocarpus altilis* = pan de árbol sus frutos se consumen sancochados u horneados, *Chenopodium ambrosioides* = paico se usa como hortaliza en sus comidas y *Auricularia* sp. = oreja o callampa, es un hongo que los pobladores lo consumen cocido o en frituras.

Los colonos conocen de especies tintóreas que usaron en sus lugares de origen (Chota, Jaén, Chachapoyas, Rodríguez de Mendoza y distritos de Piura), en estos lugares han sido ampliamente usadas por muchas generaciones. Sin embargo, ya establecidos en estas zonas, prefieren comprar prendas de vestir y otros productos ya teñidos. Las principales especies que usaban son: *Juglans neotropica* = nogal (Juglandaceae), *Lomatia hirsuta* = andanga (Proteaceae), *Curcuma longa* = azafrán (Zingiberaceae), *Bidens pilosa* = cadillo (Asteraceae), *Zingiber officinale* = kión (Zingiberaceae), *Iris germanica* = lirio (Iridaceae), *Cybistax antisiphilitica* = llangua (Bignoniaceae), *Acacia macracantha* = huarango o faique (Fabaceae), *Weinmannia balbisiana* = sayó (Cunoniaceae) y *Caesalpinia spinosa* = taya o tara (Fabaceae).

Fig. 5-15. *Plukenetia volubilis* L. = *sacha inchi (Euphorbiaceae), especie cultivada y usada como alimenticia. // Plukenetia volubilis* L. *is a species cultivated for consumption. Foto V. Quipuscoa.*

Weinmannia balbisiana = sayó, es empleada en el curtido de cueros por la presencia de taninos en la corteza del tallo. Las hojas secas trituradas de *Lonchocarpus utilis* = barbasco (Fabaceae) se usan en la pesca, éstas se agregan al agua y los principios activos causan al poco tiempo la muerte de los peces. *Siparuna* sp. = añaskero (Siparunaceae), es usada como un perfume, principalmente en forma de baños por las mujeres.

Para el lavado de prendas de vestir, utilizaban *Solanum* sp. = cashacaspi o caballo runtu (Solanaceae) por la presencia de saponinas en sus frutos. Ellos manifiestan que usaban la cera de *Morella pubescens* = laurel (Myricaceae) para el alumbrado de sus viviendas (velas). Algunas especies han sido reemplazadas por productos sintéticos que compran en los mercados.

Los cultivos

Los pobladores cultivan 86 especies alimenticias; de las cuales 51% (44) corresponden a especies andinas y 49% (42) a especies introducidas. Del total de especies cultivadas 20% (17) son tubérculos, rizomas, bulbos y raíces, 26% (22) hortalizas y condimenticias, 12% (10) legumbres, 5% (4) gramíneas, 35% (30) frutas y 6% (5) tienen usos múltiples. Las especies más usadas pertenecen a las familias: Fabaceae 14% (12), Solanaceae 8% (7), Cucurbitaceae y Apiaceae 7% (6) cada una; Rutaceae,

Brassicaceae, Poaceae y Asteraceae 5% (4) cada una y el 44% es compartido por 26 familias. Estos cultivos pueden agruparse de la siguiente manera:

Tubérculos, bulbos, rizomas y raíces

En este grupo se consideran a las hortalizas que desarrollan órganos subterráneos almacenadores como los tubérculos, que corresponden a tallos modificados, se originan a partir de un engrosamiento en el extremo distal de los rizomas, donde se almacenan sustancias de reserva formadas principalmente por almidón. Además se consideran a los bulbos, rizomas y raíces almacenadoras alimenticias. Son fácilmente digeribles y proporcionan energía.

De este grupo emplean 17 especies; de las cuales 9 (53%) corresponden a introducidas y 8 (47%) de origen andino. Se agrupan en 13 familias botánicas, las mejor representadas con dos especies cada una (48%) son: Apiaceae, Brassicaceae, Zingiberaceae y Alliaceae, con una especie las 9 familias restantes.

Arracacia xanthorrhiza = arracacha o racacha (Apiaceae) se cultiva 5 variedades que son diferenciadas por el color, forma y tiempo de cocimiento de sus raíces. *Ipomoea batatas* = camote (Convolvulaceae), posee cultivares que se diferencian en el tipo de crecimiento, color de tallos, forma de hojas, así como tamaño y color de sus raíces, a lo que los pobladores los conocen como: "blanco", "amarillo" y "morado". *Manihot esculenta* = yuca (Euphorbiaceae), es un cultivo muy apreciado y poseen diversidad en los tallos, formas de hojas, así como tamaño y color de las raíces, que los pobladores llaman: "mestiza", "blanca" y "bagueña".

Hortalizas y condimenticias

Estos cultivos almacenan alimentos de reserva en las partes aéreas de las plantas como hojas (apio, culantro, perejil, sachaculantro, honrada, huacatay, lechuga, repollo, orégano, sauco), flores (coliflor) y frutos (caigua, chiuche, pepinillo, zapallo, limón, ají mishmi, rocoto, tomate). Las verduras por lo general son usadas en ensaladas.

Usan un total de 22 especies, de la cuales el 50% son especies andinas y 50% son introducidas. Se agrupan en 10 familias botánicas, Cucurbitaceae es la más diversa con 6 especies (27%), seguida de Solanaceae y Apiaceae con 4 especies (18%) cada una, Asteraceae con 3 especies (14%), y el 23% restante se agrupa en 4 familias.

Los frutos del 50% de especies son usados como hortalizas y condimentricias, 45% corresponden a hojas y sólo de una especie (5%) usan los botones florales. Muchas de estas especies son cultivadas en pequeños huertos, cercanos a sus casas.

Legumbres

Este grupo corresponde a plantas de la familia Fabaceae, cuyos frutos característicos son legumbres, faiques o vainas. Las semillas de estos frutos son usadas en la alimentación y la mayor parte de especies son introducidas (60%), siendo *Arachis hypogaea* = maní, *Phaseolus vulgaris* = frejol y *Erythrina edulis* = pajuro las especies que han sido domesticadas por los antiguos peruanos.

Phaseolus vulgaris es la mejor representada, distinguiéndose los cultivares en la forma de crecimiento, caracteres vegetativos y de flores; así como, por la forma y color de las semillas; los cultivares más comunes son: "pinto", "cambio noventa", "huasca", "panamito", "chileno".

Gramíneas

Las gramíneas pertenecen a la familia Poaceae, cuyos frutos son conocidos como granos o cereales, estos constituyen la fuente de nutrientes más importante de la humanidad.

Sólo 4 especies son cultivadas, de las cuales *Zea mays* = maíz es la única especie diversificada en los Andes con dos cultivares denominados: "amarillo" y "morado". No cultivan pseudocereales porque las elevaciones no son propicias. *Saccharum officinarum* = caña de azúcar es muy apreciada y siempre esta presente en sus chacras con los cultivares "blanca", "retensia" y "cenicienta; el jugo extraído de sus tallos a través de trapiches artesanales sirve para preparar "chancaca", que se usa como edulcorante o es masticado para consumo directo. *Cymbopogon citratus* = hierba luisa, es ampliamente usada para preparar agua de tiempo después de las comidas y usada por sus propiedades medicinales.

Frutas

Usan un total de 30 especies, 12 (40%) corresponden a introducidas y 18 (60%) a especies andinas. Se agrupan en 19 familias, donde Rutaceae es más diversa con 4 especies (13%), seguida de Sapataceae con 3 especies (10%) y las 17 familias restantes con el 77%.

Citrus limon = limón (Rutaceae), es un cultivo bastante difundido, se reconocen 2 cultivares "dulce" y "sútil". *Musa acuminata* = plátano (Musaceae) es uno de los cultivos mas diversos, reconociendo los cultivares: "seda", "de freir", "grano de oro o picurillo", "tataco", "gigante", "mungi" (racimo grande), siendo las diferencias en el tamaño del racimo, color y sabor.

Coffea arabica = café (Rubiaceae), se constituye en el principal cultivo. La mayoría de pobladores se dedican a su comercialización y se ha constituido en un producto de mayores ingresos económicos para las familias. Los cultivares más comunes son "catimor", "caturra" y "nacional". Se usan principalmente las semillas; sin embargo, el pericarpo del fruto maduro contiene sustancias dulces que son consumidos aunque en baja escala (ver capítulo 4).

La producción de frutas en estas zonas es para consumo local, no generan ingresos y por lo general se desperdician por la caida y consumo de animales, por tanto, no

Tabla 5-2. Plantas alimenticias del Valle del Alto Mayo

Nombre común	Nombre científico	Familia
Tubérculos, rizomas, bulbos y raíces		
Ajo	*Allium sativum (i)*	Alliaceae
Arracacha, racacha	*Arracacia xanthorrhiza (n)*	Apiaceae
Azafrán	*Curcuma longa (i)*	Zingiberaceae
Beterraga	*Beta vulgaris (i)*	Chenopodiaceae
Bituca, michuca	*Colocasia esculenta (i)*	Araceae
Camote	*Ipomoea batatas (n)*	Convolvulaceae
Kión	*Zingiber officinale (i)*	Zingiberaceae
Cebolla de cabeza	*Allium cepa (i)*	Alliaceae
Mashua	*Tropaeolum tuberosum (n)*	Tropaeolaceae
Nabo	*Brassica rapa var. rapa (i)*	Brassicaceae
Oca	*Oxalis tuberosa (n)*	Oxalidaceae
Olluco	*Ullucus tuberosus (n)*	Bassellaceae
Papa	*Solanum tuberosum (n)*	Solanaceae
Rábano	*Raphanus sativus (i)*	Brassicaceae
Yacón	*Smallanthus sonchifolius (n)*	Asteraceae
Yuca	*Manihot esculenta (n)*	Euphorbiaceae
Zanahoria	*Daucus carota (i)*	Apiaceae
Hortalizas y condimenticias		
Ají, ají mishmi	*Capsicum annuum (i)*	Solanaceae
Apio	*Apium graveolens (i)*	Apiaceae
Caigua, choccha	*Cyclanthera pedata (n)*	Cucurbitaceae
Cebolla china	*Allium fistulosum (i)*	Alliaceae
Chiclayo, chiuche	*Cucurbita fiscifolia (n)*	Cucurbitaceae
Chiljo, caigua espinuda	*Sechium edule (n)*	Cucurbitaceae
Coliflor	*Brassica oleracea var. botrytis (i)*	Brassicaceae
Culantro	*Coriandrum sativum (i)*	Apiaceae
Honrada	*Tagetes elliptica (n)*	Asteraceae
Huacatay	*Tagetes terniflora (n)*	Asteraceae
Lechuga	*Lactuca sativa (i)*	Asteraceae
Loche	*Cucurbita moschata (n)*	Cucurbitaceae
Orégano	*Origanum vulgare (i)*	Lamiaceae
Pepinillo	*Cucumis sativus (i)*	Cucurbitaceae
Perejil	*Petroselinum crispum (i)*	Apiaceae
Pomarrosa	*Syzygium jambos (i)*	Myrtaceae
Repollo	*Brassica oleracea var. capittata-alba (i)*	Brassicaceae
Rocoto	*Capsicum pubescens (n)*	Solanaceae
Sachaculantro	*Eryngium foetidum (n)*	Apiaceae
Tomate	*Solanum esculentum (n)*	Solanaceae
Tomate silvestre, pepino	*Solanum betaceum (n)*	Solanaceae
Zapallo	*Cucurbita maxima (n)*	Cucurbitaceae

Legumbres (Fabaceae)

Alverja	*Pisum sativum (i)*
Frejol de palo, arnacho	*Cajanus cajan (i)*
Frejol, frijol	*Phaseolus vulgaris (n)*
Haba	*Vicia faba (i)*
Habilla, sarandaja	*Dolichos lablab (i)*
Lenteja	*Lens esculenta (i)*
Maní	*Arachis hypogaea (n)*
Pajuro	*Erythrina edulis (n)*
Soya	*Glycine max (i)*
Tarwi, chocho	*Lupinus mutabilis (n)*

Gramíneas (Poaceae)

Arroz	*Oryza sativa (i)*
Caña de azúcar	*Saccharum officinarum (i)*
Maíz	*Zea mays (n)*
Hierba Luisa	*Cymbopogon citratus (i)*

Frutas

Anona	*Rollinia mucosa (n)*	Annonaceae
Cacao	*Theobroma cacao (n)*	Sterculiaceae
Café	*Coffea arabica (i)*	Rubiaceae
Caimito	*Pouteria caimito (n)*	Sapotaceae
Chile, naranjilla	*Solanum quitoense (n)*	Solanaceae
Coco	*Cocos nucifera (i)*	Arecaceae
Cocona	*Solanum sessiliflorum (n)*	Solanaceae
Granadilla	*Passiflora ligularis (n)*	Passifloraceae
Guanábana	*Annona muricata (n)*	Annonaceae
Guayaba	*Psidium guajava (n)*	Myrtaceae
Huaba	*Inga edulis (n)*	Fabaceae
Lima	*Citrus aurantifolia (i)*	Rutaceae
Limón	*Citrus limon (i)*	Rutaceae
Lúcuma	*Pouteria lucuma (n)*	Sapotaceae
Mandarina	*Citrus reticulata (i)*	Rutaceae
Mango	*Mangifera indica (i)*	Anacardiaceae
Manzana	*Malus domestica (i)*	Rosaceae
Maracuyá	*Passiflora edulis (n)*	Passifloraceae
Marañón	*Anacardium occidentale (n)*	Anacardiaceae
Naranja	*Citrus aurantium (i)*	Rutaceae
Níspero	*Eriobotrya japonica (i)*	Rosaceae
Pacae	*Inga feuillei (n)*	Fabaceae
Palta	*Persea americana (n)*	Lauraceae
Papaya	*Carica papaya (n)*	Caricaceae
Piña	*Ananas comosus (n)*	Bromeliaceae
Plátano	*Musa acuminata (i)*	Musaceae
Plátano guinea	*Musa x paradisiaca (i)*	Musaceae
Sapote	*Manilkara zapota (n)*	Sapotaceae

| Sauco | *Sambucus peruviana (n)* | Adoxaceae |
| Uva | *Vitis vinifera (i)* | Vitaceae |

Especies de múltiples usos

Algodón blanco	*Gossypium barbadense* var. *barbadense (n)*	Malvaceae
Algodón pardo	*Gossypium barbadense* var. *peruvianum (n)*	Malvaceae
Cacao	*Theobroma cacao (n)*	Sterculiaceae
Café	*Coffea arabica (i)*	Rubiaceae
Sacha inchi	*Plukenetia volubilis (n)*	Euphorbiaceae

Basados en informantes de la Cuenca del río Tonchimillo y Rodríguez de Mendoza, donde (n) nativa e (i) introducida. Determinadas por V. Quipuscoa.

son rentables. El traslado a mercados cercanos produce un elevado costo, debido a la dificultad y tiempo que emplean antes de ser comercializados.

Especies de múltiples usos

Este grupo corresponde a plantas cultivadas para usos diversos, de las cuales el 80% son de origen andino. Las fibras de *Gossypium barbadense* = algodón (Malvaceae) sirven para confeccionar bolsas y algunas prendas de vestir, *Theobroma cacao* = cacao (Sterculiaceae) y *Coffea arabica* = café (Rubiaceae) las consumen ocasionalmente como fruta y para preparar bebidas de uso diario, principalmente de semillas tostadas y molidas de café. Las semillas tostadas de *Plukenettia volubilis* = sacha inchi (Euphorbiaceae) las consumen en forma directa o sirven para preparar alimentos. En todos los casos, estas especies son comercializadas para la obtención de ingresos. Actualmente el sacha inchi, está tratándose de cultivar para exportación, por las propiedades alimenticias y curativas de su aceite.

Especies invasoras de los cultivos

Los pobladores reconocen que *Pseudoelephantopus* sp. = oreja de ratón, *Pteridium aquilinum* = shupungo, shapumba, y una especie denomina "cuelena", son las que siempre invaden cultivos y chacras abandonadas; sin embargo, existen otras especies que crecen dentro de los cultivos, principalmente de las familias: Asteraceae (*Aequatorium* sp., *Gamochaeta americana, Conyza bonariensis, Bidens pilosa, Porophyllum ruderale, Sigesbeckia* sp., *Acmella* sp., *Ageratum conyzoides, Galinsoga parviflora, Taraxacum officinale, Sonchus oleraceus* y *Erechtites*), Cyperaceae (*Cyperus, Eleocharis* y *Kyllinga*), Poaceae (*Pennisetum clandestinum* = picuy, quitahacienda, *Ichnanthus nemorosus* y *Poa*), Plantaginaceae (*Plantago australis* = llantén), Fabaceae (*Desmodium* sp. =pie de perro y *Trifolium repens* = trébol), Scrophulariaceae (*Castilleja*), Malvaceae (*Sida rhombifolia* y *Anoda*), Lythraceae (*Cuphea strigulosa*), Solanaceae (*Solanum americanum* = kuesh), Polygonaceae (*Rumex crispus* = lengua de vaca), Verbenaceae (*Verbena litoralis* y *Stachytarpheta*), Lamiaceae (*Stachys arvensis* = pedorrera e *Hyptis*), Rubiaceae (*Galium hipocarpicum* y *Richardia*), Apiaceae (*Sanicula)* y Amaranthaceae

Fig. 5-16. Cinchona = cascarilla (Rubiaceae) es usada como medicinal y forma parte del bosque montano. // Cinchona = cascarilla (Rubiaceae) is used as a medicine plant. Foto V. Quipuscoa.

(*Alternanthera*). Las primeras tres especies una vez establecidas son difíciles de erradicar; por tanto, los pobladores prefieren abandonar sus chacras y establecer otras deforestando el bosque, para continuar con sus labores agrícolas.

Plantas medicinales

Los pobladores hacen uso de 147 especies de plantas para curar sus afecciones. El 36% (56) corresponden a introducidas y el 64% (94) a especies andinas. Están agrupadas en 60 familias, Asteraceae es la más diversa con 16 (11%), seguida de Solanaceae y Lamiaceae con 9 (6%) especies cada una, Fabaceae 8 (5%), Poaceae 7 (5%), Euphorbiaceae 6 (4%) y el 63% se agrupa en 54 familias.

Prefieren usar las hojas frescas del 61% de especies para preparar sus medicamentos, porque son fáciles para la extracción de los principios activos. En la mayorìa de casos los tallos son usados conjuntamente con las hojas y corresponden al 21%; las semillas, frutos y raíces en 10% cada una. Las flores, látex, corteza, rizoma, bulbo, tubérculo, mucílago, o toda la planta corresponde al 25% de especies medicinales (Fig. 5-16). Las formas más frecuentes para administrar sus preparaciones son:

38% en infusiones o tisanas (hojas u otras partes de diferentes plantas vertidas en agua hirviendo)
37% en cocciones, decocción o cocimiento 31% zumos o extractos (líquido

Fig. 5-17. Especies de Croton = sangre de grado (Euphorbiaceae) son muy usadas por sus propiedades cicatrizantes. // Croton = dragon blood (Euphorbiaceae) species are widely used for its healing properties. Foto V. Quipuscoa.

obtenido de presionar o estrujar las partes verdes o blandas de la planta)
25% en forma directa
24% emplastos o cataplasmas (triturar o soasar la parte medicinal y aplicar directamente sobre el área afectada)
12% lavados y baños
5% macerados (mezclar parte de la planta con cañazo durante 8 días)
2% compresas (similar al cataplasma, se usa la extracción acuosa y se aplica mediante un paño o toalla)
2% ungüentos (extracto o polvo con grasa o cebo y se aplica a la parte afectada),
1% inhalaciones (se aspira el vapor de las plantas en decocción) y
2% en casos de: gargarismos (gárgaras o colutorios), polvo (pulverización de partes secas de la planta) y enema (aplicación de un preparado acuoso que se introduce a través del ano)

La gran mayoría prefieren usar las plantas combinadas, para reducir los efectos colaterales de cada enfermedad. En general hierven las hojas y beben como agua de tiempo hasta calmar la dolencia, en el caso de enfermedades internas (afecciones hepáticas, gastrointestinales, urogenitales), cuando es externo (cortes, heridas, luxaciones, dolor de muela o de oído) prefieren aplicar directamente el zumo de hojas, látex a manera de emplastos (Fig. 5-17).

Tabla 5-3. Plantas medicinales usadas en el Valle del Alto Mayo

Nombre común	Nombre científico	Familia	Acción, forma de uso y parte usada
Achicoria	*Cichorium intybus (s,i)*	Asteraceae	Hepática, febrífuga, emenagogo (d,if, cc,h,r)
Achiote	*Bixa orellana (sc,n)*	Bixaceae	Antinefrítica, antiinflamatoria, analgésica, antiemética, antimicótica, laxante (cc,d,if,la,h,fl,se)
Achira	*Canna indica (sc,n)*	Cannaceae	Antiinflamatoria, hipotensora (e,h)
Ajenjo	*Artemisia absinthium (c,i)*	Asteraceae	Antiespasmódica, febrífuga (if,h,t,fl,fr)
Ají	*Capsicum annuum (c,i)*	Solanaceae	Analgésica, antídoto (d,e,fr,se)
Ajo	*Allium sativum (c,i)*	Alliaceae	Antiespasmódico, expectorante, analgésica, antirreumática (cc,e,d,z,b)
Ajo chino, kión	*Zingiber officinale (c,i)*	Zingiberaceae	Antirreumática (m,r)
Alambre de campo	*Smilax sp. (s,n)*	Smilacaceae	Diurética (cc,r)
Albahaca	*Ocimum basilicum (c,i)*	Lamiaceae	Antiinflamatoria, diurética (cc,d,if,h,t,se)
Alfalfa	*Medicago sativa (c,i)*	Fabaceae	Antianémica, antiinflamatoria (z,h,t)
Algodón	*Gossypium barbadense (c,n)*	Malvaceae	Analgésica (z,fr)
Angusacha	*Sida rhombifolia (s,n)*	Malvaceae	Antiinflamatoria, antiséptica, diurética (e,if,h,t)
Anís	*Pimpinella anisum (c,i)*	Apiaceae	Pectoral, antiespasmódica (if,se)
Apio	*Apium graveolens (c,i)*	Apiaceae	Antiespasmódica, antidiarreica, antimicótica (if,h,t)
Arracacha	*Arracacia xanthorrhiza (c,n)*	Apiaceae	Carminativa, antialérgica (if,e,h)
Arroz	*Oryza sativa (c,i)*	Poaceae	Antidiarreica (cc,se)
Arverja, alberja	*Pisum sativum (c,i)*	Fabaceae	Febrífuga (m,h,t,fl)
Azafrán	*Curcuma longa (c,i)*	Zingiberaceae	Febrífuga (z,fr)
Berro	*Rorippa nasturtium-aquaticum (s,i)*	Brassicaceae	Hepática (d,z,h)
Bolsa de pastor	*Calceolaria sp. (s,n)*	Calceolariaceae	Antiinflamatoria (e,h)
Cachurro	*Iresine herbstii (sc,i)*	Amaranthaceae	Antiespasmódica, febrífuga (if,z,h)
Cadillo, amor seco	*Bidens pilosa (s,n)*	Asteraceae	Diurética, hipotensora, antiinflamatoria, antitusígena (cc,if,la,z,tp)
Café	*Coffea arabica (c,i)*	Rubiaceae	Febrífuga, anticolagoga, analgésica (cc,d,if,h,fl,se)
Caihua, choccha	*Cyclanthera pedata (c,n)*	Cucurbitaceae	Analgésico (z,fr)
Calahuala	*Niphidium crassifolium (s,n)*	Polypodiaceae	Antiinflamatoria (if,rz)
Campanilla	*Brugmansia arborea (sc,n)*	Solanaceae	Resolutiva (u,h)
Canchalagua	*Schkuhria pinnata (s,n)*	Asteraceae	Amarga, depurativa (if,h)

Caña ácida	*Costus sp. (s,n)*	Costaceae	Febrífuga (z,h)
Caña agria	*Costus sp. (s,n)*	Costaceae	Diurética (cc,h,t)
Caña de azúcar	*Saccharum of-ficinarum (c,i)*	Poaceae	Antiinflamatoria, ex-pectorante (cc,d,e,t)
Carrizo	*Arundo donax (s,i)*	Poaceae	Capilar (m,la,h,t)
Cascarilla	*Cinchona sp. (s,n)*	Rubiaceae	Pectoral, antipalúdica (m,cz)
Cebada	*Hordeum vulgare (c,i)*	Poaceae	Diurética, antiinflamatoria (cc,fr)
Cebolla	*Allium cepa (c,i)*	Alliaceae	Antitusígena, expectorante, antiinflamatoria, analgésica, hipotensora (e,d,z,b)
Chamena, muña	*Minthostachys mollis (s,n)*	Lamiaceae	Pectoral (if,h)
Chancapiedra	*Phyllanthus niruri (s,n)*	Euphorbiaceae	Antilitiásica, diurética, antiin-flamatoria, hepática (cc,if,tp)
Chancapiedra	*Pilea sp. (s,n)*	Urticaceae	Antiespasmódica (if,h,t)
Chilca, hierba del gentil	*Baccharis sp. (s,n)*	Asteraceae	Antiinflamatoria, antibiótico, pectoral (cc,e,u,if,h)
Chiljo	*Sechium edule (c,n)*	Cucurbitaceae	Antiinflamatoria (z,fr)
Chochocón	*Salvia splendens (c,i)*	Lamiaceae	Laxante (if,fl)
Chuchuhuasi	*Heisteria pallida (s,n)*	Olacaceae	Pectoral, antipalúdica (m,cz)
Chulco grande	*Begonia sp. (s,n)*	Begoniaceae	Antiemética, febrífuga, anties-pasmódica, antiácida (z,h,t)
Chulco morado	*Oxalis sp. 1 (s,n)*	Oxalidaceae	Antidiarreica, hepática (d,z,tp)
Ciprés	*Cupressus sem-pervirens (c,i)*	Cupressaceae	Antiinflamatoria (if,h,t)
Clavel	*Dianthus caryophyllus (c,i)*	Caryophyllaceae	Febrífuga (if,fl)
Clavo de olor	*Eugenia caryophyllata (c,i)*	Myrtaceae	Analgésica (d,fl)
Coca	*Erythroxylum sp. (sc,n)*	Erythroxilaceae	Antiespasmódica, pectoral, analgésica, antibiótica, sedante, estimulante, antitusígena (if,z,h)
Coco	*Cocos nucifera (c,i)*	Arecaceae	Capilar, antiespas-módica (cc,l,se)
Col	*Brassica oleraceae (c,i)*	Brassicaceae	Capilar (l,h)
Cola de caballo	*Equisetum bo-gotense (s,n)*	Equisetaceae	Antiséptico, hemostática, antiinflamatoria, hep-ática, diurética, antine-frítica (cc,d,e,if,la,z,h,t)
Congona	*Peperomia inae-qualifolia (c,n)*	Piperaceae	Hemostática, antisép-tica, febrífuga (e,if,h)
Copaiba	*Copaifera reticulata (s,n)*	Fabaceae	Hemostática (d,r)
Cujaka	*Solanum sp. 2 (s,n)*	Solanaceae	Antiinflamatoria (e,h)
Culantrillo	*Adiantum sp. (s,n)*	Pteridaceae	Antiinflamatoria, diurética, hipotensora, hepática (cc,if,z,h)
Diego lópez	*? (s,n)*	Acanthaceae	Antiinflamatoria, espas-módica (cc,e,if,h)
Diente de león	*Taraxacum officinale (s,i)*	Asteraceae	Antiinflamatoria, an-tiácida (cc,h)
Espadilla	*Gladiolus communis (c,i)*	Iridaceae	Antinefrítica (if,h)
Eucalipto	*Eucalyptus globulus (c,i)*	Myrtaceae	Pectoral, antitusígena (cc,if,h)
Flor blanca	*Buddleja sp. (s,n)*	Buddlejaceae	Antiinflamatoria (if,fl)
Frejol	*Phaseolus vulgaris (c,n)*	Fabaceae	Antianémica (cc,se)

Golondrina	*Chamaesyce sp. (s,n)*	Euphorbiaceae	Antiinflamatoria (d,l)
Grama dulce	*Cynodon dactylon (sc,i)*	Poaceae	Diurética, antiinflamatoria (cc,la,h,t)
Granadilla	*Passiflora ligularis (c,n)*	Passifloraceae	Febrífuga, antiinflamatoria, hipotensora, antidiarreica, antiespasmódica, hepática (cc,co,e,z,h,fr)
Guayaba	*Psidium guajava (c,n)*	Myrtaceae	Antidiarreica, pectoral, calcificante (cc,m,cz)
Haba	*Vicia faba (c,i)*	Fabaceae	Antiinflamatoria (z,h)
Hierba buena	*Mentha spicata (c,i)*	Lamiaceae	Antiespasmódica, Antihelmíntica, antiinflamatoria (cc,e,if,h)
Hierba del siervo	*Campyloneurum sp. (s,n)*	Polypodiaceae	Hepática (cc,rz)
Hierba Luisa	*Cymbopogon citratus (c,i)*	Poaceae	Pectoral, antitusígena (cc,if,h,r)
Hierba mora, cushay, Kuesh	*Solanum americanum (s,n)*	Solanaceae	Febrífuga, antibiótica, hipotensora (e,la,p,h)
Hierba santa	*Cestrum auriculatum (s,n)*	Solanaceae	Febrífuga, hipotensora, Analgésica, antiinflamatoria (e,la,z,h,t)
Higuerilla	*Ricinus communis (s,i)*	Euphorbiaceae	Digestiva (co,h)
Hinojo, anís grande	*Foeniculum vulgare (c,i)*	Apiaceae	Antitusígena, diurética, antiespasmódica (cc,if,h,t)
Huacatay	*Tagetes terniflora (c,n)*	Asteraceae	Antiespasmódica, digestiva (if,h,t)
Indón	*Byrsonima sp. (s,n)*	Malpighiaceae	Febrífuga (if,h)
Ishanga	*Urera caracasana (s,n)*	Urticaceae	Antirreumática (d,h)
Ishpingo	*Nectandra sp. 4 (s,n)*	Lauraceae	Antinefrítica (cc,h)
Karkeja	*Baccharis genistelloides (s,n)*	Asteraceae	Febrífuga, antinefrítica (cc,if,h,t)
Lancetilla	*Alternanthera porrigens (s,n)*	Amaranthaceae	Antiemética, antiespasmódica, febrífuga, antiinflamatoria, analgésica, emenagogo (cc,e,if,la,z,h,t)
Lengua de vaca	*Rumex crispus (s,i)*	Polygonaceae	Analgésica (z,t)
Lima	*Citrus aurantifolia (c,i)*	Rutaceae	Antiséptica, emenagogo (cc,m,fr)
Limón	*Citrus limon (c,i)*	Rutaceae	Analgésica, antidiarreica, hepática, antitusígena, antibiótico, hipotensora, febrífuga, antiespasmódica, antiinflamatoria, laxante, hemostática, antiséptica, antimicótica (cc,d,z,fr,se)
Linaza	*Linum usitatissimum (c,i)*	Linaceae	Antiinflamatoria, diurética, hepática (cc,la,se)
Llantén	*Plantago major (s,i)*	Plantaginaceae	Pectoral, antitusígena, hemostática, antiséptica, antiinflamatoria, antiácida, analgésica (cc,co,e,if,la,z,h)
Maíz	*Zea mays (c,n)*	Poaceae	Antiinflamatoria, antiséptica, febrífuga, diurética (cc,la,fl,fr)

Mala hierba, hierba maría, lengua de buey	*Rumex cuneifolius (s,n)*	Polygonaceae	Febrífuga (la,z,h,t,r)
Malva	*Malachra alceifolia (s,n)*	Malvaceae	Febrífuga, antiinflamatoria, antiespasmódica, antipalúdica (cc,d,if,la,h,fl)
Manzanilla	*Matricaria recutita (c,i)*	Asteraceae	Antiespasmódica, hipnótica (if,z,h)
Marco	*Ambrosia peruviana (s,n)*	Asteraceae	Adaptogénica (d,h)
Masgoy	*Bidens sp. (s,n)*	Asteraceae	Hemostática, antiséptica (la,h)
Mastrandro	*Lantana scabiosiflora (s,n)*	Verbenaceae	Antiespasmódica (cc,h,t)
Matico	*Piper sp. (s,n)*	Piperaceae	Antiinflamatoria, pectoral, antitusígena, antiséptica, hemostática, antinefrítica, diurética, antidiarreica, antirreumática, hipotensora (cc,co,e,if,la,h)
Menta	*Mentha aquatica (sc,i)*	Lamiaceae	Analgésica, carminativa, digestiva (d,if,h)
Molle	*Schinus molle (s,n)*	Anacardiaceae	Antirreumática (ih,h)
Morero	*Ceiba sp. (s,n)*	Bombacaceae	Analgésica (d,l)
Naranja	*Citrus aurantium (c,i)*	Rutaceae	Antitusígena, laxante (z,fr)
Nogal	*Juglans neotropica (s,n)*	Juglandaceae	Hemostática (if,cz)
Ñul	*Commelina sp. (sc,i)*	Commelinaceae	Febrífuga (z,h)
Ojé	*Ficus insipida (s,n)*	Moraceae	Antihelmíntica (d,l)
Orégano	*Origanum vulgare (c,i)*	Lamiaceae	Carminativa, digestiva, pectoral, emenagogo (if,m,h)
Ortiga	*Urtica peruviana (s,n)*	Urticaceae	Estimulante, antiinflamatoria, antiácida, antirreumática, antiespasmódica (cc,d,la,h)
Pacae	*Inga feuillei (sc,n)*	Fabaceae	Antiinflamatoria (z,se)
Paico	*Chenopodium ambrosioides (s,n)*	Chenopodiaceae	Antihelmíntica, antiespasmódica (cc,if,z,tp)
Pájaro bobo	*Tessaria integrifolia (s,n)*	Asteraceae	Hepática, Antinefrítica (cc,h,t)
Palo de agua, pangakero, okuera	*Vernonia patens (s,n)*	Asteraceae	Analgésica, antihelmíntica, hepática, antiinflamatoria (e,z,h,t)
Palo de Balsa	*Ochroma pyramidale (s,n)*	Bombacaceae	Hemostática, antiséptica (la,cz)
Palo sangre	*Dialium sp. (s,n)*	Fabaceae	Hemostática, antiinflamatoria (cc,if,cz)
Palta	*Persea americana (c,n)*	Lauraceae	Antidiarreica, emenagogo, antimicótico (cc,la,se)
Pampaorégano, luzemita	*Lantana sp. (sc,n)*	Verbenaceae	Antidiarreica, antiinflamatoria, antiespasmódica, carminativa, pectoral (if,z,h,t)
Pan de árbol	*Artocarpus altilis (s,i)*	Moraceae	Antirreumática, hemostática (d,l)
Papa	*Solanum tuberosum (c,n)*	Solanaceae	Diurética, hepática, hipotensora, antiinflamatoria, febrífuga (cc,e,z,tb)
Papa madre, sachapapa	*Dioscorea sp. (s,n)*	Dioscoreaceae	Antiinflamatoria (cc,z,r)
Papaya	*Carica papaya (c,n)*	Caricaceae	Antihelmíntica (z,se)

Pashguete	*Alternanthera sp. 1 (s,n)*	Amaranthaceae	Febrífuga, antiinflamatoria, hemostática, antiséptica (cc,la,h)
Pedorrera	*Stachys arvense (s,n)*	Lamiaceae	Carminativa (if,h)
Pie de perro	*Desmodium sp. (s,n)*	Fabaceae	Hemostática, antiséptica (e,h,t)
Pimpim, siempre viva	*Echeveria peruviana (sc,n)*	Crassulaceae	Analgésica, febrífuga (e,if,z,h)
Piñón	*Jatropha curcas (sc,i)*	Euphorbiaceae	Analgésica (d,l)
Plátano	*Musa acuminata (c,i)*	Musaceae	Hemostática, antiséptica, antidiarreica, antirreumática, febrífuga (e,z,h,t,r)
Pumapara	*Eustephia coccinea (s,n)*	Amaryllidaceae	Antiinflamatoria (e,h)
Rábano	*Raphanus sativus (c,i)*	Brassicaceae	Antitusígena (cc,r)
Repollo	*Brassica oleraceae var. capitata-alba (c,i)*	Brassicaceae	Hipotensora (d,h)
Rocoto	*Capsicum pubescens (c,n)*	Solanaceae	Analgésica, antiséptica, antiinflamatoria (d,e,u,fr)
Rosa	*Rosa canina (c,i)*	Rosaceae	Febrífuga, pectoral, hepática, antiinflamatoria (if,e,la,h,fl)
Ruda	*Ruta graveolens (c,i)*	Rutaceae	Emenagogo, antiespasmódica, digestiva, analgésica, antitusígena, antiemética (cc,d,if,ih,h)
Ruibarbo	*Rheum sp. (c,i)*	Polygonaceae	Analgésica (d,se)
Sábila	*Aloe vera (sc,n)*	Asphodelaceae	Antiespasmódica, antiinflamatoria, antinefrítica (d,e,z,h,mu)
Sachaculantro	*Eryngium foetidum (sc,n)*	Apiaceae	Espasmódica (cc,h,t)
Salvia	*Salvia sp. 1 (s,n)*	Lamiaceae	Antiinflamatoria (if,h)
Sanango	*Faramea sp. (s,n)*	Rubiaceae	Antirreumática, pectoral (m,r)
Sangre de grado	*Croton sp. (s,n)*	Euphorbiaceae	Antiinflamatoria, antiséptica, hemostática, hepática, antiespasmódica (cc,d,e,h,l)
Sarsa	*Rubus sp. 2 (s,n)*	Rosaceae	Pectoral, antiinflamatoria, antitusígena (cc,e,fr,h,t)
Sauco	*Sambucus peruviana (sc,n)*	Adoxaceae	Laxante, antihelmíntica, pectoral, emética (cc,e,en,if,la,z,h)
Serraja, cerraja, cashengro	*Sonchus oleraceus (s,i)*	Asteraceae	Hepática, antiinflamatoria, febrífuga (if,z,h)
Shambo	*? (s,n)*	Melastomataceae	Hipotensora (d,h)
Suelda con suelda	*Phoradendron sp. (s,n)*	Viscaceae	Antiinflamatoria, resolutiva (e,if,h,t)
Tomate	*Solanum esculentum (c,n)*	Solanaceae	Febrífuga, antiinflamatoria, analgésica (d,e,z,fr,h)
Tomate bolsa	*Physalis peruviana (sc,n)*	Solanaceae	Analgésica (z,h)
Toronjil	*Melissa officinalis (c,i)*	Lamiaceae	Febrífuga, hepática, antialérgica (if,h)
Tumbo	*Passiflora quadrangularis (c,n)*	Passifloraceae	Hepática (z,h)
Uña de gato	*Uncaria guianensis (s,n)*	Rubiaceae	Antiinflamatoria, antinefrítica, hepática, (cc,if,h,cz)
Uñigán	*Rumex sp. 1 (s,n)*	Polygonaceae	Febrífuga, hipotensora, diurética, antiinflamatoria (co,d,e,if,la,z,h,r)

Valeriana selva	*Valeriana sp. (s,n)*	Valerianaceae	Hipotensora, estimulante (m,t,r)
Verbena	*Verbena litoralis (s,n)*	Verbenaceae	Febrífuga, hepática, antidiarreica (d,if,z,h)
Yacón	*Smallanthus sonchifolius (c,n)*	Asteraceae	Antidiabética (d,r)
Yacónsacha	*Sigesbeckia sp. (s,n)*	Asteraceae	Antiinflamatoria (e,tp)
Yausaquiro, huambo, balsa blanca, balsilla, yausa	*Heliocarpus americanus (s,n)*	Tiliaceae	Hemostática, antisépticas, antiinflamatoria (d,z,t)
Yuca	*Manihot esculenta (c,n)*	Euphorbiaceae	Antidiarreica, antiinflamatoria (d,e,r)
Zapallo	*Cucurbita maxima (c,n)*	Cucurbitaceae	Antihelmíntica (cc,se)

Basados en informantes de la Cuenca del río Tonchimillo y Rodríguez de Mendoza, donde (c) cultivada, (sc) semicultivada, (s) silvestre, (e) emplasto o cataplasma, (d) usado en forma directa, (en) enema, (if) infusión o tisana, (ih) inhalaciones, (z) zumo o extracto, (cc) cocción, decocción o cocimiento, (co) compresa, (g) gargarismo, (la) lavados y baños, (m) macerado, (p) polvo, (u) ungüento, (r) raíz, (h) hojas, (t) tallo, (fl) flores, (fr) frutos, (se) semillas, (tp) toda la planta, (rz) rizoma, (b) bulbo, (tb) tubérculo, (cz) corteza, (l) látex, (mu) mucílago, (n) nativa e (i) introducida. Determinadas por V. Quipuscoa.

Se consideran 41 formas de acción o efecto curativo de las plantas. 56 especies tienen acción antiinflamatoria, febrífugas (31), antiespasmódicas (24), analgésicas (24), hepáticas (21), antisépticas (17), y en menor porcentaje: hemostática, diurética, hipotensora, pectoral, antitusígena, antidiarreica, antirreumática, antinefrítica, antihelmíntica, laxante, emenagogo, digestiva, entre otras.

El conocimiento sobre el uso de las plantas medicinales cada vez va disminuyendo de generación en generación. En la actualidad los jóvenes prefieren asistir a los centros de salud y curarse con medicamentos debido al menor tiempo que les toma y la eficacia de los mismos. Son pocos los pobladores que se dedican a medicar empíricamente con preparados a base plantas y cada vez se reducen las personas que atienden en los partos (Fig. 5-18).

Plantas usadas en la construcción, confección de muebles, herramientas, artesanías y utensilios, y para leña

Usan 67 especies de plantas madereras para diferentes fines. El 94% corresponde a especies nativas y son de valor comercial. Se agrupan en 33 familias, Lauraceae con 8 especies (12%) y Fabaceae con 7 especies (10%) son las más diversas, seguidas de Rubiaceae y Moraceae con 4 especies (6%) cada una y el 66% corresponde a 29 familias.

Para la construcción de viviendas, caminos y puentes usan 45 especies (67%). Para construir sus viviendas, *Minquartia* sp. = huacapú, *Miconia* sp. = rifari, *Weinmannia balbisiana* = sayó y *Clarisia* sp. = quinilla, son las especies más usadas para, vigas y pilares; para las paredes las más usadas son: *Cedrela* = cedro, (Fig. 5-19) *Nectandra* = ishpingo, *Ocotea* = moena, en tanto que, *Ficus* sp. = mashona y palmeras (pona)

Fig. 5-18. Costus sp. =caña ácida (Costaceae) es usada medicinalmente por sus propiedades febrífugas. // Costus sp. = caña acida (Costaceae) is used medicinally to reduce a fever. Foto: V. Quipuscoa.

de los géneros *Iriartea* y *Wettinia* sirven para el enchapado de paredes y construcción de techos.

Los caminos de estas zonas, debido a las abundantes y constantes lluvias, se tornan fangosos; por tanto, los pobladores construyen graderías de rocas o con troncos de árboles (Fig. 4-5). Las especies más adecuadas son aquellas resistentes a la humedad como: *Podocarpus* = romerillo, *Cedrela* = cedro, *Nectandra* = ishpingo (Fig. 5-20), *Ocotea* = moena, *Ficus* = renaco, *Clarisia* = quinilla, *Solanum* = espina, *Myrsine* = corotillo, *Myrcianthes* = lanche y palmeras que son colocados a los costados. Estas especies también son las adecuadas para la construcción de puentes.

Una casa de muesca en Posic puede ser construida con sólo un árbol de cedro de 80 cm de DAP. En general, para la construcción de una casa de muesca de dos pisos, (segundo piso =almacén) de 3,4 m de ancho por 5 m de largo y 4,2 m de alto, usan 24 troncos de 5 m de largo por 0,2 m de diámetro; para las paredes del primer piso usan 74 troncos de 1,85-3,4 m de largo por 0,16 – 0,31 m de diámetro. Los troncos son unidos con sogas, barro y el techo de calamina.

El 23% de especies maderables se usan para elaborar diversos tipos de muebles. Especies de Lauraceae y Meliaceae son las más usadas en la confección de muebles (mesas, sillas, bancas, roperos, camas, puertas entre otros); la madera de estas especies son de buena calidad y resistencia. Tienen prefencia por el cedro, moena e

Fig. 5-19. Cedrela = cedro (Meliaceae) es el género con especies madereras muy usadas, forman parte del bosque montano y son extraídas con fines comerciales.// Cedrela = Cedro (Meliaceae) is a wood species extracted for commercial purposes. Foto: V. Quipuscoa.

ishpingos, a los cuales diferencian por el color, olor y densidad. Para la confección de trapiches artesanales usan de preferencia madera de *Minquartia* sp. = huacapú (Olacaceae) por su dureza y el poco contenido de taninos, sustancia que confiere sabor amargo al jugo de caña que se extrae.

Para los mangos de herramientas usan el 53% de las especies maderables. Las herramientas son de uso agrícola (lampas, arados, picotas, lampilla, hachas, machetes, cuchillas) se elaboran de maderas duras de: *Coffea arabica* = café, *Psidium guajava* = guayaba, *Nectandra* = ishpingo, *Toxicodendron striatum* = itil, *Myrcianthes* sp. = lanche, *Citrus limon* = limón y *Ficus* sp. = mashona. Son de mayor uso especies de Rubiaceae, Myrsinaceae, Lauraceae y otras familias.

El 23% sirven para confeccionar utensilios y algunas artesanías. Los tableros de picar (utensilios de cocina) se elaboran principalmente de *Protium* sp. = caraña; las cucharas y moldes para chancaca (edulcorante elabortado a partir de la cocción del jugo de caña de azúcar) se confeccionan de *Cedrela* sp. = cedro (Fig 5-20). Para la obtención de escobas se usan ramas de *Trema micrantha* = atadijo, *Byrsonima* sp. = indón, ramas y hojas de *Verbena litoralis* = verbena y hojas de *Carludovica palmata* = bombonaje. Las sogas de diferentes diámetros se confeccionan de la fibras de los tallos de *Mucuna* sp. = ojo de vaca y *Trema micrantha* = atadijo o toropate. Para collares, aretes y adornos (de vestir y para sus viviendas) usan semillas de *Ormosia peruviana* = huayruros y *Coix lacrima-jobi* = mullitos.

Tabla 5-4. Plantas usadas en la construcción, muebles, herramientas, artesanías y utensilios, y leña

Nombre común	Nombre científico	Familia
Arrayán	*Myrcianthes sp. 1 (c,n)*	Myrtaceae
Asarquiro, cascarilla, quina	*Isertia sp. (c,h,l,n)*	Rubiaceae
Atadijo, toropate	*Trema micrantha (a,c,n)*	Ulmaceae
Bombonaje	*Carludovica palmata (a, n)*	Cyclanthaceae
Caballo runtu, espina	*Solanum sp. 5 (c,n)*	Solanaceae
Cabuya, penca verde	*Furcraea andina (a,n)*	Agavaceae
Café	*Coffea arabica (h,i)*	Rubiaceae
Canela moena	*Ocotea sp. 1 (h,m,n)*	Lauraceae
Caña brava	*Gynerium saggitatum (c, n)*	Poaceae
Caña de Guayaquil	*Guadua angustifolia (c, n)*	Poaceae
Caoba	*Swietenia macrophylla (h,m,n)*	Meliaceae
Capirona	*Capirona decorticans (h,l,m,n)*	Rubiaceae
Caraña	*Protium sp. (a,h,m,n)*	Burseraceae
Cedro	*Cedrela sp. (a,c,h,l,m,n)*	Meliaceae
Chupika	*Alchornea triplinervia (c,h,l,n)*	Euphorbiaceae
Corotillo	*Myrsine sp. 1 (c,h,l,m,n)*	Myrsinaceae
Culantrillo	*¿ (c,h,n)*	Fabaceae
Cumala	*Virola sp. (c,n)*	Myristicaceae
Guayaba	*Psidium guajava (h,l,n)*	Myrtaceae
Higuerilla	*Ricinus communis (a,i)*	Euphorbiaceae
Higuerón	*Ficus sp. 1 (a,c,h,n)*	Moraceae
Huaba	*Inga edulis (c,l,n)*	Fabaceae
Huaba de montaña	*Inga sp. 2 (c,n)*	Fabaceae
Huacapú	*Minquartia sp. (a,c,h,l,n)*	Olacaceae
Huayruro	*Ormosia peruviana (a,c,n)*	Fabaceae
Huitikiro	*(c,h,n)*	Burseraceae
Indón	*Byrsonima sp. (a,n)*	Malpighiaceae
Ishpingo	*Nectandra sp. 1 (c,h,n)*	Lauraceae
Ishpingo	*Nectandra sp. 2 (c,n)*	Lauraceae
Ishanga hoja de yuca	*Urera sp. (h,n)*	Urticaceae
Itil, matico de 3 hojas	*Toxicodendron striatum (c,h,n)*	Anacardiaceae
Juanjil	*Miconia sp. 3 (c,h,n)*	Melastomataceae
Lanche	*Myrcianthes sp. 2 (c,h,l,m,n)*	Myrtaceae
Laurel	*Morella pubescens (a,n)*	Myricaceae
Limón	*Citrus limon (h,i)*	Rutaceae
Limoncillo	*Clavija sp. (h,n)*	Theophrastaceae
Make-make	*Oreopanax sp. (c,n)*	Araliaceae
Mashacedro	*Trichilia sp. (h,m,n)*	Meliaceae
Mashona	*Ficus sp. 2 (c,h,l,m,n)*	Moraceae
Moena	*Nectandra sp. 5 (c,n)*	Lauraceae
Moena	*Ocotea sp. 2 (h,m,n)*	Lauraceae
Morocho	*Myrsine sp. 2 (c,h,l,n)*	Myrsinaceae
Mullitos	*Coix lacryma-jobi (a,i)*	Poaceae
Ocuera	*Vernonia patens (c,n)*	Asteraceae
Ojo de vaca	*Mucuna sp. (a,n)*	Fabaceae
Palo de balsa	*Ochroma pyramidale (c,n)*	Bombacaceae

Penca azul	*Agave americana (a,n)*	Agavaceae
Pona	*Iriartea sp. (c,n)*	Arecaceae
Pona	*Wettinia sp. (c,n)*	Arecaceae
Quillusisa	*Vochysia lomatophyla (c,h,n)*	Vochysiaceae
Quinilla	*Clarisia sp. (c,n)*	Moraceae
Renaco	*Ficus sp. 3 (c,n)*	Moraceae
Rifari	*Miconia sp. 5 (c,h,m,n)*	Melastomataceae
Roble	*Licania sp. (c,h,m,n)*	Lauraceae
Roble	*Ocotea sp. 3 (c,l,n)*	Lauraceae
Romerillo	*Podocarpus oleifoilius (c,h,n)*	Podocarpaceae
Sachacaimito	*Pouteria sp. (l,n)*	Sapotaceae
Sangre de grado	*Croton sp. (c,n)*	Euphorbiaceae
Sayó	*Weinmannia balbisiana (c,h,l,n)*	Cunnoniaceae
Shaiña	*Colubrina sp. (c,h,l,n)*	Rhamnaceae
Sirimbache, Shirimba, shimbillo	*Inga sp. 4 (l,n)*	Fabaceae
Tandal	*Solanum sp. 3 (l,n)*	Solanaceae
Tiniarkiro	*(c,h,m,n)*	Rubiaceae
Toche	*Myrsine sp. 3 (c,h,l,m,n)*	Myrsinaceae
Tornillo	*Cedrelinga cateniformis (c,h,m,n)*	Fabaceae
Urcomoena	*Aniba sp. (c,h,n)*	Lauraceae
Verbena	*Verbena litoralis (a,n)*	Verbenaceae

Basado en informantes de la Cuenca del río Tonchimillo y Rodríguez de Mendoza, donde (a) artesanías y utensilios, (c) construcción, (h) herramientas, (m) muebles, (l) leña, (n) nativa e (i) introducida. Determinadas por V. Quipuscoa.

El 27% son usadas como leña. La mayoría de maderas secas de árboles y arbustos son empleados como leña, aunque prefieren usar *Myrcianthes* sp. = lanche y *Solanum* sp. = tandal. Manifiestan que estas especies tienen mayor duración en la combustión (demoran en quemarse), poseen elevado calor, y no producen mucha humareda, en tanto, que *Licania* sp. = roble no es un buen combustible. La panadería del centro poblado de Salas, usa carga y media de leña (una carga contiene 60 palos de un metro de largo) para hornear pan, dulces, pasteles elaborados de un quintal de harina (50 Kg).

Plantas usadas como forrajes

Para la crianza de ganado y animales domésticos usan 33 especies como forraje. El ganado vacuno produce leche, de la cual se obtiene de manera artesanal "quesillos" y quesos que constituyen otra fuente de ingreso económico importante. El 64% son especies introducidas y 36% de origen andino. Se agrupan en 6 familias, Poaceae (70%) y Fabaceae (12%) son las mejor representadas; las demás (18%) corresponden a Commelinaceae, Asteraceae, Urticaceae y Potamogetonaceae.

Brachiaria mutica = gramalote y *Lolium multiflorum* = reygras, ambas de la familia Poaceae, son las más usadas para la crianza de cuyes, distinguiendo dos variedades de gramalote (blanco y común). Un buen forraje para ganado vacuno y animales

Fig. 5-20. Nectandra = ishpingo (Lauraceae) es muy diverso en los bosques, su madera es usada en construcción y es extraído con fines comerciales. // Nectandra = ishpingo (Lauraceae) is used for construction and commercial purposes. Foto V. Quipuscoa.

domésticos son las hojas de caña de azúcar. Manifiestan además, que *Philoglossa mimuloides* = agashul es más conveniente usarlo para alimentar ganado lechero. Algunas especies del bosque son usados como forraje natural, entre ellas especies del género *Chusquea* = suro (Poaceae), las mismas que son abundantes en estas zonas.

Tabla 5-5. Plantas usadas como forrajes

Nombre común	Nombre científico	Familia
Agashul, ciso, mashango	*Philoglossa mimuloides (c,n)*	Asteraceae
Amor seco o cadillo	*Bidens pilosa (s,n)*	Asteraceae
Arverja	*Pisum sativum (c,i)*	Fabaceae
Avena	*Avena sativa (c,i)*	Poaceae
Brecaria	*Brachiaria decumbens (c,i)*	Poaceae
Brisanta	*Brachiaria brizantha (c,i)*	Poaceae
Caña de azúcar	*Saccharum officinarum (c,i)*	Poaceae
Elefante o sorgo	*Sorghum halepense (c,i)*	Poaceae
Elefantón o pasto elefante	*Pennisetum purpureum (c,i)*	Poaceae
Grama chilena	*Setaria geniculata (s,n)*	Poaceae
Gramalote	*Brachiaria mutica (c,i)*	Poaceae

Guatemal	*Tripsacum andersonii (c,i)*	Poaceae
Heno	*Lolium perenne (c,i)*	Poaceae
Ishanga	*Urera sp. (s,n)*	Urticaceae
Kingras	*Pennisetum pupureum x P. phyphoides (c,i)*	Poaceae
Maicillo	*Tripsacum sp. (c,i)*	Poaceae
Maíz	*Zea mays (c,n)*	Poaceae
Mekerón o grama dulce	*Cynodon dactylon (sc,i)*	Poaceae
Nudillo	*Paspalum haenkeanum (c,n)*	Poaceae
Ñul	*Commelina sp. (sc,i)*	Commelinaceae
Paja mona	*Setaria sp. (c,i)*	Poaceae
Pasto	*Ichnanthus nemorosus (s,n)*	Poceae
Pasto de agua	*Potamogeton sp. (s,n)*	Potamogetonaceae
Pasto guinea	*Panicum maximum (c, i)*	Poaceae
Picuy, mashango blanco, huacache, quitahacienda, grama azul	*Pennisetum clandestinum (sc,i)*	Poaceae
Reygras	*Lolium multiflorum (c,i)*	Poaceae
Suro	*Chusquea sp. 1 (s,n)*	Poaceae
Suro	*Chusquea sp. 2 (s,n)*	Poaceae
Suro	*Chusquea sp. 3 (s,n)*	Poaceae
Torurco	*Axonopus compressus (sc,n)*	Commelinaceae
Trébol	*Trifolium sp. (c,i)*	Fabaceae
Trébol blanco	*Trifolium repens (c,i)*	Fabaceae
Trébol rojo	*Trifolium amabile (c,i)*	Fabaceae

Basados en informantes de la Cuenca del río Tonchimillo y Rodríguez de Mendoza, donde (c) cultivada, (sc) semicultivada, (n) nativa e (i) introducida. Determinadas por V. Quipuscoa.

Plantas usadas como ornamentales

Los pobladores usan principalmente 56 especies ornamentales, de las cuales el 59 % (33) son introducidas y 41% (23) nativas. Las familias Orchidaceae y Solanaceae son las más diversas con el 11% cada una, Asteraceae con 7%, Malvaceae, Lamiaceae y Euphorbiaceae con 5% cada una, y 67% de especies se agrupan en 27 familias de plantas.

Estas especies son cultivadas en pequeños jardines cercanos a sus casas, o en algunos casos se usan para adornar el interior y son colocadas en macetas. La mayoría de especies introducidas son obtenidas de los mercados de ciudades aledañas o han sido llevadas desde sus lugares de origen o cada vez que los pobladores regresan de otras ciudades (Fig. 5-21).

Existe un creciente interés por cultivar especies nativas, principalmente orquídeas, debido a la cercanía con Moyobamba, considerada la tierra de las orquídeas, donde el cultivo con fines comerciales se ha incrementado, actividad que ha generado la extracción de estas especies deteriorando sus hábitats naturales.

Fig. 5-21. Solanum mammosum L. = torocimuro (Solanaceae) es una especie usada como ornamental por la forma y color de sus frutos. // Mammosum Solanum L. = torocimuro (Solanaceae) is a species used as an ornament due to the shape and color of the fruit. Foto V. Quipuscoa.

Tabla 5-6: Plantas usadas como ornamentales

Nombre común	Nombre científico	Familia
Achira	*Canna indica (sc,n)*	Cannaceae
Agapanto	*Agapanthus africanus (c,i)*	Agapanthaceae
Airampo	*Phytolaca sp. (sc,n)*	Phytolacaceae
Anturio	*Anthurium sp. (s,n)*	Araceae
Azucena	*Lilium candidum (c,i)*	Liliaceae
Bijao	*Heliconia sp. (sc,n)*	Heliconiaceae
Campanilla	*Brugmansia arborea (sc,n)*	Solanaceae
Cardenal	*Euphorbia pulcherrima (c,i)*	Euphorbiaceae
Cartucho	*Zantedeschia aethiopica (c,i)*	Araceae
Casuarina	*Casuarina equisetifolia (c,i)*	Casuarinaceae
Chochocón	*Salvia splendens (c,i)*	Lamiaceae
Chulco	*Begonia sp. (sc,n)*	Begoniaceae
Ciprés	*Cupressus sempervirens (c,i)*	Cupressaceae
Clavel	*Dianthus caryophyllus (c,i)*	Caryophyllaceae
Copa de oro	*Allamanda cathartica (c,i)*	Apocynaceae
Cucarda	*Hibiscus rosa-sinensis (c,i)*	Malvaceae
Dalia	*Dahlia variabilis (c,i)*	Asteraceae
Diablo calato	*Euphorbia sp. (c,i)*	Euphorbiaceae

Floripondio	*Brugmansia candida (sc,n)*	Solanaceae
Floripondio rojo	*Brugmansia sanguínea (sc,n)*	Solanaceae
Gayas	*Gaya sp. (sc,n)*	Malvaceae
Geranio	*Pelargonium roseum (c,i)*	Geraniaceae
Girasol	*Helianthus annuus (c,i)*	Asteraceae
Gladiolo	*Gladiolus communis (c,i)*	Iridaceae
Lucha	*Acnistus arborescens (sc,n)*	Solanaceae
Luzemita	*Lantana sp. (sc,i)*	Verbenaceae
Malva	*Malvaviscus penduliflorus (c,n)*	Malvaceae
Margarita	*Tanacetum parthenium (c, i)*	Asteraceae
Oreja de perro	*Plectranthus sp. (c,i)*	Lamiaceae
Orquídea	*Elleanthus sp. (s,n)*	Orchidaceae
Orquídea	*Epidendrum sp. (s,n)*	Orchidaceae
Orquídea	*Masdevalia sp. (s,n)*	Orchidaceae
Orquídea	*Odontoglossum sp. (s,n)*	Orchidaceae
Orquídea	*Oncidium sp. (s,n)*	Orchidaceae
Orquídea	*Phragmipedium sp. (s,n)*	Orchidaceae
Papelillo	*Boungainvillea spectabilis (c,i)*	Nyctaginaceae
Peruanita o chavelita	*Impatiens balsamina (c,i)*	Balsaminaceae
Pimpim o siempre viva	*Echeveria peruviana (sc,i)*	Crassulaceae
Pino	*Pinus radiata (c,i)*	Pinaceae
Platanillo	*Heliconia rostrata (sc,n)*	Heliconiaceae
Ramillete de novia	*Hydrangea macrophylla (c,i)*	Hydrangeaceae
Rosa	*Rosa canina (c,i)*	Rosaceae
Sábila	*Aloe vera (sc,n)*	Asphodelaceae
Sangre de Cristo o siete colores	*Coleus blumei (c,i)*	Lamiaceae
Torocimuro	*Solanum mammosum (sc,n)*	Solanaceae
Tuja	*Thuja occidentalis (c,i)*	Cupressaceae
	Aster sp. (c,i)	Asteraceae
	Browalia americana (s,n)	Solanaceae
	Codiaeum variegatum (c,i)	Euphorbiaceae
	Corytoplectus speciosus (s,n)	Gesneriaceae
	Kalanchoe tubiflora (c,i)	Crassulaceae
	Portulaca grandiflora (c,i)	Portulacaceae
	Rhoeo spatulata (c,i)	Commelinaceae
	Spatodea campanulata (c,i)	Bignoniaceae
	Tibouchina sp. (s,n)	Melastomataceae
	Yucca sp. (c,i)	Agavaceae

Basados en informantes de la Cuenca del río Tonchimillo y Rodríguez de Mendoza, donde (c) cultivada, (sc) semicultivada, (n) nativa e (i) introducida. Determinadas por V. Quipuscoa.

Frutos silvestres comestibles

Los pobladores consumen 25 frutas silvestres cuyas especies se agrupan en 10 familias. La familia Fabaceae es la más diversa con 5 especies y representa el 21 %, seguida de Solanaceae y Cecropiaceae con 4 especies (17%) cada una, Melastomataceae con 3 especies (13%) y 32% corresponde a 6 familias.

Fig. 5-22. Los frutos silvestres de las especies del género Rubus (Rosaceae) conocidas como zarzamora. // Blackberries of the genus Rubus (Rosaceae) can be found in the forest. Foto V. Quipuscoa.

Passiflora nitida = quijos y *Passiflora* sp. = maracuyá de montaña (Passifloraceae), son especies que crecen expontáneamente y están asociadas frecuentemente a lugares arqueológicos. Los frutos de ambas especies son de sabor agradable y son consumidos por los pobladores, quienes solamente esperan la época de fructificación. Las especies del género *Inga* (Fabaceae) conocidas por los pobladores como huabas o shimbillos, producen legumbres de diferentes dimensiones y formas. Aproximadamente se distinguen 15 especies que son consumidas por los niños. La sarcotesta algonodosa (parte comestible) de estas frutas, es consumida por varias especies de monos que habitan estas zonas.

Son escasas las especies que tratan de cultivar en pequeños huertos o dentro de sus chacras como: *Inga edulis* = huaba, *Physalis peruviana* = tomate bolsa y *Rubus robustus* = zarzamora (Fig. 5-22). La mayoría de estas especies están relacionadas genéticamente (parientes silvestres) con especies cultivadas y comercializadas a gran escala, pero la extracción de las frutas silvestres, en el mayor de los casos se realiza de manera directa y por lo general deteriorando las plantas. Sin embargo, estas especies cumplen un rol importante como alimento para la fauna silvestre y aunque en estas zonas no tienen un valor comercial, o son la fuente de ingreso económico para los hogares, en otros lugares del país y del mundo ya son manejadas o comercializadas (aguaje, huaba, tomate bolsa).

Tabla 5-7: Frutos silvestres comestibles

Nombre común	Nombre científico	Familia
Aguaje	*Mauritia flexuosa (s)*	Arecaceae
Granadilla de montaña, maracuyá de monte	*Passiflora sp. (s)*	Passifloraceae
Huaba	*Inga edulis (sc)*	Fabaceae
Huaba de montaña	*Inga sp. 2 (s)*	Fabaceae
Huabilla	*Inga sp. 1 (s)*	Fabaceae
Lanche	*Myrcianthes sp. 1 (s)*	Myrtaceae
Limoncillo	*Clavija sp. (s)*	Theophrastaceae
Mora	*Rubus sp. 1 (s)*	Rosaceae
Níspero	*Bellucia sp. (s)*	Melastomataceae
Papaya silvestre	*Vasconcellea sp. (s)*	Caricaceae
Pepino silvestre	*Solanum sp. 4 (s)*	Solanaceae
Quijo, quijos	*Passiflora nitida (s)*	Passifloraceae
Shimbillo	*Inga sp. 4 (s)*	Fabaceae
Timbillo	*Inga sp. 3 (s)*	Fabaceae
Tomate bolsa	*Physalis peruviana (sc)*	Solanaceae
Tomatillo silvestre	*Physalis sp. 1 (s)*	Solanaceae
Tomatillo	*Jaltomata sinuosa (s)*	Solanaceae
Uvilla	*Cecropia sp. (s)*	Cecropiaceae
Uvilla	*Pourouma sp. (s)*	Cecropiaceae
Uvilla grande	*Dendropanax sp. (s)*	Cecropiaceae
Uvilla pequeña	*Coussapoa sp. (s)*	Cecropiaceae
Zarzamora	*Rubus robustus (sc)*	Rosaceae
	Miconia sp. 1 (s)	Melastomataceae
	Miconia sp. 2 (s)	Melastomataceae

Basados en informantes de la Cuenca del río Tonchimillo y Rodríguez de Mendoza, donde: (sc) semicultivada, (s) silvestre. Determinadas por V. Quipuscoa.

Plantas usadas como cercos vivos

Para delimitar sus chacras y parcelas, además de proteger sus cultivos del ingreso de animales, los pobladores usan principalmente 24 especies a modo de cercos vivos. Aunque la mayoría cerca sus invernas en la actualidad con alambre de púas. La mayoría de las especies (92%) son nativas y el resto introducidas.

Fabaceae con 4 especies (17%) es la familia mejor representada, seguida de Solanaceae y Euphorbiaceae con 13% cada una y el 57% corresponde a 10 familias.

Tabla 5-8: Plantas usadas como cercos vivos

Nombre común	Nombre científico	Familia
Caballo runtu, espina	*Solanum sp.4 (s,n)*	Solanaceae
Cedro	*Cedrela sp. (s,n)*	Meliaceae
Cabuya, penca verde	*Furcraea andina (sc,n)*	Agavaceae
Cumala	*Virola sp. (s,n)*	Myristicaceae
Diablo calato	*Euphorbia sp. (c,i)*	Euphorbiaceae
Hierba hedionda	*Cestrum sp. (s,n)*	Solanaceae
Ishanga	*Urera caracasana (s,n)*	Urticaceae
Ishanga, hoja de yuca	*Urera sp. (s,n)*	Urticaceae
Ishpingo	*Nectandra sp. 1 (s,n)*	Lauraceae
Itil	*Toxicodendron striatum (s,n)*	Anacardiaceae
Lucha	*Acnistus arborescens (sc,n)*	Solanaceae
Malva	*Malvaviscus penduliflorus (c,n)*	Malvaceae
Moena	*Ocotea sp. 2 (s,n)*	Lauraceae
Níspero	*Bellucia sp. (s,n)*	Melastomataceae
Okuera, palo de agua, pangakero	*Vernonia patens (s,n)*	Asteraceae
Pajul	*Erythrina sp. (s,n)*	Fabaceae
Pajuro	*Erythrina edulis (sc,n)*	Fabaceae
Penca azul	*Agave americana (sc,n)*	Agavaceae
Pona	*Bactris sp. (s,n)*	Arecaceae
Sachapajuro	*Erythrina sp. (s,n)*	Fabaceae
Sangre de grado	*Croton sp. (s,n)*	Euphorbiaceae
Shimbillo	*Inga sp. (s,n)*	Fabaceae
Yuquilla	*Euphorbia cotinifolia (sc,i)*	Euphorbiaceae
	Miconia sp. 4 (sc,n)	Melastomataceae

Basados en informantes de la Cuenca del río Tonchimillo y Rodríguez de Mendoza, donde (c) cultivada, (sc) semicultivada, (n) nativa e (i) introducida. Determinadas por V. Quipuscoa.

Plantas perjudiciales

Algunas especies son consideradas nocivas por el daño que pueden ocasionar: *Toxicodendron striatum* = itil, baldiko o matico de tres hojas, posee resinas tóxicas, cuyas sustancias como catecoles y resorcinoles, producen dermatitis al contacto con la piel y según la sensibiliad de las personas causa severos daños en la salud, de no ser tratado a tiempo puede ser mortal. *Euphorbia cotinifolia* = yuquilla, causa daño al ganado cuando la ingieren. Algunas especies medicinales manifiestan que pueden ocasionar abortos como: *Cichorium intybus* = achicoria, *Alternanthera porrigens* = lancetilla, *Ruta graveolens* = ruda y las semillas de *Persea americana* = palta; otras pueden producir malformaciones en los fetos como *Uncaria guianensis* = uña de gato, de alli que recomiendan no ser usadas en caso de mujeres gestantes.

Vegetación asociada a monumentos arqueológicos

La vegetación asociada a monumentos arqueológicos tiene una composición similar a los bosques maduros, que corresponden a los diferentes tipos de vegetación (bosque premontano, bosque montano bajo y bosque montano). En la mayoría de los casos, se encuentran ubicados donde la acción antrópica ha modificado estos ambientes, para ser usados como invernas o chacras cultivadas (especies forrajeras y plantas alimenticias). Las plantas cultivadas, han sido introducidas por quienes actualmente ocupan estos lugares.

La presencia de rebrotes, plántulas, semillas y árboles aun dejados luego de la deforestación en estas áreas, muestran la similitud con el bosque que las rodea; sin embargo, muchas especies no cultivadas, parientes de las domesticadas abundan dentro y alrededor de estas construcciones. Posiblemente se trata de especies olvidadas por sus antiguos ocupantes, ya sea de la cultura Chachapoya, Inca o tribus de la selva peruana, quienes usaron estos recursos para satisfacer sus principales necesidades.

Algunas de estas especies son usadas en la actualidad por sus frutos alimenticios: en Passifloraceae es abundante *Passiflora nitida* (quijos) y *Passiflora* sp. (granadilla de montaña o maracuyá de monte) que corresponden a especies parientes de las cultivadas y ampliamente usadas en la alimentación (granadilla, maracuyá y tumbo); en Fabaceae muchas especies de *Inga* llamadas "shimbillos", "huabas" o "huabillas", son parientes de las cultivadas *Inga feuillei* e *Inga edulis* (pacae o huaba); especies de *Erythrina* "pajul" o "pajuro" parientes de *Erythrina edulis* (poroto).

En la familia Theophrastaceae *Clavija* sp. (limoncillo) posee frutos alimenticios. Solanaceae es otra familia usada por sus frutos comestibles: *Physalis* sp. (tomatillo silvestre) pariente de *Physalis peruviana* (tomate silvestre), *Solanum* sp. (pepino silvestre) pariente de *Solanum betaceum* (pepino o berenjena) y *Jaltomta* sp. (tomatillo), así como, varias especies del género *Vasconcellea* (Caricaceae) parientes de *Carica papaya*, especie cultivada y muy utilizada en la actualidad (Fig. 5-23). En el caso de Arecaceae *Iriartea* sp. (chonta) las yemas de las hojas son usadas como hortaliza y *Plukenetia* sp. (sacha inchi de monte) usada en la alimentación por el aceite de gran calidad.

Otras especies son usadas por sus propiedades medicinales: *Phyllanthus niruri* (chancapiedra) utilizada como diurética, para disolver cálculos renales, en afecciones del hígado y útero, y *Cinchona* sp. (cascarilla) para tratar enfermedades respiratorias. La gran cantidad de especies madereras, que crecen en estas áreas, continúan usándose en la construcción de viviendas, muebles, herramientas, utensilios de cocina y otros usos.

Fig. 5-23. Especies de Vasconcellea = papaya silvestre (Caricaceae) crecen en los bosques montanos y los frutos son usados como alimenticios. // Wild papaya. Foto V. Quipuscoa.

La Ventana A y B

Los sitios arqueológicos de La Ventana A (1746 m) y La Ventana B (2300 m), están situados en el bosque montano, pero en la actualidad corresponde a un área totalmente deforestada, donde se observa restos de troncos desde 0,5 hasta 1,5 m de diámetro a la altura del pecho (DAP), de especies de Cecropiaceae (*Coussapoa* y *Pourouma*). Cerca a las construcciones es abundante dos especies de Passifloraceae (*Passiflora nitida* = quijos y *Passiflora* sp. = granadilla de montaña o maracuyá de monte), *Erythrina* sp. =pajul o pajuro, *Vasconcellea* sp. =papailla (Caricaceae) y *Plukenetia* sp. = sacha inchi de monte (Euphorbiaceae). En tanto que, *Cinchona* sp. (cascarilla) es apreciada por sus propiedades medicinales. Se trata de especies parientes de las cultivadas y son usadas por los pobladores.

Los árboles pertenecen a Rubiaceae (*Cinchona* = cascarilla) que alcanza los 18 m de alto, Lauraceae (*Nectandra*), Fabaceae (*Erythrina*), Magnoliaceae (*Magnolia*), Moraceae (*Ficus*) y Meliaceae (*Guarea*). Las epífitas pertenecen a los géneros *Guzmania* y *Tillandsia* (Bromeliaceae), los líquenes representados por *Usnea* principalmente; especies hemiepífitas de *Thibaudia* (Ericaceae) y *Columnea* (Gesneriaceae), así como bejucos del género *Psammisia* (Ericaceae) y *Plukenetia* sp. (Euphorbiaceae).

Los arbustos están representados por *Munnozia* (Asteraceae), *Centropogon* (Campanulaceae), *Solanum* y *Larnax* (Solanaceae) y *Piper* (Piperaceae).

El estrato herbáceo conformado por *Heliconia* (Heliconiaceae), *Odontoglossum* (Orchidaceae), *Renealmia* (Zingiberaceae), *Peperomia* (Piperaceae), además especies volubles de *Mikania* (Asteraceae) y Menispermaceae.

Fig. 5-24. Retiniphyllum fuchsioides Krause (Rubiacae) especie representativa del bosque montano bajo, bosque premontano y asociada a lugares arqueológicos. // Retiniphyllum fuchsioides Krause (Rubiacae) representative species of lower montane and pre-montane forest and found at archaeological sites. Foto V. Quipuscoa.

Valle Andino (Tampu Quijos Llacta)

Los restos arqueológicos de Valle Andino (Valle Encantado), a 1890 m de elevación, se encuentra en bosque montano y en la actualidad son invernas de *Pennisetum purpureum* = pasto elefante (Poaceae). La vegetación de las invernas y alrededores, está conformada por 13% de helechos, 11% de Asteraceae, 8% de Piperaceae, 6% de Cyperaceae y el 62 % de otras familias de plantas. Asociado a estos crece en abundancia la especie conocida como quijos (Fig. 5-25), que corresponde a *Passiflora nitida* y el tomatillo silvestre *Physalis* sp. (Solanaceae) ambas de uso tradicional.

Los árboles están representados por especies de Lauraceae (*Nectandra* = moena) de 12 hasta 15 m de alto, Anacardiaceae de 10 - 12 m de alto, Meliaceae (*Guarea*) alcanza los 10 m de alto, Cecropiaceae (*Coussapoa* y *Cecropia*), Urticaceae (*Urera*), Fabaceae (*Inga* y *Erythrina*), Meliaceae (*Cedrela*), Tiliaceae (*Heliocarpus*) y Solanaceae (*Solanum*). En los árboles crecen helechos epífitos: *Huperzia* (Lycopodiaceae), *Asplenium* (Aspleniaceae), *Nephrolepis pectinata* (Davalliaceae) y *Microgramma percusa* (Polypodiaceae); angiospermas epífitas: *Aechmea* (Bromeliaceae), *Anthurium* (Araceae), *Stelis* y *Pleurothallis* (Orchidaceae). Hemiepífitos juveniles de *Marcgravia* (Marcgraviaceae) y *Begonia* (Begoniaceae); sobre los árboles además crecen hongos, principalmente del género *Auricularia* (Auriculariaceae) y muchos líquenes.

Los arbustos alcanzan 5 - 6 m de alto, con especies de las familias: Malvaceae,

Gesneriaceae (*Monopyle*), Polygalaceae (*Monnina*), Begoniaceae (*Begonia parviflora*), Onagraceae (*Fuchsia*), Asteraceae (*Clibadium* y *Austroeupatorium*), Solanaceae (*Solanum, Lycianthes*), Acanthaceae (*Justicia*), Piperaceae (*Piper*), Malvaceae (*Gaya*), Melastomataceae (*Miconia*), Boraginaceae (*Cordia*) y Rosaceae (*Rubus*); bejucos de Polygonaceae (*Muehlenbeckia*), Asteraceae (*Munnozia* y *Mutisia*) (Fig. 5-26) y Smilacaceae (*Smilax*).

El estrato herbáceo está constituido por especies de Araceae (*Anthurium* y *Colocasia*), Cyperaceae (*Eleocharis, Kyllinga* y *Cyperus*), Asteraceae (*Gamochaeta, Bidens pilosa, Sigesbeckia* y *Tagetes*),Commelinaceae (*Commelina fasciculata*), Polygonaceae (*Rumex crispus*), Poaceae (*Ichnanthus nemorosus, Poa*), Rubiaceae (*Galium hipocarpicum* y *Richardia*), Lythraceae (*Cuphea strigulosa*), Piperaceae (*Peperomia*), Verbenaceae (*Verbena litoralis*), Fabaceae (*Trifolium repens*), Acanthaceae (*Ruellia*), Oxalidaceae (*Oxalis*), Solanaceae (*Solanum* y *Physalis*), Passifloraceae (*Passiflora*) y Vitaceae (*Cissus*). Los helechos en este estrato pertenecen a: *Pteridium aquilinum* (Dennstaedtiaceae), *Thelypteris* (Thelypteridaceae), *Diplazium* (Woodsiaceae), *Pteris* (Pteridaceae) y *Selaginella* (Selaginellaceae).

El Dorado

Las localidades arqueológicas de El Dorado, desde los 1300 hasta los 1600 m de elevación, corresponden a bosque montano bajo. Las construcciones se encuentran en invernas, con pastos de *Brachiaria* (brecaria) y *Paspalum* (nudillo). La vegetación de la inverna y de los alrededores, está constituida principalmente de Rubiaceae y Arecaceae con 11% cada una, seguidas de Fabaceae, Piperaceae, Solanaceae y Asteraceae con el 7% cada una y el 49 % representa otras familias de plantas. Frutos de *Solanum* sp. (pepino silvestre) especies de *Erythrina* (pajul o pajuro) y abundancia de Cucurbitaceae están asociados a estas construcciones.

El estrato arbóreo alcanza de 12 a 15 m de alto, con especies de Lauraceae (*Nectandra* = moena), Annonaceae (*Guatteria*), Rubiaceae (*Psychotria* y *Cinchona*) de 7 y 9 m de alto, otras pertenecen a las familias: Euphorbiaceae (*Alchornea triplinervia*), Fabaceae (*Erythrina* = pajul o pajuro, *Inga* = shimbillo), Meliaceae (*Cedrela* = cedro), Moraceae (*Ficus* = renaco) y Myrtaceae (*Myrcianthes* = lanche). También hay especies de Arecaceae (palmeras) de los géneros: *Iriartea, Wettinia* y *Oenocarpus* = palmiche de hasta 10 m de alto. En los árboles crecen epífitas de Orchidaceae (*Epidendrum*) y Bromeliaceae (*Guzmania*).

Los arbustos alcanzan 4 m de alto y pertenecen a especies de Piperaceae (*Piper* = matico blanco o matico colorado), Solanaceae (*Solanum* sp. = kujaca, *Solanum* sp. = pepino silvestre y *Acnistus arborescens*), Verbenaceae (*Lantana* = pampaorégano) y Asteraceae (*Vernonanthura patens* = palo de agua).

El estrato herbáceo está constituido por especies introducidas, posiblemente llevadas por el ganado, así como plantas invasoras después de la deforestación y pertenecen a las familias: Asteraceae (*Porophyllum ruderale, Conyza, Bidens* y *Gamochaeta*), Rubiaceae (*Galium*), Dennstaedtiaceae (*Pteridium aquilinum* = shapumba), Apiaceae (*Eryngium* = sachaculantro), especies volubles de Valerianaceae (*Valeriana*), Asteraceae (*Mikania*) y plantas trepadoras de Cucurbitaceae.

Selva Alegre A y B

El Complejo de monumentos arqueológicos de Selva Alegre, se ubica desde 1150 hasta 1260 m de elevación, correspondiente a bosque premontano. Actualmente corresponde a un área deforestada y convertida en invernas de *Brachiaria* sp. (bracaria), rodeadas por bosque disturbado y con árboles dispersos. La vegetación que rodea estas construcciones está representada por el 12% de Rubiaceae, seguida de Fabaceae y Pteridophyta con 9% cada una, Solanaceae y Orchidaceae con 7% cada una, y el 56% de otras familias de plantas menos representativas. Cerca a las construcciones especies de *Inga* = shimbillos son abundantes y usados en la alimentación, al igual que los frutos de *Vasconcellea* = papilla (Caricaceae). Ambas especies parientes de frutos domesticados y cultivados.

Las especies arbóreas alcanzan los 30 - 40 m de alto con representantes de Tiliaceae (*Apeiba* = peine de mono), Rubiaceae (*Retiniphyllum*) (Fig. 5-24), Myristicaceae (*Virola* sp. = cumala), Fabaceae (*Inga* = shimbillo, *Cedrelinga* = tornillo, Mimosoideae = culantrillo), Lauraceae (*Nectandra* = moena), Apocynaceae (*Aspidosperma*), Meliaceae (*Cedrela*), Quiinaceae (*Lacunaria*), Euphorbiaceae (*Croton* y *Alchornea triplinervia*), Caricaceae (*Vasconcellea* = papailla), Urticaceae (*Urera* = ishanga) y Melastomataceae (*Miconia*). Las Arecaceae (palmeras) es otro grupo constituyente de este estrato, principalmente especies de *Iriartea* (pona o chonta). Sobre los árboles crecen angiospermas de Orchidaceae (*Odontoglossum, Oncidium*), Araceae (*Philodendron*); de la división Pteridophyta (helechos) principalmente las familias: Aspleniaceae (*Asplenium*), Woodsiaceae (*Diplazium*) y Polypodiaceae (*Niphidium*). Existen representantes de las familias con especies hemiparásitas como Viscaceae (*Phoradendron*) y hemiepífitas de Cyclanthaceae (*Asplundia*). Además crecen algunas lianas de las familias: Fabaceae (*Mucuna* = soguilla), Sapindaceae y Bignaniaceae.

El estrato arbustivo alcanza hasta 8 m de alto, con especies de Euphorbiaceae (*Acalypha*), Rubiaceae (*Palicourea*), Begoniaceae (*Begonia parviflora*), Annonaceae (*Guatteria*) y Piperaceae (*Piper*). Arbustos de 2 y 3 metros de alto corresponden a las familias: Solanaceae (*Solanum*), Campanulaceae (*Centropogon*), *Sida rombifolia* (Malvaceae), Gentianaceae (*Irlbachia*), Melastomatacea (*Tibouchina* y *Clidemia*), Rubiaceae (*Psychotria*) y Gesneriaceae (*Drymonia*).

El estrato herbáceo está representado por especies de *Justicia* sp. (Acanthaceae), *Phyllanthus niruri* = chancapiedra (Euphorbiaceae), *Colocasia* = michuca (Araceae), *Desmodium* (Fabaceae), *Paspalum* (Poaceae), *Impatiens* (Balsaminaceae), *Richardia* (Rubiaceae), *Stachytarpheta* (Verbenaceae) y *Asclepias curassavica* (Asclepiadaceae).

Fig. 5-25. Frutos de Passiflora nitida Kunth = quijos (Passifloraceae) es un fruto silvestre muy consumido por los pobladores y está frecuentemente asociada a lugares arqueológicos. // Fruits of Passiflora nitida Kunth = quijos (Passifloraceae) is a wild fruit widely consumed by villagers and is frequently found at archeological sites. Foto V. Quipuscoa.

La División Pteridophyta (helechos) es un grupo que posee más diversidad dentro del bosque maduro, en las construcciones crecen especies de los géneros *Thelypteris* (Thelypteridaceae) y *Sticherus* (Gleicheniaceae) principalmente.

La Laja

El sitio arqueológico de La Laja, desde 1755 hasta 1800 m de elevación, corresponde a bosque montano bajo. Estas construcciones aun están cubiertas por bosque maduro, gran parte disturbado por la acción del hombre. Está conformada por 25% de helechos (Pteridophyta), Piperaceae (14%), Araceae y Rubiaceae 7% cada una y el 47% de otras familias. Las especies más abundantes corresponden a Piperaceae y Rubiaceae, con muchas lianas de las familias Bignoniaceae y Sapindaceae. *Passiflora nitida* (quijos) es el fruto comestible con abundancia dentro y alrededor de las construcciones, actualmente son aprovechados por los pobladores del lugar y no son comercializados ni cultivados, al igual de los frutos de *Vasconcellea* sp. (papaya silvestre).

El estrato arbóreo alcanza los 25 m de alto, con representantes de las familias: Araliaceae (*Schefflera*), Cecropiaceae (*Coussapoa*), Fabaceae (*Inga*), Lauraceae (*Nectandra, Ocotea*), Meliaceae (*Cedrela*), Moraceae (*Ficus*), Arecaceae (*Wettinia*), Papaveraceae (*Bocconia integrifolia* = pincullo), Clusiaceae (*Clusia*) y especies de helechos arborescentes del género *Cyathea* (Cyatheaceae), *Vasconcellea* sp. (papaya

Fig. 5-26. Mutisia wurdakii Cabrera (Asteraceae) forma parte del bosque montano. // Mutisia Wurdakii Cabrera (Asteraceae) is part of the montane forest. Foto. V. Quipuscoa.

silvestre); las especies de las cuatro últimas familias alcanzan entre 7 y 9 m de alto. Las plantas epifitas están representadas por: *Anthurium* y *Philodendron* (Araceae), *Guzmania* (Bromeliaceae), *Pleurothallis* (Orchidaceae); en helechos están presentes los géneros: *Asplenium* (Aspleniaceae), *Elaphoglossum* (Lomariopsidaceae), *Vittaria* (Vittariaceae), *Campyloneurum, Polypodium* y *Niphidium* (Polypodiaceae), y *Nephrolepis pectinata* (Davalliaceae). En los árboles también crecen especies de lianas (Sapindaceae, Bignaniaceae) y un helecho lianescente del género *Salpichlaena* (Blechnaceae).

El estrato arbustivo alcanza 2 m de alto, compuesto de *Piper* (Piperaceae), *Besleria* (Gesneriaceae), *Miconia* (Melastomataceae) y *Psychotria* (Rubiaceae) principalmente.

Las hierbas están conformadas por *Anthurium* (Araceae), *Geonoma* (Arecaceae), *Tradescantia* (Commelinaceae), *Cyclanthus* y *Carludovica* (Cyclanthaceae), *Peperomia* (Piperaceae), *Chusquea* (Poaceae), especies volubles de Menispermaceae y Aristolochiaceae (*Aristolochia*), plantas trepadoras de Passifloraceae (*Passiflora* = quijos) y Cucurbitaceae. Además de helechos como: *Diplazium* (Woodsiaceae), *Didymochlaena* (Dryopteridaceae), *Lindsaea* (Dennstaedtiaceae) y *Pteris* (Pteridaceae).

Tampu Laurel

Las construcciones arqueológicas en el Tampu Laurel en la altitud de c. 1970 m corresponde a bosque montano, en la actualidad convertido en invernas de *Brachiaria* (brecaria) y *Pennisetum clandestinum* (grama azul). La diversidad está representada por 28% de Asteraceae, Apiaceae y Cyperaceae con 8% cada una y 56% de especies de otras familias de plantas. Existe abundancia de *Morella pubescens* = laurel (Myricaceae) especie usada anteriormente para la elaboración de velas por la cera que contiene. Se trata de un área con bosques aledaños muy disturbados.

Este sitio deforestado está cubierto principalmente por especies arbóreas introducidas y cultivadas. Las especies se encuentran dispersas y alcanzan un altura de 5 - 7 m de alto y corresponde a especies de: Cupressaceae (*Cupressus* = ciprés), Fabaceae (*Inga* = shimbillo), Myrtaceae (*Psidium guajaba* = guayaba), Rutaceae (*Citrus limon* = limón). En ellas crecen algunos hemiepífitos de *Drymonia* (Gesneriaceae).

Pocos arbustos crecen en estas construcciones y están representados por especies de Asteraceae (*Vernonanthura* y *Baccharis*), Onagraceae (*Fuchsia*), Malvaceae (*Sida*) y Rosaceae (*Rubus*).

La mayor cantidad de especies están representadas por herbáceas de las familias: Asteraceae (*Galinsoga, Bidens, Conyza, Pseudoelephantopus, Ageratum, Acmella* y *Gamochaeta*), Apiaceae (*Daucus, Hydrocotyle* y *Ciclospermum*), Araceae (*Colocasia*), Commelinaceae (*Commelina*), Cyperaceae (*Cyperus* y *Eleocharis*), Fabaceae (*Desmodium* y *Trifolium repens*), Lythraceae (*Cuphea*), Plantaginaceae (*Plantago*), Polygonaceae (*Rumex*), Rubiaceae (*Richardia*), Scrophulariaceae (*Castilleja*), Solanaceae (*Solanum americanum*) y Verbenaceae (*Verbena*); además de *Pteridium aquilinum* (Dennstaedtiaceae), helecho que invade áreas deforestadas abandonadas.

Posic A y B

El sitio arqueológico se ubica desde los 1900 hasta los 2050 m de elevación está situado en bosque montano, en la actualidad constituye invernas con pastos de *Brachiaria* (brecaria) y *Pennisetum clandestinum* (grama azul), así como dentro de purmas de 12 años de formación (área cultivada anteriormente de *Coffea arabica* =café). La diversidad está representada por Asteraceae y helechos en 11% cada una, seguida de Solanaceae con 5%, y el 73% entre otras familias de plantas. Asociado a estos monumentos crecen *Physalis* sp. (tomatillo silvestre), *Solanum* sp. (pepino silvestre), *Rubus* sp. =zarzamora, frutos de uso frecuente. Muchas especies madereras de importancia económica crecen estas zonas, algunas comercializadas y otras usadas en construcciones: *Cedrela* = cedro, *Podocarpus* = romerillo, *Nectandra* = ishpingo, *Ocotea* = mohena, *Alnus* = aliso.

El estrato arbóreo alcanza los 25 a 30 m de alto, representado una gimnosperma de la familia Podocarpaceae (*Retrophyllum* = romerillo). Angiospermas de las familias: Lauraceae (*Nectandra, Ocotea*), Moraceae (*Ficus*), Betulaceae (*Alnus*) y Meliaceae

(*Cedrela* = cedro); otras especies alcanzan los 12 m de alto: *Heliocarpus americanus* (Tiliaceae) la más abundante, *Clusia* (Clusiaceae) y *Allophyllus* (Sapindaceae). Algunos árboles alcanzan menor altura como: *Inga* (Fabaceae), *Cecropia* (Cecropiaceae), *Bocconia integrifolia* = pincullo (Papaveraceae), *Myrsine* (Myrsinaceae), *Solanum* (Solanaceae), helechos arborescentes de los géneros: *Cyathea* (Cyatheaceae) y *Dicksonia* (Dicksoniaceae). Crecen además, epífitos de las familias: Araceae (*Anthurium* y *Philodendron*), Bromeliaceae (*Racinaea* = wicundo, *Guzmania* y *Tillandsia*) (Fig. 5-27), Polypodiaceae (*Campyloneurum*), Davalliaceae (*Nephrolepis pectinata*), Aspleniaceae (*Asplenium*), Woodsiaceae (*Diplazium*) y Lomariopsidaceae (*Elaphoglossum*); hongos del género *Auricularia* (Auriculariaceae); hemiepífitos de las familias: Marcgraviaceae (*Marcgravia*), Cyclanthaceae (*Thoracocarpus* y *Asplundia*), Blechnaceae (*Salpichlaena*) y Gesneriaceae (*Drymonia*). Hay especies hemiparásitas de *Phoradendron* (Viscaceae) y *Aetanthus* (Loranthaceae) y entre las lianas las familias Apocynaceae, Acanthaceae (*Mendoncia*) y Smilacaceae (*Smilax*).

En el estrato arbustivo las especies alcanzan de 5 - 8 m de alto y está representado por los géneros: *Rubus* (Rosaceae), *Verbesina* (Asteraceae), *Piper* (Piperaceae), *Psychotria* (Rubicaceae), *Geonoma* (Arecaceae) y *Urera* (Urticaceae), y arbustos de menor tamaño de las familias: Onagraceae (*Fuchsia*), Campanulaceae (*Centropogon*), Malvaceae (*Sida*), Melastomataceae (*Miconia*), Solanaceae (*Solanum* y *Lycianthes*), Urticaceae (*Phenax* y *Boehmeria*) y Asteraceae (*Baccharis* y *Vernonanthura*).

El estrato herbáceo está constituido especies de las familias: Asteraceae (*Bidens, Ageratum, Gamochaeta, Galinsoga, Pseudoelephantopus* y *Conyza*), Araceae (*Anthurium*) (Fig. 5-28), Apiaceae (*Hydrocotyle, Daucus* y *Sanicula*), Amaranthaceae (*Alternanthera*), Commelinaceae (*Commelina*), Cyperaceae (*Cyperus*), Fabaceae (*Desmodium* y *Trifolium*), Gesneriaceae, Iridaceae, Poaceae (*Ichnanthus*), Lythraceae (*Cuphea strigulosa*), Rubiaceae (*Richardia*), Scrophulariaceae (*Castilleja* y *Alonsoa*), Solanaceae (*Solanum americanum*), Verbenaceae (*Verbena litoralis*), Orchidaceae (*Altensteinia*), Piperaceae (*Peperomia*), Zingiberaceae (*Renealmia*) y Polygonaceae (*Polygonum*) y algunas hierbas volubles de *Dioscorea* (Dioscoreaceae) y *Valeriana* (Valerianaceae). Entre los helechos son abundantes *Pteridium aquilinum* (Dennstaedtiaceae) y *Pteris* (Pteridaceae).

Nueva Mendoza

Las construcciones arqueológicas se ubican en el centro poblado de Nueva Mendoza, a 1500 -1600 m de elevación, que corresponde a bosque montano bajo. Las construcciones se encuentran en purmas, donde la diversidad está representada por helechos con 15%, seguida de Piperaceae con 14%, luego Solanaceae y Araceae con 7% cada una y el 57% corresponde a otras familias de plantas. *Clavija* sp. (limoncillo) y Vasconcellea (papailla) son frutos de uso frecuente asociados a estas construcciones.

Fig. 5-27. Especies del género Racinaea (Bromeliaceae) se distribuyen en la mayoría de bosques de la zona. // Species of Racinaea (Bromeliaceae) are common in the area. Foto V. Quipuscoa.

Los árboles están representados por especies de *Ficus* = higuerón (Moraceae) que miden hasta 35 m de alto con 0,8 m de diámetro del tallo, *Toxicodendron striatum* = itil (Anacardiaceae) que alcanza 9 - 15 m de alto; otras pertenecen a las familias: Annonaceae (*Duguetia, Guatteria*), Araliaceae (*Schefflera*), Arecaceae (*Attalea* y *Bactris*), Caricaceae (*Vasconcellea*), Cecropiaceae (*Cecropia*), Clusiaceae (*Clusia*), Euphorbiaceae (*Alchornea triplinervia*), Fabaceae (*Inga*), Lauraceae (*Nectandra*), Meliaceae (*Cedrela*), Theophrastaceae (*Clavija* = limoncillo), Tiliaceae (*Heliocarpus americanus*), Ulmaceae (*Trema* = atadijo) y Urticaceae (*Urera* = ishanga) y helechos arborescentes de *Cyathea* (Cyatheaceae). Las lianas están representadas por especies de *Fischeria* (Apocynaceae), *Mikania* (Asteraceae) y Sapindaceae. Las epífitas están conformadas por Araceae (*Anthurium* y *Philodendron*), Orchidaceae (*Stelis*), especies de helechos de las familias Polypodiaceae (*Campyloneurum* y *Polypodium*), Hymeno-phyllaceae (*Trichomanes*) y Aspleniaceae (*Asplenium*), Woodsiaceae (*Diplazium*) y Lomariopsidaceae (*Elaphoglossum*); además crecen hemiepífitas de Marcgraviaceae (*Marcgravia*), Solanaceae (*Juanulloa*) y Blechnaceae (*Salpichlaena*).

Los arbustos llegan a medir 5 - 7 m de alto y están conformados por especies de: *Acalypha* (Euphorbiaceae) *Vernonanthura* y *Pentacalia* (Asteraceae), *Begonia parviflora* (Begoniaceae), *Centropogon* (Campanulaceae), *Miconia* (Melastomataceae), ocho especies de *Piper* (Piperaceae), *Picramnia* (Simaroubaceae), *Psychotria* y *Palicourea*

Fig. 5-28. El bosque montano y demás formaciones poseen gran diversidad específica de Anthurium (Araceae). // The montane forest contains a large diversity of Anthurium (Araceae). Foto V. Quipuscoa.

(Rubiaceae), *Siparuna* (Siparunaceae), *Solanum* y *Capsicum* (Solanaceae) y especies leñosas de *Chusquea* (Poaceae).

El estrato herbáceo presenta especies de Araceae (*Anthurium, Monstera* y *Xanthosoma*), Arecaceae (*Geonoma*), Commelinaceae (*Commelina* y *Dichorisandra*), Cyclanthaceae (*Asplundia*), Costaceae (*Costus*), Heliconiaceae (*Heliconia*), Piperaceae (*Peperomia*), Zingiberaceae (*Renealmia*) y Poaceae (*Ichnanthus*); especies trepadoras de Cucurbitaceae (*Psiguria*) y volubles de la familia Dioscoreaceae (*Dioscorea*); helechos de los géneros: *Pteris* (Pteridaceae), *Diplazium* (Woodsiaceae) y *Asplenium* (Aspleniaceae).

Complejo de Paitoja

Este conjunto de restos arqueológicos se ubica alrededor el centro poblado de Paitoja, a 1400 - 1600 m de elevación, que corresponde a bosque montano bajo. Los restos se encuentran en invernas con pastos de *Brachiaria* (bracaria); la familia Asteraceae está mejor representada con el 14% de especies, seguida de helechos con 11%, Poaceae con 7%, Solanaceae con 6%, Arecaceae, Cyperaceae, Fabaceae y Rubiaceae con 5% cada una y 42% agrupa otras familias menos representativas. La papailla (*Vasconcellea* sp.) y especies de shimbillos (*Inga* spp.) crecen en abundancia alrededor de las construcciones y los frutos son consumidos por los pobladores.

Fig. 5-29. Meriania (Melastomataceae) forma parte del bosque premontano y asociado a construcciones prehispánicas. // Meriania (Melastomataceae) is part of the pre-montane forest and often found at pre-Hispanic sites. Foto V. Quipuscoa.

Los árboles alcanzan hasta los 15 m de alto y están representados por: Euphorbiaceae (*Alchornea triplinervia*), Myrsinaceae (*Myrsine*), Melastomataceae (*Meriania*) (Fig. 5-29), Caricaceae (*Vasconcellea*), Clusiaceae, Fabaceae (*Erythrina, Inga*), Lauraceae (*Nectandra*), Meliaceae (*Cedrela*), Solanaceae (*Acnistus arborescens*). Existen varias especies de palmeras de los géneros: *Iriartea, Wettinia, Bactris* y *Oenocarpus*, así como, helechos arborescentes de *Cyathea* (Cyatheaceae). Las epífitas pertenecen a especies de *Aechmea* (Bromeliaceae), helechos de las familias: Davalliaceae (*Nephrolepis pectinata*), Aspleniaceae (*Asplenium*), Woodsiaceae (*Diplazium*), Selaginellaceae (*Selaginella*), Polypodiaceae (*Microgramma, Polypodium* y *Campyloneurum*) y hemiepífitos de *Drymonia* (Gesneriaceae).

Los arbustos alcanzan los 5 - 7 m de alto, con especies dispersas de las familias: Asteraceae (*Baccharis, Vernonanthura patens, Hebeclinium, Liabum, Aequatorium* y *Clibadium*), Begoniaceae (*Begonia parviflora*), Campanulaceae (*Centropogon granulosum*), Euphorbiaceae (*Acalypha*), Melastomataceae (*Miconia*), Onagraceae (*Ludwigia*), Malvaceae (*Sida*), Verbenaceae (*Lantana*), Phytolaccaceae (*Phytolacca*), Piperaceae (*Piper*), Rubiaceae (*Psychotria* y algunos arbustos de *Coffea arabica* = café), Poaceae (*Chusquea*) y Urticaceae (*Urera*).

Fig. 5-30. Peperomia (Piperaceae) es un género muy diverso de las distintas formaciones vegetales de esta zona y asociado a construcciones prehispánicas. // Peperomia (Piperaceae) is a very diverse vegetation type in the area. Foto V. Quipuscoa.

El estrato herbáceo está constituido por especies de *Heliconia* (Heliconiaceae) que alcanzan los 3 m de alto; además las familias: Amaranthaceae (*Amaranthus viridis, Iresine*), Asteraceae (*Ageratum conizioides, Galinsoga, Bidens pilosa, Gamochaeta americana, Pseudoelephantopus, Conyza* y *Erechtites*), Araceae (*Colocasia, Xanthosoma* y *Anthurium*), Commelinaceae (*Commelina*), Cyperaceae (*Kyllinga* y *Cyperus*), Fabaceae (*Desmodium*), Lamiaceae (*Hyptis*), Lythraceae (*Cuphea strigulosa*), Solanaceae (*Physalis angulatum, Solanum* y *Capsicum*), Musaceae (*Musa acuminata* = plátano), Orchidaceae (*Cranichis*), Piperaceae (*Peperomia*) (Fig. 5-30), Poaceae (*Eragrostis, Ichnanthus, Pennisetum* y *Setaria*), Rubiaceae (*Richardia* y *Galium hipocarpicum*), Polygalaceae (*Polygala paniculata* = canchalagua), Scrophulariaceae (*Castilleja*), Urticaceae (*Pilea*), Verbenaceae (*Verbena litoralis*) y hierbas trepadoras de Cucurbitaceae. Entre los helechos crecen los géneros: *Thelypteris* (Thelypteridaceae) y *Pteridium* (Dennstaedtiaceae).

Alto Perú

Los restos se ubican en la margen izquierda del río del centro poblado Alto Perú, a 1200 -1300 m de elevación, están situados en invernas con pasto de *Brachiaria* (bracaria), donde la diversidad de plantas está representada por el 23% de Asteraceae, 8% de helechos, Amaranthaceae, Poaceae, Solanaceae y Urticaceae con 6% cada una y 45 % de otras familias.

El estrato arbóreo alcanza de 12 a 15 m de alto con especies de: Clusiaceae (*Clusia*), Cecropiaceae (*Coussapoa* y *Cecropia*), Fabaceae (*Inga*), Lauraceae (*Nectandra*), Moraceae (*Ficus* y *Artocarpus*) y palmeras del género *Iriartea*; helechos epífitos de los géneros: Davalliaceae (*Nephrolepis*) y Polypodiaceae (*Polypodium*), además de especies hemiepífitas de *Drymonia* (Gesneriaceae).

Los arbustos representados por las familias: Acanthaceae (*Sanchezia*), Euphorbiaceae (*Acalypha*), Piperaceae (*Piper*), Solanaceae (*Solanum*), Malvaceae (*Sida*), Urticaceae (*Phenax* y *Urera*) y Poaceae (*Chusquea*).

El estrato herbáceo está conformado por especies de *Achyranthes* y *Alternanthera* (Amaranthaceae), *Anthurium* (Araceae), *Philoglossa, Chaptalia, Pseudoelephantopus, Conyza, Sonchus, Galinsoga, Ageratum, Bidens, Acmella, Gamochaeta* y *Porophyllum ruderale* (Asteraceae), *Cyperus* y *Kyllinga* (Cyperaceae), *Heliconia* (Heliconiaceae), *Klaprothia* (Loasaceae), *Pennisetum* (Poaceae), *Richardia* (Rubiaceae), *Solanum americanum* y *Jaltomata repandidentata* (Solanaceae), *Pilea* (Urticaceae) y *Stachytarpheta* (Verbenaceae), además crecen especies volubles de *Valeriana* (Valerianaceae).

Los helechos están representados por *Thelypteris* (Thelypteridaceae) y *Pteridium* (Dennstaedtiaceae).

Nuevo Sinaí y Nuevo Horizonte

Ambos sitios arqueológicos se encuentran ubicados cerca el centro poblado de San Marcos, a 1100 - 1150 m de elevación, y están situados en invernas con pasto de *Brachiaria* (bracaria) y en cultivos de *Coffea arabica* (café). La diversidad de plantas está representada principalmente por especies herbáceas y arbustivas con algunos árboles dispersos de Rubiaceae, con características similares al complejo de monumentos arqueológicos de Selva Alegre.

Capítulo 6

El cambio en el uso del suelo

Introducción

Por lo general los módulos arqueológico, botánico y antropológico han tratado los aspectos cualitativos del cambio en el uso de la tierra en la Ceja de Montaña. El conocimiento resultante de tal investigación es de trascendental importancia para la comprensión de los procesos que controlan los cambios de uso del suelo en la zona.

Sin embargo, la cuantificación del cambio de uso, haciendo un recorrido a pie por el campo es por sí solo, una tarea a todas luces irrealizable. Es por ello que buscamos ayuda de tecnologías como, la teledetección (o percepción remota) a fin de cartografiar y analizar los actuales cambios de uso.

Desde hace mucho, la teledetección se ha considerado idónea para la cartografía y hacer un seguimiento de la ocupación de suelos, debido a su habilidad para proporcionar información sinóptica, repetitiva y consistente sobre la superficie terrestre (DeFries & Townshend 1999; Franklin & Wulder 2002). Sólo una pequeña superficie puede ser evaluada de manera precisa en campo, por lo que la teledetección se constituye como el único método viable de análisis.

Imágenes de satélite de distintas fechas son convertidas en mapas temáticos acerca del uso del suelo, estos mapas son posteriormente comparados a fin de identificar zonas de cambios. Esto permite la identificación de cambios tanto en el espacio (la distribución del tipo ocupación del suelo) como en el tiempo (entre las imágenes de distintas fechas).

La tasa bruta de deforestación es uno de los parámetros más importantes e indica la cantidad de bosque tropical talado y dispuesto para fines de agro-pastoreo. Algunas de estas áreas volverán tener una cubierta forestal (reforestación), a pesar de lo cual la calidad del bosque regenerado es usualmente baja, en términos de biodiversidad, de protección del hábitat y de la prevención de erosión de suelos. La tasa de deforestación neta es igual a la diferencia entre la tasa de deforestación bruta y la tasa de reforestación.

La deforestación, en todas sus causas y formas tiene una dimensión espacial, la cual es fácilmente observable con datos de teledetección y se recomienda que la geografía de la deforestación tropical, sea analizada para una localización determinada, a fin de aportar significativamente en la formulación de políticas forestales y estrategias de gestión apropiadas (Apan & Peterson 1998).

Datos

Para cartografiar con precisión la ocupación de suelos en áreas con cobertura vegetal, la fotografía aérea monocromática (convencional), no contiene la información espectral adecuada para separar tipos de bosque y de vegetación. En cambio, se requiere de imágenes a color que contengan información en varios intervalos a lo largo del espectro electromagnético, como las diferentes regiones espectrales desde el visible, el infrarrojo y el infrarrojo térmico.

Los sistemas Landsat han ganado una amplia prominencia en la cartografía y seguimiento de la cubierta forestal, debido a su uso histórico, alta resolución espacial, moderada cobertura espacial y su resolución espectral, que cubre las regiones espectrales desde el visible, el infrarrojo cercano y medio, hasta el infrarrojo térmico (Cohen & Goward 2004). No obstante, desde mayo del 2003 el sensor a bordo de Landsat ETM+ sufre de una avería que provoca un bandeado negro y la presencia de huecos en las imágenes, complicando su utilización para la cartografía de ocupación del suelo. Es por ello que sensores alternativos como SPOT HRVIR, que cuentan con resoluciones similares, con frecuencia representan una mejor opción para cartografías de ocupación del suelo posteriores a mayo del 2003.

La información utilizada en el presente estudio incluye dos imágenes Landsat de 1987 y 2001 y una SPOT HRVIR de 2008. A fin de minimizar los efectos fenológicos de la vegetación y de la actividad agrícola, las fechas adquiridas son tales que los datos sean comparables con respecto a la estacionalidad.

Tabla 6-1. Imágenes de satélites usados en el etudio

Sensor	Resolución	Fecha
Landsat TM	6 bandas/30 m	31-May-1987
Landsat ETM+	6 bandas/30 m	30-Jun-2001
SPOT HRVIR	4 bandas/20 m	7-May-2008
Quickbird	4 bandas /0.6 m	08-Jun-2008
Quickbird	4 bandas /0.6 m	13-Sep-2008

Además, fueron adquiridas dos imágenes Quickbird de alta resolución. La pequeña escala espacial permite que este tipo de datos puedan ser directamente ligados a las mediciones de campo; por ende, representan un importante conocimiento espacial necesario en un análisis multinivel, donde datos con diferentes resoluciones espaciales se sitúan en una estructura de información jerárquica que permite que mediciones en sitios específicos sean extrapoladas sobre áreas mayores (Wulder et al. 2004).

Reduadro 6.1 Cambio Global, Bosque Montano y teledetección

El cambio de uso de la tierra y clasificación de los bosques en los trópicos ha sido un tema de gran preocupación en las últimas décadas. En las regiones de bosques tropicales, el cambio de uso de la tierra es a menudo sinónimo de la deforestación de áreas de bosque maduro que son talados para la extracción de madera o la agricultura de subsistencia.

En la perspectiva del cambio climático global, la pérdida de bosques es muy importante, ya que los bosques tropicales almacenan gran cantidad de carbono el cual puede ser alterado a través de cambios en el uso de la tierra causada por incendios, tala, forestación y reforestación.

La deforestación tiene una relación directa con la descarga de CO_2 a la atmosfera y en muchos países tropicales las emisiones de carbono por cambios en la cubierta forestal son superiores al de las emisiones de combustibles fósiles y contribuyen de modo importante a las emisiones globales de carbono. Sin embargo existen ciertas controversias sobre las tasas de emisión neta, ya que los bosques tropicales también eliminan el CO_2 durante el proceso de fotosíntesis.

Las proyecciones globales de carbono indican que la concentración de CO_2 en la atmósfera debe estar aumentando de manera más rápida que la tasa actual, de alrededor de 1,5 ppm año-1 (Kuplich et al. 2000). Esta discrepancia entre las proyecciones y las mediciones del carbono atmosférico se ha atribuido a la presencia de grandes, aunque no bien cuantificados los sumideros de carbono terrestre (Helmer et al. 2000). Los bosques tropicales son un lugar natural para almacenar este carbono, ya que representan aproximadamente el 40% del carbono almacenado en la biomasa terrestre (Dixon et al. 1994).

La hipótesis es que un importante sumidero de carbono terrestre se puede encontrar en la regeneración de los bosques tropicales que secuestra el CO_2 de la atmósfera durante el proceso de fotosíntesis (Salas et al. 1999; Steininger 2000; Lucas, 2002) mientras que investigaciones más recientes también sugieren que los bosques vírgenes pueden representan un sumidero de tamaño considerable. Sin embargo, la magnitud de este sumidero de carbono es incierto, debido a escasa información sobre el tamaño de los bosques regenerados y desconocimiento de su flujo de carbono asociado (Lucas et al. 2002).

La cuantificación de la extensión de ambas variables así como de las diversas etapas de la regeneración de los bosques, constituye un tema importante en el modelado del cambio climático global y para el seguimiento de acuerdos multilaterales sobre medio ambiente (Skole et al. 1997; de Sherbinin y Giri 2001; de la FAO 2001). La mayoría de los estudios sobre el cambio de los bosques tropicales se centran en las zonas con actividades de tala, o en zonas caracterizadas por la migración humana a gran escala. Estos ámbitos son, sin duda de vital importancia en la perspectiva del cambio global, debido a su vasta extensión del área, muchos de los recursos forestales más frágiles del mundo se encuentran en terrenos montañosos (Young y León 1999). Por consiguiente, se han dado voces de alerta para que se desarrollen estudios e investigaciones que lleven a incrementar el conocimiento y la conciencia sobre la distribución de los bosques montanos, situación, amenazas, valores y funciones (Aldrich 2000).

Los bosques montanos tropicales albergan importantes especies de plantas y animales únicas y son caracterizados como puntos calientes de biodiversidad es decir, áreas que deben ser protegidas no sólo por el número de especies presentes, sino también por su numerosos endemismos (Stattersfield et al. 1998).

La pérdida de los bosques montanos tropicales afecta a la biodiversidad de tres formas: mediante la destrucción de los hábitats, mediante el aislamiento de los fragmentos de antiguos hábitats contiguos y la creación de efectos de borde (Vitousek 1994).

Los bosques montanos tropicales proporcionan también un hábitat importante para las personas. Algunas de las comunidades más pobres y vulnerables del planeta viven en estos ambientes y los productos forestales y no forestales forman la base de sus sistemas de subsistencia. Estas comunidades son "cazadores, recolectores y agricultores itinerantes, esto último en función del manejo de suelo, usando la modalidad de barbecho para restaurar su productividad.

Cuando la tierra y los recursos forestales soportan la presión antrópica, como la tala, construcción de presas, ganadería y agricultura extensiva de nonocultivo los sistemas de subsistencia se ven directamente amenazados. Así, las preocupaciones ambientales y de desarrollo convergen con el creciente interés tanto en los bosques montanos tropicales como un importante ecosistema y en el bienestar de las personas que viven de ellos (Byron y Arnold 1999).

Los bosques montanos tropicales también cumplen un rol importante como generadores de agua, las cuencas altas de los ríos proveen suministros de agua potable a millones de personas. Al desaparecer los bosques montanos, se aceleran los procesos de degradación, debido a la escorrentía y erosión del suelo, incrementandose la cantidad de sedimentos en los cursos de agua por lo que disminuye la calidad del agua y es posible, que originen devastadoras inundaciones (Price 2003).

También hay una fuerte interacción entre los bosques montanos tropicales y el clima (Laurance 2004). A escala local un incremento de temperatura y alteración de las corrientes de aire cerca de los bordes de los bosques, puede conducir a mayores tasas de mortalidad de los árboles y los daños dentro de los 100 a 300 metros de los márgenes de punta, espacios susceptibles a incendios relacionados con el incremento de borde (Cochrane y Laurance 2002).

En la escala regional la alteración de los patrones de la formación de nubes a través del calentamiento global podría provocar la pérdida de humedad en los bosques, generando una pérdidas irreparables de la biodiversidad (Libras et al 1999, Still et al. 1999).

La deforestación también tiene el potencial para influir en la formación de nubosidad y se ha advertido que existe un sistema de retroalimentación positiva entre los cambios de uso del suelo, el clima regional, las frecuencias de fuego y el calentamiento global, lo que origina la necesidad de otorgar tratamiento especial para la conservación de los bosques montanos tropicales (Laurance y Williamson 2001, Hansen et al. 2001).

De todo lo anterior se deduce que los cambios de uso del suelo en los bosques montanos tropicales, están estrechamente vinculados a las cuestiones de sostenibilidad ambiental, económica y social. Sin embargo, los datos cuantitativos sobre dónde, cuándo y por qué la deforestación y los cambios de la cubierta forestal, estan incompletos y usualmente son inexactos (Lambin 1997).

Metodologías

Preprocesamiento de imágenes

La georeferenciación es un paso fundamental en el procesamiento de imágenes. Ésta convierte las coordenadas de la imagen digital en coordenadas geográficas. De esta manera la información puede ser relacionada a los mapas geo referenciados y a datos recogidos en campo mediante GPS. Además, es importante co-registrar todas las imágenes a fin de comparar los cambios ocurridos en una locación determinada en la imagen a lo largo de la serie temporal. El registro correcto de imágenes es crítico en aplicaciones de detección de cambios. Verbyla & Boles (2000) destacan que un mal registro podría introducir sesgos en la interpretación del cambio de la ocupación de suelos.

La reciente imagen SPOT del 7 de mayo de 2008 fue rectificada geométricamente utilizando puntos GPS capturados en el campo, dado que el mapa topográfico de la zona era de calidad inadecuada para la rectificación. Utilizando GPS para los puntos de control, se logró un RMSE de un pixel, lo cual es considerado usualmente como adecuado (Jensen 1996). Posteriormente, esta imagen fue utilizada en rectificaciones imagen a imagen para las escenas Landsat, con valores RMSE menores a píxeles. Las imágenes Quickbird fueron igualmente transformadas geométricamente a coordenadas UTM utilizando Rational Polynomial Coefficients (RPC) y la imagen SPOT 2008 como referencia.

La cobertura de nubes constituye un serio problema para la cartografía de la ocupación de suelos en muchas regiones tropicales, dado que la teledetección óptica no puede atravesar las nubes. Para la región Ceja de Montaña fue prácticamente imposible obtener imágenes satelitales libres de nubes, por ello, en un segundo paso de pre-procesamiento, las áreas más afectadas por efectos atmosféricos (nubes y sombras de nubes) fueron enmascaradas utilizando una técnica de clasificación de imágenes basada en objetos.

Obtención de datos en campo

Usualmente se requiere obtener datos en campo a fin de relacionar los valores digitales de una imagen de satélite con los tipos de ocupaciones del suelo en el terreno. En el proceso de conversión de una imagen de satélite a un mapa temático se debe aplicar a la imagen un algoritmo de clasificación. Un algoritmo de clasificación supervisado debe ser diseñado para reconocer una determinada clase basándose en las propiedades características de dicha clase.

Algunos tipos de ocupación del suelo pueden ser fácilmente distinguibles sin utilizar datos de referencia (por ejemplo, lagos, ríos, áreas urbanas) pero, a fin de clasificar una imagen digital en clases diferenciadas de vegetación, es usualmente necesario obtener datos de referencia en campo (a veces referidos como "verdad terreno"). Por ende, para facilitar el análisis pretendido, la zona de estudio fue visitada durante una salida de campo en noviembre de 2008. El objetivo principal del trabajo de campo fue familiarizarse con la zona de estudio y obtener información directa de campo, sobre los tipos de vegetación y de ocupación de suelos utilizando cámaras digitales y Sistemas de Posicionamiento Global (GPS) Garmin. Después del trabajo de campo se elaboró una base de datos geo-referenciada relacionando todas las localizaciones con su respectiva descripción y sus fotografías (Fig. 6-1).

Clasificación de imágenes

La clasificación de imágenes y las operaciones de análisis son usadas para identificar y clasificar los pixeles en la data. La clasificación usualmente se realiza en conjuntos multicanales (A), y este proceso asigna cada pixel de una imagen a una clase o tema particular (B), basado en propiedades estadísticas de los valores de brillo del pixel (Fig. 6-2).

El principio detrás de la mayoría de cartografías de ocupación de suelos basados en imágenes de satélite, es la habilidad para separar distintas ocupaciones de suelo basada en su firma espectral, es decir, una combinación única de radiación electromagnética reflejada en distintas bandas espectrales. Sin embargo, es ampliamente

Fig. 6-1. Ejemplo del uso de imagenes QuickBird de alta resolución (60 cm) para verificación. La imagen es de Selva Alegre en adquirido en 2008. Las fotos a la derecha corresponden a las localidades A y B en el imágen. // Example of a 60 cm QuickBird image used for verification. The two photos at the right correspond to the locations A and B in the satellite image. Fotos: Mikael Kamp Sørensen.

reconocido que las clases de bosques tropicales tienden a tener una baja separabi-lidad espectral debido a su rapidez de rebrote, un alto nivel de verdor constante y un denso dosel vegetal, todo lo cual causa una compleja textura de los patrones de reflectividad.

La complejidad de la textura se hace más evidente en imágenes de mayor resolución, en las que se ha sugerido que para las clases de bosque tropical, la diferencia es-pectral dentro de la clase es significativa en comparación con la variación espectral entre clases. Por ello, para mejorar la certeza en la clasificación de tipos de bosques tropicales, se ha sugerido que la segmentación de imágenes puede ser utilizada antes de la clasificación para reducir la variabilidad espectral intra-clase y así mejorar las diferencias espectrales entre clases (Hill 1999; Edmunds & Sørensen 2002).

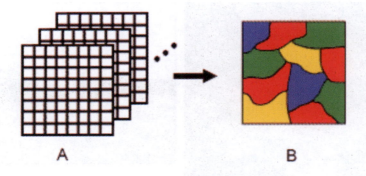

A   B

Figura 6-2. De la imagen multiespectral al mapa temático clasificado. // From the multispectral image to a thematic classifcation.

Por lo tanto, en vez del procedimiento convencional de interpretación en el que cada pixel es clasificado individualmente, se utilizó una técnica orientada a objetos, donde la imagen es segmentada en objetos homogéneos, basándose en tres parámetros, escala, color (información espectral) y forma. Una clasificación basada en reglas fue subsecuentemente utilizada para clasificar los objetos en grupos pre-definidos de ocupaciones del suelo (Tabla 6-2).

Tabla 6-2. Clases de la clasifición

Tipo de clase	Descripción
MF	Bosque maduro
MFt	Bosque de transición ubicado sobre 3000m y dominado por Ericaceae
SFl	Bosque secundario dominado por Asteraceae
SFc	Chusquea (Bambú y Palmeras) ubicados mayormente en crestas de montañas y laderas despejadas sobre los 2000m
SFs	Matorral, clase mixta consistente en Paspalum, matas bajas y arbustos, pudiendo contener individuos dispersos de árboles (Herbazales)
SFf	Chozales, típicamente el primer tipo de invasión en áreas agotadas de nutrientes
Pp	Pastos (dominado por Paspalum sp.)
Cn	Areas despejadas
CPm	Cultivos mixtos (Plátano, mandioca, maíz, frutas)
Wtr	Principales cuerpos de agua

En la clasificación basada en reglas, los distintos tipos de ocupación del suelo se explican por medio de un conjunto de reglas. Estas reglas pueden ser sencillas, por ejemplo; si queremos clasificar la vegetación podemos utilizar la banda infrarroja cercana cuya reflectividad es más alta sobre áreas con vegetación en comparación con áreas sin vegetación, debido a las propiedades altamente reflectivas del tejido mesófilo de las plantas. Sin embargo, conforme el número y la complejidad espectral de las clases se incrementan, los conjuntos de reglas tenderán a ser más complejos e incluirán varias bandas espectrales.

En estos casos, las técnicas de minería de datos, tales como las Decision Tree Classifiers

(DTC) pueden ser usadas a fin de decidir las variables y umbrales adecuados para la clasificación. El algoritmo DTC utiliza un conjunto de variables explicativas para dividir recursivamente un conjunto de entrenamiento en subconjuntos homogéneos llamados nodos. En cada nodo, el algoritmo investiga todas las particiones posibles de todas las variables explicativas. La variable explicativa individual que minimiza el error de clasificación es utilizada en la división de los datos y el proceso se repite en los dos nodos hijos. El resultado es un árbol binario con una raíz nodular que representa los datos no divididos y que se ramifica en un conjunto de nodos internos y un número de nodos terminales (también llamados hojas) que representan los grupos de clases finales.

Un DTC es un algoritmo supervisado que utiliza datos de entrenamiento para la variable dependiente. Un DTC usualmente sobreajustará los datos de entrada, por ejemplo, el árbol podría ajustar los datos demasiado bien aumentando el ruido y los errores (Breiman et al. 1984). Para prevenir tal sobre-ajuste, el árbol puede ser generalizado utilizando un procedimiento de poda donde el árbol inicial es simplificado removiendo algunas de las decisiones. Normalmente la poda se realiza dividiendo los datos de entrada en dos sub-muestras, una de la que crecerá el árbol y otra para podarlo por medio de la eliminación de reglas que no contribuyan significativamente en la explicación de los datos de entrada.

Detección de cambios

Existen varios métodos para detectar cambios entre dos o más imágenes. El método más común es la detección de cambios post-clasificación (Jensen 1996). Este método se basa en la comparación de dos o más clasificaciones y la precisión de la detección del cambio dependerá de la precisión individual de cada una de las clasificaciones que se pretenden comparar, ya que los errores presentes en la clasificación inicial son aumentados en el proceso de detección de cambios (Lillesand & Kiefer 2000).

A fin de mitigar esto, una máscara de cambio puede ser usada al comparar las imágenes clasificadas de distintas fechas. Este método se realiza de la siguiente manera: primero, una clasificación tradicional de la fecha 1 es realizada y después la información espectral de las fechas 1 y 2 es usada para crear una máscara de cambio. Esta máscara es superpuesta a la fecha 2 y únicamente las zonas sujetas a cambios son clasificadas en la imagen de satélite de la fecha 2. Este método es muy efectivo al permitirle al analista enfocarse principalmente en las zonas que han cambiado entre las dos fechas, reduciéndose considerablemente así los errores en la detección de cambios (omisión y comisión) causados por los pixeles mal clasificados en las dos clasificaciones independientes (Jensen 1996)

Además, el análisis basado en objetos es muy apto para esta técnica de detección de cambios porque los objetos pueden ser forzados a seguir los límites de las entidades en el tiempo 1 (objetos padres) hacia el tiempo 2 (objetos hijos). Así, los objetos padres son divididos en dos o más objetos hijos cuyos cambios pueden ser subsecuentemente inspeccionados y conforme a esto, reclasificados. En este caso se crearon dos máscaras de cambio, una para los cambios entre 1987 y 2001 y una para los cambios entre 2001 y 2008. En ambos casos el primer paso fue segmentar respectivamente las imágenes de 1987 y 2001 en objetos homogéneos.

Durante la segmentación se forzaron los límites de los objetos para que siguiesen a los que se generaron durante la segmentación y clasificación de la imagen de 2001. De aquí en adelante, la imagen diferencia fue utilizada como primer indicador de objetos que han sufrido cambio en la ocupación del suelo y la imagen resultante fue utilizada para la codificación temática en objetos con cambio y sin cambio. Finalmente se clasificaron las imágenes de 1987 y de 2001 de acuerdo con la técnica anteriormente descrita pero sólo enfocándonos en las zonas que sufrieron cambios entre los dos años.

Deforestación

La deforestación es definida como la desaparición de los bosques en una localización determinada (Goudie et al., 1994). Frecuentemente se distingue entre deforestación bruta y deforestación neta. La deforestación bruta hace referencia en la disminución de la cubierta forestal, mientras que la deforestación neta considera cualquier aumento que compense la cubierta forestal. En este análisis, las tasas históricas de deforestación bruta fueron estimadas enumerando los pixeles en los mapas de ocupación del suelo que fueron transformados de bosque maduro a otra ocupación del suelo a lo largo de la serie temporal analizada y convirtiendo el área del píxel a hectáreas (ecuación 1).

$$(1) \quad \text{Deforestación bruta} = \frac{BM_{t1} - \text{Deforestada}_{t1 \to 2}}{BM_{t1}}$$

donde BM_{t1} es la cubierta de bosque maduro en un tiempo 1 y $\text{Deforestada}_{t1 \to 2}$ es el área que resulta de la suma de la superficie de los objetos clasificados como bosque maduro en el tiempo 1 y clasificados como otra ocupación del suelo en el tiempo 2.

A fin de calcular la deforestación neta se incorpora el rebrote a la ecuación calculando simplemente la diferencia del total de cubierta de bosque entre el tiempo 1 y el tiempo 2 en relación a la superficie de bosque maduro en el tiempo 1:

$$(2) \quad \text{Deforestación Neta} = \frac{BM_{t1} - BM_{t2}}{BM_{t1}}$$

donde BM_{t1} y BM_{t2} hacen referencia a la superficie de bosque maduro en el tiempo 1 y tiempo 2 respectivamente. Finalmente, las tasas anuales de deforestación bruta o neta fueron calculadas dividiendo el número de años entre el tiempo 1 y 2.

Análisis espacial

Los modelos geoestadísticos combinan percepción remota y Sistemas de Información Geográfica (SIG) con análisis estadísticos y la técnica consiste en analizar la localización de la deforestación en relación a los mapas de variables naturales y culturales (Lambin, 1994). Estos modelos no predicen cuándo sucederá la deforestación, si no que sólo identifican qué zonas tienen alta probabilidad de ser deforestadas, sí es que ocurre y cuando ocurra la deforestación.

En este estudio, un análisis estadístico univariante fue utilizado para relacionar la frecuencia de deforestación a una serie de factores locales de relevancia supuesta en el proceso de deforestación dentro de Ceja de Montaña. Los factores analizados incluyeron proximidad fluvial y condiciones orográficas bajo la hipótesis de que ambos son factores influyentes en las actividades de deforestación de la zona. La influencia de la distancia a la red hidrográfica fue analizada obteniendo búferes alrededor de estas entidades geográficas. De manera similar, el efecto de la orografía fue analizada mediante la síntesis de los números de deforestación dentro de distintos intervalos de elevación y pendiente, utilizando para ello un modelo digital de elevaciones (MDE).

Resultados y discusión

Principales cambios

El análisis de imágenes de satélite revela algunas tendencias interesantes respecto al desarrollo de la cubierta forestal en la Ceja de Montaña. Tabla 6-3 y Figs 6-3 a 6-7 muestran la distribución de superficies para cada clase entre el período de 21 años cubierto por las imágenes de satélite, entre 1987 y 2008. La Tabla 6-3, parte izquierda, indica la superficie absoluta en hectáreas de cada clase, mientras que la parte derecha describe el porcentaje de superficie que representa cada clase con respecto al total de la imagen clasificada (número total de pixeles menos número de pixeles nublados).

Con matrices de cambio es posible inferir el desarrollo de la cobertura arbolada sin considerar las nubes. Las zonas sin cambios ocupan la diagonal en las matrices, mientras que las zonas con cambio son representadas en los elementos no diagonales de las matrices. Tablas 6-4 y 6-5 revelan cómo la mayoría de los cambios se relacionan con la deforestación y el consecuente cambio de masa boscosa a otro tipo de ocupación del suelo, sobre todo a matorrales, pastizales o a cultivos mixtos y suelo desnudo. La regeneración compensa esto hasta cierto punto, en la medida que la ocupación del suelo vuelve a convertirse de no arbolado a cubierta arbolada.

Tabla 6-3. **Estadística de cubierta arbolada y ocupación del suelo para las 3 imágenes fechadas utilizadas en el estudio.**

	Hectáreas				Porcentaje		
Clase	1987	2001	2008	Clase	1987	2001	2008
Bosque Maduro	61579	59219	54850	Bosque Maduro	76,53%	73,58%	68,16%
Bosque secundario	4321	4284	5783	Bosque secundario	5,37%	5,32%	7,19%
Bosque de transición	162	170	167	Bosque de transición	0,20%	0,21%	0,21%
Chusquea	4740	4068	4029	Chusquea	5,89%	5,06%	5,01%
Matorral	5633	7309	10043	Matorral	7,00%	9,08%	12,48%
Chozales	521	353	256	Chozales	0,65%	0,44%	0,32%
Pastos	580	886	1194	Pastos	0,72%	1,10%	1,48%
Cultivos mixtos	2005	2770	2793	Cultivos mixtos	2,49%	3,44%	3,47%
Despejada	821	1315	1314	Despejada	1,02%	1,63%	1,63%
Agua	104	103	50	Agua	0,13%	0,13%	0,06%
Nubes (máscara)	80466	80479	80479	Total	100,00%	100,00%	100,00%
Total	78997	78997	78997				
Total con nubes	159462	159476	159475				

Cabe mencionar que las matrices de cambios incluyen también errores de clasificación, lo cual es inevitable si se considera las transiciones graduales y las similitudes espectrales entre determinadas clases. Los errores podrán afectar la precisión del mapa en ciertas zonas específicas pero a gran escala se espera que estos se compensen y por ello se puede asumir como válidas las superficies obtenidas y las estadísticas de cobertura arbolada.

La matriz de cambios revela que por lo general la proporción de bosque ha decrecido durante el periodo de 21 años entre 1987 y 2008, mientras que la mayoría de clases no arboladas como zonas agrícolas, pastizales y matorrales se han expandido en superficie. Estas observaciones también se reflejan en las tasas de deforestación. La deforestación bruta se ha incrementado de una pérdida de 0.39% en el periodo de 1987 a 2001 a 0.91% entre 2001 y 2008. Si consideramos la regeneración, los números para la deforestación neta son 0.25% por año para el periodo 1987 a 2001 comparado al 0.8% por año para el periodo de 2001 a 2008 (Tabla 6-6).

Tabla 6-6. Tasa de deforestación entre varios periodos para la zona de estudio de Ceja de Montaña.

	1987-2001	2001-2008	1987-2008
Deforestación bruta	5.49%	6.34%	12.81%
Deforestación neta	3.45%	5.60%	11.00%
Tasa anual de deforestación bruta	0.39% y^{-1}	0.91% y^{-1}	0.61%
Tasa anual de deforestación neta	0.25% y^{-1}	0.80% y^{-1}	0.52%

Tabla 6-4. Matriz de cambio de cobertura arbolada y de ocupación del suelo para el periodo de tiempo entre 1987 a 2001.

1987	Bosque maduro	Bosque secundario	Bosque de transición	Bambú	Matorrales	Helechos	Pastizales	Cultivos mixtos	Despejada	Agua	Total 1987
Bosque maduro	69767	927	6	453	1752	23	114	535	243	0	73820
Bosque secundario	225	4163	0	1	636	284	217	452	93	0	6071
Bosque de transición	1	0	172	0	0	0	0	0	0	0	173
Bambú	749	129	5	3963	249	4	42	44	32	0	5217
Matorrales	241	224	4	46	5980	126	186	358	117	0	7284
Helechos	39	58	0	0	136	435	586	62	146	0	1463
Pastizales	148	29	0	1	121	27	367	31	14	0	738
Cultivos mixtos	42	43	0	3	266	31	190	1490	196	0	2261
Despejada	62	23	0	2	34	24	32	21	756	0	954
Agua	0	0	0	0	0	0	0	0	0	103	104
Total 2001	71274	5597	187	4469	9174	954	1736	2993	1596	103	98083

Tabla 6-5. Matriz de cambio de cobertura arbolada y de ocupación del suelo para el periodo de tiempo entre 2001 to 2008.

2001	Bosque maduro	Bosque secundario	Trans forest	Bambú	Matorrales	Helechos	Pastizales	Cultivos mixtos	Despejada	Agua	Total 2008
Bosque maduro	88392	2153	1	142	2696	0	394	275	316	1	94371
Bosque secundario	80	3821	0	6	614	0	45	55	49	0	4671
Trans forest	2	0	249	5	0	0	0	0	0	0	255
Bambú	212	12	0	5807	24	0	39	1	8	0	6104
Matorrales	259	339	0	27	7759	1	105	263	115	0	8867
Helechos	0	4	0	0	85	254	4	1	12	0	361
Pastizales	51	21	0	31	100	7	866	17	27	0	1120
Cultivos mixtos	22	168	0	1	386	0	1	2849	14	0	3440
Despejada	64	83	0	42	245	0	45	54	1318	0	1853
Agua	0	0	0	5	0	0	37	1	18	171	232
Total 2008	89082	6602	251	6067	11910	262	1536	3515	1878	172	121274

Land use/Land cover 1987

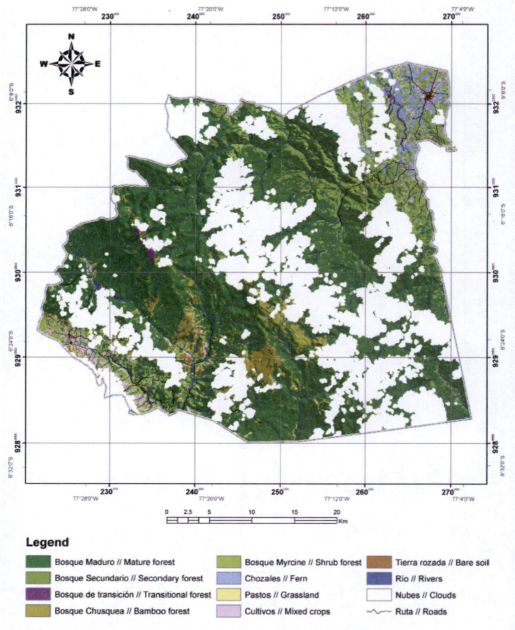

Legend

Bosque Maduro // Mature forest	
Bosque Secundario // Secondary forest	
Bosque de transición // Transitional forest	
Bosque Chusquea // Bamboo forest	
Bosque Myrcine // Shrub forest	
Chozales // Fern	
Pastos // Grassland	
Cultivos // Mixed crops	
Tierra rozada // Bare soil	
Río // Rivers	
Nubes // Clouds	
Ruta // Roads	

Fig. 6-3. Uso de la tierra cartografiado de imagen de satélite de 1987. // Land use map derived from 1987 satellite image.

Land use/Land cover 2001

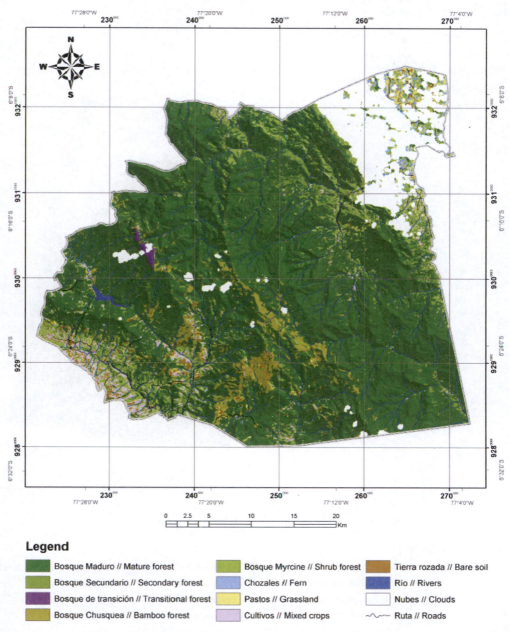

Legend

■ Bosque Maduro // Mature forest	■ Bosque Myrcine // Shrub forest
■ Bosque Secundario // Secondary forest	■ Chozales // Fern
■ Bosque de transición // Transitional forest	■ Pastos // Grassland
■ Bosque Chusquea // Bamboo forest	■ Cultivos // Mixed crops
■ Tierra rozada // Bare soil	
■ Río // Rivers	
□ Nubes // Clouds	
∼∼∼ Ruta // Roads	

Fig. 6-4. Uso de la tierra cartografiado de imagen de satélite de 2001. // Land use map derived from 1987 satellite image.

Land use/Land cover 2008

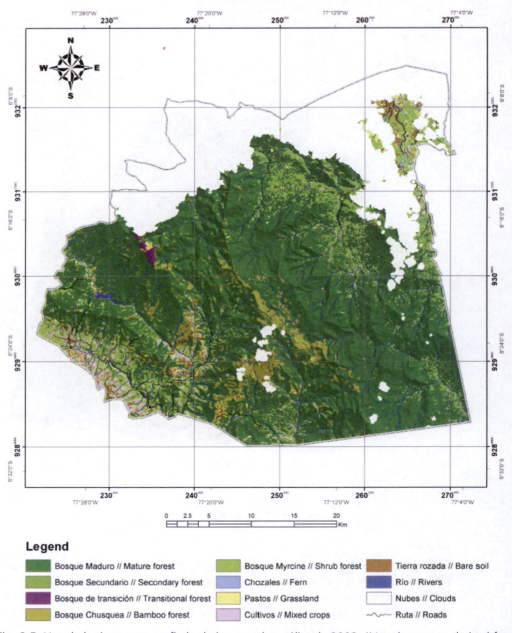

Legend

■ Bosque Maduro // Mature forest	■ Bosque Myrcine // Shrub forest	■ Tierra rozada // Bare soil
■ Bosque Secundario // Secondary forest	■ Chozales // Fern	■ Río // Rivers
■ Bosque de transición // Transitional forest	■ Pastos // Grassland	□ Nubes // Clouds
■ Bosque Chusquea // Bamboo forest	■ Cultivos // Mixed crops	⌇ Ruta // Roads

Fig. 6-5. Uso de la tierra cartografiado de imagen de satélite de 2008. // Land use map derived from 1987 satellite image.

254

Deforestation 1987 to 2001

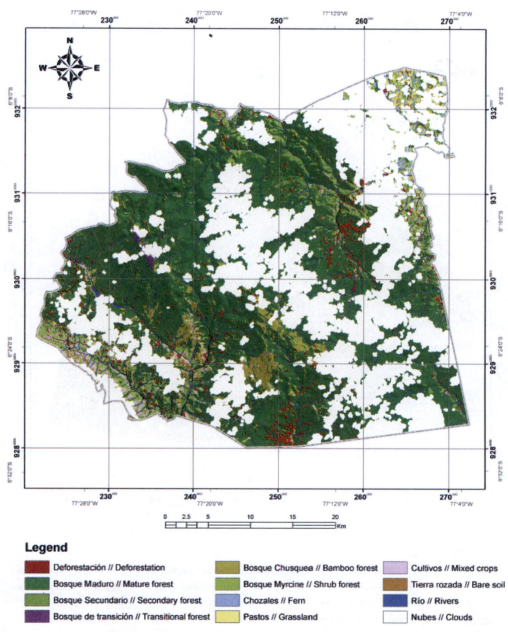

Legend

Deforestación // Deforestation	Bosque Chusquea // Bamboo forest
Bosque Maduro // Mature forest	Bosque Myrcine // Shrub forest
Bosque Secundario // Secondary forest	Chozales // Fern
Bosque de transición // Transitional forest	Pastos // Grassland
	Cultivos // Mixed crops
	Tierra rozada // Bare soil
	Río // Rivers
	Nubes // Clouds

Fig. 6-6. Análisis de la deforestación de 1987 a 2001 marcado el color rojo. // Deforestation in the period 1987 to 2001 is marked with red.

Deforestation 2001 to 2008

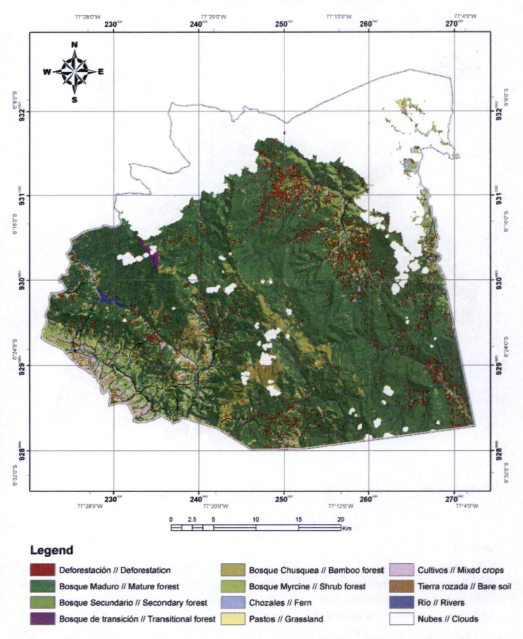

Legend

- Deforestación // Deforestation
- Bosque Maduro // Mature forest
- Bosque Secundario // Secondary forest
- Bosque de transición // Transitional forest
- Bosque Chusquea // Bamboo forest
- Bosque Myrcine // Shrub forest
- Chozales // Fern
- Pastos // Grassland
- Cultivos // Mixed crops
- Tierra rozada // Bare soil
- Río // Rivers
- Nubes // Clouds

Fig. 6-7. Análisis de la deforestación de 2001 a 2008 marcado el color rojo. // Deforestation in the period 1987 to 2001 is marked with red.

Cambios espaciales

Se ha realizado una serie de análisis espaciales sobre la historia contemporánea de uso del suelo en área de la Ceja de Montaña. Estos incluyen estadísticas de sub-áreas, influencia de la proximidad a ríos y los aspectos orográficos de elevación y pendiente.

Cambios de uso en los pueblos

En la técnica de la matriz de cambios, hemos sido capaces de aislar los efectos de las nubes al analizar el cambio entre fechas consecutivas, sin embargo, dado que las nubes difieren entre dos pares de imágenes consecutivas (por ejemplo 1987 a 2001 y 2001 a 2008) es complicado comparar las tasas de cambio, especialmente cuando algunas zonas dinámicas pueden haber sido ocultadas por un par y no por el otro.

De modo que se calculó un análisis de cambios finales y se compararon las estadísticas para un pequeño número de zonas dentro del área de estudio donde la cobertura nubosa fuese insignificante en cualquier momento. Estas sub-zonas fueron una serie de pueblos seleccionados situados en la zona de Ceja de Montaña[1].

Un conjunto de 7 pueblos fueron analizados y representan dos regiones diferentes, una al norte cerca del punto de entrada al valle en El Dorado, y una región más alejada situada al sur. Las tasas de deforestación para cada pueblo se muestran en la Tabla 6-7.

De la Tabla 6-7 puede observarse que las tasas de deforestación durante el primer periodo (es decir 1987 a 2001) fueron mucho más altas en el norte que en el sur. Esto indica que la zona al norte fue ya colonizada o comenzó a colonizarse desde 1987 en adelante.

En contraste, la zona del sur fue en gran medida inalterada antes del 2001, donde el fuerte aumento de las tasas de deforestación indica que la gente comenzó a asentarse en esta área a partir de 2001.

La comparación entre los pueblos del norte y del sur es un buen ejemplo de un típico desplazamiento del frente de la deforestación, donde los asentamientos tienden a avanzar desde el/los mercado(s) central(es) a las zonas más periféricas (Konninck 1999).

---

1   Como los límites oficiales de los pueblos no estaban disponibles, la zona de empate de las fronteras de los pueblos fue aproximada utilizando una combinación de polígonos de Thiessen y búferes. Primero, búferes de 2,5 km fueron creados alrededor de cada pueblo, cuando los búferes se solapaban (es decir, cuando la distancia entre dos pueblos era menor de 5 km) se utilizaron los polígonos de Thiessen para recortar los búferes. Esta delimitación de los pueblos es una simplificación de la realidad, donde la fisiografía (orografía y la dirección de ríos y carreteras) así como factores histórico-culturales también juegan un papel importante en la determinación de las fronteras entre pueblos. No obstante, la delimitación utilizada tiene cierto sentido en el hecho de que muchos de los pueblos se sitúan próximos a un río y, como se muestra en la sección 4.4, la mayoría de la deforestación ocurre a menos de 2.5 km de los cursos fluviales.

Tabla 6-7. Tasa de deforestación por pueblo.

Pueblos al norte	Salas		El Dorado		Galilea	
	87 a 01	01 a 08	87 a 01	87 a 01	01 a 08	01 a 08
Deforest-ación bruta	5.35%	24.09%	25.34%	14.04%	15.84%	22.88%
Deforest-ación neta	4.71%	23.06%	24.41%	12.61%	13.70%	21.31%
Tasa anual de de-forestación bruta	0.34%	3.44%	1.81%	1.00%	2.26%	3.27%
Tasa anual de de-forestación neta	0.38%	3.29%	1.74%	0.90%	1.96%	3.04%

Pueblos al sur	San Francisco		Nuevo Mendoza		Pampa Hermosa		Posic	
	87 a 01	01 a 08	87 a 01	01 a 08	87 a 01	01 a 08	87 a 01	01 a 08
Deforest-ación bruta	0.51%	9.26%	3.24%	17.06%	1.31%	14.09%	1.90%	2.08%
Deforest-ación neta	0.08%	9.11%	2.76%	16.24%	0.50%	13.82%	1.11%	1.75%
Tasa anual de de-forestación bruta	0.04%	1.32%	0.23%	2.44%	0.09%	2.01%	0.14%	0.30%
Tasa anual de de-forestación neta	0.01%	1.30%	0.20%	2.32%	0.04%	1.97%	0.08%	0.25%

Influencia de la distancia a los ríos

El análisis centrado en los pueblos indica que los patrones de deforestación son en cierta medida explicados por la accesibilidad a los mercados, pero otros factores relacionados con la fisiografía del valle pueden ser igualmente importantes. El acceso es quizá el único factor que haya sido documentado en tener el efecto más importante en la cobertura arbolada y la deforestación (e.g. Thenkabail 1998; Mertens & Lambin 1997; Ludeke et al. 1991). Los ríos penetran a través de las zonas arboladas y junto a los caminos de herradura han creado el acceso natural a los bosques. Sin embargo, los caminos de herradura son imposibles de cartografiar utilizando teledetección al estar normalmente ocultos bajo el dosel e incluso a veces son difíciles de localizar en el terreno. No obstante, su situación tiende a coincidir con las principales redes de drenaje y por tanto ríos y torrentes son unos útiles sustitutos para la principal red de transporte en la zona, aún cuando estos cursos de agua no sean aptos para la navegación debido a sus elevados desniveles.

A fin de analizar el efecto de la red de transportes, el cambio de la cobertura arbolada fue evaluado a distintas distancias con búferes cada 100m utilizando una capa de ríos disponible del la Carta Nacional de Perú. El resultado de este análisis se muestra en la figura 6-8.

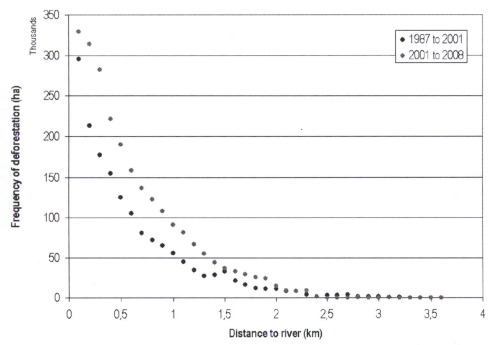

Fig. 6-8. Frecuencia de deforestación desde 1987 a 2001 y desde 2001 a 2008 con relación a la proximidad a los ríos. // Frecuency of deforestation as a function of distance to rivers.

Como se observa en la figura, la zona de estudio se caracteriza por una fuerte relación entre la deforestación y la proximidad a los ríos una relación en la que para ambos periodos, parece ser más fuerte en torno a los 1.5 km del río, a partir de la cual la relación empieza a estabilizarse y cesa a una distancia de 2.5 km al río. Los resultados por tanto documentan la hipótesis de que las redes fluviales y de transporte tienen un importante efecto en el incremento de la deforestación.

Influencia de la orografía

La orografía supone un obstáculo en las actividades antrópicas, incluidos los procesos de deforestación. Por lo tanto la deforestación es más probable que ocurra en zonas llanas o de escasa pendiente a bajas altitudes. Los cultivos permanentes no son aptos para terrenos abruptos debido a la combinación de riesgos erosivos y la pobreza en nutrientes de los suelos y aunque la agricultura de rotación está adaptada para zonas abruptas, parece haber un límite en la pendiente de alrededor de 40 o 45 grados para este tipo de agricultura.

La figura 6-9 muestra la relación entre la altitud del terreno y la deforestación mientras que la relación entre la deforestación con la pendiente del terreno se muestra en la figura 6-10. Resulta interesante destacar que al contrario de lo esperado, la deforestación es de hecho baja en la mayor parte de las zonas llanas (es decir, en

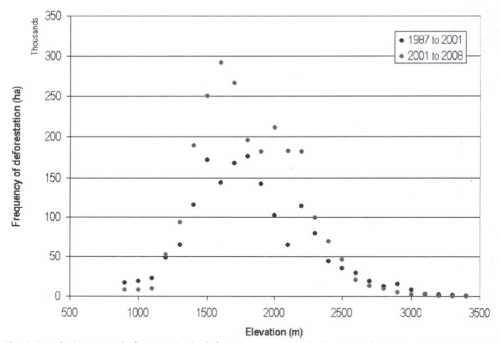

Fig. 6-9. Relación entre la frecuencia de deforestación y medidas la orografía (altitud). // Relation between the deforestation rate and the terrain elevation.

pendientes menores a15 grados) y en las altitudes más bajas (es decir, menos de 1500 m). Este hecho sin embargo puede explicarse por el hecho de que la mayoría de las zonas llanas o de escasa pendiente, principalmente localizadas en dos núcleos principales en Selva Alegre y El Dorado, fueron ya deforestadas en un momento previo al inicio de nuestro análisis (es decir, antes de 1987).

Desde una altitud de cerca de 1500 m y una pendiente alrededor de 15 grados, la frecuencia de deforestación sigue la relación inversa que se esperaba hasta una altitud de 3000 y una pendiente de alrededor de 40-45 grados. En resumen, nuestros resultados corresponden bien a la suposición que las zonas montañosas son de difícil acceso y por lo tanto suponen una barrera para la deforestación producida por el hombre.

Conclusión

La teledetección ha sido utilizada para cartografiar el cambio de usos del suelo en el área de estudio de Ceja de Montaña en un periodo de 1987 al 2008. La tasa de deforestación bruta anual para todo el periodo fue de 0,61%, con una consecuente tasa de deforestación neta del 0,52%. Estas cifras promedio cubren un periodo por debajo de la media desde 1987 hasta 2001, donde las tasas de deforestación bruta

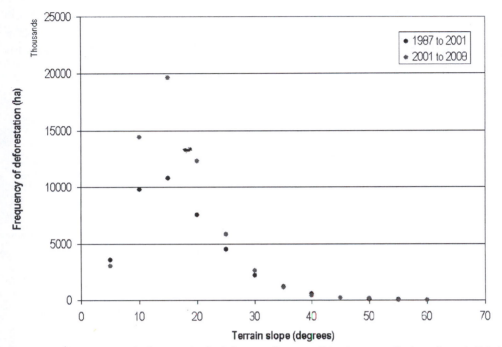

Fig 6-10. Relación entre la frecuencia de deforestación y medidas la orografía (pendiente). // Relation between the deforestation rate and the terrain slope.

y neta fueron de 0,39% y de 0,25% respectivamente, y un periodo por encima de la media desde 2001 hasta 2008 con tasas de deforestación bruta y neta de 0,91% y de 0,80% respectivamente. Estas cifras son mucho mayores que la media para todo el Perú, donde las tasas de deforestación neta han sido estimadas en un 0,11% para el periodo 1990-2000 y un 0,36% desde 2000 hasta 2005[2].

Por otra parte, un SIG permitió realizar un análisis cuantitativo de las relaciones entre la deforestación y varios factores locales. Los análisis revelaron que las principales diferencias espaciales presentes en unos pueblos escogidos tiene tasas de deforestación anual que va desde cerca a cero hasta más del 3 % según el periodo y su situación. Lo más notable que se encontró fue, que en el norte y cerca del mercado principal, la deforestación ha venido realizándose desde 1987 mientras que un nuevo frente de deforestación ha surgido en el sur desde 2001.

Además, los resultados mostraron que la mayoría de las zonas deforestadas se concentraban en torno a 1,5 km de los cursos fluviales y en pendientes entre 15 y 40 grados, principalmente situadas en altitudes entre 1500 y 3000 m sobre el nivel del mar. Estos resultados eran de esperar al estar en línea con la presunción general sobre la importancia del paisaje y la accesibilidad en la determinación de las actividades

---

2   (http://rainforests.mongabay.com/deforestation/2000/Peru.htm)

de deforestación. Una presunción que hemos considerado altamente válida para la región de estudio, caracterizada por una orografía extrema y una red de tranporte natural formada por el sistema fluvial y situado en las proximidades de los caminos de herradura

Capítulo 7

Conclusión

Estudios de la Ceja de Selva todavía no han captado un mayor interés de la comunidad científica, nosotros planteamos que para comprender el desarrollo de vida humana en este paisaje único de la ceja de selva a través del tiempo y su impacto sobre el medio ambiente, resulta importante llevar a cabo proyectos interdisciplinarios que incluyan a la arqueología, etnohistoria, antropología, botánica y geografía.

Es por ello, que con nuestro equipo de profesionales hemos venido trabajando por más de una década en investigaciones que cubren una vasta área de más de 3000 kilómetros cuadrados. Este diseño de investigación interdisciplinario ha demostrado ser una metodología fructífera para ilustrar los problemas complejos de las actividades humanas, basados en antecedentes culturales, ideologías y estrategias de vida.

Sin embargo, para obtener los permisos para llevar a cabo trabajos de campo en botánica y arqueología hemos tenido trabas burocráticas, a pesar que todos ven la necesidad para que estas áreas sean exploradas, antes de que el paisaje sea alterado completamente.

El primer objetivo en este último libro de una serie de tres publicaciones (Schjellerup et al. 2003, 2005) ha sido documentar y analizar el proceso histórico humano desde la época prehispánica hasta la vida contemporánea de los colonos, incluidas las oleadas migratorias más recientes del área norte de la ceja de selva, alrededor de la cuenca del río Tonchimillo y montaña de Rodríguez Mendoza. El segundo objetivo ha sido analizar las consecuencias de esta colonización, donde para comprender el desarrollo actual, se reconoce la necesidad de explorar y documentar el proceso de transformación antes de que el paisaje haya cambiado completamente. En los últimos veinte años el cambio del paisaje ha sido drástico y dramático; el bosque maduro tenía una extensión muy grande abarcando kilómetros y kilómetros continuos, ahora se han convertido en bosques fragmentados con mucha erosión. Es evidente que el uso actual, caracterizado por un manejo inadecuado del medio ambiente pone en peligro todo un ecosistema.

Además los antiguos vestigios culturales se destruyen muy rápidamente perdiendo fuentes irremplazables para interpretar y entender la pre-historia. El estudio arqueológico ha dado nuevas perspectivas debido de una gran cantidad de sitios arqueológicos encontrados de la época prehispánica (antes de 1532).

El módulo arqueológico ha revelado la existencia de veintinueve sitios prehispánicos previamente desconocidos. Pequeños y grandes sitios de las culturas chachapoya (c.800 – 1470) e inca (1470 hasta el 1532) estos se encuentran enlazados por una red de largos caminos que van desde la sierra en el oeste, hasta las montañas en el este. A menudo hay caminos empedrados que unen varios tambos que fueron utilizados para albergar a los oficiales y a sus caravanas de llamas. El centro administrativo importante de Posic, se ubicaba en la frontera con los incas y estos probablemente consideraron como vecinos a las comunidades tribales. Esta fuerte presencia de los incas en una zona marginal sólo puede ser vista como una expresión de un gran interés económico. Aquí estaba la oportunidad de obtener valiosas pieles de jaguar, plumas de loro, miel, hojas de coca, algodón de buena calidad, oro y sal. Los chachapoya y los incas sabían manejar sus tierras de forma sostenible y construyeron muchas terrazas de piedra para evitar la erosión en esta zona vulnerable y frágil de una geografía abrupta.

La etnohistoria, según vemos las investigaciones en los archivos históricos han contribuido a la comprensión del desarrollo en el período colonial español. El área fue importante para las primeras expediciones que buscaban el lugar mítico "El Dorado" hacia el este pero la justificación oficial era para bautizar a los indígenas de la selva. Cientos de indígenas fueron utilizados como cargueros y guías en estas expediciones.

La jerarquía española maltrató a la población de la manera más cruel y echó a algunos indios como presa de los perros de caza, siendo otros mutilados, ahorcados, sus casas y chacras quemadas. En este ámbito reinaba el conflicto, el abuso y las acciones crueles de los encomenderos; así como las batallas entre los distintos grupos indios, que fueron alentados por los españoles, y las epidemias por la falta de resistencia de los indios a las nuevas enfermedades; todo esto trajo como resultado la disminución rápida de las poblaciones indígenas y el colapso de sus pueblos. Se estima que dos tercios de la población han muerto a causa de enfermedades introducidas de Europa. Esto fue el principal motivo para el despoblamiento de estas áreas y para el crecimiento de la vegetación y de los bosques por cientos de años.

Hoy en día, la gente de la sierra se siente atraída por los grandes bosques como tierras agrícolas disponibles para la colonización y la migración continúa incrementándose hacia el este, abriendo trochas y formando nuevos pueblos. Esto se debe sobre todo a la escasa tierra agrícola disponible en sus lugares de origen, al crecimiento de la población y a la búsqueda de nuevas oportunidades. Durante años fue una política importante del gobierno fomentar la colonización de la selva. Sólo hace unos años el gobierno hablaba de la fertilidad del suelo de la selva alta. Esta suposición ha quedado sin base, sin embargo sigue arraigada profundamente en el pensamiento de la gente.

A través de nuestras expediciones hemos encontrado veintiún nuevos pueblos. Eso representa una deforestación muy importante porque casi todos los colonos son agricultores. En los valles el cultivo del café se ha convertido en un monocultivo importante, ya que los agricultores tienen muy poco interés para sembrar los productos de panllevar, porque con la venta del café pueden comprar sus alimentos, principalmente fideos y arroz. De otro lado muchos habitantes crían ganado, lo cual funciona como una cuenta de ahorro, siempre podrán vender una vaca, si hay una escasez de dinero para comprar ropa o medicina y la crianza de animales menores representa el dinero circulante porque se vende rápido y en toda época.

La religión juega un papel importante en los nuevos pueblos, en particular los protestantes con los movimientos de Pentecostés, Última Voz del Cristo, Iglesia Evangélica Peruana, los Nazarenos y Adventistas del séptimo día, y otros tantos que llaman a sus amigos de la misma fe para obtener suficiente personas para fundar un pueblo y construir una escuela.

Las iglesias forman un tejido social que sirve para amortiguar el sufrimiento y el aislamiento a través de las redes religiosas y de sus lazos de amistad.

Los valles de esta región son muy aislados y eso impacta mucho en las condiciones socio-económicas de los habitantes. Una de sus prioridades es la construcción de las vías de acceso para reemplazar senderos, muchas veces fangosos y sumamente difíciles. El Gobierno regional ha aprobado la construcción de una carretera y los trabajos ya se iniciaron. El gran peligro es que las nuevas carreteras atraerán más movimientos migratorios y en muy poco tiempo se podría destruir por completo el frágil ecosistema. Esto es especialmente problemático en esta área, porque el límite entre las tierras altas y bajas tiene aquí una clara distinción y con la tala de los árboles, el agua desaparece. Actualmente la escasez de agua ya es un problema importante y existe racionamiento de agua en varios pueblos.

Durante el trabajo de campo en el módulo botánico, se recolectó en la cuenca del río Tonchimillo y los bosques alrededor de Rodríguez de Mendoza, 771 muestras de plantas, que corresponden hasta la actualidad a 450 taxa, 239 géneros, agrupados en 104 familias. Los colonos usan 355 especies de plantas, principalmente como alimenticias cultivadas (87), construcción, confección de muebles, herramientas, artesanías y utensilios, y para leña (67), medicinales (148), ornamentales (56), para cercos vivos (25), forrajes (33), frutas silvestres (25), entre otros usos. Las especies corresponden a plantas del bosque y a especies que ellos han llevado de sus lugares de origen. Sin embargo, no existe un manejo adecuado de estos recursos para ser aprovechados de manera sostenible.

Se encontraron dos especies nuevas, las cuales se están describiendo y posiblemente otros cuatro taxa más, serán reportadas como nuevas. Sin embargo, casi todo el material colectado contiene gran información científica, porque los datos obtenidos, sirven no sólo en el aspecto educativo, sino como punto de partida para otros proyectos e investigaciones. Además es una de las primeras en varios herbarios del

Perú y el extranjero y estará al alcance de científicos, así como de toda persona que necesite la información. Servirá también para entender la estructura, composición, distribución de las especies y poblaciones, debido a que estos ecosistemas son muy frágiles ante la acción del hombre y la naturaleza; pero debido a la poca información que se tiene, no adoptan las mejores estrategias para su conservación.

La tala y quema de grandes áreas boscosas se realizan constantemente y ello genera la pérdida de la diversidad biológica. Las áreas más cercanas a las ciudades y carreteras son las más alteradas, los paisajes se han deteriorado y las especies se están reemplazando por exóticas, algunas de ellas se están naturalizando a estos ambientes.

El Análisis de imágenes de satélite, se ha utilizado para cuantificar la magnitud de la deforestación. En total, un área de más de 10.000 hectáreas ha sido deforestada desde 1987. El análisis reveló que las principales diferencias espaciales presentes en pueblos particulares, tienen tasas de deforestación anual que va desde cerca a cero hasta más del 3 % según el periodo y su situación. En particular, se constató que en el norte y cerca del mercado principal, la deforestación ha venido realizándose desde 1987 mientras que un nuevo frente de deforestación ha surgido en el sur desde el 2001.

Es urgente planificar un programa concertado desde el gobierno y sociedad civil, para actuar en forma urgente, donde se implementen políticas ambientales adecuadas con la participación de las comunidades locales para la conservación de estos ecosistemas y sus recursos naturales. Dentro de este contexto se plantea la concertación de los diferentes sectores, especialmente los ligados a la producción y manejo de recursos naturales, los cuales deben coordinar eficazmente con los pobladores para asegurar la conservación de los ecosistemas y por tanto la diversidad biológica y cultural.

La convivencia entre los hombres y la naturaleza, ha generado gran una diversidad biológica y cultural en estos ambientes. Que aunque fueron desocupados, el medio ambiente mantuvo una gran diversidad y sirvieron como laboratorios naturales para la domesticación y utilización de recursos. En la actualidad frente a la pérdida acelerada de estos recursos; todo esfuerzo y recursos del estado, pobladores actuales e investigadores son necesarios, para asumir el reto de su conservación.

Este espacio es de interés de la población local porque esto constituye la base de su economía y sobrevivencia. Y es muy importante para la humanidad por la excepcional biodiversidad que tiene la región y por ser una de las últimas selvas tropicales, donde todavía existe la posibilidad de conservarla como pulmón de la Tierra, capturando los gases del efecto invernadero.

Además su conservación es importante por constituir un legado trascendental para las futuras generaciones.

Se espera que los estudios presentados en este libro ayuden a una reflexión profunda sobre la vulnerabilidad de la región y de la urgencia de aplicar medidas excepcionales para preservar este bello paisaje, valioso por su diversidad cultural y biológica.

CONTENTS

Acknowledgements

The authors wish to thank the **V. Kann-Rasmussen Foundation** most sincerely for the grant supporting the project.

We are grateful to the involved institutions:

CONCYTEC (Peruvian Board of Sciences and Technology), for the auspice and interest of the project by Dr. Javier Verástegui Lazo, Director general.

Universidad Nacional de Trujillo: Rector Dr. Víctor Sabana Gamarra, Vicerrector Académico Juan Muro Morey, Vicerrector Administrativo, Orlando Velásquez Benites, Jefe de la Oficina de Intercambio Académico, Dr. Weyder Portocarrero Cárdenas, Facultad de Ciencias Sociales represented by Decano Dr. Guillermo Gutiérrez Chacón, profesor secretario Ms. Carlos Mozo Blas, Jefe del Departamento de Arqueología Antropología, Dr. Santiago Uceda Castillo, Director de Escuela de Antropología, Ms. Alfonso Lavado Ibáñez and Dr. Carlos Casussol Urteaga, Ms. Humberto Vega Llerena, Ms. Manuel Vidal Tassara, Ms. Christian Cueva Castillo, Ms. José Elías Minaya, Dr. Carlos Borrego Peralta and the administrative staff. To all above mentioned many thanks for support, friendship and interest in our many years research.

Facultad de Ciencias Biológicas: Rector Dr. José Mostacero León, Dr. Julio Chico Ruiz Director of the Herbarium Truxillense (HUT), and Manuel Fernández Honores, Elmer Alvitez Izquierdo and Erick Rodríguez Rodríguez curator of the Herbarium Truxillense (HUT), for friendship and for providing facilities to dry the plants.

Universidad Privada Antenor Orrego: Rector Guillermo Guerra Guerra, Ms.Cs. Segundo Leiva González, Director of the Museo de Historia Natural and Mario Zapata Cruz for their friendship, great knowledge and collaboration in the process of species identification.

Universidad Nacional de San Agustín de Arequipa: Rector Dr. Valdemar Medina Hoyos; Academic vice rector Dr. Víctor Hugo Linares Huaco, administrative vice rector: Dra. Elisa Castañeda Huamán, Dr. Howard Pinto Arana, Dean of the Facultad de Ciencias Biológicas and Agropecuarias, Dr. Alberto Morales Hurtado, Director of the Escuela Profesional y Académica de Biología, Dr. Henry Díaz Murillo Jefe de Departamento Académico de Biología and Profesor Abraham Calla Paredes for friendship and collaboration in the development of class activities in the field. As well as students of the Scientific Panel DiBiase and all members of the Herbarium Areqvipense (HUSA) for their help in the process and maintenance of the botanical specimens collected.

We thank **GRAS** at the Institute of geography, University of Copenhagen especially Mikael Kamp Sørensen and Dr. Christian Tøttrup for analyzing the satellite images and air photographs.

Dr. Michael O. Dillon, head of the Botanical department, Field Museum of Chicago for friendship, advice, classification of unknown plants and revision of the botanical text.

Ph.D. James Rollefson, expert in sustainable development in Canada for friendship, participation and scientific advice in the anthropological module, and revision and translation into English.

Dr. Humberto Medrano, for his friendship, interest and revision of Spanish texts.

Historian Lorraine Romero Susana Siguencia for her transcriptions of documents and energy to find new documents in the achives in Lima and for her friendship.

Mayor Joel Sanchez Vallejos Soritor for his interest in history, for friendship and happy times with Professor Robinson Bocanegra Guerra from Soritor.

Instituto Nacional de Cultura for Credencial Resolución Directoral Nacional N° 1225/INC.

INRENA for Autorización No. 107-2008-INRENA-IFFS-DBC We are very grateful for being able to stay in the houses in:

Selva Alegre: Casimiro Córdova Cruz
El Dorado: Flor Pérez Mendoza, Severo Villanueva, Uriarte.
Nueva Jerusalén: Reyes Collantes Sánchez
Ventana: José Félix Estela Ruíz
Valle Andino: Samuel Heredia Barboza y Wilson Montenegro Vislao
Salas: Juan Chauca Valqui (Teniente Municipal)
Abra Lajas: Silvio Tuesta
San Francisco: Juan Vásquez García
Posic: Roberto Garrido Rabanal, Sósimo La Torre Yopla

We thank all the teachers, medical doctor, technicians and households in

El Dorado: Román Córdoba, Virgilio Aguilar Tafur, Luis Infantes Flores, Yolanda Adrianzen Moreto, Médico, Miguel Siccia Rebaza, Agente ,Víctor Lobato Chatilan, Flor Pérez Mendoza, Obdulia Vargas Acuña, Grimaldo Román Córdova, Segundo Cubas, Miguel Román Córdova, Aladino Lobato Chatilan, José Cesar Lobato Chatilan, Filiberto Román Córdova, Gabriel Peña Calle, Alfredo Ramírez Huamán, Grimaldo Román Córdova, Silvio Gracia Vicente, Eladio Berrú García, Héctor Martínez Inga, Eugenio García Jiménez, Héctor Rojas Cercado, Mario Gamonal Díaz, Wilmer Vergaray Carranza, Porfirio Elmer Serrano Cerna, Hilario Vásquez, Gilmer Sánchez Díaz, Alberto Vallejo Pardo, Luciano Bustamante Bautista, Salatiel Curinambe Lozada, Yoni Delgado Altamirano, Adamastor Delgado Gamonal, Severo Villanueva Aguilar, Santos Choquehuanca Chanta, Alberto Pérez Espinoza, Leonardo Peña Berrú, Berardo Rodríguez Vigil, Isidoro Campos Vílchez, Segundo Cubas, Aurelio Delgado, Virgilio Aguilar, Antonio Guevara, José Demetrio Estela, Dolores Vallejo Bautista, Víctor Cueva Vílchez, Elmer Cubas Delgado, Oscar Lobato, Regulo Colvaqui García, Reina Ilatoma, Olegario Grandes Villacres, Wilmer Colvaqui, Yolanda Adrianzen Moreno, Domiciano Chávez Montenegro, Oswaldo Mejía Irigoien, Marino Cueva Vílchez, Euges Delgado Altamirano, Eugenio García Jiménez, Juvencio Rojas

Cercado, Celestino Alarcón Vásquez, José Lázaro, Alberto Cueva, Julio Crisóstomo Llico, Genaro Torres Hernández, Edilberto Rodríguez Enríquez, Jorge Vásquez Rojas, Marcos López López, Carlos Lenin Sánchez Chávez.

Galilea: José Félix Cueva Chillón, Cesar Castro Vargas, Avelino Herrera Hurtado, Jerson Alarcón Rimanachín, Jacobo López, José Alarcón Chamaya, Mauro Huamán Jiménez, Francisco Jonias Más, Castinaldo Aguirre Peña, Eladio Jiménez López, Segundo Olger Rueda García, Luis Castro Vargas, Juanito Alarcón Chamaya, Alcides Camisan García, Andrés Alarcón Chamaya, Víctor Alarcón Vásquez, Genaro López, Leonardo Alarcón Chamaya, Wilder Huamán Jiménez, Antonio Culqui, Domitila Chamaya Chávez, Asunción Aguilar, Inser Chamay, Pelayo Castro, Victoriano Alarcón Díaz, Porfirio Ventura Vidarte, José Carlos Chamaya, Regulo Chamaya Celis, Isauro López Flores, Juan José Castro Vargas, Cesar Castro Vargas, Rodríguez Celes, Sabina Celis Fernández.

Salas: Segundo Rojas Díaz, Rosas Hernández Becerra, Segundo Sixto Lozano Rojas, Edilbrando Muñoz Gallardo, Juan Soto Alberca, Ignacio Santa Cruz Malca, Felisardo Carrera Alejandrina, Augusto Hoyos Izquierdo, Alejandro Díaz, Osvaldo Peña Cano, Wilson Neyra Peña, Juvenal Hernández, Lorenzo Torres Pérez, Víctor Delgado Torres, Vílchez Lorenzo, Gilberto Silva Mayta, Walter Quintan Villanueva, Wilmer Malqui Guevara, Genaro Vilcavana Curihuaman, Silva Zumaeta Gilberto, Silva Meléndez Calixto, Félix Huamán Muñoz, Enrique Quiroz Jiménez, Fernando Alvarado, Luis Valle Gaspar, Nelson Catalino Cruceño Zalaceta, Edison Tafur, Joaquín Choquehuanca Abat, Pablo Domínguez López, José Domingo Padilla García, Marino Vega León, Andrés Zavaleta muñoz, Aquinor Zamora, Noé Jaramillo Guerrero, Lorenzo Aguilar Maldonado, Jaime Santa Cruz Muñoz, Fausto Santa Cruz Muñoz, Sebastián Huatangare, Juan Alfaro, Enrique Gonzales, Carlos Muñoz Peña, Juan Chauca, Brisadia Gonzales Vallejos, Vásquez Coronel, Juliana Vásquez, José Cleiber Gil Zamora, Noé Córdova Peña, Marcelo Castillo Vásquez, Alcibíades Vega León, Enrique Quiroz Jiménez, María López torrejón Wilfredo Amado Cáceres, Carmen Rosa Chachaboltialta, Gloria Bety Chicana, Adolfo Culqui, Noé Trauco Inga, Calixto Silva Martínez, Haydee Meléndez Escobedo, Melanio Carranza Mendoza, Noé Franco Inga, Geiser Ramírez Ríos, Edison Tafur Vela.

Selva Alegre: Julio Arista Novoa, Jackson Quispe Pastor, Eleodoro Farro Díaz, Rosendo Morí Centurión, Walter Caro, Blanca Portocarrero, Víctor Caro, Melitón Flores, Jeiner Perales Pardo, Antonio Colvaqui, Casimiro Córdova, Santos Herrera Altamirano, Wilson Quispe, Ramos Castro, Estanislao, Carlos Pastor Farro, José Quispe Córdova, Luis Flores Vásquez, Enrique Córdova Fernández, Jesús Pereda Novoa, Andrés Gonzales Muñoz, Jaime Peña Zamora, Estanislao Ramos, Julio Arista Novoa, Segundo Izquierdo Fernández.

Omia: Sebastián López Mesías

La Punta (Abra Lajas): Silvio Tuesta, Erika Aroni.

Posic: Roberto Garrido Rabanal, Rómulo Maldonado Montoya

San Francisco: Juan Vásquez García, Judit Vásquez, José Damaso Vásquez Núñez

Nuevo Mendoza: Fernando Urrutia Zamora, Eudocio Acosta, Demetrio Pérez Cusco, Miguel Díaz Pérez, Arecio Pérez Díaz, Edilberto Delgado, Magno Gómez López, José Fernández, José Portocarrero Hoyos, Amabiles Portocarrero Hoyos, Adolfo Rojas, Georgiano Peña, Juan Chuquiano, Juan Pérez Yoplac, Claudio Villa Novoa, Wilder Yoplac Quintana, Teodoro Pérez Yoplac, José Santos Portocarrero Fernández, Ernesto Pérez Yoplac, Juan Pérez Yoplac, Teodoro Pérez Yoplac, Florentino Pérez Cercado, Adolfo Pérez, Eusebio Gil, Acosta Grandez, Nylser Culqui Valle, Pedro Portocarrero Hoyos, Rocel Chávez, Zaira Pizarro Reyna, María Luzmila Portocarrero Hoyos.

Pampa Hermosa: Carlos Vin Dávila, Manuel Vin Dávila, Jaime Padilla Silva, Francisco Vin Bardales, José Vin Dávila, Gilberto Padilla Silva

Paitoja: Ester Chatilan Cieza, Idelfonso Huamán Sánchez, Víctor Vaca Chatilan, Arsenio Díaz Olano, Gonzales Chávez, Walter Palomino, Santos Zavaleta León, Gilberto Carhuajulca Vallejos, Ermójenes Huamán Fernández, José Melecio Chanta Neyra, Humberto Lozada Vázquez, Luciano Jibaja Grandes, Reynaldo Lozada Vázquez, Rogelio Rojas, Sacarías Facundo Puelles, Segundo Néstor Baca Chatilan, Luciano Jibaja Quinta, Humberto Lozada Vásquez.

Nuevo progreso: Alberto Alvarado, Hipólito Jiménez, Héctor Beche Flores, Hipólito Jiménez, Narciso Carrasco Flores, Gerardo Chingel Elera, Arquímedes Chingel.

Alto Perú: Eliseo Caucha Huamán, Santos Alvarado García, Arcadio Ojeda, Lorenzo Córdova Ruiz, Juan Jaramillo Chuquimarca, Melanio Alvarado García, Manuel Geranio Heredia, Bernardino Velasco Llapango, Eliodoro Heredia Calderón, Sebastián Fabre Abad, Hernán Peña Córdova, Dolores Fernández Delgado, Florentino Castillo Huamán, Inocencio Vargas Palomino, José Antonio Vergara Sánchez, Víctor Ruesta, Elí Calderón Flores, Alfredo Luciano, Teodolfo Neyra Jaramillo, Rogelio Lavan Tello, Luis Castillo Cruz, Elí Carhuapongo, Eduardo Flores Bermeo, Leandro Aguilar, José Chinchay Neira, Juana Espinoza Roque, Juana Culqui Silva, Rogelio Lavan Tello, Felipe Guerrero Naya.

Nuevo Horizonte: Santiago Cabrera Quispe, Celis Ramírez, Johnny Villegas, Segundo Olivera, Eladio Cruz, Toribio Ojeda, Miguel Olivera, Maradona Núñez, Luis López, José Herrera, Samuel Olivera, Manuel Olivera, Segundo Fernández, Wilfredo Huamán, Santos Núñez, José Hernández Rojas, Lázaro Díaz Llatas, Américo Toro Cabrera, Abel Guevara Fernández, Agripina Núñez Quiroz, Enrique Díaz Izquierdo, Luciano Izquierdo Valderrama,

Ventana: José Félix Estela Ruíz

Nueva Jerusalén: Reyes Collantes Sánchez, Salatiel Villoslada.

Valle Andino: Wilson Montenegro Vislao, Esmeralda Díaz Gómez, Zenón González Martínez, Aurora Siesa Coronel, Dagoberto Díaz Muñoz, Ignasia Gómez Vargas, Marcelino Heredia Vásquez, Salomón Heredia Gaviria

Alto Amazonas: Jesús Torres Dávila

And our assistants: Romel Tafur Portocarrero, Alexander Rodríguez Riva, Los Olivos, Himer Villoslada Saucedo, Nueva Jerusalén and in 2009: Edwin Jiménez Guerrero, Ronald Pilco Mas (cook),

Deep felt thanks go to professor Rómulo Ocampo Zamora from Chuquibamba for his never ending help as an assistant and in logistics and being an invaluable friend during all the years of research since 1974.

The director of the project especially wants to thank her scientific team from many years of fieldwork and other participating members of the research carried out in the very rainy season of 2008 and in 2009.

Victor Peña Huamán, Carolina Espinoza Camus, Víctor Quipuscoa Silvestre, Mikael Kamp Sørensen, James Rollefson, Rómulo Ocampo Zamora, Inger Plum, Kristoffer Enggaard og Marie Louise Lykke, the archaologists Rafael Rojas Ruiz, **Yovana Zavaleta Cabanillas**, Alfredo Lopez, student of anthropology Javier Hernández ogRafael Arévalo, the botanists Laura Elena Cáceres Martínez, Italo Francisco Treviño Zevallos and in 2009 Jonas Sigurdsson, Jens W. Johannsen, Lars Jørgensen, Mikael Nørgaard Jørgensen and Anna Guengerich.

Foreword

Some years ago during my investigations in the Biblioteca Nacional in Lima I entered a restaurant for lunch. Only one table was free as the others were all occupied with business men and government officials. Soon another lady entered and took a seat at my table. She was a secretary in the Congress. We began to talk and it turned out that she came from Rodriguez de Mendoza. Her old father Dr. Pedro A. Santillan Grandez would be able to tell me some of the traditions from the area and I was invited home to meet him. He told me about the site of Posic, where an important salt extraction had taken place and where there was a gold mine. It aroused my curiosity as these two natural resources would have been of high importance to pre-hispanic cultures, and I decided I would like to find the place in a future field work.

Two fieldwork campaigns were conducted in 2008 where the title of the project: "The disappearance of the *Ceja de Montaña*" sadly becomes more and more apparent. The migration of people from the western side of the Río Marañon seems to have no end, and new villages are being founded almost every month, many of which are not to be found on any official maps yet.

It was decided to start the first fieldwork in May entering the research area from the lower part of the Ceja de Montaña south of the district town of Soritor from the village of Selva Alegre. However, the decision to use Selva Alegre as a base camp for all three teams of anthropology, archaeology and botany had to be abandoned as only an open roof on top of a timber house with large green spiders were available for us. The archaeological and botanical teams decided to leave for the springs of the Río Negro (Nacientes de Río Negro) and enter from the northern side towards the interior. The anthropological team left from Selva Alegre to go to El Dorado. Both teams went back via Soritor and Moyobamba.

The second fieldwork was conducted in the months of September and October 2008 where we went into the interior from the mountains at Omia, Abre Lajas (la Punta) towards the northeast to Nuevo Mendoza, Alto Peru coming out via Soritor y Moyobamba .

Both fieldworks were carried out on foot with mules to carry the luggage. Being in the cloud forest rain was expected but the trails became almost impossible to pass during the last fieldwork, where the rain and muddy boggy landscape became a challenge to survive. Everybody agreed this fieldwork had been the most difficult during all the years we have been doing research in the *Ceja de Montaña*. Luckily, as a welcome compensation for the strenuous effort it turned out that the scientific results have been the most satisfying.

Introduction

South American highland peasants are presently invading the *Ceja de Montaña*, "the eyebrow of the jungle", in the Northeastern Andes and are destroying the original cultural and biological landscapes by practicing timber-extraction and bringing along cattle and crops that are foreign to the area.

This is an issue we have been investigated, described and analyzed in recent years (Schjellerup et al. 2003, 2005). With this last book in a series of three we have covered a vast area of more than 3000 square kilometers. where the focus has been in the provinces of Chachapoyas, the Huallaga and Rodríguez de Mendoza in the departments of San Martin, Amazonas, and Libertad.

The project illustrates the acculturation processes in the cultural landscape on the eastern slopes of the Andes and analyses the change in culture and ecology between the Amazonía and the Andes caused by the clash of cultures. The cultural adaptation has developed several strategies to the different ecological zones in the Andes, where each culture has made its specific choices concerning settlement and utilization.

The project gives new insight and knowledge on:

- human utilization through time in a diachronic analyse to understand the present development in this specific habitat
- the frontier of the expansion of the earlier cultures
- local cultural strategies as an answer to environmental and cultural factors by analysing the background for the present migration into the region
- the vegetation cover through botanical collections and place the botanical information into a historical time perspective
- the dimension of logging and other important changes in the landcape between 1987 – 2008 documented by use of satellite images and Geographical Information Systems (GIS)
- adaptive and non adaptive cultural elements in the description of the acculturation processes in settlement patterns, agriculture and material culture in the cultural clash between the indigenous people and the European invasion in a long time perspective
- the project will forward the local community development and the cultural identity

These eastern parts of the Andes "the eyebrow of the jungle" has been recognized as being of global interest for biological biodiversity which is higher here than in the low rainforest but were earlier only considered of interest for its biology. It is now recognized that the biological diversity is higher due to the human activities.

The earlier cultural traces are from the three time periods of the Chachapoya Culture < 1470, the Inca Culture 1470-1532 and the Spanish Invasion >1532 have affected and modified the cultural and biological landcapes considerably.

Remains of impressive installations such as settlements, ancient roads, agricultural systems and plant relicts are found in the dense forests.

Due to the rapid deterioration of *Ceja de Montaña* a thorough multidisciplinary research and a thematical mapping of the region are urgently needed..

The region is one of the few areas between the Andes and the Amazonía where there has been passage and sporadical contact for centuries why an analysis of the cultural clashes between the different pre-Hispanic cultures, the Spanish colonial period and the indigenous groups give new interesting knowledge and perspectives on settlement and utilization patterns in the landscape, and on the acculturation processes.

Most of this area is under severe pressure from contemporary peasants who invade the area and fell large parts of the forest. This is why our knowledge on the archaeological past, the botanical diversity and the anthropological background is fast disappearing without any possibility to recuperate this knowledge.

The book

The first chapter gives a general introduction to the research area on geography, geology and topography, climate, vegetation and population and land use.

The second chapter is dedicated to the results of the archaeological investigations where twenty nine new sites are reported and described from the late Intermediate (c. 1000 – 1470 AD) and late Horizon (1470 –1532 AD). Many disturbed remains from the Orimona tribe, the Chachapoya and Inca civilizations were encountered.

The third chapter tells the history of the colonization during the Spanish colonial period until today. The situation between the local *caciques* and the first *encomendero* of the area is one of many examples of abuse towards the indigenous population. The information is based on published works, unpublished documents and travel accounts from the 16th and the 20th century.

Contemporary *colono* life in this area is described and analysed in the fourth chapter. The anthropological research reveals the problems in the living conditions in places with difficult access, the lack of infrastructure and difficulties in market sale. Daily life with agricultural activities focusing on crops especially coffee production, and cattle breeding are examined. Analyses of the socio-economical conditions show the big difference in land-use, land-tenure and ownership of livestock even in small agricultural communities.

The fifth chapter deals with the biological diversity as seen in the natural vegetation and the use of the natural resources with emphasis on the ethnobotany. Vegetation analysis of mature and secondary forest yields insight in the great variety in the forest-, shrub- and herb layers. The local people have adopted the way of using many wild and semi-wild species for curing purposes.

The sixth chapter is about changes in land use and deforestation based on analysis of satellite imagery and additional data collected in the field. Satellite images have converted to thematic maps of land use classes and the development of these classes is analyzed in the period 1987 to 2001. The chapter presents a calculation of deforestation rates for various sub-areas, analyzing the influence of terrain and infrastructure.

In the final chapter information from the four modules of archaeology, anthropology, botany and geography are summarized to present a conclusion of the project.

CHAPTER 1

INTRODUCTION TO THE RESEARCH AREA

Geography

The study area is located in northern Peru at approximately 6 ° 18 'S, 77 ° 11' W between the departments of Amazonas and San Martin (Fig. 1-1). It is part of the humid montane forest zone of Peru that extends in a north-south direction on the eastern slopes of the Andes. According to Young & Leon (1999), this area represents some of the last forest wilderness in South America, and the area is considered of global importance for biodiversity (Young 1992, Young & Valencia, 1992, Young, 1995; Kessler 1999, Young & Leon, 1999). However, human migration to the montane forest area has increased in recent years, putting increasing pressure on natural resources (Borgtoft et al. 1998; Schjellerup et al. 1999, Young & Leon, 1999; Schjellerup & Sørensen , 2001, Schjellerup et al. 2003, 2005).

The field campaigns covered approximately 800 km², from Rodrigues de Mendoza in the west to Selva Alegre and Soritor in the northeast (Fig. 1-2). The delimitation of the area is purely research based and does not correspond to political or administrative boundaries. Outside the villages in the area the the population lives in dispersed houses.

There are no road connections in the area. The main access from the south is a trail leading from La Punta (accessible from Rodriguez de Mendoza). A network of trails connecting the villages of Posic, San Fransisco and onwards to Alto Peru, where the road connects to the larger towns of Soritor and Moyobamba.

From Soritor another road gives access to the northeastern area and the villages of San Marcos and Selva Alegre continuing on a trail to the villages of El Dorado, Galilee and Salas (Fig. 1-3).

Topography

The humid montane forest of north-eastern Peru is characterized by steep elevation gradients in and deep valleys that drain down the Eastern Cordillera to lowland Amazonas. The valleys are mainly V-shaped, indicating that fluvial processes are the main geomorphic agents.

Young (1992) proposed a division of ridges on the eastern slope in two major physiographic regions branches and six sub-branches based on the physiography regions and six sub-regions based on their geology and topography. The physiographic province of Chachapoyas has elevations of 800 masl in the bottom of the valley to 3400 m.s.n.m. on the ridges, especially to the western side facing the Andes mountains.

Climate

The whole area of Peru's eastern montane forest is characterized by a lack of systematic climate data (Young, 1992, Young & Leon, 1999). Generalised climate maps suggest average temperatures range from 15-22°. Precipitation levels are approximately 2500-3000 mm (Young & Leon, 1999), but according to Johnson (1976) precipitation exceeds 7000 mm in some places. There is a distinct seasonal variation in levels of precipitation, with a rainy season in September-April and a drier period from May to August. Many valleys have microclimates, like the Valley of Posic with low temperatures and high humidity. In the future climate changes are likely to affect the study area. For global warming may lead to changes in cloud formation and this could result in vital moisture loss in the forest and subsequent loss of biodiversity.

Vegetation

Although the dominant part of the area is covered by mature evergreen forest, steep elevation gradients produce a variety of transitional vegetation types. The montane forest area of Peru is characterized by high levels of biodiversity due to the transition between the alpine species jalca or paramo (high mountain areas) and composition of tropical species found in lowland Amazonas (Gentry, 1992, Young & Leon, 1999.

Tropical forest is found at all elevations in the area, but in most ridges over 1800 m species of bamboo or ferns dominate. As a result of human land use in the valleys, many areas near rivers or streams have been deforested to be used for subsistence agriculture. The landscape and vegetation is a mosaic of small units of secondary forests of varying age, orchards and crop fields, pastures and newly grazed areas.

Population and land use

Our fieldwork has documented a widespread existence of ruins and terraces of the tribes and Chachapoyas and Inca cultures, confirming the presence of human activity for centuries in the area (Schjellerup et al., 1999; Schjellerup and Sørensen, 2001; Schjellerup et al., 2003, 2005). In colonial times in the 16th and 17th centuries this region was a transition zone between the mountains and tropical lowlands where visited by they several Spanish expeditions and missionaries. They needed all sorts of provisions, animals, food and Indians of different peoples which altered the landscape.

After this the area was left for centuries, as is the case for many places in the north-eastern part of Peru. In recent years a profound increase in the migration from the Andean highlands to the montane forest zone has taken place (Young and Leon, 1999, Schjellerup et al. 1999, 2003, 2005).

The recent colonization of the valley occurred from the 1960s and there is still is increasing migration from the mountains. All land has been obtained illegally, distributed by inheritance, by purchase or by communal sharing and and there is still available land. Also the activities and investments from mining and logging companies are increasing and this is an alarming trend because the presence of these industries usually results in pollution and deforestation. In some areas, subsistence agriculture is very common but increasingly supplemented by introduction of cash crops (especially coffee) and livestock to improve the economic situation, complemented by traditional crops such as cassava, banana, corn and sugar cane. Domestic use of wood from the forests for construction, firewood, household items and medicinal plants is extensive.

Chapter 2

The archaeological investigation

The archaeological team located several types of Pre-Hispanic installations and agricultural areas that provide more insight information about earlier use of the areas, which could be compared with the results of our previous investigations the last twenty five years in the neighbouring sierra and in the *Ceja de Selva* of Chachapoyas (Schjellerup 1985, 1992, 1997, Schjellerup et al. 2003, 2005).

During the fieldwork twenty nine new sites were located but most of the encountered sites are very disturbed both due to the dense vegetation that covers most of the sites and due to the felling of the vegetation by the *colonos* to get access to more land to cultivate coffee and other crops. The *colonos* have no interest in preserving their archaeological remains as the stone walls are seen as an obstacle to cultivate the land.

The archaeological sites are situated at large gorges carrying turbulent rivers in the bottom and on level areas on the top of the mountains often with large terraces on the slopes. The constructions are from the Late Middle Horizon (800-1000 AD), Late Intermediate Horizon (1000-1400 AD) to the Late Horizon (1400 -1532 AD). The archaeological remains represent a number of different archaeological types as segments of roads that were part of road systems and associated with installations as Inca *tampus*, an administrative centre and agricultural systems, rectangular and round house structures that unfortunately are difficult to observe due to the dense vegetation cover (Fig. 2-1).

La Ventana A

The site of La Ventana A is located towards the southwest of the hamlet La Ventana, at 9322182 N and 246253 E at an altitude of 1746 m, c. 350 x 30 m.

The site is much damaged and has lost many structures, leaving only one of circular shape; it was constructed with a base of fieldstones stones laid in clay mortar, diameter 7.30 m, wall thickness 0.60 m and height 0.40 m.

The site probably belongs to the Chachapoya culture.

La Ventana B

Ventana B is also situated towards the southwest of the hamlet, at 9323300 N y 242950 E at an altitude of 2300 m, c. 500 x 50 m.

The felling of the forest has damaged the structures of which only some walls and two round structures in fieldstones stones were left; diameter of the round structures 6 m, wall height 1.40 m, wall thickness 0.50 m. The site probably belongs to the Chachapoya culture.

Valle Andino A (earlier Valle Encantado)

Valle Andino A is a one hour walk from the hamlet of Valle Andino towards northwest, at 9308400 N and 247300 E at an altitude of 1900 m, c. 500 x 300 m.

The site consists of two circular structures each 5 m in diameter with the walls in field stones. The wall thickness is 0.50 m and the wall height is 0.40 m.

At the site dispersed walls were observed with double parameter 0.50 m wide, wall height 0.30 m and with various lengths in different directions as for delimiting certain areas.

Agricultural terraces are constructed of fieldstones in different sizes and with a height from 0.40 m – 0,80 m. There are some smaller elevations like platforms at the site but the dense vegetation makes it difficult to determine (Fig. 2-2).

The site probably belongs to the Chachapoya culture.

Valle Andino B /Tampu Quijos Llacta

Tampu Quijos Llacta is located south east of the site Valle Andino A, at the union of two valleys at 9307800 N and 247500 E at an altitude of 1890 m, c. 200 x 150 m.

It consists of thirteen structures, eight rectangular and five round with walls of field stones. Most of the structures are constructed on a natural terrace and two of the structures on a lower terrace towards the north. The lower supporting terrace is made of large field stones that are 1.70 m high (Fig. 2-3).

The rectangular structures are placed around an open area as a patio and have the following dimensions: 20.00 x 8.0, 21.00 x 6.50, 11.30 x 5.00, 12.50 x 6.50, 8.60 x 5.50, 21 x 6.40, 16.50 x 6.30 and 11.70 x 6.40 m, the width of the walls are 0.50 m and stand to 0.40 - 0.80 m. Two of the largest structures have three interior divisions.

The round structures have the following diameters: 13.30, 7.30, 6.00, 6.50 and 11.50 m; width of walls 0.60 m and height between 0.20 m - 0.50 m. Four of the round houses are found to the south of the site and the fifth towards the north. One of the round structures towards the south are situated between two rectangular houses and a grinding stone was found inside towards the northeast (Figs. 2-4, 2-5).

The evidence shows a typical Inca site which has been functioning either as a larger tampu or as a minor administrative centre.

El Dorado A

El Dorada A is located at 9305650 N and 259700 E, at an altitude of 1599 m, c. 400 x 40 m.

The site has fifteen round fifteen structures with the diameters: 4.30, 4.00, 5.30, 4.20, 4.30, 5.30, 5.30, 4.20, 5.50, 3, 4.20, 3.00, 3.30, 4.80 and 6.20 m; the width of the walls are from 0.30 m - 0.60 m, and the height between 0.20 and 0.70 m. They are placed on five ascending platforms in a southwest-northeast direction; three of these platforms have retaining walls made of fieldstones and stand 2 m high.

Four round structures are located on the first platform, on the second platform only one, on the third platform three structures, on the fourth three structures and a stone with petroglyphs (Fig. 2-6) and on the fifth and last platform four structures. The entrance to the site seems to have been from the first platform where a wall is situated towards the north approximately 25 m long, width 0.60 m with a height of 1 m (Fig. 2-7).

The site belongs to the Chachapoyas culture.

El Dorado B

The site is located to the southeast of the village El Dorado, at 9304600 N and 257100 E in the altitude of 1318 m, c. 270 x 90 m.

It consists of nine stone structures, of which eight are round and one rectangular and two double walls.

The distribution of structures runs in a southeast-northeast direction. The round structures measure 5.00, 5.30, 4.50, 5, 4.80, 4.90, 5.00 and 4.90 m in diameters; six of them are placed on a line while the other two have a certain distance between them.

The rectangular structure measures 57 m x 4 m and runs parallel with the group of round houses. It has three interior divisions of different size and is open towards the northeast, where the entrance was situated.

The double walls are some 22 m long running in the same southeast-northeast direction with a width of 0.60 m and height 0.50 m (Fig. 2-8).

The site belongs to the Chachapoya culture.

Selva Alegre A

Selva Alegre A is in the hamlet of Selva Alegre on a long plateau at 9311100 N and 261700 E at an altitude of 1150 m, c.180 x 40 m (Fig. 2-9).

Selva Alegre A has seven rectangular structures that are oriented in a west – east direction. The width of walls of the structures is 0.50 m and stand to a height of 0.30 m. They are constructed of field stones in clay mortar.

The rectangular structures have the following measurements: 4.00 x 35.00, 15.00 x 2.50, 19.00 x 5, 40.00 x 3.00, 11.50 x 3.30, 19.50 x 5.00 and 16.00 x 3.00 m (Fig. 2-10).

In the northeast direction 380 m from the site the remains of two sections (20 m long, 3 m wide and the other 30 m long, 1 m wide wall) of a stone paved path with retaining walls. The path is also found at the entrance to the site (Fig. 2-11).

The architectural characteristics of the site indicate its Inca culture affiliation; it was probably an Inca tampu at the Inca road.

Selva Alegre B

Some 40 minutes by foot from the hamlet of Selva Alegre in a southeast direction the site of Selva Alegre B is found in a coffee plantation at 9310100 N and 261850 E in the altitude of 1260 m, c. 600 x 150 m.

The site consists of a rectangular structure 20.70 m x 3.40 m with an interior division in the middle. A grinding stone was found in the inside corner to the southeast. The structure, a *carpa wasi*, has no front wall towards the north. The width of the wall is 0.80 m and stands to a height of 0.40 m (Fig. 2-12).

Following the slope in a northerly direction terrace walls 20 and 30 m long with low walls reaching an average height of 0.40 m run in the opposite direction of the site.

The site probably belongs to the Inca culture.

La Laja

La Laja is located on the left side of the La Laja gorge at 9307300 N and 261650 E at an altitude of 1,755 m, c. 415 x 30 m.

The site is above B Selva Alegre and located in an area ascending from the north to the south at an apex of a large hill called Cerro Alto. It consists of six structures (4 round and 2 rectangular), distributed on seven natural "shelves" with six platforms. The platforms have different sizes (the first shelf: 2 m, the second: 20 m, the third:11 m, fourth :6 m, the fifth: 24 m and the sixth 4 m..

The structures were constructed on these platforms on which several remains of grinding stones were found.

On the first platform there were two grinding stones, one of an oval shape and the second square-shaped with a small channel on three sides (Fig. 2-13). This platform is now being used for coffee.

On the second platform another triangular grinding stone shaped with a small channel at its three sides was encountered. A 25 m long wall was observed in a northeast-southwest direction, width 0.50 m and height of 0.40 m; this platform is currently planted with sugarcane.

On the third platform was built two round structures with a diameter of 4.50 and 5 m, with walls made of fieldstones, width 0.65 m and height of 0.65 m; one structure has access to the west and the other to the east; the entire platform is covered with a forest.

On the fourth platform no archaeological evidence was found. It is totally covered by forest.

On the fifth platform a round structure of 5 m in diameter with a wall of fieldstones with clay mortar; wall width 0.60 m and height 0.40 m, and a rectangular structure 3 x 1.5 m with walls 0.45 m wide and 0.40 m high were constructed. A forest also covers this platform.

On the sixth platform a small round structure 2 m in diameter with walls of field-stones stones and clay mortar; wall width 0.40 m and height 0.30 m and a rectangular structure measuring 4.50 m on each side, with walls of field stones and clay mortar; wall width 0.60 m and height 0.55 m were encountered. This whole platform is also covered by forest (Fig. 2-14). Towards the east between platform six and three a retaining wall reaches 0.60 m high.

The structural characteristics of this site indicate it to belong to the Chachapoyas culture.

Abre Lajas

Some 30 m to the southeast of the hamlet La Punta the site is at 9283726 N and 248096 E, at an altitude of 2128 m, c. 35 x 20 m.

The site is very destroyed and located in a very humid flat area and consists of a round structure 3.50 m in diameter made of fieldstones, wall width 0.60 m and height 0.30 m. Behind this structure is a retaining wall, a large terrace, made of field stones in west-east direction 28 m long, height of 0.30 m. Another fieldstone double wall (7 m long, width 0,60 m and height 0,80 m) runs parallel to a small gorge in a north-south direction and is located towards the eastern side of the site (Fig. 2-15).

The site probably belongs to the Chachapoya culture.

Tampu Laurel A

Tampu Laurel is located between La Punta and Posic before a crossroads at 9284234 N and 250303 E at an altitude of 1973 m., c. 170 x 80 m.

The site consists of six rectangular structures, four of those are constructed on a large level area with a retaining wall 60 m x 36 m towards a gorge; the structures measure 7.00 x 4, 5 x 2.5, 12.00 x 3.00 y 9.00 x 3.00 m, the walls are of fieldstones stones, width: 0.70 m and height: 0.30 m. Some 80 meters in the north-eastern direction 13 meters below two other structures 13.00 x 4.00 and 12.00 x 3.00 m are located. The orientation of the structures is south-north, southeast-northeast and east-west (Fig. 2-16).

To the south of the platform where four of the structures are situated a 3m wide and 500 m long path, *camino Inca*, passes by in a west-eastern direction. Part of the *camino Inca* is paved and has retaining walls here and there.

The site is an Inca *tampu* because of the shape of structures and their location.

Laurel B

Laurel B is located 30 m towards the north of a place named Laurel, at 9285204 N and 251375 E at an altitude of 1908 m, c. 30 x 4 m.

It is a fragment of a preserved *camino Inca,* 30 m long and 4 m wide running in an east-west direction. Its sides are defined by medium-sized stones (0.30 x 0.25 m) forming a wall 0.60 m wide, 0.30 m high. The path follows the smooth and level ground in a straight line (Fig. 2-17).

Posic A

The site is located on the left side of the Mashuyacu gorge at 9286774 N and 252872 E at an altitude of 1940 m, c. 200 x 350 m.

It is composed of various constructions built of sand and lime field stones with clay mortar. The structures are distributed over a gentle slope from north to south. The structures that were built on the site are of six types: a large *kancha* structure, a bath (fountain), a *kallanca*, a *kancha*, an *usnu* and what is considered to be an *intihuatana* associated with a stone paved path.

The largest *kancha* structure has a rectangular shape with three structures to the north, and measures 41 x 31 m. This structure has an entrance from the south side with an opening 0.80 m wide. It has two interior courtyards, the first one surrounded by 10 rectangular enclosures measuring: 7.40 x 7.40, 7.20 x 7.20, 7.20 x 7, 9.00 x 7.00, 7.50 x 7.00, 8.40 x 6.00, 7.50 x 7.00, 7.00 x 6.40, 7.40 x 6.50 and 7.50 x 7.00 m. The walls are 0.70 m wide and stand to a height of 1.70 m.

Continuing inside and passing by the first patio in the same direction one gets through a passage 6.50 m long and 2.80 m wide to the second courtyard which is surrounded by three rectangular structures, two of which are located on the eastern and western sides and a larger one at the north side with two entrances on the south side; their measurements are: 7.40 x 5.00, 7.40 x 5.00 and 8.50 x 6.50 m.

Thirty meters to the northeast of the *kancha* is a semi-subterranean fountain or bath of a rectangular shape 2.50 x 1.90 and 1.70 m deep. In the western wall a stone covered channel supplied water to the bath about one meter below the surface, the channel was built of stone. Its drainage was not identified because of the uneven and moved stones The bath has two niches of trapezoidal shape on the west wall, one on each side of the water supply 0.40 x 0.40 x 0.36 m and 0.45 x 0.41 x 0.32 m. At the north wall was observed a niche 0.41 x 0.37 x 0.34 m and at the southern wall a niche 0.40 x 0.31 x 0.38 m. Access to the bath was through a staircase of six steps located on the southeast corner of the bath (Fig. 2-18).

To the west of the large *kancha* is located a large rectangular structure, a *kallanka* 44.50 x 11.50 m, oriented east to west. It has four entrances on the south side with an average width of 0.80 m. The wall has a width of 0.70 m and height of 1.60 m.

Sixteen meters north of the *kallanka* there is a low semi-subterranean rectangular platform of fieldstones 2.40 m x 4.00 m, c. 1 m meter high, which may be a possible *usnu*. It contained many remains of charcoal in the hard earth floor. It has a very bad state of conservation.

17.60 m south of the *kallanka* a low platform of fieldstones in three layers 2.10 x 2.10, c. 0.20 - 30 m high was encountered. In the middle a triangular shaped stone stelae 0.60 m tall is placed with the flat sides turned eastwards and westwards. It is probably an *intihuatana* (Fig. 2-19).

To the west of the *kallanka* a *kancha* 27 x 17 m is situated. It is composed of three structures around a courtyard, with entrances at the northern side 2.40 m wide and at the southern side 1.50 m wide. The largest structure is located at the west side and measures 15.00 x 7.50 m, with two interior entrances on the east side 0.80 m. wide. The structure at the north side measures 6.00 x 4.50 m with a 0.80 m wide entrance at the south side; the structure at south side measures 8 x 5.50 m and has an entrance 0.80 m wide at the northern side. These structures surround a court-yard enclosed at the eastern side by a wall 0.70 m wide, 1.10 m high. One of the entrances is 1.00 m wide.

Towards the northwest of the large *kancha* retaining walls up to 1 m wide and 1.50 m in height were observed in the grass and shrub vegetation that form terraces, on some of them are rectangular structures with double walls. A 17 m long stone lined canal associated with a stone terrace on its southern side, width 0.80 m is oriented from west to east. On the terrace a circular structure of 5.00 x 5.00 m, wall width 0.80 m was situated.

The architecture has identified this site to be characteristic of the Inca culture as a regional administrative centre where Inca architectural pattern is composed of two residential areas with *kanchas*, a bath, a *kallanka*, an *usnu*, an *intihuatana*, stone terraces and probably storage areas (Fig. 2-20).

Posic B

Posic B is situated on a slight slope from north to south, located on the right bank of the upper Mashuyacu valley, north of the Posic A site at 9287707 N and 252674 E at an altitude of 2032 m, c. 680 x 130 m.

Posic B consist of eight round structures, a rectangular, terraces and a large paved road united in a network of secondary paved roads.

The round structures have a diameter of 11,00 m, 15.50 m , 6.50 m , 15,00 m and four 6 m each with walls made of fieldstones with a width of 0.60 m, height of 0.30 m. These are located mostly to the northern side of the site and are distributed in south-north direction. The rectangular structure measures 15.00 x 13.50 m and has an entrance from the northwest corner, wall width 0.50 m, height of 0.30 m. The terrace measures 18 x 14 m and runs in a north-south direction.

The stone paved road has a length of 260 m, 3 m wide and runs in a north south direction (Fig. 2-21).

The shape of the structures indicates the cultural affiliation to be Chachapoya.

San Francisco

The site is located at the junction between two gorges on a gentle slope towards the southwest-northeast at 9286091 N and 264975 E at an altitude of 1929 m, c. 230 x 200 m.

It consists of six rectangular structures situated from the western to the eastern side. The largest structure, a *carpa wasi*, or structure of three sides and open towards the west is located at the north end of the site measuring 32.00 x 6.70 m.

An isolated structure is found on the east side of the site 10.80 x 7.00 m, with a group of three structures of different size in the central part of which the smallest measures 8.50 x 4 m, the medium sized 13.50 x 5.20 m, and another three sided *carpa wasi* 20.30 x 4.80 m which is open at the southern side.

A little to the west is an enclosure 13 x 10 m, with two structures 6.50 x 4.50 x 4.50 m and 6 m, surrounded by a wall in the form of "L". The walls of these structures have an average width of 0.60 m and a height of 0.70 m (Fig. 2-22).

The site probably belongs to the Inca occupation.

Nuevo Mendoza A

Nuevo Mendoza is located in the hamlet of Nuevo Mendoza on the right side of the río Porotongo at 9288129 N and 268614 E at an altitude of 1508 m, c. 50 x 20 m.

A rectangular structure 34 x 10 m is oriented southwest to the northeast, the walls are of fieldstones with clay mortar, width 1 m and height of 0.90 m. The river has destroyed the northeastern side of this structure. The local people told there had been several other rectangular structures at the western side of the rectangular structure where a football field has been made, so the site appears to have been much larger in the Inca period (Fig. 2-23).

Nuevo Mendoza B

Nuevo Mendoza B is located on the left side of río Porotongo, located on the top of a hill that extends in a gentle slope northwest to the southeast, at 9288 271 N, 269322 E and at an altitude of 1625 m, c. 130 x 40 m (Fig. 2-24).

It consists of seven structures of round shape with diameters of 7.00, 6.00, 8.50, 8.50, 6.00 7.50 and 6.00 m, its walls were made of cut stone with a width of 1 m, maintaining a height between 0.40 to 0.90 m.

All these structures are situated in a northwest-southeast direction and are delimited on its eastern side by a 107 meters long wall, 1 m wide and 1 m high showing an access width of 3 m to the south-east of the site (Fig. 2-25).

The architecture including round structures in a patio surrounded by an enclosed wall could be a characteristic feature of the ethnic group of the Orimona in this area (see the following chapter on the ethnohistory).

Locals refer to the old name to be Ypapuy, but compared with the distances and routes mentioned Mogrovejo (Mogrovejo [1593] 1921) it is doubtful.

Nuevo Mendoza C

Is located at the trail between Nuevo Mendoza and Garzallaco at 9286607 N and 269503 E at an altitude of 1498 m, c. 100 x 20 m.

The site has three rectangular and round structures. The round structures have a diameter of 5.30, 4.60 and 3.60 m, its walls are made of fieldstones stones with clay mortar and have a width of 0.80 m, height 0.40 m. They are distributed along a north south direction.

The rectangular structure measures 50.00 x 11.50 m, walls width 0.70 m, and 0.60 m high, and is oriented in a northwest-southeast direction. Towards the southeast side of this structure a wall 10.80 m long, 0.70 wide and 0.60 m high running in a northeast-southwest direction (Fig. 2-26).

This is apparently a Chachapoya site with a later Inca reoccupation.

Nuevo Mendoza D

350 meters towards the north of the Nuevo Mendoza C site and following the trail from Nuevo Mendoza to Garzallaco Nuevo Mendoza C is located at 9286974 N and 269213 E at an altitude of 1489 m, c. 10 x 8 m.

A rectangular structure 8.70 x 5.30 m with fieldstones stone walls and clay mortar; width 0.60 m and height 0.40 m is situated near the trail.

The site probably belongs to the Inca culture.

Nuevo Mendoza E

Nuevo Mendoza E is located south-east of the hamlet of Nuevo Mendoza at the trail from Nuevo Mendoza to Garzallaco, at the right side of the río Porotongo, at 9287857 N and 268677 E at an altitude of 1500 m, c. 10 x 8 m.

A round structure with a diameter of 4.5 m had been constructed with fieldstones stones and clay mortar, width 0.70 m and height 0.70 m. Apparently this structure is all that remains of others; only a few stones piled up in different parts are left as the area is now used for pasture.

Due to the characteristics of this structure it probably belonged to Chachapoyas culture.

Paitoja A

Paitoja A is located south-east of the hamlet Paitoja at 9295856 N and 269036 E at the altitude of 1590 m, c. 560 x 180 m.

The site consists of five groups of structures distributed on a south –north sloping hill called sectors (Fig. 2-27).

Sector 1: This area comprises of two circular structures of 5.50 and 6 m in diameter, constructed with fieldstone walls with clay mortar, width 0.80 m and height of 0.40 m, and three walls of field stones with clay mortar, width 0.60 m, height 0.40 m. One of the walls is located to the north side of the round structures and is shaped like an "L" so as to delimit one side of the settlement, length of 9 x 6 m. It appears that the wall had another wall on its west side "]" shaped; sadly this was destroyed by the *colono* who uses the site for pasture.

There is a space like a courtyard between this wall and the round houses, which shows a different feature for sites with circular architecture. The two remaining fragment of walls are located south of the houses with a north-westerly direction of 16 and 23 m respectively, and are remains of possible structures at the site.

Sector 2: Sector 2 consists of two round structures of 4 and 6 m in diameter with fieldstone walls with clay mortar having a width of 0.60 m and a height of 0.40 m. To the east of the round structures a field stone wall with clay mortar had been built in a "L" shape, the wall measures 21 m by 5 m. It appears that this wall too had another wall "]" shaped on its south side to form a wall with two corners. As in the previous sector this wall shows a different feature for sites with circular architecture.

Sector 3: Sector 3 has four round structures with the following diameters of 4, 5, 6 and 6 m oriented from the south towards the north and constructed of fieldstones with clay mortar, width 0.60 m and height 0.40 m. Towards the west a "]" shaped wall also encloses these buildings with two corners measuring19.60 x 4.50 m. The space between the wall and the buildings form an open courtyard as seen in the other sectors.

 Sector 4: Sector 4 is composed of two walls in an "]" shape. The part towards the north-west measures 21.80 x 3.60 m, and the other towards the southeast measures 21.00 x 4.00 m. The walls are of fieldstones with clay mortar, width 0.90 m and height 1.10 m.

Sector 5: Sector 5 consists of a very destroyed round structure with a diameter of 5 m The wall is of fieldstones with clay mortar, width 0.60 m and height 0.30

m. Towards the north of the structure a "]2 shaped wall with two corners was constructed of fieldstones with clay mortar; the western and part of the northern wall are still seen, measuring 23.50 x 12.00 m. As in the above-mentioned sectors there is a patio between the wall and the round structure.

The characteristics of the architecture with a patio enclosed by a wall and the round structures probably belong to the ethnic group of the Orimona.

Paitoja B

Paitoja B is located towards the northeast of Paitoja A, at the left side of the río Ochique at 9296400 N and 269210 E at an altitude of 1460 m, c. 30 x 10 m.

It is a wall with two straight corners made of fieldstones with clay mortar where the eastern and western side are still left, it measures 28 x 4 m, width 0.90 m, height 0.80 m. The wall is oriented in a southeast- northeast orientation.

The site probably belongs to the Orimona ethnic group.

Paitoja C

Paitoja C is found towards the north-east of Paitoja B at the left side of the río Ochique at 9296737 N and 268981 E at an altitude of 1495 m, c. 35 x 15 m.

It consists of a large rectangular structure 35 x 15 m constructed of fieldstones stones with clay mortar, width 0.90 m and height of 1 m.

The structure could perhaps have been a long house or a colonial church, as the Incas did not conquer the Orimona.

Paitoja D

Paitoja D is located towards northeast of Paitoja C, at the left side of the río Ochique at 9296855 N and 269232 E at an altitude of 1473 m, c. 30 x 25 m.

On a plateau covered by grass is a rectangular building 23 x 12 m with walls of fieldstones stones with clay mortar, width 0.70 m and height 0.40 m.

The structure could perhaps have been a long house or a church, as the Incas did not conquer the Orimona.

Paitoja E

Paitoja B is located to the north of the Paitoja hamlet at the right side of the río Ochique, at 9296707 N and 269758 E at an altitude of 1434 m, c. 70 x 25 m.

In an area where there is now an evangelical church the site consists of four round structures with a diameter of 5.00, 4.50, 4.40 y 5.50 m. The walls are of fieldstones with clay mortar, width 0.70 m and height 0.30 m. The buildings are oriented in a southeast-northeast direction.

East of the buildings a wall is situated with an "]" shape 50 x 6 m oriented in a south-north direction, towards the north another wall in an "L" shape 12.60 m x 3.50 m has an open entrance 2.50 m wide towards the east (Fig. 2-28).

The characteristics of the architecture with a courtyard closed by a wall and the round structures could belong to the ethnic group of the Orimona.

Alto Perú A

Alto Perú is located southwest of the hamlet Alto Perú at the left side of the río Ochique, at 9302992 N and 267546 E at an altitude of 1279 m, c.370 x 70 m.

The site has ten round structures with the diameters of 3.20, 4.20, 5.20, 5.00, 6.00, 5.80, 6.30, 6, 4.70 and 4.30 m. The walls are of fieldstones with clay mortar, width 0.60 m and height 0.50 m.

Two walls with the "]" shapes were observed, one of them is more isolated located and measures 21.50 m by 3.20m, the other towards the north where five structures are placed, measures 44 x 4.50 m, width 0.60 m, height 0.50 m (Figs. 2-29, 2-30).

The characteristics of the architecture with a courtyard closed by a wall and the round structures indicate that the site may belong to the ethnic group of the Orimona.

Alto Perú B

Alto Perú is located few meters east of the *plaza de armas* in Alto Perú at 9303382 N and 268289 E and at an altitude of 1175 m, c. 50 x 30 m.

The site has three round structures with the diameters of 6.00, 6.30 and 7.00 m. Two of them have low walls and the third only a round depression where the building had been; width of the walls 0.50 m, height 0.30 m.

A wall 36 m long of fieldstones was constructed in a northeast-southwest direction south of the round houses. The wall has a width of 0.60 m and a height of 0.30; it appears to have been a similar enclosure wall with two corners, as seen in other sites. It has been removed by the settlers to use in the construction of the foundations of modern houses (Fig. 2-31).

The characteristics of the site are very similar to Paitoja A with a courtyard closed by a wall and the round structures and belong probably to the ethnic group of the Orimona.

Nuevo Sinai

Nuevo Sinai is located to the southeast of the hamlet Sinai, on the right side of the río Ochique, at 9305593 N and 268302 E at an altitude of 1138 m, c. 300 x 40 m.

The site consists of sixteen round structures, a rectangular structure and four walls of different length. The round structures have the following diameters: 5.50, 5.50, 5.50, 5.70, 7.00, 6.50, 5.30, 6.50, 5.50, 3.50, 6.00, 6.00, 6.30, 6.50, 5.50 and 5.30 m. The walls are of fieldstones stones with clay mortar, width 0.50 m and height 0.40 m.

The rectangular structure is located between the round buildings and measures 7.50 x 6 m, the walls are constructed as in the round structures, width 0.60 m and height 0.30 m. The four walls are situated in different places.

A wall 126 m long oriented in a northeast –southeast direction to the north of the round structures and two walls towards the northeast measure 12.00 y 13.50 m.,

The last wall is attached to a solitary circular structure that was identified as part of the site. These walls have a width of 0.60 m and a height of 0.40 kept m. It appears that the wall observed north of the houses had been in the"]" shape as has been observed in other sites described above (Fig. 2-32).

An architecture composed of circular structures with a patio enclosed by a wall could be characteristic of the ethnic group of Orimona.

Nuevo Horizonte

The site is located north of the village Nuevo Horizonte, on the left side of the río Ochique, 9308493 N, 265845 E at an altitude of 1142 m, c. 50 x 25 m.

Four round structures are located on a gentle slope from west to east. These structures of fieldstones stones with clay mortar have a diameter of 5.00, 5.30, 4.60 and 5.00 m, width 0.60 m and height of 0.30 m.

A field stone wall 36 m long with clay mortar was built on the north side of round houses in west-east direction, width 0.50 m and height of 0.40 m. Apparently this wall has the shape of "]" such as those seen in the previous sites, it is destroyed in part because this area has been used by the *colono* to plant coffee (Fig. 2-33).

The architecture composed of circular structures with a patio enclosed by a wall could be characteristic of the ethnic group of Orimona.

Comments

The chronicler Garcilaso de la Vega is one of the few writers who speaks of the conquest of the Incas of Moyobamba.

"The great Tupac Inca Yupanqui) sent part of his army from Llauantu (Levanto) to the conquest and reduction of a province called Muyupampa (Moyobamba). This was the place to which the brave Ancohualla had fled when he abandoned his lands as he did not want to recognize superiority of the Incas, as we recounted in telling the life of the Inca Viracocha. This province, which was located in the Antis, thirty leguas east of Llauantu was not, properly speaking, part of the Chachapoya, but were allied, either by mutual desire through friendly confederation or through the ties of bondage, which was not agreed by all those Indians. .

The natives of Muyupampa having learned that the whole province of Chachapoyas was subject to the Inca, surrendered easily but protested against having to embrace their idolatry and their laws and customs. So did the province called Casayunga, and others that are in that district with less population, all of which surrendered to the Inca with little or no resistance.

The Inca provided the necessary for their idle belief and worship of the Sun and for the benefit of the subjects and he ordered to dig water cannels and breaking new land so the province would become richer, and the curacas were given a lot of clothes, which they appreciated very much. The Inca then ordered to stop the war until next summer, so the army could rest. From the neighbouring provinces there should be brought plenty of food for people at war and for the newly conquered subjects, which suffered from the last war and needed food" (Garcilaso de la Vega [16] 1967, Libro Octavo, Cap.III).

The archaeological research in these areas have confirmed previously unknown cultural affiliation of 27 sites corresponding to the Chachapoya culture and a strong presence of the Incas in the region, as has been previously demonstrated by our earlier investigations (Schjellerup 1985, 1992.1997, Schjellerup et al. 2003, 2005) but also evidence of the ethnic group of the Orimona and the possible presence of two colonial sites.

"The ancient village Posic was situated in the eastern Omia district and populated by people dedicated to hunting, fishing and agriculture and there was a gold wash-ing place near the village. They made a chain of gold weighing about 40 arrobas and it was so long that it surrounded the temple where they worshiped their gods. The chain was also considered to be a god, so at pompous feasts and processions many men dressed in their traditional clothes would walk around their temple. One day when the village was attacked unexpectedly in the dark by the Orejones tribe they

with despair and seeing they were loosing the fight forced the doors of the temple open and took the gold chain and after kissing it threw it into a deep well so it would not fall into the hands of destroyers. When the chain went down the well it changed into a big lake as it is now. The village of Posic was almost completely exterminated. Only a group of about twenty people tried to escape by taking two routes, one of them came to the valley of Huayabamba to become founders of the modern village of Omia. It is said that these survivors were among those named Tafur, Rodriguez and others whose descendants live here today. The chain is said to have become bewitched so when hunters go to these places and come to the lake or make noise they trigger off a storm with great force (Archivo de informes - Instituto Pedagógico Toribio Rodríguez de Mendoza-Chachapoyas).

During conversations with Señor Romulo Maldonado Montuya from Omia (who has a hut in Posic) about the legend of the ancient village Posic, it is evident that it tells about the existence of a gold mine and perhaps some of the rites performed in the Inca administrative center of Posic. The legend is a combination of colonial history and pre-Hispanic history. It is similar to the legend of the history of Achamal (Schjellerup et el. 2003) where a church is attacked by a tribe here called the Orejones (long ears) who tries to steal a gold chain. No remains of a church or temple was found in Posic but the conclusion of the legend is that heavy attacks took place by tribes in the pre-hispanic period as in the early colony period which are verified by the visit of Mogrovejo (see the following chapter on the ethnohistory).

Only visible traces of stone architecture of stone have been registrered. The climate is as Cieza de Leon wrote:

"The land of the Moyobamba is unhealthy and it rains most of the year, and it is full of filthiness and mountains and many big and small rivers." (Cieza de Leon [1553] 1991 4 part fol. 198r.

The weather has obviously deteriorated the constructions and further in hot areas many of pre-Hispanic settlements were probably built of perishable material as it is to-day, where most of the houses of the farmers are made of timber or as log cabins.

The mention of *galpones*, big common houses, in the early colonial period also indicate the relationship of a particular tradition of the rain forest where the common houses were built of wood and palm leaves. Excavations around archeological sites and flat areas will undoubtedly reveal post holes from these constructions.

A new type of architectural pattern has been located on lower mountain hills and on flat surfaces consisting of circular buildings with a courtyard enclosed by a wall in the form of an "]". Probably this new architectural pattern is characteristic of the ethnic group the Orimona, as mentioned in the Spanish documents.

The presence of the Chachapoya culture apparently came to this part of the eastern edge of the *ceja de selva* and it was possibly the limit of Chachapoya expansion (see map of archaeological sites).

Posic A was probably the last Inca regional administrative center with the characteristic standard architecture of almost all Inca sites in the region with *kanchas*, a *kallanca*, a fountain, terraces, perhaps an *usnu* and structure that we consider to be an *intihuatana*.

The terraces on the slopes of the hills near many of the archaeological sites as mentioned by Garcilaso de la Vega witness of a large scale agricultural production that involved the cultivation of maize and cotton production (continuing in the colonial period) (Fig. 2-34). There was an increase demand for food for the new Inca installations and for the Inca armies who went through and stayed in .the area. Inca armies consisted not only of thousands of soldiers but carriers and flocks of women and children went with them to prepare the food during the campaigns

A network of Pre-Hispanic pathways runs through all the sites, the Incas made good use of part of this large area as one of the most important entrances to the ceja de selva and selva. The main roads of the Capac Nan, the principal road of the Incas had several minor trails and an important connection between tampus like Selva Alegre and the Laurel and administrative sites. There was a high degree of communication between the Andes and the Selva, this ancient route remained in force. Possibly the tribes came up from he the upper lowlands to barter their products (coca, chonta palm, furs, feathers, honey and others) with the highlanders and to participate in common religious ceremonies and occasionally steal their women. The Chachapoyas' textile production of special fine garments in wool and cotton, was much appreciated by the Incas and the Spanish who used the pieces as gifts and tribute payment.

With the Spanish invasion there became more drastic upheavals. Inca installations were abandoned quickly in an area where the Incas had never been welcome.

Chapter 3

"Where the sun rises" – Ethnohistorical research

The present and previous archaeological studies have shown a significant presence of both the Chachapoyas and Inca cultures especially a strong evidence of the Incas with the large administrative center of Posic. Throughout this north-eastern foothills of the Andes there is also good evidence of penetration of ethnic groups originating from the lower Amazon rainforest to the east.

Ethnohistorical investigations relating to the use of the land and the interaction among the different ethnic groups in these areas have previously been unnoticed. However they may clarify the antecedents, events and testimonies that are found in the historical documents in archives and others already published.

The ethnic groups

All the different ethnic groups, tribes or semi-rainforest groups in the *montañas* had similar customs and ways of living. From later descriptions we know that the dress consisted of a knee-length *chusma* or long tunic of cotton. They slept on a wooden framework covered with palm mats (Tena 1776:158) and practiced slash and burn agriculture to raise food crops such as yucca, fried and boiled banana, peanuts and fruits, and they cultivated cotton. Hunting and fishing gave them monkeys, rodents and many other species of animals and fish.

Masato was a common drink in the rainforest as it remains today. In order to make this drink *"they grind the yucca, and they chew the flour with saliva, boil it and let it ferment for three days. After this, dissolving it with some water it leaves a strong bee that will get you drunk"* (Izaguirre 1923: 38).

The missionaries in the 18th century grumble about the natives who *"disagreeable conserve their primitive weakness in their liking of fermented drinks: a behavior that the missionaries had managed to reduce to a reasonable limit"* (Izaguirre 1923:103).

One of the missioners was received with dances of men, women and children, distributed into different groups adorned with plumages and *"rare curiosities that they use in their finest celebrations presented for me… with peals of bells, musicians, songs, parades in front of me, palm mats, scattering of flowers"* (Izaguierre 1923:

197), (Fig. 3-1).

The Cholones who lived further to the south of the current study frequently set out to the mountains on an eight day trip to exchange their products. The women carried baskets with coca leaves about three arrobas each (34,5 kg) and the provisions for the whole the trip, and with the amount of the coca leaves they bought what they needed, like tools, some blouses, jackets, coats and shawls for the women and some "childish things" and *"They do not permit the use of stockings or shoes"* (Izaguierre 1923: 199), (Fig. 3-2).

It is common to idealize the life of the ancient natives believing that lived in a state of paradise. That never happened. Tension among the ethnic groups appeared to be omnipresent and this broke out sporadically into war expedition with robbery of women, burning of houses, fields and animals.

The encounter

In these mountains the first encounter between the indigenous inhabitants and the Spaniards took place in the 1530s and 1540s when the Spaniards dispatched several expeditions into the interior land with the overwhelming desire of finding the mythical Eldorado. Chroniclers of the time speak of ethnic groups in the *ceja de selva* and their resources, wars, abuses and frauds by the *encomenderos*, of courageous missionaries and deadly diseases in this difficult environment of forests, mountains, rains and jaguars.

Just some sixty to seventy years before the Spanish arrival the Incas had conquered the area of Chachapoyas and Moyobamba. The local populations were extremely dissatisfied with the new rulers to the point that they mounted numerous insurrections against the Incas. Therefore many of the inhabitants first perceived the conquistadores as liberators from the yoke of the Incas.

Thus Captain Alonso de Alvarado was very well received in the former Inca administrative center of Cochabamba during his first visit in 1535 (Schjellerup 2005:142). But this native perception of the Spaniards soon changed radically.

After the foundation of the *San Juan de la Frontera de Chachapoyas* in 1538 Alonso de Alvarado set out to explore further to the east. The cacique Guaman from Cochabamba was a great aid to support the expedition to Moyobamba. He provided essential food supplies as well as many Indians who acted as both guides and supply carriers during the journey. (RGI, Tomo III, 1965:167). It is said that three thousand chachapoya Indians participated in Alvarado's expedition (Del Busto Duthuburu 1968:141).

Alonso de Alvarado was accompanied by Pedro de Samaniego and Juan Perez de Guevara, captain of the infantry, a man, who later managed to obtain most of

Alvarado's *encomienda*. When they came further into the forested mountains many of the indigenous people fled for fear of the horses. The land was well populated. The Incas had been forced to keep significant troops in the Chachapoyas province, *"because they are very brave"* (RGI 1965, Tomo III:160).

This journey was very hard, extremely exhausting and quite problematic because of the resistance of people. The first entries in the book of the Cabildo de Chachapoyas refer to several attacks by the rainforests tribes towards the east, where the inhabitants were very rebellious towards the Spaniards and about the Motilones as savages living in hamlets at the banks of Río Mayo or Río Moyobamba. (Libro Primero de Cabildos de la Ciudad de San Juan de la Frontera de Chachapoyas 1958) (Fig. 3-3).

"It seemed reasonable for Pedro de Samaniego to go to the province of Chillao that was rebellious with forty Spaniards with swords, shields and crossbows and some friendly Indians to wage war with all rigors. They left the camp with this determination: they walked in the high mountains covered with forest. The Indians were warned of how they went along in their land, and became so afraid that without daring to wait for them in their villages they abandoned their houses and left them empty. The Christians arrived at one of these places, where the señor principal was called Longlos, here they found many provisions and some herds of llamas and birds. The friendly Indians, that passed more than two thousands, took all the loads they could carry for their camp, and destroyed what they wanted. Some Indians who had abandoned their village; had been hiding and when they saw the destruction that had been done to their properties, full of pain and wrath, they gave errand to their captains and more than four thousand war men joined them, and they put themselves in selected places and very well known by them and waited for the Christians and their friends, who had left them. The Indians who went loaded with the provisions fled like free men, leaving the Christians alone, who, as they heard the outcry and such a great roar given by the enemies, moved for them. And after having killed and wounded many of them with the crossbows and swords, they fled, leaving us very exhausted, and with no more damage than a wound that they gave to one in the arm, and as most of them were able to they returned and joined Alvarado" (RGI, 1965, Tomo III:162).

Order and Foundation of the City of Santiago de los Valles (Moyobamba)

Before Francisco Pizarro's murder in 1541 he was informed by Alonso de Alvarado and Perez de Guevara about their journeys and showed his interest by the following statement:

*"As I am informed that in the inland area of the Chachapoyas towards **where the sun rises** it is said there are Moyobamba and other lands and many provinces are*

found and many caciques and Indians, rich in gold and other lands provinces with many people, that still have not given His Majesty their obedience and there are plenty of land for the Christians to populate because the land is fertile with water and mountains and lands to cultivate and it is reported that there are gold mines and in compliance with what his Majesty has agreed, the land of the Moyobamba should be populated with Christians and everything else there may be to discover on that path to be opened and further to be discovered so the people will come under the yoke and obedience of his Majesty and come to the true knowledge of our holy Catholic faith and this is the main desire of his Majesty to discover these lands and populate them and because to discover and populate them there must be one person in charge to discover these lands and populate them; my lieutenant and captain general should go who is said to have done the discovery and hence has gained the respect this captain Juan Pérez de Guevara a clever person, sufficiently confident and secure and with the diligence and experience of the habits of Indians for their pacification and conquest in the service of his Majesty, he must go entering the interior towards the Cascayungas of the Moyobamba territory and pacify all the caciques and Indians of this land by making war on the way and with little risk of the Christians" (AGI 123, ramo 4, 1578:41v 42r).

In the following centuries until the construction of the road in the 1960s many expeditions, adventurers, missionaries and traders took the old route by the Chachapoyas to Cascayungas crossing the cordilleras at Tauli and after having passed by a third mountain ridge across the top of Piscohuañunas which means *"killing of birds, because in the altitude and atmospheric defection no birds can survive"* to Ventanilla – San Agustin de Bagazan where they say the *montaña* begins (Larrebue y Correo Vol. VI: 512). Bagazan belonged to the former Corregimiento Pacclas (Nolasco 1966:310). During a journey in 1845 the travelers were attacked by a jaguar in Bagazan. The trail continued to Pucatambo (near Vista Alegre), La Ventana, Santo Toribio (now Rioja) and to Moyobamba. (Larrabure y Correa, 1905, Vol. VI:512) (Fig. 3-4).

Along this route Juan Pérez de Guevara made several expeditions into the region of the *ceja de selva*, or perhaps he took another trail further south from Leimebamba - Chilchos – Posic - Soritor to Moyobamba. The same much shorter route is said to have been used by a priest celebrating mass in Caxamarquilla and then after only twelve hours walk he could celebrate the same mass in Soritor, four leguas (22 km) from Moyobamba (Larrebure y Correa 1905, Vol. VI). This route was still in use during the voyage of the Bishop Mogrovejo in 1593 (see below). Pérez de Guevara was accompanied by a friar Gonzalo Hernandez, a Mercedarian, against whom the indigenous people had mutinied and was at risk of being assassinated, but escaped with the help of the Spaniards (Fig. 3-5).

During this journey:

"He said that he set forth to found and founded the City of Santiago de los Valles which was called Guava by the Indians and as such by Royal measure was ordered that it be set down by name as the City of Santiago de los Valles and he said that he set forth to found and did found it free with those prerogatives and freedom that are required for this city and now called and begged his Majesty and the princes to put it under their protection and as a sign of the foundation the captain took a big stick and stuck it in the middle of the public square so the city had a sign where he said people could be hanged by the gallows and a pillar and a knife… (on which the heads on those who have been hanged are exposed) were they can be punished and castigated those who should be punished, and he showed where the cathedral should be built and the divine worship was held in the plaza of this city, and [he indicated] at the edge towards a gorge of the river there should be a solar (terrain) *which has a hundred and forty feet in a square and next to this* solar *another where the* casa de cabildo *should be founded with a hundred and forty feet frontwards and fifteen feet long towards the gorge to match up with streets in the said city and immediately he said it should be shown and indicated what belong to the this city from the mountains that run to Vallezillo de Xepelaciototo to the summits here as far as where the river comes from Oromina into the Rio Grande and the upstream of the Oromina until a stream that enters the river Oromina which is called Tonchiva and from that stream upwards to the top of the mountain Xepelacio leaving the Indians Piguelo and Guaciquen a piece of land between the mountain and the road to the land of the Xepelacio, where the the said Indians are living towards the Rio Grande where they have their fields and crops well kept; and he said that immediately there should be boundaries and jurisdiction for this city of Santiago de los Valles, where one part starts at the Río Grande upstream where these valleys begin with the earlier village of these provinces called the Guasta and the boundaries begin with that land that reaches Guasta until the boundaries of the Indians in the* encomienda *of Martín Santiago neighbour to the Ciudad de la Frontera* [de Chachapoyas] *and from there running through the valley below the foothills of the mountains he named mayors and* regidores *and gave orchards and* solares *to neighbours and made* repartimientos *in his writing to the neighbours of this city* (AGI, 123, 1578, ramo 4:62r,62v).

Through this document we know the names of the Spaniards, their *repartimientos* and the names of the caciques and their ethnicity and the number of people who lived at that time when Moyobamba was founded in 1549. Intriguingly the document does not mention anything about the presence of the Incas which seems strange as our previous and present research have shown a strong presence of the Incas. This hints at a rapid collapse of the Inca empire in the area following the defeat in Cajamarca.

Another interesting element of the document is the role played by Juan Perez de Guevara in the history of our area of research. It should be noted that the limits of the *encomenderos* land and the *repartimientos* in Chachapoyas and Moyobamba changed many times over the course of time due to the different interests of the *encomenderos* and *corregidores*.

Expeditions

In the 16th century almost all intentions to conquer and colonize the eastern *selva* left from Moyobamba via Chachapoyas.

In 1549 the news of a peaceful invasion of three hundred Indians from Brazil into the Province of Chachapoyas was the main sensation all over Peru (AGI, Audiencia de Lima 36, 18r, Hemming 1978:195). They had been on their way up river for more than ten years and told that they were fleeing from the vexations they suffered from the Portuguese conquerors of the province of Omagua. The chief Uiraracu ("Big Bow") and four persons in his company were taken to Lima to see the Viceroy la Gasca. The "invading" Tupi Indians were resettled in the *encomienda* of the newly appointed *encomendero* Don Juan Perez de Guevara in Moyobamba. However, he did not possess any land in Moyobamba (AGI Patronato Real 123, ramo 4:53v). The Tupi Indians brought news of the treasures to be found in the Amazon which inspired the most tragic expedition in 1560 with don Pedro de Ursua who eventually ended up at the mouth of the Amazon river. Pedro de Ursuas expedition went out from the provinces of Chachapoyas and Moyobamba with provisions and people from Chachapoyas with three hundred Spanish men and six hundred Indians, women and men, to serve as carriers and suppliers and one hundred and fifty crossbowmen. Some of the citizens from Moyobamba were used as guides and translators (Monguia en Torres de Mendoza 1865, vol.IV:192).

Only six years after, in 1566, Martin de Proveda started out from Chachapoyas close to Ursúa's point of embarkation on a similar mission. He eventually turned up in Bogota in Colombia after most of his men had perished (Markham 1861:1).

After a pause of some forty years where the Spanish more or less consolidated themselves in the region, Alvaro Ennrique de Castillo from Chachapoyas tried to get a license from Lima in 1607 but without luck (AGI Audencia de Lima 36,9 1613).

Instead the Corregidor of Chachapoyas Juan Vargas Machuca entered the *"tierra adentro"*, the interior lands, in 1610 with a royal license and a large number of Spaniards and Indians. He managed to make peace with several of the native tribes, among them the Tabalosas, but his eagerness to gather them into villages was not rewarded:

"and they cannot be reduced as they are not enough people, because each one lives among his fields with long distances apart, they are naked and poor people who do not have nor wish to have more than to eat and drink, and this is not to the

interest or advantage of Your Majesty" (Riva Herrera [1646-1655] 1899:93).

Only a little decade later Alvaro Ennrique de Castillo was back again in Chachapoyas pretending to have a license from the Viceroy in Lima. He settled for a while with about hundred soldiers, whose bad habits he was not able to control so the expedition was broken up by the Corregidor of the town. However back to Spain Alvaro Ennrique was successful in gaining a royal license so he began a new *entrada* with fifty soldiers. Both internal and external conflicts quickly led to the failure and demise of this expedition (Riva Herrera [1646-1655] 1899:4).

Each expedition eastward meant significant hardship for people living along the route (the soldiers were a constant nuisance) and in the town of Chachapoyas itself. It meant increased expenses for all the town's citizens who got their income from the Indians living in the country outside of Chachapoyas town. Many of the *encomenderos* from the *repartimientos* lived in Chachapoyas which is why they most certainly felt they had to increase the amount of tribute of food and find carriers for the soldiers. Each soldier needed at least two Indians to carry his clothes and food and the captains and officials needed even more. Another large group was needed to carry the cache and the ammunition.

In 1648 the Corregidor of Cajamarca Don Martin de la Riva got the same idea to go east. Behind his proposal were still secret hopes of finding the land of the riches:

"it is known that the lands are not only very rich with plenty of fruits, cattle, cotton and other things of a high price, but the lands have also many mountains with gold and silver on which there is much information..." (Riva Herrera [1649-1655] 1899:6).

Officially he wanted to pacify and baptize the large groups of pagans in the Amazonian lowland especially among the Motilones, Tabalosos, Casablancas and other tribes, a task which had not been accomplished by Don Alvaro Ennrique de Castillo (Riva Herrera [1646-1655] 1899:9). The Spaniards in the town of Chachapoyas, taught by the previous bad experiences, were strongly opposed to his planned campaign. Letters from several authorities and citizens state that housing and outfitting a new expedition will be the destruction of the cities of Chachapoyas and Moyobamba. The inhabitants were poor people having no trade except for the manufacture of cotton sail-cloth in Moyobamba for the Spanish ships (Riva Herrera [1646-1655] 1899:99). They all agreed that a shorter and easier passage to the east to conquer the troublesome Indians of war was through Caxamarquilla and Condormarca which is only eight days journey from Cajamarca as opposed to the entrance from Chachapoyas which is one and a half months journey from Cajamarca.

The Corregidor of Luya and Chillaos, Captain Fernando Orejon Escadon, was well accustomed to expeditions to the interior being the son-in-law of the unfortunate Don Alvaro Ennrique de Castillo. He had taken part in his expeditions and knew of the difficulties. He referred openly to the many problems: the problems of lack of provisions and Indian allies, the large number of beasts of burden required for the transportation of goods between Chachapoyas and Moyobamba that led to a shortage of animals for normal trade. Without the above mentioned ingredients an expedition is impossible. At the end of each year there was never a surplus in provisions. On the contrary most often there were serious shortages *"- there is nothing to live on"* ((Riva Herrera [1649-1655] 1899:99). There was not enough wheat to send from Chachapoyas to Moyobamba where it did not grow; in Moyobamba they received all their wheat from the Luya, Chillaos and Chachapoyas area (Fig. 3-6). And if an expedition got the necessary amount of wheat the journey was prolonged for more than a month because of the difficulties in carrying the baggage on the extremely bad swampy trails, violent rivers, *montañas* and over high mountains, where the mules and horses were lost (Fig. 3-6).

The outcome of the suggested enterprises suggested by Don Martin de la Riva Herrera were four campaigns during the years 1653-55 among the heathen or pagan Indians living in the mountains. The first two campaigns went by Chachapoyas and Moyobamba despite the opposition of the Spanish people. The expeditions were directed towards Motilones and Tabalosos because they had attacked Moyobamba several times.

Golob mentions in her study on the upper Amazon that the Spaniards carried out several slave raiding trips to the lowlands, about which they wrote almost nothing, concentrating instead upon reporting the Portuguese raids from the east. The Spaniards began to raid the lowlands for slaves to work in their *encomiendas*, in their fields, mines and in the mills. Golob writes that the raids began in the sixteenth century but were not restricted to that century. There are reports of Spanish raids into Mainas during the Jesuit tenure from 1659. The slave raiders came from the towns of Chachapoyas, Moyobamba and Jaen (Golob 1982:133-135). In the writings of Cabildo de Chachapoyas it is noted that one of the purposes of going east into the lowlands was precisely to get slaves (Libro Primero de Cabildo de Chachapoyas [1544] 1958:6).

Missionaries

Meanwhile, several religious orders entered the cloud forests. The Order of Merced was present in Chachapoyas in 1541 (Aparicio, Tomo I, 2001) and the Mercedarians were the first missionaries on the route towards Moyobamba followed shortly after by the Augustinians in 1557. The Franciscan Missionaries of the Twelve Apostles, came to the region perhaps as early as during the first foundation of the city of Chachapoyas. A common feature among all the missionaries were their journeys took off from Lima to Cajamarca to go to Chachapoyas and Moyobamba the same route as the expeditions (Biedma et. al. 1989:262, 264, 265) (Fig 3-7).

The first Augustinians went into:

"a land very impassable and very humid, as it rains all year round; this is why the Indians have their houses built on the top of the mountains, the houses are high and round; they (the Chachapoyas) almost reach to the Motilones, and nearby it is worth mentioning that all the Chilchos Indians both men and women have big glands" (Los primeros Agustinos [1550-1570).] 1916:56.

The trails in the dense forests have always been risky because it means crossing rivers, marshes, and poisonous plants and a possible encounter with dangerous animals like snakes, *tigrillos* and jaguars.

"The blessed Father Fray Juan Ramirez asked where in the passage they that day had seen the tigers [jaguars], they told him where and they followed him. Some pretended to be forced and others wanted to hide themselves, but the ones who showed most courage were the wizards, happy to see him go where he would die torn into pieces. The blessed Religious walked on foot to find the beasts and found their traces in the passage. When the Indians saw the terrible and fierce animals as big as large cows, but in their terror bigger than elephants or towers, many of them flew away, and none of them wanted to pass, but some began humble to make reverence to them. The good padre turned his eyes to heaven and prayed for help...And the courageous servant with a majestic force went with the Indians who expected him to be eaten alive, and it was not with little admiration they saw the padre shocked, different from what they were used to see. He demonstrated/exhibited a cross towards the cruel beasts,....the animals climbed a big tree showing their teeth in anger.... The padre threw the first stone and the Indians other stones. The animals became so frightened and furious, inciting more Indians and after more stone throwing, the fierce beasts fell down roaring. The Indians managed to kill the animals on the ground, stretched the spotted skin, and brought them to the plaza for public view."

Until 30 years ago, the jaguars still attacking the people, and only a year ago, a settler killed a large jaguar (Fig. 3-8).

The church established *doctrinas* with priests or brothers who were commissioned to evangelize and baptize the heathens. A *doctrina* consisted of several small villages, often separated by long distances, and in the most of important of them, in the "head" of *doctrina*, lived the priest, the *doctrinero* (Aparicio 2001:28). The *encomendero* should pay the *doctrinero* his stipend. Due to this an *encomendero* *"would place the priest in a* doctrina *where he could help the* encomendero *to gain huge profits"* and *"who would cooperate with their land"* and the *doctrinero* was like white wax in the hands of the *encomendero* according to Aparicio (2001:28).

In the *visitas* by Bishop Mogrovejo in 1593 we find information on the place names and amount of people in this remote northern part of the country since his first visit in 1586 and his route to Moyobamba. Only the *doctrinas* of our research are mentioned here.

The Libro de visitas de Santo Toribio Mogrovejo, 1593-1606 (Benito 2006:123) says:

"Su Señoria Ilustrisíma took a very hard journey to go Moyobamba, which is by Ypapuy and Posi (Posic)a very bad and rough trail, and the people of Posi and Ypapuy are next to the war Indians".

The visita tells of the different towns and a drastic population decline is seen in just nine years since his first visit:

Taulia was head of a *doctrina* covering what is now the district Molinopampa province of Chachapoyas.

"The village of Taulia sixteen tributaries and 16 reserved (people not paying tribute) and confessions of seventy-two and further ninety souls. This time twenty-two people, those from last time do not appear. Doctrinero Fray Francisco Cabezón.

The village and asiento of **Xebil***: eleven single Indian tributaries, four married tributaries, single and married reserved three, thirteen young boys, seventeen young girls, in all fifty Indians. Now in this village twenty-three people (seven leguas [38,5 km] from the asiento of Huayabamba).*

The village of **Laya***, who for fear of the aucaes (savage Indians) and the bad place it is situated has been depopulated, and there are three Indians. (From Xebil to Laya 4 leguas [22 km]).*

Item **Ypapuy** *village, which is seven leguas [38,5 km] away in fear of the aucaes has eleven people, twenty-two married Indians, twelve Indians reserved old, married and unmarried, and twelve Indian widows and unmarried, and sixteen young boys. This time confirmed eleven people in this town. From Laya to Ypapuy there are 7 leguas [38,5 km] of bad road and dangerous risk of Aucaues*

The people of **Possi** *[Posic] twenty-eight people, twenty-six married Indian tributaries, nine single tributaries, ten Indian reserved, married, eight Indian women, widows and unmarried, sixteen young boys, twenty.two young girls, in all ninetyone. This time in this village twenty-eight people. (From Ypapuy to the village of Posic there are 2 leguas [11 km]).*

This entire population is within the montaña in dangerous land with enemies and the account of the numbers of yanaconas in charge of the llamas in the estancias are in the information given by your Señoría" (Mogrovejo [1593] 1921:51) and

"The doctrina has many villages and are in many parts very difficult to pass and the priest is forced to go with great care and restraint because of the Indians Motilones and Jeberos that usually come to Laya and Possi and all this land to cut the heads

of Christians and the trails are very bad and dangerous, and su Illustrisima Senorio visited all these villages and followed with hard work this trail with the danger for his life" (Mogrovejo [1593] 1921:49).

The Doctrina of **Soritor** also belonged to this ecclesiastical part of Chachapoyas. **Santiago de Soritor** (founded in 1561) was difficult to manage because it was head of the seven villages of Ranarí, Nijaque, Toe, Palanca, Yantate, Abuao and Guastilla. Some were included in the montañas of the Moyobamba province. Only Soritor and Yantate are found today, but some of the others are seen in the undated map by the Mercedarians (Fig. 3-7).

In 1586 when Mogrovejo visited Moyobamba for the first time there were sixty-nine Spaniards but no mentioning of the number of Indians; in 1595 there were only twenty-seven Spaniards and a hundred and sixty five Indians and besides many Yanacona Indians and people from elsewhere.

The doctrina of **Moyobamba** was called Doctrines of the Plains and included the village of Lezetor (?), Oromina, Gepelacio, Surrón, Chichimaro, Jaque, Yranare and Toche de Sipa. Of these only Oromina and Xepelacio are known today.

Juan Pérez de Guevara, the Chilcho, the Posic and the Orimona

From 1548 the ill-reputed Juan Perez de Guevara *encomendero* for the *repartimiento* of Cochabamba, Leimebamba and Chilchos made his Indians work inhumanly with his excessive demands for tribute fees and for work in gold mines (Schjellerup et al. 2005, Schjellerup 2008). But the title given to Juan Pérez de Guevara did not include Indians who belonged to Moyobamba as mentioned earlier.

The territory of the Chilchos probably extended east to the Rio Huambo to include the village of Laya whose exact location is not known today. Further to the east was the ancient village of Posic and not as Espinoza Soriano erroneously locates Posic "north of Rioja" where another village is situated with the same name (Espinoza Soriano 2003:34, 121). Posic was known for its salt pans," where the llamas come to drink and eat the salt" (BNL A 158: 164r).

Posic was part of Tawantinsuyu as our research has shown and belonged to Moyobamba in the beginning of the colonial period.

From 1548 the first *encomenderos* Luis de Moscoso and Pedro de la Mina were in charge of two *repartimientos* in Moyobamba - one was given half of the Orimona Valley and the other the other half. Pedro de la Mina dies and his wife Ana Ruiz married Francisco Sanabria, and both of them die shortly afterwards. This was the reason that the *repartimiento* then went to Francisco Nunez. In the village of San Miguel de Orimona there was a church with images of saints (Espinosa Soriano 2003:144).

Juan Pérez de Guevara had a "creative" way of thinking to extract more tribute in natural materials like cotton and others. It seems that the climate change known as the Little Ice Age affected the cultivation of cotton in the valley of the Chilcho. So Juan Perez de Guevara arranged for the Chilchos to attack the Orimona to include the territory of the Orimonas to get more cotton. Juan Perez de Guevara forced some of the Chilcho, the Laya and the Posic as mercenaries to attack the Orimona. The Orimona lived in less altitude further to the east, and were neighbours to the Posic people.

At this time it appears that Posic was put under the custody of Don Gomez de Toledo, cacique of the Chilcho why later reports of the *visitadores* indicate Posic as belonging to the ethnic group of the Chilcho (Espinosa Soriano 2003:81). The village and lands of Posic were three *leguas* (16,5 km) from the village of the Orimona (Espinoza Soriano 2003:154).

A trial in 1567-78 between Francisco Nuñez and the *encomendero* Juan Pérez de Guevara opens a story of conflict between ethnicities, robberies, killings, abuse and problems of the limits. Thanks to this document we know the names of the caciques and their tribes or ethnic groups and the place more or less of their territories. During Mogrovejo's visit in twenty to thirty 30 years later as we have seen the villages of Laya, Posic, Ypapuy and Oromina (Orimona) still existed.

Several witnesses mention that Juan Perez de Guevara changed the name of Valle de Orimona to Valle de Ylicate and later to Panacote. He appears to have changed the names of some of the caciques to confuse the issue and in this way retain more tribute.

The document includes the following names of the caciques and Indians in **Posic**:

cacique Don Diego Poci, Don Manuel Poci, Don Juan, Don Pedro, Don Diego Otapi, Capillach Diego, *yanaconas* (people in the service of the Incas) Francis Chan, Hernando Tobsi don Asto Ximbo (burnt alive by the Spanish), Titipuy Ximbo (strangled);

In the village of **Ypapuy**:

don Aticuilla (killed by Francisco Jara) don Moquit (mutilated and killed by Jara) the woman Hizos (mutilated in the nose by Francisco Jara) Miguel Chanchan, don Cristobal Colimbo (killed by a spear);

From the **Orimonas** are mentioned the following caciques and Indians:

Don Francisco and Don Pedro Orimona, Don Francisco Achucapa, Pedro Capicero, Orimona Don Carlos, Don Colinbo Pacima, Oribanaco, Upique, Tapaca, Exobi and his son Irioma (killed by people from Posic) Quibixamo, Toribitibo, Bizcaco, Poxo Minran, Carlos Chizatopa, Loachipa and his wife Otongo and son Ochiparo Capiña and his wife Ycaxotiya, Yxotepo, Gonzalo Baçiçanbo and his wife Maria, Alonso Motaza, Eriabonoco, Opichitapaco and Quibixamo (mutilated and killed by the Spanish along with the Posic, Chilchos and Laya), a woman Chucachi (killed by Francis Chan from Posic) Tiquiteba (poisoned by the cacique Pedro de Posic), the women Catacaico and Corapa (slain by the caciques from Posic), the woman Copay (strangled by Don Diego de Posic) Oritibano (strangled by Don Pedro de Posic), Gonzalo Ipacejenio.

In a document unfortunately not located so far by the author, Espinosa Soriano mentions that Juan Pérez de Guevara viewed the people in Posic as savages:

"They do not practice agriculture or livestock, or textiles … they are used to be headhunters, and they attack their neighboring villages during the night" (Espinoza Soriano 2003:70). He tried to "civilize" them by teaching them the cultivation of maize, and set up a pig farm commissioned to a Francisco Jara, who stayed there a year and a half (1553-54) and in 1562.

Comparing the contents of this document with our archaeological research there is a large discrepancy. The site of Posic shows traces of a Chachapoya village on one side of the river and on the other an Inca administrative center with stone terracing for agriculture most probably for the cultivation of maize given this crop's significance for the Incas. So how could the Indians at Posic know nothing of this type of agriculture? It may be that the Inca center in Posic ceased to exist in the last years of the 1530s but there would still be people living at the site and in 1586 there were ninety one inhabitants in Posic. In less than thirty years Posic did not convert into a state of being "wild." Undoubtedly Juan Pérez de Guevara wanted to describe the local Indians as savages to justify his plots.

Before and during the Inca reign the ethnic groups of the Chilcho, Laya, Posic, Ypapuy and the Orimona in the *Ceja de Montaña* fought among themselves. They were without doubt belligerent groups.

A witness in the law case between Juan Perez de Guevara and Francisco Nunez said *"the land was conquered and they brought war with each other and fortunately [sic!] did they kill each other which is well known"* (BNL A 158:198v). With this seeming predisposition to vengeance, it was easy for the Spaniards to encourage the caciques to undertake acts of revenge among themselves but it was no excuse for the Spaniards to be just as cruel against the Indians.

The Orimona caciques spoke the language of the Inca in the trial and said that *"they were never conquered by the Incas nor were they Inca subjects. They were free people. because had they been conquered there would have been a house"* (an Inca house) in the village of the Orimona (and presumably no such house existed) and continue *"we were never subject to the Incas as were the caciques and Indians of the province of the Chillcho which borders our land nor did we recognize any other* Señor (lord) *at that time until the Spaniards (called biracochas in another part* of the document) *settled down in the town of Chachapoyas and continued and discovered the Moyobamba provinces and settled down in the said City of Santiago de los Valles seven leguas away from our lands and the said captain Juan Pérez de Guevara populated the valley of the Orimona de la Sierra and said City of Santiago and distributed us to the neighbours of the city; all Indians that are included in the Valley Orimona Posiq / Ylecat and Ipapuy, Hohi, Panacoto and thus we all went to the city to pay taxes and serve our encomenderos because we live in the outskirts of that city and so close to our natural land which is more than thirty leguas away from City de la Frontera (de Chachapoyas) which has a different climate and people; and after Captain Juan Perez de Guevara alone by his own authority wanted to usurp us with the help of these caciques and Indians of the Chillcho province and for that purpose many of those entered the Valley of the Orimona and took a cacique named Astoçinbo and burnt him in the village and in the asiento of Posiq they strangled another Indian because they did not want to obey his appeals, and with the protection of the caciques of the Chillcho Juan Pérez de Guevara and Enrrique Xara strangled and killed other Indians and Indian women from other haciendas (farms) that have been taken by force from us." (BNL A 158:200r, 243 r).*

In the years from 1555 to 1570 the Orimonas suffered the theft of 100 sheep (llamas), 600 pieces of clothing (blankets, cloths), 100 silver pesos menuda, 6000 arrobas cotton, wax, birds, *chaquira* (small beads), guinea pigs, blowguns, macanas (wooden clubs), machetes and hunting nets. In addition the Spaniards threw several Indians to the hunting dogs, they were mutilated, strangled, and their homes and fields were burned. They were threatened to lie about the place names. Only forty Orimonas were left as most fled to the *montañas* as has always been a solution in rough times.

In 1583 the *repartimiento* de Chitimaros and Licata (¡- Orimoma!) under the *encomendero* de Francisco Nuñez had 208 persons reduced into two villages that made up the name of the *repartimiento*. The *repartimiento* de Oromina under the *encomendero* de Pedro de Bardales, had one hundred and ninety one persons in a village with the same name (Relación de los oficios que se proveen en el reino del Perú años 1578-1583:262-266).

In 1590 following the *visita* from Moyobamba it is reported that the Indians of the *repartimiento* de Orimona de la sierra and Chitimaro belonged to the *encomienda* of Gerónimo Nuñez de Moscoso and they were all reduced into the village Xepelacios outside the *repartimiento* of Chitimaro. In the two *repartimientos* were sixty one persons including married people, widows, singles and tribute payers.

In the Horomina village in the *repartimiento* de Orimina [Orimona] were fifteen tribute payers and a cacique belonging to the *encomienda* of Pedro Bardales (Lenci and Vicente 1997:148,174). The same year the *corregidor* emphasizes that they are

Indians well provided for with good and fertile land for maize and yucca fields and they gather large quantities of cotton (Lenci and Vicente 1997:175).

The name of Posic is not found in the visitas from 1583 and 1590 but later in 1684 Juan Lopez de Vargas, encomendero of San Yldefonso (de los Chilchos) came to a reduced Indian settlement with some Indians within the area of the village of San Yldefonso in his encomienda. At this time the village of the Chilcho had moved and reduced to another place in the sierra. The village still exists with the name of Montevideo (Schjellerup et al. 2005).

Juan Lopez de Vargas learned that these people were troubled by the long distances and they were aggrieved with what they had; and he mentioned that these Indians lived more than twenty five *leguas* (137,5 km) from his *encomienda*. *"The aggrieved Indians withdrew more than eight leguas (44 km) leaving their houses and fields. I found them knowing that I had a mine in a passage called Posi, I found these Indians were perishing of hunger for having left their houses and crops so I had to leave my journey to help them and get them to return to their place from where they came where this passage begins; and where some very good neighbours and I could help them, endeed all of them should be reduced"* (Tena:186v,187r).

This information seems to be the end of the existence of the Posic village as part of the *encomienda* of the Chilcho people before people entered again from Omia in our time.

Modern times

In 1782 the bishop don Baltasar Jaime Martínez de Compañon visited Moyobamba. During his *visita* he founded the village of Santo Toribio de la Nueva Rioja (Rioja) which earlier was called Uquigua (Fig. 3-9). Here he united several Indian villages from around Moyobamba that were almost wiped out because of the epidemics and pests of the previous centuries (Raimondi 1874, Tomo III:198).

The villages were Nijaque, Iranari, Toé, Yantaló, Soritor and Yorongos although it seems that Yantaló, Soritor and Yorongo continued to exist as villages or hamlets. In the Acts of the Foundation of the Pueblo de Santo Toribio de la Nueva Rioja it says:

"That each of the Indians is to be placed in each block so they can make their houses eleven varas long and five wide, with a living room, a room and the kitchen in the patio and of this they do not pay taxes and it will not be adjusted and they can not make fiestas until the foundation has been done. And each Saturday the Indian women while their husbands work on the church and in the fields are to go to collect their food, their cotton while spinning and cleaning the cotton, and Gaviria are asked to place canoes (at the ríos] Tonchima and Mayo so they have no risks in their

coming and returning they have to do" (Velazquez de Novoa 1959:4) (Fig. 3-10).

In the 1780s Cosme Bueno mencions in his "Descripción Geográfica del Perú (1784:63r) that

"The Chachapoyas province to the southeast borders upon the montañas of the heathen Indians" and *"the commerce is mainly in cotton, tobacco which has a very good quality in Moyobamba, where these two products are used as provincial money"* (Fig. 3-11).

The manufacture of hats was introduced to Moyobamba in 1826 by a person from Guayaquil and the palm fibers for the hats, the *bombonaje*, were found at the banks of the Río Mayo. The introduction of the weaving and selling hats to Huanuco, Huaraz, Pataz and Chachapoyas grew to be a very important economic factor. The hats had a fixed value depending on the quality of the fibers (Larrabure y Correa Vol.VI: 294.1905).

Soritor belonged to Moyobamba, and had the following anexes: Irinari, Intolo, Avisado, Nijaque, Palanca and Thoés. Moyobamba was part of the *Gobernación de Maynas* under the *Audencia de Quito* and a central location of many political, administrative activities as well as the leaving point for the Franciscan missionaries from Ocopa. During the Emancipation Moyobamba remained faithful to the Spanish Crown and there were several battles, one of them was *"La Batalla de Habana"* to consolidate the independence of Maynas.

In 1832 the Department of Amazonas was created from the Pataz, Maynas and Chachapoyas provinces.

In the 1830s the rió Tonchima was the boundary between the Chachapoyas province and the Moyobamba province (Maynas). Until 1802 the boundary between the provinces were in Pucatambo (near Vista Alegre) belonging to Rioja/Moyobamba population, but due to false information in 1802 they were transferred to Chachapoyas , to where they belonged until 1836, when they again returned to Moyobamba (Raimondi 1874,Tomo III:197).

In the following years different policies moved Moyobamba from one side to another between new creations of departments and provinces as to the Litoral de Loreto province, and at last in 1906 Moyobamba were incorporated in the new San Martín department as a province and as capital of the department (Cárdenas Silva 2006).

The route to Posic- Soritor- Moyobamba was forgotten until 1840 when peopole were thinking of opening a trail directly to Moyobamba from Cajamarquilla because oral tradition had revealed that there existed a ancient trail; but nothing came out of the plans and it was forgotten again (Larrabure y Correa vol.VI, 1905). Orimona exists as a village but is now situated in another place.

There are still some doubts about the boundaries between the department of Amazonas and the department of San Martin especially in the interior of the region. But the limit is as it was before 1802 where La Ventana – Vista Alegre belong to the department of Amazonas and the department of San Martin towards the east.

Conclusion

The historical sources reveal this region as a zone of transition between the highlands through the ceja de selva to the selva. Many expeditions went through it in the 16th and 17th centuries and this involved many Indians to carry the loads, Indian women to cook, to provide provisions and guide the Spaniards (Fig. 3-11).

The hope of the Spaniards to get new land and treasures "from where the sun rises" was the main motive of the conquest with the difficult journeys into the cloud forest as mentioned before. There was always the danger of fierce Indians and jaguars killing the people *"which is common"* (BNL A 158:121v).

The *repartimientos* given out by Pedro de la Gasca led to many problems as the boundaries between the regions of Chachapoyas and Moyobamba were defined very inaccurately. The actions of the *encomendero* Juan Pérez de Guevara can best be described as despicable, inflicting incredible hardship on the Indian population. He must be described as one of the most horrible *encomenderos* to have ruled in Peru.

In this area the abuse actions by *encomenderos* as Juan Perez de Guevara, the battles among the different Indian groups themselves, encouraged by the Spaniards, and the epidemics brought about the lack of resistance of the Indians to the new diseases al led to a massive disruption in the Indian societies and a collapse in their populations.

Travelers took the trail from Chachapoyas to Moyobamba via two routes: one was from Molinopampa (seven hours from Chachapoyas, Tambo Ventanilla, Tambo Bagazan (seven hours from Ventanilla), Almirante (five hours),Pucatambo (six hours) and to Visitador. Middendorf, a German traveler describes in 1876 how the last part from Pucatambo to Visitador is the worst because of a very long staircase only two feet wide. From Visitador it is two hours to Rioja, and via Calzada six hours passing the rivers of Tonchima and Indoche, the first one in canoe and the second crossing at foot before arriving in Moyobamba (Middendorf 1895:235).

The other route was from Leimebamba – El valle de los Chilcho – Posic – Orimona – Soritor to Moyobamba but because of its many bogs and the fear of being attacked by heathen and savage Indians and attacked by jaguars the trail was probably abandoned in the 1600s. The area, the *ceja de la selva*, again became covered by dense forests until present day.

Chapter 4

Anthropological Studies

Introduction

Recently settlers have rediscovered some fertile valleys, forgotten for more than 400 hundred years, near the border between the departments of Amazonas and San Martin. The pioneers saw a paradise of exuberant vegetation and, even more, a great opportunity to improve their lives with farms of a size and productivity well beyond what they could access in their previous territory. They would need to overcome important challenges and endure long days of hard work to construct the access trails and to clear the forest while living in isolation and lacking the most basic services and infrastructure. But the vision of a better life was so compelling that the most intrepid followed their dream and transformed the valleys. In just a few years they succeeded in obtaining coffee harvests well beyond even their own expectations. As they did this, they also made apparent the extreme fragility of the land and the soil; they began to see the soil erosion and the plant diseases outbreaks that could convert a dream into a nightmare, not only for themselves but also for humanity because of the deforestation and the profound harm to the natural resources.

History of the recent waves of migration

In the sixties during the first term of President Fernando Belaunde the Peruvian government launched a major promotion of the colonization of the high forest to offer new opportunities to its citizens and, above all, to alleviate the heavy migration pressure on Lima and the other cities of the coast. The urban planning had not accounted for the intense growth of these cities that was brought on by the massive immigration of poor peasant farmers. The cities' infrastructure and services were simply unable to cope with this. The government policy had some success in turning a part of this immigration towards the interior of the country. Inland, new settlements were founded and grew rapidly. In 1984 the Peruvian Congress approved the law that established the district of Nuevo Cajamarca and the new city with the same name as its capital. The creation of Nuevo Cajamarca and the construction of the new highway, Edge of the forest, increased the Andean migration, especially from Cajamarca and neighbouring areas towards the high forest in the east.

Expeditionary group were formed to find new fertile land in the high forest. Upon finding good fertile lands the pioneers collaborated together to construct the access routes and delimit their land plots. The settlements were initiated by a communal assembly where the village name was chosen and an Act of Creation was composed and

Box 4.1 Anthropological objectives, methods and techniques

Objectives
The objectives were: to describe the reasons behind the recent wave of migration and the process itself of the founding of the villages in the valleys of the study area, to learn about and analyze the agricultural practices and the daily life of the inhabitants, to analyze the social and environmental consequences of this immigration and propose recommendations for a management of the ecosystem that could lead to its sustainability.

Methods and techniques
The field work was initiated in parallel with the other study modules. The ethnographic method was used to understand and explain the migration process and the changes in the settlers' agricultural processes in their adaptation to the high forest area. The techniques for collecting the information were:

Observation
This was used to note and analyze the agricultural techniques and the associated distribution of work including the harvesting and commercialization.
Participative observation
The team lived with the settlers to help them understand the behavior of the settlers, their customs, beliefs and life expectations.

Written questionnaire
264 families filled it out to help in the quantitative description of the socio-economic levels and their relationship to each settler family's land area, production, earnings and expenses. The wife or husband spoke on behalf of the family which was considered to be the basic domestic unit with a common residence and kitchen. Inge Schjellerup and Carolina Espinoza prepared the questionnaire.

In-depth interview
Life stories and histories of the villages were collected to help describe and interpret the settlers' own viewpoint of their experience, their problems and ways of dealing with them.

Housing registry
GPS instruments were used to determine the position of each house in the settlement and this was in turn used to determine the plan of the village.

Photographic registry
Photos were taken to show human intervention in all its forms in order to analyze the settlers' daily life, the benefits and consequences of their activities with special attention paid to the environment.

signed by all the participants. They would then take on the official actions required to be recognized as an annex to an existing village or as a new settlement or village.

In the seventies some expeditionary groups set off from Soritor towards the south and founded the villages of Nueva Esperanza and San Marcos situated in the northern part of the basin of the Ochique, a part of the basin quite wide and even. San Marcos grew rapidly with an access road to Soritor and a network of trails leading from it further into the mountains and further south. It quickly became a trading centre for these areas.

In the eighties the settlers reached Alto Peru to the south and to the west Galilea and Selva Alegre. In these latter villages the rugged buttresses of the Pishcohuanuna range becomes the dominant geographical feature. Towards the end of the nineties the settlers began to penetrate further into this rugged territory in search of other fertile valleys.

The districts in the area

In the Colonial period the *repartimiento* of Soritor was created in 1561. It is now a district in the province of Moyobamba, department of San Martin. It has a population of 23,320 inhabitants according to the census of 2007, with more than twelve villages and an area of 256 km², with the neighbouring provinces of Habana to the north, Jepelacio to the east, Rioja to the west and Rodriguez de Mendoza of the department of Amazonas to the south. It has the three important rivers, the Tonchima, the Indoche and the Ochique. The population of the villages and their distances from the Plaza de Armas of Soritor are listed in the Table 4-1.

Table 4-1 Villages of Soritor by population[1] and distance

Village	Population	km from Soritor	Valley
Selva Alegre	197	12	Tónchima
Galilea	NU	15	Tónchima
Nueva Esperanza	236	6	Óchique
Nuevo Horizonte	363	13	"
Alto Perú	774	20	"
Puerto Progreso	2*	24	"
Paitoja	221	27	"

1 Source for the population: INEI Population Census of 2007
2 included in the population of Alto Perú
NU Number Unknown

In the study area are the following villages: Salas, El Dorado, Galilea, Selva Alegre, Nuevo Mendoza, Puerto Progreso, Paitoja, Alto Peru and Nuevo Horizonte; the population centers of Posic, San Francisco and Pampa Hermosa.

The basin of the river Lejia Grande is geographically in the district of Alto Saposoa

Box 4.2 The history of Posic 400 years ago, according to Virgilio Aguilar Tafur (53 years old)

This is the story of Mr. Aguilar, the only man found who had a historical relationship of more than fifty years with the land.

"When I was young, my father would tell us the history of the site of Posic. He told us that the story wasn't a legend; it was the real history passed down from his father and his ancestors. My father lived until 2008 when he died at 102 years of age. His grandfather lived to 94 and was a farmer as well as a trader transporting hats using the old trails of the valleys. So the story can at least be traced back directly to 1800.

My father related that there was a group of Indians in Huamanpata higher up in the mountains and another group in Posic close to the salt mine and the site where they recovered gold from a stream. The Indians were in regular contact with one another using paths between the two sites. Another tribe of Indians known as the Orejones lived close by in the valley of the Huambo River near Mendoza. It was a big tribe and well established in the forest and by the rivers close to present-day Tingo Maria. In one of these rivers there was a large tree root that served as a bridge for the Orejones to cross the river and attack the tribe near Posic. They launched a surprise attack just after midnight, burnt all the huts and killed everyone except two, one of whom was called Tobias, who managed to escape to what is now Omia. They met someone there who took them in after they had explained their plight. They would end up staying and help establish Omia.

Meanwhile the Orejones took another route and attacked Huamanpata and its civilized population of Indians. They were largely massacred as well but a few escaped to help found Mendoza. In this way Omia and Mendoza were established. According to what was told to me, the Orejones returned twice more to the former settlements of Posic and Huamanpata but they couldn't do any more damage as nobody lived there anymore."

Today, traces of Posic can be found indicating that the Indians of Posic were Chachapoya because of the form of the huts found there. They were circular with high stone walls and a narrow opening for a door. Probably the roof and other components were of perishable material and nothing remains of that.

"My father said that some people came to the site of Posic in search of gold and brought their fleecy lambskin with them to filter out the little grains of gold from the stream. They used the gold to trade and buy the products they wanted. The salt mine is still apparent but it is difficult now to know where the gold stream was. Probably it's circulating underneath the dense vegetation. At the mine site you can still see the buildings of smooth river stones with their circular form placed here and there on the slopes of the mountain.

He told me as well that the earlier inhabitants mentioned stone-laid paths between

> the sites of the forest Indians and the mountain Indians. They were known as the paths of the Inca. They went from Cajamarquilla in the province Bolivar and passed by the district of Chuquibamba in the province of Chachapoyas. They went northwest going over high mountains called Pan Huamcad arriving at the salt mine and gold stream of Posic so people could buy, sell and trade. This Inca path continued on to Huamanpata, San Jose and Molino Pampa and was known and used by the people native to Chuquibamba."

in the province of Huallaga of the department of San Martin, but, from an administrative point of view, the villages of Nuevo Mendoza and Garzayacu, situated some nine kilometers to the south of Paitoja, carry out their affairs with the governmental organizations of Amazonas. Close to Nuevo Mendoza, in the ravine of Shitari, is found the hamlet of San Francisco with less than ten permanent inhabitants.

The province of Huallaga was established by decree in 1540. It has an area of 2380 km² and has a population of about 22,000. The district of Alto Saposoa has a small population of some 2,000 inhabitants. In 1993 about half of this population was Indian but, with the arrival of the new settlers, this proportion has decreased.

About ten years ago some Indians still came from the south to hunt in the territory because of its abundant game. In the valley of the Lejia Grande River in the northern extremity of Alto Saposoa there is now no evidence of Indian activities.

In the department of Amazonas the area studied is within the province of Rodriguez de Mendoza, specifically in the districts of Omia to the south and Vista Alegre a little further north. The district of Omia has an area of 175.18 km² at a mean altitude of 1300 meters. The neighbouring territories are: the district of Vista Alegre to the northeast, the districts of Chirimoto, Milpuc and Santa Rosa to the southwest, the district of San Nicolas to the northwest and the department of San martin to the southeast.

The district of Omia was created February 5, 1875 with its capital having the same name. According to the 2007 census by the INEI its population was 7053 inhabitants with a population density of 40.3 persons per square kilometer. Within its territory are the rivers San Antonio and Tonchimillo in the north. The villages of interest in the study were Nuevo Omia and El Dorado in the valley of the Tonchimillo. The commercial links of both villages are through Selva Alegre at some six kilometers from El Dorado.

The village of Salas is some eight kilometers from Selva Alegre in the district of Vista Alegre in the province of Rodriguez de Mendoza. The latter has an area of 899.02 km². To the southwest is its link to the province of Chachapoyas and further south it borders three other districts of the province of Rodriguez de Mendoza. In the northeast, northwest and southeast Vista Alegre borders the department of San Martin.

Vista Alegre, the largest district in the province of Rodriguez de Mendoza, was created October 31, 1932 by the Law No. 7626. In 2007 it had a population of 1371 inhabitants with a density of 1.5 people per square kilometer. Its capital is the village of the same name.

In Box 4.3 the politico-administrative features of Peru are presented.

Table 4-2. Foundation date of the population centers, annexes and villages

Nuevo Mendoza	2000
San Francisco	2000
El Dorado	1998
Pampa Hermosa	1998
Salas	1997
Paitoja	1997
Puerto Progreso o la Unión	1995
Alto Perú	1994
Nuevo Horizonte	1994
Nueva Esperanza	1990
Galilea	1989
Selva Alegre	1987

The history of the routes in the valleys

The contour map presented as Figure 1-2 reveals only one obvious route of communication west-to-east in the area. It passes by the valley of the Salas River until it comes close to the headwaters of the Negro River. For centuries this was the most widely used route. It can be clearly seen in a 1787 map of the Intendencia of Trujillo when it is recognized that the Salas River is the principal western tributary of the Tonchima (Fig. 3-4). Of all the villages in the valleys of the rugged interior only Vista Alegre has been continuously inhabited from prehispanic times due to its relatively easy access to the more populated centers by way of the River Negro. Because of the epidemics, the isolation and the difficulty of transport all the other Indian and colonial settlements were abandoned centuries ago.

Another important affluent of the Río Tonchima, the Tonchimillo, offers the possibility of heading south to cross over some passes and ravines to reach the Lejia Chico River which gives access further on to the Río San Antonio. From this point there are options to head north to Cajamarca or further south to the Huambo River. This route was used in prehispanic and colonial times as it passed by Posic with its salt and gold mine.

Box 4.3 Political and administrative relations

The territory of Peru is divided into departments, provinces, districts and villages. Regions are made up of one or two departments. Regional presidents are elected and they are responsible for the budget and for all the regional activities, delegating responsibility to regional directors who each control a specific domain of activity such as education.

According to the INEI and the Law No. 27795, Territorial Delimitation and Organization, the following classification has been set down:

Population center: This is a place identified by a name and inhabited permanently by at least one family;

Village: It must have a concentrated population of between 151 to 1000 inhabitants and it can be divided into annexes.

There are other requirements for a village to be recognized officially as such. Many of the population centers identified as villages in this study meet the population requirements of a village but have not yet carried out the necessary procedures to meet the other conditions.

For the construction and maintenance of the schools, roads and bridges the local population traditionally organize themselves into work committees. The local authorities seek the necessary budget from the appropriate Regional Director and the committees often arrange to provide free labour; this has been known for years as the *mita* or *republica*. In these isolated villages this type of organization is one of the most important features in their economic development and survival.

The last strategic use of this route was by traders who transported the famous palm hats from the region of Soritor and Moyobamba to Omia and Mendoza. This began in the middle of the nineteenth century and was a prominent activity for more than seventy years. The history of one of the direct descendents of these traders is presented in the Box 4.4.

The Río Ochique is another south-north tributary of the Tonchima. This valley close to Soritor and San Marcos is quite level but the river drains a much more mountainous region near Alto Peru and Paitoja. This valley constitutes a way of going around by the south the most rugged section of the Pishcohuanuna Range. There is a transit route along it today, parts of it constructed by COPEFOR, the Compania Peruana Forestal S. A. to give it access to a large forestry concession in the region.

Box 4.4 The route of the traders according to Virgilio Aguilar Tafur (53 years old)

"I am Virgilio Aguilar Tafur, son of a farmer who, because of his limited economic resources, worked as well as a carrier/trader. He went by the old route that linked Omia to Soritor, the traces of which can still be seen today. From Soritor he followed the Tonchima, then the Tonchimillo up to what is now Nuevo Omia. From there he crossed the Susto Ravine and at a good pace he arrived in three hours at the Lejia Grande River. He then climbed a hill known as the Altamiranos where San Martin ends and Amazonas begins. He then fell upon a trail going to what is now Nuevo Mendoza but he followed a fork in the trail to the right passing by the salt and gold mines of Posic before arriving first at Laurel and then at the Lejia Chico River. Past here he would come upon a fork in the trail with one side going to Nuevo Chirimoto and the other going to Achamal passing by Milpo, Chirimoto Viejo and Limabamba.

My father related that work teams were formed to improve the route. They left from Omia with 10 to 15 people, sometimes accompanied by some soldiers, for 15 days to be replaced by other similar groups.

My father made the trip in four days carrying his pack of 50 kg as well as his food. He said the sights were very beautiful and I always had the idea of coming to live here one day. When El Dorado was founded I came here to work and my father joined me in 2000. He stayed only two years after which we moved him to a house that I bought in Soritor and there he died at the age of 102."

The other main valley in which there are villages incorporated in this study is that of the Río Lejia Grande (identified in the map of Rioja, No. 1458 of the National Institute of Geography as the River Porotongo.) This river has its headwaters to the southwest of the Tonchimillo basin and follows a southeast path to verse its waters in the Saposoa River.

The archeological studies clearly show that in the principal valleys of the study area were Chachapoya and Inka routes along with agricultural settlements. All around these valleys the land is particularly rugged (Fig. 4-1) and there only a few areas where the slopes are gentle enough to encourage some agricultural exploitation. With such few propitious sites for agriculture it is easily understandable that the recent new settlements can be directly associated with the centuries-old settlements of the Chachapoya and Inka, the only difference being that the Indians chose a slightly higher elevation for their villages. The Chachapoya almost always chose a promontory with a panoramic view of the whole valley while the new settlers established their villages closer to the river (Figs. 4-2 and 4-3). The isolation and the very difficult access to these valleys are why they weren't exploited after plagues and epidemics wiped out the local Indians centuries ago.

One of the first steps in the colonization is the opening of mule trails. After clearing the land and initiating the farming one of the priorities of the pioneers is the improvement of these trails to form roads. Before the roads are built the commercial possibilities are limited to only two avenues: the production of coffee because of its high price per unit weight and the raising of cattle because they can be moved in and out of the valleys to the markets by foot.

Current infrastructure in the valleys

Contemporary routes in the valleys

With the recent colonization of the valleys the whole local network of transport is in rapid development. In 2007 a road was constructed between San Marcos and Selva Alegre and this led to a collective taxi service as well as truck transport for goods. Construction began in 2008 to extend this road to the interior villages of Nuevo Omia, El Dorado, Galilea and Salas from where the settlers must still transport their products by mule or by foot up to Selva Alegre.

In Figure 4-4 is shown the network of routes in the region with the average time required to go from one village to the next. The time it takes to go by foot on the trails is only approximate and is very much dependent on the capacity of the person and of the rainfall. In the rainy season the paths are very slippery and mired in mud so the time is considerably longer in this season as compared to the short dry season. The path that heads into the mountains from Selva Alegre divides in two after about one and a half hours. One continues west to Salas while the other goes by Galileo on to El Dorado and Nuevo Omia to the south. Up until 2006 the trail from Nuevo Omia to Omia was still being used, but, due to the excessive damage caused mainly by the cattle, almost all the transport of goods and people from Nuevo Omia passes north by El Dorado.

To access the upper basin of the Ochique there is a gravel road from San Marcos to Alto Peru. From Alto Peru to Puerto Progreso the road is used to offer mototaxi service. From Puerto Progreso the route is only passable by mule or by foot (Figs. 4-5 and 4-6) but this is to change in a year or two with a new road being build by COPEFOR. This forestry company has a concession of some 47,000 hectares for the exploitation of wood in the department of San Martin. The road built by COPEFOR reached Paitoja in 2008 and it is projected to continue a further 30 km in 2009-2010 passing by Garzayacu to reach Las Palmeras.

The trail from Nuevo Mendoza towards the west is difficult (Fig. 4-7). For this reason almost all the transportation, expect from the tiny population centers like San Francisco, is routed through Paitoja to access San Marco and Soritor in Moyobamba. There is a collective taxi service between San Marcos and Soritor and all the larger towns and cities like Rioja and Moyobamba.

In 2007 the local population organized a communal work committee to aid in the construction of a road from Selva Alegre to El Dorado and Salas. The local people participate directly by providing communal work and the money necessary to pay for the gasoline and the drivers of the heavy equipment. The work has made some good progress but the intense rains of 2009 have set back the schedule.

Bridges

There are two main foot bridge in the area, one built in 2000 to cross the Tonchimillo River to access Salas and the second built in 2006 in Alto Peru to cross the Ochique and continue on to Paitoja by foot or mototaxis. The former was built with the support of FONCODES, the National Cooperation Fund for Development. A few smaller bridges have been built by the villagers using the communal work system denominated *republica*.

Communication systems

The closest cities offering regional and interprovincial services for communication and commerce are Soritor and Rodriguez de Mendoza. Access is available to various forms of public communication, telephone booths, internet connections, transport agencies for goods and people, access to local newspapers, and public and private institutions. Secondary towns for some of these services are Omia and San Marcos. Omia is a small town with little economic activity whereas San Marcos has recently improved its services with public telephone access. On the weekends the people of the region tend to go to towns like San Marcos as the smaller centers have far fewer of these services.

Incoming telephone calls to San Marcos are received at a central service point and the name of the person and the appointed time for reception of the call is announced three times by loudspeaker. This service begins at 8 a.m. and goes on well into the night with the accompanying loudspeaker notices.

The villages of El Dorado, Garzayacu and Alto Peru have satellite communication services as of 2002. Mobile telephones are another important means of communication but the mountainous terrain is such that reception is limited to a few hilltops as well as a few wide, flat areas.

People often entrust others such as mule drivers going to market to send messages, letters or orders for goods and this system works efficiently except in the times of intensive rain.

The markets

The provincial markets are situated in Moyobamba and Rodriguez de Mendoza, the district markets in Soritor and Omia and a local market in San Marcos. This local market was identified through the interviews as the most important center for the

330

selling of coffee from the basins of the Tonchima, Tonchimillo, Salas and Ochique. The high season for coffee trade is May through July, known as the Big Harvest, but there is a good level of commerce throughout the year.

With its buildings constructed of quality tropical wood San Marcos has a number of businesses that buy, sell and store coffee with good transport services provided by trucks, buses, pickups and cars to access provincial, national and international markets. There is as well an active commerce in wood and livestock as well as the food goods, drinks, machines and implements that are needed by the rural population. There is little use of barter in these markets.

Electricity, water and wastewater

Electricity

The majority of the families in the outlying villages does not have access to electricity; they use candles, or more rarely, oil or kerosene lamps. A few have diesel generators for lighting but the cost, distance and the limitations of transport imposed by the trails makes this an onerous option.

The only village that has its own hydroelectric system is El Dorado; a committee initiated the planning process for the service in 2002 and it became a reality in 2007 offering service to 42 houses with each one paying five soles a month.

A problem has emerged in the reliability of this service as it appears that the civil engineering work associated with directing the water by a small canal to the turbine did not take proper account of the large variations in the flow of the stream and this leads to the canal giving way. Talks are under way with government authorities to extend the electric network from the important hydroelectric of Mantaro to offer a much more important and reliable service.

Water

Typically a piped water system captures water from a gully stream or spring where a little dam is constructed and used to maintain a water supply for the pipes that run down to the village. There is at present no water treatment associated with the systems.

Only Selva Alegre and El Dorado have piped water networks. In the latter some 48% of the families in the village center have access to water coming from two networks, one coming from a spring in the gully of Las Mellizas serving the higher area and another from the gully stream itself serving the area closer to the river. The piping networks were installed in 2003 and 2004.

Although the sources for the water were purposefully established high up and above the land farmed to avoid contamination, the local doctor indicated it was still better to take preventative health measures, like boiling the water, before drinking it.

The piped water network in Selva Alegre was constructed in 2000 and its water source is a spring called Tucuyacu. The network serves a few houses in the village center but others resort to taking water directly from the main river.

Waste Water

From around the year 2000 some of the houses in the villages have installed latrines but none of the villages has any wastewater treatment.

The colonization and the daily life as related by the settlers

The oral accounts gathered through the in-depth interviews provide the settlers' perspective of their experience and life histories and they help in the understanding of the fundamental reasons for the colonization. The following few accounts have been selected to illustrate the different aspects of daily life, from the challenges of the first immigrants to the role of the woman in this society. To facilitate the understanding the accounts have been edited and organized to some degree while respecting the essential message, the originality and form of expression of each person.

Mr. Victor Abel Lobato Chutilan (38 years old) El Dorado

Victor Lobato (Fig. 4-8) emigrated from a hamlet in Cajamarca called Choropampa, by all reputation with hardworking and pleasant inhabitants, but with few possibilities of advancement. The family farms there have an average area of some one to two hectares with no room for expansion. Up until very recently, it took nearly a week of hiking by rugged, muddy trails to get out to sell the coffee and to come back with provisions. Those who dreamed of a better life had to emigrate.

Victor relates his pioneer experience and emphasizes the importance that collaboration had in the establishment of the new villages. This was a theme of many settlers who remember clearly the difficult life of the first years of immigration but, at the same time, the important help that the settlers received from the very first pioneers who offered them food and, if possible, work as a day laborer to earn a little money. Victor alludes to another common theme evoked by the settlers, the recognition of the major changes in the environment of the valleys due to the development activities.

"I am now the municipal agent of the village. I came alone to this area in 1993 when I was 19 or 20 in search of a better life as I was brought up in the province of Chota, Cajamarca. In those days the Tonchimillo valley was virgin forest, as you can still see in some parts. We were initially five who came in to settle but I am the only one left as others left and others died. The trail that we took started in Soritor, passed by San Marcos, Selva Alegre and Galilea, already with a few settlers, before entering into this valley. We moved along almost like small animals, making a rough road to get through. There were quite a few animals then; they came right up to the hut that's still there, by the edge of the river, where the tigers passed as well. There was only one person here before us, Federico; he's the one that helped us get

through it all as he had come to settle the year before us. Now he's dead. He had yucca and a few fruit trees like bananas. He saved us with his food supplies until we had grown our own produce, which took about one year as the growth is so rapid here. Then we had all we needed. We focused on coffee production, as today many do, but of course we planted among the coffee plants yucca, banana, beans and corn.

In 2001 the formalization of the properties began through PETT. The officials came from Amazonas to establish the legal titles to the land. There were about 200 titles.

The water came originally from the Tonchimillo but it comes today from the piped water from the gully of Las Mellizas. The electricity came in only one year ago; it was really important for us to get some lighting. We achieved this through the work of our men and a little management. Some 50% of the resources in labour and money came from the local population and the other 50% with the support of the district mayor for Omia, Mr. Julian del Aguila.

We as leaders organize things, calling monthly meetings where we take care to pursue development together. Up until now we have been successful in our efforts, by the will of God we are undertaking a lot of work projects and we hope it stays this way into the future.

Right now we are building the secondary college and we have an electrification project for the school. We would like as well to be the capital of a new district. We are close to building in June a hanging foot bridge over the Tonchimillo. There is another larger project to bring electricity to El Dorado and Nuevo Omio from the Mantaro generation plant.

The change that I see in the scenery is in the wilderness of the valley; we are so numerous and we have felled so many trees to make our farms. The animals as well stay far off as we make them flee with the destruction of the forest."

Mrs. Flor Perez Mendoza (42 years old), El Dorado

Flor Perez is a housewife and leader among the women; as well she acts as a midwife. Her reflections add a new dimension to the description of family life. Through her commentary the internal and decision-making processes within the family are seen. Flor shows no fear in expressing her ideas and letting us see what is happening within the family; her midwife work helps her have this wide view of the problems. She talks passionately when she refers to the woman's hard life in the valleys, of the suffering from the abuse and violence of their husbands, of their physical sicknesses, their repeated pregnancies and the sadness they feel being so isolated. These problems have been identified as well be the representatives of the protestant and catholic churches, for this reason they preach often of the importance of respecting each one's partner and of avoiding all forms of family violence; but the pregnancies one after another continue being a latent problem. According to the officials of the medical centres they are slowly making some inroads into introducing family planning into the valleys.

Another message of her account relates to the hard physical work of the family members and with the extra burden that the woman carries. *"The workday begins before sunrise and only ends in the obscurity of the night."* The steep slopes of the farm fields do not lend themselves to any form of mechanization of the agricultural labour, except for the felling of the trees using the chainsaw. Even the daily walks back and forth over the rugged, muddy trails involve a huge physical effort that is even more arduous in the busiest periods of the year. With this level of continuous exercise there are no obese people found in the valleys. But this hard labour brings with it a profound tiredness at the end of each day. Because of this it can be readily understood the little interest that the farmers show for proposals to improve their agricultural techniques when the latter involve more work; nor do they have time to attend evening meetings about education or other topics. This all means that a whole series of factors have to be taken into account when planning to implement development projects or programs, or effecting fundamental changes in attitudes and behavior.

Flor makes a brief allusion to the wasteful spending of many settlers. To have two or three thousand soles in their pocket after a good crop is a radical change in their lives that have, up until then, been marked by poverty. It is difficult to not cede to the temptation to make a few frivolous buys and just enjoy life a little. For some this wasteful spending ends up becoming a way of life, neglecting the important investments and family necessities. In the new villages there are few opportunities for amusement, just the sale of beer and chicha corn beer and, with the arrival of electricity as in El Dorado, music and dancing with exotic women on Saturday night.

"A woman's suffering is due to the long trails; she's cut-off, with no way to get to the bigger towns. There is also the suffering of the farm; you need to take care of the animals and the children. Sometimes you lack money and sometimes you suffer because the children are sick. I get up at five thirty to make breakfast, to see to the children and give them and the children their food. There are so many things more to do, so much more than the man. When we have cows we have to milk them, take care of the small animals and make sure they don't get too exposed to the sun and get sick.

When it's harvest time we need to cook for 10, 12, or even 15 day laborers and we need to cook quite a bit. Coming back from the fields we bring back firewood and grass for the guinea pigs and then we have to get the evening meal ready and take care of everyone. I finish the cooking tasks around nine at night. Someone else takes care of putting the older children to sleep, but the younger ones I am responsible, for this the woman suffers. If my husband is there at nine, and he isn't too tired, I have to take care of him (she laughs at this). Then it's time to relax a little. Then next day in the morning the work recommences, and that is the way it is every day.

Within the couples there are different agreements or ways of coping; with my husband, if we want to sell a cow we both have to be in agreement. If we don't agree, the cow isn't sold. In other cases the one or the other decides. When the wife has the cattle, she decides; if the husband has them, he decides. In my case I can do what I want with the small animals like the guinea pigs, he doesn't get involved in little animals. But for the large animals he is involved and decides when to sell. In some couples there is a good accord and in others there are machos who sell whenever they want and no one will say the contrary to it.

You have to remind yourself that money needs to be invested well to avoid staying poor, but I have seen many times husbands wasting their money to the point of leaving their children hungry.

In the communal meetings it is clear to see that the majority of men are machos and they don't discuss things with their wives; what the man decides to do nobody can overrule. Then the woman has no power to spend even the money she has. For this reason many begin to fight and end up separating.

When the young ones get married the husband takes away the wife and basically shuts her off; it appears to me to be because of his jealousy or perhaps because of all the work to do, because the man just keeps himself on the farm and the woman begins to take care of the animals and there is no time to go anywhere else.

I don't believe that the women are happy; many have left their own family and live sad, but in spite of it all they get used to it; they have to, as there are young woman here from other regions. It's been years since I've seen my family; I don't know how my father and mother are. But I can't go anywhere as I have to take care of the animals and there is no one else in the house.

I have worked as a midwife. I see that some men oblige their wives to have a number of children. Some say in an exaggerated tone that they can have children as long as they want as they will take care of the children and nobody else. I have attended to women who are sick and their children undernourished. "This isn't right, it's more than just wanting to have children!" is what I say to them, "Look how your children are, and now you are having another. How are you going to cope?" They answer: "No, don't worry, just take care of the birth, no more." What can you do with such people? Unfortunately this is frequent. I haven't seen children die of this, but yes I've seen them malnourished and they remain little and don't grow. There are many couples with children like this. The women say: "You know I didn't want any more but my character of a husband didn't want to take any protective measures."

Mr. Lucian Jibaja Quinta (48 years old, Paitoja

Luciana is an intrepid farmer; he identifies himself as an enterprising man and he goes from place to place where he has property, all of which is still not formally registered. He's comfortable with this because he lacks confidence in the land titling process because of the negative experience of other settlers. This attitude is common in some villages, but in others such as El Dorado, to the contrary the authorities and the people see the value in registering their property. Lucian knows that government engineers have declared land close to his own as a protected zone and therefore intangible and he will respect this rule.

"I am from Piura. I worked with my father up until the age of 25 years and then I moved off to San Ignacio in Cajamarca and then into the high mountains. Then I came looking for my little piece of land; I lived for a time in Alto Peru and I heard quite a few comments about free land or land real cheap in the montaña.

My brother and I went to see and he bought a plot and I began to work with him. Then I took over a few hectares for my own plantation and there began to build my future. My brother's plot cost about 450 soles in 1989. When I bought it in 1995, it cost me 4500 soles. Back then there were few people here, only 14. They went and got their families and so Paitoja grew. When I settled in Paitoja there were 60 inhabitants and now there are quite a few more.

I like being a farmer, and so do my children. I wanted to give my eldest children an education but they didn't want it; neither did the others; they preferred work in agriculture. I made them finish primary school but not secondary school. I too studied up to the fourth grade, but, thanks to God, those first years of study were very good.

What we need most now is a gravel road, as well as an electrical connection. COPEFOR will construct the road and we want the municipality to help out as well.

We urgently need potable water even it is only a tube to each house; we are poorly off here because the water runs out when it doesn't rain. It's dry here so we need to run to the gully to bring back dirty water. We also need a medical centre; sometimes someone gets cut or someone is sick and we don't have help. We don't have someone to promote this but let's see, God willing we will have a first-aid centre.

I have approximately 70 or 80 hectares with some 30 under cultivation; I focus on seeding pasture, and would be competent at reforestation if we had the right seedlings; we need many things here. They say that there is a cedar that after only five years can be harvested for wood; I want to see the possibility of planting that cedar. Perhaps sometime someone could help us with the seed and a nursery and thus get started in planting.

One error we may have committed is the cutting of the trees in the mountains; we didn't know the impact of this on our water. Another problem is that we are getting on, suddenly God might call on us, but it is our children who will suffer; because of this we have the idea of the seed nursery. My children are married; they're young and I am still responsible for them. I believe as I look at my children that I must think towards the future; it's not only a question of having lots of money. Although over there I have my plantation it's difficult living there so I am here now preparing little by little my two hectares of coffee which should provide something.

I like this area, but near Tarapoto as well I have land; it's warmer there and the land produces more coffee. That's why up to two years ago I was in Nuevo Chanchamayo. I have my land and my house with potable water. It's a beautiful site; the only problem is that it is so far away. From Picota up to it takes four hours in car when the road is good, but when it's really muddy, the car can't get through.

What affects most the coffee here is the ojo de pollo. As for the cattle they are sometimes stricken by carbuncles, so we always inject our cattle, although I haven't done it in the last year. As well the cattle get food-and-mouth disease. The cattle limp and they have a major infection in the foot; you need to give them an injection. The other thing that requires an injection is the botfly and that costs money, some 30 to 40 soles for each animal. We were spending some 10 soles for each injection every two months and with the triple injection we give it every three months. It's a big expense but there is no way around it.

We still don't have the title to the land, nor the land survey plan. They give the titles for land up to four kilometers from San Marcos; they don't give titles in Sinai but in Nuevo Horizonte they do. What has happened is that many have bought land and in the titling process someone has tricked them and they have been led to understand the wrong thing. For this reason some don't want to get their land title. I have my land limited by the gullies on each side and even without fencing I don't have any problems. I have my neighbour who has his cattle there and I have my cattle here, but they don't cross over.

In the government land granting process they wanted to give me land way down there where it is cold; I didn't like that. When it rains the pastures get inundated; it isn't very productive. Here, where I bought land it's better.

I am 48 now, and God gives us life to do what we can. I am catholic and have always respected the cross of the Senor Autivo de Ayabaca, thanks to him it's gone well for me. I have had to suffer and to work. I have worked hard with zeal, decided to triumph. Thanks to God, I am enjoying a happy life up until now."

Filipe Guerrero Naya (57 years old), Alto Peru

Felipe Guerrero is one of the oldest farmers in the region and his store shows the courage of the pioneers. He explains the importance of hunting in the first years, but also relates the rapid disappearance of this resource. He shows as well his lack of confidence in the technical people who come to the villages. For instance, he denies the association between the clearing of the land and the erosion and mudslides. He is incredulous about any future repercussions of their actions to the natural environment.

"I am from the province of Huancabamba in the region of Piura and back there I heard about the land around here. There were no trails to Alto Peru, so for three years I installed myself in San Marcos and set out to get established the village of Alto Peru. In 1981 ten of us, all friends, came and we kept together as we worked because we were afraid of all the wild animals

Here no one lived, there were only a few peasant farmers who had really small lots which they worked. Then we organized it so that each of us had a piece of land 300 meters by 1000 meters. From those times only remain about four of us. The others left because they were sad, had suffered a great deal and had nothing to eat, no yucca, nor bananas. We had to go to buy things at San Marcos and sometimes from Soritor carrying things on our shoulders as the road wasn't good. We left San Marcos at 8 a.m. to get to our houses at 5 p.m. The trail back then passed over the river some twelve times and we would pass by the river and by the mountains.

The animals we saw here were the tapir, deer, peccary, agouti, armadillo and jaguar. But what we hunted were the deer and agouti and we sold them in Soritor, Moyobamba or Rioja and with the money we bought the things we needed. The village itself began to take shape after two years.

In most cases the farms produced coffee and those that had the means had their cattle. Then there were the basic foods: bananas, yucca and corn. What we seeded grew and was productive.

There are changes that we don't understand here, many technical people who come here say that the dry season is changing because of the destruction in the mountains. But that appears to be a lie to me; what is happening is that every year is not the same, for instance in this year, the old-timers didn't see even eight straight days of sun and now in the same time of year we have the dry season extending one, two, three or four months, and they say it is the mountains. In my opinion, that isn't right. I have been here since 1981 and they aren't going to fool me saying that that with the felling of the trees in the mountain we have more of a dry season. They also say that if there are landslides it is because of the tree-cutting, but they occur mainly when the river rises as well as when there is really heavy rain.

The one problem we do have is the land, changing the virgin hills, but it only changes when we do something we call "pulmado" (complete clearing) and yes, then it changes. After that we have the problem of the ojo de pollo that affects the coffee.

Another thing we observe here is the immigration of people, but this happens, I believe in any place where there are mountains to be worked and when there is an access road, they immigration follows.

I am proud here with my family that has its daily bread to eat."

To help understand the major challenges of the first pioneers the account of Mr. Jose Luis Portocarrero (46 years old), one of the founders of Nuevo Mendoza, is evoked here. He related how a group set out from the village of Tocuya in the province of Rodriguez de Mendoza explored the nearby rugged mountains for 19 days before encountering a fertile valley where Nuevo Mendoza was to be founded. The 20 associates worked for six years, from 1995 to 2001, to build an access trail from Omia to Nuevo Mendoza. They worked on the trail 15 days at a time, then returning to their village for 15 days. But the trail was still very difficult even in 2001 and it took four to five days to get to the site of the new village. Because of these difficulties only three of the associates ended up coming in to establish their farms, the others sold their plot of land.

Through all the accounts given above, the mosaic of the settlers, their attitudes and difficulties, emerge. They are independent workers but they recognize the importance of collaboration in the founding of the new villages. The obvious challenges are linked to the isolation and to the lack of infrastructure: schools, health services, water and roads. The social context leads to other problems, the people marrying very young, the lack of family planning and the early abandonment of school, primarily at the end of primary school. A glimpse of the new and urgent challenge that the settlers need to confront is evoked by the words *Mycena citricolor*. Because of this fungal disease the production of coffee is diminishing greatly and this will force them to make important changes in their attitudes and in their land management practices.

The people of the valleys

The population sample for this study is a total by 1424 inhabitants in 264 family units with an average of 5.4 in each family. The number of men and women is almost equal with 721 males (50.6%) and 703 females (49.4%). The INEI census of 2007 gives a percentage of men a little higher, 56% in El Dorado and 57% in Salas.

The profile of the population pyramid in the two valleys is of the expansive type with a wide base and a narrow peak (Fig. 4-9). Children from 0 - 5 years old form 18.9% of the population, from 5 - 10 in age, 14.1%, and from 11 - 20 in age, 23.5%. This indicates a rising birth rate and a rapid growth of the population. One of the striking aspects of the population structure is that 74.3% are less than 31 years old and only 0.1% older than 66.

Places of origin of the immigrants

The Table 4-3 shows that almost all the settlers have an Andean origin, the consequence of which is that hardly any of them have the appropriate agricultural experience for the very rainy climate of the valleys.

Table 4-3. Place of origin of the immigrants

Place of residence	Place of origin					Total	%
	Cajamarca	Amazonas	Piura	Lambayeque	San Martín		
Selva Alegre	13	6	2		1	22	8,3
Salas	36	6	4	1	2	49	18,6
El Dorado	48	4	2	2	2	58	21,9
Galilea	19	5	3	1	2	30	11,4
Posic	1	-	-	-	-	1	0,4
San Francisco	-	1	-	-	-	1	0,4
Nuevo Mendoza	5	16	-	-	1	22	8,3
Pampa Hermosa	2	4	-	-	-	6	2,3
Paitoja	11	-	5	-	-	16	6,1
Puerto Progreso	5	-	1	-	-	6	2,3
Alto Perú	14	-	10	1	1	26	9,8
Nuevo Horizonte	27	-	-	-	-	27	10,2

The majority of the immigrant families come from the department of Cajamarca with 181 families, 68.5% of the total; the second department of origin is Amazonas with 42 families representing 15.2%; follows Piura with a total of 27 familias (10.2 %). From San Martín came nine families (3.4%), y from the department of Lambayeque come five families representing 1.9% of the total.

The families

The family networks have played an important in the process of colonization of the valleys. The first immigrants were the explorers themselves, followed by their wives and children. The immigration grew through the family network spreading the word about the good agricultural opportunities; first in line were the brothers and other relatives. The first families provided support to their relatives, offering them lodging in their houses, food and work in the fields until the new immigrants obtained their own land to construct their houses and sow their crops. The extended families, that is to say, composed of the parents, children, grandparents, uncles and other relatives, were very collaborative. The relatives helped in bringing up the children and in the work in the fields. As well grandparents helped out economically through the earnings of their own land and helped by distributing money or goods received from other relatives in other areas. In Table 4-4 is presented the number of families in each village.

Table 4-4. Extended and tight family groups by village

	Tight family groups			Extended family groups[1]			Total
	N°	Total no. of people	%	N°	Total no. of people	%	
Selva Alegre	20	131	7.6	2	12	0.8	22
Salas	44	215	16.6	5	29	1.9	49
El Dorado	52	312	19.7	6	86	2.3	58
Galilea	29	89	11	1	6	0.4	30
Posic	1	1	0.4	-	-		1
San Francisco	-	-		1	3	0.4	1
Nuevo Mendoza	21	126	8	1	7	0.4	22
Pampa Hermosa	5	22	1.9	1	6	0.4	6
Paitoja	14	78	5.3	2	6	0.8	16
Puerto Progreso	5	25	1.9	1	8	0.4	6
Alto Perú	25	137	9.5	1	11	0.4	26
Nuevo Horizonte	25	96	9.5	2	18	0.8	27
Total	241	1 232	91.4	23	192	9	264

1. The number of extended families here only refers to extended families living under one roof.

In every village there are important family networks but only 9% fit the definition of having the extended family under the same roof. This percentage is low as a large number of youth leave the family home between the ages of 15 to 25 to set up their own family farm. The roots of the couples forming so young is the high desertion rate of the schools, the few opportunities for amusement in the villages combined with the good opportunities to find work as a day laborer and to have some form of support from their parents.

The new regulation and laws concerning the land titling as well as the religious beliefs motivate the couples to formalize their relationship through marriage but there is actually a high percentage of informal arrangements, as exists in other spheres of activity of the settlers. Of the 264 families in the survey 129, or 49%, are informal while 121 families are formally husband and wife. Additionally there are 2.7% who are separated, 2.0% single and 0.8% widows (Table 4-5).

Table 4-5. Civil status of the couples in each village

Civil status Village	Married	Unmarried couples	Sepa-rated	Single	Widows	Total
Selva Alegre	9	13	-	-	-	22
Salas	21	25	1	1	1	49
El Dorado	28	28	2	-	-	58
Galilea	16	12	1	1	-	30
Posic	1	-	-	-	-	1
San Francisco	-	1	-	-	-	1
Nuevo Mendoza	15	5	-	2	-	22
Pampa Hermosa	1	5	-	-	-	6
Paitoja	5	9	1	1	-	16
Puerto Progreso	1	5	-	-	-	6
Alto Perú	14	10	1	-	1	26
Nuevo Hori-zonte	10	16	1	-	-	27
Total	121	129	7	5	2	264
%	45.8%	49%	2.7%	2%	0.8%	100%

Family economics

The anthropological team collected data from the 264 families of the survey in order to determine the income and spending patterns of the settlers.

Spending for food

The isolation and the cost of transport had a significant influence on the expenses of the settlers. The high cost of chicken, twice that of coastal Peru, is an example of this. This difference can be explained by the high costs associated with the transport of the chickens themselves and the feed necessary to raise them (Tabla 4-6). Many settlers have a few chickens but no one raises them on a large scale.

Chicken is normally one of the most important sources of protein in Peru, but because of its cost in the valleys there is not a large consumption there. The settlers turn to canned fish and pulse crops like beans and lentils as a protein source. The carbohydrates like rice and pasta are important because of the energy requirements of their hard work, but the transport costs mean here too that the prices are double those of the coast.

Table 4-6. Basic weekly food expenses for a family of four

Food	Measure	Price (.S/.)	Weekly Consumption	Basic Weekly Expenses (S/.)
Rice	kg	2,60	7 kg	18.2

Potatoes	kg	1,75	1,3 kg	2.3
Pasta	kg	3,60	2 kg	7.2
Onions	kg	2,00	1 kg	2.0
Oil	Liter	7,50	1.25 L	9.4
Salt	kg	1,00		0.5
Sugar	kg	2,20	2	4.4
Bread	8 x	1,00	16	2
Flaked tuna	Tin	1,50	8	12
Other fish	Tin	2,50		
Eggs	3 x	1,00	6	2
Pulse foods	kg	1,50	3.3	5
Greens	Bunch	0,50	4	2
Condiments[1]	Package	0,50	2	1
Meat				
Chicken	Unit	20 – 30	0.25	5
Guinea pig	Unit	15 – 25		
Duck	Unit	25 – 30		
Beef	kg	8	0.5 kg	4
Pork	kg	6	0.5 kg	3
Game food[2]	kg	6 – 10		
Beverages				
Beer	320 ml	4,00		
Cane whiskey	650 ml	2,50		
Soft drink	600 ml	1,50		
	2 liters	3,00		
Instant coffee	50 g	0.50		
Milk	Liter	1,00		
Evaporated milk	Tin	2,50		

1.   Condiments such as garlic, turmeric, MSG, chili pepper, oregano, pepper.
2.   Game such as deer, agouti, peccary or wild turkey.

The basic weekly food expenses for a family of four works out to 80 soles, or 4160 soles on an annual basis. The weekly figure appears to be a good estimate as the local population uses the rule of thumb that it cost some 3 soles daily to feed a person in the valleys.

The typical meal consists of rice (almost always) with one of bean, lentils, potatoes or plantains, canned fish or an egg; this is complemented occasionally by fresh or dried fish, pork bits or small portions of chicken. It's a custom to serve a soup with onions and pasta, possibly yucca or potatoes with turmeric as a spice. Servings of guinea pig, duck or turkey are mainly reserved for special occasions. Corn is eaten from time to time, but more often in the first few years when it is sown with beans in the newly cleared land to avoid erosion and to serve as food.

Beverages commonly served are hot water with a few flakes of oatmeal (Quaker) mixed into it, instant coffee from packages, drinks prepared from mixes and lemonade from either sweet lemon or lime.

Because it grows so well in the valleys the banana is by far and away the most important fruit. Other fruits like papayas and oranges are rare as they don't grow that well throughout most parts of the valleys.

Spending for clothing

Another essential expense of the settler is for clothing. In Table 4-7 are given the approximate annual expenses for a person in the valleys.

Table 4-7. Basic annual expenses for clothing per person

Clothing	Price per unit or pair(S/.)	Basic annual personal expenses (S/.)
Pants	30	30
T-shirt	15	30
Sweater	25	25
Shoes	35	35
Shirt	15	15
Boots	20	20
Socks	2	8
Shorts	3	9
Total		172

In summary, the annual clothing expenses per family are about 700 soles.

Other family expenses

Other family expenses include:

- Soap, bleach and detergents for cleaning at about 250 soles per year,
- Notebooks, pencils and paper for the school,
- Telephone cards
- Candles and matches,
- Simple medicines like ibuprofene

Some families support the costs of room and board for their children in Soritor or Moyobamba so they can continue their education. Others have costs for charging batteries and the initial cost of the batteries themselves that are use for one or two light bulbs. Where there is an electrical grid as in Nuevo Esperanza, people buy electrical appliances and televisions. But these are not considered basic costs in these valleys. The estimate for the annual costs for a family of four works out to 4160 soles for food, 700 for clothing and 440 soles for the rest, which makes a total of some 5,300 soles per year. With income below this level, or below the equivalent level of 1,300 soles per person, the family can be considered on the edge of extreme poverty. The family with such a low income will have difficulty in meeting its basic needs. Malnutrition of the most vulnerable, the children, is a probable result. The net earnings after expenses are very sensitive to even small additional spending; two beer per week would up the costs of food and beverages by 10%.

In Table 4.8 are presented the income and basic expenses of the settlers. The expenses include the spending on food, health, tools, salaries of day workers etc. The balance represents the money available to be saved, invested or used for discretional purchases. In Table 4-8 the balance is given as a function of the income of the family unit.

Table 4-8. Annual family net balance as a function of income

Annual income (S/.)	No.	Total Income (S/.)	Average Income (S/.)	Total Expenses (S/.)	Average Expenses (S/.)	Average balance (S/.)
1000 – 5000	72	318,466	4423	275,393	3825	598
5001 / 10,100	68	456,748	6717	339,043	4986	1731
10,100- 20,099	63	1020,360	16196	650,932	10,332	5,864
20,100 – 30,099	45	1097,270	24,384	623,906	13,685	10,519
30,100- 40,099	8	273,000	34,125	113,865	14,211	19,892
40,100- 50,000	7	316,950	45,729	105,142	15,020	30,258
60,000 +	1	63,360	63,360	13,031	13,031	50,329
Total	264	3546,154	13,432	2121,312	8035	5397

The table shows that the two lowest groups have average annual incomes of 3,825 and 4,986 soles. If it is recognized that some of these families have less than four members, it appears that the estimate of 5,300 soles as a basic minimum for a family of four appears to be reasonable. The mean balance for discretional spending in the lowest group is only 598 soles or $200 (exchange rate 2008); many will have even less. This surely can be seen as a root of the malnutrition to which the midwife of El Dorado has referred. The families with less than 5,000 soles in annual income are those that can most probably be considered in extreme poverty. This represents 27% of the families.

Another interesting aspect of the survey is the data about the location of the families in the lowest groups. It should be anticipated that the poorest are those who have established themselves in the last four years. Salas and El Dorado are the villages with the most families recently immigrated and the data confirm that these are the villages with the major portion of the families with less than 5,000 soles in income.

The families with more than 10,000 soles in annual income appear well out of danger of poverty. In the group with income from 10,000 to 20,000 the average balance is 5,864 soles or $2,950. In the rural context of Peru today this figure is high enough to attract considerable interest from poorer regions, specifically in the *sierra*.

Religion

In the valleys religion plays an important role in the process of adaptation of the immigrants as it allows them to cushion the shock of the isolation, establishing social networks of support. The mutual aid networks of solidarity and sharing extends both nationally and internationally.

The seven religious faiths organize themselves on the basis of their beliefs, personal practices, rites and collective teaching to help in forming the mental strength to meet life's challenges. Some of the most important themes that appear often in the sermons are of hope, of the importance of a family in which there is love and of the goodness of God offering them a natural environment of which they should take good care.

One of the sacraments that have an important symbolism in helping define the religious credo is the baptism; it is practiced by all the religious groups of the valleys. Baptism is one of the principal rites because it symbolizes the initiation of a new life through repentance and the cleansing of sins; this conversion identifies the baptized as pure and allied with God and it helps reaffirm the expectation of building a better life for themselves in the valleys. Moreover, the suffering that they will endure will have a sacred meaning that will help them support the problems with an attitude of resignation, being necessary to suffer to perceive the glory of God.

The religious groups all have a sacred day, the Biblical seventh day of rest in which the congregations get together. The Catholics take this to be Sunday, the Evangelicals Saturday. Other meetings are organized through the week to read the Bible, have conferences and teach, up to an average of three weekly meetings for some churches.

The protestant churches have a more lively institutional life, organizing retreats, conventions and visits of ministers who go from town to town to help out, to assess and train their faithful.

The religions that have the most followers in the valleys are three: the Catholic with 53.8%, the Seventh-day Adventist with 19.3% and the Evangelical with 19.3%, see Table 4-9.

Table 4-9. Religions in the valleys

Religion	No. of adherents	%
Catholic	142	53,8
Seventh-day Adventist	51	19,3
Evangelical	51	19,3
Pentecostal	6	2,3
Nazarene	2	0,8
Jehovah Witness	4	1,5
Church of Christ	5	1,9
Atheist	3	1,1
Total	264	100

Education

In Peru there are six years of primary education followed by five years of secondary schooling. Shortly after the foundation of the villages there were usually the necessary 15 students to establish a primary school. This is how Alto Peru got its first primary school in 1985 and Selva Alegre in 1987.

The majority of the students in the valleys have access to primary school although some have to walk one or two kilometers on trails that are sometimes very miry. Secondary school access is limited to Alto Peru and El Dorado, the latter since 2002. The total number of students in primary school in the valleys is 736 with another 188 attending secondary school, see Table 4-10.

Table 4-10. Number of primary and secondary students in the villages

Village	Students	
	Primary	Secundary
Selva Alegre	42	-
Salas	119	-
El Dorado	146	77
Galilea	26	-
Nuevo Mendoza	37	-
Garzayacu	54	-
Paitoja	53	-
Alto Perú	195	111
Nuevo Horizonte	64	-
Total	736	188

The improvements in the schools are made through the participation of the local population through an organization of the fathers in collaboration with the local governments (Figs. 4-10 and 4-11). In some villages the priority is the construction of a secondary school to motivate the children to continue their studies. In villages such as Salas the few secondary students demonstrate extraordinary motivation walking at least two hours by the muddy trails to get to Selva Alegre to take there a collective taxi that continues on to the college.

Although there is this apparent interest on the part of the parents to ensure the education of their children the teachers note a high level of school abandonment and other serious problems. To analyze the facts, it is important to consider the Peruvian system of public education and the social conditions of the children and their parents.

The educative system has two important challenges, the available infrastructure and the teachers' labour conditions. The first steps towards the educational infrastructure are due to the initiative of the fathers who use the rustic materials available to build something that is far from optimal in terms of supporting pedagogical activities. The interiors have poor lighting and ventilation; the sound of the teacher's voice is often lost because of the high galvanized steel roof and the loud noise emanating from it during the heavy rains. The benches, tables and blackboards are simple. In Nuevo Mendoza, Garzayacu and Galilea there is a one-room school with one teacher for all the primary grades. The children's desks are oriented in different directions according to their grade with their own blackboard. In contrast, El Dorado, Salas and Alto Peru have a teacher and room for each grade while in the other villages there are two primary school teachers, one for grades one through three and one for grades four through six.

Because almost all the teachers are contracted for one year at a time there is a lack of job security that saps the teachers' motivation to elaborate plans over the medium to long term. Moreover many contracts are confirmed very late, often when the school year has already started in March or April. Some professors leave their families in difficult-to-reach cities like Chachapoyas and weekend trips are onerous, in some cases virtually impossible, so many don't see their families for months. The teaching personnel also have problems upgrading their skills and there is little infrastructure to support initiatives of this kind. The social conditions are another challenge; first to be noted is the level of scholarity of the parents as given in Table 4-11.

The survey results show that 87.3% of the valleys' population did not complete secondary education and 27.9% have not completed their primary education. Only Salas and El Dorado have a few inhabitants with higher level education. Under these conditions it is easy to understand why the teachers say that the parents do not offer much support to help their children in their homework. The parents simply do not have the education to help much, nor do they have much inclination for it, being very tired after working in the fields all day. The fathers do help out when they are called on to help with the manual labour in construction related to school improvement, but they do not have the energy to help out in daily activities. Few go to teacher-parent meetings. Often, support for education is limited to getting the children registered for school and providing them a pencil set and a notebook.

Table 4-11. Level of education of the population in each village

Level Village	A1	W.I.2	I.P.3	C.P.4	I.S.5	C.S.6	Sup7	Total
Selva Alegre	-	42	40	49	3	9	-	143
Salas	-	51	19	112	-	50	12	244
El Dorado	-	23	90	189	24	46	26	398
Galilea	-	14	23	44	8	5	1	95
Posic	-	-	-	1	-	-	-	1
San Francisco	-	-	-	3	-	-	-	3
Nuevo Mendoza	-	19	15	88	-	11	-	133
Pampa Hermosa	-	6	-	16	2	4	-	28
Paitoja	5	14	-	61	4	-	-	84
Puerto Progreso	-	-	3	28	1	1	-	33
Alto Perú	-	22	-	109	6	11	-	148
Nuevo Horizonte	3	9	-	83	15	4	-	114
Total	8	200	190	783	63	141	39	1.424
%	0.6	14.0	13.3	55.0	4.4	10.0	2.7	100

1. A=Analphabet, 2. W.I.=Without instruction, 3. I.P.=Incomplete Primary, 4. C.P.= Complete Primary, 5. I.S.=Incomplete Secondary, 6. C.S.= Complete Secondary 7. Sup=Superior.

There is so much work in the fields during some seasons that the youth are called on to take on other responsibilities in these times, especially the labour related to the coffee plantations. This means that secondary students who have classes in the afternoon (in some villages the primary students use the classrooms in the morning to leave them in the afternoon for the secondary students) are very tired having worked earlier in the day in the fields. It is difficult to motivate secondary students to finish their studies under these conditions.

The Peruvian government is trying to support early stimulation of children from three to five years in age through its *Non-formal program of initial education,* PRO-NOEI. This program was initiated in El Dorado in 2002 under local management and funding. In 2008 20 children graduated from the program. According to the teachers the difference in performance of the first-year students who have and have not had the benefit of this program is remarkable. This actually poses a problem for the teachers as they are faced with two distinct levels of students which means they must adopt different methods and techniques to respond to the two groups' needs; it is like teaching two classes instead of one. This poses a social problem as well in the sense that the probability of the two groups achieving later the same level of success is minimal. It means as well that the students who don't participate in PRONOEI have a tendency to abandon school early.

PRONOEI is clearly an important program in helping the children of the valleys. The challenge is to promote the participation of the totality of the children and to achieve this, the people must be trained to offer a decentralized program. Another program that the teachers recognize as very useful is *School breakfast*. At 10:30 each morning two of the mothers heat up a large pot of milk and distribute a glass of milk along with a package of biscuits to each student in primary school (Fig. 4-12). Without this break to feed the children, the teachers note a marked decrease in the children's attention and learning capacity.

The settlers are aware that their children's education is important in offering them better opportunities later in life. But the social and environmental conditions present challenges such that the majority does not finish their secondary education.

Health

The health of the valleys' inhabitants is precarious and this relates to the sanitary conditions: the lack of potable water, inadequate management of waste and waste-water, overcrowded houses, poor hygiene habits, especially the lack of dental care, and finally the humid climate itself which predisposes the population to respiratory infections. The Regional Health Office of Amazonas reports the following 2007 statistics giving the top ten causes of sickness in the district of Vista Alegre, which includes El Dorado and Salas.

Table 4-12. First ten causes of sickness[1]

N°	Sickness	Cases	Rate
1	Diseases of the mouth, salivary glands and jaw	979	32
2	Acute Respiratory Infections (ARI)	974	31.7
3	Malnutrition	223	7.26
4	Intestinal infections	217	7.06
5	Helminthiasis (parasitic infection)	166	5.40
6	Skin and subcutaneous infections	144	4.68
7	Urinary infections	118	3.84
8	Traumatisms and wounds	110	3.58
9	Diseases of the esophagus and stomach	80	2.60
10	Sexually transmitted diseases (STD)	60	1.95

1   Source: Office of statistics DRSA 2007

The level of mouth and acute respiratory infections stick out from the others. It is interesting to note that the teachers talk of a level of child malnutrition higher than the 7% reported here. This may be due to the statistics only referring to the families registered to receive care which constituted just 30% of the population.

The 2008 statistics from the Health Centre of Alto Peru in San Martin are given in Table 4-13.

Table 4-13. Principal sicknesses in Alto Peru

Sickness	Total over 5 months[1]
Parasitosis	205
Acute Diarrhea Infections (ADI)	52
Skin infections – micosis	103
Acute respiratory infections	62
Vaginitis	104

Source: Report of the technical staff officer in Alto Perú-2008
1.   Total of the five months from May to August, 2008

Health Centres

The health centres are the foundation of the prevention and treatment of sickness in many of the villages. Up until recently, in villages such as Salas there was a health service provided by an itinerant health brigade consisting of a doctor, a technician and a midwife. The first health centre in the valleys was created in Alto Peru in 1991, depending administratively on the health centre of Soritor. It has a sanitary technician. In 2002 a health centre was created in El Dorado administratively depending on the health centre of Pomacochas in Amazonas. In 2004 it had a nurse technician and in 2005 a doctor. In 2007 the latest health centre was created in Salas, associated with the health centre of Vista Alegre with a technician and a nurse. All the health centres were constructed with the support of government and the participation of the local community. The buildings are of rudimentary construction without many basic tools. None have any wastewater treatment and many do not have a water supply. The terrain for the health centre in El Dorado was donated by the community and it has an area of some 4000 m². It is made of wood with six rooms and is one of the best in the valleys.

Health planning, diagnosis and promotion

Promotion of good health practices has an important role to play in a health regime. The officials along with the community develop workshops to identify the principal health problem, arriving at an overall assessment in each village. In El Dorado, for example, the assessment covered four areas: health, environmental sanitation, socio-cultural and administrative redressment. In each area the problems were identified and prioritized. The three health problems of priority were the lack of inclusion of the population base in the services, the high incidence of mouth and acute respiratory infections and the poor coverage of birthing. In sanitation the issues were the poor state of the houses, the inadequate management of waste and the lack of potable water treatment. In the socio-cultural area the issues were the resistance to and the fear of health personnel and the cultural beliefs concerning sickness and self medication. In administration the issues were the inadequate infrastructure, the limited space and the lack of equipment.

The community and the officials of the health centres work in ongoing coordination to ensure success in the programs, developing planning workshops to set objectives, goals and strategies. But all these initiatives depend on the motivation of the personnel who work in these places and on the length of their stay there, see Table 4-14.

Table 4-14. Health assessment in El Dorado

Health	Sanitation	Socio-cultural	Administrative
- Approximately 70% of the population without medical coverage.[1] - High prevalence of ARI and ADI in children less than 5 years old. -Low coverage of institutional birth and controlled pregnancy. - High risk of sickness in perinatal mothers. - No tracing of patients in different health programs. - High incidence of dental cavities, wounds and skin ulcers. - High prevalence of intestinal parasitosis. - High prevalence of infantile malnutrition.	- Overcrowding in the houses. - Inadequate elimination of excrements and waste. - Unavailability of potable water. - Lack of sanitary landfill. - Living with domestic animals. - Presence of organic wastes, e.g. from the depulping operations, that attract insects. - Presence of disease vectors like sand flies or "Manta Blanca".	- Resistance to and fear of male health personnel. - Myths and habits. - Belief in "the fright", "bad air", many times going to the local healer before the health centre. - Self-medication with pharmaceutical products and traditional medicines. - Low level of education of the population. - Low socio-economic level. - Macho attitudes. - People used to taking medication on trust. - Distant annexes of poor access. - Little interest in preventative medicine. - Breakdown of family units through violent behavior. - Little interest in the different methods of family planning.	- Run-down infrastructure. - Poor surroundings. - Lack of equipment and didactic material. - Little support in local networking. - Little direct income due to the poverty. - Lack of support and incentives for the personnel for extramural work. - As a satellite center to another health center no power of administration of income. - Little training of the personnel. - Lack of coordination with local authorities and others. - Low wages and labour instability for the contracted health employees and poor incentives and no benefits.

1. The coverage extends to all those who have a National Identity Document. Because of the informality of their lifestyle many of the immigrants don't have this document. Free access to the services of the health centres is a good stimulus for acquiring this document.

Sicknesses in the region

Vaginal infections

The healers claim that many women suffer from vaginal problems with symptoms such as constant secretions with strong odors, an itchy, burning sensation, pain and irritation while urinating or during sexual relations. The women seek out consultations to be treated by these bacterial and yeast infections and they are given natural herbs and recommendations of vaginal cleansing, but many don't get better (Table 5-3). *"They don't die but they become crippled up and become extremely thin; they live like little cats in the house, close to the fireplace."* Sabina Celis (62 years old), healer in Galilea, May 2008.

Anemia
This is frequent in women; the healers mention that it manifests itself by paleness, low weight and the complications that follow. They say that the principal cause is the short time between successive pregnancies. Women can have up to 12 to 15 children as they initiate their marital life so young, some being only 12 years old.

Scabies
This results from mites that get into the skin provoking an allergic reaction and a strong itchy sensation. Scratching leads to wounds and scaly skin. It is very contagious and is widely transmitted through the family and the schools.

Reactions to the tree, toxicodendron striatum, known in Peru as the itil.
This tree is about six to seven meters high with straight branches, has an irregular form and dark green leaves. It produces small white flowers and a fruit resembling an apple, but with a hard pit. On contact it can produce serious toxic and allergic reactions including fever, itchiness, skin eruptions and swelling. Many small farmers don't recognize this tree and get very sick when they cut down this tree while clearing the land. Some mention that the fever and swelling was so severe that they needed to be evacuated on an emergency basis to Soritor for treatment.

Insect bites

The punga bite
The *punga* is a local term referring to a small, brown insect that is frequently found in the coffee plantations as well as in the grass where the children play. It produces itchiness and infections are often caused when the infected person tries to remove the little worms that emerge from the eggs laid in the skin.

Lice infestations
Both head and pubic lice live off of the blood of people. Their bite causes itching and sometimes a burning sensation. Their eggs, called nits, are laid at the base of the hair follicles. The lice are easily transmitted from one child to another and the teachers often undertake eradication programs to stop an infestation in a class, but the measures usually need to be repeated some time later.

Flea bites
Fleas, another blood-sucking insect, have bites that provoke skin eruptions and inflammation, usually around the lower leg. The bites can be felt so they can be seen and caught from time to time. The valley inhabitants note that the fleas are more of a problem in the hot weather.

Bedbug outbreaks

These little oval insects are found in the bedding or in little cracks around the bed or walls and bite people while they are sleeping. Some people have no reaction at all to them but most do. The bite site turns red, swells and produces a smarting.

Cockroach outbreaks

The type of cockroach common to the valleys is almost red in color of variable size, sometimes quite large. It is omnivorous and nocturnal. They are frequently found in the houses due to the organic waste left around, especially during the big harvest because of the processing of the coffee near the house. They are a risk as an agent of transmission of bacteria, including salmonella, and viruses.

Settlement pattern

According to the settlers, the settlement pattern in the valleys can be classified into three stages.

The initial stage is one of exploration with sporadic trips of short duration into the valleys. There is no specific settlement pattern. Temporary shelters are made using trees as posts and the extension of a sheet of plastic to protect against the rain. The paths are cleared with machetes and the different gullies, rivers and hills are identified. Most then fall into a pattern of coming two times a year after clearing a little land, seeding it and coming back to harvest later on to confirm the fertility of the area. Some immigrants who come from very far away may limit there visits to once a year or even once every two years.

In the second stage the settlement takes form as a series of houses on either side of the main path, usually parallel to the river, forming a higher and lower part to the hamlet. When the width of the valley is ample enough, as in Salas and El Dorado, a second or third path parallel to the first emerges along with its houses and farms (Figs. 4-13, 4-14 and 4-15).

The third stage is associated with the growth of the population and the formation of the town center. The Spanish features now appear; the central plaza is set out as a communal area for socialization and built around it are houses, churches, shops and other community locales. In this stage other secondary stabilized roads are built within the hamlet and paths are extended to the neighbouring villages. To avoid flooding the hamlet is established some 100 to 200 meters from the river. This comes from the practical experience of the settlers who know the extent to which the rivers can overflow in periods of heavy rain.

Housing and construction

The first pioneers paid nothing for their lot on which their village house was built, now the village lot costs some 200 to 300 soles. As for the houses themselves, there is a rapid transformation in the form, techniques and materials used with time. The pioneering stage is typified by a one-storey hut made with unfinished wood, the most common being the rectangular log cabin with trunks stabilized by cutting grooves and interlinking them at each corner. In many cases this hut is abandoned just a few years later with a more solid construction of two storeys. It typically has as well an open attic area to store the food and coffee beans in a dry area. The first huts had roofs of palm leaves but now most are of galvanized sheeting. These are more durable and avoid the problems of tarantulas that tend to take up residence within the palm leaves (Fig. 4-16).

The majority houses are now constructed of finished wood. Typically the house has a wood frame of post and beam with a gable roof and roof beams resting on the upper plate (Fig. 4-17). Often the posts have a cement base. The roof often substantially overhangs the base to avoid having the rain fall on the walls or base. All of this is of high-quality tropical wood because of this material's low cost in the isolated villages. The price is low because of the difficulty of transporting this wood out of the valleys where the market price is much higher.

In Salas, El Dorado and Alto Peru there are sawmills but in the other villages the planks are still available as they are made from chainsaws. The commercial sale of planks made from chainsaws is forbidden in Peru due to the waste of wood turned into sawdust by the thick chains, but the chainsaw process for making planks is employed in remote areas as it still represents an economic alternative in that context. To make the planks from a squared beam the workers pull out a tight cord that is lined up with the intended cut. The cord is impregnated with an ink and when it is let go, it strikes the beam and leaves a straight-line mark to be followed by the chainsaw.

The cost of a house varies greatly and depends on the particular circumstances of the settler. All the wood for the construction of a house can sometimes be found in a single cedar tree (Fig. 4-18). If the settler has one of these on his land the price of the wood is limited to the expenses associated with the chainsaw operator. The galvanized roofing material sells for about 30 soles a sheet plus the cost of transport.

The house construction varies greatly with the money available. With little money the houses are rustic and with little finishing. As money is more available balconies, carved wood doors and windows with glass and even iron gratings are added. In El Dorado a rustic house of 50 to 75 square meters can be bought for about 3000 soles.

There are now houses of many different styles from the simplest to the most modern, but the tendency is now towards better housing. The wood is usually left a natural color, but painted houses are now appearing as well.

The kitchen is usually part of the first floor of the house but in some huts the kitchen is separate (Fig. 4-19). There are hardly any improved fireplaces in the villages so there is considerable smoke in the house at mealtimes. Next to the house is the patio to do the washing, the shower, the latrine and sometimes a garden with flowers, fruit trees and very occasionally a few vegetables.

Land tenure

The first pioneers took possession of their land without any payment, this being considered a right for having been the first to rediscover the valley. They developed a mutual understanding for delimiting the farms taking into consideration the geographical characteristics of the region. Many appropriated considerable areas, up to 80 hectares, to subdivide and sell them to later immigrants.

Even without clear land title documents there were quite a few buy-sell land transactions. This happened because the majority of the settlers are used to working and doing their business in an informal manner. As well, the government has shown considerable tolerance for such informal processes.

There exists a risk in buying land without title, as the seller may not really be the owner, or because the same terrain has been sold twice over, but the people continue to acquire land informally. Table 4-15 presents statistics on how land has been procured in the valleys. It shows the extent to which the first pioneers acquired substantial tracts of land and the extent of the subsequent subdivision over the next five years.

Table 4-15. Forms of land acquisition

Form de Acquisition	N°	%
By sale	220	83,3
By colonization	24	9,1
By inheritance	9	3,4
By communal distribution	10	3,8
By exchange	1	0,4
TOTAL	264	100

Some 83.3% of the settlers obtained their land by buying it, while 9.1% acquired it in the initial colonization process, that is to say, at no financial cost. But there are very few of the very first pioneers who remain on their land; some have gone on to colonize other areas or have left with their newly-acquired money to towns with better services.

The settlers now buy and sell the land suitable for coffee according to whether it is cleared or not and according to its cultivation record. The interviews indicate that the settlers of Selva Alegre, Salas and El Dorado paid typically between 1,500 to 5,000 soles per hectare for land suitable for a coffee plantation.

"The price varies according the location of the plantation and its state, for example, a four-year-old plantation in El Susto costs some 4,000 to 6,000 soles per hectare, because the terrain is much more productive and you can still obtain secondary revenue from bringing out timber; as well the coffee productivity is very good," Virgilio Aguilar, El Dorado.

The average price of a parcel of land for coffee has gone down recently due to the fungal disease, ojo de pollo (*Mycena citricolor*), which can considerably reduce the production.

Pasture land for cattle sells for approximately 2,500 soles per hectare. The price of a lot to build a house has gone up due to the continuing immigration. An urban lot of 300m² in El Dorado cost 10 soles in 2001, in 2008 the same lot cost 200 soles while the rural lot cost 100 soles.

The possibility of the settlers to extend the use of their land is reflected in the Table 4-16.

Table 4-16. Land size and use

Land use	Hectares	%
Cultivated	1.074.19	40,6
Not cultivated	1.571.25	59,4
Total	2.645.00	100

There still remains some 59.4% of the land surface sold that has not been put into cultivation. There are two factors to explain this:

- The recent settling of the region,
- The intensity of manual labor needed to work this land

The quality of the soil is being affected by a number of poor farming practices but this is compounded by the intensive, continuous use of the land without any fallowing or crop rotation. Often a coffee plantation for which the productivity has fallen substantially after just a few years is converted into pasture land. This is most notable in places settled some ten to fifteen or more years ago like Selva Alegre:

"when the coffee and other produce yielded very little I decided to seed pasture because it is more profitable and less work…", Santos Herrera, Selva Alegre.

In El Dorado, the average farm area is 16.26 hectares and only 5.2% of the settlers have two hectares or less (Table 4-17), while in their home land the vast majority wouldn't have been able to own two hectares. The availability of this land at low price, combined with the good productivity per hectare of the new land, is the fundamental reason for the immigration. In the first years of harvesting in the valleys the yield of just two hectares is so good as to satisfy the basic needs of a family.

Table 4-17. Land property area in El Dorado

No of hectares	No de property owners	Percentage (%)
0 – 2	6	5,2
2.1 -5	18	15.5
5.1 – 10	20	17.2
10.1 – 15	27	23.3
15.1 – 20	9	7.8
20.1 – 25	14	12.1
25.1 -30	10	8.6
30.1 – 40	7	6.0
40.1 – 50	1	0.9
50.1 – 60	0	0
60-1 – 70	2	1.7
70.1 – 80	2	1.7
Total 1 886.46 Average 16.26	116	100

Source: Registro de los titulos de El Dorado

According to the interviews 50.4% of the farms are owned jointly by the couple while 1.9% of the farms belong to the woman (Table 4-18). According to the patriarchal tradition of the Andes the property owner is the man, which explains why 47.7% of the farm properties are in the man's name. Just the same, changes are taking place. For example the Special Program for Land Titling (PETT) has the requirement that both members of the couple are named as proprietors of the farm. These new rules are provoking a change in attitude towards women. Many women have mentioned the positive change in the attitude of the husband and a better respect for them with these measures.

Table 4-18. Property holders of the land

Property holder	No	%
Man	126	47.7
Woman	5	1.9
Both	133	50.4
TOTAL	264	100

Although many settlers feel quite at ease conducting business informally and not having formal land title, the formal titling process presents some important advantages. Above all, the titling helps avoid disputes among people over the same plot of land. The land title adds value to the land as there is reduced chance of risk and the land is well delimited. With a land title credit may be more easily obtained through a mortgage, although the banks may offer such a mortgage only reluctantly in these isolated valleys where clear value for the land is difficult to estimate.

Of the villages studied El Dorado is one of the villages with the most land titles, however the cadastral survey carried out by PETT did not include a proper *in situ* measurement of each parcel of land. For this reason problems on property limits have emerged between neighbours according to Roman Cordova, *teniente gobernador* in 2009. Unfortunately, as the services of PETT are free to its users, the requests for it exceed the capacity of the program officials to offer better service. Even with the background of this inadequate survey the settlers of El Dorado recognize the value of the formalization of their property titles. The progress towards formalization was due in large part to the initiative of their educated leaders who imparted their attitude and desire to move forward to members of the local government so that they, in turn, could convince PETT[1] of the priority for action in El Dorado.

PETT's basis for operations is the Legislative Decree 667, the Putting into Order of Rural Property. It has simplified the process of proving land possession and of formalization of the property within the Register of Rural Farms.

Once the priority for action has been established for a region, a multidisciplinary brigade of engineers, agronomists, lawyers and topographers work under the direction of PETT. A cadastral survey is conducted with the help of photogrammetric techniques. Normally a representative of INRENA, the National Institute of Natural Resources, should play an important role within the brigade, but this coordination of services doesn't always take place.

The brigade works with the local government and the citizens to register of the owners and each owner fills out a form. The owner needs to justify and support his possession claim, taking advantage of, for example, a formal note from the local agricultural agency.

With this accomplished it passes on to the stage of a provisional inscription and right of possession. The neighbours are notified, edicts are displayed in public locations such as the municipal offices and the churches. There is a period of 30 days for other citizens to formulate their opposition to this right of possession. When no opposition is shown or after a favorable judicial decision the right is converted into a Title of property and a definitive inscription is made in the Register. The *teniente* of the municipality is responsibility for maintaining the Register and amending it when land sales are made.

Almost all the farm plots are titled in El Dorado and because of this reliable land statistics are available. In other areas, such as Salas, only a few have their land titles, in others, none have a title.

It can be asked after this discussion on the titling process: Where is the protection of the forest and the environment? During the recent colonization there were laws

---

1   In 2008 the operations of PETT were integrated into COFOPRI, the Body for the Formalization of Informal Property.

to protect the primary forest, specifically in 2000 was approved the Law No. 27308 concerning forestry and wild animals. Article 27 of this law states:

It is prohibited to burn any form of forest in all the national territory without the explicit authorization of INRENA.

In Article 26 is written:

In the selva *forest lands determined by INRENA, is encouraged the use of agroforestry and forestry systems that protect the soil from erosion and degradation, preserving a minimum of 30% of the forestry area and a strip of no less than 50 meters from the bed of rivers and bodies of water. The change in use must be authorized by INRENA based up a technical evaluation that guarantees the sustainability of the ecosystem, in agreement with that established in the regulations.*

Therefore each settler should have contacted INRENA before undertaking any action whatsoever of conversion of forestry land for agricultural use. But to not do any work on the land he wants to use might well diminish the settler's claim to the area. So the settler customarily proceeds to build his hut and clear a part of the land as part of the land claim process. He often does all this as well as planting his coffee before approaching the authorities on a formal basis. To act this way is not legal but who will pursue him for this transgression? Authorities can intervene under the Article 7 of the Forestry Law of 2000:

The national forestry patrimony is composed of the forestry resources and the wild animals maintained in a natural state as well as the State lands for which the prime use is for forestry, whether or not there is actually a forest in place. These can not be used for agriculture or other activities that affect the vegetal cover, the sustainable use and conservation of the forestry resource, wherever it is in the national territory, except in those cases identified in the present law and its regulations.

But generally there are not the necessary human resources within the organizations like INRENA to enforce this law. So the settler can normally make use of his farmland and later on seek title to it. He relies on the tolerance of the government towards informality and as well the few resources that INRENA has to respond to actions of this kind. The authorities who eventually adjudicate the formalization process might consider the act illegal in the first instance, but in most cases the process continues up to the titling. Many settlers sell some of their land before receiving title to it formally. The buyer is taking the risk that his land claim may not be formalized, but he does have a receipt that he will use to justify his right to the land.

In December 2008 the Legislative Decree No. 1090 was emitted in which was approved a new forestry law with only a few changes from that of 2000. In the new law the role of INRENA becomes the responsibility of the National Authority of Forestry and Wild Animals. There are other changes to reinforce the law in a manner that responds to a few criticisms formulated by the United States in the negotiations concerning the Free Trade Agreement between the two countries. Without doubt the most important impact of the Treaty and the changes made to the Forestry Law is the important increase in the vigilance of the origin of wood put up for sale to ensure that the cutting is made in a sustainable manner according to an approved plan. The sale of 'informal' wood, that is to say illegally cut, should be more difficult.

However, it should be noted that all of this is in a process of revision. The new forestry law and the Law 1064 were derogated in June of 2009 because of the important protests of the indigenous population that accused the government of not respecting the Convention 169 of the International Labour Organization, ratified by Peru, which imposes a consultative process between the government and the natives in whatever decision that impacts upon the use of the land in which they live. The Convention goes further and states: *The rights of ownership and possession of the peoples concerned over the lands which they traditionally occupy shall be recognized.*

Economic Activities

Hunting and Fishing
Initially the settlers hunted and fished as a way of surviving and as a way of having a little cash by selling the game in cities like Moyobamba. But the heavy pressure of the hunting has brought about a major reduction in the number of animals. In the survey of 264 families some 22% indicated that they hunted and 17% fished.

Hunters hunt by day and by night using a shotgun or they set a trap made up of a shotgun barrel, its firing mechanism and trigger. A cord attached to the trigger is stretched across an animal path so that when the animal trips the cord it fires the device.

Fishermen mainly use a cast net to catch the small freshwater sardines. A fisherman throws the net over an area and once the perimeter weights have made it sink towards the bottom he pulls on the cord that closes in the perimeter line of the net and brings it toward him. They don't fish this way when the water is clear because the fish flee the area once they see the net coming, but the technique is effective after a good rain when the water is turbid. The armored catfish is caught close to large rocks by hand. It is important to grab it tightly close to the head because its dorsal fin has sharp spines that can be very painful to the touch.

The hunters and fishers gave information on the animals found in the valleys and referred mainly to the earlier times, some 10 to 15 years ago. The little rodents are still around but the large game animals such as deer are now only occasionally seen in isolated areas. Monkeys are rare and the yellow-tailed yellow monkey warrants strict protection because of its endangered species status.

The overall situation can be summarized by saying that the settlers have exploited the fauna with little attention paid to their sustainability.

In 2009 a project was initiated in Moyobamba to protect and conserve the Andean titi monkey *(callicebus oenanthe)* and, at the same time, sensitize the people to the issues of the conservation of the natural resources and biodiversity. It is a precedent that is worth following up with similar projects.

Agriculture in the valleys

The settlers came to take advantage of the fertile land of the valleys. They envisioned much more than subsistence agriculture; they saw the opportunity to harvest high-value crops like coffee. In the first couple of years they grew the basic food crops but their aim was really focused on the products of higher value. In the valleys there are only two real revenue-generating options, the production of coffee or of cattle.

In some parts of the valley, for instance on the upper fields around El Dorado, the land has been classified as only suitable for the raising of cattle so there is then only one option. In other cases, particularly around Selva Alegre, the coffee production has plummeted so much because of plant diseases and loss of soil fertility that the former plantations have been converted over to pasture.

The first years of agriculture

In the beginning almost the entire area of the valleys was primary forest with an exuberant cover of vegetation so thick that people could only pass with considerable effort using a machete. Then the settlers began with the slash and burn, timing the burn to the drier months of June through August. Nowadays the clearing is more rapid with the use of the chainsaw and many take advantage of this service paying a chainsaw operator some 30 to 40 soles daily plus the cost of his oil and gas. The machete continues to be the tool of choice for the clearing of the brush. The settlers have learned to leave a few tree trunks and stumps to help alleviate the erosion that is prevalent with the heavy rains that fall. For the same reason the settlers quickly plant beans, corn and other plants which, at the same time, provide shade to the young coffee plants, grow well and compete with weeds, supply food and are eventually easy to extirpate when the coffee plants need more space after two years (Fig. 4-20). By experience the settlers have found out that banana, sugar cane, yucca and taro are the most appropriate plants besides the corn and beans in these roles.

Even with a small tract of land the settler can produce much more of these secondary products than they can consume. Unfortunately other settlers have the same excess of production for these crops and the price that they can receive in markets further away doesn't surpass the transport costs. Probably because of this situation there is little interest in growing such secondary products. They are useful for respond-

Box 4.5 Wild animals of the region[1]

Coati (Nasua nasua). This is a small animal with a head like that of a small bear. It is gray in color with white rings on the tail. It has sharp claws that permit it to climb and descend trunks and branches with great facility. It can be domesticated quite easily and its meat is edible. It lives in groups and feeds on fruit.

Agouti (Dasyprocta punctata). This rodent is about the size of a rabbit and it can be quite harmful to agricultural crops. Its meat is delicious.

Nine-banded armadillo (Dasypus novemcinctus). This small animal rolls itself up into a ball to protect itself when in danger. Because of its good meat, it is hunted by both men and other carnivores.

White-lipped peccary (Tayassu pecari). This animal is native to the Amazonian region and can reach 60 kilograms in weight. It tends to travel in large bands of more than one hundred individuals as a form of protection from predators.

Andean white-eared opossum (Didelphys pernigra). In Loreto this marsupial is called a fox because it can wreck such havoc with hens.

Agouti paca. This rodent is larger than a rabbit and its meat is much appreciated for its fine taste.

Red howler monkey (Alouatta seniculus). This monkey's loud howl can be heard occasionally in the *selva*.

Yellow-tailed woolly monkey (oreonax flavicauda). This endangered species has been reduced to a wild population of only a few hundred in the world. There is a small group near to Nuevo Mendoza.

Brazilian giant tortoise (Geochelone denticulada). This tortoise can grow to 50 centimeters in length and is much appreciated for its meat. It can become a pet for children and adults may use its shell to split sugar cane.

Spectacled or Andean bear (Tremarctos ornatus). This has never been too abundant in the region but in other areas of Peru there are conservation projects to protect this attractive bear.

Collared peccary (Tayassu tajacu). This species of peccary has a white patch on the chest area that appears like a necklace. Its skin is sought after. It is found as a couple or in small groups and is hunted by man, jaguars and boas.

Jaguar (Panthera onca). This is white and black-spotted feline that reaches 2.5 meters in length by 60 centimeters in height. It is daring and astute and, if hungry, will attack a man in full daylight. When it becomes accustomed to a population center or to an animal-raising farm it can turn into a dangerous wild animal.

Leopard (Panthera pardus). This feline is only slightly bigger than a domestic cat. It shuns contact with humans. Its skin is beautiful and worth more than that of the larger cats.

Red brocket (Mazama Americana) The stag of this red deer has small horns but not the doe. It has been so hunted that is almost extinct in the region.

Birds

Andean cock-of-the-rock (Rupicola peruviana). This is Peru's national bird and can still be seen in the forest around the valleys.

Wattled curassow (Crax globulosa). This bird is about the size of a domestic turkey and it can be domesticated. It is delicious to eat.

Blue-throated piping guan (Pipile cumanenses) and Spix's guan (Penelope jacquacu). Both these turkey-sized birds are good eating and are know locally as pava de monte.

Snakes

Two-striped forest pitviper or Amazonian palm viper (Bothrops bilineatus). This highly venomous viper is green and hides itself well in the vegetation and branches.

Common lancehead or fer-de-lance (Bothrops atrox). This brown viper hides in the dead leaves on the ground. It is highly venomous and, without treatment, its bite is almost always fatal.

South American bushmaster (Lachesis muta muta). This is another highly venomous viper. It grows to two meters in length and its reputation for attacking people makes it much feared. It is believed to even chase people and, to avoid being caught, the local people throw down a hot or shirt to distract it while they get away.

Fish

Armored suckermouth catfish (of the Loricariidae family). A few fish of this family go locally by the name of carachama. One of the species is Pterygoplichthys pardalis. Although they look like they come out of the period of the dinosaurs, they are appreciated for their fine flavor.

Freshwater sardine (of the family Characidae). Several fish of this family are known as plateado in the region. In the valleys it appears that many are of the genus hemibrycon with an example of a species being hemibrycon huambonicus. These silver-colored fish grow to about 12 centimeters in length and are delicious fresh or smoked.

The source of some of the descriptions for the animals given above was the Web site for Soritor, *http://www.soritor.com/*.

ing to the immediate needs for food and for keeping costs down by replacing food that is bought from outside, but they have no great value in the specific context of the valleys. There are other secondary products but they aren't that common in the valleys because the high humidity leads to fungal disease. So in spite of the long list of food plants listed in Table 5-2, there are only a few like bananas that are really common. In San Fransisco the garden was exceptional for its variety of vegetables such as the arracacha, broad bean, lima bean, another bean (*Phaseolus dumosus*), tarwi (*Lupinus mutabilis*), garlic, celery, fig-leaf gourd (*Cucurbita ficifolia*), cabbage, parsley, mint, lemon grass and onion. They grow such a great variety because of the isolation and the need to be self-sufficient in their food supply.

Coffee Growing

The economic interest

The good economic value of coffee is the driving force behind its production. The climate with rainfall throughout the year, even in the dry season, means that there are three crops per year and the yield is high, at least when the fertility remains good and there are no major diseases. Under these conditions a production of 30 *quintales* by hectare is quite ordinary and in special cases this rises up to 60 *quintales* per hectare (Box 4.6). With two hectares of plantation both the farmer and his wife are needed to work, something like a total of 500 workdays, to achieve this level of production. The net price of coffee in these days is about 225 soles per *quintal* (at 20% humidity). With a production of 33 *quintales* per hectare the approximate daily salary of the settler works out to be:

$$(33qq/Ha/a)(2\ Ha)(225\ soles/qq)(a/500\ d) = 30\ soles\ per\ day$$

This family will have 15,500 soles per year in revenue. These figures are very attractive in the context of rural Peru. Daily salaries above 15 soles aren't that frequent. Even when the production drops to a mediocre 15qq/Ha the salary remains interesting. The attraction of growing coffee is therefore clear but it is necessary to analyze as well the investment in time and in money to achieve this.

Analysis of work in the growing of coffee

The activities associated with coffee growing are presented in Box 4.7. There are two important activities not included in the Box, the initial slash and burn, and the planting and growing of the secondary plants like yucca used for protection of the soil and the young coffee plants.

In Table 4-19 is presented a summary of the information on the labour necessary for coffee growing and harvesting in the first few years. This is only a good approximation applicable to the valleys like those of the Salas and Tonchimillo in which the slash and burn was only carried out recently and the diseases still are not attacking the coffee plants.

Table 4-19. Annual labour requirement for one hectare of coffee production and the resulting harvest

Year	Workdays				Harvest (q)	Income (S/.)
	Weeding	Harvest	Other	Total		
1	90	0	130[1]	220		
2	120	0	10[2]	130		
3	120	120	20[3]	260	30[4]	6750
4	60	180	20	260	50	11.250
5	60	180	20	260	60	13.500
6	60	180	20	260	50	11.250[5]

1. This includes all the activities of the seeding and reseeding plus 33 days for the planting of the secondary plants such as yucca as well as the first weeding, plus 30 days for the slash and burn.
2. Workdays for caring for the secondary plants.
3. These workdays are associated with the preparation of coffee for sale.
4. The date of the first harvest depends on the variety of coffee, for some the harvest begins in the second year.
5. It is important to recognize that many of these values are exceptional, even for Peru where the average oscillates between 15 – 18 *quintales* per hectare.

The figures are based on the input from the settlers who informed us, for example, that the weeding requires some 30 workdays each time around and that each harvest session requires some 60 workdays. The exact values depend on many factors such as the climate, the slope of the fields and the type of coffee grown. In fields around villages such as Nuevo Horizonte the conditions are very different after many years of production. The soil fertility is no longer good and the impact of the plant diseases is very important. The average yield in the whole region is about 20 *quintales* per hectare. This is a combination of the poor crops of places like Nuevo Horizonte with those of the good sites like Salas.

There is an empirical rule that is applied in a number of coffee-producing countries; the harvesting of one *quintal* of coffee requires six workdays. So if the production is ten *quintal* for each of three harvests in the year (30 *quintales* per year) the number of workdays proposed by the settlers is coherent with the empirical number. But the settlers speak of harvests of up to 20 *quintales* at a time and they still speak of 60 workdays. This does not appear coherent. It is important to recognize that the extraordinary harvests are achieved in the third, fourth and fifth years in which the picking conditions are best. The plants are of ideal size for gathering and there is a concentration of cherries that is rarely seen in other sites. From an economic standpoint this is very attractive, the coffee production is high and the labour productivity is high meaning overall costs are low.

In the first three years the weeds grow so rapidly that the weeding is necessary four times a year. After, with the shade of the coffee plants, the weeding is only necessary twice a year. The settlers offered a different way of understanding the labour needed

Box 4.6 The quintal in the commerce of coffee

The *quintal* is a unit equivalent to 100 pounds or 46 kg. In the commerce of coffee the *quintal* represents that amount of coffee that will yield 46 kg of green coffee beans with parchment removed. It takes about 56 kg of parchment coffee to make 46 kg of coffee beans at 12% humidity. The figure of 12% humidity is important, for coffee more humid than this does not conserve well, and for a humidity level somewhat lower the quality diminishes. In the valleys it is difficult to achieve 12% humidity in the rainy season, so settlers sell a "commercial" coffee of between 20 -24% humidity to merchants. The settlers talk of a *quintal* of coffee as being 56 kg of parchment coffee but they do not take into account the difference in weight due to the higher humidity. It would be necessary to multiply the weight of the humid (22%) coffee by 1.128 to end up with the *quintal* of 12% humidity, so the *quintal* of humid coffee should be 63 kg; however, the tradition is retain the 56 kgs for its designation. The buyer typically discounts the more humid coffee by a factor well exceeding the factor of 1/1.128 because of the additional drying required. In 2008 the 12% parchment coffee was bought for around 320 soles/quintal and the parchment coffee at 22% for around 225 soles/*quintal*, a difference of 42%. It is very important therefore for the farmer to try to achieve a coffee of 12% humidity.

The settlers collect the coffee cherry and the associated pulp represents about 40% of the weight. With P = pulp weight and G = weight of the bean and parchment the equation becomes:

P = 0.4(P + G), or P = (2/3)G,

and the total weight of the coffee cherry is P + G = (5/3)G.

At the humidity of the freshly picked cherries the *quintal* of parchment coffee is about 66 – 72 kg so, with the extra weight of the pulp, the settlers actually collect 110 – 120 kg of coffee cherries to produce one *quintal* of coffee.

for coffee growing. They have the empirical rule that one settler with his wife helping out can take care of two hectares without needing to employ day labourers. With more than two hectares in production the couple need to employ day labourers.

The sale of coffee

There are buyers for the parchment coffee in the villages themselves as well as further away in places such as Selva Alegre or San Marcos. The local buyer tends to be someone with his own mules for transport. Of course, the local price factors in the cost of this transport. The mules are rented for some 20 – 30 soles per trip with the mule runner costing another 25 soles. A mule can carry about 70 kg or about 1.25 *quintal*. So the cost of transporting five *quintales* of coffee with four mules and one mule driver is some 125 soles, or about 25 soles per *quintal*. The seller who prefers to go to San Marcos to get a better price will have to pay as well the truck transport. In all therefore the transport cost is some 30 soles per *quintal* which represents about 10 – 13% of the final price of 225 sole per *quintal* of commercial coffee at 20 -24% humidity. If the settler can achieve a quality coffee of 12% humidity the price goes up to about 320 soles per *quintal*. This is more achievable in June through August during the dry season when the drying process can be well controlled. It is important to recognize that the price of coffee fluctuates a great deal in the international market and the prices of 2008 are not necessarily representative of other years.

Problems in the growing of coffee

With the abundant rainfall the coffee plant is susceptible to a number of diseases presented in Table 4-20. All of the diseases can have a significant negative impact on coffee production.

Table 4-20. Coffee diseases

Local name	Scientific name	Characteristics
Ojo de pollo	*Mycena citricolor*	Circular spots appear on the leaves (Fig. 4.18) from which the fungus can spread to the whole plant. Humidity and shade play a large part in the fungal growth.
Seca seca or pie negro	*Rosellinia budones*	The disease appears at the root level and follows up the stem. The plant can eventually die due to the disease. Again high humidity and shade are contributing factors to its spread.
Arañero	*Pellicularia koleroga, Cooke or Corticium koleroga*	This fungal disease has the appearance of a spider's nest among the leaves. This fungus grows best under humid conditions.
Broca (coffee borer beetle)	*Hypothenemus hampei*	This little beetle lays its eggs in the cherries. As the eggs develop the berry interior is eaten. This infestation can be controlled by traps that attract and kill the insects and by eliminated infected cherries.

Although all these diseases are present in the valleys; the most serious at this time is the fungus *Mycena citricolor*. The humidity due to the frequent rains and dew produce conditions ideal for its proliferation. It is very important to create good ventilation conditions to help combat this disease. The fungus has lowered the production in some fields around Selva Alegre and El Dorado to the point that the coffee plantation has been converted over to pasture. There are other important problems besides the diseases associated with the growing of coffee in the valleys. All affect the sustainability of the production of this crop. Because of the isolation there are no fertilizers available at an affordable price so the fertility of the soil is diminishing significantly in the past five or six years. Another factor lowering the soil fertility is

Box 4.7 Activities in the growing of coffee

Workdays	Stage	Description
1	Seed bed prep	Quality soil is prepared to go into a delimited area of about 7m by 1.5m.
2	Seeding.	The highest-quality coffee cherries are chosen, washed and dried for two days before sowing.
15	Germination and initial growth	The germination phase in the seed bed is about 60 days. The plants pass through different stages from just an emerging stem to the matchstick stage on to the cotyledon (butterfly) stage before the leaves appear.
15	Seedling transplant	Most farmers transfer the seedlings in the butterfly phase into plastic bags that have been previously filled with rich earth. This facilitates the later transfer and transplantation in the fields. A few farmers directly transfer the seedlings to the field without the use of bags.
20	Land preparation	The land is cleared, worked, leveled along traced plant lines and the holes dug.
20	Field Transplanting	The bagged plants are placed in the holes and the land prepared around it to retain water. Plants are placed from 1.25 to 2.5 meters apart according to the variety of coffee and the farmer's own judgment. This transplant is done in the rainy season to ensure that the plant takes well in the soil.
30 each time	Weeding	Weeding is done with a machete and a small hand hoe called a gancho. Weeding is done four times a year in the first two years and twice a year thereafter.
60 each time	Harvesting	The ripe coffee cherries are carefully selected leaving the green cherries for the next gathering in two weeks time. There are three harvest periods, between December and February, between April and June and from September through October. The first harvest time depends on the coffee variety, two years for Caturra, three for National.
	Depulping, fermenting, washing	The cherries are first cleaned to remove foreign matter and dirt before being put through the depulping machine The beans are then left to ferment for 12 to 18 hours to be able to take off the sticky mucilage that remains on the beans. The beans are then washed to remove the mucilage and dried to yield the parchment coffee.
	Drying	Further drying is carried out by distributing the beans evenly on a plastic sheet and exposing them to the sun and occasionally raking them to ensure uniform drying. Two levels of drying are achieved, 'commercial' coffee beans with 20 – 26% humidity, typically after 2 -3 days, and the more desirable parchment coffee bean at 12% humidity.

the sheet erosion associated with the steep slopes that takes with it not only the topsoil but important nutrients such nitrates and potassium. The settlers need to use far more efficient techniques to avoid this erosion. The erosion is most evident with the land and mud slides but the more gradual sheet erosion in the fields is also important in the medium term.

Domesticated animals in the economy of the valleys

In the valleys the animals used for transport are important. On their back are carried the majority of the products that enter or leave the valleys. Some families have specialized in offering transport services by maintaining small herds of mules or horses. Other families have one or two mules for their family needs. The mule represents an important investment with a good one of one to three years in age worth between 2,200 to 3,000 soles.

Table 4-21. List of domesticated animals in the valleys

Animals	Total
Transport Animals	
Mules	284
Horses	59
Animals for external sale	
Cattle	858
Sheep	7
Animals for local sale or consumption	
Chickens	2649
Guinea pigs	1733
Ducks	206
Turkeys	204
Pigs	188
Rabbits	12
Fighting cocks	12
Pets	
Dogs	317
Cats	68
Total	6597

The price of other animals for domestic food consumption is quite high due to the valleys' isolation so many women maintain a few guinea pigs or hens to eat or to sell locally in order to have some money to cover family expenses (Table 4-6).

Although the dogs and cats are classified as pets in Table 4-21, they do play a useful role. The dogs do not hesitate to alert the family to the arrival of strangers in the area and others take on the responsibility of protecting the hens from raptors.

The raising of cattle

Cattle raising has its advantages. The pasture is green all year round and it cost little; the work is less onerous than that of coffee production and the costs of transport are low because the cattle can travel in and out of the valleys by foot.

The challenges are linked to the diseases to which the cattle are susceptible in the valley as well as the quality of the pasture which can deteriorate greatly if appropriate prevention measures are not taken (Table 4-22).

Annually the cost of disease prevention per head is a little more than 500 soles. The best cattle holders achieve a weight gain of 100 kg per semester or about 1 kg per day. The price paid the cattle is normally around 8 – 9 soles/kilogram live weight so the gross annual income per head with this rate of weight gain is (8)(400) = 3200 soles. The net income is about 2600 soles taking into account the costs of 500 soles for the medicines injected plus 100 soles for the calcium supplement. This rate of weight gain does not appear to be the average but even if a more typical weight gain is 70 kilograms per semester the net income is still worthwhile at 1640 soles per head. For the big cattle holders with 50 to 150 head the eventual net income is good even if they must pay employees as well at this level of production.

Table 4-22. Cattle diseases and their remedies

Disease	Scientific name	Description	Remedy	Price for 3 months of treatment (S/.)
Botfly	*Dermatobia hominis*	The egg is actually transmitted from the fly to a mosquito which in turn infects the cattle. As the egg goes through larval and further stages to become an adult fly it inflicts considerable damage to the animal.	RAN	80
Ticks	*Ripecephalus microplus o Boophilus microplus*	La tick weakens considerably the animal as it passes from larva to nymph to adult in only three weeks.	Electro-line	22
Common liver fluke	*Fasciola hepática*	This parasite of cattle and humans is spread by a small snail. It is a serious danger to health.	Panacur	25
Tapeworm	*Taenia solium*	This is long intestinal worm. It leads to an important loss in weight.	Panacur	25

The volatility of cattle prices, accentuated by the local, restricted market, was a problem in 2009. The main harvest of coffee was lower than normal because of heavy rains, so to make up for the lost cash flow some farmers sold their cattle. This affected the supply-demand ratio to the point that the price per head live weight fell to only 4 soles/kilogram.

The cutting and commercial exploitation of wood

There are two big challenges in the commercialization of wood in the valleys:

- The commercial sale of wood is prohibited without the explicit approval of the appropriate authorities (in 2007 this was INRENA);

- The transport of wood to a market where the price becomes worthwhile is very difficult and the local price is low.

However, there are sawmills in some villages and there is some commerce of wood at the local level. While clearing his land a settler can take advantage of the harvesting of the big trees like cedar on his land to enjoy a good financial return. If he decides not to sell it, at least he can use it for the construction of his own house. There are chainsaw operators available in all the villages who can facilitate the clearing and will undertake the initial tree felling and clearance for a fee. If there is no sawmill in the village they also can cut the lumber to plank size according to the method described earlier.

The wood is usually sold in plank feet with one plank foot representing a plank one foot in length by six inches (15 cm) by two inches (5 cm) or the equivalent thereof, for instance, a plank four by three inches (10 by 7,5 cm). In the metric system one cubic meter represents 424 plank feet. From round wood it is considered that only 52% can be recovered in the form of rectangular planks, so one cubic meter of round wood represents 52% of 424 gives 220 plank feet.

The transport of wood and the intermediaries involved leaves very little of the total value in the hands of the farmers of the isolated valleys of San Martin and Amazonas. For example around Nuevo Mendoza the plank foot is bought for 0.80 soles. The price rises to 2 – 2.5 soles in Alto Peru where there is access to a road. In Lima this same plank foot sells for 15 to 20 soles. With the new route that is being built from Alto Peru to Las Palmeras the temptation to undertake the illicit commerce of wood will augment. Figure 4-22 shows that this trade has already begun.

One good element in this scenario is that house construction in the isolated valleys is much more affordable to the settlers due to the cheap price for wood.

Socio-economic analysis

A real challenge for the settler is the lack of an appreciable income from the coffee fields in the first two years while he works very hard in establishing the plantation. The work load is so intensive that, even with only one hectare, he would have little time to earn any cash as a day labourer. He would need to rely on savings to get through this period but few of the settlers have a great deal.

Colonization strategies for new families

The strategy is rather simple; the settler has a cash flow problem in the first few years so it is important to establish gradually his own plantation and keep time open to take advantage of the good opportunities to work as a day labourer for 10 -12 soles per day with meals provided or 15 soles per day without meals.

The case that is presented is one where a young adult has worked some 2.5 years as a day labourer to save up some 5000 soles that serves as capital to invest in a rudimentary house and a one-hectare field. The analysis would also apply to someone who had the same basic resources provided by his father. The settler typically puts off the clearing and cultivation of the one-hectare field to earn enough money to pay for his basic necessities. The analysis then is of a young couple who clear and prepare one quarter of a hectare in each of the first two years (Table 4-23) and the man works as a day worker at 10 soles per day plus meals when possible.

Table 4-23. Economic analysis of a young couple developing their plantation

Year	Workdays on own farm	Workdays as day laborer	Income as day laborer (S/.)	Income from farm (S/.)	Expenses (S/.)	Balance (S/.)
1	54	240	2400	0	1980	420
2	88[1]	200	2000	360[2]	2000[3]	360
3	98	190	1900	2050	2030	1920
4	130	160	1600	4860	2120	3840
5	130	160	1600	6050[4]	2120	5530
6	130	160	1600	6050	2120	5530

1. According to the Table 4.21 220 workdays are needed in the first of a one-hectare coffee field and 130 in the second year. Therefore for the second year of one-quarter hectare and the first year of another quarter hectare are needed (220 + 130)/4 = 88 workdays.
2. In this year up to the third year of the seeding of the second field an amount of 1 sol/day is included in the income as the equivalent value of the secondary products harvested.
3. According to an analysis the basic expenses are S/.1300 per person, included in this is S/.3 per day for the meals. Therefore for the couple with the man not having to pay for food for 200 days because the meals are included in his wages as day laborer the expenses are 2(1300) – (200)(3) = S/.2000.
4. This estimate is based upon the harvest in the fifth year of a quarter-hectare field and the fourth year of another similar field. Based on a coffee price of 220 soles per hundred weight, the income is (220)(50 + 60)/4 = 6050 soles.

If the couple has a child in places like Salas the financial numbers don't change much because of the Peruvian program, *Juntos* (Together). This program provides 100 soles monthly to each mother of a family in extreme poverty if she respects the conditions of sending her children to school and of making sure they use the services of the local health centre. So in this case the estimated basic expenses would go up by 1300 soles because of the child but the income would go up by 1200 soles because of the program. In other villages such as El Dorado the settlers do not have access to this program so immediately the financial situation becomes more precarious with a child. With a second child the economic situation becomes more precarious even with *Juntos* as it pays 100 soles by family and not by child. With the additional expenses associated with the second child it is difficult to see how the couple can offer the basic necessities to the children without the aid of the extended family.

The conclusion can be summarized as follows: a young settler who demonstrates good discipline, working and saving his money at least two to three years before getting married and who is careful in family planning and in his expenses can achieve an interesting lifestyle; but if he doesn't reflect this degree of maturity, the young married man will likely have grave economic problems that often degenerate into child malnutrition and family disintegration, as was noted by the midwife of El Dorado. The social impact is grave as well because this type of family problem tends to propagate itself from generation to generation.

Sustainability and land management in the valleys

Farmland management and its consequences

The previous sections give an idea of what the settlers do in their coffee plantations. Initially they work a great deal in clearing, seeding, soil preparation and replanting. This is followed by six-day work weeks with the weeding and harvesting on their own farm topped off with work on other farms as a day labourer. They are tired and have the impression that *"I can't do any more."* But it is very important to analyze what is still not being done in order to understand the negative consequences that are more and more apparent. They do not:

- Prune the coffee plants;
- Use any fertilizer;
- Establish a green undercover crop or seed in horizontal lines perpendicular to the slope to avoid erosion;
- Plant shade trees;
- Respect the 50-meter limit for not clearing land close to rivers or gullies (actually only a few don't respect this limit but the consequences of this small group are very obvious, Fig. 4-23);
- Arrange the distance between the coffee plants and the surrounding woods to ensure a good ventilation of the coffee plants;
- Review the information available in order to choose the appropriate variety of coffee to sow.

Why are all these good practices not undertaken? The settlers most likely just do not feel they have the energy to take on so many more chores. But the principal reason is that almost all the settlers come from drier areas in which the problems brought on by rain and humidity are less acute. They continue their customary farm management practices because their negative consequences are hardly perceptible to the settlers in the first two or three years. It is only after five to eight years that are obvious the serious problems resulting from their inadequate measures to avoid erosion, plant disease outbreaks and loss of soil fertility. Below is an analysis of the practices that aren't been followed and of their impact.

Pruning of the coffee plants

Pruning has the following functions:

- It concentrates growth in the most productive and healthy branches;
- It ensures a good ventilation of the plant and a good leaf exposure to sunlight as overlapping branch within the plant itself and with neighbouring plants are eliminated;
- It keeps a shape and size for the plant that facilitates harvesting.
- All of these are important in the valleys.
- The choosing of good branches promotes the overall health of the plant and it eliminates the branches most susceptible of being the initiating point for a disease.
- The ventilation promotes the drying of the leaves so they are not always wet and therefore a starting point for fungus like *Mycena citricolor*.

Many settlers do not opt for the coffee variety, Typical (also called National), which shows a good resistance to *Mycena citricolor* because it grows tall and its branches have a tendency of breaking if bent too far. With good pruning these disadvantages do not exist and the settler is more likely to choose this variety for its beneficial characteristics.

Fertilizing

The erosion and the harvesting of the coffee cherries in the monoculture of coffee take away the essential nutrients like nitrogen, phosphorus and potassium at a rate too high for natural processes to replace them. The most important measure is to avoid the useless loss of such nutrients and then see how to replace them, with natural methods if possible, for instance, with leguminous plants that fix nitrogen. A source of fertilizer available, but rarely used in Peru, is the pulp of the coffee cherry.

Undercover crops and the control of erosion and runoff

In coffee plantations the technique of using an undercover crop consists in planting complementary plants to the principal plant, coffee, that compete and interfere very little with the coffee itself but do interfere efficiently in the growth of weeds. A cover plant with these characteristics is known as a noble cover crop. Another property that such covers crops often offer is nitrogen fixation as is the case in one of the most frequently used, the Pinto peanut, also known as the field or perennial peanut (*Arachis pintoi*).

The major advantage sought after in the undercover crop is the significant reduction in erosion and runoff. The leaves of the plant reduce the impact of the raindrops and the plants' roots create an interlaced structure resisting erosion in the topsoil. Many studies show the efficacy of such systems. Currently the settlers cut and pull out the weeds with the machete and a small hoe. In the process they leave the soil exposed to significant erosion, especially when the plants are not sown perpendicular to the slope with some levelling of the slope.

Shade trees

It appears a little paradoxical to propose shade trees when the drying of the coffee plants is so important, but the shade trees help establish a microclimate more stable for the growth of the plants and, as well, because they are leguminous trees, are a good natural source of nitrogen. It is true that these trees should not produce much shade and a very thorough pruning of the branches is necessary. In the region the appropriate shade trees are of the *Fabaceae* family such as the *shimbillo* (*Inga spp.*) or the *huaba* (*Inga edulis*).

Avoidance of steep slopes and gullies

Almost all the mudslides that are seen are associated with the steep slopes in which there is also a concentration of water, that is to say, in the gullies. Cultivating this type of land is difficult and there is a good probability of losing everything with a mudslide. This, in turn, decreases the water quality of the river below and for all these reasons cultivation in these areas is prohibited by the law that establishes a prohibited farm zone of 50 meters from any river or gully stream.

The placing of the coffee plants

It is often seen that the common fungal disease, *Mycena citricolor*, starts off in the coffee plants on the lower edge of the field bordering the jungle. In the night the cool air accumulates in such places and the dew forms there first. In the morning there is shade and little ventilation. The plants don't dry well and ideal conditions are created for the fungus to appear. Such spaces should be left open and clear to ensure proper ventilation for the closest coffee plants.

Choosing the variety of coffee

Some varieties of coffee are more popular than others because they produce a crop one year earlier. It is easy to understand why the farmer would choose such a variety as the farmer's most difficult financial time is in waiting for the first crop to be harvested. But this is a choice that may have negative consequences in the medium to long term. The importance of a longer-term production with plants showing resistance to the diseases should have a higher ponderation in the choice of variety to ensure a better sustainability of the farmland.

Pasture management and its consequences

The appropriate management of pasture land appears easier than that of the coffee plantation but this is misleading; it is only necessary to remember that the pasture management in newly-cleared land of the jungle of Brazil was one of the most disastrous of all. There are abandoned pastures in Brazil that will take decades to recuperate from the soil compaction and other damage inflicted on the soil.

First of all it is important to choose the right type of grazing crop according to the characteristics of the land and its drainage. If the drainage is poor, it should be improved. There are many different options for crops from the many varieties of *brachiaria*, blue grass (*Poa protensis*), ryegrass, etc.

The management of the grazing is very important and this is widely neglected in the valleys. Ideally the cattle should be restricted to passing one or two days in a specific part of the pasture and then have them pass on to another area. The cattle should come back to graze the same zone after a specific time, typically between 45 to 60 days, sufficient to let the crop grow back but not so long as to let the crop become woody because of a high lignin content which lowers considerably the digestibility of the grass. So not only is it important to avoid overgrazing of land, it is important not to underutilize the grazing land. With this more intensive management of the grazing the productivity and sustainability increase significantly. These principles of good management appear to be little known in the valleys and a significant deterioration of many pastures is evident.

Conclusion

This study aimed to bring to light what is happening in the valleys such as those of the Salas, Tonchimillo and the Ochique and to trace a path towards a more sustainable development in them. The study shows how a group of immigrants demonstrated the capacity to overcome many challenges and end up colonizing a few valleys in which there was neither houses, paths or fields just twenty years ago.

The study exposed the fragility and the vulnerability of the whole ecosystem and its capacity to serve the local population. There is documentation and analysis of the role of the settler in the changes that are putting into danger not only the environment but also their own economic and social base. The agricultural experience of the first few years was misleading, with impressive harvests as a result of the most rudimentary land management. It was only seen after five or six years that this land management was totally inadequate for continuing to yield good harvest. In effect, the sustainability of the coffee growing and of raising cattle in the valleys requires a sophistication of which very few settlers are aware.

It is urgent to undertake investigations and demonstrations with the active participation of the settlers in order to promote more appropriate land management and agricultural practices for the region. The basic natural resources, the land, flora and fauna, that should be sustainable for future generations are threatened in the short term by harm that will take decades to rehabilitate. The uncontrolled hunting and the destruction of the habitat are threatening the existence of some species of fauna, in the case of the yellow-tailed woolly monkey on a planetary scale, as it is endemic to the region.

Sustainability and land management in the valleys

The actual land management associated with the agricultural and livestock activities are putting in danger the very basis of the ecosystem and of the agro-economy in the region. It is necessary and urgent to rectify the situation by making major changes in the agricultural practices and management. It remains to determine what the most propitious ways to achieve these changes are.

In the following are some question, answers and proposed actions to help define a viable path towards a better future for the valleys.

Question	Description	Solution
What are the prerequisites to establishing a good base for supporting a set of cohesive actions?	There has to be a solid base for concerted action through the valleys. The problems are major and the changes needed significant. The human and natural resources must be brought together in a concerted way to foster an action program that is effective, efficient and economic. The leaders among the farmers, the institutions and the governments who are keenly interested in practical programs leading towards sustainable development need to be identified. Among the organizations should figure PEAM, the Special Project for the Upper Mayo, because of its experience and its technical experts, agricultural organizations such as the Coffee Producers Association of Selva Soritor, the Ministry of Agriculture, the regional colleges and universities and the district and regional governments.	Conduct a survey in the villages and within the organizations to identify the leaders and the possible sources of financial and human resources.
What social skill is particularly important in the undertaking of this program of sustainable development?	Communication skills, and more explicitly, practices associated with participative feedback, are extremely important in achieving a mutual understanding among the interlocutors. Many settlers have little confidence in representatives from government. The settlers are used to living informally, avoiding any formal processes, and they are afraid of being cheated by these authorities.	Ensure that those advisors and institutional representatives who have responsibilities for interaction with the settlers have the skills to communicate effectively and in a participative manner as well as having the appropriate technical expertise.
Are there still topics that need research in order to clarify the good agricultural practices?	Yes. For example there are many international studies on cover crops but the systematic studies in the conditions specific to the valleys have not been done. Although it is now possible through PEAM to have soil analyzed for N, P, K etc., it is still necessary to conduct a systematic analysis through the district to identify the tendencies in the loss of soil fertility and the reasons for the changes. In the management of the grazing land there is still much to do in experimental studies to identify the specific practices that are effective and appropriate for the environmental and human conditions of the valleys.	Find the necessary resources to initiate the appropriate local experiments and demonstrations with the active participation of the agricultural associations and their members.

Are there topics that mainly need technology transfer, demonstration and adaptation to the local conditions?	Yes. It is necessary to demonstrate many different agricultural practices and forms of land management in plots of land set aside for this use. It is important to recognize that the control of plant diseases will require a whole set of actions; for example, if there is not a proper sanitation process to accompany the pruning demonstration then the diseases will remain.	Identify more specifically the demonstration projects and sites for them across the valley so that they will be most useful.
How can the land cleared for agricultural purposes that do not respect the 50-meter limit from gullies and rivers be recuperated?	Concerted action among the local and district authorities must be established to be able to communicate: The message that such agricultural practices are not to be tolerated. A concrete action plan that offers economic opportunities for the settlers affected to participate in the reforestation of the sites.	Seek for and achieve the necessary level of concerted action among different levels of government.
What financial incentives are available to encourage a more sustainable development?	Either an organic or fair trade certification through a cooperative offers the opportunity of a more interesting price for coffee. For example, Oro verde is a cooperative in San Martin with 1200 associated families. In 2008 it received a price of 385 soles per hundred weight, considerably more than the producers of El Dorado.	Continue to work through the agricultural associations towards achieving certification.
What are the priority actions that can lead to a support base within the population that promotes a more positive attitude to the needed changes?	A complementary program within the school system is extremely important in achieving concerted action.	Involve the educational authorities, the teachers and the representatives of the villages in implementing a program which leads to an understanding of the principles of sustainable development and its practical application within the valleys. Moreover, the school program must involve the students in concrete action programs at home and at school.
What are the priority topics at the regional and national level that, through inaction, could compromise the entire process of moving towards sustainable development in the valleys?	A much clearer framework is needed to indicate how Peru can move from large-scale informality in the cutting down and use of the forests towards a sustainable system. This framework must offer an opportunity for small businesses and cooperatives to operate at the local scale. In spite of all the success of Oro verde in promoting sustainable agriculture in the region around Lamas the situation is getting worse because this economic success becomes an encouragement for immigrants to slash and burn virgin forests illegally and somehow participate in the success.	Promote a debate at the regional level with the participation of national experts to come up with concrete suggestions at the national level for laws and, above all, concrete programs for supporting the transition of the actual situation towards a more sustainable use of the forest with a clear possibility for the participation small enterprises and responsible cooperatives in agro-forestry projects.

What other measures are priorities in order to achieve a veritable sustainable development that involves an environmental, economic and social development?	The Peruvian government has many good socio-economic programs, like Water for all, Together, School breakfast, PRONOEI, etc. but they are disarticulated. There isn't the presence of authorities at the local level with the power to initiate processes for establishing more cohesion in the programs for responding better to the local needs. In the valleys dental health is a major problem and the program of School breakfast makes it worse. It isn't that the program is bad, it is good but the opportunity hasn't been taken to associate it with a low-cost program for the promotion of dental health.	Open the communication to all in order to identify the opportunities for articulating the programs and authorizing government or institutional representatives to follow through with concrete actions to articulate locally the programs. Implement new high-priority and low-cost programs such as one for promoting dental health as a complement to the program, School breakfast.
Summary	The very base of sustainable development is to offer to the next generation the opportunity to live well. In this perspective a good education becomes one of the essential keys to achieving sustainable development. The children need a scientific knowledge base and the social skills in order to understand the social, economic and environmental context in which they live. They need to choose the options with a good perspective of their consequences. Both the government and the public recognize that an improvement of the public system of education in Peru merits a high priority. The problems in the isolated regions like the valleys studied are even more acute.	Establish a pilot project with the support of the departments of San Martin and Amazonas to institute a series of complementary actions that aim at a substantial improvement of the education in the valleys. This requires significant resources to capacitate and motivate the teachers, students and their parents.

The fundamental unit of the economy is the family farm with a focus on coffee growing and raising cattle. As the income from these farms is vulnerable, the family itself is vulnerable. This vulnerability has other roots in the challenges that the young generation must confront. The study clearly shows that the success of a new family depends upon a demonstration of exceptional maturity but most youth abandon the school between the ages of 15 to 17. They are ill prepared to assume the important responsibilities of a couple with children, but they normally get married young by tradition as well as by the lack of entertainment in the valleys. With the good farm land running out they will tend to slash and burn land even more fragile and the cycle of destruction will tend to accelerate.

This vicious cycle, both environmental and socio-economic, will only be broken with an integral program, beginning with educational initiatives designed to respond to the specific conditions of the valleys. At the adult level, highly practical experiments and demonstrations are needed. To prepare the children for learning an intense promotional effort is needed to include them all from two to five years old within the program PRONOEI. In the primary and secondary schools a special effort is necessary to capacitate and motivate the teachers. Conditions more favourable to teaching need to be created, including integrated health and social aid programs.

An obvious barrier before any initiative to better the situation is the lack of trust that the vast majority of the population have for government. The settlers are used to conducting their life in an informal manner outside of any formal legal system. To build up more trust it is necessary to involve the people in participative communication in which the two sides listen and talk to understand each other and come to agreements. This isn't going to be easy but it is the path that must be followed.

There are good-news stories within the study. In the region are excellent programs such as School breakfast and PRONOEI. There are good technical resources available such as are found within PEAM. The settlers have a well established tradition of communal work. What is missing is a good integration of the programs and the extension of the concept of communal work towards a reinforcement of the associations and cooperatives with openness to external collaboration. The agency and government representatives need to identify and collaborate with the leaders who enjoy the confidence of their colleagues to create a more sustainable base from an economic, social and environmental standpoint.

In the context of the valleys, sustainable development is a huge challenge because it implies a change in attitude of the settlers and of the institutions with which the settlers will need to collaborate to go forward. The institutions must cooperate among themselves and with the settlers to offer integrated programs. The path is not easy, but it is feasible.

CHAPTER 5

EASTERN MONTANE AND PREMONTANE FORESTS

THE VEGETATION IN THE RÍO TONCHIMILLO AND RODRIGUEZ DE MENDOZA VALLEYS

Introduction

The regions have large areas of open land due to the felling of the forest. The soils are affected by erosion and by floods, and water has become scarce as mentioned by Gentry & López Parodi (1980); This is the reason why the *"Bosque de Protección del Alto Mayo"* was created; however the result has been almost non existing to protect the habitat, in fact is has done the contrary of what was desired for the biological diversity. Many species have disappeared, as i.e. the *Swietenia macrophylla* = caoba (Meliaceae). This species was collected and considered quite common by Llewelyn Williams 1929-1930 (Williams 1936); but Dillon & Sánchez (2002) mention that they did not find a single plant, which demonstrates the enourmous intervention of the forest.

During our research of the Río Tonchimillo and Rodríguez de Mendoza valleys, which cover the Soritor and Elías Soplín Vargas districts (Departament San Martín), Vista Alegre and Omia (Departament Amazonas) 450 taxa of plants were collected corresponding to 239 genera, grouped into 104 families of which 4 genera belong to the lichens, 4 to the bryophytes, 23 to the ferns and 198 belong to the angiosperms (flowering plants).

The vegetation found in this area is very similar to the vegetation in the valleys of Huambo, La Meseta and the Chilchos Valley (Quipuscoa en Schjellerup et al. 1999, Schjellerup et al. 2003, 2005). The formations correspond to the classification by Weberbauer (1945), Tosi (1960) and Holdridge (1982).

The research area presents three main types of vegetation: Bosque húmedo montano which ranges from 1800 m - 2900 m, bosque montano bajo from 1200 m - 1800 m and bosque premontano from 800 m - 1200 m.

Box 5.1 Methodolgy

The botanical investigations carried out in the Río Tonchimilo and Rodriguez de Mendoza valleys included fieldwork and herbarium studies. At each research site series of transects 5 m x 240 m were laid out, divided into 48 subunits of 5m x 5m, and patches of 20 m x 20 m, with two repetitions in each locality to analyze the diversity of the mature and secondary forest diversity.

Transects of 20 x 20 m and plant inventories and field data were gathered inside and around the archaeological sites. The ethnobotanical work included interviews of older people and questionnaires or surveys in order to obtain information about which species are used and how they are used. These data were verified by visiting the households and the *chacras* (cultivated fields).

For each species seven samples were collected using a trowel, a plant clipper or machete, depending on whether the plant was herbaceous, shrubby or arborescent (Fig. 72).

Whenever possible, the samples included both flowers, fruits and leaves, but in some cases only flowers and fruits were obtained. In monoecious and dioecious species, both the male and the female flowers were collected.

The samples were placed in newspapers, characteristics recorded, vouchered, compressed, packed and conserved in alcohol until they could be dried in the herbarium.

In situ, the habit, habitat, uses, type of use, collection date, special characteristics of the plant, elevation, geographical localization using GPS, and digital photographs were accomplished.

The "alcohol technique" consists of pressing the plant collections into a used newspaper, writing the number of the collection and initials of the collector in a corner of the newspaper. The plants in the newspaper are piled up until they reach approximately 15 cm with the opening at the same side. Next the pile is packed with a new newspaper and tied with twine without covering the opening side. The packages are put into a thick plastic bag. Alcohol (1:1 of water and alcohol) is added. When the sample of plants are succulent or very thick, the proportion of alcohol should be more increased, and if the samples are herbs, ferns, bryophytes or lichens the alcohol proportion should be reduced. The solution of alcohol and water can be substituted with *aguardiente* or *cañazo,* alcohol produced from sugar cane and used without dilution.

The bags are closed hermetically and numbered in sequence for the priority of the drying process in the herbarium. Finally they were placed in polyethylene bags for the transportation to the herbarium on mules and then in buses. This technique allows one to preserve the plants for up to three month after they have been collected. This is a useful technique when the work area is inaccessible to vehicles and in humid forests where it is not possible to carry a stove. However, the plants do loose some of their coloration of the flowers and the leaves which is why the collector must describe all plant characteristics during the fieldwork.

In the herbarium, the samples were dried, mounted on cardboard and identified. The identification was done by comparing with other collections, using specialized literature and taxonomic keys and by sending the unknown specimens to specialists. The samples were deposited in the herbarium HAO of the Universidad Privada Antenor Orrego de Trujillo, Herbarium Truxillense (HUT) of the Universidad Nacional de Trujillo, Herbario de la Universidad Nacional de San Agustín de Arequipa (HUSA) and four duplicates were sent to the herbarium of the Field Museum (F) de Chicago U.S.A., for determinations and classifications by their specialists.

Table 5-1. Vegetation types in the area

Vegetation	Altitude (masl)
Bosque montano	1800 - 2900
Bosque montano bajo	1200 - 1800
Bosque premontano	800 - 1200

Natural Vegetation

The forests in the Cuenca of the Río Tonchimillo and Rodríguez de Mendoza have been utilized for thousand of years from pre-hipanic times; here lived tribal communities and people from the Chachapoya and Inca cultures using the natural resources. After the conquest of the Spaniards the modified landscapes were left, because the new towns were primarily founded along the coast with some in the *sierra* and in the *selva*. Because there was a mayor interest in finding gold and minor interest in plant and animal resources in the *ceja de montaña*, and because of the concentration of the population in coastal Peru a recovery of the forest and a conservation of many plant species became possible in these environments.

Some decades ago migrating people from the *sierra* has become a serious threat that has changed the mature forest. Every day the habitats of many species, some already described and others not even known, are disminuing in numbers or disappearing, deterioating the genetic resources. This is done by unrestained tree felling, no planification of cultivated areas, cattle breeding, degradation of the soils and introduction of new and foreign species.

However, it is still possible to study some of the vegetation formations in the area, which over time will be occupied by introduced species, or perhaps left very fragmentary.

Bosque montano 1800-2900 m

The structure of this forest is similar to the bosque montano in the Chilchos Valley (Schjellerup et al. 2005), especially on the Rodríguez de Mendoza side, but there is an increase in the diversity of species on the Moyobamba and Rioja side. Most of the disturbed areas are near the population centres where the deforestation is very severe but most of the area is covered by mature forest. It extends above 1800 m and includes locations in the Department Amazonas, Province Rodríguez de Mendoza, the higher part of Salas, Valle Andino, around Lejía (Punta de Carretera), Laurel, Posic and Quebrada Agua Sal. The major plant families represented are Rubiaceae (9%), Gesneriaceae (7%), Lauraceae (6%), Araceae (5%), Melastomataceae, Moraceae and Piperaceae each with 4% ; Solanaceae, Fabaceae, Arecaceae, Ericaceae and Cyclanthaceae each with 3% and the remaining families 46%. The results are based on the taxa registred in the transects, from both level and sloped surface with a thick leaf layer and dim light (Fig. 5-1).

The tree layer

The tree layer reaches 35 - 40 m. The highest trees belong to the genera *Ficus* = renaco or simbillos (Moraceae) reaching 40 m with 0,8 - 1,2 m DAP. Other conspicuas species belong to the genera *Cedrela* = cedro (Meliaceae), *Retrophyllum* = romerillo and *Podocarpus* (Podocarpaceae) (Fig. 5-2), *Myrcianthes* = lanche (Myrtaceae), *Inga* = shimbillo or pacae (Fabaceae) and Lauraceae species (*Nectandra* = moena or ish-pingo, *Ocotea* = moena and *Aniba* = urcomoena), which reach the upper canopy. The trunks grow straight up and sustain many epiphytes. They produce large cuantities of biomass and the fallen leaves produce a thick layer covering the soil. Many fallen trees were seen leaving the root systems exposed, indicating that the soils are not profound and in order to survive some species have developed tabular roots.

Rubiaceis the most diverse family in genera and species, and is especially represented by the genera: *Cinchona* (cascarilla), *Ladenbergia*, *Palicourea*, *Psychothria*, *Isertia* and *Remigia*. The genera *Palicourea* and *Psychothria* have the highest diversity with species not reaching the canopy of the trees. The genera *Nectandra* (moena or ishpingos), *Aniba*, *Ocotea* (moena) and *Persea* (wild avocado) of the Lauraceae family constitutes another important element. Common are the presence of many *Nectandra* from 5 - 7 m and with a diameter of 0,1 - 0,15 m (DAP.)

Species of Fabaceae are mainly of the genera *Inga* (shimbillo or pacae), *Erythrina* (pajul or pajuro silvestre) and *Albizia* forming the canopy superior. The shimbillos produce edible fruits and grow along the riverbanks and at the border of ravines or gorges. *Podocarpus* (Podocarpaceae) is a representative of the ginmosperma (Pinophyta), which is under-represented in the tropics. It is found in the high montane forest, the individuals of this species are tall and have a greater coverage than the other. The families Myrtaceae (*Myrcianthes* = lanche), Meliaceae (*Cedrela* = cedar) and Moraceae (the *Ficus* genus is very diverse in this area and *Clarisia*) are abundant, they host many epiphytes on their branches and have developed tabular roots to stay upright, supporting strong winds and heavy rainfall.

Other trees are of lesser height and belong to the Magnoliacea especies (*Magnolia*), Myricaceae (*Morella pubescens* = laurel, an abundant species in some forests and was used to extract wax), Cecropiaceae (*Coussapoa, Cecropia* and *Pourouma*), Euphorbiaceae (*Alchornea* = chupica blanca, *Croton* = dragon blood), Annonaceae (*Guatteria* and *Duguetia*), Caricaceae (*Vasconcellea*), Chloranthaceae (*Hedyosmum* = piño), Cunoniaceae (*Weinmannia* = sayo), Meliaceae (*Guarea* = cansaboquilla), Sapotaceae (*Pouteria* = lúcuma), Ulmaceae (*Trema micrantha* = atadijo), Tiliaceae (*Heliocarpus americanus* = llausa), Clusiaceae (*Clusia*), Sapindaceae (*Allophylus*), Melastomataceae (*Miconia*), Marcgraviaceae (*Marcgraviastrum*), Siparunaceae (*Siparuna*), Fabaceae (*Senna* and *Albizia*), Urticaceae (*Urera* = ishanga and *Myriocarpa*), Asteraceae (*Vernonanthura, Verbesina* and *Clibadium*, genera with tree species) and Solanaceae (*Solanum* and *Cestrum*) are the most common families within this formation.

The Arecaceae (palms) are part of this level and in some cases they are found in groups as *chontales*. They are located on slopes and on ridges of the hills. The most diverse genera are *Bactris, Wettinia* and *Geonoma, reaching up to* 15 m. The tree ferns of the genera *Cyathea* (Cyatheaceae) and *Dicksonia* (Dicksoniaceae) reach 8 - 14 m in height and are covered with epiphytes on their stems (Fig. 5-3).

Many species grow on the trunks and branches of the trees. From algae to saprophytic fungi (*Ganoderma, Auricularia* = Callampa or oreja and *Polyporus*) which feed on the bark of trees, especially old trees. The lichens (*Usnea*) are another diverse group, as well as mosses and many hepatics, mainly Frullania that almost completely covers the trunk of most species.

The epipyhtes have a great diversity and are plants using the trees for support only because the conductors of both systems are independent plants.

One group corresponds to Pteridophyta (ferns) with many representatives as the families Lomariopsidaceae *(Elaphoglossum)*, Davalliaceae *(Nephrolepis)*, Woodsiaceae *(Diplazium)*, Aspleniaceae *(Asplenium)*, Polypodiaceae *(Campyloneurum, Polypodium, Lellingeria, Cochlidium, Pecluma* and *Niphidium)*, Blechnaceae *(Blechnum)*, Hymenophyllaceae *(Hymenophyllum* and *Trichomanes)*, Vittariaceae *(Vittaria* and *Radiovittaria)* and Lycopodiaceae (*Huperzia*). Another group is the angiosperms represented by the Araceae (*Anthurium, Philodendron, Rhodospatha* and *Caladium*), Begoniaceae (*Begonia*), Bromeliaceae (*Guzmania, Tillandsia, Vriesea, Aechmea* and *Racinaea*), Cyclanthaceae (*Asplundia*), Piperaceae (*Peperomia*), Orchidaceae (*Pleurothallis, Stelis, Masdevallia, Odontoglossum, Dichaea, Gongora, Oncidium, Maxillaria, Epidendrum* and *Telipogon*) and Cactaceae (*Rhipsalis, Disocactus* and *Epiphyllum*) families.

Suspended in the branches or stems wrapped in the trees, are climbing vines and they act in symbiosis with the trees, most of which belong to the families Campanulaceae (*Siphocampylus*), Ericaceae (*Psammisia* = alicón), Smilacaceae (*Smilax*), Fabaceae (*Mucuna*), Asteraceae (*Mikania* and *Munnozia* = lechero), Apocynaceae (*Mandevilla* and *Mesechites*), Euphorbiaceae (*Plukenetia*), Acanthaceae (*Mendoncia*), Bignoniaceae, Sapindaceae and a twining fern of the Blechnaceae (*Salpichlaena*) family.

The hemiepiphytes correspond to ferns of the genera *Diplazium* (Woodsiaceae) and *Asplenium* (Aspleniaceae), the hemiepipyhtes angiosperms belong to the families Solanaceae (*Solanum, Trianaea* and *Juanulloa*), Ericaceae (*Thibaudia* and *Sphyrospermum*), Piperaceae (*Piper*), Gesneriaceae (*Columnea and Drymonia*) and Marcgraviaceae (*Marcgravia*) from the latter family, the young individuals are constantly seen on tree trunks. There are also many hemiparasites of the families Loranthaceae (*Aetanthus, Psittacanthus* and *Struthanthus*) and Viscaceae (*Phoradendron* and *Dendrophthora*).

The shrub layer

The shrub layer reaches 5 - 7 m and has many and diverse Piperaceae (*Piper* = matico, cordoncillo) and Asteraceae (*Pentacalia, Vernonanthura, Verbesina, Barnadesia, Piptocarpha, Clibadium, Gynoxys, Liabum, Chromolaena, Baccharis, Erato* and *Lycoseris*); which amounts to c. 45% of the species. Other frequent families belong to Capparidaceae (*Cleome* and *Podandrogyne*), Melastomataceae (*Clidemia, Miconia* and *Meriania*), Rubiaceae (*Palicourea* and *Psychothria*), Euphorbiaceae (*Plukenetia* and *Acalypha*), Acanthaceae (*Justicia* and *Sanchezia*), Begoniaceae (*Begonia parviflora*), Apocynaceae, Campanulaceae (*Centropogon*), Gentianaceae (*Symbolanthus*) (Fig. 5-4), Ericaceae (*Gaultheria* and *Cavendishia*), Gesneriaceae (*Besleria*), Onagraceae (*Fuchsia*), Polygalaceae (*Monnina*), Phytolaccaceae (*Phytolacca*), Rosaceae (*Rubus* = zarzamora), Solanaceae (*Solanum, Larnax, Lycianthes* and *Capsicum*), Araliaceae (*Schefflera*), Marcgraviaceae (*Marcgraviastrum*), Arecaceae (*Geonoma* = palmiche), Poaceae (*Chusquea*) with species that support other plants and reach 7 m in height and Urticaceae (*Phenax* and *Urera*). The genero *Diplazium* (Woodsiaceae) with c. 3 species of ferns and is the most conspicuous reaching 2 - 3 m.

The herb layer

The main components belong to ferns that cover the soil uniformly. It is representad by many Gesneriaceae, in the Moyobamba and Rioja (Department San Martín) region as well as in Rodríguez de Mendoza (Department Amazonas).

In very humid places there are abundant mosses, especially of the genero *Sphagnum* (Sphagnaceae); but common are also the species *Selaginella* (Selaginellaceae), among other ferns are the families Blechnaceae (*Blechnum*), Aspleniaceae (*Asplenium*), Woodsiaceae (*Diplazium*), Pteridaceae (*Pteris* and *Pityrogramma*), Polypodiaceae (*Campyloneurum*, *Polypodium*), Gleicheniaceae (*Sticherus*), Lycopodiaceae (*Lycopodium* and *Lycopodiella*) and Lomariopsidaceae (*Elaphoglossum*).

The angiosperms are represented by families of Heliconiaceae (*Heliconia* = platanillo), Zingiberaceae (*Renealmia*) and Costaceae (*Costus*), they are megageopfytes (high herbs 2,5 - 3 m high) which sometimes are grouped in small monospecific (heliconiales) communities. The Araceae (*Anthurium, Xanthosoma*) family is diverse some species have short or thin stems , the leaves are big and suculent. Further grow diverse Piperaceae (*Peperomia*), Gesneriaceae (*Besleria, Drymonia, Corytoplectus, Gasteranthus, Codonanthe, Monopyle, Gloxinia, Episcia* and *Pearcea*) a family well represented and the species have many flowers of various shapes, Bromeliaceae (*Pitcairnia* and *Greigia*), Cyclanthaceae (*Asplundia, Carludovica* and *Cyclanthus*), Orchidaceae (*Phragmipedium, Epidendrum, Odontoglossum, Elleanthus, Altensteinia* and *Maxillaria*), Commelinaceae (*Tradescantia*), Begoniaceae (*Begonia*), Calceolariaceae (*Calceolaria* = globitos), Poaceae (*Ichnanthus*), Cyperaceae (*Cyperus* and *Eleocharis*), Campanulaceae (*Centropogon* and *Burmeistera*), Iridaceae (*Sisyrinchium*), Amaranthaceae (*Iresine* and *Alternanthera*), Asteraceae (*Jungia, Erato, Polyanthina, Viguiera, Fleischmannia* and *Munnozia*) Oxalidaceae (*Oxalis*), Urticaceae (*Pilea*) and Violaceae (*Viola*).

Many species are climbers and they are especially represented by the families Alstroemeriaceae (*Bomarea* = moco-moco), Dioscoreaceae (*Dioscorea*), Convolvulaceae (*Ipomoea*), Passifloraceae (*Passiflora*), Tropaeolaceae (*Tropaeolum*), Asteraceae (*Mutisia*), Cucurbitaceae (*Gurania, Psiguria* and *Cayaponia*) and Vitaceae (*Cissus*). Some plants do not get their food through photosynthesis, but feed on the remains of vegetable matter (saprophytes); these are small plants of the families Balanophoraceae (*Corynaea, Helosis* and *Langsdorffia*) and Burmanniaceae (Burmannia).

In this formation it is possible to distinguish between the plant communities of *brezal, alisal* and sclerophilous forest.

Brezal

The *brezal* is a very special plant community found between 1950 m - 2200 m and can be observed as an island in the montane forest due the flower cover. Throughout the area the mountains are covered with vegetation of all strata of montane forest, however, in front of the remains of the Inca site Posic on the right bank of the river Posic there is a steep hill slope with scarce tree vegetation. It is easily distinguishable by the gray color which it has due to the large number of lichens covering the ground and a high concentration of shrubs and herbs, mostly sclerophilous.

The plants reach 3-4 m but only in certain gorges they will reach 7 m high. The whole area is subject to the same climatic conditions, but differs in the type of soil, which is composed of white sand with little humus. The genera have tree species from the surrounding forests, but possibly because the soil type, these species do not reach the canopy of mature forest that surrounds them and have adapted to these conditions. Some genera have higher species diversity in the Altoandino communities as *Huperzia*, *Senecio* and *Paepalanthus*.

The tree species are found dispersed or in the gorges and belong to families: Ochnaceae, Clethraceae (*Clethra*), Cunoniaceae (*Weinmannia*) and Clusiaceae (*Clusia*). The shrubs grow dispersed and form thickets in some cases. The Rubiaceae (*Psychotria* and *Cinchona* = cascarilla) family is very diverse in the mature forest and has species of little height. Ericaceae (*Bejaria*, *Gaultheria* and *Vaccinium*) (Fig. 5-6), is the most representative and abundant family. Others are Araliaceae (*Schefflera*), Melastomataceae (*Brachyotum*, *Tibouchina* and *Miconia*), Asteraceae (*Baccharis*, *Calea*, *Vernonanthura*, *Mikania* and *Senecio*), Smilacaceae (*Smilax*) and Poaceae (*Chusquea* = suro).

In the herbaceous layer terrestrial orchids are predominant, mainly in lower part of the hill, with great diversity of the genera *Epidendrum*, *Stelis*, *Maxillaria* and *Sobralia*, the latter distinguished by its larger size reaching 2 m.

Other herbs belong to the families Asclepiadaceae (*Ditassa*), Asteraceae (*Erigeron* and *Hieracium*), Bromeliaceae (*Tillandsia* and *Puya*), Piperaceae (*Peperomia*), Poaceae (*Chloris* and *Andropogon*), Scrophulariaceae (*Castilleja*), Liliaceae, Eriocaulaceae (*Paepalanthus*), Rubiaceae with rosette leaves with twining species of Lamiaceae and Dioscoreaceae (*Dioscorea*). *Paepalanthus* has an odd altitudinal distribution. It can be found at low elevation in spite of the fact that it is usually known as an alpine plant in Peru. The ferns are represented by the families Lomariopsidaceae (*Elaphoglossum*), Davalliaceae (*Nephrolepis*), Hymenophyllaceae (*Trichomanes*) yand Lycopodiaceae (*Huperzia*), the terrestrial species of this genus has a great diversity in the formations in the highlands of Peru. Further are *Pteridium aquilinum* = choz or shapumba (Dennstaedtiaceae), but not as shapumbal. Many species of Briophyta (*Polytrichum*, *Polytrichadelphus*) and Lichenophyta (*Stereocaulon*, *Usnea*) cover the soil and contribute to the colour of the area.

Alisal or alder tree forest
The alder-trees are found on both sides of the Río Posic, from 1800 m - 2000 m. The dominant and abundant species is *Alnus acuminata* = aliso (Betulaceae), which reach 15 - 20 m. When there is much rain, this vegetation is constantly affected by the flooding of the river. During the dry period (with less rain) the trees grow fast and

by the end of the dry period (september -november), the leaves fall off and there is high production of inflorescences (aments), the male ament fall after producing pollen and the female become fruit seeds which produce winged seeds, which spread easily. Although they are transported by wind and water, the forests are not found in other places, they are only located on both sides of river (Fig. 5-7).

This species is now little used by the local people, who prefer other timber of major commercial value of the Meliaceae and Lauraceae families which are abundant in the montane forest. Together with the alder trees scattered Lauraceae (*Nectandra* = ishpingo and *Ocotea* = moena) grow which may reach 12 - 15 m along with Meliaceae (*Cedrela*, *Guarea*), Melastomataceae (*Miconia*), Solanaceae (*Solanum*), Fabaceae (*Inga* and *Erythrina*), Sapindaceae (*Allophylus*), Rubiaceae (*Psychothria* and *Palicourea*), Asteraceae (*Verbesina*) and tree ferns of the family Dicksoniaceae (*Dicksonia*).

Some epiphytes grow on old trees, including Araceae (*Anthurium*), Bromeliaceae (*Racinaea* and *Tillandsia*) and ferns of the family Aspleniaceae (*Asplenium*). The hemiphytes are of the families Gesneriaceae (*Drymomia*) and Cyclanthaceae (*Asplundia*); further grow vines of the Ericaceae (*Psammisia*), Acanthaceae (*Mendoncia*) families and some hemiparasites of the Viscaceae family.

The shrubs grow very dense and usually cover the entire space. Its main representatives belong to the families Rosaceae (*Rubus*) reaching 7 - 8 m, Begoniaceae (*Begonia parviflora*), Melastomataceae (*Miconia*, *Brachyotum*), Solanaceae (*Larnax*, *Lycianthes* and *Solanum*) and Urticaceae (*Urera*). While the herbs are represented by species of the families: Oxalidaceae (Oxalis), Loasaceae (*Klaprothia* and *Nasa*), Araceae (*Anthurium*), Scrophulariaceae (*Alonsoa*), Cucurbitaceae (*Psiguria*), Lamiaceae; many palustrine herbs of the families Apiaceae (*Hydrocotyle*) and Cyperaceae (*Scleria* and *Rhynchospora*). The most abundant ferns belong to Pteridaceae (*Pteris*), Aspleniaceae (*Asplenium*) and Woodsiaceae (*Diplazium*).

Sclerophilous forest

The tree layer
This type of forest is located at the top of the mountain called La Cordillera, which is the highest part of the trail from Nueva Mendoza to San Marcos and Soritor in Moyobamba (San Martin), which extends from 2300 m - 2500 m. It is characterized by the presence of sclerophyllous small trees. The soil is humid and in some places becomes very swampy.

The trees reach 10 m and represent an abundance and diverse vegetation of Clusiaceae (*Clusia*). Associated with these plants grow species of Proteaceae, Araliaceae (*Schefflera*), Cecropiaceae (*Pourouma*), Cunoniaceae (*Weinmannia*), Chloranthaceae (*Hedyosmum*) and Podocarpaceae (*Prumnopitys*). Tree ferns of the families Dicksoniaceae (*Dicksonia*) and Cyatheaceae (*Cyathea*). Though the trees are not very tall many epiphytes live on their branches of the families Araceae (*Anthurium* and *Philodendron*), Bromeliaceae (*Tillandsia*, *Guzmania* and *Racinaea*) and Orchidaceae (*Stelis* and *Pleurothallis*). The ferns are represented by Polypodiaceae (*Polypodium* and *Pecluma*), Lomariopsidaceae (*Elaphoglossum*) and Hymenophyllaceae (*Hymeno-phyllum* and *Trichomanes*); further mosses of the family Sphagnaceae (*Sphagnum*) and many lichens are found. There are many developing individuals of *Marcgravia* (Marcgraviaceae) growing on the tree trunks and ferns of the genus *Salpichlaena* (Blechnaceae). The hemiparasite species belong to the families Loranthaceae (*Aetanthus* and *Struthanthus*) and Viscaceae (*Phoradendron* and *Dendrophthora*).

The shrub layer

The shrub layer has a diversity of Ericaceae (*Cavendishia*, *Gaultheria*, *Vaccinium*, *Thibaudia* and *Sphyrospermum*) and Melastomataceae (*Tibouchina*, *Miconia* and *Brachyotum*), reaching 4 m. Other abundant families correspond to Asteraceae (*Baccharis*, *Aristeguietia*, *Munnozia*, *Diplostephium* and *Piptocarpha*), Solanaceae (*Larnax*, *Solanum*), Rosaceae (*Rubus*), Rubiaceae (*Psychotria*) and Poaceae (*Chusquea*).

The herb layer

The are abundant herbs especially of the families Araceae (*Anthurium*), Bromeliaceae (*Pitcairnia*), Cyclanthaceae (*Asplundia*), Cyperaceae (*Eleocharis*, *Scleria*), Piperaceae (*Peperomia*), Eriocaulaceae (*Tonina*), Fabaceae (*Desmodium*), Orchidaceae (*Elleanthus* and *Epidendrum*), Oxalidaceae (*Oxalis*), Poaceae (*Cynodon*), Urticaceae (*Pilea*) and Xyridaceae and some twining species as Dioscoreaceae (*Dioscorea*) and climbing species of Cucurbitaceae and Passifloraceae (*Passiflora*). The ferns are of the species Lycopodiaceae (*Lycopodium* and *Lycopodiella*), Pteridaceae (*Pteris*, *Eriosorus*), Davalliaceae (*Nephrolepis*), Gleicheniaceae (*Gleichenia*) and Dennstaedtiaceae (*Pteridium*).

Bosque montano bajo 1200 m - 1800 m

This formation is not well separated from the sclerophilous forest and has a greater pattern of disturbance due to human action. It is characterized by greater diversity of Rubiaceae in the montane forest. It is situated in the lower parts of Nueva Mendoza (Amazonas), and in La Ventana, Tonchimillo (El Dorado), Nueva Galilea, Nueva Jerusalem and the higher elevations of Selva Alegre in San Martin. The climate is temperate to warm and the villagers have cleared large areas to plant mainly coffee, leaving a few trees in their fields.

It extends from 1400 m to 1900 m elevation, in rising and flat areas that are found at the margins of rivers. The best represented plant families are Rubiaceae (13%), Lauraceae (10%), Piperaceae (7%), Melastomataceae (6%), Fabaceae (5%), Moraceae and 4% each Araceae, Arecaceae and Solanaceae with 3% each and 45% other families. The results are based on the total angiosperm recorded in the transects.

The tree layer

The species reach 30-35 m and represent *Ficus* = renaco (Moraceae) and may reach the upper canopy superior with a dimeter of 1,2 m (DAP), *Cedrelinga* = tornillo (Fabaceae) and species of Lauraceae (*Nectandra* = moena or ishpingo, *Aniba* = urcomoena, *Endlicheria* = roble and *Ocotea* = moena), the most conspicuous the of the individuals have a DAP of 0.2 - 0.5 m, depending on the age of trees and the species.

The Rubiaceae is the most diverse of the genera *Psychothria*, *Palicourea*, *Macbrideina* (Fig. 5-8), *Isertia*, *Cinchona*, *Elaeagia*, *Coussarea*, *Guettarda*, *Ladenbergia*, *Tocoyena* and *Bathysa*; the genera *Psychothria* and *Palicourea* are very diverse and abundant in the forest, the other genera are poorly represented in these areas. Some species reach 15 - 20 m in height and are valued for their timber.

Other diverse species of families are Melastomataceae (*Miconia*, *Meriania* and *Bellucia*), Fabaceae (*Inga* = shimbillo), Myrsinaceae (*Myrsine*), Annonaceae (*Guatteria*), Euphorbiaceae (*Alchornea* and *Croton*), Myrtaceae (*Myrcianthes* = lanche), Anacardiaceae (*Toxicodendron*), Theophrastaceae (*Clavija* = limoncillo), Clusiaceae (*Clusia*), Cecropiaceae (*Cecropia*, *Coussapoa* = uvilla pequeña), Araliaceae (*Dendropanax* = uvilla grande), Buxaceae (*Styloceras*), Papaveraceae (*Bocconia integrifolia* = pincullo) and Cunoniaceae (*Weinmannia*). Some families though not abundant, are part of these forests; one group is the Arecacea (palms) especially of the genera *Iriartea*, *Wettinia*, *Bactris* and *Oenocrapus*, that may reach 15 m depending on the species that form their own communities in certain areas. The tree ferns of *Cyathea* (Cyatheaceae) grow to 12 m with many species of epiphytes on their stems.

Many epiphytes grow on the tree branches; the angiosperms are very diverse and represented by the families Bromeliaceae (*Tillandsia*, *Racinaea* and *Guzmania*); the most abundant are Araceae (*Anthurium*), Orchidaceae (*Pleurothallis*, *Telipogon* and *Stelis*), Piperaceae (*Peperomia*) and ferns of the families Hymenophyllaceae (*Hymenophyllum* and *Trichomanes*), Aspleniaceae (*Asplenium*), Polypodiaceae (*Campyloneurum*, *Polypodium*, *Pleopeltis*, *Microgramma*, *Micropolypodium* and *Enterosora*), Vittariaceae (*Vittaria* and *Radiovittaria*), Lomariopsidaceae (*Elaphoglossum*) and Woodsiaceae (*Diplazium*). There are abundant Briophytes (mosses and hepatics) and lichens (*Pseudociphellaria*). The hemiepipytes belong to Araceae (*Philodendron*), Ericaceae (*Sphyrospermum*), Solanaceae (*Juanulloa*), Marcgraviaceae (*Marcgravia*) and Cyclanthaceae (*Asplundia*), and the hemiparasites are represented by Loranthaceae (*Oryctanthus*, *Psittacanthus* and *Aetanthus*) and Viscaceae (*Phoradendron* and *Dendrophthora*). The vines are 10 - 20 cm in diamter (DAP), the most diverse family is Bignoniaceae, folllowed by Smilacaceae (*Smilax*), Acanthaceae (*Mendoncia*), Fabaceae

(*Bauhinia* = escalera de mono), Malpighiaceae (*Heteropterys* and *Banisteriopsis*), Rubiaceae, Sapindaceae and some climbing fern (*Salpichlaena*, Blechnaceae).

The shrub layer

The shrubs do not exceed 8 m with abundant Ericaceae (*Bejaria*, *Cavendishia*, *Vaccinium*, *Psammisia* and *Semiramisia*) and Piperaceae (*Piper*), some Ericaceae species are vines and act in simbiosis with the trees. Associated with these are the families Rubiaceae (*Psychotria*, *Palicourea* (Fig. 5-9), *Condaminea* and *Hamelia*), Gentianaceae (*Macrocarpaea* and *Symbolanthus*), Campanulaceae (*Centropogon* and *Siphocampylus*), Clusiaceae (*Clusia*), Melastomataceae (*Meriania*, *Miconia* and *Tibouchina*), Proteaceae (*Oreocallis*), Siparunaceae (*Siparuna*), Fabaceae (*Senna*), Euphorbiaceae (*Acalypha*), Arecaceae (*Geonoma*, *Chamaedorea*, *Hyospathe*) and Acanthaceae (*Sanchezia*). Various shrubs only reach 2 m especially of the families Asteraceae (*Baccharis*, *Erato*, *Lycoseris*, *Oyedaea* and *Pentacalia*), Capparidaceae (*Podandrogyne* and *Cleome*), Gesneriaceae (*Besleria*, *Columnea* and *Drymonia*), Loasaceae (*klaprothia*), Poaceae (Chusquea), Araliaceae (*Schefflera*), Sapindaceae and Solanaceae (*Solanum*, *Larnax* and *Lycianthes*).

The herb layer

Species of mosses cover the soil as (*Sphagnum* and *Polytrichadelphus*) and many species with flowers of the families Acanthaceae (*Justicia*), Apiaceae (*Hydrocotyle*, *Sanicula*), Asteraceae (*Munnozia*, *Polyanthina*), Araceae (*Anthurium and Xanthosoma*), Bromeliaceae (*Pitcairnia* and *Guzmania*) (Fig. 5-10), Cyclanthaceae (*Carludovica*, *Asplundia* and *Cyclanthus*), Fabaceae (*Desmodium*), Gesneriaceae (*Besleria*, *Seemannia*, *Pearcea* and *Gloxinia*), Heliconiaceae (*Heliconia*), Loasaceae (*Klaprothia*), Orchidaceae (*Elleanthus*, *Altensteinia*), Polygalaceae (*Polygala*), Piperaceae (*Peperomia*), Solanaceae (*Whiteringia*, *Larnax*, *Solanum*, *Physalis*, *Jaltomata* and *Darcyanthus*).

Many species are climbing as the Cucurbitaceae (*Gurania* and *Psiguria*), Passifloraceae (*Passiflora* = quijos and other species), Sapindaceae (*Urvillea*) and Vitaceae (*Cissus*). Others are twining which means that they wrap themselves around the trunks and tree branches, among them are Tropaeolaceae (Tropaeolum), Alstroemeriacea (*Bomarea*), Dioscoreaceae (*Dioscorea*), Menispermaceae (*Cissampelos*), Convolvulaceae (*Ipomoea*), Asclepiadaceae and other species of Asteraceae (*Mikania* and *Munnozia*).

The ferns are a diverse group and belong to the families familias: Aspleniaceae (*Asplenium*), Woodsiaceae (*Diplazium*), Lycopodiaceae (*Lycopodium*, *Lycopodiella* and *Huperzia*), Dennstaedtiaceae (*Lindsaea*), Dryopteridaceae (*Didymochlaena*), Pteridaceae (*Pteris*), Hymenophyllaceae (*Trichomanes*) and Blechnaceae (*Blechnum*).

Chontales

The chontales are located on the slopes and ridges of the mountains. The Arecaceae (palms) are of the dominant and abundant species reaching 12 - 15 m. In the chontales all tree layers are presented with many epiphytes having similar species as in the surounding forest. In the Department San Martín (Ventana), *Wettinia* and *Oenocarpus* are the most frequent genera found associated with *Hyospathe* and *Chamaedorea*. They extended over large areas, but at present the palms have been decimated primarily by human action. In the Department of Amazonas (El Dorado and Paitoja), *Iriartea* and *Bactris* are the dominant genera (Fig. 5-11) and associated with *Attalea* and *Geonoma*. The latter genus is more diverse and dominant at higher elevations.

The tree ferns Cyatheaceae (*Cyathea*) and Dicksoniaceae (*Dicksonia*) are associated with these plant communities and angiosperms of the families Lauraceae, Rubiaceae, Melastomataceae and Fabaceae. The shrubs reach 5 - 7 m and are represented by the Malpighiaceae, Ericaceae, Piperaceae, Melastomataceae and Solanaceae. Hemiepiphytes are Gesneriaceae, Araceae, Marcgraviaceae, Gesneriaceae and Solanaceae. Many herbs are associated with ferns, Solanaceae, Gesneriaceae and Orchidaceae (*Cranichis* and *Epidendrum*).

Bosque premontano 600-1200 m

This kind of forest is influenced by climatic conditions and soils from the lower montane forest and the tropical forest (*selva baja*).

These conditions have established a vegetation similar to the two forest formations. The planting of large areas of coffee, abandoned fields, proximity to cities with significant markets (Moyobamba and Rioja) and the presence of roads and trails, have caused the severe destruction of most of these forests. Although there are few areas with mature forest, the vegetation has developed based on the remaining forest in steep ravines and river banks.

It is seen around the villages of Salas, Selva Alegre, Paitoja, La Unión, Alto Perú and San Marcos. The most repersentative families are Rubiaceae (12%), Lauraceae (10%), Fabaceae (7%), Piperaceae (6%), Melastomataceae (5%), Moraceae (4%), Arecaceae (3%) and 53% other families. The results are based on the total angiosperm recorded in the transects.

The tree layer

The shrub layer reaches 40 m in the highest canopy. The species belong to the families: Moraceae (*Ficus* = renaco, *Sorocea* and *Helicostylis*), Myristicaceae (*Virola* = cumala), Meliaceae (*Cedrela* = cedro, *Guarea* and *Trichilia*), Lauraceae (*Nectandra* = ishpingo, *Aniba* = moena, *Beilschmiedia*, *Endlicheria*, *Ocotea*, *Pleurothyrium* and

Rhodostemonodaphne), Rhamnaceae (*Colubrina* = shayna), Myrtaceae (*Myrcianthes* = lanche and *Eugenia*), Fabaceae (*Inga* = shimbillo, *Erythrina*, *Swartzia*, *Senna* and *Cedrelinga* = tornillo), Bignoniaceae (*Jacaranda*), Melastomataceae (*Bellucia* = níspero, *Miconia*, *Blakea* and *Graffenrieda*), Tiliaceae (*Apeiba* = Peine de mono, *Heliocarpus americanus* = llausaquiro), Chrysobalanaceae (*Couepia* = parinari), Ulmaceae (*Trema micrantha* = atadijo), Euphorbiaceae (*Croton* = sangre de grado, *Sapium*, *Alchornea triplinervia*), Quiinaceae (*Lacunaria*), Olacaceae (*Heisteria*) and Lecythidaceae (*Eschweilera*).

Rubiaceae are the most diverse as in the other fomations. The genera *Psychothria* and *Palicourea* have most of the species: *Macbrideina, Isertia, Cinchona, Coussarea, Guettarda, Ladenbergia, Tocoyena* and *Bathysa*; and share most of them with the bosque montano bajo and some with the bosque tropical. The following Araliaceae (*Schefflera*), Apocynaceae (*Himatanthus* and *Tabernaemontana*), Cecropiaceae (*Cecropia* = cetico and *Pourouma*) Caricaceae (*Vasconcellea* = papailla), Clusiaceae (*Clusia*), Annonaceae (*Guatteria*), Flacourtiaceae (*Casearia*), Malpighiaceae (*Byrsonima* = indano), Verbenaceae (*Aegiphila*), Siparunaceae (*Siparuna*) and Actinidaceae (*Saurauia*), do not reach the upper canopy but 8 - 12 m.

The palms (Arecaceae) reach 8 - 10 m and are represented by the genera *Iriartea* = pona, *Astrocaryum* = chonta, *Bactris, Oenocarpus, Socratea, Attalea, Hyospathe* and *Chamaedorea*. Tree ferns of Cyatheaceae (*Cyathea*) reach similiar heights as other palms and the trunks are covered by many epiphytes.

The epiphytes belong to the families Araceae (*Anthurium* and *Philodendron*), Bromeliaceae (*Guzmania, Tillandsia, Racinaea* and *Vriesea*), Orquidaceae (*Odontoglossum, Epidendrum, Pleurothallis, Encyclia, Comparettia, Telipogon, Maxillaria* and *Oncidium*), Piperaceae (*Peperomia*). There are abundant ferns of the families Aspleniaceae (Asplenium), Woodsiaceae (*Diplazium*), Tectariaceae (*Tectaria*), Lomariopsidaceae (*Elaphoglossum*), Davalliaceae (*Nephrolepis*), Vittariaceae (*Vittaria*), Marattiaceae (*Danaea*), Dryopteridaceae (*Polybotrya*) and Polypodiaceae (*Niphidium, Campyloneurum* and *Micropolypodium*). Hemiepiphytes of the families Rubiaceae (*Hillia*), Gesneriaceae (*Drymonia* and *Columnea*), Marcgraviaceae (*Marcgravia*), Solanaceae (*Juanulloa*) and ferns of the genus *Salpichlaena* (Blechnaceae). *Phoradendron* (Viscaceae) represents the hemiparasits.

The shrub layer
The shrub layer generally reaches 4 - 5 m, but some species reach 8 m, especially if they grow near water as in gorges or at the river banks. It has a dominance of the families Melastomataceae (*Clidemia, Miconia, Tibouchina, Meriania* and *Leandra*), many species of Piperaceae (*Piper*), Rubiaceae (*Palicourea, Psychotria* and *Hamelia*), Solanaceae (*Juanulloa*), Tiliaceae (*Triumfetta*), Euphorbiaceae (*Acalypha* and *Phyllanthus*), Araliaceae (*Schefflera*), Asteraceae (*Liabum, Munnozia, Piptocarpha, Baccharis, Vernonanthura* and *Cyrtocymura*), Acanthaceae (*Pachystachys* and *Sanchezia*) (Fig.

5-12), Begoniaceae (*Begonia parviflora* = chulco), Campanulaceae (*Centropogon*), Gentianaceae (*Macrocarpaea*), Gesneriaceae (*Besleria*), Solanaceae (*Solanum, Lycianthes and Larnax*) and Urticaceae (*Urera caracasana* = ishanga).

The herb layer

The herbs are dominant in humid locations though there are many introduced species in the disturbed forest. There is a mayor presence of Heliconiaceae (*Heliconia*), Zingiberaceae (*Renealmia*) and Costaceae (*Costus*), geophytes which reach 2 - 3 m; other angiosperms belong to Acanthaceae (*Justicia* and *Ruellia*), Amaranthaceae (*Iresine* and *Achyranthes*), Araceae (*Anthurium* and *Xanthosoma*), Commelinaceae (*Tradescantia*), Cyclanthaceae (*Asplundia*), Cyperaceae (*Scleria*), Fabaceae (*Desmodium*), Gesneriaceae (*Pearcea, Gloxinia* and *Seemannia*), Loasaceae (*Klaprothia*), Oxalidaceae (*Oxalis* = chulco morado), Poaceae (*Paspalum, Ichnanthus, Lasiacis, Olyra, Orthoclada* and *Pseudechinolaena*), Orchidaceae (*Cyclopogon* and *Cranichis*), Piperaceae (*Peperomia*), Rubiaceae (*Geophila*), Solanaceae (*Witheringia, Physalis, Jaltomata* and *Browalia*) and ferns of the families Thelypteridaceae (*Thelypteris*), Polypodiaceae (*Microgramma*) and Selaginellaceae (*Selaginella*).

Vines grow on the trees and are represented by the families Fabaceae (*Mucuna* = soguilla), Malpighiaceae (*Heteropterys, Stigmaphyllon* and *Mascagnia*), Asteraceae (*Mikania* and *Munnozia*), Sapindaceae (*Serjania*). Twining species of Asclepiadaceae, Convolvulaceae (*Ipomoea*), Dioscoreaceae (*Dioscorea*), Valerianaceae (*Valeriana*) and climbing as Cucurbitaceae (*Gurania* and *Psiguria*), Vitaceae (Cissus) and Passifloraceae (*Passiflora*).

Vegetation types modified by man

The forests in the valleys of Tonchimilio and Rodríguez de Mendoza were utilized by man for centuries. In recent years reorganization of the human settlements in many parts of northern Peru with migration into the *ceja de montaña* has changed the landscape with the foundation of villages to farm the land, cattle breeding and logging.

Fields, chacras and gardens

The population of the valleys use large areas of the bosques premontano, montano bajo and montano for agriculture. The crops are not dependent on irrigation from water from rivers or gorges as the rain produces enough water. Cultivation is done by slash and burn agriculture for the cultivation of annuals, biennials or perennial products as coffee and fruits.

The fields are surrounded by planted trees or trees left to grow. In this way the living fences indicate ownership, protect the crops and animals and give shadow for the cultivated species.

The selected species to enclose the fields have spines, shooting and sharp hairfibres irritating substances or well-branched stems or very tall trees. These species are mostly from the mature forest and are Meliaceae (*Cedrela* = cedro), Fabaceae (*Inga* = shimbillo and *Erythrina* = pajul or pajuro), Lauraceae (*Nectandra* = ishpingo and *Ocotea* = moena), Solanaceae (*Cestrum* sp. = hierba hedionda and *Solanum* sp.), Anacardiaceae (*Toxicodendron* = itil), Urticaceae (*Urera* = ishanga), Malvaceae (*Bellucia* sp. = níspero), Myristicaceae (*Virola* = cumala), Arecaceae (*Bactris* sp. = pona) and Euphorbiaceae (*Croton* sp. = sangre de grado). Some species have been introduced for this purpose, eg. Euphorbiaceae (*Euphorbia cotinifolia*), Solanaceae (*Acnistus arborescens*), Agavaceae (*Agave* = penca and *Furcraea* = cabuya) and Malvaceae (*Malvaviscus penduliflorus* = malva).

At present the practice of living fences is replaced by the use of barbed wire. The wire is purchased in the cities and taken to the field, where it is mounted on hard wooden poles resistant to moisture.

Perennial crops
Perennial crops are not planted each season and usually have a life for several years after they are planted. These crops give regular flowers and produce fruit on an ongoing basis. They consist mainly of woody species and are also called long-lived. They occupy less space compared to other types of crops and are associated with the people who have taken up their new residence in these places.

El Café (*Coffea arabica*, Rubiaceae), is the principal crop. Most of the forest has been modified to grow coffee.

In most cases, after establishing this crop, trees are or sprouting plant trees are planted to give shade. The selected species are fast growing and with a wide crown. The species chosen are usually the species Inga = shimbillo (Fabaceae), *Nectandra* = ishpingo and *Ocotea* = moena (Lauraceae), *Rollinia mucosa* = anona (Annonaceae) and *Heliocarpus americanus* = llausaquiro (Tiliaceae). In some cases coffee is planted in slightly disturbed forest, ie. leaving the tall trees and lush, but cutting the bushes and lower species. Few coffee crops are exposed without the protection of the trees.

Fruits are grown in orchards, associated with each other. The greater diversity and quantity have been established in the bosque premontano and montano bajo which have the favorable conditions for fruit trees. In a higher altitude of these formations, the production and diversity of cultivated species are reduced, but most orchards have 80% similarity. The main fruit of warm climates belong to families Rutaceae (*Citrus aurantium* = naranja, *C. aurantifolia* = lima and *C. limon* = limón), Annonaceae (*Annona muricata* = guanábana, *Rollinia mucosa* = anona), Arecaceae (*Cocos nucifera* = coco), Anacardiaceae (*Mangifera indica* = mango), Sapotaceae (*Pouteria lucuma* = lúcuma). Others are from the temperate climate and can acclimate to higher elevations above 1800 m, mainly from the families Passifloraceae

(*Passiflora ligularis* = granadilla), Myrtaceae (*Psidium guajava* = guayaba), Rosaceae (*Malus domestica* = manzana), Lauraceae (*Persea americana* = palta), Rutaceae (*Citrus reticulata* = mandarina)

Some crops have an intermediate cycle with a lifespan of more than two years but do not pass five years. Many are vegetatively propagated either by cutting or shooting around the plant as Musaceae (*Musa acuminata* = banana), Vitaceae (*Vitis vinifera* = grape), Poaceae (*Saccharum officinarum* = sugar cane), Bromeliaceae (*Ananas comosus* = ananas), Araceae (*Colocasia esculenta* = michuca), Convolvulaceae (*Ipomoea batatas* = sweet potato), Asteraceae (*Smallanthus sonchifolius* = yacón) and Euphorbiaceae (*Manihot esculenta* = yuca) and others with their seed as Caricaceae (*Carica papaya* = papaya), Passifloraceae (*Passiflora edulis* = maracuyá), Solanaceae (*Solanum quitense* = chile or naranjilla, *Solanum sessiliflorum* = cocona), Fabaceae (*Phaseolus vulgaris* = Frejol toda la vida and *Lupinus mutabilis* = tarwi), Cucurbitaceae (*Sechium edule* = caigua) and Euphorbiaceae (*Plukenetia volubilis* = sacha inchi).

Anual crops

This group of crops is short-cycled. The species have a growing season less than a year, or within this period. Many of them produce from 2 to 6 months. The plants disappear biologically with the production of the fruit and only seeds are left for new planting. They are herbaceous. The annual species are the first crop that the villagers will use after felling the trees. If the land responds, they will continue with the intermediate and perennial crops. If the harvest is not of a good quality, the land will be are abandoned to deforest other areas. There are no large areas of crops and this group belongs to the vegetables, many grasses (Poaceae), Cucurbitaceae, Fabaceae, among others.

Gardens

Small areas will be used for mixed crops and the people will make gardens for everyday products. They grow many species mainly food, medicinal and ornamental plants. Most of the herbs are associated with woody species

In the Tonchimilio valley the common mixed species are *Solanum quitense* (chile or naranjilla), *Allium fistulosum* (spring onion), *Solanum betaceum* (berenjena), *Cyclanthera pedata* (caigua), *Solanum sessiliflorum* (cocona), *Coriandrum sativum* (corriander), *Passiflora ligularis* (granadilla), *Psidium guajava* (guayaba), *Citrus limon* (lemon) and *Solanum esculentum* (tomato); medicinal species as *Alternanthera* sp. (lancetilla), *Cichorium intybus* (achicoria), *Iresine herbstii* (cachurro), *Foeniculum vulgare* (anís grande or hinojo), *Plantago major* (llantén), *Matricaria recutita* (cammomille), *Aloe vera* (Sábila), *Cedrela* sp. (cedar) and *Eucalyptus globulus* (Eucalyptus), they are associated with the ornamental plants as *Malvaviscus penduliflorus* (malva), *Hibiscus rosa-sinensis* (cucarda), *Pelargonium roseum* (geranio) and various species of Orchidaceae.

In the Rodríguez de Mendoza area the principal mixed crops are *Allium fistulosum* (cebolla china), *Capsicum pubescens* (rocoto), *Petroselinum crispum* (parsley), *Solanum sessiliflorum* (cocona) and *Passiflora ligularis* (granadilla), with medicinal species as *Cestrum auriculatum* (hierba santa), *Origanum vulgare* (oregano), *Mentha spicata* (hierba buena) and *Cymbopogon citratus* (lemon grass), they are associated with the ornamental planst as *Agapanthus umbellatus*, *Brugmansia arborea* (floripondio), *Dianthus caryophyllus* (clavel), *Hibiscus rosa-sinensis* (cucarda), *Gladiolus communis* (gladiolo), *Pelargonium roseum* (geranio) and *Zantedeschia aethiopica* (cartucho).

Invernas

Corresponds to pastures where the land is under cultivated by with pasture or forage species. They are primarily used for continuous cattle-, horse, mule- and donkey breeding. In some cases the *invernas* are rented to travellers and traders for their beasts of burden. To feed the small animals (guinea pigs), one most daily cut the grass in the pasture of Poaceae (*Lolium multiflorum* = reygrass and *Panicum scoparius* = gramalote and *Pennisetum purpureum* = pasto elefante).

There are *invernas* with a predominance of grass, others mixed with other species. However, the old *invernas* have most species, including weeds, because the pastures are not maintained.

In places like la Punta de Carretera, it is recommended not to cut all the trees and cultivate pasture in the shade that these species provide. When deforestation is complete, with time, heavy rains cause erosion and soil infertility. Therefore they keep the large and lush trees of the families Euphorbiaceae (*Croton*), Fabaceae (*Inga*), Lauraceae (*Nectandra*), and Rubiaceae to establish the *invernas*. In this way, the period for the cultivation of pasture lasts two years, but not when it is done in completely deforested areas where an *inverna* is productive after a year after planting.

The principal pastures belong to the families: Poaceaea (*Pennisetum clandestinum* = grama azul, *Pennisetum purpureum* = pasto elefante and *Brachiaria* = brecaria, *Setaria* sp. = paja mona, *Paspalum* = nudillo, *Brachiaria brizantha* = brisanta and *Lolium multiflorum* = reygrass), Asteraceae (*Philoglossa mimuloides* = agashul), Fabaceae (*Trifolium* spp. = clover) and Commelinaceae (*Commelina* sp. = ñul).

Secondary vegetation and deforested areas

Most of the deforestation of the forest corresponds to the bosque premontano and montano bajo, where the human settlements have been located. Much of the secondary forests are *purmas* that are placed on the mountain slopes. The shrub and herbáceae are mainly found on the river banks.

The modification of the forest has many causes, including excessive logging for crops, *invernas*, logging, road consruction and in some cases the habit of some people to burn vegetation in the upper parts of the hills to generate rainfall when the dry season is prolonged.

The extraction of timber for commercial purposes, is becoming more severe, either by the local populations or companies that have concessions to large areas. This activity is accompanied by the construction of roads and hence the migration of people. In the years 1929 - 1930 Llewelyn Williams from Field Museum (Williams 1936) conducted botanical explorations focusing on economically important timber species for construction. He mentions that *Swietenia macrophylla* (mahogany Peru) was very frequent. However, in the collections made by Dillon & Sánchez from 1996 - 2001 in these areas they have not found a single individual of this species in the Alto Mayo (as mentioned earlier). All this is clear evidence of the severe destruction of forests.

Currently one can find grass *herbazales, shapumbales* (chozales), secondary vegetations as shrub and *purmas*, both in the Tonchimilio valley as in the Rodríguez de Mendoza area.

These are areas covered with grass and dispersed shrubs. They come from left crops or *invernas* due to their low productivity and develop in humid places or at the river banks, especially in flat or slightly inclined places.

This type of formation is short-lived 2 - 4 years and over time it becomes denser and more dominant. The mayor represented families are Poaceae (32 %), Asteraceae (30%), Cyperaceae (12 %), Rubiaceae (5 %) and other families (21 %.).

The grasslands are the most conspicuous modification of the landscape in these areas. It is considered the first phase of the succession of plant communities that are formed after deforestation and an intensive use of soils, which are abandoned when they become unproductive. The vegetation consists generally of introduced or invasive species, which escape from cultivation or live in abandoned terrain.

Among the most importants are the families Poaceae (*Paspalum, Setaria, Chloris, Brachiaria, Eleusine, Pennisetum* and *Lolium*), Asteraceae (*Ageratum, Pseudoelephantopus, Conyza, Erechtites, Galinsoga, Bidens, Sonchus* and *Taraxacum*), Cyperaceae (*Cyperus, Eleocharis, Killinga* and *Rhynchospora*), Rubiaceae (*Richardia, Spermacoce* and *Galium*), Solanaceae (*Solanum*), Lamiaceae (*Hyptis*), Orchidaceae (*Cranichis*), Gesneriacae (*Seemannia*) and Verbenaceae (*Verbena*).

Shapumbales or chozales

The shapumbales or chozales form the proliferation of *Pteridium aquilinum* = shapumba or choz (Dennstaedtiaceae), in degraded and abandoned fields. On the western slopes of northern and central Peru, they are called garadales or pteridiales. In Peru it is considered an invasive plant difficult to eradicate, however, in countries of the east, leaves and rhizomes are used in food, as medicine or traded.

The *shapumba* is a fern with developed rhizomes, the leaves reach 2 - 3 m in length. This species is cosmopolitan and the only places where it is not found is at the poles and in desert areas. It is a kind that acclimazes climate, soil and lack of predators. It easily adapts to any environment, with broad coverage due to its rapid development and spread. It is resistant to slash and burn agriculture.

It is a species that is found in almost all parts of disturbed places in the Tonchimilio valley and in the Rodríguez de Mendoza area. Although it is a dominant species other associated species form part of the *shapumbal* mainly Asteraceae, Lamiaceae, Fabaceae, Melastomataceae, Piperaceae, Rubiaceae, Verbenaceae and Malvaceae.

The soils covered by this vegetation are rapidly incorporated into agriculture. A poor soil add to the acidification caused by regular burning of these environments. As time passes the shrubs grow, and the trees can start slowly building a *purma*.

Secondary shrub vegetación

The secondary shrub vegetation constitutes the second phase of the succession of plant communities formed from grassland or a *chozal*. In some cases it developes directly from abandoned crops or abandoned deforested areas. It can live for 4 - 6 years, if it is not altered tree species appear to continue to grow until they form a *purma*. They are located near rivers, creeks and near human settlements.

It is made up of introduced bushes and shrubs that are part of the mature forest and are associated with herbs and dispersed trees. The floristic composition depends on the elevation the places where they are located. On the trail from Tambo de Laurel to Posic at 1890 m it is found as an island within the forest, the shrubs consists mainly of Asteraceae (*Baccharis genistelloides* = karkeja and *Baccharis* sp. = chilca), associated with Melastomataceae (*Meriania* and *Brachiotum*), Malvaceae (*Sida*) and Lamiaceae (*Scutellaria*). The dominant herbs are Poaceae (*Andropogon* and *Setaria*), Orchidaceae (*Epidendrum* and *Elleanthus*), Piperaceae (*Oxalis*), Lomariopsidaceae (*Elaphoglossum*), Davalliaceae (*Nephrolepis*) and Dennstaedtiaceae (*Pteridium aquilinum* = shapumba).

In the Tonchimilio Valley the following families are dominant Asteraceae (*Baccharis* sp. = chilca, *Vernonanthura patens* = palo de agua, *Aequatorium*, *Pentacalia* and *Verbesina*), Piperaceae (*Piper* sp. = matico), Solanaceae (*Solanum*), Fabaceae (*Inga* and *Erythrina*) and Melastomataceae (*Miconia* and *Tibouchina*) (Fig. 5-13). The dominant herbs are Poaceae (*Setaria*, *Brachiaria*, *Eleusine* and *Pennisetum*), Rubiaceae (*Richardia*) and *Pteridium aquilinum* = choz.

Purmas

This type of vegetation is secondary forest and usually has a duration of 8 - 12 years. It precedes the recovery of mature forests as it is not altered. Depending on the age the *purmas* have the characteristics of the mature forest, and consist of three layers, but with less diversity of epiphytes and vine species.The species of easy germination and rapid development are the dominant, and according to these characteristics, *purmas* are called *cecropiales*, *atadijales* and *renacales*. Many of these have a similar structure to purmas in the Chilchos Valley, with some differences in the composition of flowers (Schjellerup et al. 2005).

The cecropiales have a dominance of the family Cecropiaceae (*Cecropia* = cetico, *Coussapoa* = higuerón and *Pourouma*), followed by *Heliocarpus americanus* = llausa (Tiliaceae), in some cases Cecropiaceae exceeds in abundance. The highest reach 12 - 15 m with a diameter of 18 - 22 cm (DAP). They present three layers, but with a greater abundance of trees and are found in 800 - 2000 m elevation.

The accompanying trees belong to Chloranthaceae (*Hedyosmum*), Euphorbiaceae (*Alchornea triplinervia* and *Sapium*), Fabaceae (*Inga*), Moraceae (*Ficus*), Solanaceae (*Solanum*), Anacardiaceae (*Toxicodendron* = itil), Ulmaceae (*Trema*) and the tree ferns *Cyathea* (Cyatheaceae). On these trees grow epiphytic ferns of the genera *Asplenium* (Aspleniaceae) and *Diplazium* (Woodsiaceae), and hemiepiphytes of the families Gesneriaceae (*Drymonia*) and Solanaceae (*Solanum*).

In the shrub layer *Miconia* and *Clidemia* (Melastomataceae) are dominant and are associated with the families Asteraceae (*Vernonanthura* and *Erato*), Rubiaceae (*Psychotria*), Solanaceae (*Lycianthes*), Begoniaceae (*Begonia parviflora*), Araliaceae (*Schefflera*), Piperaceae (*Piper*), Rubiaceae (*Palicourea*), Poaceae (*Chusquea*) and Urticaceae (*Urera*).

The herbs are represented by *Heliconia* (Heliconiaceae) *Anthurium* (Araceae), *Ichnanthus nemorosus* (Poaceae), *Renealmia* (Zingiberaceae), *Pteris* (Pteridaceae), *Tradescantia* (Commelinaceae), *Bomarea* (Alstroemeriaceae), *Passiflora nitida* = quijos (Passifloraceae) and Asteraceae with the genera *Mikania* and *Munnozia*.

In the *bosque montano* in Rodríguez de Mendoza (Posic), the *purmas* that are 12 - 14 old have developed in the disturbed forest which has coffee. In these altitudes coffee growing is not prosperous and the land was therefore abandoned and it changed into *purmas* 25 m high. The dominant species is *Heliocarpus americanus* = llausa (Tiliaceae) with a diameter of 0,2 - 0,4 m (DAP). The *llausal* has many species of trees of less height of the families Moraceae (*Ficus*) 10 - 12 m high, Ulmaceae (*Trema*) 8 - 12 m high and 0,2 m DAP; Anacardiaceae, Lauraceae (*Nectandra* and *Persea*), Fabaceae (*Inga*), Cecropiaceae (*Cecropia*), Clusiaceae (*Clusia*), Euphorbiaceae (*Alchornea triplinervia*, *Croton* = dragon blood and *Sapium*), Papaveraceae (*Bocconia integrifolia* = pincullo), Asteraceae (Pollalesta) and Myrtaceae; tree ferns of the genus *Cyathea* (Cyatheaceae).

The most diverse epiphytes in this kind of *purma* are the families Araceae (*Anthurium* and *Philodendron*), Polypodiaceae (*Polypodium* and *Campyloneurum*), Lomariopsidaceae (*Elaphoglossum*), Davalliaceae (*Nephrolepis pectinata*), Aspleniaceae

(*Asplenium*) and Woodsiaceae (*Diplazium*). The hemiepiphytes are represented by Marcgraviaceae (*Marcgravia*), Cyclanthaceae (*Thoracocarpus* and *Asplundia*), Blechnaceae (*Salpichlaena*), Gesneriaceae (*Drymonia*), and the hemiparasites of the genus *Phoradendron* (Viscaceae) and vines of the families Acanthaceae (*Mendoncia*), Smilacaceae (*Smilax*), Apocynaceae, Bignoniaceae and Sapindaceae.

The shrub layer consists of dispersed individuals of the families Euphorbiaceae (*Acalypha*), Campanulaceae (*Centropogon*), Melastomataceae (*Miconia*), Piperaceae (*Piper*), Siparunaceae (*Siparuna*), Solanaceae (*Solanum* and *Lycianthes*), Rubiaceae (*Psychotria*), Urticaceae (*Urera*), Arecaceae (*Geonoma*) (Fig. 5-14), Poaceae (Chusquea) and Asteraceae (*Aequatorium* and *Baccharis*).

There are not many herbs but they grow best in open places and around the *purmas*. Most of the families are Poaceae (*Ichnanthus*), Asteraceae (*Philoglossa*, *Acmella* and *Siegesbeckia*), Orchidaceae (*Altensteinia*), Piperaceae (*Peperomia*), Commelinaceae (*Tradescantia*), Costaceae (*Costus*), Heliconiaceae (*Heliconia*), Zingiberaceae (*Renealmia*), some twining herbs (*Dioscorea* and *Valeriana*) and ferns of the families Dennstaedtiaceae (*Pteridium aquilinum* = shapumba) and Pteridaceae (*Pteris*).

The *atadijales* or *tremales* have mainly *Trema micrantha* = atadijo (Ulmaceae) as the dominant species reaching 12 - 15 m in the upper canopy and have a very long duration. They are located near the mature forest and on sloped land. They have within their structure many other species in the purma predominantly of the families Tiliaceae (*Heliocarpus americanus* = llausa), Lauraceae (*Nectandra* = ishpingo), Melastomataceae (*Miconia*), Rubiaceae (*Palicourea* and *Psychothria*), Fabaceae (*Inga*), Euphorbiaceae (*Alchornea* and *Sapium*) and species dispersed of *Cyathea* (Cyatheaceae). The other layers have similar composition as the other *purmas*.

The *renacales* consist predominantly of the many species of *Ficus* = renaco or higuerón (Moraceae). They develop best in the *bosque premontano*, where they reach 14 - 17 m with 0,3 - 0,7 m DAP. They have the highest diversity in all the layers than the other purmas and contain the highest number of epiphytes and vines. They have the longest duration and transform eventually into mature forest.

The tree layer is represented by the families Annonaceae (*Guatteria*), Caricaceae (*Vasconcellea*), Cecropiaceae (*Cecropia* and *Coussapoa*), Clusiaceae (*Clusia*), Theophorbiaceae (*Alchornea*), Fabaceae (*Inga*), Lauraceae (*Nectandra*), Meliaceae (*Cedrela*), Theophrastaceae (*Clavija*), Tiliaceae (*Heliocarpus americanus* = llausa), and Ulmaceae (*Trema micrantha* = atadijo), palms of the genera *Attalea* and *Bactris*, and ferns of the family Cyatheaceae (*Cyathea*).

Many species of epiphytes are seen as Araceae (*Anthurium* and *Philodendron*), and Orchidaceae (*Stelis* and *Pleurothallis*) families. The ferns are diverse and abundant mainly of the families Polypodiaceae (*Campyloneurum* and *Polypodium*), Hymenophyllaceae (*Trichomanes*), Aspleniaceae (*Asplenium*), Woodsiaceae (*Diplazium*) and

Lomariopsidaceae (*Elaphoglossum*). The hemiepiphytes are represented by Marcgraviaceae (*Marcgravia*) and Solanaceae (*Juanulloa*), the vines by Apocynaceae, Asteraceae (*Mikania*), Sapindaceae and Blechnaceae (*Salpichlaena*).

The shrubs reach 5 - 6 m with species of Asteraceae (*Vernonanthura* patens = palo de agua), Begoniaceae (*Begonia parviflora*), Campanulaceae (*Centropogon*), Arecaceae (*Geonoma*), Euphorbiaceae (*Acalypha*), Melastomataceae (*Miconia*), Araliaceae (*Schefflera*), Piperaceae (*Piper*), Rubiaceae (*Psychotria, Palicourea*), Poaceae (*Chusquea*), Siparunaceae (*Siparuna*), Solanaceae (*Solanum, Lycianthes* and *Capsicum*) and Urticaceae (*Urera*).

The herbs cover most of the soil and belong to the families Araceae (*Anthurium* and *Monstera*), Commelinaceae (*Commelina* and *Dichorisandra*), Costaceae (*Costus*), Cyclanthaceae (*Cyclanthus bipartitus*), Heliconiaceae (*Heliconia*), Piperaceae (*Peperomia*), Poaceae (*Ichnanthus*), Zingiberaceae (*Renealmia*), climbing herbs of Cucurbitaceae (*Psiguria*), twining herbs as Dioscoreaceae (*Dioscorea*) and ferns of the family Pteridaceae (*Pteris*).

Ethnobotany

Utilization of natural resources in the Tonchimilio and Rodríguez de Mendoza Valleys

The settlers of both river basins use about 349 species of plants. Of the total 87 (25%) are cultivated plants, 66 (19%) are used in constructions, manufacture of furniture, tools, crafts, and firewood, 148 (42%) as medicinal plants, 56 (16%) ornaments, 25 (7%) for hedges, 33 (9%) forage, 25 (7%) wild fruits, one is used for fishing, one for washing, one for tanning leather, one for giving light in the houses and as a perfume. 34% (120) of the species used are introduced and 66% (229) are native.

The Poaceae family (gramineas) is the most used with 30 species (9%), followed by the Fabaceae (legumes) 28 (8%), Solanaceae 23 (7%), Asteraceae 22 (6%), Euphorbiaceae 13 (4%), Lamiaceae 11 (3%), Lauraceae 10 (3%) and 212 species (60%) correspond to 96 families.

The settlers who currently inhabit the area have more knowledge of the use of plants from their homeland. However, experience living and interacting with people from native communities has allowed a generation of new knowledge of ethnobotany. Many plants have been introduced to these ecosystems and knowledge has been acquired from their experiences and others have been incorporated into their cultural heritage by learning from indigenous communities.

Some wild species are consumed as *Iriartea* sp. = chonta (Arecaceae), the only species of this family whose leaves are used in salads; *Plukenetia* sp. = sacha inchi de monte (Euphorbiaceae) (Fig. 5-15) has similar use as *Plukenetia volubilis* = sacha peanut and *Auricularia* sp. = oreja or callampa and is a fungus that people consume boiled or fried.

The people know coloring species used in their places of origin (Chachapoyas, Rodríguez de Mendoza and districts of Piura) where they have been widely used for many generations. However, when they are established in these areas, they prefer to buy clothing and other products already dyed.

Main species they use are *Juglans neotropica*, walnut (Juglandaceae), *Lomatia hirsute*, andanga (Proteaceae), *Curcuma longa* , safran (Zingiberaceae), *Bidens pilosa*, cadillo (Asteraceae), *Zingiber officinale*, common ginger (Zingiberaceae), *Iris germanica*, lirio (Iridaceae), *Cybistax antisiphilitica*, llangua (Bignoniaceae), *Acacia macracantha*, huarango or faique (Fabaceae), *Weinmannia balbisiana*, sayó (Cunoniaceae) and *Caesalpinia spinosa*, taya or tara (Fabaceae).

Weinmannia balbisiana = sayó, is used for tanning leather due to the content of tannin in the bark. The crushed leaves of *Lonchocarpus utilis* = barbasco (Fabaceae) is used for fishing; the leaves are added to the water and cause the death of the fish. *Siparuna* sp., añaskero (Siparunaceae), is used as a perfume, especially used in baths for women. For the washing of clothes *Solanum* sp., cashacaspi or caballo runtu (Solanaceae) are used due to the presence of saponins in the fruit. They also say they use the wax from *Morella pubescens*, laurel (Myricaceae) to give light in the houses as candles. Some species have been replaced by synthetic products they buy in the markets

Crops

The inhabitants cultivate 86 edible species; of which 51% (44) are introduced species and 49% (42) are native Andean species. Of the total of cultivated species 20% (17) are tubers, rhizomes, bulbs and roots, 26% (22) vegetables and spices, 12% (10) legumes, 5% (4) graminea, 35% (30) fruits and 6% (5) have multiple uses. The species used belong to families: 14% Fabaceae (12), Solanaceae 8% (7), Cucurbitaceae and Apiaceae 7% (6) each, Rutaceae, Brassicaceae, Poaceae and Asteraceae 5% (4) each and the 44% is shared by 26 families. These crops are described in the following sections.

Tubers, bulbs, rhizomes and roots

In this group are considered vegetables that develop underground storage organs like tubers, which are modified stems that originate from a thickening at the distal end of the rhizomes, where reserve substances are stored mainly starch. Bulbs, rhizomes and roots also store nutrition. They are easily digestible and provide energy.

This group contains 17 species, of which 9 (53%) are introduced and 8 (47%) of Andean origin. They are grouped into 13 botanical families, the major are represented with two species each (48%) Apiaceae, Brassicaceae, Alliaceae and Zingiberaceae, with a remaining 9 families.

Arracacia xanthorrhiza = arracacha or racacha (Apiaceae) is cultivated in 5 varieties differentiated by color, shape and cooking time of their roots. = Sweet potato *Ipomoea batatas* (Convolvulaceae), differ in the rate of growth, stem color, leaf shape and size and color of the roots, what the locals know as "white," " yellow and purple. " Cassava = *Manihot esculenta* (Euphorbiaceae) is a very popular crop and has a diversity in the stems, leaf forms, as well as size and color of the roots, the people call them "mestizos", "white" and "Baguena".

Vegetables and spices

These crops store food reserves in the aerial parts of plants such as leaves (celery, coriander, parsley, sachaculantro, honrada, huacatay, lettuce, cabbage, oregano, elderberries, flowers (cauliflower) and fruits (caigua, chiuche, pepinillo, pumpkin, lemon, ají, mishmi, rocoto, tomato). The green vegetables are generally used in salads.

A total of 22 species are used, of which 50% are introduced and the others are Andean. They are grouped into 10 botanical families, Cucurbitaceae is the most diverse with 6 species (27%), followed by Solanaceae and Apiaceae with 4 species (18%) each, Asteraceae (14%) with 3 species, and the remaining 23% is grouped into 6 families.

The fruits of 50% of species are used as vegetables and spices, 46% are leaves and only one species (4%) use the flower buds. Many of these species are grown in small gardens near the houses.

Legumes

This group corresponds to the Fabaceae family whose fruits are typical legumes or pods. The seeds of these fruits are used in food; most are introduced species (60%), being peanut *Arachis hypogaea*, common bean *Phaseolus vulgaris*, and *Erythrina edulis*, pajuro species that have been domesticated by the ancient Peruvians. *Phaseolus vulgaris* is best represented in growth form, vegetative and flowering as well as by the shape and color of seeds, the most common cultivars are "paint", "change Noventa" "huasca, panamito", "Chilean".

Graminea

The graminea belong to the Poaceae family,whose fruits are known as grains or cereals, these are the most important nutrient source for mankind.

Only 4 species are cultivated, including *Zea mays* = corn is the only species, with two cultivars called "yellow" and "purple." Pseudocereales do not grow because the elevations are not conducive. *Saccharum officinarum*, sugar cane is much appreciated and is always present in the farms with the cultivars "white," "retensia" and

"Cinderella", the juice is extracted from its stalks in a sugar mill and used to prepare molasses, which is used as a sweetener for chewing or consumption. Hierba luisa (lemon grass) *Cymbopogon citratus*, is widely used in the preparation of a tea after a meal and used for its medicinal properties

Fruits

A total of 30 species are used, 12 (40%) were introduced and 18 (60%) are Andean species. They are grouped into 19 families, Rutaceae which is the most diverse with 4 species (13%), followed by Sapataceae with 3 species (10%) and 17 families with the remaining 77%.

Citrus limon, lemon (Rutaceae) is a fairly widespread culture with 2 cultivars "sweet" and "sútil". *Musa acuminate*, banana (Musaceae) is one of the most diverse cultures with 6 cultivars "silk" or "fry", "grain of gold" or "picurillo", "tataco," "giant," "mungia", where differences are seen in cluster size, color and flavor.

Coffea arabica, coffee (Rubiaceae), is the main crop. The majority of settlers are engaged in selling coffee, and it has become a product of increased income for the families: The most common cultivars are "catimor", "caturra" and "national". The seeds are mainly used, but the coffee cherries of the ripe fruit contain sweet substances consumed in small scale (see chapter 4).

Fruit production in these areas is for local consumption; it does not generate income and is usually wasted by the fall and consumption of animals, and are therefore not profitable. The transport to nearby markets has a high cost due to the difficulty and time spent before it can be sold.

Species of multiple uses

This group consists of plants grown for different uses, of which 75% are of Andean origin. Fibers from *Gossypium barbadense*, cotton, (Malvaceae) are used for making bags and some clothing, cacao (Sterculiaceae) and *Coffea arabica*, coffee (Rubiaceae) occasionally are consumed as fruits and beverages for daily use, mainly as seeds toasted and ground coffee.

The roasted seeds of *Plukenetti volubilis*, sacha inchi, (Euphorbiaceae) are consumed either directly or used in food. In all cases, these species are sold for income. Currently Sacha inchi is being supported to be cultivated for export, due to the healing and nutritional properties of its oil.

Table 5-2. Main crops in the Valle del Alto Mayo

Common Name	Scientific Name	Family
Tubers, rhizoms, bulbs and roots		
Garlic	*Allium sativum* (i)	Alliaceae

Arracacha, racacha	*Arracacia xanthorrhiza* (n)	Apiaceae
Safran	*Curcuma longa* (i)	Zingiberaceae
Beet	*Beta vulgaris* (i)	Chenopodiaceae
Bituca, michuca	*Colocasia esculenta* (i)	Araceae
Sweet potato	*Ipomoea batatas* (n)	Convolvulaceae
Common ginger	*Zingiber officinale* (i)	Zingiberaceae
Onion	*Allium cepa* (i)	Alliaceae
Mashua	*Tropaeolum tuberosum* (n)	Tropaeolaceae
Turnip	*Brassica rapa* var. *rapa* (i)	Brassicaceae
Oca	*Oxalis tuberosa* (n)	Oxalidaceae
Olluco	*Ulluscus tuberosus* (n)	Bassellaceae
Potato	*Solanum tuberosum* (n)	Solanaceae
Radish	*Raphanus sativus* (i)	Brassicaceae
Yacón	*Smallanthus sonchifolius* (n)	Asteraceae
Manioc	*Manihot esculenta* (n)	Euphorbiaceae
Carrot	*Daucus carota* (i)	Apiaceae

Vegetables and spices

Chili pepper	*Capsicum annuum* (i)	Solanaceae
Celery	*Apium graveolens* (i)	Apiaceae
Caigua, choccha	*Cyclanthera pedata* (n)	Cucurbitaceae
Chinese onion	*Allium fistulosum* (i)	Alliaceae
Chiclayo, chiuche	*Cucurbita fiscifolia* (n)	Cucurbitaceae
Chayote	*Sechium edule* (n)	Cucurbitaceae
Coliflor	*Brassica oleracea* var. *botrytis* (i)	Brassicaceae
Coriander	*Coriandrum sativum* (i)	Apiaceae
Honrada	*Tagetes elliptica* (n)	Asteraceae
Huacatay	*Tagetes terniflora* (n)	Asteraceae
Lettuce	*Lactuca sativa* (i)	Asteraceae
Loche	*Cucurbita moschata* (n)	Cucurbitaceae
Orégano	*Origanum vulgare* (i)	Lamiaceae
Paico	*Chenopodium ambrosioides* (n)	Chenopodiaceae
Bread fruit	*Artocarpus altilis* (i)	Moraceae
Gherkin	*Cucumis sativus* (i)	Cucurbitaceae
Parsley	*Petroselinum crispum* (i)	Apiaceae
Pomme rose	*Syzygium jambos* (i)	Myrtaceae
Cabbage	*Brassica oleracea* var. *capittata-alba* (i)	Brassicaceae
Rocoto	*Capsicum pubescens* (n)	Solanaceae
Long coriander	*Eryngium foetidum* (n)	Apiaceae
Tomato	*Solanum esculentum* (n)	Solanaceae
Tree tomato, pepino	*Solanum betaceum* (n)	Solanaceae
Pumpkin	*Cucurbita maxima* (n)	Cucurbitaceae

Legumes

Pea	*Pisum sativum* (i)	
Pigeon pea	*Cajanus cajan* (i)	
Common bean	*Phaseolus vulgaris* (n)	

Broad bean	*Vicia faba* (i)	
Habilla, sarandaja	*Dolichos lablab* (i)	
Lentil	*Lens esculenta* (i)	
Peanut	*Arachis hypogaea* (n)	
Pajuro	*Erythrina edulis* (n)	
Soja	*Glycine max* (i)	

Gramineae

Rice	*Oryza sativa* (i)
Sugar cane	*Saccharum officinarum* (i)
Corn	*Zea mays* (n)
Lemon grass	*Cymbopogon citratus* (i)

Fruits

Anona	*Rollinia mucosa* (n)	Annonaceae
Cocoa	*Theobroma cacao* (n)	Sterculiaceae
Coffee	*Coffea arabica* (i)	Rubiaceae
Abiu	*Pouteria caimito* (n)	Sapotaceae
Quito orange	*Solanum quitoense* (n)	Solanaceae
Coconut	*Cocos nucifera* (i)	Arecaceae
Cocona	*Solanum sessiliflorum* (n)	Solanaceae
Passionflower	*Passiflora ligularis* (n)	Passifloraceae
Soursop	*Annona muricata* (n)	Annonaceae
Guava	*Psidium guajava* (n)	Myrtaceae
Huaba	*Inga edulis* (n)	Fabaceae
Lime	*Citrus aurantifolia* (i)	Rutaceae
Lemon	*Citrus limon* (i)	Rutaceae
Lúcuma	*Pouteria lucuma* (n)	Sapotaceae
Mandarin	*Citrus reticulata* (i)	Rutaceae
Mango	*Mangifera indica* (i)	Anacardiaceae
Apple	*Malus domestica* (i)	Rosaceae
Passion fruit	*Passiflora edulis* (n)	Passifloraceae
Cashew nut	*Anacardium occidentale* (n)	Anacardiaceae
Orange	*Citrus aurantium* (i)	Rutaceae
Japanese medlar	*Eriobotrya japonica* (i)	Rosaceae
Pacae	*Inga feuillei* (n)	Fabaceae
Avocado	*Persea americana* (n)	Lauraceae
Papaya	*Carica papaya* (n)	Caricaceae
Pineapple	*Ananas comosus* (n)	Bromeliaceae
Banana	*Musa acuminata* (i)	Musaceae
Banana guinea	*Musa x paradisiaca* (i)	Musaceae
Sapote	*Manilkara zapota* (n)	Sapotaceae
Elder tree	*Sambucus peruviana* (n)	Adoxaceae
Grape	*Vitis vinifera* (i)	Vitaceae

Species of multiple use

| White cotton | *Gossypium barbadense* var. *barbadense* (n) | Malvaceae |

Brown cotton	Gossypium barbadense var. peruvianum (n)	Malvaceae
Cocoa	Theobroma cacao (n)	Sterculiaceae
Coffee	Coffea arabica (i)	Rubiaceae
Sacha peanut	Plukenetia volubilis (n)	Euphorbiaceae

Based on informants in the Tonchimillo and Rodríguez de Mendoza river basins, (n) native and (i) introducida. Identified by V. Quipuscoa.

Invasive species in the crops

The inhabitants know that the *Pseudoelephantopus* sp. = oreja de ratón (the rat's ear), *Pteridium aquilinum,* shupungo, shapumba, and the "cuelena" species always are invading their crops and abandoned fields; however, there are other species growing in the crops such as the families Asteraceae (*Aequatorium* sp., *Gamochaeta americana*, *Conyza bonariensis*, *Bidens pilosa*, *Porophyllum ruderale*, *Sigesbeckia* sp., *Acmella* sp., *Ageratum conyzoides*, *Galinsoga parviflora*, *Taraxacum officinale*, *Sonchus oleraceus* and *Erechtites*), Cyperaceae (*Cyperus*, *Eleocharis* and *Kyllinga*), Poaceae (*Pennisetum clandestinum*, kikuyo grass, *Ichnanthus nemorosus* and *Poa*), Plantaginaceae (*Plantago australis,* llantén), Fabaceae (*Desmodium* sp., pie de perro (dog's foot) and *Trifolium repens*, white clover), Scrophulariaceae (*Castilleja*), Malvaceae (*Sida rhombifolia* and *Anoda*), Lythraceae (*Cuphea strigulosa*), Solanaceae (*Solanum americanum,* kuesh), Polygonaceae (*Rumex crispus,* curley dock, Verbenaceae (*Verbena litoralis* and *Stachytarpheta*), Lamiaceae (*Stachys arvensis,* pedorrera e *Hyptis*), Rubiaceae (*Galium hipocarpicum* and *Richardia*), Apiaceae (*Sanicula*) and Amaranthaceae (*Alternanthera*). The first three species once established are difficult to eradicate, so the villagers prefer to leave these fields farms and continue their agricultural activities in other areas.

Medicinal plants

The inhabitants use 147 species for curing. 36% (56) are introduced and 64% (94) native. The species are grouped into 60 families, Asteraceae is the most diverse with 16 (11%), followed by Solanaceae and Lamiaceae each with 9 (6%) , Fabaceae 8 (5%), Poaceae 7 (5%), Euphorbiaceae 6 (4%) and 63% are grouped into 54 families.

The people prefer to use the fresh leaves of 61% of the species to prepare their medicines, because it is easy to extract the active ingredients. In most cases the stems are used in conjunction with the sheets and correspond to 21%, seeds, fruits and roots with 10% each. The flowers, latex, bark, rhizome, bulb, tuber, mucilage, or the whole plant correspond to 25% of the medicinal species.

The most common ways of preparation are:

- 38% for making tea or herbal tea (leaves or other parts of different plants boiled in water

- 37% are used in cooking, baking or decoction
- 31% is used for juice or extract (liquid obtained from pressing or squeezing the green and soft parts of the plant)
- 25% are taken directly
- 24% are used in plasters or cataplasm (grinding or crushing and applied directly to the affected area)
- 12% are used in washing and in baths (the infusion or decoction)
- 5% extracted (a mixture of the plant and *aguardiente* left for 8 days)
- 2% pads (similar to cataplasm, using a watery extraction placed on a cloth or towel)
- 2% ointment (extract or powder or bait with grease and applied to the affected part)
- 1% inhalations (decoction) and 2% in cases of gargling (gargle or mouthwash with powder (crushed dry parts of the plant) and clyster (an application of a watery preparation that is introduced through the anus)

The vast majority prefer to use a combination of plants to reduce the side effects of the disease. In general the leaves are boiled in water and taken to calm the condition in the case of internal diseases (liver disease, gastrointestinal, urogenital), where in external cases (cuts, wounds, sprains, a toothache or ear pain) they prefer to apply the juice of leaves, and latex like plasters directly (Fig. 5-17). They consider 41 effects of curative plants.

- 56 have anti-inflammatory properties
- 31 can lower a fever
- 24 are antispasmodic
- 24 are pain killers
- 21 are used for liver diseases
- 17 are antiseptic, and others are haemostatic, diuretic, hypotensive, pectoral, antitussive, antidiarrheal, antirheumatic, antinefrítica, anthelmintic, laxative, emenagogo, digestive, among others

The knowledge about the use of medicinal plants is decreasing from generation to generation. At present young people prefer to attend the health facilities and being treated with western medicine because it takes less time and is more effective. Few people are dedicated to medicate with empirically based preparations and every day there are less and less people helping women giving births (Fig. 5-18).

Tabla 5-3. Medicinal plants used in the Valle del Alto Mayo

Common Name	Scientific Name	Family	Action, form of use, and part used

410

Chicory	*Cichorium intybus* (s,i)	Asteraceae	Liver problems, febrifuge, emmenagoque (d,h,r)
Achiote	*Bixa orellana* (sc,n)	Bixaceae	Anti-nephritic, anti-inflamation, analgesic, anti-emetic, antimicotic, (cc,d,if,h,fl,se)
Achira	*Canna indica* (sc,n)	Cannaceae	Resolutive, hypotensive (e,h)
Worm wood	*Artemisia absinthium* (c,i)	Asteraceae	Antispatic, febrifuge (if,h,t,fl,fr)
Chili pepper	*Capsicum annuum* (c,i)	Solanaceae	Analgesic, antídoto (d,e,fr,se)
Garlic	*Allium sativum* (c,i)	Alliaceae	Antiespasmódico, expectorant, analgesic, antirheumatic (cc,e,d,z,b)
Common ginger	*Zingiber officinale* (c,i)	Zingiberaceae	Antirheumatic (m,r)
Alambre de campo	*Smilax* sp. (s,n)	Smilacaceae	Diuretic (cc,r)
Basil	*Ocimum basilicum* (c,i)	Lamiaceae	Anti-inflamation, diuretic (cc,d,if,h,t,se)
Alfalfa	*Medicago sativa* (c,i)	Fabaceae	Anti-anemic, anti-inflamation (z,h,t)
Cotton	*Gossypium barbadense* (c,n)	Malvaceae	Analgesic (z,fr)
Arrow-life sida	*Sida rhombifolia* (s,n)	Malvaceae	Anti-inflamation, antiseptic, diuretic (e,if,h,t)
Anise	*Pimpinella anisum* (c,i)	Apiaceae	Pectoral, antispatic (if,se)
Celery	*Apium graveolens* (c,i)	Apiaceae	Antispatic, antidiarrheal, antimicotic (if,h,t)
Arracacha	*Arracacia xanthorrhiza* (c,n)	Apiaceae	Flatulence, anti-allergic (if,e,h)
Rice	*Oryza sativa* (c,i)	Poaceae	Antidiarrheal (cc,se)
Pea	*Pisum sativum* (c,i)	Fabaceae	Febrifuge (cc,h,t,fl)
Safran	*Curcuma longa* (c,i)	Zingiberaceae	Febrifuge (z,fr)
Watercress	*Rorippa nasturtium-aquaticum* (s,i)	Brassicaceae	Liver problems (d,z,h)
Bolsa de pastor	*Calceolaria* sp. (s,n)	Calceolariaceae	Anti-inflamation (e,h)
Bloodleaf	*Iresine herbstii* (sc,i)	Amaranthaceae	Antispatic, febrifuge (if,z,h)
Cadillo, amor seco	*Bidens pilosa* (s,n)	Asteraceae	Diuretic, hypotensive, anti-inflamation, antitussive (cc,if,z,tp)
Coffee	*Coffea arabica* (c,i)	Rubiaceae	Febrifuge, anti-cholagoque, analgesic (cc,d,if,h,fl,se)
Caihua, choccha	*Cyclanthera pedata* (c,n)	Cucurbitaceae	Analgesic (z,fr)
Calahuala	*Niphidium crassifolium* (s,n)	Polypodiaceae	Anti-inflamation (if,rz)
Campanilla	*Brugmansia arborea* (sc,n)	Solanaceae	Resolutive (u,h)
Canchalagua	*Schkuhria pinnata* (s,n)	Asteraceae	Bitter, purification (if,h)
Caña ácida	*Costus* sp. (s,n)	Costaceae	Febrifuge (z,h)
Caña agria	*Costus* sp. (s,n)	Costaceae	Diuretic (cc,h,t)
Sugar cane	*Saccharum officinarum* (c,i)	Poaceae	Anti-inflamation, expectorant (cc,d,g,z,t)
Giant reed	*Arundo donax* (s,i)	Poaceae	Capillary (m,h,t)
Cascarilla	*Cinchona* sp. (s,n)	Rubiaceae	Pectoral, antipalúdica (m,cz)
Barley	*Hordeum vulgare* (c,i)	Poaceae	Diuretic, anti-inflamation (cc,fr)
Onion	*Allium cepa* (c,i)	Alliaceae	Antitussive, expectorant, anti-inflamation, analgesic, hypotensive (e,d,z,b)
Chamena, muña	*Minthostachys mollis* (s,n)	Lamiaceae	Pectoral (if,h)
Stone chanca	*Phyllanthus niruri* (s,n)	Euphorbiaceae	Diuretic, anti-inflamation, Liver problems (cc,if,tp)
Chancapiedra	*Pilea* sp. (s,n)	Urticaceae	Antispatic (if,h,t)

Chilca, hierba del gentil	*Baccharis* sp. (s,n)	Asteraceae	Anti-inflamation, antibiotic, pectoral (cc,e,u,if,h)
Chayote	*Sechium edule* (c,n)	Cucurbitaceae	Anti-inflamation (z,fr)
Chochocón	*Salvia splendens* (c,i)	Lamiaceae	Laxative (if,fl)
Chulco grande	*Begonia* sp. (s,n)	Begoniaceae	Anti-emetic, febrifuge, antispatic, anticid (z,h,t)
Chulco morado	*Oxalis* sp. 1 (s,n)	Oxalidaceae	Antidiarrheal, Liver problems (d,z,tp)
Cypress tree	*Cupressus sempervirens* (c,i)	Cupressaceae	Anti-inflamation (if,h)
Carnation	*Dianthus caryophyllus* (c,i)	Caryophyllaceae	Febrifuge (if,fl)
Clove	*Eugenia caryophyllata* (c,i)	Myrtaceae	Analgesic (d,fl)
Coca	*Erythroxylum* sp. (sc,n)	Erythroxilaceae	Antispatic, pectoral, analgesic, antibiotic, sedative, stimulating, antitussive (if,z,h)
Coconut	*Cocos nucifera* (c,i)	Arecaceae	Capillary, antispatic (cc,l,se)
Cauliflower	*Brassica oleraceae* (c,i)	Brassicaceae	Capillary (l,h)
Horsetail	*Equisetum bogotense* (s,n)	Equisetaceae	Antiséptico, hemostatic, anti-inflamation, liver problems, Diuretic, anti-nephritic (cc,d,e,if,l,z,h,t)
Congona	*Peperomia inaequalifolia* (c,n)	Piperaceae	Hemostatic, antiseptic, febrifuge (e,if,h)
Copaiba	*Copaifera reticulata* (s,n)	Fabaceae	Hemostatic (d,r)
Cujaka	*Solanum* sp. 2 (s,n)	Solanaceae	Anti-inflamation (c,h)
Culantrillo	*Adiantum* sp. (s,n)	Pteridaceae	Anti-inflamation, diuretic, hypotensive, liver problems (cc,if,z,h)
Diego lópez	? (s,n)	Acanthaceae	Anti-inflamation, spasmodic (cc,e,if,h)
Dandelion	*Taraxacum officinale* (s,i)	Asteraceae	Anti-inflamation, anticid (cc,h)
Gladiolus	*Gladiolus communis* (c,i)	Iridaceae	Anti-nephritic (if,h)
Eucalyptus	*Eucalyptus globulus* (c,i)	Myrtaceae	Pectoral, antitussive (cc,if,h)
Flor blanca	*Buddleja* sp. (s,n)	Buddlejaceae	Anti-inflamation (if,fl)
Common bean	*Phaseolus vulgaris* (c,n)	Fabaceae	Anti-anemic (cc,se)
Golondrina	*Chamaesyce* sp. (s,n)	Euphorbiaceae	Anti-inflamation (d,l)
Grama dulce	*Cynodon dactylon* (sc,i)	Poaceae	Diuretic, anti-inflamation (cc,la,h,t)
Passionflower	*Passiflora ligularis* (c,n)	Passifloraceae	Febrifuge, anti-inflamation, hypotensive, antidiarrheal, antispatic, liver problems (cc,co,e,z,h,fr)
Guava	*Psidium guajava* (c,n)	Myrtaceae	Antidiarrheal, pectoral, calcifying (cc,m,cz)
Broad bean	*Vicia faba* (c,i)	Fabaceae	Anti-inflamation (z,h)
Hierba buena	*Mentha spicata* (c,i)	Lamiaceae	Antispatic, antihelmintic, anti-inflamation (cc,e,if,h)
Hierba del siervo	*Campyloneurum* sp. (s,n)	Polypodiaceae	Liver problems (cc,rz)
Lemon grass	*Cymbopogon citratus* (c,i)	Poaceae	Pectoral, sedative, antitussive (cc,if,h,r)
Hierba mora, cushay, Kuesh	*Solanum americanum* (s,n)	Solanaceae	Febrifuge, antibiotic, hypotensive (e,la,p,h)
Hierba santa	*Cestrum auriculatum* (s,n)	Solanaceae	Febrifuge, hypotensive, analgesic, anti-inflamation (e,la,z,h,t)
Caster bean	*Ricinus communis* (s,i)	Euphorbiaceae	Digestive (co,h)
Fennel	*Foeniculum vulgare* (c,i)	Apiaceae	Antitussive, diuretic, antispatic (cc,if,h,t)
Huacatay	*Tagetes terniflora* (s,n)	Asteraceae	Antispatic, digestive (if,h,t)
Indón	*Byrsonima* sp. (s,n)	Malpighiaceae	Febrifuge (if,h)

Ishanga	*Urera caracasana* (s,n)	Urticaceae	Antirheumatic (d,h)
Ishpingo	*Nectandra* sp. 4 (s,n)	Lauraceae	Anti-nephritic (cc,h)
Karkeja	*Baccharis genistelloides* (s,n)	Asteraceae	Febrifuge, anti-nephritic (cc,if,h,t)
Lancetilla	*Alternanthera porrigens* (s,n)	Amaranthaceae	Anti-emetic, antispatic, febrifuge, anti-inflamation, analgesic, emmenagoque (cc,e,if,la,z,h,t)
Curley dock	*Rumex crispus* (s,i)	Polygonaceae	Analgesic (z,t)
Lime	*Citrus aurantifolia* (c,i)	Rutaceae	Antiseptic, emmenagoque (cc,m,fr)
Lemon	*Citrus limon* (c,i)	Rutaceae	Analgesic, antidiarrheal, liver problems, antitussive, antibiotic, hypotensive, febrifuge, antispatic, anti-inflamation, laxative, hemostatic, antiseptic, antimicotic (cc,d,z,fr,se)
Flax	*Linum usitatissimum* (c,i)	Linaceae	Anti-inflamation, diuretic, liver problems (cc,la,se)
Plantain	*Plantago major* (s,i)	Plantaginaceae	Pectoral, antitussive, hemostatic, antiseptic, anti-inflamation, anticid, analgesic (cc,co,e,if,la,z,h)
Corn	*Zea mays* (c,n)	Poaceae	Anti-inflamation, antiseptic, febrifuge, diuretic (cc,la,fl)
Mala hierba, hierba maría, lengua de buey	*Rumex cuneifolius* (s,n)	Polygonaceae	Febrifuge (la,z,h,t,r)
Malva	*Malachra alceifolia* (s,n)	Malvaceae	Febrifuge, anti-inflamation, antispatic, antipalúdica (cc,d,if,la,h,fl)
Chamomile	*Matricaria recutita* (c,i)	Asteraceae	Antispatic, hypnotic (if,z,h)
Ragweed	*Ambrosia peruviana* (s,n)	Asteraceae	Adaptogénica (d,h)
Masgoy	*Bidens* sp. (s,n)	Asteraceae	Hemostatic, antiseptic (la,h)
Mastrandro	*Lantana scabiosiflora* (s,n)	Verbenaceae	Antispatic (cc,h,t)
Matico	*Piper* sp. (s,n)	Piperaceae	Anti-inflamation, pectoral, antitussive, antiseptic, hemostatic, anti-nephritic, diuretic, antidiarrheal, antirheumatic, hypotensive (cc,e,if,la,h)
Mint	*Mentha aquatica* (sc,i)	Lamiaceae	Analgesic, flatulence, digestive (d,if,h)
Peppercorn tree	*Schinus molle* (s,n)	Anacardiaceae	Antirheumatic (ih,h)
Morero	*Ceiba* sp. (s,n)	Bombacaceae	Analgesic (d,l)
Orange	*Citrus aurantium* (c,i)	Rutaceae	Antitussive, laxative (z,fr)
Walnut	*Juglans neotropica* (s,n)	Juglandaceae	Hemostatic (if,cz)
Ɣul	*Commelina* sp. (sc,i)	Commelinaceae	Febrifuge (z,h)
Ojé	*Ficus insipida* (s,n)	Moraceae	Antihelmintic (d,l)
Oregano	*Origanum vulgare* (c,i)	Lamiaceae	Flatulence, digestive, pectoral, emmenagoque (if,m,h)
Nettle	*Urtica peruviana* (s,n)	Urticaceae	Stimulating, anti-inflamation, anticid, antirheumatic, antispatic (cc,d,la,h)
Pacae	*Inga feuillei* (c,n)	Fabaceae	Anti-inflamation (z,se)
Paico	*Chenopodium ambrosioides* (s,n)	Chenopodiaceae	Antihelmintic, antispatic (cc,if,z,tp)
Pájaro bobo	*Tessaria integrifolia* (s,n)	Asteraceae	Liver problems, anti-nephritic (cc,h,t)
Palo de agua, pangakero, okuera	*Vernonia patens* (s,n)	Asteraceae	Analgesic, antihelmintic, liver problems, anti-inflamation (e,z,h,t)
Balsa tree	*Ochroma pyramidale* (s,n)	Bombacaceae	Hemostatic, antiseptic (la,cz)

Palo sangre	*Dialium* sp. (s,n)	Fabaceae	Hemostatic, anti-inflamation (cc,if,cz)
Avocado	*Persea americana* (c,n)	Lauraceae	Antidiarrheal, antihelmintic, emmenagoque, antimicótico (cc,la,se)
Pampaorégano, lucema	*Lantana* sp. (s,n)	Verbenaceae	Antidiarrheal, anti-inflamation, antispatic, flatulence, pectoral (if,z,h,t)
Breat tree	*Artocarpus altilis* (s,i)	Moraceae	Antirheumatic, hemostatic (d,l)
Potato	*Solanum tuberosum* (c,n)	Solanaceae	Diuretic, liver problems, hypotensive, anti-inflamation, febrifuge (cc,e,z,tb)
Papa madre, sacha-papa	*Dioscorea* sp. (s,n)	Dioscoreaceae	Anti-inflamation (cc,z,r)
Papaya	*Carica papaya* (c,n)	Caricaceae	Antihelmintic (z,se)
Pashguete	*Alternanthera* sp. 1 (s,n)	Amaranthaceae	Febrifuge, anti-inflamation, hemostatic, antiseptic (cc,la,h)
Field woundwort	*Stachys arvense* (s,n)	Lamiaceae	Flatulence (if,h)
Pie de perro	*Desmodium* sp. (s,n)	Fabaceae	Hemostatic, antiseptic (e,h,t)
Pimpim, siempre viva	*Echeveria peruviana* (s,n)	Crassulaceae	Analgesic, febrifuge (e,if,z,h)
Piñón	*Jatropha curcas* (sc,i)	Euphorbiaceae	Analgesic (d,l)
Banana	*Musa acuminata* (c,i)	Musaceae	Hemostatic, antiseptic, antidiarrheal, antirheumatic, febrifuge (e,z,h,t,r)
Pumapara	*Eustephia coccinea* (s,n)	Amaryllidaceae	Anti-inflamation (e,h)
Radish	*Raphanus sativus* (c,i)	Brassicaceae	Antitussive (cc,r)
Cabbage	*Brassica oleraceae* var. *capitata-alba* (c,i)	Brassicaceae	Hypotensive (d,h)
Rocoto	*Capsicum pubescens* (c,n)	Solanaceae	Analgesic, antiseptic, anti-inflamation (d,e,u,fr)
Rose	*Rosa canina* (c,i)	Rosaceae	Febrifuge, pectoral, liver problems, anti-inflamation (if,e,la,h,fl)
Common rue	*Ruta graveolens* (c,i)	Rutaceae	Emmenagoque, antispatic, digestive, analgesic, antitussive, anti-emetic (cc,d,if,ih,h)
Ruibarbo	*Rheum* sp. (c,i)	Polygonaceae	Analgesic (d,se)
Aloe	*Aloe vera* (sc,n)	Asphodelaceae	Antispatic, anti-inflamation, anti-nephritic (d,e,z,h,mu)
Long coriander	*Eryngium foetidum* (sc,n)	Apiaceae	Spasmodic (cc,h,t)
Salvia	*Salvia* sp. 1 (s,n)	Lamiaceae	Anti-inflamation (if,h)
Sanango	*Faramea* sp. (s,n)	Rubiaceae	Antirheumatic, pectoral (m,r)
Dragon blood	*Croton* sp. (s,n)	Euphorbiaceae	Anti-inflamation, antiseptic, hemostatic, liver problems, antispatic (cc,d,e,h,l)
Sarsa	*Rubus* sp. 2 (s,n)	Rosaceae	Pectoral, anti-inflamation, antitussive (cc,e,fr,h,t)
Elder tree	*Sambucus peruviana* (sc,n)	Adoxaceae	Laxative, antihelmintic, pectoral, emética (cc,e,en,if,la,z,h)
Serraja, cerraja, cash-engro	*Sonchus oleraceus* (s,i)	Asteraceae	Liver problems, anti-inflamation, febrifuge (if,z,h)
Shambo	? (s,n)	Melastomataceae	Hypotensive (d,h)
Suelda con suelda	*Phoradendron* sp. (s,n)	Viscaceae	Anti-inflamation, resolutive (e,if,h,t)
Tomato	*Solanum esculentum* (c,n)	Solanaceae	Febrifuge, anti-inflamation, analgesic (d,e,z,fr,h)
Cape gooseberry	*Physalis peruviana* (sc,n)	Solanaceae	Analgesic (z,h)
Melissa	*Melissa officinalis* (c,i)	Lamiaceae	Febrifuge, liver problems, anti-allergic (if,h)

Tumbo	*Passiflora quadrangularis* (c,n)	Passifloraceae	Liver problems (z,h)
Cat's claw	*Uncaria guianensis* (s,n)	Rubiaceae	Anti-inflamation, anti-nephritic, liver problems, (cc,if,h,cz)
Uñigán	*Rumex* sp. 1 (s,n)	Polygonaceae	Febrifuge, hypotensive, diuretic, anti-inflamation (co,d,e,if,la,z,h,r)
Valeriana selva	*Valeriana* sp. (s,n)	Valerianaceae	Hypotensive, stimulating (m,t,r)
Seashore vervain	*Verbena litoralis* (s,n)	Verbenaceae	Febrifuge, liver problems, antidiarrheal (d,if,z,h)
Yacón	*Smallanthus sonchifolius* (c,n)	Asteraceae	Antidiabetic (d,r)
Yacónsacha	*Sigesbeckia* sp. (s,n)	Asteraceae	Anti-inflamation, antiseptic (e,tp)
Yausaquiro, huambo, balsa blanca, balsilla, yausa	*Heliocarpus americanus* (s,n)	Tiliaceae	Hemostatic, antiseptics, anti-inflamation (d,z,t)
Manioc	*Manihot esculenta* (c,n)	Euphorbiaceae	Antidiarrheal, anti-inflamation (d,e,r)
Pumpkin	*Cucurbita maxima* (c,n)	Cucurbitaceae	Antihelmintic (cc,se)

Based on informants in the Tonchimillo and Rodríguez de Mendoza river basins, (c) cultivated, (sc) semicultivated, (s) wild, (e) plaster or cataplasma, (d) used directly, (en) clyster, (if) infusión or beberage, (ih) inhalations, (z) juice or extract, (cc) boiled, baked or decoction, (co-) compress (g) garglings, (la) in washing ad baths, (m) bruise, (p) powder, (u) ointment, (r) root, (h) leaves, (t) stem, (fl) flowers (fr) fruit, (se) seed, (tp) whole plant, (rz) rhizome, (b) bulb (tb) tuber, (cz) bark, (l) latex, (mu) mucilage, (n) native and (i) introduced. Identified by by V. Quipuscoa.

Plants used in the construction, manufacture of furniture, tools, utensils and handicrafts, and firewood

67 timber species are used for different purposes. 94% are native species and are of commercial value. They are grouped into 33 families; Lauraceae and Fabaceae are the most diverse with 8 species each (12%), followed by Rubiaceae and Moraceae with 4 species each (6%) and 66% correspond to 29 families.

45 species (67%) are used for the construction of houses, trails and bridges. The construction of houses *Minquartia* sp., huacapú, *Miconia* sp., rifari, *Weinmannia balbisiana,* sayó and *Clarisia* sp., quinilla, are the most used species for beams and pillars, the walls are of *Cedrela,* cedar (Fig. 5-19), *Nectandra,* ishpingo, *Ocotea,* moena, as well as *Ficus* sp., mashona and palms (pona) of the genera *Iriartea* and *Wettinia* are suited to veneer the walls and roofs.

Due to the abundant and constant rains the trails in these areas become slippery and muddy, so the villagers make steps in the rocks and put tree trunks on the paths. The most suitable are those resistant humidity such as the

Podocarpus, romerillo, *Cedrela,* cedro, *Nectandra ,* ishpingo, *Ocotea ,* moena, *Ficus,* renaco, *Clarisia,* quinilla, *Solanum,* espina, *Myrsine,* corotillo, *Myrcianthes,* lanche and palms which are that are placed at the sides. These species are also suitable for bridge construction.

A house in Posic may be built with only one cedar tree 80 cm in diameter. In general, for the construction of a *muisca* house with two floors (the second floor for storage) 3.40 m wide by 5 m long and 4.2 m high, 24 logs are used 5 m long and 0.2 m in diameter , the walls of the first floor have 74 logs 1.85-3.4 m long by 0.16 - 0.31 m in diameter. The logs are attached with ropes, claymortar and the roof is of calamine.

23% of the timber is used to produce various types of furniture. Species of Lauraceae and Meliaceae are especially good for the manufacture of furniture (tables, chairs, benches, wardrobes, beds, doors, etc.), as the wood of these species are of good quality and strength. Preferences are on cedar, and moena ishpingos, which differ in color, smell and density. *Minquartia* sp. = huacapú (Olacaceae) is preferred for the construction of sugar mills for its hardness and low-tannin, a substance which gives a bitter taste when the sugar cane juice is extracted.

For the manufacturing of tool handles 53% of timber species is used. Tool handles for *lampas*, ploughs, pillories, lampilla, axes, machetes and knifes are made of hardwood from *Coffea arabica*, coffee, *Psidium guajava,* guava, *Nectandra*, ishpingo, *Toxicodendron striatum*, itil, *Myrcianthes* sp. , lanche, *Citrus limon,* lemon and *Ficus* sp., mashona. The most used are Rubiaceae, Myrsinaceae, Lauraceae and other families.

23% are used for making utensils and some crafts. Chopping boards (kitchen utensils) are mainly produced of *Protium* sp., carana, spoons and molds for molasses (sugar loaves from the cooking of sugarcane juice) are made of *Cedrela* sp., cedar. Brooms are made of branches from of *Trema micrantha* = atadijo, *Byrsonima* sp., = indón, branches and leaves of *Verbena litoralis* and leaves from *Carludovica palmate* = bombonaje. Ropes with different diameters are made of fibers from stems of *Mucuna* sp., = ojo de vaca (cow's eye) and *Trema micrantha* = atadijo or toropate. For necklaces, earrings and ornaments (for clothing and housing) seeds from *Ormosia peruviana* = huayruros, and Coix lacrima-jobie = mullite are applied.

27% are used as firewood. The majority of dry wood of trees and shrubs are used as firewood, but it is preferred to use *Myrcianthes* sp. = lanche, and *Solanum* sp. = tandal. Apparently these species burn for a longer time and produce more heat and do not give much smoke, but *Licania* sp. = oak is not good firewood.

The bakery in Salas use a *carga* and a half firewood (a *carga* contains 60 sticks one meter long) to bake bread, sweets, cakes made of a *quintal* of flour (46 kg).

Table 5-4. Plants used in construction, manufacture of furniture, tools, folk handicraft and utensils and for firewood

Common Name	Scientific Name	Family
Arrayán	*Myrcianthes* sp. 2 (c,n)	Myrtaceae
Asarquiro, cascarilla, quina	*Isertia* sp. (c,h,l,n)	Rubiaceae
Atadijo, toropate	*Trema micrantha* (a,c,n)	Ulmaceae
Bombonaje	*Carludovica palmata* (a, n)	Cyclanthaceae
Caballo runtu, espina	*Solanum* sp. 5 (c,n)	Solanaceae
Cabuya, penca verde	*Furcraea andina* (a,n)	Agavaceae
Coffee	*Coffea arabica* (h,i)	Rubiaceae
Canela moena	*Ocotea* sp. 1 (h,m,n)	Lauraceae
Caña brava	*Gynerium saggitatum* (c, n)	Poaceae
Caña de Guayaquil	*Guadua angustifolia* (c, n)	Poaceae
Mahogany	*Swietenia macrophylla* (h,m,n)	Meliaceae
Capirona	*Capirona decorticans* (h,l,m,n)	Rubiaceae
Caraña	*Protium* sp. (a,h,m,n)	Burseraceae
Cedar	*Cedrela* sp. (a,c,h,l,m,n)	Meliaceae
Chupika	*Alchornea triplinervia* (c,h,l,n)	Euphorbiaceae
Corotillo	*Myrsine* sp. 1 (c,h,l,m,n)	Myrsinaceae
Culantrillo	¿ (c,h,n)	Fabaceae
Cumala	*Virola* sp. (c,n)	Myristicaceae
Guava	*Psidium guajava* (h,l,n)	Myrtaceae
Caster bean	*Ricinus communis* (a,i)	Euphorbiaceae
Higuerón	*Ficus* sp. 1 (a,c,h,n)	Moraceae
Huaba	*Inga edulis* (c,l,n)	Fabaceae
Huaba de montaña	*Inga* sp. 2 (c,n)	Fabaceae
Huacapú	*Minquartia* sp. (a,c,h,l,n)	Olacaceae
Huayruro	*Ormosia peruviana* (a,c,n)	Fabaceae
Huitikiro	(c,h,n)	Burseraceae
Indón	*Byrsonima* sp. (a,n)	Malpighiaceae
Ishpingo	*Nectandra* sp. 1 (c,h,n)	Lauraceae
Ishanga hoja de yuca	*Urera* sp. (h,n)	Urticaceae
Itil, matico de 3 hojas	*Toxicodendron striatum* (c,h,n)	Anacardiaceae
Juanjil	*Miconia* sp. 3 (c,h,n)	Melastomataceae
Lanche	*Myrcianthes* sp. 1 (c,h,l,m,n)	Myrtaceae
Laurel	*Morella pubescens* (a,n)	Myricaceae
Lemon	*Citrus limon* (h,i)	Rutaceae
Limoncillo	*Clavija* sp. (h,n)	Theophrastaceae
Make-make	*Oreopanax* sp. (c,n)	Araliaceae
Mashacedro	*Trichilia* sp. (h,m,n)	Meliaceae
Mashona	*Ficus* sp. 2 (c,h,l,m,n)	Moraceae
Moena	*Nectandra* sp. 5 (c,n)	Lauraceae
Moena	*Ocotea* sp. 2 (h,m,n)	Lauraceae
Morocho	*Myrsine* sp. 2 (c,h,l,n)	Myrsinaceae
Job's tears	*Coix lacryma-jobi* (a,i)	Poaceae
Ocuera	*Vernonia patens* (c,n)	Asteraceae
Ojo de vaca	*Mucuna* sp. (a,n)	Fabaceae
Balsa tree	*Ochroma pyramidale* (c,n)	Bombacaceae

Century plant	*Agave americana* (sc,n)	Agavaceae
Pona	*Iriartea* sp. (c,n)	Arecaceae
Pona	*Wettinia* sp. (c,n)	Arecaceae
Quillusisa	*Vochysia lomatophyla* (c,h,n)	Vochysiaceae
Quinilla	*Clarisia* sp. (c,n)	Moraceae
Renaco	*Ficus* sp. 3 (c,n)	Moraceae
Rifari	*Miconia* sp. 5 (c,h,m,n)	Melastomataceae
Oak	*Licania* sp. (c,h,m,n)	Lauraceae
Oak	*Ocotea* sp. 3 (c,l,n)	Lauraceae
Romerillo	*Retrophyllum rospigliosii* (c,h,n)	Podocarpaceae
Sachacaimito	*Pouteria* sp. (l,n)	Sapotaceae
Dragonblood	*Croton* sp. (c,n)	Euphorbiaceae
Sayó	*Weinmannia balbisiana* (c,h,l,n)	Cunnoniaceae
Shaiña	*Colubrina* sp. (c,h,l,n)	Rhamnaceae
Sirimbache, Shirimba, shimbillo	*Inga* sp. 4 (l,n)	Fabaceae
Tandal	*Solanum* sp. 3 (l,n)	Solanaceae
Tiniarkiro	(c,h,m,n)	Rubiaceae
Toche	*Myrsine* sp. 3 (c,h,l,m,n)	Myrsinaceae
Tornillo	*Cedrelinga cateniformis* (c,h,m,n)	Fabaceae
Urcomoena	*Aniba* sp. (c,h,n)	Lauraceae
Seashore vervain	*Verbena litoralis* (a,n)	Verbenaceae

Based on informants in the Tonchimillo and Rodríguez de Mendoza river basins, (a) hand crafts and utensils, (c) construction, (h) tools, (m) furniture, (l) firewood, (n) native and (i) introduced. Identified by V. Quipuscoa.

Plants used as forage

33 species are used as forage for raising cattle and domestic animals. The cows produce milk, from which the traditional *"quesillo"* (fresh cheese) is produced providing another important source of income. 64% are introduced species and 36% of Andean origin. They are grouped into 6 families, Poaceae (70%) and Fabaceae (12%), the others (18%) are Commelinaceae, Asteraceae, and Urticaceae Potamogetonaceae.

Panicum maximum = gramalote and *Lolium multiflorum* = reygras, both of the family Poaceae, are best used to raise guinea pigs, Gramalote has two varieties (white and common). Leaves from sugarcane provide good forage for cattle and domestic animals. The inhabitants say that *Philoglossa mimuloides*, agashul is better for feeding dairy cattle. Some forest species are used as natural forage, including species of the genus *Chusquea,* suro = (Poaceae), which are abundant in these areas.

Table 5-5: Plants used as forages

Common Name	Scientific Name	Family
Agashul, ciso, mashango	*Philoglossa mimuloides* (c,n)	Asteraceae
Amor seco o cadillo	*Bidens pilosa* (s,n)	Asteraceae
Pea	*Pisum sativum* (c,i)	Fabaceae
Oats	*Avena sativa* (c,i)	Poaceae

Brecaria	*Brachiaria decumbens* (c,i)	Poaceae
Brisanta	*Brachiaria brizantha* (c,i)	Poaceae
Sugar cane	*Saccharum officinarum* (c,i)	Poaceae
Johnson grass	*Sorghum halepense* (c,i)	Poaceae
Elefantgrass	*Pennisetum purpureum* (c,i)	Poaceae
Marsh bristlegrass	*Setaria geniculata* (s,n)	Poaceae
Gramalote	*Brachiaria mutica* (c,i)	Poaceae
Guatemal	*Tripsacum andersonii* (c,i)	Poaceae
Heno	*Lolium perenne* (c,i)	Poaceae
Ishanga	*Urera* sp. (s,n)	Urticaceae
Kingras	*Pennisetum pupureum* x *P. phyphoides* (c,i)	Poaceae
Maicillo	*Tripsacum* sp. (c,i)	Poaceae
Corn	*Zea mays* (c,n)	Poaceae
Mekerón o grama dulce	*Cynodon dactylon* (sc,i)	Poaceae
Nudillo	*Paspalum haenkeanum* (c,n)	Poaceae
Ñul	*Commelina* sp. (sc,i)	Commelinaceae
Paja mona	*Setaria* sp. (c,i)	Poaceae
Pasto	*Ichnanthus nemorosus* (s,n)	Poceae
Pasto de agua	*Potamogeton* sp. (s,n)	Potamogetonaceae
Pasto guinea	*Panicum maximum* (c, i)	Poaceae
Kikuyo grass	*Pennisetum clandestinum* (sc,i)	Poaceae
Reygras	*Lolium multiflorum* (c,i)	Poaceae
Suro, bamboo	*Chusquea* sp. 1 (s,n)	Poaceae
Suro	*Chusquea* sp. 2 (s,n)	Poaceae
Suro	*Chusquea* sp. 3 (s,n)	Poaceae
Torurco	*Axonopus compressus* (sc,n)	Commelinaceae
Trébol	*Trifolium* sp. (c,i)	Fabaceae
White clover	*Trifolium repens* (c,i)	Fabaceae
Red clover	*Trifolium amabile* (c,i)	Fabaceae

Based on informants from the Tonchimillo and Rodríguez de Mendoza river basins, (c) cultivated, (sc) semicultivated, (n) native and (i) introduced. Identified by V. Quipuscoa S.

Plants used for decoration

The inhabitants use 54 decorative species, of which 59% (33) are introduced and 41% (23) native. The Solanaceae and Orchidaceae families are the most diverse with 11% each; Asteraceae (7%); Malvaceae, Lamiaceae, and Euphorbiaceae with 5% each, and 67% of the species are grouped into 27 plant families.

These species are cultivated in small gardens near their houses, or in some cases used to decorate inside the houses and are placed in pots. Most introduced species are from the neighboring cities or markets and have been brought from their places of origin or when the villagers return from other cities.

There is a growing interest in cultivating native species, especially orchids, because of the proximity to Moyobamba, considered the land of orchids. Here the cultivation for commercial purposes has increased, which has led to the removal of these species thus deteriorating natural habitat.

Table 5-6. Plants used for decoration

Common Name	Scientific Name	Family
Achira	*Canna indica* (sc,n)	Cannaceae
Agapanto	*Agapanthus africanus* (c,i)	Agapanthaceae
Airampo	*Phytolaca* sp. (sc,n)	Phytolacaceae
Anturio	*Anthurium* sp. (s,n)	Araceae
Lily	*Lilium candidum* (c,i)	Liliaceae
Bijao	*Heliconia* sp. (sc,n)	Heliconiaceae
Campanilla	*Brugmansia arborea* (sc,n)	Solanaceae
Poinsettia	*Euphorbia pulcherrima* (c,i)	Euphorbiaceae
Calla lily	*Zantedeschia aethiopica* (c,i)	Araceae
Casuarina	*Casuarina equisetifolia* (c,i)	Casuarinaceae
Chochocón	*Salvia splendens* (c,i)	Lamiaceae
Chulco	*Begonia* sp. (sc,n)	Begoniaceae
Cypress tree	*Cupressus sempervirens* (c,i)	Cupressaceae
Carnation	*Dianthus caryophyllus* (c,i)	Caryophyllaceae
Brown bud	*Allamanda cathartica* (c,i)	Apocynaceae
Cucarda	*Hibiscus rosa-sinensis* (c,i)	Malvaceae
Dalia	*Dahlia variabilis* (c,i)	Asteraceae
Diablo calato	*Euphorbia* sp. (c,i)	Euphorbiaceae
Angel´s trumpet	*Brugmansia candida* (sc,n)	Solanaceae
Red angel´s trumpet	*Brugmansia sanguinea* (sc,n)	Solanaceae
Gayas	*Gaya* sp. (sc,n)	Malvaceae
Garden geranium	*Pelargonium roseum* (c,i)	Geraniaceae
Sunflower	*Hellianthus annuus* (c,i)	Asteraceae
Gladiolus	*Gladiolus communis* (c,i)	Iridaceae
Lucha	*Acnistus arborescens* (sc,n)	Solanaceae
Luzemita	*Lantana* sp. (sc,i)	Verbenaceae
Sleepy hibiscus	*Malvaviscus penduliflorus* (c,n)	Malvaceae
Oreja de perro	*Plectranthus* sp. (c,i)	Lamiaceae
Orchid	*Elleanthus* sp. (s,n)	Orchidaceae
Orchid	*Epidendrum* sp. (s,n)	Orchidaceae
Orchid	*Masdevalia* sp. (s,n)	Orchidaceae
Orchid	*Odontoglossum* sp. (s,n)	Orchidaceae
Orchid	*Oncidium* sp. (s,n)	Orchidaceae
Orchid	*Phragmipedium* sp. (s,n)	Orchidaceae
Papelillo	*Boungainvillea spectabilis* (c,i)	Nyctaginaceae
Peruanita o chavelita	*Impatiens balsamina* (c,i)	Balsaminaceae
Pimpim o siempre viva	*Echeveria* sp. (sc,i)	Crassulaceae
Monterrey pine	*Pinus radiata* (c,i)	Pinaceae
Platanillo	*Heliconia rostrata* (sc,n)	Heliconiaceae
Ramillete de novia	*Hydrangea macrophylla* (c,i)	Hydrangeaceae

Rose	*Rosa canina* (c,i)	Rosaceae
Aloe	*Aloe vera* (sc,n)	Asphodelaceae
Sangre de Cristo o siete colores	*Coleus blumei* (c,i)	Lamiaceae
Nipple fruit	*Solanum mammosum* (sc,n)	Solanaceae
	Aster sp. (c,i)	Asteraceae
	Browalia americana (s,n)	Solanaceae
	Codiaeum variegatum (c,i)	Euphorbiaceae
	Corytoplectus speciosus (s,n)	Gesneriaceae
	Kalanchoe tubiflora (c,i)	Crassulaceae
	Portulaca grandiflora (c,i)	Portulacaceae
	Rhoeo spatulata (c,i)	Commelinaceae
	Spatodea campanulata (c,i)	Bignoniaceae
	Tibouchina sp. (s,n)	Melastomataceae
	Yucca sp. (c,i)	Agavaceae

Based on informants in the Tonchimillo and Rodríguez de Mendoza, river basins (c) cultivated, (sc) semicultivated, (n) native and (i) introduced. Identified byr V. Quipuscoa.

Wild edible fruit species

The people consume 25 wild edible species grouped into 10 families. The family Fabaceae species 5 is preferred and accounts for 21%, followed by Solanaceae and Cecropiaceae with 4 species each (17%), 3 Melastomataceae species (13%) and 32% corresponds to 6 families.

Passiflora nitida, quijos and *Passiflora* sp., maracuyá de montaña (Passifloraceae), are species that grow spontainesly and are frequently associated with archeological sites. The fruits of these species have a pleasant taste and are consumed by people waiting for the fruiting seasons.

The species of the genus Inga (Fabaceae) are known as huabas or shimbillos and produce legumes of different sizes and shapes. Approximately 15 species are consumed mainly by the children. The Algona sarcotesta of these fruits are consumed by several species of monkeys that inhabit these areas.

The people are trying to cultivate few species in small gardens or in their fields such as *Inga edulis*, huaba, *Physalis peruviana*, cape gooseberry and *Rubus robustus*, wild blackberry (Fig. 5-22). Most of these species are genetically related to wild species and commercialized on a large scale, but the removal of wild fruits usually deteriorates the plants. However, these species play an important role as food for wildlife in these areas and although they have no commercial value, or are the source of income for households the species are cultivated and commercialized as aguaje, huaba and wild tomato in other parts of the country and the world.

Table 5-7. Wild edible fruits

Common Name	Scientific Name	Family
Aguaje	*Mauritia flexuosa* (s)	Arecaceae
Granadilla de montaña, maracuyá de monte	*Passiflora* sp. (s)	Passifloraceae
Huaba	*Inga edulis* (sc)	Fabaceae
Huaba de montaña	*Inga* sp. 2 (s)	Fabaceae
Huabilla	*Inga* sp. 1 (s)	Fabaceae
Lanche	*Myrcianthes* sp. 1 (s)	Myrtaceae
Limoncillo	*Clavija* sp. (s)	Theophrastaceae
Mora	*Rubus* sp. 1 (s)	Rosaceae
Níspero	*Bellucia* sp. (s)	Melastomataceae
Papaya silvestre	*Vasconcellea* sp. (s)	Caricaceae
Pepino silvestre	*Solanum* sp. 4 (s)	Solanaceae
Quijo, quijos	*Passiflora nitida* (s)	Passifloraceae
Shimbillo	*Inga* sp. 4 (s)	Fabaceae
Timbillo	*Inga* sp. 3 (s)	Fabaceae
Cape gooseberry	*Physalis peruviana* (sc)	Solanaceae
Tomatillo silvestre	*Physalis* sp. 1 (s)	Solanaceae
Tomatillo	*Jaltomata sinuosa* (s)	Solanaceae
Uvilla	*Cecropia* sp. (s)	Cecropiaceae
Uvilla	*Pourouma* sp. (s)	Cecropiaceae
Uvilla grande	*Dendropanax* sp. (s)	Cecropiaceae
Uvilla pequeña	*Coussapoa* sp. (s)	Cecropiaceae
Zarzamora	*Rubus robustus* (sc)	Rosaceae
	Miconia sp. 1 (s)	Melastomataceae
	Miconia sp. 2 (s)	Melastomataceae

Based on informants in the Tonchimillo and Rodríguez de Mendoza river basins, (sc) semicultivated, (s) wild. Identified by V. Quipuscoa.

Plants used as hedges

To borderline the farms and fields and to protect the crops from the entrance of animals, people mainly use 24 species as hedges. However most of the *invernas* are enclosed with barbed wire. Most species (92%) are native and the remaining introduced.

4 species of Fabaceae (17%) this family is best represented, followed by Solanaceae and Euphorbiaceae with 13% each and 57% correspond to 10 families.

Table 5-8. Plants used as hedges

Common Name	Scientific Name	Family
Caballo runtu, espina	*Solanum* sp.4 (s,n)	Solanaceae
Cedro	*Cedrela* sp. (s,n)	Meliaceae
Cabuya, penca verde	*Furcraea andina* (sc,n)	Agavaceae
Cumala	*Virola* sp. (s,n)	Myristicaceae
Diablo calato	*Euphorbia* sp. (c,i)	Euphorbiaceae
Hierba hedionda	*Cestrum* sp. (s,n)	Solanaceae

Ishanga	*Urera caracasana* (s,n)	Urticaceae
Ishanga, hoja de yuca	*Urera* sp. (s,n)	Urticaceae
Ishpingo	*Nectandra* sp. 1 (s,n)	Lauraceae
Itil	*Toxicodendron striatum* (s,n)	Anacardiaceae
Lucha	*Acnistus arborescens* (sc,n)	Solanaceae
Sleepy hibiscus	*Malvaviscus penduliflorus* (c,n)	Malvaceae
Moena	*Ocotea* sp. 2 (s,n)	Lauraceae
Níspero	*Bellucia* sp. (s,n)	Melastomataceae
Okuera, palo de agua, pangakero	*Vernonia patens* (s,n)	Asteraceae
Pajul, pajuro	*Erythrina* sp. (s,n)	Fabaceae
Pajuro	*Erythrina edulis* (sc,n)	Fabaceae
Century plant	*Agave americana* (sc,n)	Agavaceae
Pona	*Bactris* sp. (s,n)	Arecaceae
Sachapajuro	*Erythrina* sp. (s,n)	Fabaceae
Sangre de grado	*Croton* sp. (s,n)	Euphorbiaceae
Shimbillo	*Inga* sp. (s,n)	Fabaceae
Red spurge	*Euphorbia cotinifolia* (sc,i)	Euphorbiaceae
	Miconia sp. 4 (sc,n)	Melastomataceae

Based on informants in the Tonchimillo and Rodríguez de Mendoza river basins, (c) cultivated, (sc) semicultivated, (n) native and (i) introduced. Identified by V. Quipuscoa.

Harmful plants

Some species are considered harmful for the damage they may do such as *Toxicodendron striatum*, itil, baldiko or matico with three leaves, due to the resins that contain toxic substances such as catechins and resorcinol. Contact with the leaves may produce dermatitis and skin sensitivity according to the senility of the person and cause severe health damage, if not treated early it can be fatal. *Euphorbia cotinifolia* = red spurge causes damage to livestock when ingested. Some medicinal species that may cause abortions are *Cichorium intybus* = chicory, *Alternanthera porrigens* = lancetilla and *Ruta graveolens* = ruda, and others can cause malformations in the fetus such as *Uncaria guianensis,* cat's claw, hence they are recommend not be used by pregnant women.

Vegetation at the archaeological sites

The vegetation associated with the archaeological remains has a similar composition in the mature forest of the bosque premontano, bosque montano bajo as in the bosque montano. Most of the sites are found in areas having been modified by human activities and are now used as *invernas* and cultivated fields (pasture species and crops). The cultivated plants now occupying the areas have been introduced.

The presence of sprouts, seedlings, seeds and even trees left after the deforestation in these areas, show a similarity to the forest that surrounds them, but many species that are not cultivated today are relatives of domesticated plants that are found in abundance in and around these constructions. They are probably forgotten species from former occupants either from the Chachapoya culture, Inca or from jungle tribes who used these resources for their main needs.

Some of these species are used at present because of their fruits: Passifloraceae is abundant with *Passiflora nitida* (quijos) and *Passiflora* sp. (granadilla de montaña or maracuyá de monte) that correspond to the relatives of cultivated species , they are consumed as granadilla, maracuyá and tumbo); many species of Fabaceae *Inga* called "shimbillos, huabas" or "huabillas" are relatives of the cultivated *Inga feuillei* e *Inga edulis* (pacae or huaba); *Erythrina* species "pajul" or "pajuro" relatives of *Erythrina edulis* (poroto). The Theophrastaceae family *Clavija* sp. (limoncillo) contains nutricius fruits.

The Solanaceae is another family used for its edible fruits: *Physalis* sp. (wild tomatillo) a relative of *Physalis peruviana* (wild tomato), *Solanum* sp. (wild pepino) is a relative of *Solanum betaceum* (pepino or eggplant) and *Jaltomta* sp. (tomatillo), and several species of the genus *Vasconcellea* (Caricaceae) relatives of *Carica papaya* a cultivated species and widely used at present. In the case of Arecaceae *Iriartea* sp. (chonta) the buds of the leaves are used as a vegetable and *Plukenetia* sp. (sacha inchi de monte) is used for producing high-quality oil.

Other species are used for their medicinal properties as *Phyllanthus niruri* (chancapiedra) used as a diuretic, to dissolve kidney stones, liver disorders and in the uterus, and Cinchona sp. (cascarilla bark) to treat respiratory diseases. The large numbers of wood species that grow in these areas continue to be used in housing construction, furniture, tools, kitchen utensils and other uses.

La Ventana A & B

Ventana A (1746 m) and La Ventana B (2300 m), are located in the Bosque montano now in a totally deforested area where remains of tree trunks from 0.5 to 1.5 m in diameter (DAP), are from the species of Cecropiaceae (*Coussapoa* & *Pourouma*). Plenty of two of the Passifloraceae species (*Passiflora nitida* = quijos & *Passiflora* sp. = granadilla de montaña or maracuyá de monte), are found in the ruins and species of

Erythrina sp. = pajul or pajuro, *Vasconcellea* sp. = papailla (Caricaceae) & *Plukenetia* sp. = sacha inchi de monte (Euphorbiaceae) and, *Cinchona* sp. (cascarilla). Relative species are cultivated and used by the present population for their medicinal virtues.

The trees belong to Rubiaceae (*Cinchona* = cascarilla) reaching 18 m, Lauraceae (*Nectandra*), Fabaceae (*Erytrina*), Magnoliaceae (*Magnolia*), Moraceae (*Ficus*) and Meliaceae (*Guarea*); and have epiphytes species of the genera *Guzmania* and *Tillandsia* (Bromeliaceae), the lichens are especially represented by *Usnea*; hemiepiphytes species of *Thibaudia* (Ericaceae) and *Columnea* (Gesneriaceae), as well as vines of the genera *Psammisia* (Ericaceae) and *Plukenetia* sp. (Euphorbiaceae).

The shrubs are represented by *Munnozia* (Asteraceae), *Centropogon* (Campanulaceae), *Solanum* & *Larnax* (Solanaceae) and *Piper* (Piperaceae).

The herb layer consists of *Heliconia* (Heliconiaceae), *Odontoglossum* (Orchidaceae), *Renealmia* (Zingiberaceae), *Peperomia* (Piperaceae), and voluble species of *Mikania* (Asteraceae) and Menispermaceae.

Valle Andino, before Valle Encantado (Tampu Quijos Llacta)

The archaeological sites in Valle Andino in 1800 - 1900 m altitude are found in the Bosque montano zone but are now in *invernas* of *Pennisetum purpureum* = pasto de elefante (Poaceae). The vegetation in the *invernas* and nearby consists of 13% ferns, 11% Asteraceae, 8% Piperaceae, 6% Cyperaceae and 62 % of other plant families. Associated with the remains grow plenty of a species known as quijos, which corresponds to a *Passiflora nitida* and the wild tomatillo *Physalis* sp. (Solanaceae) both of traditional use.

The trees are represented by species of Lauraceae (*Nectandra* = moena) 12- 15 m tall, Anacardiaceae 10 - 12 m tall, Meliaceae (*Guarea*) 8-10 m tall, Cecropiaceae (*Coussapoa* & *Cecropia*), Urticaceae (*Urera*), Fabaceae (*Inga* and *Erythrina*), Meliaceae (*Cedrela*), Tiliaceae (*Heliocarpus*) and Solanaceae (*Solanum*). In the trees grow fern epiphytes: *Huperzia* (Lycopodiaceae), *Asplenium* (Aspleniaceae), *Nephrolepis pectinata* (Davalliaceae) and *Microgramma percusa* (Polypodiaceae); of angiosperm epiphytes are *Aechmea* (Bromeliaceae), *Anthurium* (Araceae), *Stelis* and *Pleurothallis* (Orchidaceae). Young hemiepíphytes of *Marcgravia* (Marcgraviaceae) and *Begonia* (Begoniaceae); on the trees are fungi, especially of the genus *Auricularia* (Auriculariaceae) and many lichens.

The shrubs reach 5-6 m with species of the families Malvaceae, Gesneriaceae (*Monopyle*), Polygalaceae (*Monnina*), Begoniaceae (*Begonia parviflora*), Onagraceae (*Fuchsia*), Asteraceae (*Clibadium* & *Austroeupatorium*), Solanaceae (*Solanum, Lycianthes*), Acanthaceae (*Justicia*), Piperaceae (*Piper*), Malvaceae (*Gaya*), Melastomataceae (*Miconia*), Boraginaceae (*Cordia*) and Rosaceae (*Rubus*); vines of Polygonaceae (*Muehlenbeckia*), Asteraceae (*Munnozia* & *Mutisia*) and Smilacaceae (*Smilax*).

The herb layer has species of Araceae (*Anthurium* and *Colocasia*), Cyperaceae (*Eleocharis, Kyllinga* and *Cyperus*), Asteraceae (*Gamochaeta, Bidens pilosa, Sigesbeckia* and *Tagetes*), Commelinaceae (*Commelina fasciculata*), Polygonaceae (*Rumex crispus*), Poaceae (*Ichnanthus nemorosus, Poa*), Rubiaceae (*Galium hipocarpicum* & *Richardia*), Lythraceae (*Cuphea strigulosa*), Piperaceae (*Peperomia*), Verbenaceae (*Verbena litoralis*), Fabaceae (*Trifolium repens*), Acanthaceae (*Ruellia*), Oxalidaceae (*Oxalis*), Solanaceae (*Solanum* & *Physalis*), Passifloraceae (*Passiflora*) & Vitaceae (*Cissus*). The ferns in this layer belong to *Pteridium aquilinum* (Dennstaedtiaceae), *Thelypteris* (Thelypteridaceae), *Diplazium* (Woodsiaceae), *Pteris* (Pteridaceae) and *Selaginella* (Selaginellaceae).

El Dorado
The archaeological sites of El Dorado at 1290 and 1630 m altitude are in the Bosque montano bajo zone but are now in *invernas* with pasture of *Brachiaria* (brecaria) and *Paspalum* (nudillo). The vegetation in the *invernas* and nearby consists especially of Rubiaceae and Arecaceae with 11% each, followed by Fabaceae, Piperaceae, Solanaceae and Asteraceae 7% each, and 49 % representing other plant families. Fruits of *Solanum* sp. (wild pepino) species of *Erythrina* (pajul or pajuro) and abundant Cucurbitaceae are associated with the ruins.

The tree layer reaches 12 - 15 m with species of Lauraceae (*Nectandra* = moena), Annonaceae (*Guatteria*), Rubiaceae (*Psychotria* and *Cinchona*) between 7 to 9 m tall, others belong to the families Euphorbiaceae (*Alchornea triplinervia*), Fabaceae (*Erythrina* = pajul or pajuro, *Inga* = shimbillo), Meliaceae (*Cedrela* = cedro), Moraceae (*Ficus* = renaco) and Myrtaceae (*Myrcianthes* = lanche). There are species of Arecaceae (palms) of the genera *Iriartea, Wettinia* and *Oenocarpus* = palmiche up to 10 m tall. In the trees grow epiphytes of Orchidaceae (*Epidendrum*) and Bromeliaceae (*Guzmania*).

The shrubs reach 4 m and belong to the species of Piperaceae (*Piper* = matico blanco or matico colorado), Solanaceae (*Solanum* sp. = kujaca, *Solanum* sp. = pepino silvestre & *Acnistus arborescens*), Verbenaceae (*Lantana* = pampaorégano) and Asteraceae (*Vernonanthura patens* = palo de agua).

The herb layer consists of introduced species probably carried by the cattle, as well as invading plants after the deforestation belonging to the families Asteraceae (*Porophyllum ruderale, Conyza, Bidens* & *Gamochaeta*), Rubiaceae (*Galium*), Dennstaedtiaceae (*Pteridium aquilinum* = shapumba), Apiaceae (*Eryngium* = sachaculantro), volubles species of Valerianaceae (*Valeriana*), Asteraceae (*Mikania*) and climbing plants of Cucurbitaceae.

Selva Alegre A & B
The archaeological sites of Selva Alegre at 1100 - 1250 m altitude are located in

the Bosque premontano. Today it is a deforested area converted into *invernas* with *Brachiaria* sp. that are surrounded by disturbed forests and dispersed trees. The vegetation around the archaeological remains is represented by 12% Rubiaceae, followed by Fabaceae and Pteridophyta each of them represented by 9%, Solanaceae and Orchidaceae each 7%, and 56% consist of other families less representative.

Near the constructions are an abundant presence of *Inga* = shimbillos used as food, as well as the fruits of *Vasconcellea* = papilla (Caricaceae). Both species are relatives to domesticated and cultivated species.

Tree species may reach an altitude of 30 - 40 m with the species of Tiliaceae (*Apeiba* "monkey comb"), Rubiaceae (*Retiniphyllum*) Myristicaceae (*Virola* sp. = cumala), Fabaceae (*Inga* = shimbillo, *Cedrelinga* = tornillo, Mimosoideae = culantrillo), Lauraceae (*Nectandra* = moena), Apocynaceae (*Aspidosperma*), Meliaceae (*Cedrela*), Quiinaceae (*Lacunaria*), Euphorbiaceae (*Croton* & *Alchornea triplinervia*), Caricaceae (*Vasconcellea* = papailla), Urticaceae (*Urera* = ishanga) and Melastomataceae (*Miconia*). The Arecaceae (palms) is another group found in this layer, especially species of *Iriartea* (pona or chonta).

In the top of the trees among the angiosperms grow Orchidaceae (*Odontoglossum*, *Oncidium*), Araceae (*Philodendron*); part of the division of Pteridophyta (ferns) especially of the families Aspleniaceae (*Asplenium*), Woodsiaceae (*Diplazium*) and Polypodiaceae (*Niphidium*).There are representatives of families with hemiparasites species as Viscaceae (*Phoradendron*) and hemiepífitas of Cyclanthaceae (*Asplundia*). Further grow some vines of the families Fabaceae (*Mucuna* = soguilla), Sapindaceae and Bignaniaceae.

The shrub layer reaches 8 m with species of Euphorbiaceae (*Acalypha*), Rubiaceae (*Palicourea*), Begoniaceae (*Begonia parviflora*), Annonaceae (*Guatteria*) and Piperaceae (*Piper*). Shrubs 2 - 3 m tall are of the families Solanaceae (*Solanum*), Campanulaceae (*Centropogon*), *Sida rombifolia* (Malvaceae), Gentianaceae (*Irlbachia*), Melastomataceae (*Tibouchina* & *Clidemia*), Rubiaceae (*Psychotria*) and Gesneriaceae (*Drymonia*).

The herb layer is represented by species of *Justicia* sp.(Acanthaceae), *Phyllanthus niruri* "chancapiedra" (Euphorbiaceae), *Colocasia* "michuca" (Araceae), *Desmodium* (Fabaceae), *Paspalum* (Poaceae), *Impatiens* (Balsaminaceae), *Richardia* (Rubiaceae), *Stachytarpheta* (Verbenaceae), and *Asclepias curassavica* (Asclepiadaceae). The division of Pteridophyta (ferns) is a group with the highest diversity in the mature forest, in the ruins species of the genera *Thelypteris* (Thelypteridaceae) and *Gleichenia* (Gleicheniaceae) are found.

La Laja
The archaeological site at 1755 m is situated in the *Bosque montano bajo*. The

remains are covered with mature forest disturbed by man. The vegetation consists of 25% species of ferns (Pteridophyta), 14% Piperaceae, Araceae and Rubiaceae 7 % each, and 47% of other families. The most abundant families are Piperaceae and Rubiaceae, with many vines of the Bignoniaceae and Sapindaceae families.

In and outside the archaeological remains there a plenty of *Passiflora nitida* (quijos) with edible fruits and fruits from *Vasconcellea* sp. (wild papaya), enjoyed to day by the local people. They are not cultivated or sold.

The tree layer may reach 25 m with representation of the families Araliaceae (*Schef-flera*), Cecropiaceae (*Coussapoa*), Fabaceae (*Inga*), Lauraceae (*Nectandra, Ocotea*), Meliaceae (*Cedrela*), Moraceae (*Ficus*), Arecaceae (*Wettinia*), Papaveraceae (*Bocconia integrifolia* = pincullo), Clusiaceae (*Clusia*) and tree ferns of the genera *Cyathea* (Cy-atheaceae), *Vasconcellea* sp. (wild papaya); the last four species reach 7-9 m. Among the epiphytes are *Anthurium* and *Philodendron* (Araceae), *Guzmania* (Bromeliaceae), *Pleurothallis* (Orchidaceae); the ferns have the following genera *Asplenium* (Asple-niaceae), *Elaphoglossum* (Lomariopsidaceae), *Vittaria* (Vittariaceae), *Campyloneurum, Polypodium* and *Niphidium* (Polypodiaceae), and *Nephrolepis pectinata* (Davalliaceae). In the trees grow species of vines as (Sapindaceae, Bignaniaceae) and a fern vine of the genus *Blechnum* (Blechnaceae).

The herb layer reaches 2 m consisting of *Piper* (Piperaceae), *Besleria* (Gesneriaceae), *Miconia* (Melastomataceae) and *Psychotria* (Rubiaceae).

The herbs are *Anthurium* (Araceae), *Geonoma* (Arecaceae), *Tradescantia* (Com-melinaceae), *Cyclanthus* and *Carludovica* (Cyclanthaceae), *Peperomia* (Piperaceae), *Chusquea* (Poaceae), voluble species of Menispermaceae and Aristolochia (*Aristolo-chiaceae*) and climbing species of Passifloraceae (*Passiflora* "quijos") and Cucurbita-ceae. Ferns are *Diplazium* (Woodsiaceae), *Didymochlaena* (Dryopteridaceae), *Lindsaea* (Dennstaedtiaceae), and *Pteris* (Pteridaceae)

Tampu Laurel

The archaeological remains at Tampu Laurel at c.1970 m altitude, are located in the Bosque montano zone and now changed into *invernas* with "brecaria" (Brachiaria) and "grama azul" (Pennisetum clandestinum).The diversity is represented by 28% Asteraceae, Apiaceae and Cyperaceae 8% each and 56% of other plant families. There are plenty of *Morella pubescens* = laurel (Myricaceae) which earlier was used to make candles due to the content of wax. It is a highly disturbed forested area.

This deforested area is primarily covered by introduced and cultivated species of trees. The trees are found dispersed and reach some 5-7 m and consist of species of Cupressaceae (*Cupressus* = ciprés), Fabaceae (*Inga* = shimbillo), Myrtaceae (*Psidium guajaba* = guayaba), Rutaceae (*Citrus limon* = limón).

In some of them the hemiepiphytes of Drymonia (Gesneriaceae) grow.

A few shrubs grow in the ruins and are represented by species of Asteraceae (*Vernonanthura & Baccharis*), Onagraceae (*Fuchsia*), Malvaceae (*Sida*) and Rosaceae (*Rubus*).

The greatest number of species are represented by the herbaceous families Asteraceae (*Galinsoga, Bidens, Conyza , Pseudoelephantopus, Ageratum, Acmella & Gamochaeta*), Apiaceae (*Daucus, Hydrocotyle & Ciclospermum*), Araceae (*Colocasia*), Commelinaceae (*Commelina*), Cyperaceae (*Cyperus* and *Eleocharis*), Fabaceae (*Desmodium & Trifolium repens*), Lythraceae (*Cuphea*), Plantaginaceae (*Plantago*), Polygonaceae (*Rumex*), Rubiaceae (*Richardia*), Scrophulariaceae (*Castilleja*), Solanaceae (*Solanum americanum*) and Verbenaceae (*Verbena*); and further *Pteridium aquilinum* (Dennstaedtiaceae), a fern which invades abandoned deforested areas.

Posic A & B

The archaeological sites of Posic at 1900 m - 2050 m altitude, are located in the Bosque montano zone now an open grassland with *invernas* with pasture of "brecaria" (Brachiaria) and "grama azul" (Pennisetum clandestinum), and forms part of a 12 year old *purma* (earlier there was coffee cultivation).

The diversity is represented by Asteraceae and ferns each with 11%, followed by Solanaceae 5%, and 73% among other plant families.

Associated with the ruins grow *Physalis* sp. (wild tomatillo), *Solanum* sp. (wild pepino), *Rubus* sp. = zarzamora, a much used fruit. Many valuable timber species of economic importance grown in the area, some are commercialized and others used in house construction as *Cedrela* = cedro, *Podocarpus* = romerillo, *Nectandra* = ishpingo, *Ocotea* = mohena, *Alnus* = aliso.

The tree layer reaches 25 - 30 m and is represented by the family Podocarpaceae (*Podocarpus* = romerillo), gymnosperms; angiosperms of the families Lauraceae (*Nectandra, Ocotea*), Moraceae (*Ficus*), Betulaceae (*Alnus*) and Meliaceae (*Cedrela* = cedro); other species reach 12 m as *Heliocarpus americanus* (Tiliaceae) which is most abundant, *Clusia* (Clusiaceae) and *Allophyllus* (Sapindaceae). Some trees are lower as *Inga* (Fabaceae), *Cecropia* (Cecropiaceae), *Bocconia integrifolia* = pincullo (Papaveraceae), *Myrsine* (Myrsinaceae), *Solanum* (Solanaceae), fern trees of the genera *Cyathea* (Cyatheaceae) and *Dicksonia* (Dicksoniaceae). Further grow epiphytes of the families Araceae (*Anthurium* and *Philodendron*), Bromeliaceae (*Racinaea* = wicundo, *Guzmania & Tillandsia*), Polypodiaceae (*Campyloneurum*), Davalliaceae (*Nephrolepis pectinata*), Aspleniaceae (*Asplenium*) Woodsiaceae (*Diplazium*) and Lomariopsidaceae (*Elaphoglossum*); fungi of the genus *Auricularia* (Auriculariaceae); hemiepiphytes of the families Marcgraviaceae (*Marcgravia*), Cyclanthaceae (*Thoracocarpus* and *Asplundia*), Blechnaceae (*Blechnum*) and Gesneriaceae (*Drymonia*). There are hemiparásitas of *Phoradendron* (Viscaceae) and *Aetanthus* (Loranthaceae) and among vines the families Apocynaceae, Acanthaceae (*Mendoncia*) and Smilacaceae (*Smilax*).

In the shrub layer the species reach 5-8 m and are represented by the genera *Rubus* (Rosaceae), *Verbesina* (Asteraceae), *Piper* (Piperaceae), *Psychotria* (Rubiaceae), *Geonoma* (Arecaceae) & *Urera* (Urticaceae); and other shrubs of minor size belong to the families Onagraceae (*Fuchsia*), Campanulaceae (*Centropogon*), Malvaceae (*Sida*), Melastomataceae (*Miconia*), Solanaceae (*Solanum* and *Lycianthes*), Urticaceae (*Phenax* and *Boehmeria*) & Asteraceae (*Baccharis* and *Vernonanthura*).

The herb layer consists of species of the families Asteraceae (*Bidens, Ageratum, Gamochaeta, Galinsoga, Pseudoelephantopus* & *Conyza*), Araceae (*Anthurium*), Apiaceae (*Hydrocotyle, Daucus* & *Sanicula*), Amaranthaceae (*Alternanthera*), Commelinaceae (*Commelina*), Cyperaceae (*Cyperus*), Fabaceae (*Desmodium* & *Trifolium*), Gesneriaceae, Iridaceae, Poaceae (*Ichnanthus*), Lythraceae (*Cupheae strigulosa*), Rubiaceae (*Richardia*), Scrophulariaceae (*Castilleja* & *Alonsoa*), Solanaceae (*Solanum americanum*), Verbenaceae (*Verbena litoralis*), Orchidaceae (*Altensteinia*), Piperaceae (*Peperomia*), Zingiberaceae (*Renealmia*) and Polygonaceae (*Polygonum*) and some voluble herbs as *Dioscorea* (Dioscoreaceae) and *Valeriana* (Valerianaceae). Among the ferns are well presented the *Pteridium aquilinum* (Dennstaedtiaceae) and *Pteris* (Pteridaceae).

Nueva Mendoza

The archaeological constructions in Nueva Mendoza at 1500 m - 1600 m altitude correspond to the bosque montano bajo. The ruins are found in *purmas*, where the diversity is represented by 15% ferns, followed by Piperaceae 14%, then Solanaceae and Araceae 7% each and 57% belong to other plant families. The fruits *Clavija* sp. (limoncillo) and Vasconcellea (papailla) are frequently associated with the ruins.

The trees are represented by the species of *Ficus* = higuerón (Moraceae) up to 35 m tall and 0.8 m diameter of the trunk, *Toxicodendron striatum* = itil (Anacardiaceae) reaches 9 - 15 m, other species of families are Annonaceae (*Duguetia, Guatteria*), Araliaceae (*Schefflera*), Arecaceae (*Attalea* and *Bactris*), Caricaceae (*Vasconcellea*), Cecropiaceae (*Cecropia*), Clusiaceae (*Clusia*), Euphorbiaceae (*Alchornea triplinervia*), Fabaceae (*Inga*), Lauraceae (*Nectandra*), Meliaceae (*Cedrela*), Theophrastaceae (*Clavija* = limoncillo), Tiliaceae (*Heliocarpus americanus*), Ulmaceae (*Trema* = atadijo) and Urticaceae (*Urera* = ishanga) and as fern trees are *Cyathea* (Cyatheaceae).

The vines are represented by the species of *Fischeria* (Apocynaceae), *Mikania* (Asteraceae) and Sapindaceae. The epiphytes consist of Araceae (*Anthurium* and *Philodendron*), Orchidaceae (*Stelis*), fern species of the families Polypodiaceae (*Campyloneurum* and *Polypodium*), Hymenophyllaceae (*Trichomanes*), Aspleniaceae (*Asplenium*), Woodsiaceae (*Diplazium*) and Lomariopsidaceae (*Elaphoglossum*); further grow hemiepiphytes as Marcgraviaceae (*Marcgravia*), Solanaceae (*Juanulloa*) and Blechnaceae (*Blechnum*).

The shrubs reach 5 - 7 m and contain the species of *Acalypha* (Euphorbiaceae)

Vernonanthura and *Pentacalia* (Asteraceae), *Begonia parviflora* (Begoniaceae), *Centropogon* (Campanulaceae), *Miconia* (Melastomataceae), 8 species of *Piper* (Piperaceae), *Picramnia* (Simaroubaceae), *Psychotria* and *Palicourea* (Rubiaceae), *Siparuna* (Siparunaceae), *Solanum* and *Capsicum* (Solanaceae) and timber species of *Chusquea* (Poaceae).

The herb layer has species of Araceae (*Anthurium, Monstera* and *Xanthosoma*), Arecaceae (*Geonoma*), Commelinaceae (*Commelina* and *Dichorisandra*), Cyclanthaceae (*Asplundia*), Costaceae (*Costus*), Heliconiaceae (*Heliconia*), Piperaceae (*Peperomia*), Zingiberaceae (*Renealmia*) and Poaceae (*Ichnanthus*); climbing species of Cucurbitaceae (*Psiguria*) and voluble species of the family Dioscoreaceae (*Dioscorea*); ferns of the genera *Pteris* (Pteridaceae), *Diplazium* (Woodsiaceae) and *Asplenium* (Aspleniaceae).

The Paitoja complex
The archaeological sites near the village of Paitoja, between 1400 & 1600 m altitude, corresponds to the bosque montano bajo. They are found in *invernas* with pasture of *Brachiaria* (bracaria). The Asteraceae family has a major representation with 14% species, followed by 11% ferns, 7 % Poaceae, 6% Solanaceae, and Arecaceae, Cyperaceae, Fabaceae and Rubiaceae with 5% each and 42% other minor plant families. Plenty of papailla (*Vasconcellea* sp.) and species of shimbillos (*Inga* spp.) grow around the ruins and are consumed by the local inhabitants.

The trees reach 15 m and are represented by Euphorbiaceae (*Alchornea triplinervia*), Myrsinaceae (*Myrsine*), Melastomataceae (*Meriania*), Caricaceae (*Vasconcellea*), Clusiaceae, Fabaceae (*Erythrina, Inga*), Lauraceae (*Nectandra*), Meliaceae (*Cedrela*), Solanaceae (*Acnistus arborescens*). There are various palm species of the genera *Iriartea, Wettinia, Bactris* and *Oenocarpus*, and fern trees *Cyathea* (Cyatheaceae). The epiphytes belong to the species *Aechmea* (Bromeliaceae), fern families Davalliaceae (*Nephrolepis pectinata*), Aspleniaceae (*Asplenium*), Woodsiaceae (*Diplazium*), Selaginellaceae (*Selaginella*), Polypodiaceae (*Microgramma, Polypodium* and *Campyloneurum*) and hemiepiphytes of *Drymonia* (Gesneriaceae).

The shrubs reach 5 - 7 m, with dispersed species of the families Asteraceae (*Baccharis, Vernonanthura patens, Hebeclinium, Liabum, Aequatorium & Clibadium*), Begoniaceae (*Begonia parviflora*), Campanulaceae (*Centropogon granulosum*), Euphorbiaceae (*Acalypha*), Melastomataceae (*Miconia*), Onagraceae (*Ludwigia*), Malvaceae (*Sida*), Verbenaceae (*Lantana*), Phytolaccaceae (*Phytolacca*), Piperaceae (*Piper*), Rubiaceae (*Psychotria* and some coffee bushes *Coffea arabica* = café), Poaceae (*Chusquea*) and Urticaceae (*Urera*).

The herb layer contains species of *Heliconia* (Heliconiaceae) up to 3 m tall; further the families: Amaranthaceae (*Amaranthus viridis, Iresine*), Asteraceae (*Ageratum conizioides, Galinsoga, Bidens pilosa, Gamochaeta americana, Pseudoelephantopus,*

Conyza & *Erechtites*), Araceae (*Colocasia, Xanthosoma* & *Anthurium*), Commelinaceae (*Commelina*), Cyperaceae (*Kyllinga* and *Cyperus*), Fabaceae (*Desmodium*), Lamiaceae (*Hyptis*), Lythraceae (*Cuphea strigulosa*), Solanaceae (*Physalis angulatum, Solanum* & *Capsicum*), Musaceae (*Musa acuminata* = plátano), Orchidaceae (*Cranichis*), Piperaceae (*Peperomia*), Poaceae (*Eragrostis, Ichnanthus, Pennisetum* & *Setaria*), Rubiaceae (*Richardia* & *Galium hipocarpicum*), Polygalaceae (*Polygala paniculata* = canchalagua), Scrophulariaceae (*Castilleja*), Urticaceae (*Pilea*), Verbenaceae (*Verbena litoralis*) and climbing herbs of Cucurbitaceae. Among the ferns grow the genera *Thelypteris* (Thelypteridaceae) and *Pteridium* (Dennstaedtiaceae).

Alto Peru

The archaeological ruins are situated at the left border of the river near the village Alto Peru, at 1200 - 1300 m altitude, and are located in the *invernas* with *Brachiaria* (bracaria) pasture. The diversity of plants is represented by 23% Asteraceae, 8% ferns, Amaranthaceae, Poaceae, Solanaceae & Urticaceae with 6% each and 45 % of other plant families..

The tree layer reaches 12 - 15 m with the species of: Clusiaceae (*Clusia*), Cecropiaceae (*Coussapoa* & *Cecropia*), Fabaceae (*Inga*), Lauraceae (*Nectandra*), Moraceae (*Ficus* & *Artocarpus*) and palms of the genus *Iriartea*; epiphytes ferns of the genera Davalliaceae (*Nephrolepis*) and Polypodiaceae (*Polypodium*), and further hemiepiphytes of *Drymonia* (Gesneriaceae).

The shrubs are represented by the families Acanthaceae (*Sanchezia*), Euphorbiaceae (*Acalypha*), Piperaceae (*Piper*), Solanaceae (*Solanum*), Malvaceae (*Sida*), Urticaceae (*Phenax* & *Urera*) and Poaceae (*Chusquea*).

The herb layer consists of the species of *Achyranthes* and *Alternanthera* (Amaranthaceae), *Anthurium* (Araceae), *Philoglossa, Chaptalia, Pseudoelephantopus, Conyza, Sonchus, Galinsoga, Ageratum, Bidens, Acmella, Gamochaeta* & *Porophyllum ruderale* (Asteraceae), *Cyperus* and *Kyllinga* (Cyperaceae), *Heliconia* (Heliconiaceae), *Klaprothia* (Loasaceae), *Pennisetum* (Poaceae), *Richardia* (Rubiaceae), *Solanum americanum* and *Jaltomata repandidentata* (Solanaceae), *Pilea* (Urticaceae) & *Stachytarpheta* (Verbenaceae), and there are voluble species of *Valeriana* (Valerianaceae). The ferns are represented by *Thelypteris* (Thelypteridaceae) and *Pteridium* (Dennstaedtiaceae).

Nuevo Sinai & Nuevo Horizonte

The archaeological sites are situated near the village of San Marcos, at 1100 m - 1150 m of elevation, and are located in the *invernas* with *Brachiaria* (bracaria) pasture and cultivation of coffee *Coffea arabica*. The diversity of plants is mainly represented by herb species, shrubs and some dispersed trees of Rubiaceae, very similar to the vegetation at the archaeological remains in Selva Alegre.

CHAPTER 6

LAND USE CHANGE IN THE CEJA DE MONTAÑA

Introduction

The archaeological, botanical and anthropological modules have generally treated the qualitative aspects of land use change in Ceja de Montaña. The knowledge from this research is of paramount importance in understanding the processes that control land use change in the area.

However, a quantification of land use change based on field surveys alone is by no means a feasible task. To supplement the information from the previous modules, remote sensing technology is used to map and analyse contemporary land use change. Remote sensing has long been considered an ideal technology for land cover mapping and monitoring due to its ability to provide synoptic, repetitive and consistent information of the Earth's surface (DeFries & Townshend 1999; Franklin & Wulder 2002). Only limited areas can be accurately surveyed in the field and for regional monitoring, remote sensing is the only viable method.

Satellite images from various dates are converted into thematic maps of land use and these maps are compared in order to identify areas of change. This allows for the identification of change in both space (the areal distribution of land cover classes) and time (between different image dates).

One of the most important parameters is the gross deforestation rate, indicating the amount of mature rainforest being felled and used for agro-pastoral purposes. Some of these cleared areas may return to forest cover (reforestation) even though the quality of the regenerated forest is often low in terms of biodiversity, habitat protection and prevention of soil erosion. The net deforestation rate expresses the difference between the gross deforestation and reforestation rates.

Deforestation with all its different causes and forms has a spatial dimension, which is readily observable from remotely sensed data, and it is recommended that this geography of tropical deforestation should be analysed for a given locality to assist the formulation of appropriate forest policies and management strategies (Apan & Peterson 1998).

Box 6.1 Global change, tropical montane forest and satellite remote sensing

Land use change and forest classification in the tropics has been an issue of great concern in recent decades. In tropical forest regions, land use change is often synonymous with deforestation as mature forest areas are cleared for timber extraction or subsistence agriculture. In a global change perspective, this loss of forest is extremely important, as tropical forests contains a large store of carbon which may be exchanged with the atmosphere through changes in land use brought about by fires, clearing, logging, planting and regrowth.

Deforestation results in a net release of CO_2 to the atmosphere, and for many tropical countries the carbon emissions from forest cover changes exceed that of fossil fuel emissions and with significant contributions to global carbon emissions. There are, however, certain disputes over net emission rates, as tropical forest also removes CO_2 from the atmosphere during the process of photosynthesis.

Global carbon budgets indicate that the concentration of atmospheric CO_2 should be rising faster than the current rate of approximately 1.5 ppm yr^{-1} (Kuplich et al. 2000). This discrepancy between budget estimates and measurements of atmospheric carbon has been attributed to the presence of large, but poorly quantified terrestrial carbon sinks (Helmer et al. 2000). The tropical forests are a natural place to look for this carbon as they account for approximately 40% of the carbon stored as terrestrial biomass (Dixon et al. 1994). It is hypothesized that a major terrestrial carbon sink may be found in regenerating tropical forests that sequesters CO_2 from the atmosphere during the process of photosynthesis (Salas et al. 1999; Steininger 2000; Lucas 2002) while more recent research also suggests that intact forests may represent a sizeable sink. However, the magnitude of this carbon sink is uncertain as information on the extent of regenerating forests and their associated carbon flux is lacking (Lucas et al. 2002).

Thus the quantification of the areal extent of both mature as well as varying stages of regenerating forests is an important issue in global change modeling and for the monitoring of multi-lateral environmental agreements (Skole et al. 1997; de Sherbinin & Giri 2001; FAO 2001).

Most studies on tropical forest change focus on areas with logging activities, or in areas characterized by large scale human migration. While these areas are unquestionably of vital importance in a global change perspective due to their vast areal extent, many of the world's most delicate forest resources are located in mountainous terrain (Young & Leon 1999). Consequently, there have been calls to increase the knowledge and awareness of montane forest distribution, status and threats, values and functions (Arborvitae XXXX).

Tropical montane forests are important storehouses of unique plant and animal species and can be characterized as biodiversity hot-spots i.e. areas that should be protected not only because of the number of species present but also because of their endemism (Stattersfield et al. 1998). The clearance of tropical montane forest affects this biological magnitude in three ways: by destroying habitats, by isolating fragments of former contiguous habitats and by creating edge effects (Vitousek 1994).

Tropical montane forests provide important habitats for people, too. Some of the world's poorest and vulnerable communities live in montane forest environments and with forestland and forest products forming the basis of their livelihood systems. Such communities include 'hunters and gathers' and shifting cultivators depending on forest fallow to restore soil productivity. When land and forest resources come under pressure from competing land uses, such as logging, dam construction and capital intensive and land extensive cash cropping, those livelihood systems are directly threatened. Thus environmental and developmental concerns have converged with the increasing interest in both tropical forests as an important ecosystem and in the well being of the people who live from them (Byron & Arnold 1999).

Tropical montane forest also protects the headwaters of rivers that provide safe water supplies to millions of people. When mountain forests are cleared of the land, surface runoff and erosion are greatly accelerated increasing the deposition of sediment in watercourses and, thus, lowering the water quality and possible leading to devastating floods (Price 2003).

There are also strong interactions between montane tropical forests and climate (Laurance 2004). On the local scale elevated desiccation and wind disturbance near forest edges lead to higher rates of tree mortality and damage within 100 to 300 meters of edge margins and increases the susceptible to edge-related fires (Cochrane & Laurance 2002). At the regional scale alteration of cloud formation patterns through global warming could result in the forest losing vital moisture and subsequent loss of biodiversity (Pounds et al 1999, Still et al. 1999). Deforestation also has the potential to influence cloud cover formation, and it has been warned that a positive feedback system between changes in land use, regional climate, fire frequencies and global warming could pose a serious treat for tropical montane forests (Laurance & Williamson 2001; Hansen et al. 2001).

It follows that land use changes in tropical montane forest are closely linked to the issues of environmental, economic and social sustainability. However, quantitative data on where, when and why deforestation and forest cover changes take place are incomplete and sometimes inaccurate (Lambin 1997).

Data

To accurately map land cover in vegetated areas, conventional monochromatic aerial photographs do not contain adequate spectral information to separate forest types and vegetation. Instead, colour images are required that contain information in various intervals across the electromagnetic spectrum, such as different portions of visible, infra-red and thermal infrared wavelengths.

The Landsat systems have gained a wide prominence for forest cover mapping and monitoring mainly owing to its long history, high spatial resolution, moderate spatial coverage and spectral depth extending from the visible over the near and mid infrared to the thermal infrared spectral region (Cohen & Goward 2004). However, since May 2003 the Landsat ETM+ sensor has suffered from a malfunction which causes certain parts of the image to have black stripes or gaps and thus complicates its usage for land cover mapping. Therefore, alternative sensors, like SPOT HRVIR which have similar resolutions as Landsat, often represent a better option for land cover mapping beyond May 2003.

The data used in this study included two Landsat images from 1987 and 2001 respectively and one SPOT HRVIR image from 2008. In order to minimize effects from vegetation phenology and agricultural activities the acquisition dates are such that the data are comparable with respect to seasonality.

Table 6-1. Specifications of the satellite images used in the project

Sensor	Resolution	Date
Landsat TM	6 bands/30 m	31-May-1987
Landsat ETM+	6 bands/30 m	30-Jun-2001
SPOT HRVIR	4 bands/20 m	7-May-2008
Quickbird	4 bands /0.6 m	08-Jun-2008
Quickbird	4 bands /0.6 m	13-Sep-2008

Two very high resolution Quickbird data were also acquired. The fine spatial scale means this type of data can be directly linked to field measurements; and hence they represent an important spatial domain needed in multilevel analysis where data with different spatial resolutions are nested in a hierarchical information structure that allow site-specific measurements to be extrapolated over large areas (Wulder et al. 2004).

Methods

Image pre-processing

Geometric registration is a fundamental image processing step. It converts the image coordinates of the digital image into geographical coordinates. In this way, the data can be related to georeferenced maps and data collected using GPS devices in the field. Furthermore, it is important to co-register all images in order to compare the changes occurring at a given location in the image across the time series. Correct image registration is critical in change detection applications. Verbyla & Boles (2000) report that misregistration may introduce bias in the interpretation of land cover change.

The recent SPOT image from 7th May 2008 was rectified geometrically using GPS points captured in the field, as the topographic map of the area was of inadequate quality for rectification. Using GPS points for ground control, a RMSE of one pixel was achieved, which is usually considered adequate (Jensen, 1996). Next, this scene was used in image-to-image rectifications of the Landsat scenes, with sub-pixel RMSE values. The Quickbird images were equally geometrically transformed to UTM coordinates and using available Rational Polynomial Coefficients (RPC) and the SPOT 2008 as reference.

Cloud cover is a serious problem for land cover mapping in many tropical regions since optical remote sensing data cannot look through clouds. For the Ceja de Montaña region it was all but impossible to acquire cloud free satellite imagery, and thus in a second pre-processing step the areas most affected by atmospheric effect (i.e. clouds and cloud shadows) were masked out using an object-based image classification approach.

Field data collection

The collection of field data is usually required in order to relate the digital values in a satellite image to land cover classes on the ground. In the process of converting a satellite image into a thematic map, a classification algorithm must be applied to the image. A supervised classification algorithm must be trained to recognize a given class based on the characteristics of the features within the given class.

Certain land cover classes may be easy to distinguish without the use of reference data (i.e. lakes, rivers, urban areas), but in order to classify a digital image into discrete vegetation classes, it is usually necessary to collect reference data in the field (sometimes referred to as *ground truth*). Thus in order to facilitate the intended analysis the study area was visited during a field campaign in November 2008. The main purpose of the fieldwork was to get familiar with the study area and collect ground information on forest and land cover classes using digital cameras and Garmin Global Positioning System (GPS) device. After the fieldwork a geo-located database was constructed relating all positions to their respective descriptions and photos (Fig. 6-1).

Image classification

Image classification and analysis operations are used to digitally identify and classify pixels in the data. Classification is usually performed on multi-channel data sets (A) and this process assigns each pixel in an image to a particular class or theme (B) based on statistical characteristics of the pixel brightness values (Fig. 6-2).

The principle behind most satellite-based land cover mapping is the ability to separate different land-covers based on their spectral signatures, i.e., a unique combination of reflected electro-magnetic radiation in different spectral bands. It is, however, widely recognized that tropical forest classes tend to have low spectral separability due to rapid regrowth, constant high level of greenness and dense vegetation canopy which all give rise to a complex texture of the reflectance patterns. The textural complexity becomes especially evident in higher resolution imagery where it has been suggested that for tropical forest classes the in-class spectral difference is significant relative to the between-class spectral variation. Therefore in order to improve the classification accuracy of tropical forest classes it has been suggested that image segmentation can be used prior to classification to reduce in-class spectral variability and thereby enhancing between class spectral differences (Hill 1999; Edmunds & Sørensen 2002).

Thus instead of the conventional image interpretation procedure, whereby each pixel is classified in isolation, an object-oriented approach was used, in which the image data was first segmented into homogenous objects, based on three parameters scale, colour (i.e. spectral information) and shape. Rule based classification was subsequently used to classify the objects into a pre-defined set of land cover classes (Table 6-2).

Table 6-2. Class hierarchy for the land cover / land use mapping

Class id	Description
MF	Mature forest
MFt	Transitional forest found at altitudes over 3000m and dominated by Ericaceae
SFl	Asteraceae dominated Secondary forest
SFc	Chontales (Bamboo and Palm trees) mainly found on mountain ridges and cleared slopes at altitudes higher than 2000m
SFs	Shrubland, mixed class consisting of Paspalum, low shrubs and bushes, and may contain individual dispersed trees (Hierbasales)
SFf	Ferns, typically the first type of invasion in nutrient-depleted, dry areas
Pp	Grassland (dominated by Paspalum sp.)
Cn	Cleared areas
CPm	Mixed Crops (Banana, manioc, maize, fruits)
Wtr	Main water bodies

In rule based classification the different land cover classes is explained by a set of rules. These rules may be simple e.g. if we want to classify vegetation we can use the near-infrared band which is higher over vegetated areas compared to non-vegetated area due to the strong reflective properties of plant mesophyll tissue. However, as the number and spectral complexity of classes increases the rule-sets will tend to become more complex and include several spectral bands. In such cases data mining techniques, such as Decision Tree Classifiers (DTC) can be used in order to decide on appropriate variables and thresholds for classification. The DTC algorithm uses a set of explanatory variables to recursively split a training data set into increasingly homogeneous subsets, called nodes. At each node the algorithm investigates all possible splits of all explanatory variables. The single explanatory variable that minimizes the classification error is used to split the data and the process is repeated on the two descendent nodes. The result is a binary tree with a root node that represents the undivided data, and which branch off through a set of internal nodes and into a number of terminal nodes (also called leafs) which represent the final class groups. A DTC is a supervised algorithm that uses training data for the predictor variable. A DTC will usually over-fit the input data, i.e. the tree can fit the data too well by growing on noise and errors (Breiman et al. 1984). To prevent over-fitting, the tree can be generalized using a pruning procedure where the initial tree is simplified by removing some of the decisions. Pruning is normally done by splitting the input data into two sub-samples, one to grow the tree and the other to prune the tree by eliminating rules that do not contribute significantly to explaining the input data.

Change detection

Various methods exist for detecting changes between two or more image scenes. The most common approach is the post-classification change detection (Jensen, 1996). The method relies on a comparison of two or more classifications, and the accuracy of the change detection is thus dependent on the accuracies of the separate classifications that are compared, as errors present in the initial classifications are compounded in the change detection process (Lillesand & Kiefer 2000). In order to mitigate this, a binary change mask method can be used when comparing classified images from different dates. This approach proceeds as follows: First, a traditional classification of date 1 is performed and then spectral information from date 1 and date 2 are used to create a binary change mask. This change mask is then overlaid onto date 2 and only areas that have been subject to change are classified in the date 2 satellite imagery. This method is very effective as it allows the analyst to focus mainly on the areas that has changed between two dates, thus greatly reducing the change detection errors (omission and commission) caused by misclassified pixels in two independent classifications (Jensen 1996).

In addition object-based analysis is well suited for this approach to change detection because objects can be forced to follow the boundaries from time 1 (parent objects) onto time 2 (child objects). Thus parent objects are split into two and more child objects which can subsequently be inspected for change and reclassified accordingly. In this case we created two binary change masks i.e. one for changes between 1987 and 2001 and one for changes between 2001 and 2008. In both cases the first step was to segment the 1987 and 2008 images into homogeneous objects. During the segmentation the object boundaries were forced to follow those generated during the segmentation and classification of the 2001 image. Hereafter image differencing was used as a first indicator of objects that has undergone land cover change and the resulting difference image was used for thematic coding of objects into change and no-change objects. Finally, we classified the 1987 and 2008 images in accordance with the approach described above though only focusing on the areas that have changes between the two years.

Deforestation

Deforestation is defined as the removal of trees from a given location (Goudie et al. 1994). Often a distinction is made between gross and net deforestation. Gross deforestation refers to the decrease in forest cover, while net deforestation takes into account any compensating gain in the forest cover. In this analysis, historical rates of gross deforestation were estimated by enumerating the pixels in the land cover maps that had converted from mature forest to other land cover over the time series analysed and converting the area of the pixel to hectares (cf. equation 1).

$$(1) \quad \text{Gross-deforestation} = \frac{\text{Cleared}_{t1 \rightarrow t2}}{\text{MF}_{t1}}$$

Where MF_{t1} is the mature forest cover at time 1 and $Cleared_{t1 \rightarrow 2}$ is the area sum of objects classified as mature forest at time 1 and then classified as other land cover at time 2.

In order to calculate net deforestation we incorporated regrowth into the equation simply by looking at the difference in total mature forest cover between time 1 and time 2 relative to the area of mature forest at time 1:

$$(2) \quad \text{Net-deforestation} = \frac{\text{MF}_{t1} - \text{MF}_{t2}}{\text{MF}_{t1}}$$

Where MF_{t1} and MF_{t2} refer to the area of mature forest at time 1 and time 2 respectively. Finally, annual rates of gross or net-deforestation were computed by dividing with the number of years between time 1 and 2.

Spatial analyses

Spatial statistical models combine remote sensing and Geographic Information Systems (GIS) with statistical analysis and the approach consists in analysing the location

440

of deforestation in relation to maps of natural and cultural variables (Lambin 1994). These models do not predict when deforestation will take place but only identify which areas have a high probability of being cleared if and when deforestation occurs. In this study univariate statistical analysis was used to relate the frequency of deforestation to a range of locational factors with believed relevance for the process of deforestation within Ceja de Montaña. The factors analysed included river proximity and measures of topography that are commonly found to be strong mediators for deforestation activities in the area. The influence of distance to river networks was analysed by deriving buffer zones around these features. In a similar way the effect of topography was analysed by summarising deforestation numbers within different elevation and slope intervals using a digital elevation model (DEM).

Results and discussion

Overall changes

The satellite-based analysis reveals some interesting trends in regard to the forest cover development in Ceja de Montaña. Table 6-3 and Figs. 6-3 to 6-7 show the areal distribution for each class during the 21-year period of satellite image cover from 1987-2008. The left side of the table refers to the absolute area in hectares of each class, while the right part Table 3B describes the percentage that each class makes up of the entire classified area (total number of pixels minus the number of cloudy pixels).

Table 6-3. Forest and Land cover statistics for the three image dates used in the study.

	Hectares				Percentage		
Class	1987	2001	2008	Class	1987	2001	2008
Mature forest	61579	59219	54850	Mature forest	76,53%	73,58%	68,16%
Secondary forest	4321	4284	5783	Secondary forest	5,37%	5,32%	7,19%
Trans forest	162	170	167	Trans forest	0,20%	0,21%	0,21%
Bamboo	4740	4068	4029	Bamboo	5,89%	5,06%	5,01%
Shrubland	5633	7309	10043	Shrubland	7,00%	9,08%	12,48%
Ferns	521	353	256	Ferns	0,65%	0,44%	0,32%
Grassland	580	886	1194	Grassland	0,72%	1,10%	1,48%
Mixed crops	2005	2770	2793	Mixed crops	2,49%	3,44%	3,47%
Cleared	821	1315	1314	Cleared	1,02%	1,63%	1,63%
Water	104	103	50	Water	0,13%	0,13%	0,06%
Total	80466	80479	80479	Total	100,00%	100,00%	100,00%
Total w. Clouds	78997	78997	78997				
Clouds	159462	159476	159475				

From the change matrices it is possible to infer the forest cover development without taking clouds into consideration. Unchanged areas occupy the diagonal of the matrices while changed areas are represented in the off-diagonal elements of the matrices. Table 4 and 5 reveal how most of the changes are related to deforestation and the consequent shift from forest land to other land cover most notably shrubland, grassland, mixed crops and cleared areas. To certain extent regeneration compensates for this as land cover switches back from non-forest to forest land.

It is worth the mentioning that the change matrices also include classification errors, which is inevitable considering the gradual transitions and spectral similarities between certain classes. The errors may affect the accuracy of the map in certain specific areas but at the larger level they are expected to level out and therefore the derived area and forest cover statistics are valid.

The change matrices reveals that generally the proportion of forest has decreased during the 21-year period from 1987-2008, while most non-forest classes like agricultural areas, grassland and shrubland have expanded in area. These observations are also reflected by the deforestation rates (Table 6-6). Gross-deforestation has increased from an annual loss of 0.39% in the period from 1987 to 2001 to 0.91% between 2001 and 2008. If we take regrowth into account the numbers for net-deforestation are 0.25% per year for the period 1987 to 2001 compared to 0.8% per year for the 2001 to 2008 period.

Table 6-6. Deforestation rates between various periods for Ceja de Montaña study area.

	1989-2001	2001-2008	1989-2008
Gross deforestation	5.49%	6.34%	12.81%
Net deforestation	3.45%	5.60%	11.00%
Annual rate of Gross deforestation	0.39% y^{-1}	0.91% y^{-1}	0.61% y^{-1}
Annual rate of Net deforestation	0.25% y^{-1}	0.80% y^{-1}	0.52% y^{-1}

Spatial changes
A number of spatial analyses of the contemporary land use history of the *Ceja de Montaña* area were performed. These include sub-area statistics, influence of river proximity and the topographical features of elevation and slope.

Land use in villages
In the change matrix approach we were able to isolate the effects of clouds when analysing the change between successive dates, however, since clouds differ between the two pairs of successive dates (i.e. 1987 to 2001 and 2001 to 2008) it is difficult to compare the change rates especially when some dynamic areas my be obscured by one time pair and not the other. So as a final change analysis we also calculated and compared area statistics for a number of smaller areas within the study area

Table 6-4. Forest and land cover change matrix for the time period between 1987 to 2001.

1987	2001										Total 1987
	Mature forest	Secondary forest	Trans forest	Bamboo	Shrubland	Ferns	Grassland	Mixed crops	Cleared	Water	
Mature forest	69767	927	6	453	1752	23	114	535	243	0	73820
Secondary forest	225	4163	0	1	636	284	217	452	93	0	6071
Trans forest	1	0	172	0	0	0	0	0	0	0	173
Bamboo	749	129	5	3963	249	4	42	44	32	0	5217
Shrubland	241	224	4	46	5980	126	186	358	117	0	7284
Ferns	39	58	0	0	136	435	586	62	146	0	1463
Grassland	148	29	0	1	121	27	367	31	14	0	738
Mixed crops	42	43	0	3	266	31	190	1490	196	0	2261
Cleared	62	23	0	2	34	24	32	21	756	0	954
Water	0	0	0	0	0	0	0	0	0	103	104
Total 2001	71274	5597	187	4469	9174	954	1736	2993	1596	103	98083

Table 6-5. Forest and land cover change matrix for the time period between 2001 to 2008.

2001	2008										Total 2001
	Mature forest	Secondary forest	Trans forest	Bamboo	Shrubland	Ferns	Grassland	Mixed crops	Cleared	Water	
Mature forest	88392	2153	1	142	2696	0	394	275	316	1	94371
Secondary forest	80	3821	0	6	614	0	45	55	49	0	4671
Trans forest	2	0	249	5	0	0	0	0	0	0	255
Bamboo	212	12	0	5807	24	0	39	1	8	0	6104
Shrubland	259	339	0	27	7759	1	105	263	115	0	8867
Ferns	0	4	0	0	85	254	4	1	12	0	361
Grassland	51	21	0	31	100	7	866	17	27	0	1120
Mixed crops	22	168	0	1	386	0	1	2849	14	0	3440
Cleared	64	83	0	42	245	0	45	54	1318	0	1853
Water	0	0	0	5	0	0	37	1	18	171	232
Total 2008	89082	6602	251	6067	11910	262	1536	3515	1878	172	121274

where cloud cover were negligible at any given time. These sub-areas were a series of selected villages located in the Ceja de Montaña area[1].

All together 7 villages were analysed and representing two distinct regions one in north close to the valley entry point at El Dorado and one more distant region located in the south. The rates of deforestation from each village are given in Table 6-7.

Table 6-7. Per village rates of deforestation.

Villages in the north	Salas		El Dorado		Galilea	
	87 a 01	01 a 08	87 a 01	87 a 01	01 a 08	01 a 08
Gross deforestation	5.35%	24.09%	25.34%	14.04%	15.84%	22.88%
Net deforestation	4.71%	23.06%	24.41%	12.61%	13.70%	21.31%
Annual rate of Gross deforestation	0.34%	3.44%	1.81%	1.00%	2.26%	3.27%
Annual rate of Net deforestation	0.38%	3.29%	1.74%	0.90%	1.96%	3.04%

Villages in the south	San Francisco		Nuevo Mendoza		Pampa Hermosa		Posic	
	87 a 01	01 a 08	87 a 01	01 a 08	87 a 01	01 a 08	87 a 01	01 a 08
Gross deforestation	0.51%	9.26%	3.24%	17.06%	1.31%	14.09%	1.90%	2.08%
Net deforestation	0.08%	9.11%	2.76%	16.24%	0.50%	13.82%	1.11%	1.75%
Annual rate of Gross deforestation	0.04%	1.32%	0.23%	2.44%	0.09%	2.01%	0.14%	0.30%
Annual rate of Net deforestation	0.01%	1.30%	0.20%	2.32%	0.04%	1.97%	0.08%	0.25%

From Table 6-7 it can be seen that deforestation rates in the early period (i.e. 1987 to 2001) were much higher in north compared to south. This indicates the area in north was already colonised or starting to be colonised from 1987 and onwards. In

---

1   As the official village borders were not available the impact zone of the village boundaries were approximated by using a combination of Thiessen polygons and Buffer zones. First, buffer zones of 2.5 km were created around each village and when buffer zones were overlapping (i.e. when the distance between two villages were less than 5 km) the Thiessen polygons was used to clip the buffers. This village delineation is a simplification of the real world where physiographic (e.g. topography and river/road direction) as well as historical/cultural factors also play an important role in determining the village boundary. Nonetheless, the used demarcation finds some justification in the fact that most villages are located close to a river channel and as we show in section 4.4 then the majority of all deforestation happens within 2.5 km from the river channels.

contrast the area in south were largely untouched before 2001 where after the sharp rise in deforestation rates indicates that people has started to settle in this area since 2001. The comparison between the villages in north and south is a good example of a typical movement of the deforestation front, where settlements tend to proceed from the market centre(s) to the more peripheral areas (Konninck 1999).

Influence of distance to river

The village based analysis indicates that deforestation patterns are to some extent explained by access to markets, but other factors related to the physiography of the valley may be equally important. Access is perhaps the one single factor, which has been documented to have the highest effect on forest cover and deforestation (e.g. Thenkabail 1998; Mertens & Lambin 1997; Ludeke et al. 1991). Rivers dissect deep into forest areas and along with mule trails they have formed the natural access to the forests. Mule trails, however, are impossible to map using remote sensing technology as they are usually concealed under the forest canopy and may sometimes even be difficult to locate on the ground. However, their location tend to coincide with major drainage patterns, and therefore rivers and streams are useful surrogates for the main transportation network of the area, even though these bodies of running water are not possible to navigate due to their high gradients.

To analyse the effect of the transportation network, forest cover change was analysed in 100 m buffer zones of varying distance around a river theme available from *Carta National De Peru*. The outcome of this analysis is shown in Fig. 6-8.

As seen from figure X the study area is characterised by strong relationship between deforestation and proximity to rivers – a relationship which for both time periods seems to be strongest up to around 1.5 kilometres from the river where after it starts to level off and then ceases at a distance of 2.5 kilometres from the river. The findings thus documents the assumptions that rivers and transport networks has an important spread effect on the location of deforestation.

Influence of topography

Topography poses an obstacle to human activities including deforestation processes, and deforestation is therefore likely to occur in flat or gently sloping terrain at lower elevations. Permanent cultivation is not suitable for steep terrain due to a combination of erosion risks and low nutritional soil values and although shifting cultivation is adapted to areas with steep terrain there seems to be a slope limits of around 40 and 45 degrees for this type of cultivation.

Figure 6-9 shows the connection between terrain elevation and deforestation while the dependence of deforestation with terrain slope is shown in Figure 6-10. It is interesting to note that contrary to expectations then deforestation is actually low in the most level terrain (i.e. with slopes less than 15 degrees) and at the lowest elevations (i.e. less than 1500 m). The observation, however, can be explained by the fact that most of the level and gently undulating areas at lower elevations, mainly found around the two main centers of Selva Alegre and El Dorado and, has already been deforested at the time when our analysis is initiated (i.e. prior to 1987). From an altitude of around 1500 meter and a slope level around 15 degree the frequency of deforestation follows an expected inverse relationship with altitude up to around 3000 meters and with slope level up to around 40-45 degrees. Thus, in summary our findings correspond well to the supposition that mountainous areas are difficult to access and therefore they provide a barrier for human induced deforestation.

Conclusion

Satellite remote sensing data has been used to map land use change in the Ceja de Montaña study area over the period from 1987 to 2008. The mean annual gross deforestation rate for the entire period was 0.61%, and with a corresponding net annual deforestation rate of 0.52%. These mean numbers covers a below average period from 1987 to 2001 where annual gross- and net-deforestation rates were 0.39% and 0.25% respectively and an above average period from 2001 to 2008 with annual gross- and net-deforestation rates of 0.91% and 0.80% respectively. These numbers are much higher than the average for Peru as a whole where annual net-deforestation rates has been estimated to be 0.11% for the period 1990-2000 and 0.36% from 2000 to 2005[2].

Moreover, a GIS facilitated quantitative analysis of the spatial linkages between deforestation and various location factors. The analyses revealed that major spatial differences are present with annual net-deforestation rates for selected villages ranging from near zero to more than 3% depending on time period and location. Most notably it was found that in the north and close to the main market deforestation has been ongoing since 1987 whereas a new deforestation front has emerged in the south since 2001. Moreover, the results showed that most of the deforested areas were concentrated within 1.5 km from the river channels and on slope levels from 15-40 degrees mainly lying within altitude between 1500 - 3000 m above sea level. These results were expected as they are in line with the general presumption about the importance of landscape and access in the determination of deforestation activities. A presumption, which was believed to be highly valid for the study region, characterised by an extreme topography and a natural transport network formed by the river system and nearby placed mule-trails.

---

2   http://rainforests.mongabay.com/deforestation/2000/Peru.htm

CHAPTER 7

CONCLUSION

Studies of *Ceja de Montaña* has still not attracted a mayor interest from the scientific community but in order to understand the human impact during time in this unique landscape, it is important to carry out interdisciplinary projects comprising archeology, ethnohistory, anthropology, botany and geography. Our team has been working for more than a decade on this research covering a vast area of thousands of square kilometers; the interdisciplinary research design has proved to be a fruitful methodology to illustrate the intricate problems of human activities based on cultural background, ideologies and strategies.

However, obtaining research permits to conduct botanical and archeological fieldwork has often been a major bureaucratic hassle despite the fact that everyone sees the need to explore these areas before the landscape has been completely altered.

The aim of this last book in a series of 3 publications (Schjellerup et al. 2003, 2005) has been to document and analyze the human utilization in a diachronic analysis to understand the present development concerning the daily life of the colonos and the waves of migrants into this northern part of the *Ceja de Montaña* at the Tonchimilio River Basin and Rodriguez Mendoza.

A second objective was to analyze the consequences of this colonization. The need to explore and document the process of transformation must be recognized to understand the ongoing developmentbefore the landscape has changed completely. In the past twenty years the landscape has been changing drastically, the mature forest had an area of continuous miles and miles and has now become large open areas with scattered trees leading to increased erosion. It is clear that the current use is characterized by inadequate management of the environment that threatens the entire ecosystem. Besides the ancient cultural relics are destroyed and thus very quickly losing the sources to interpret and understand the pre-history.

The archaeological study has given new perspectives due to a large number of archaeological sites encountered from pre-Hispanic time (i.e. before 1532). The archeological module revealed twenty nine previously unknown sites. Smaller and larger Inca sites are all located at a widespread path system which went from the sierra in the west to the lowlands in the east. There are often paved stone paths linking tampus to provide accommodation for llama caravans and officials. The large administrative center of Posic was placed at the boundary between the Incas and what the Incas probably regarded as tribal communities. Such a strong presence of the Incas in an otherwise marginal area can only be seen as an expression of a strong economic interest. Here was an opportunity to get valuable jaguar skins, parrot feathers, honey, coca leaves, quality cotton, gold and salt. Not least did the Chachapoya and Incas manage their land in a sustainable manner way and constructed many stone terraces to prevent erosion in this vulnerable area.

The ethnohistory with studies in historical archives has contributed to the understanding of the development in the Spanish Colonial Period. The area was important as a crossroads for all early expeditions, which sought the myth of Eldorado to the east or as the more official reason was, to baptize the many tribes in the forests. Hundreds of Indians were used as carriers in these expeditions.

Early Spanish officials tormented the people in the cruelest ways. They threw several Indians to the hunting dogs, they were mutilated, strangled, and their homes and fields were burned. Many fled to the montañas as has always been a solution in rough times.

In this environment reigned conflicts, abuses and cruel actions of the encomenderos, as well as battles between the different Indian groups themselves, encouraged by the Spaniards. Epidemics with new diseases due to the lack of resistance of the Indians led to a massive disruption in the Indian societies and a collapse in their populations. Two-thirds of the population is estimated to have died because of European introduced diseases. It became the reason why large areas again closed with forest for hundreds of years.

Today people from the Andean highlands are attracted to the big forests in the quest for new land for colonization, and an increasing migration continues to the east opening new trails and founding new villages. This is due to particularly impoverished land in the sierra and an increasing population seeking new opportunities. Several years of propaganda from the national government is also a factor, which until recently told of the immensely fertile land in the green selva. This assumption has now been left out, but it is deeply buried in people's thinking.

Through the expeditions we have found twenty one new villages. These foundations represent a very significant deforestation because nearly all the colonos are farmers. In the valleys coffee cultivation has become a monoculture with little interest to daily products, because with the sale of coffee it is possible to buy all the necessary food, mainly noodles and rice. Many people raise livestock that functions like a savings account; you can always sell a cow if there is a shortage of cash to buy clothes or medicine and small animal husbandry may provide an income because it sells faster and at all times.

Religion plays a very important role in the new villages, especially proselytes of new Protestant sects as the Pentecost movements, *Ultima Voz del Christo, Iglesia Evangélica Peruana, Nazarenes*, and a myriad of others who call upon their friends of the same faith to gather enough people to found a village and build a school. The churches form a social fabric that serves to soften the suffering and isolation through the religious networks and their friendships. The valleys of this region are very isolated and give an impact on the socio-economic conditions of the inhabitants. One of their priorities is the construction of access roads to replace the muddy and extremely difficult trails. Unfortunately the regional government has approved the road, and construction of the road has begun.

The great danger is that the new roads will attract more migration and this could destroy the entire ecosystem in a short time. This is especially problematic in this area because the borderline between the highlands and lowlands has here a clear distinction, and with the felling of the trees the water disappears. Already, water shortage is a major problem and there is rationing of water in the nearby towns.

During the fieldwork in the Tonchimilo River Basin and Rodriguez de Mendoza the botanical module collected 771 plant samples, which correspond to 450 taxa, 239 genera, grouped in 104 families within both areas. The colonos use 355 species of plants, as food (87), for construction purposes, furniture, tools, handicrafts and firewood (67), medicine (148), ornamental (56), hedges (25), fodder (33), and wild fruits (25), among other uses. Many species are forest plants and species that have been brought from the colones' places of origin. However, there is no proper management of these resources to be utilized sustainably.

Two new species are being described and possibly four other taxa will be reported as new. However all the material collected contains a wealth of scientific information because the data obtained is useful not only in an educational aspect, but as a starting point for other projects and research.

The collection is one of best among several herbaria in Peru and abroad and will be accessible for scientists and for anyone who needs the information. The collection helps to understand the structure, composition, distribution of species and plant populations, because these ecosystems are very fragile to the action of man. Because of the limited knowledge the population has not adopted the best strategies for a conservation of the forest.

The constant cutting and burning of large forest areas cause loss of biological diversity. The areas closest to cities and roads are most affected. The landscapes are changing and the species are being replaced by exotic species, some of which have now become naturalized to this environment.

Analysis of satelite images has been used to quantify the magnitude of the deforestation. Altogether, an area of more than 10.000 ha has been cleared since 1987. The analyses revealed that major spatial differences are present with deforestation rates for selected villages ranging from near zero to more than 3 % per year depending on time period and location. Most notably it was found that in the north and close to the main access roads the deforestation has been ongoing since 1987 whereas a new deforestation front has emerged in the south mainly since 2001.

The state must act urgently with the participation of local communities with appropriate environmental and real politics for the conservation of these ecosystems and natural resources. To ensure conservation different government sectors, concerning production and resource management should work together in an effective coordination with the villagers to sustain the ecosystems, and thus the biological and cultural diversity.

Coexistence between mankind and nature has generated great biological and cultural diversity in these environments. Although they were not inhabited for long periods the environments maintained great diversity and became used as natural laboratories for domestication and utilization of resources. Today action against the accelerated loss of these resources must be taken with all efforts and resources of the state, the current population and researches.

Is the interest of local people because all this is the basis of the economy of the region. It is important to mankind for the exceptional biodiversity of the region and for being one of the last remaining rainforests where there is still the possibility of preserving it as captivating lungs of the earth's greenhouse gases. Furthermore, its conservation is important to have an overview of transcendental inspiration for future generations.

It is hoped that the studies presented in this book provoke deep reflections on the vulnerability of the region and that exceptional measures will be taken to preserve this unique landscape, valued for its cultural y biological diversity.

BIBLIOGRAFIA // REFERENCES

No publicado // Not published

AGI Patronato Real, Legajo 123 Ramo 4

Información de los meritos y servicios del Capitan Juan Perez de Guevara, uno de los conquistadores y pacificadores del Peru y particularmente de la provincia de los Chachapoyas. Año 1578.

BNL A 158 Valle Orimona 1567, ff.248

Publicado // Published

Aldrich, Mark ; Bubb, Philip ; Hostettler, Silvia ; Wiel, Han van de, 2000. Tropical montane cloud forests: Time for action. Arbor Vitae Special Isue. IUCN.

Apan, A.A. & Peterson, J. A. (1998) Probing tropical deforestation - The use of GIS and statistical analysis of georeferenced data. Applied Geography 18, pp. 137-152.

Aparicio Severo (2001) La Orden de la Merced. Estudios Historicos. Tomo 1, Lima.

Barrantes, Roxana, Iguiñiz, Javier (2004) La Investigación Económica y Social en el Perú. Edit Nova. Perú.

Benito, José Antonio (2006) Libro de Visitas de Santo Toribio Mogrovejo (1593-1605). Pontificia Universida Católica del Perú.

Breiman, L., Friedman, J. H., Olshen, R. A., & Stone, C. J. (1984) Classification and regression trees. Wadsworth International Group, Belmont, California.

Bueno, Cosme (1784 [1764-78]) Descripción Geografica del Perú. Lima.

Busto Duthurburu, José del (1968) Diccionario Histórico Biográfico de los Conquistadores del Perú. Tomo I, Letra A. Editorial Arica S.A. Lima.

Byron, N. & Arnold, J.E.M. (1999). What futures for the people of the tropical forests? World Development, 27(5): 789-805.

Calancha, Antonio de (1638) Corónica Moralizada del Origen de San Augustin en el Perú con sucesos egenplaros desta Monarquia. Barcelona.

Cárdenas Silva, Ludwig H. (2006) San Martín 1906-2006 Referencia Historica Geográfica y Folklórica. Horizonte Azul Ediciones.

Cohen, W.B. & Goward, S. N. (2004) Landsat's role in ecological applications of remote sensing. Bioscience 54, pp. 535-545.

Conrad, P Kottak (2000) Antropología Cultural. Edit. Mc Graw-Hill, España.

Cochrane,M.A. & Laurance, W. F. (2002) Fire as a large-scale edge effect in Amazonian forests. Journal of Tropical Ecology 18, pp. 311-325.

Cook, Noble David (1981) Demographic Collapse; Indian Peru 1520-1620. Cambridge.

DeFries, R.S. & Townshend, J. R. G. (1999) Global land cover characterization from satellite data: from research to operational implementation ? Global Ecology and Biogeography 8, pp. 367-379.

Delgado, Alejandro (1946) Memorias de un aventurero. Viaje al Oriente Peruano, Lima.

Dillon, M.O. y I. Sánchez. 2002. Inventario Florístico del Bosque de Protección del Alto Mayo (San Martín, Perú). Andean Botanical Information System (Ver. 6.0). URL: http://www.sacha.org/envir/eastlow/intro_sp.html

Dixon, R. K., Brown, S., Houghton, R. A., Solomon, S.M., Trexler,M. C., and Wisniewski, J., 1994, Carbon pools and ux of global carbon forest ecosystems. Science, 263,185–190.1.

Edmunds & Sørensen (2002). Land Use Change in Peru's Humid Eastern Montane Forests. Institute of Geography, University of Copenhagen.

Espinosa Soriano, Waldemar (2003) Juan Pérez de Guevara y la historia de Moyobamba, Siglo XVI. Derrama Magisterial.

Franklin, S.E. & Wulder, M. A. (2002) Remote sensing methods in medium spatial resolution satellite data land cover classification of large areas. Progress in Physical Geography 26, pp. 173-205.

Golob, Ann (1982) The Upper Amazon in Historical perspective. PhD. City University of New York.

Gentry, A. H. & J. Lopez-Parodi. 1980. Deforestation and Increased Flooding of the Upper Amazon. Science 210: 1354-1356.

Goudie, A (1994) The Encyclopedic dictionary of physical geography, 2nd ed edn. Blackwell, Oxford, UK.

Hansen, A.J., Neilson, R. R., Dale, V. H., Flather, C. H., Iverson, L. R., Currie, D. J., Shafer, S., Cook, R., & Bartlein, P. J. (2001) Global change in forests: Responses of species, communities, and biomes. Bioscience 51, pp. 765-779.

Helmer, E.H., Brown, S., & Cohen, W. B. (2000) Mapping montane tropical forest successional stage and land use with multi-date Landsat imagery. International Journal of Remote Sensing 21, pp. 2163-2183.

Hill,R.A. (1999) Image segmentation for humid tropical forest classification in Landsat TM data. International Journal of Remote Sensing 20, pp. 1039-1044.

Holdridge. L.R. 1982. Ecología, basada en las zonas de vida. Instituto Interamericano de Cooperación para la Agricultura. Costa Rica.

Ijurra, Manuel (1905) Resumen de los viajes de Mainas, Chachapoyas i Pará 1841-45, en Carlos Larrebure y Correa Colección de Leyes, Decretos, Resoluciones i otros documentos oficiales diferentes a Departamento de Loreto Vol.VI.

Izaguirre, Padre Fray Bernardino (1922-29) Historia de las Misiones Franciscanas y Narración de los Progresos de la Geografía en el Oriente del Perú, 1619 - 1921. Vol. I-XIV, Lima.

Jensen, J.R. (1996) Introductory digital image processing - a remote sensing perspective, 2nd ed edn. Prentice Hall, Upper Saddle River, New Jersey.

Koninck, R.D. (1999) Deforestation in Vietnam. International Development Research Center, Ottawa, Canada.

Kuplich, T. M., V. Salvatori, & P. J. Curran (2000). JERS-1/SAR Backscatter and its Relationship with Biomass of Regenerating Forests. International Journal RemoteSensing, 2000, Vol. 21, No. 12, pp. 2513-2518.

Larrabure i Correa, Carlos ed. (1905-1909) Colección de leyes, decretos, resoluciones i otros documentos oficiales referentes al Departamento de Loredo. Vol. I-XVIII. "La Opinión Nacional". Lima.

Lenci José Jara y Vicente Villar, Camilo G. (1997) Revisita a Moyobama: 1590. Sequilao, Revista de Historia Arte y Sociedad, No.11, 112-181, Lima.

Libro Primero de Cabildos de la Ciudad de San Juan de la Frontera de Chachapoyas (1958) Separata de la Revista "Fenix", de la Biblioteca Nacional, Nos. 11 y 12. Ed. Raúl Rivera Serna.

Lillesand, T.M. & Kiefer, R. W. (2000) Remote sensing and image interpretation, 4th ed edn. John Wiley & Sons, New York.

Lucas, R.M., H. Honzák, I. do Amaral, P.J. Curran & G.M. Foody (2002). Forest Regeneration on Abandoned Clearances in Central Amazonia. International Journal of Remote Sensing, Vol. 23, No. 5, pp. 965-988.

Ludeke, A.K., Maggio, R. C., & Reid, L. M. (1990) An Analysis of Anthropogenic Deforestation Using Logistic-Regression and Gis. Journal of Environmental Management 31, pp. 247-259.

Markham,Clements R. (1861) Introduction to The Expedition of Pedro de Ursua & Lope de Aguirre in Search of El Dorado and Omagua. Hakluyt Society. 1861:i-liii.

Mayer, Enrique (2004) Casa, Chacra y Dinero. Edit. Tarea. Lima Perú.

Mertens, B. & Lambin, E. F. (1997) Spatial modelling of deforestation in southern Cameroon - Spatial disaggregation of diverse deforestation processes. Applied Geography 17, pp. 143-162.

Middendorf, Ernst Wilhelm (1895) Peru, Beobachtungen und Studien über das Land und seine Bewohner. Band III. Berlin.

Mogrovejo, Toribio Alfoso de (1921 [1593]) Diario de la segunda visita pastoral, que hizo de su arquediocesis el Ilustrisimo Señor Don Toribio Alfonso de Mogrovejo, arzobispo de los Reyes. In Revista del Archivo Nacional del Perú, Tomo II, Entrega I:37-78. Lima.

Pounds,J.A., Fogden, M. P. L., & Campbell, J. H. (1999) Biological response to climate change on a tropical mountain. Nature 398, pp. 611-615.

Price,M.F. (2003) Why mountain forests are important. Forestry Chronicle 79, pp. 219-222 Rudel,T.K., Bates, D., & Machinguiasli, R. (2002) Ecologically noble Amerindians? Cattle, ranching and cash cropping among Shuar and colonists in Ecuador. Latin American Research Review 37, pp. 144-159.

Raimondi, Antonio (1874-80) El Perú.

Relaciones Geográficas de Indias (1965) [1557-1586] Ed. Marcos Jiménez de la Espada. Biblioteca de Autores Españoles, Vols. 183-185. Madrid.

Riva Herrera, Martín de la (1899) [1659] Autos fechos y actuados por el general Don Martín de la Riva. Revista de Archivos y Bibliotecas Nacionales. Año II, Vol. III, 3a.Imprenta de "El Tiempo". Lima.

Salas, W.A., E. Rignot, & D. Skole (1999). Use of JERS-1 SAR for Monitoring Deforestation and Secondary Growth in the Tropics. JERS-1Science Program '99 PI Reports, NASDA, Japan, pp. 123-132.

Schjellerup, Inge (2008) Sacando a los caciques de la oscuridad del olvido. Etnias Chachapoya y Chilcho,Bulletin del'Institut Français d'Ètudes Andines 2008, 37:111-112. Lima.

Schjellerup, Inge, Victor Quipuscoa, Carolina Espinoza, Victor Peña, Mikael Kamp Sørensen (2005) Redescrubriendo el Valle de los Chilchos, Condiciones de Vida en la Ceja de Selva,Peru/ The Chilchos Valley Revisited, Life Conditions in the Ceja de Selva. The National Museum of Denmark. Ethnographic Monographs, No.2.

Schjellerup, Inge, Mikael Kamp Sørensen,Carolina Espinoza, Victor Quipuscoa & Victor Peña (2003) Los Valles Olvidados, Pasado y Presente en la Utilización de recursos en la Ceja de Selva, Peru/ The Forgotten Valleys, Past and Present in the Utilization of Resources in the Ceja de Selva, Peru. The National Museum of Denmark. Ethnographic Monographs, No.1.

Schjellerup, Inge, Carolina Espinoza, Victor Quipuscoa,Carmen Samane (1997) La Morada – gente y la biodiversidad/people and biodiversity. Centre for Research on the Cultural and Biological Diversity of Andean Rainforest. The Danish Environmental Research Programme.

Schjellerup, Inge (1997) Incas and Spaniards in the Conquest of the Chachapoyas. Archaeological, Ethnohistorical and Anthropological Research in the North-eastern Peru. GOTARC Series B. Gothenburg Archaeological Theses. No.7. Göteborg University.

de Sherbinin, A. & C. Giri (2001). Remote Sensing in Support of Multilateral Environmental Agreements: What Have We Learned from Pilot Applications? Proceedings from the Open Meeting of the Human Dimensions of Global Environmental Change Research Community, Rio de Janeiro, 6-8 October 2001.

Skole, D.L., C.O. Justice, J.R.G. Townsend & A.C. Janetos (1997). A Land Cover Change Monitoring Program: Strategy for an International Effort. Mitigation andAdaptation Strategies for Global Change, Vol. 2, pp. 157-175.

Stattersfield, A.J., M.J. Crosby, A.J. Long and D.C. Wege. (1998). Endemic Bird Areas of the World: Priorities for Biodiversity Conservation. Birdl. Cons. Ser. 7, Cmabridge, UK.

Steininger, M. K. (2000). Satellite Estimation of Tropical Secondary Forest Above-Ground Biomass: Data From Brazil and Bolivia. International Journal Remote Sensing, 2000, Vol. 21, No. 6 & 7, 1139-1157.

Still, C.J., Foster, P. N., & Schneider, S. H. (1999) Simulating the effects of climate change on tropical montane cloud forests. Nature 398, pp. 608-610.

Tosi, J.A. (1960) Zonas de Vida Natural del Perú. Instituto Interamericano de Ciencias. Boletín Técnico, No. 5. Lima.

Thenkabail, P.S. (1999) Characterization of the alternative to slash-and-burn benchmark research area representing the Congolese rainforests of Africa using near-real-time SPOT HRV data. International Journal of Remote Sensing 20, pp. 839-877.

Tokola,T., Lofman, S., & Erkkila, A. (1999) Relative calibration of multitemporal landsat data for forest cover change detection. Remote Sensing of Environment 68, pp. 1-11.

Torres de Mendoza, Luis ed. 1864-1884 Colección de Documentos Inéditos relativos al descubrimiento, conquista y organizacion de las antiguas posesiones españoles de América y Oceanía. 42 vols.Tomo IV, VIII.

van der Sanden,J.J. & Hoekman, D. H. (1999) Potential of airborne radar to support the assessment of land cover in a tropical rain forest environment. Remote Sensing of Environment 68, pp. 26-40

Vitousek,P.M. (1994) Beyond Global Warming - Ecology and Global Change. Ecology 75, pp. 1861-1876.

Velazquez de Novoa, Zoila Aurora (1959). Medio Ambiente de la Ciudad de Rioja. Mimeographed paper.18 pp.

Vitousek, PM (1994). Beyond Global Warming - Ecology and Global Change. Ecology 75 (7): 1861-1876.

Verbyla,D.L. & Boles, S. H. (2000) Bias in land cover change estimates due to misregistration. International Journal of Remote Sensing 21, pp. 3553-3560.

Weberbauer, A. 1945. El mundo vegetal de los Andes peruanos. Estación Experimental agraria La Molina. Ministerio de Agricultura. Lima.

Williams, L. 1936. Woods of Northeastern Peru. Fieldiana: Botany 15: 1-587.

Wulder, M.A., Hall, R. J., Coops, N. C., & Franklin, S. E. (2004) High spatial resolution remotely sensed data for ecosystem characterization. Bioscience 54, pp. 511-521.

Appendice 1 / Appendix 1

Diccionario de las plantas útiles //
Dictionary of useful plants

Por Víctor Quipuscoa

El presente diccionario de las plantas más importantes en la etnobotánica de la Cuenca del río Tonchimilio y Rodríguez de Mendoza se ha elaborado a base de la información obtenida de los pobladores, así como de las observaciones realizadas.

En el diccionario se han incluído nombres vulgares y científicos, con la finalidad que pueda ser utilizado en caso se conozca uno de ellos o ambos.

El nombre científico está seguido por el nombre de la familia a la que pertenece; el (los) nombre(s) común(es) se ha(n) considerado en el siguiente renglón; así como, el hábito, forma de crecimiento, si es cultivada o semicultivada (en caso de no mencionarse se trata de una especie silvestre) y la información etnobotánica en párrafo aparte. El nombre vulgar va seguido del nombre científico al cual se acudiría en caso de necesitar información acerca del uso de la planta. En algunos casos el nombre vulgar está seguido de una vocal entre paréntesis; esto indica que se pueden usar ambas formas, sin cambio de significado: chilca(o), lo mismo es chilca o chilco.

Las colecciones se encuentran depositadas en HUT: Herbarium Truxillense de la Universidad Nacional de Trujillo, HAO: Herbario de la Universidad Privada Antenor Orrego de Trujillo, HUSA: Herbarium Areqvipense de la Universidad, Nacional de San Agustín de Arequipa, Perú y F: Herbario del Field Museum de Chicago, U.S.A.

The present dictionary of the most important plants in the ethnobotany of the valley of the río Tonchimilio and Rodríguez de Mendoza is based on informants from the inhabitants and by direct observation.

Entries in the dictionary are both local and scientific names, all arranged in alphabetical order. In this way those who know only the scientific names or the local name can use the dictionary.

In the main entries the scientific name is followed by the family name. The next line provides the local name. The third line gives the growths form, whether it is cultivated or semi-cultivated (if nothing is stated, wild growing individuals are used) followed by the ethnobotanical information (first in Spanish, then in English). Entries to local names provide reference to the scientific name(s) of that species. Occasionaly the local name is followed by a vocal in parenthesis, this indicates that both forms may be used, for example, chilca (o) means that both chilca and chilcho may be used.

The collections are deposited in HUT: Herbarium Truxillense de la Universidad Nacional de Trujillo, HAO: Herbarium of Universidad Privada Antenor Orrego de Trujillo, HUSA: Herbarium Areqvipense of Universidad Nacional de San Agustín de Arequipa, Perú and F: Herbarium of Field Museum de Chicago, U.S.A.

Acanthaceae
    Diego López
    Hierba. En caso de golpes, torceduras y fracturas, las hojas se usan como emplasto, o se toma una taza de la cocción combinada con corteza de palo santo para reducir la inflamación. La infusión de las hojas se toma para dilatar la vagina durante el parto. // Herb. The leaves are used as plaster in case of blows, sprains and fractures. A cup of decoction combined with bark of palo santo is used to reduce inflamation. Infusion of the leaves is used to open the vagina during birth.
Achicoria *Cichorium intybus*
Achiote *Bixa orellana*
Achira *Canna indica*
Acnistus arborescens, Solanaceae
    Lucha
    Árbol semicultivado. Usado como ornamental y para cercos vivos. // Semi-cultivated tree. Ornamental and used in hedges.
Adiantum sp., Pteridaceae
    Culantrillo
    Hierba. Se toma la infusión de las hojas para el mal de útero, y la cocción se toma como agua de tiempo para aliviar el mal de riñones y mal de hígado. El zumo de las hojas se toma para calmar el dolor de cabeza. // Maidenhair fern, herb. Infusion of the leaves is used for uturus problems, and a decoction is used for kidneys and liver problems.
Agapanto *Agapanthus africanus*
Agapanthus africanus, Agapanthaceae
    Agapanto
    Hierba cultivada. Usada como ornamental. // Cultivated herb. Ornamental.
Agashul *Philoglossa mimuloides*
Agave americana, Agavaceae
    Penca azul // century plant
    Planta con hojas arrosetadas. Las fibras de las hojas sirven para elaborar sogas y cordeles. Usada como cerco vivo. // Plant with rosette leaves. The plant fibres are used to make ropes and strings.
Aguaje *Mauritia flexuosa*
Airampo *Phytolaca* sp.
Ajenjo *Artemisia absinthium*
Ají *Capsicum annuum*
Ají mishmi *Capsicum annum*
Ajo *Allium sativum*
Ajo chino *Zingiber officinale*
Alambre de campo *Smilax* sp.
Albahaca *Ocimum basilicum*
Alchornea triplinervia, Euphorbiaceae
    Chupika
    Árbol. La madera se usa en construcción de viviendas, para mangos de herramientas y como leña. // Tree. The timber is used for house construction, tool handles and for firewood.

Alfalfa *Medicago sativa*
Algodón *Gossypium barbadense*
Algodón blanco *Gossypium barbadense* var. *barbadense*
Algodón pardo *Gossypium barbadense* var. *peruvianum*
Allamanda cathartica, Apocynaceae
  Copa de oro // brown bud
  Arbusto cultivado. Usado como ornamental. // Cultivated shrub. Ornamental.
Allium cepa, Alliaceae
  Cebolla de cabeza // onion
  Hierba cultivada. Los bulbos picados se agregan a sopas y guisos, cortados en rodajas sirven
  para ensaladas. Para aliviar la tos se toma 1 cucharada del zumo del bulbo en la mañana
  y noche por 3 días. Como analgésico y antiinflamatorio de quemaduras, se tritura el bulbo
  y se coloca como emplasto. Para calmar el dolor de cabeza, se colocan tajadas del bulbo
  combinadas con huevo en la frente. // Cultivated herb. The bulbs are used in soups, stews and
  in salads. One spoonful of the juice is used mornings and evenings for 3 days for coughing. The
  sliced bulbs are used in plaster as an analgestic and inflammatory for burnings. Sliced bulbs
  combined with an egg are used for headaches.
Allium fistulosum, Alliaceae
  Cebolla china // chinese onion
  Hierba cultivada. Hojas y bulbos son condimenticios, usada en sopas y guisos. // Cultivated
  herb. Bulbs are used as food seasoning and in salads, soups and stews.
Allium sativum, Alliaceae
  Ajo // garlic
  Hierba cultivada. Los bulbos molidos o picados se agregan a sopas y guisos como saborizante.
  Su consumo habitual previene el reumatismo. Para aliviar el dolor de calambre se frota con el
  zumo de los bulbos. Para curar la gripe se mastican los bulbos crudos y su cocción con leche
  se toma como expectorante. Para el calmar el dolor de reumatismo se frota con los bulbos
  calientes, o se coloca un emplasto de ajo macho, clara de huevo y llonque (aguardiente) en
  la zona afectada. // Cultivated herb. The ground bulbs are used in soups and sauces as food
  seasoning. Daily use prevents reumatism. Frotation with the bulb juice relieves cramps. For
  curing colds the bulbs are chewed crude and a decoction with milk is used as an expectorant.
  Pains from reumatism are relieved with a frotation with the hot bulbs, or a plaster of the ajo
  macho, egg white and sugar cane liquor is applied on the affected place.
Aloe vera, Asphodelaceae
  Sábila // aloe
  Hierba semicultivada. Usada como ornamental. Para calmar el dolor de estómago se corta
  una hoja y se deja remojar para sacar un líquido anaranjado que denominan yodo. La mitad
  de una hoja se pela y el mucílago se come con unas gotas de aceite de oliva. Para reducir
  la inflamación a causa de golpes, se aplican emplastos de las hojas o combinadas con clara
  de huevo, fruto de yuca, cangrejo y llonque (aguardiente). Para aliviar el mal de riñones se
  come el mucílago de las hojas todas las mañanas. // Semi-cultivated herb. Ornamental. An
  orange coloured liquid named yodo comes from a soaked leave to relieve stomach pain. Half
  of the leave is peeled and the mucilage is consumed with a few drops of olive oil. Plasters of
  the leaved combined with egg white, yuca, crabs and sugar cane liquor are used to reduce the
  inflamation from blows. The mucilage is taken every morning for kidney problems.
Alternanthera porrigens, Amaranthaceae
  Lancetilla
  Hierba. Una copa del zumo de las ramas con chulco, se toma 2-3 veces al día como antiemética.
  Para calmar el dolor de estómago se toma el zumo de las hojas combinado con cachurro,
  manzanilla, coca y miel. Como febrífugo se toma una taza de la infusión de las hojas, o se usa
  en forma de baños; también se toma una copa combinando: el zumo de las hojas con cachurro
  y serraja, o con hojas de ñul y cachurro una vez al día. Para calmar el ardor que producen
  las quemaduras se colocan emplastos de hojas molidas. Para aliviar el mal de útero, se toma
  3 tazas de la cocción de ramas combinadas con pashguete, matico, cola de caballo, malva y
  hojas de achiote 3 veces diarias o como agua de tiempo. // Herb. A cup of the juice from the

stems with chulco is to be taken 2-3 times a day as an antiemetic. The juice combined with cachurro, and chamomile, coca and honey is used to calm stomach pain. Infusion of a cup of the leaves is taken or used in a herb bath, or as a beberage combining the juice of the leaves with cachurro and serraja, or leaves from ñul and cachurro are to be taken once a day to lower fever. To calm the pain from burnings a plaster of ground leaves is used. To alleviate uterus problems take 3 cups of decoction of branches combined with pashguete, matico, horsetail, mallow leaves and achiote 3 times daily or as a beberage.

Alternanthera sp. 1, Amaranthaceae
Pashguete
Hierba. La infusión o cocción de las hojas con hierba mora y hierba santa, en forma de baños se usa como febrífugo o sólo la infusión de las hojas para lavar heridas por sus propiedades hemostáticas y antisépticas. Para desinflamar el útero se toma 3 tazas de la cocción de hojas con lancetilla, matico, cola de caballo, malva y hojas de achiote, 3 veces al día o como agua de tiempo. // Herb. Infusion or decoction of hierba mora and yerba santa for baths is used to lower fever or just the infusion of the leaves to wash wounds for its hemostatic and antiseptic properties. To cure the uturus 3 cups of the decoction of leaves from lancetilla, matico, horsetail, malva and achiote are used 3 times daily or as a beverage.

Alverja *Pisum sativum*
Ambrosia peruviana, Asteraceae
Marco // ragweed
Arbusto. Las hojas frescas se frotan por 3 veces diarias en la frente (cienes) de los niños para quitarles el susto. // Shrub. The fresh leaves are used to rub the forehead of children 3 times daily to remove the "susto".

Amor seco *Bidens pilosa*
Anacardium occidentale, Anacardiaceae
Marañón // kashew nut
Árbol cultivado. Los frutos maduros se consumen al natural. // Cultivated tree. The ripe fruits are edible.

Ananas comosus, Bromeliaceae
Piña // pineapple
Hierba con hojas arrosetadas cultivada. Los frutos maduros se consumen al natural o preparan refrescos. // Herb with rosette leaves. The fruits are edible and used for juice.

Angusacha *Sida rhombifolia*
Aniba sp., Lauraceae
Urcomoena
Árbol. La madera se usa en construcción de viviendas y mangos de herramientas. // Tree. The timber is used for house construction and tool handles.

Anís *Pimpinella anisum*
Anís grande *Foeniculum vulgare*
Annona muricata, Annonaceae
Guanábana // soursop
Árbol cultivado. Los frutos maduros se consumen directamente. // Cultivated tree. The fruits are edible.

Anona *Rollinia mucosa*
Anturio *Anthurium* sp.
Anthurium sp., Araceae
Anturio
Hierba. Usada como ornamental. // Herb. Ornamental.

Añaskero *Siparuna* sp.
Apio *Apium graveolens*
Apium graveolens, Apiaceae
Apio // celery
Hierba cultivada. Principalmente los peciolos de las hojas se agregan a las sopas y guisos. La infusión de las hojas se toma para aliviar el dolor de estómago y actúa como antidiarreico, y combinado con unas gotas de limón se usa para lavados vaginales en caso de descenso.

// Cultivated herb. The petioles of the leaves are added to soups and stews. Infusion of the leaves is taken to relieve stomach pain and acts as an antidiarrheal, and combined with some drobs of lemon is used to wash vagina in case of a fallen uturus.

Arachis hypogaea, Fabaceae
Maní // peanut
Hierba cultivada. Las semillas tostadas se consumen directamente o sirven para preparar guisos. // Cultivated herb. Its toasted seeds are edible and often used in stews.

Arnacho *Cajanus cajan*

Arracacha *Arracacia xanthorrhiza*

Arracacia xanthorrhiza, Apiaceae
Arracacha, ricacha
Hierba cultivada. Las raíces cocidas se comen directamente o sirve para preparar sopas como sustituto de las papas. Se conocen 5 cultivares. La infusión de las hojas se toma como carminativo. La piel afectada por el látex de itil se lava con agua caliente y sal, luego se soba con hojas soasadas para reducir la irritación. // Cultivated herb. The roots are edible or served in soups as a substitute for potatoes. Five varieties are known. Infusion of the leaves is taken as as a carminative. The skin affected by the latex of the itil is washed with warm salt water and is then rubbed with the leaves to reduce the irritation.

Arrayán *Myrcianthes* sp. 1

Arroz *Oryza sativa*

Artemisia absinthium, Asteraceae
Ajenjo // wormwood, absinthium
Hierba cultivada. Medicinalmente se le considera una planta cálida, la infusión de 2 ramas se toma para aliviar el dolor de estómago y actúa como febrífugo. // Cultivated herb. The plant is considered "warm"; infusion of 2 branches is taken to relieve stomach pain and acts to lower fever.

Artocarpus altilis, Moraceae
Pan de árbol // bread tree
Árbol. Los frutos se comen sancochados u horneados. La aplicación de emplasto del látex por 8-15 días alivia el reumatismo, y 1 cucharada del látex con miel de abeja se ingiere todos los días hasta detener las hemorragias. // Tree. The fruits are eaten boiled or baked. The application of plaster of latex for 8-15 days relieves rheumatism, and 1 spoon of the latex with honey ingested daily stops bleeding.

Arundo donax, Poaceae
Carrizo // giant reed
Hierba. El macerado del cogollo (brote) se usa en forma de lavados, para evitar la caída del cabello. // Shrub. The macerate of the bud is used for washing to prevent hair loss.

Arverja *Pisum sativum*

Asarquiro *Isertia* sp.

Aster sp., Asteraceae
Hierba cultivada. Usada como ornamental. Cultivated herb. Ornamental.

Atadijo *Trema micrantha*

Auricularia sp., Auriculariaceae
Callampa, oreja
Hongo. Se come sancochado o en frituras. // Mushroom. Eaten boiled or fried.

Avena *Avena sativa*

Avena sativa, Poaceae
Avena // oats
Hierba cultivada. Usada como forraje. // Cultivated herb. Used for fodder.

Axonopus compressus, Commelinaceae
Torurco
Hierba semicultivada. Usada como forraje. // Semi-cultivated herb. Used for fodder.

Azafrán *Curcuma longa*

Azucena *Lilium candidum*

Baccharis genistelloides, Asteraceae

Karkeja

Arbusto. Como febrífugo, se toma sólo una taza de la cocción de las ramas, o se toma la infusión de 1 hoja 2 veces al día. Para aliviar el mal de riñones se toma la cocción de hojas con granos de cebada y miel de abeja, o la infusión de las hojas 3-4 veces al día durante 4 días. // Shrub. Only a cup of the decoction of the branches or the infusion of one leave 2 times a day has to be taken to lower fever. To alleviate kidney problems a decoction of barley leaves and honey, or an infusion of the leaves has to be taken 3-4 times daily for 4 days.

Baccharis sp., Asteraceae

Chilca, hierba del gentil

Arbusto. Para desinflamar hinchazones a casua de golpes, se colocan emplastos de las hojas estrujadas o soasadas, también combinadas con hojas de granadilla; o se frota con el ungüento de hojas soasadas con sebo de iguana. Como antibiótico para curar herpes, se colocan compresas calientes de la cocción de las hojas. Para sanar el mal de útero se colocan las hojas soasadas sobre el vientre o cintura, y se abriga. Para aliviar los resfriados se toma la infusión de las hojas o se hacen inhalaciones de la cocción de las ramas. // Shrub. To reduce inflammation and swelling after blows, plasters of crushed or soaked leaves also combined with passion fruit leaves or ointment are rubbed with leaves soaked with tallow from an iguana. As an antibiotic to cure herpes, hot compresses are used from a decoction of the leaves. To cure uterus problems soaked leaves are placed over the belly or waist to give warmth. To relieve colds an infusion of the leaves are inhaled or a decoction of the branches is used.

Bactris sp. Arecaceae

Pona

Palmera. Por la presencia de espinas es usada como cerco vivo. // Palm. Used as a hedge due to its spines.

Baldiko *Toxicodendron striatum*

Balsa blanca *Heliocarpus americanus*

Balsilla *Heliocarpus americanus*

Barbasco *Lonchocarpus utilis*

Begonia sp., Begoniaceae

Chulco

Hierba semicultivada. Usada como ornamental. // Semicultivated herb. Ornamental.

Begonia sp., Begoniaceae

Chulco grande

Hierba. Se toman dos copas diarias (mañana y tarde) del zumo del tallo para calmar el dolor de estómago, contra la ácidez y como febrífugo. Para prevenir los vómitos se toma una copa del zumo del tallo con lancetilla 2-3 veces al día. // Herb. Two cups per day (morning and afternoon) of the juice of the stems are used to relieve stomach pain, against acidity and to lower fever. To prevent vomiting a cup of the juice of the stem with lancetilla has to be taken 2-3 times a day.

Bellucia sp., Melastomataceae

Níspero

Arbusto. Los frutos maduros se consumen en estado natural. Usado como cerco vivo. //. Shrub. The fruits are edible. Used as a hedge.

Berro *Rorippa nasturtium-aquaticum*

Beta vulgaris, Chenopodiaceae

Beterraga // beet

Hierba cultivada. Las raíces cocidas se pelan, pican y se preparan ensaladas. // Cultivated herb. The peeled cooked roots are used in salads.

Beterraga *Beta vulgaris*

Bidens pilosa, Asteraceae

Cadillo, amor seco

Hierba. Usada como forraje. Para aliviar el mal de riñones se toma la cocción de las ramas combinada con 200 g de hojas de achiote, raíz de alambre de campo y caña agria; o solamente con hojas de achiote y cola de caballo como agua de tiempo. Para calmar el dolor de cabeza se toma en infusión toda la planta (100g/L). Para aliviar el mal de útero se toma como agua de tiempo la cocción de las ramas combinadas con cola de caballo, caña de azúcar, chancapiedra, granos de cebada, linaza y pelos (estilos) de choclo (maíz), en una proporción de 200 gramos en 3 litros de agua, hasta desinflamarlo. Para sanar la tos se toma la cocción de las ramas con hinojo. Se coloca una gota del zumo del tallo en el ojo para desinflamar en caso de conjuntivitis. Se toma la cocción de las hojas con llantén como agua de tiempo 3 veces al día para desinflamar hinchazones a causa de golpes. Para aliviar las molestias de prostatitis se toma la cocción de ramas con grama dulce, en forma continua, y también se hacen lavados. // Herb. Used as fodder. To alleviate kidney problems a decoction of the branches combined with 200 g of achiote leaves, a root of alambre de campo and caña agria or just with leaves of achiote and horsetail has to be taken. To relieve headache infusion of the whole plant (100g / L) is used. To alleviate uterus problems a beberage of the decoction of the branches combined with horsetail, sugarcane, chancapiedra, barley grains, linseed and the tusk of corn (maize), 200 gram in 3 liters of water reduces inflammation. To heal coughing a decoction is taken of fennel branches. A drop of the juice of the stem is used to reduce eye inflammation in cases of conjunctivitis. A decoction of the leaves with llanten is taken 3 times a day against swelling from blows. To relieve the discomfort of prostatitis a decoction of the branches with grama dulce has to be taken continuously, and is also used for washing.

Bidens sp., Asteraceae

Masgoy

Hierba. La infusión de hojas con matico sirve para el lavado de heridas como hemostático y antiséptico. // Herb. Infusion of the leaves with matico is good for cleaning wounds as a hemostatic and an antiseptic.

Bijao *Heliconia* sp.

Bituca *Colocasia esculenta*

Bixa orellana, Bixaceae

Achiote

Arbusto semicultivado. Para aliviar el mal de riñones se toma la cocción de hojas como agua de tiempo en diferentes combinaciones: 1) 200 g de ramas de cadillo, raíz de alambre de campo y caña agria, 2) cáscara de papa, granos de cebada y linaza y 3) cadillo y cola de caballo. Para reducir las molestias de prostatitis papa, uña de gato y matico, 3 veces al día durante un mes; también la infusión de 1 vaso diario por 15 días. Las semillas se colocan sobre la piel quemada para impedir la formación de ampollas. En mujeres gestantes del primer trimestre, la cocción de hojas y flores se toma 2 veces al día durante 15 días para quitar los vómitos y mareos. Los lavados vaginales con la cocción de hojas y flores se usan para quitar los descensos. Para desinflamar el útero se toma 3 tazas por día de la cocción de hojas con lancetilla, pashguete, matico, cola de caballo y malva o como agua de tiempo. En caso de estreñimiento se toma un vaso de la cocción de cáscaras de las semillas como laxante. // Semi-cultivated shrub. To relieve bad kidneys and in different combinations: 1) 200 g of the branches of cadillo, the root of calambre with sugar cane and, 2) the peel of potatoes, barley and linseed and 3) cadillo and cola de caballo. To reduce discomfort of prostatitis potato, cat's claw and matico, has to be taken 3 times daily for a month, and also 1 glass infusion daily for 15 days. The seeds are placed on burned skin to prevent blisters. In the first trimester of pregnant women a decoction of leaves and flowers is taken 2 times a day for 15 days to remove vomiting and dizziness. A decoction of the leaves and flowers are used to wash the vagina to avoid fall. To cure the uterus 3 cups per day of a decoction of leaves lancetilla, pashguete, matico, cola de caballo and mallow water is used. In case of constipation a cup of the decoction of the peels is used as a laxative.

Bolsa de pastor *Calceolaria* sp.

Bombonaje *Carludovica palmata*

Boungainvillea spectabilis, Nyctaginaceae

Papelillo

Arbusto cultivado. Usado como ornamental. // Cultivated shrub. Ornamental.

Brachiaria decumbens, Poaceae

Brecaria

Hierba cultivada. Usada como forraje. // Cultivated herb. Used as fodder.

Brachiaria brizantha, Poaceae

Brisanta
Hierba cultivada. Usada como forraje. // Cultivated herb. Used as fodder.
Brachiaria mutica, Poaceae
Gramalote
Hierba cultivada. Usada como forraje, principalmente para cuyes. // Cultivated herb. Used as fodder especially for guinea pigs.
Brassica rapa var. *rapa,* Brassicaceae
Nabo // turnip
Hierba cultivada. Las raíces peladas y picadas sirven para preparar sopas. // Cultivated herb. The peeled and sliced roots are used in soups.
Brassica oleracea var. *botrytis,* Brassicaceae
Coliflor
Hierba cultivada. Las inflorescencias cocidas se usan en la preparación de ensaladas, y sirven para preparar guisos. // Cultivated herb. The inflorescences are used in salads and stews.
Brassica oleraceae, Brassicaceae
Coliflor // cauliflower
Hierba cultivada. El agua de la cocción de hojas se usa para lavar el cabello y evitar su caída. // Cultivated herb. The water from a decoction of the leaves is used to wash hair and avoid hairloss.
Brassica oleraceae var. *capitata-alba,* Brassicaceae
Repollo // cabbage
Hierba cultivada. Las hojas sirven para preparar sopas o ensaladas. Se colocan las hojas en las cienes para calmar el dolor de cabeza. // Cultivated herb. The leaves are used in soups or salads. Leaves are placed on the forehead to calm headache.
Brecaria *Brachiaria decumbens*
Brisanta *Brachiaria brizantha*
Browalia americana, Solanaceae
Hierba. Usada como ornamental. // Herb. Ornamental.
Brugmansia arborea, Solanaceae
Campanilla
Árbol semicultivado. Usado como ornamental. Como resolutiva se frota con manteca de chancho la zona afectada y con las hojas soasadas se frota tres veces para desaparecer el tumor. // Semi-cultivated tree. Ornamental. Used as a resolute rubbed with pig lard on the affected area and with soaked leaves three times to get a tumor to disappear.
Brugmansia candida, Solanaceae
Floripondio // angel's trumpet
Árbol semicultivado. Usado como ornamental. // Semi-cultivated tree. Ornamental.
Brugmansia sanguinea, Solanaceae
Floripondio rojo // red angel's trumpet
Árbol semicultivado. Usado como ornamental. // Semi-cultivated tree. Ornamental.
Buddleja sp., Buddlejaceae
Flor blanca
Árbol. Para aliviar el mal de útero se toma 3 veces al día la infusión de 100 g de flores en un litro de agua durante 3 a 15 días. // Tree. To alleviate uturus problems an infusion of 100 g flowers in 1 l of water is used 3 to 15 days.
Burseraceae
Huitikiro
Árbol. La madera sirve para construcción de viviendas y mangos de herramientas. // Tree. The timber is used for house construction and tool handles.
Byrsonima sp., Malpighiaceae
Indón, indano
Árbol. Las ramas se usan para confeccionar escobas. Se toma 1 taza de infusión de las hojas cada mañana como febrífugo. // Tree. The branches are used to make brooms. A cup of infusion of the leaves is used every morning to lower fever.

Caballo runtu *Solanum* sp.
Cabuya *Furcraea andina*
Cacao *Theobroma cacao*
Cachurro *Iresine herbstii*
Cadillo *Bidens pilosa*
Café *Coffea arabica*
Caigua *Cyclanthera pedata*
Caigua espinuda *Sechium edule*
Caimito *Pouteria caimito*
Cajanus cajan, Fabaceae
> Frijol de palo, arnacho // pigeon pea
> Arbusto cultivado. Las semillas se usan como menestra. // Cultivated tree. The seeds are used as a vegetable.
Calahuala *Niphidium crassifolium*
Calceolaria sp., Calceolariaceae
> Bolsa de pastor, globitos
> Hierba. El emplasto de las hojas se coloca en la parte hinchada para reducir la inflamación a causa de golpes. // Herb. A plaster of the leaves is placed on the swollen place to reduce inflamnation due to blows.
Callampa *Auricularia* sp.
Camote *Ipomoea batatas*
Campanilla *Brugmansia arborea*
Campyloneurum sp., Polypodiaceae
> Hierba del siervo
> Hierba epífita. La cocción de los rizomas se toma como agua de tiempo para aliviar el mal de hígado. // Epyphyte herb. A decoction of the rhizomes is used to alliviate liver problems.
Canchalagua *Schkuhria pinnata*
Canela moena *Ocotea* sp.
Canna indica, Cannaceae
> Achira
> Hierba semicultivada. Usada como ornamental. Para desinflamar la hinchazón a causa de golpes, se soban las hojas soasadas en el área afectada. Para calmar el dolor de cabeza se coloca el emplasto de las hojas combinado con leche materna. // Semi-cultivated herb. Ornamental. To reduce inflammation due to blows, soaked leaves are rubbed on the affected area. To relieve headache a plaster of the leaves with mother milk is used.
Caña ácida *Costus* sp.
Caña agria *Costus* sp.
Caña brava *Gynerium saggitatum*
Caña de azúcar *Saccharum officinarum*
Caña de Guayaquil *Guadua angustifolia*
Caña negra *Saccharum officinarum*
Caoba *Swietenia macrophylla*
Capirona *Capirona decorticans*
Capirona decorticans, Rubiaceae
> Capirona
> Árbol. La madera se usa para confeccionar muebles, para mangos de herramientas y como leña. // Tree. The timber is used for furniture, tool handles and as firewood.
Capsicum annuum, Solanaceae
> Ají, ají mishmi // chili peber
> Sufrútice cultivado. Los frutos picados o molidos se agregan a las comidas, se usan como colorantes de sopas y guisos. Se coloca una semilla en la muela para calmar el dolor. Como antiofidico se aplica el emplasto del fruto con tabaco de cigarro sobre la mordedura de víbora. // Cultivated subshrub. The chopped or ground fruits are added to foods and used for coloring soups and stews. A seed is placed on a tooth to relieve pain. Used as antivenom placing a plaster of the fruit with tobacco snuff on snakebite.

Capsicum pubescens, Solanaceae
Rocoto
Arbusto cultivado. Los frutos molidos o picados sirven para acompañar las comidas, dan sabor picante. Como analgésico se coloca la vena del fruto en la muela. Se coloca el emplasto de los frutos para cicatrizar las heridas por quemaduras. // Cultivated shrub. The ground or chopped fruits are used in foods as spicy flavor. Used as an analgesic the fruit is placed on a tooth. A plaster of the fruit is used to heal burning wounds.

Caraña *Protium* sp.

Cardenal *Euphorbia pulcherrima*

Carica papaya, Caricaceae
Papaya
Árbol cultivado. Los frutos maduros se consumen al natural o en jugos. Como antihelmíntico se toma media taza de semillas molidas con leche. // Cultivated tree. The mature fruits are edible and used in juices. As an anthelmintic a cup of the ground seeds in milk is used.

Carludovica palmata, Cyclanthaceae
Bombonaje
Hierba. Las hojas sirven para hacer escobas y sombreros. // Herb. The leaves are used for making brooms and hats.

Carrizo *Arundo donax*

Cartucho *Zantedeschia aethiopica*

Cascarilla *Isertia* sp.

Cascarilla *Cinchona* sp.

Cashacaspi *Solanum* sp.

Cashengro *Sonchus oleraceus*

Casuarina *Casuarina equisetifolia*

Casuarina equisetifolia, Casuarinaceae
Casuarina
Árbol cultivado. Usado como ornamental. // Cultivated tree. Ornamental.

Cebada *Hordeum vulgare*

Cebolla de cabeza *Allium cepa*

Cebolla china *Allium fistulosum*

Cecropia sp., Cecropiaceae
Uvilla
Árbol. Los frutos maduros se consumen directamente. // Tree. The fruits are edible.

Cedrela sp., Meliaceae
Cedro // cedar
Árbol. La madera sirve para confeccionar muebles, construcción de vivendas (paredes) y caminos, mangos de herramientas, utensilios (tableros de picar, cucharas, moldes para chancaca) y como leña. Usado como cerco vivo. // Tree. The timber is used for furniture, house construction (walls), paths, tool handles, kitchen utensils, firewood and as a hedge.

Cedrelinga cateniformis, Fabaceae
Tornillo
Árbol. La madera es principalmente usada en elaboración de muebles, construcción de viviendas y mangos de herramientas.// Tree. The timber is used for furniture, house construction and tool handles.

Cedro *Cedrela* sp.

Ceiba sp., Bombacaceae
Morero
Árbol. El látex se coloca en la muela afectada como analgésico. // Tree. The latex is used as a painkiller in an affected tooth.

Cerraja *Sonchus oleraceus*

Cestrum auriculatum, Solanaceae
Hierba santa
Arbusto. Como febrífugo se usa el emplasto de las hojas, o la infusión de las ramas o combinadas con pashguete y hierba mora en forma de baños. Para calmar el dolor de cabeza se usa el

emplasto de las hojas. Para calmar el dolor de oído o desinflamar los ojos (conjuntivitis) se agrega 1 ó 2 gotas del zumo de hojas. // Shrub. Used as a febrifuge with a plaster of the leaves, or an infusion of the branches or in combination with pashguete and yerba de mora for baths. To relieve headache the leaves are used as a plaster. To relieve ear pain or swollen eyes (conjunctivitis) is added 1 or 2 drops of juice from the leaves.

Cestrum sp., Solanaceae
  Hierba hedionda
  Arbusto. Usado como cerco vivo. // Shrub. Used in hedges.
Chamaesyce sp., Euphorbiaceae
  Golondrina
  Hierba. Se colocan 3 gotas de látex para reducir la inflamación de los ojos (conjuntivitis). // Herb. 3 drops of latex to reduce eye inflamation (conjunctivitis).
Chamena *Minthostachys mollis*
Chancapiedra *Phyllanthus niruri*
Chancapiedra *Pilea* sp.
Chavelita *Impatiens balsamina*
Chenopodium ambrosioides, Chenopodiaceae
  Paico
  Hierba. Las hojas se agregan a las sopas y guisos. Como antihelmíntico se toma una taza en ayunas de la cocción de toda la planta, combinado con leche, ó 3 cucharadas del zumo de las hojas. Para calmar el dolor de estómago se toma 1 taza de la infusión de las ramas. // Herb. The leaves are used in soups and stews. As an anthelmintic a cup of the decoction of whole plant combined with milk, or 3 tablespoons of juice from the leaves is taken when fasting. To soothe an upset stomach 1 cup of the infusion of the branches is used.
Chiclayo *Cucurbita fiscifolia*
Chilca *Baccharis* sp.
Chile *Solanum quitoense*
Chiljo *Sechium edule*
Chiuche *Cucurbita fiscifolia*
Choccha *Cyclanthera pedata*
Chocho *Lupinus mutabilis*
Chochocón *Salvia splendens*
Chonta *Iriartea* sp.
Chuchuhuasi *Heisteria pallida*
Chulco *Begonia* sp.
Chulco grande *Begonia* sp.
Chulco morado *Oxalis* sp. 1
Chupika *Alchornea triplinervia*
Chusquea sp. 1, 2 y 3 Poaceae
  Suro
  Planta apoyante. Usada como pasto natural. // Climbing plant. Used as natural pasture.
Cichorium intybus, Asteraceae
  Achicoria // chicory
  Hierba. Para el mal de hígado se toma una copa diaria del zumo de las hojas o la combinación del zumo de las hojas con cola de caballo, verbena, chulco y berro; también se toma la cocción de 200 g de hojas con linaza y canchalagua en un litro de agua 3 veces al día. Como febrífugo se toma una copa de la infusión de la raíz. // Herb. For liver problems a daily cup of juice of the leaves or a combination of the juice of the leaves with a horsetail, verbena, and nasturtium chulco is used; also a decoction of 200 g of leaves with flaxseed and canchalagua with one liter of water 3 times a day. To lower fever a cup of the infusion of the root is taken.
Cinchona sp., Rubiaceae
  Cascarilla
  Árbol. Para sanar los resfríos y fiebre amarilla se toma una copa del macerado de la corteza combinado con chuchuhuasi. // Tree. To cure colds and yellow fever a cup of the macerated bark is used combined with chuchuhuasi.

Ciprés *Cupressus sempervirens*
Ciso *Philoglossa mimuloides*
Citrus aurantifolia, Rutaceae
Lima // lime

Árbol cultivado. Los frutos maduros se consumen directamente. El macerado del fruto en llonque se frota sobre la piel con varicela como antiséptico. Para regular la menstruación se toma la cocción de la cáscara del fruto. // Cultivated tree. The ripe fruit is consumed directly. The macerated fruit in aguardiente is used as an antiseptic, rubbed on the skin against chickenpox. To regulate menstruation a decoction of the fruit peel is used.

Citrus aurantium, Rutaceae
Naranja // orange

Árbol cultivado. Los frutos maduros se consumen directamente. Para aliviar la tos se toma el zumo de 1 ó 2 frutos con la cocción de hojas de matico y alcanfor. Para expulsar los parásitos intestinales se toma la mezcla de aceite de risino y zumo del fruto. // Cultivated tree. The ripe fruits are consumed directly. To relieve cough the juice of 1 or 2 oranges with a decoction of matico and alcanfor is used. To expel intestinal parasites an oil mixture and juice of the fruit risin is used.

Citrus limon, Rutaceae
Limón // lemon

Árbol cultivado. Los frutos maduros se consumen directamente. La madera por su dureza sirve para mangos de herramientas. El zumo del fruto es antiséptico y desinfecta heridas. Para calmar el dolor de muela, se coloca la semilla molida o con hojas de ruda. Como antidiarreico se toma el zumo 4 ó 5 frutos, o se toman dos copas del zumo del fruto con raíz y hojas del brote de plátano, y también se toma unas gotas del zumo en un vaso del agua con almidón de yuca. Como antidiarreico para el ganado se hace beber el zumo de 7 ó 9 limones en 2 ó 3 litros de agua. Para aliviar el mal de hígado se toma cada mañana el zumo de medio fruto con papa rallada y 3 gotas del látex de sangre de grado diluídos en un vaso de agua por 9 días. Para sanar la tos se toma por las mañanas y tardes todos los días, la cocción de 3 frutos verdes en un litro de agua con azúcar quemado y rabanito, o se toma una copa de la cocción del zumo del fruto con hojas de ruda y aguardiente. Para sanar la uta se lava la zona afectada con agua y jabón, se coloca el zumo de limón soasado y luego se coloca ceniza de la concha de caracol. Para calmar el dolor de cabeza causado por el exceso de calor (tabardillo) se toma el zumo del fruto. Una limonada caliente con cáscara de plátano sirve como febrífugo. Para calmar el dolor de estómago se toma el zumo de 2 ó 3 frutos en un vaso de agua. Se coloca una gota del zumo de limón dulce en el ojo para desinflamar la conjuntivitis. Como vomitivo (limpiar el estómago) se toma un vaso del zumo de un limón, hojas de sauco y agua caliente. Las gotas del zumo combinado con infusión de apio, se usa en lavados vaginales para descensos. // Cultivated tree. The ripe lemon is edible. The timber is used for tool handles due its hardness. The fruit juice is an antiseptic and disinfects wounds. To relieve toothache, place the crushed seeds or leaves of rue. As an antidiarrheal take the juice of 4 to 5 lemons, or drink two cups of fruit juice with the root and bud of banana leaves, or some drops in a glass of water with yuca starch For livestock an antidiarrheal beberage of the juice from 7 or 9 lemons with 2 or 3 liters of water is used. To alleviate liver problems every morning a juice of half a lemon is to be taken with sliced potatoes and 3 drops of sangre de grado diluted in a glass of water for 9 days. To cure cough every morning and evening a decoction of 3 green fruits in a liter of water with burnt sugar and radish, or a glass of fruit juice cooking with rue leaves and brandy is used. To cure uta the affected area is washed with soap and water and lemon juice with ashes of snail shell is used. To relieve headache caused by excessive heat (sunstroke) the juice is used. A hot lemonade with banana peel serves as a febrifuge. To soothe the pain of stomach the juice of 2 or 3 fruits in a glass of water is used. A drop of fresh lemon juice reduces inflammation in the eye (conjunctivitis). As an emetic (to clean the stomach) a glass of lemon juice, elderberry leaves and hot water is used. Drops of the juice in an infusion combined with celery are used in vagina washes to avoid fall.

Citrus reticulata, Rutaceae

Mandarina // mandarin
Árbol cultivado. Los frutos maduros se consumen al natural. // Cultivated tree. Edible fruits.

Clarisia sp., Moraceae
Quinilla
Árbol. Madera usada en construcción de viviendas (orcones, vigas) y caminos. // Tree. Timber used for house construction (balconies), beams and paths.

Clavel *Dianthus caryophyllus*

Clavija sp., Theophrastaceae
Limoncillo
Árbol. La madera sirve para mangos de herramientas. Los frutos maduros se consumen directamente. // Tree. Edible fruits. The timber is used for tool handles.

Clavo de olor *Eugenia caryophyllata*

Coca *Erythroxylum* sp.

Coco *Cocos nucifera*

Cocona *Solanum sessiliflorum*

Cocos nucifera, Arecaceae
Coco // coconut
Árbol cultivado. El endosperma de las semillas (agua y parte almendrácea) se consumen directamente. Se toma una cucharada de la cocción de corteza de la semilla 2-3 veces al día para calmar el dolor de estómago. Para evitar la caída de cabello se lava con agua de coco. // Cultivated tree. The endosperms of seeds (water and some almendrácea) are consumed directly. A spoon of a decoction of the seed bark 2-3 times a day relieves stomach pain. To avoid loss of hair it is washed with coconut water.

Codiaeum variegatum, Euphorbiaceae
Arbusto cultivado. Usado como ornamental. // Cultivated shrub. Ornamental.

Coffea arabica, Rubiaceae
Café // coffee
Arbusto cultivado. Los frutos maduros se consumen directamente. Las semillas secas son tostadas, molidas y sirven para preparar bebidas de uso diario. La madera sirve para mangos de herramientas por su dureza. Como febrífugo se toma al sereno la cocción de las flores, o media taza de la infusión de hojas tiernas, y en compresas calientes de las hojas se colocan en la frente. Media taza de la cocción de las hojas se toma para aliviar la colerina. Como analgésico se coloca las semillas tostadas y molidas en la muela afectada. // Cultivated shrub. Edible fruits. The dry seeds are roasted, ground and used to prepare beverages daily. The timber is used for tool handles due to its hardness. Used as a febrifuge in a decoction of the night dew of the flowers, or a half-cup of the infusion of young leaves, and as hot compresses the leaves are placed on the forehead. Half-cup of a decoction of the leaves is taken to relieve anger. As an analgesic toasted and ground seeds are placed on an affected tooth.

Coix lacryma-jobi, Poaceae
Mullitos // job's tears
Hierba. Las semillas sirven para elaborar aretes y collares. // Herb. The seeds are used for making bracelets and necklaces.

Col *Brassica oleraceae*

Cola de caballo *Equisetum bogotense*

Coleus blumei, Lamiaceae
Sangre de Cristo, siete colores
Hierba cultivada. Usada como ornamental. // Herb. Ornamental.

Coliflor *Brassica oleracea* var. *botrytis*

Colocasia esculenta, Araceae
Bituca, michuca
Hierba semicultivada. Los rizomas pelados se sancochan con sal, se comen directamente acompañado con queso, o preparan sopas como sustituto de la papa; es la más usada como fuente de carbohidratos (almidón). // Semi-cultivated herb. The peeled rhizomes are boiled with salt and consumed with cheese, used in soups or as a substitute for potatoes and is most commonly used as a source of carbohydrates (starch).

Colubrina sp., Rhamnaceae
Shaiña
Árbol. La madera se usa en construcción de viviendas, mangos de herramientas y leña. //
Tree. The timber is used in house construction, for tool handles and as fire-wood.
Commelina sp. 1, Commelinaceae
Ñul
Hierba semicultivada. Usada como forraje. Como febrífugo se toma una copa del zumo de las
hojas con lancetilla y cachurro. // Semi-cultivated herb. Used as fodder. Used as a febrifuge
with a beberage of juice from the leaves with lancetilla and cachurro.
Congona *Peperomia inaequalifolia*
Copa de oro *Allamanda cathartica*
Copaiba *Copaifera reticulata*
Copaifera reticulata, Fabaceae
Copaiba
Árbol. Como cicatrizante se coloca la resina sobre las heridas. // Tree. The resin is placed on
wounds for healing.
Coriandrum sativum, Apiaceae
Culantro // coriander
Hierba cultivada. Las hojas se usan para condimentar las comidas. // Cultivated herb. The
leaves are used for seasoning the food.
Corotillo *Myrsine* sp. 1
Corytoplectus speciosus, Gesneriaceae
Hierba. Usada como ornamental. // Herb. Ornamental.
Costus sp., Costaceae
Caña ácida
Hierba. Como febrífugo se toma una copa del zumo de las hojas. // Herb. A cup of the juice of
the leaves is used to lower fever.
Costus sp., Costaceae
Caña agria
Hierba. Para aliviar el mal de riñones, se toma la cocción de 200 gramos de las ramas
combinadas con hojas de achiote, raíz de alambre de campo y cadillo. // Herb. To alleviate
bad kidneys a decoction of 200 grams of the branches combined with leaves of achiote, root
of alamber de campo and cadillo is used.
Coussapoa sp., Cecropiaceae
Uvilla pequeña
Árbol. Los frutos maduros se consumen al natural. // Tree. Edible fruits.
Croton sp., Euphorbiaceae
Sangre de grado // dragon´s blood
Árbol. La madera se usa en construcción de viviendas. Se usa como cerco vivo. Se toma una
taza del cocimiento de 100 gramos hojas en 2 litros de agua con uña de gato y matico, en las
mañanas y tardes durante 8 días para aliviar el mal de útero. El látex se aplica externamente
como analgésico o cicatrizante, o se ingiere 6-10 gotas para aliviar el dolor interno. El
emplasto de hojas sirve para cicatrizar las heridas. Para aliviar el mal de hígado se toma la
dilusión de 3 gotas de látex con zumo de papa rallada y medio limón en un vaso de agua
por las mañanas durante 9 días. Para calmar el dolor de estómago se toma 3 gotas de látex
en medio vaso de agua. Para las heridas del ganado, se lavan con la cocción caliente de
las hojas y látex. // Tree. The timber is used in house construction and as a hedge. A cup of
decoction of 100 g leaves in 2 liters of water with cat's claw and matico is used in the morning
and afternoon for 8 days to alleviate uterus problems. The latex is applied externally as an
analgesic or to cure, or 6-10 drops are swallowed to relieve internal pain. A plaster of leaves
is used to heal wounds. To alleviate liver problems a dilution of 3 drops of latex with sliced
potatoes and the juice of half a lemon into a glass of water is used every morning for 9 days
and to soothe an upset stomach 3 drops of latex in half a glass of water. The wounds of cattle
are washed with a hot decoction of the leaves and latex.
Cucarda *Hibiscus rosa-sinensis*

Cucurbita fiscifolia, Cucurbitaceae
Chiclayo, chiuche
Hierba repente, trepadora cultivada. Los frutos maduros o inmaduros, sirven para preparar sopas y guisos; para dulces se sancochan con canela, clavo de olor y chancaca. // Cultivated climbing herb. The mature or inmature fruits are used in sous and stews, and as a dessert boiled with sweet cinnamon, clove and molasses.

Cucumis sativus, Cucurbitaceae
Pepinillo // gherkin
Hierba repente cultivada. Los frutos cortados en rodajas sirven para ensaladas. // Herb. Cultivated climbing herb. Used in salads.

Cucurbita maxima, Cucurbitaceae
Zapallo // pumpkin
Hierba repente, trepadora, cultivada. Los frutos pelados y picados se usan en sopas y guisos. Se toma una taza de la cocción de semillas molidas para expulsar parásitos intestinales. // Cultivated climbing herb.The peeled fruits are used in soups and stews. A cup of decoction of the ground seeds is used to expel internal parasites.

Cucurbita moschata, Cucurbitaceae
Loche
Hierba repente, trepadora cultivada. Los frutos maduros se usan en sopas y guisos. // Cultivated climbing herb. The mature fruits are used in soups and stews.

Cujaka *Solanum* sp. 2
Culantrillo *Adiantum* sp.
Culantrillo Mimosoideae
Culantro *Coriandrum sativum*
Cumala *Virola* sp.

Cupressus sempervirens, Cupressaceae
Ciprés // cypress tree
Árbol cultivado. Usado como ornamental. La nfusión de las ramas se toma para aliviar las molestias de prostatitis. // Cultivated tree. Ornamental. Infusion of the branches are used to alliviate discomfort of prostatitis.

Curcuma longa, Zingiberaceae
Azafrán // safran
Hierba cultivada. Los rizomas dan color a sus comidas. Una copa del zumo del fruto mezclado con agua se toma como febrífugo en caso de fiebre amarilla. // Cultivated herb. The rhizomes give colur to the food. A cup of the juice with water is used to lower fever against yellow feber.

Cushay *Solanum americanum*

Cyclanthera pedata, Cucurbitaceae
Caihua o choccha
Hierba trepadora cultivada. Los frutos picados se usan en ensaladas, frituras y guisos. Tres gotas del zumo obtenido al cortar el fruto, se colocan al oído para calmar el dolor. // Cultivated climbing herb. The sliced fruits are used in salads, fried and in stews. Three drops of juice obtained by cutting the fruit are placed in the ear to ease pain.

Cymbopogon citratus, Poaceae
Hierba Luisa // lemon grass
Hierba cultivada. La infusión de las hojas se toma después de las comidas como digestiva. La infusión de 100 g de hojas en un litro de agua con el zumo de un limón y aguardiente, se toma (100 ml) para aliviar los resfriados, y la cocción de la raíz para sanar la tos. // Cultivated herb. Infusion of the leaves is taken after meals as a digestive. Infusion of 100 g leaves in a liter of water with lemon juice and aguardiente is taken (100 ml) to relieve colds, and a decoction of the root to cure cough.

Cynodon dactylon, Poaceae
Grama dulce, mekerón
Hierba semicultivada. Usada como forraje. Para aliviar el mal de riñones se toma la cocción de 50 g en un litro de agua, de las ramas con cola de caballo, uña de gato, chancapiedra, linaza, cebada y pelos de choclo, o como agua de tiempo. Para aliviar la prostatitis se toma

o se hacen lavados con la cocción de las ramas y cadillo. // Semi- cultivated herb. Used as fodder. To alleviate kidney problems a decoction of 50 g in a liter of water with the branches of horsetail, cat's claw, chancapiedra, flaxseed, barley and corn hai is used. To relieve prostatitis a decoction of branches and cadillo is used.

Dahlia variabilis, Asteraceae
Dalia
Hierba cultivada. Usada como ornamental. // Cultivated herb. Ornamental.

Dalia *Dahlia variabilis*

Daucus carota, Apiaceae
Zanahoria // carrot
Hierba cultivada. La raíz tuberosa se usa en sopas y guisos, cruda o cocida en ensaladas. // Cultivated herb. The tuberous roots are used in soups and stews, raw or boiled in salads.

Dendropanax sp., Cecropiaceae
Uvilla grande
Árbol. Los frutos maduros se consumen al estado natural. // Tree. Edible fruits.

Desmodium sp., Fabaceae
Pie de perro
Hierba. El emplasto de las ramas se usa para cicatrizar heridas. // Herb. A plaster of the branches is used to cure wounds.

Diablo calato *Euphorbia* sp.

Dialium sp., Fabaceae
Palo sangre
Liana. La infusión de la corteza se toma para detener hemorragias vaginales. Para reducir la inflamación a causa de golpes, se toma una taza de la cocción del tallo con Diego López. // Vine. Infusion of the bark is used to stop vaginal bleeding. To reduce inflammation caused by strokes, a cup of the boiled stem with Diego Lopez is used.

Dianthus caryophyllus, Caryophyllaceae
Clavel // carnation
Hierba cultivada. Usada como ornamental. Como febrífugo se toma 2 cucharadas de la infusión de flores de clavel, pimpim y flores de rosa. // Cultivated herb. Ornamental. Two tablespoons of the infusión of the flowers from marigold, pimpim and roses are used to lower feber.

Diego López (ver Acanthaceae)

Diente de león *Taraxacum officinale*

Dioscorea sp., Dioscoreaceae
Papa madre, sachapapa
Hierba. Media taza de la cocción de media raíz en un litro de agua se toma 3 veces al día o la infusión de 4 cucharadas en un litro de agua para aliviar el mal de útero. //Herb. Decoction of half cup with half a root and one liter of water is taken 3 times daily or infusion of 4 spoons in one liter of water for uturus problems.

Dolichos lablab, Fabaceae
Habilla, sarandaja
Hierba cultivada. Las semillas se usan como menestra. // Cultivated herb. The seeds are used as vegetable.

Echeveria peruviana, Crassulaceae
Pimpim, siempre viva
Hierba semicultivada. Usada como ornamental. Se toma 2 cucharadas de la infusión de las hojas con flores de clavel y rosas como febrífugo. Para calmar el dolor de oído se colocan 3-4 gotas del zumo de hojas estrujadas o soasadas.// Semi-cultivated herb. Ornamental. Infusion of 2 spoons of the leaves and flowers of common marigold and roses are used to lower fever. To relieve ear pain 3-4 drops of juice from crushed or soaked leaves are used.

Elefante *Sorghum halepense*

Elefantón *Pennisetum purpureum*

Elleanthus, Orchidaceae
Orquídea // orchid
Hierba. Usada como ornamental. // Herb. Ornamental.

Epidendrum sp., Orchidaceae
  Orquídea // orchid
  Hierba. Usada como ornamental.// Herb. Ornamental.
Equisetum bogotense, Equisetaceae
  Cola de caballo // horsetail
  Hierba. Para desinfectar y cicatrizar se colocan unas gotas del zumo de hojas con matico
  y llantén. Para aliviar el mal de útero se usa la cocción de 200 g en 3 litros de agua de las
  ramas con cadillo, caña de azúcar, chancapiedra, cebada, linaza y pelos (estilos) de choclo
  (maíz), también se toma 3 tazas de la cocción de las ramas con lancetilla, pashguete, matico,
  malva y hojas de achiote por 3 veces al día, o se hacen lavados vaginales con 2-3 hojas de
  malva por litro de agua con matico y linaza. El emplasto de las ramas hervidas con hojas
  de llantén, matico, sal y jabón se colocan para desinflamar heridas causadas por golpes.
  Para aliviar el mal de hígado se mastican las ramas con hojas de verbena, chulco, berro y
  achicoria. Para aliviar el mal de riñones se toma la cocción de 50 g de las ramas en un litro
  de agua, con uña de gato, grama dulce, chancapiedra, linaza, cebada y pelos de choclo o
  la cocción de matico, chancapiedra, hojas de achiote y cadillo; así como se toma la infusión
  de las ramas con uñigán. // Herb. To disinfect and cure a few drops of the juice of the leaves
  with matico and llantén. To alleviate uterus problems a decoction of 200 g in 3 liters of water
  with branches and cadillo, sugarcane, chancapiedra, barley, flaxseed and tusk of corn (maize)
  are used. Or 3 cups of a decoction of lancetilla branches, pashguete, matico, malva and
  achiote leaves is taken 3 times a day, or vagina washing with 2-3 leaves per liter of water with
  matico and flaxseed. A plaster of boiled branches with llantén leaves, matico, salt and soap
  are placed to reduce inflammation caused by injury blows. To alleviate liver problems the
  branches are chewed with verbena leaves, chulco, watercress and chicory. A decoction of 50
  g of the branches in a liter of water, cat's claw, sweet grass, chancapiedra, flaxseed, barley
  and corn tusk or a decoction of matico, chancapiedra, achiote leaves and cadillo to alleviate
  kidney problems are used as well as an infusion of the branches with uñigan.
Eriobotrya japonica, Rosaceae
  Níspero // japanese medlar
  Árbol cultivado. Los frutos maduros se consumen al natural. // Cultivated tree. Edible ripe
  fruits.
Eryngium foetidum, Apiaceae
  Sachaculantro // long coriander
  Hierba semicultivada. Las hojas se agregan a sopas y guisos como saborizantes. Como
  espasmódico se toma la infusión de las ramas unas horas antes del parto. // Semi-cultivated
  herb. The leaves are used in soups and stews for seasoning. As a spasmodic an infusión is
  taken some hours before giving birth.
Erythrina edulis, Fabaceae
  Pajuro
  Árbol semicultivado. Las semillas se sancochan de 15 a 20 minutos como menestra. Se usa
  como cerco vivo. // Semi-cultivated tree. The seeds are boiled 15-20 minutes as vegetable.
  Used as a hedge.
Erythrina sp.
  Pajul
  Árbol. Usado como cerco vivo. // Tree. Used as a hedge.
Erythrina sp., Fabaceae
  Sachapajuro
  Árbol. Usado como cerco vivo. // Tree. Used as a hedge.
Erythroxylum sp., Erythroxilaceae
  Coca
  Arbusto semicultivado. La infusión de las hojas se toma para curar los resfriados, tos y calmar
  el dolor de estómago. Para calmar el dolor de estómago se ingiere el zumo de las hojas
  combinas con miel de abeja, hojas de lancetilla, cachurro y manzanilla. Las hojas se mastican
  como anestésico en el dolor de muelas. // Semi-cultivated shrub. Infusion of the leaves is taken
  to treat colds, coughs and relieve stomach pain. To soothe an upset stomach the juice of the

leaves combined with honey, lancetilla leaves, cachurro and chamomile are used. The leaves are chewed as an anesthetic for toothache.

Espadilla *Gladiolus communis*

Espina *Solanum* sp. 1

Eucalipto *Eucalyptus globulus*

Eucalyptus globulus, Myrtaceae

Eucalipto // eucalyptus

Árbol cultivado. Medicinalmente es considerada como planta cálida. Una taza de la cocción de hojas se toma para sanar los resfriados, y la infusión combinada con miel de abeja alivia la tos. // Cultivated tree. Considered a "warm" plant. A cup of decoction of the leaves is used to treat colds and infusión with honey to alliviate cough.

Eugenia caryophyllata, Myrtaceae

Clavo de olor // clove

Árbol cultivado. Como analgésico se coloca el botón floral en la muela. // Cultivated tree. Used as an analgetic placing the flower bud on the tooth.

Euphorbia cotinifolia, Euphorbiaceae

Yuquilla // red spurge

Árbol semicultivado. Usado como cerco vivo. // Semi-cultivated tree. Used as a hedge.

Euphorbia pulcherrima, Euphorbiaceae

Cardenal // poinsettia

Arbusto cultivado. Usado como ornamental. // Cultivated shrub. Ornamental.

Euphorbia sp., Euphorbiaceae

Diablo calato

Sufrútice cultivado. Usado como ornamental y para cercos vivos. // Cultivated subshrub. Ornamental and used in hedges.

Eustephia coccinea, Amaryllidaceae

Pumapara

Hierba. El emplasto de las hojas se coloca en la zona afectada para reducir la inflamación a causa de golpes. // Herb. A plaster of the leaves is placed on the affected area and is used to reduce inflamation due to blows.

Faramea sp., Rubiaceae

Sanango

Arbusto. El macerado de la raíz con aguardiente se toma para aliviar el reumatismo y resfriados. // Shrub. The macerated root in aguardiente is taken to relieve rheumatism and colds.

Ficus insipida, Moraceae

Ojé

Árbol. Se ingiere unas gotas del látex como antihelmíntico. // Tree. A few drops of latex are used as an anthelmintic (against worms).

Ficus sp. 1, Moraceae

Higuerón

Árbol. La madera se usa para construcción, mangos de herramientas y artesanías. // Herb. The timber is used for house construction, tool handles and folk art.

Ficus sp. 2, Moraceae

Mashona

Árbol. La madera sirve para construcción de viviendas (enchapado de paredes), puentes y caminos; elaboración de muebles, mangos de herramientas y leña. // Tree. The timber is used for house construction (walls) bridges and paths, furniture, tool handles and firewood.

Ficus sp. 3, Moraceae

Renaco

Árbol. La madera sirve para construcción de caminos. // Tree. The timber is used in paths.

Flor blanca *Buddleja* sp.

Floripondio *Brugmansia candida*

Floripondio rojo *Brugmansia sanguinea*

Foeniculum vulgare, Apiaceae

Hinojo, anís grande // fennel
Hierba cultivada. La cocción de sus ramas con cadillo se toma para aliviar la tos. La infusión se toma para calmar el dolor de estómago y como diurético. // Cultivated herb. A decoction of the branches with cadillo is used against coughing. Infusion is taken to calm stomach pain and as a diuretic.
Frejol de palo *Cajanus cajan*
Frejol *Phaseolus vulgaris*
Frijol *Phaseolus vulgaris*
Furcraea andina, Agavaceae
Cabuya, penca verde
Planta con hojas arrosetadas semicultivada. Las fibras de las hojas sirven para hacer sogas y cordeles. Usada como cerco vivo. // Plant with rosette leaves. The fibers are used for making ropes and strings.
Gaya sp., Malvaceae
Gayas
Hierba semicultivada. Usada como ornamental. // Semi-cultivated herb. Ornamental.
Gayas *Gaya* sp.
Geranio *Pelargonium roseum*
Girasol *Helianthus annuus*
Gladiolo *Gladiolus communis*
Gladiolus communis, Iridaceae
Gladiolo, espadilla // gladiolus
Hierba cultivada. Usada como ornamental. La infusión de las hojas se toma para aliviar el mal de riñones. // Cultivated herb. Ornamental. Infusion of the leaves is used to alliviate kidney problems.
Globitos *Calceolaria* sp.
Glycine max, Fabaceae
Soya // soja
Hierba cultivada. Las semillas cocidas se usan en la alimentación. // Cultivated herb. The boiled seeds are used as food.
Golondrina *Chamaesyce* sp.
Gossypium barbadense, Malvaceae
Algodón // cotton
Arbusto cultivado. El zumo de 3 gotas de la cápsula sirve para aliviar el dolor de oído. // Cultivated shrub. Juice of 3 drops are used against ear pain.
Gossypium barbadense var. *barbadense,* Malvaceae
Algodón blanco // white cotton
Arbusto cultivado. Los pelos de las semillas sirven para confeccionar prendas de vestir. // Cultivated shrub. Used to make clothes.
Gossypium barbadense var. *peruvianum,* Malvaceae
Algodón pardo // brown cotton
Arbusto cultivado. Los pelos de las semillas se usan para confeccionar prendas de vestir. // Cultivated shrub. Used to make clothes.
Grama azul *Pennisetum clandestinum*
Grama chilena *Setaria geniculata*
Grama dulce *Cynodon dactylon*
Gramalote *Brachiaria mutica*
Granadilla *Passiflora ligularis*
Granadilla de montaña *Passiflora* sp.
Guadua angustifolia, Poaceae
Caña de Guayaquil
Arbusto. Los tallos sirven para la construcción de viviendas. // Shrub. The stems are used in house construction.
Guanábana *Annona muricata*
Guatemal *Tripsacum andersonii*
Guayaba *Psidium guajava*

Gynerium saggitatum, Poaceae
　　Caña brava
　　Arbusto. Los tallos se usan en la construcción de viviendas. // Shrub. The stems are used in house construction.
Haba *Vicia faba*
Habilla *Dolichos lablab*
Heisteria pallida, Olacaceae
　　Chuchuhuasi
　　Liana. Para sanar resfríos y fiebre amarilla se toma una copa del macerado de la corteza combinado con cascarilla. // Vine. To cure colds and yellow fever a cup of the macerated bark combined with quinine is used.
Heliconia rostrata, Heliconiaceae
　　Platanillo
　　Hierba semicultivada. Usada como ornamental. // Semi-cultivated herb. Ornamental.
Heliconia sp., Heliconiaceae
　　Bijao
　　Hierba semicultivada. Usada como ornamental. // Semi-cultivated herb. Ornamental.
Heliocarpus americanus, Tiliaceae
　　Yausaquiro, huambo, balsa blanca, balsilla, yausa
　　Árbol. El zumo de los tallos se coloca en las heridas como cicatrizante y antiséptico. Elimina las cicatrices y manchas. Una gota de la savia sobre las quemaduras refresca la zona afectada. // Tree. Juice of the stems is used to heal and clean wounds. Removes scars and blemishes. A drop of tree juice cools burnings.
Helianthus annuus, Asteraceae
　　Girasol // sunflower
　　Sufrútice cultivado. Usado como ornamental. // Cultivated sub-shrub. Ornamental.
Heno *Lolium perenne*
Hibiscus rosa-sinensis, Malvaceae
　　Cucarda
　　Arbusto cultivado. Usado como ornamental. // Cultuivated shrub. Ornamental.
Hierba buena *Mentha spicata*
Hierba del gentil *Baccharis* sp.
Hierba del siervo *Campyloneurum* sp.
Hierba hedionda *Cestrum* sp.
Hierba Luisa *Cymbopogon citratus*
Hierba maría *Rumex cuneifolia*
Hierba mora *Solanum americanum*
Hierba santa *Cestrum auriculatum*
Higuerilla *Ricinus communis*
Higuerón *Ficus* sp. 1
Hinojo *Foeniculum vulgare*
Honrada *Tagetes elliptica*
Hordeum vulgare, Poaceae
　　Cebada // barley
　　Hierba cultivada. Se toma como agua de tiempo. Para aliviar el mal de riñones se toma el cocimiento de los granos o combinados con hojas de achiote, cáscara de papa y linaza, también se usa 50 g de semillas en un litro de agua con las ramas de cola de caballo, uña de gato, grama dulce, chancapiedra, linaza y pelos de choclo. Para calmar el mal de útero se toma 3 litros al día de la cocción de 200 g en 3 litros de agua combinados con ramas de cadillo, cola de caballo, caña de azúcar, chancapiedra, linaza y pelos de choclo. // Cultivated herb. Used as a beberage. To alleviate kidney problems boiled grains with leaves of achiote, potato peels and flaxseed, or 50 g of seeds in one liter of water with branches of horsetail, cat's claw, sweet grass, chancapiedra, flaxseed and corn tusk. To calm uterus problems a decoction of 3 liters to be taken daily with 200 g in 3 liters of water combined with cadillo branches, horsetail, sugarcane, chancapiedra, flaxseed and corn tusk is used.

Huaba *Inga edulis*
Huaba de montaña *Inga* sp. 2
Huabilla *Inga* sp. 1
Huacache *Pennisetum clandestinum*
Huacapú *Minquartia sp.*
Huacatay *Tagetes terniflora*
Huambo *Heliocarpus americanus*
Huayruro *Ormosia peruviana*
Huitikiro (ver Burseraceae)
Hydrangea macrophylla, Hydrangeaceae
  Ramillete de novia
  Hierba cultivada. Usada como ornamental. // Cultivated herb. Ornamental.
Ichnanthus nemorosus, Poaceae
  Pasto
  Hierba. Usada como forraje. // Herb. Used as fodder.
Impatiens balsamina, Balsaminaceae
  Peruanita, chavelita
  Hierba cultivada. Usada como ornamental. // Cultivated herb. Ornamental.
Indano *Byrsonima* sp.
Indón *Byrsonima* sp.
Inga edulis, Fabaceae
  Huaba
  Árbol semicultivado, 15 especies. Los frutos maduros se consumen directamente. La madera sirve para construcción de viviendas y como leña. // Semi-cultivated tree, 15 species. Edible ripe fruits. The timber is used for house construction and as firewood.
Inga feuillei, Fabaceae
  Pacae
  Árbol semicultivado. Los frutos maduros se consumen al natural. Para aliviar la prostatitis se toma el zumo de la semilla. // Semi-cultivated tree. Edible fruits. Juice of the seeds is used to alliviate próstata.
Inga sp. 1, Fabaceae
  Huabilla
  Árbol. Los frutos maduros se consumen directamente. // Tree. Edible fruits.
Inga sp. 2, Fabaceae
  Huaba de montaña
  Árbol. Los frutos maduros se consumen directamente. La madera se usa para construcción de viviendas. // Tree. Edible fruits. The timber is used in house construction.
Inga sp. 3, Fabaceae
  Timbillo
  Árbol. Los frutos maduros se consumen al natural. // Tree. Edible fruits.
Inga sp. 4, Fabaceae
  Sirimbache, shirimba, shimbillo
  Árbol. Las ramas secas sirven de leña. Los frutos maduros se consumen directamente. Usado como cerco vivo. // Tree. The branches are used for firewood.
Ipomoea batatas, Convolvulaceae
  Camote // sweet potato
  Hierba cultivada. Las raíces tuberosas, contienen almidón y azúcar, sancochadas y asadas se consumen directamente o sirven para preparar sopas. // Cultivated herb. The tubers contain starch and sugar, are boiled and roasted and used in soups.
Iresine herbstii, Amaranthaceae
  Cachurro // bloodleaf
  Hierba semicultivada. Para calmar el dolor de estómago se toma el zumo de las hojas mezcladas con miel de abeja, lancetilla, manzanilla y coca. Como febrífugo se toma la infusión de las hojas, o el zumo combinado con lancetilla y serraja. // Semi-cultivated herb. To soothe an upset stomach the juice of the leaves mixed with honey, lancetilla, chamomile

and coca are used. Infusion of leaves or the juice with lancetilla and serraja are used to lower fever.

Iriartea sp., Arecaceae
Chonta, pona
Planta arborescente. Las hojas tiernas se consumen en ensaladas como hortalizas. Los tallos se usan en construcción de viviendas (techos, enchapado de paredes), puentes y caminos. // Plant tree. The young leaves are eaten as vegetables in salads. The stems are used for house construction (roofs, walls), bridges and paths.

Isertia sp., Rubiaceae
Asarquiro, cascarilla, quina
Árbol. La madera se usa en construcción de viviendas, mangos de herramientas y para leña. // Tree. The timber is used for house construction, tool handles and firewood.

Ishanga *Urera caracasana*
Ishanga hoja de yuca *Urera* sp.
Ishpingo *Nectandra* sp. 1
Ishpingo *Nectandra* sp. 2
Ishpingo *Nectandra* sp. 3
Ishpingo *Nectandra* sp. 4
Itil *Toxicodendron striatum*

Jaltomata sinuosa, Solanaceae
Tomatillo
Sufrútice. Los frutos maduros se consumen al natural. // Subshrub. Edible fruits.

Jatropha curcas, Euphorbiaceae
Piñón
Árbol semicultivado. El látex se coloca en los dientes como analgésico. // Semi-cultivated tree. The latex placed on teeth is used as analgetic.

Juanjil *Miconia* sp. 3

Juglands neotropica, Juglandaceae
Nogal // walnut
Árbol. En medicina se considera como planta cálida. La infusión de la corteza se toma para detener las hemorragias vaginales. // Tree. Considered a "warm" plant. Infusion of the bark is used to stop vaginal bleeding.

Kalanchoe tubiflora, Crassulaceae
Hierba cultivada. Usada como ornamental. // Cultivated herb. Ornamental.

Karkeja *Baccharis genistelloides*
Kingras *Pennisetum purpureum* x *P. phyphoides*
Kión *Zingiber officinale*
Kuesh *Solanum americanum*

Lactuca sativa, Asteraceae
Lechuga // lettuce
Hierba cultivada. Las hojas cortadas se usan en ensaladas. // Cultuivated herb. The leaves are used in salads.

Lancetilla *Alternanthera porrigens*
Lanche *Myrcianthes* sp. 1

Lantana scabiosiflora, Verbenaceae
Mastrandro
Arbusto. Una taza de la cocción de ramas se toma para calmar el dolor de estómago. // Shrub. A cupo f decoction of the branches is used to soothe stomach pain.

Lantana sp., Verbenaceae
Pampaorégano, luzemita
Arbusto semicultivado. Usado como ornamental. Como antidiarreico se toma una cucharada del zumo de las hojas 3 veces al día. La infusión de las hojas se toma para aliviar el mal de útero, dolor de estómago, prostatitis, antidiarreico y para los resfriados. // Semi-cultivated shrub. Ornamental. A spoonful of juice from the leaves 3 times daily is used as antidiarrheal. Infusion of the leaves is taken to alleviate uterus problems, stomach pain, and prostatitis, as an antidiarrheal and for colds.

478

Laurel *Morella pubescens*
Lechuga *Lactuca sativa*
Lengua de buey *Rumex cuneifolia*
Lengua de vaca *Rumex crispus*
Lens esculenta, Fabaceae
   Lenteja // lentil
   Hierba cultivada. Las semillas se usan como menestra. // Cultivated herb. The seeds are
   used as as a vegetable.
Lenteja *Lens esculenta*
Licania sp., Lauraceae
   Roble
   Árbol. La madera se usa en construcción de viviendas, elaboración de muebles y mangos de
   herramientas. // Tree. The timber is used in house construction, furniture and for tool handles.
Lilium candidum, Liliaceae
   Azucena // lily
   Hierba cultivada. Usada como ornamental. // Cultivated herb. Ornamental.
Lima *Citrus aurantifolia*
Limón *Citrus limon*
Limoncillo *Clavija* sp.
Linaza *Linum usitatissimum*
Linum usitatissimum, Linaceae
   Linaza // flaxseed
   Hierba cultivada. Para aliviar el mal de útero se toma como agua de tiempo y en
   preparaciones combinadas. La cocción de aproximadamente 200 g de semillas en 3 litros de
   agua, con ramas de cadillo, cola de caballo, caña de azúcar, chancapiedra, granos de cebada
   y pelos de choclo; o la combinación de 2-3 hojas de malva en un litro de agua con matico
   y cola de caballo. Se usa también para lavados vaginales. Para aliviar el mal de riñones se
   usa en combinados con hojas de achiote, cáscara de papa y granos de cebada o 50 g de
   las semillas en un litro se agua, con ramas de cola de caballo, uña de gato, grama dulce,
   chancapiedra, granos de cebada y pelos de choclo. Para aliviar el mal de hígado se toma
   la cocción de 200 g de semillas en un litro de agua con hojas de canchalagua y achicoria
   3 veces al día. // Cultivated herb. To alleviate uterus pain a beberage in different mixtures
   is taken: decoction of c. 200 g seeds in 3 liters of water with branches of cadillo, horsetail,
   sugarcane, chancapiedra, barley and corn tusk, or a combination of 2-3 malva leaves in a
   liter of water with matico and horsetail. It is also used for vaginal washing. To alleviate kidney
   problems flaxseed with leaves of achiote, potatoe peels and grains of barley or 50 g of seeds
   in a liter of water, with branches ponytail, cat's claw, sweet grass, chancapiedra, barley and
   corn tusk. To alleviate liver problems a decoction of 200 grams of seeds in one liter of water
   with canchalagua leaves and chicory is used 3 times a day.
Llantén *Plantago major*
Loche *Cucurbita moschata*
Lolium multiflorum, Poaceae
   Reygras
   Hierba cultivada. Usada como forraje, principalmente para cuyes. // Cultivated herb. Used as
   fodder especially for guinea pigs.
Lolium perenne, Poaceae
   Heno
   Hierba cultivada. Se usa como forraje. // Cultivated herb. Used as fodder.
Lonchocarpus utilis, Fabaceae
   Barbasco
   Árbol. Las hojas secas y trituradas se agregan al río para matar peces. // Tree. The dry
ground leaves put in the rivers are used to catch fish.
Lucha *Acnistus arborescens*
Lúcuma *Pouteria lucuma*
Lupinus mutabilis, Fabaceae

Tarwi, chocho // lupin
Arbusto. Las semillas hervidas se colocan en agua corriente por unos 8 días para quitar los alcaloides y sustancias amargas, luego se consumen acompañados de culantro, ají o rocoto picado y sal; preparan además guisos o se usa como menestra. // Shrub. The seeds are placed in running water for about 8 days to remove the alkaloids and bitter substances, and then consumed with coriander, pepper or chopped hot pepper and salt in stews and as a vegetable.

Luzemita *Lantana* sp.

Maicillo *Tripsacum* sp.

Maíz *Zea mays*

Make-make *Oreopanax* sp.

Mala Hierba *Rumex cuneifolia*

Malachra alceifolia, Malvaceae
Malva
Hierba. Para aliviar el mal de útero se toma como agua de tiempo; también se toma la cocción de 2-3 hojas en un litro de agua con matico, linaza y cola de caballo, o se toma 3 tazas combinado con lancetilla, pashguete, matico, cola de caballo y hojas de achiote, 3 veces al día. La cocción se puede usar para lavados vaginales. Para desinflamar el estómago se soban las hojas en el abdomen. La infusión de las hojas se toma como febrífugo. Para reducir los síntomas de la fiebre amarilla se toma la cocción de las flores con zanahoria y leche. // Herb. To alleviate uterus problem a beberage of a decoction of 2-3 leaves in a liter of water with matico, flaxseed and a horsetail, or a combination of 3 cups of malva with lancetilla, pashguete, matico, horsetail and achiote leaves is used 3 times a day. A decoction can be used for vaginal washing. For stomach inflammation the leaves are rubbed on the abdomen. Infusion of the leaves is taken to lower fever. To reduce the symptoms of yellow fever a decoction of the flowers with carrot and milk is used.

Malus domestica, Rosaceae
Manzana // apple
Árbol cultivado. Los frutos se consumen al natural o en refrescos. // Cultivated tree. Edible fruits.

Malva *Malachra alceifolia*

Malva *Malvaviscus penduliflorus*

Malvaviscus penduliflorus, Malvaceae
Malva // sleepy hibiscus
Arbusto cultivado. Usado como ornamental y para cercos vivos.// Cultivated shrub. Ornamental and used in hedges.

Mandarina *Citrus reticulata*

Mangifera indica, Anacardiaceae
Mango
Árbol cultivado. Los frutos maduros se consumen al natural. // Cultivated tree. Edible fruits.

Mango *Mangifera indica*

Maní *Arachis hypogaea*

Manihot esculenta, Euphorbiaceae
Yuca // manioc
Sufrútice cultivado. Las raíces tuberosas son fuente de carbohidratos, se pelan y sancochan con sal para comer directamente o con queso, sirven para preparar sopas y frituras. Como antidiarreico se toma un vaso de agua de almidón de la raíz con gotas de limón. Para reducir la inflamación a causa de golpes se aplican emplastos de la raíz con hojas de sábila, clara de huevo, cangrejo y llonque (aguardiente). // Cultivated subshrub. The tuberous roots are a source of carbohydrates, peeled andboiled with salt consumed directly with cheese, served in soups and fryed. As antidiarrheal a glass of water of root starch with lemon drops is used. To reduce inflammation caused by blows a plaster of the root withthe leaves of sábila, egg white, crab and aguardiente.

Manilkara zapota, Sapotaceae
Sapote

Árbol cultivado. Los frutos maduros se consumen al natural. // Cultivated tree. Edible ripe fruits.

Manzana *Malus domestica*

Manzanilla *Matricaria recutita*

Maracuyá *Passiflora edulis*

Maracuyá de monte *Passiflora* sp.

Marañón *Anacardium occidentale*

Marco *Ambrosia peruviana*

Margarita *Tanacetum parthenium*

Masdevalia sp., Orchidaceae
Orquidea // orchid
Hierba. Usada como ornamental. // Herb. Ornamental.

Masgoy *Bidens* sp.

Mashacedro *Trichilia* sp.

Mashona *Ficus* sp. 2

Mashango *Philoglossa mimuloides*

Mashango blanco *Pennisetum clandestinum*

Mashua *Tropaeolum tuberosum*

Mastrandro *Lantana scabiosiflora*

Matico *Piper* sp.

Matico de tres hojas *Toxicodendron striatum*

Matricaria recutita, Asteraceae
Manzanilla // camomile
Hierba cultivada. Para calmar el dolor de estómago se toma el zumo de las hojas con lancetilla, cachurro, coca y miel. En caso de insomnio y como relajante se toma la infusión de las hojas. // Cultivated herb. Juice of the leaves with lancetilla, cahurro, coca and honey is used to soothe stomach pain. Infusión of the leaves is used in case of insomnia and is taken as a relaxant.

Mauritia flexuosa, Arecaceae
Aguaje
Palmera arborescente. Los frutos se consumen directamente. // Palm. Edible fruits.

Medicago sativa, Fabaceae
Alfalfa
Hierba cultivada. Para curar la anemia se toma medio vaso de jugo licuado de las ramas todos los días durante un mes y para aliviar el mal de útero se toma 1/2 cucharada 2 veces diarias. // Cultivated herb. To cure anemia half a glass of juice made of the branches is used is used daily for a month and to alleviate uterus problems 1/2 teaspoon has to be taken twice daily.

Mekerón *Cynodon dactylon*

Melastomataceae
Shambo
Arbusto. Para calmar el dolor de cabeza se colocan las hojas en la frente. // Shrub. To relieve headache leaves are placed on the forehead.

Melissa officinalis, Lamiaceae
Toronjil // melissa
Hierba cultivada. La infusión de las hojas se toma como febrífugo, antihistamínico y para aliviar la colerina. // Cultivated herb. Infusion of the leaves lower fever.

Menta *Mentha aquatica*

Mentha aquatica, Lamiaceae
Menta // mint
Hierba semicultivada. Las hojas estrujadas se colocan en la muela como analgésicas, y la infusión de las hojas se toma para aliviar el dolor de estómago. // Semi-cultivated herb. The crushed leaves are placed on the tooth as an analgesic; infusion of the leaves is taken to relieve stomach pain.

Mentha spicata, Lamiaceae

Hierba buena

Hierba cultivada. Medicinalmente se considera como planta cálida. La infusión de las hojas se toma para aliviar el dolor de estómago, y la cocción con leche para expulsar los parásitos intestinales. El emplasto de las hojas con flores de rosa se coloca en la parte afectada a causa de golpes como desinflamante. // Cultivated herb. The plant is considered "warm". Infusion of the leaves is taken to relieve stomach pain, and boiled with milk to expel intestinal parasites. A plaster of the leaves with rose flowers is placed on the injured blow as inflammatory.

Michuca *Colocasia esculenta*

Miconia sp. 1, Melastomataceae

Arbusto. Los frutos se comen al estado natural. // Shrub. Edible fruits.

Miconia sp. 2, Melastomataceae

Arbusto. Los frutos se comen al estado natural. // Shrub. Edible fruits.

Miconia sp. 3, Melastomataceae

Juanjil

Árbol. La madera sirve para construcción de viviendas y mangos de herramientas. // Tree. The timber is used for house construction and tool handles.

Miconia sp. 4, Melastomataceae

Arbusto semicultivado. Usado como cerco vivo. // Semi-cultivated shrub. Used as hedge.

Miconia sp. 5, Melastomataceae

Rifari

Árbol. La madera se usa en construcción de viviendas (orcones, vigas), elaboración de muebles y mangos de herramientas. // Tree. The timber is used for house construction (balconies, beams) furniture and tool handles.

Mimosoideae, Fabaceae

Culantrillo

Árbol. La madera se usa en construcción de viviendas y para mangos de herramientas. // Tree. The timber is used for house construction and tool handles.

Minquartia sp., Olacaceae

Huacapú

Árbol. La madera se usa en la construcción de viviendas (orcones, vigas), para mangos de herramientas, por su dureza en la elaboración de trapiches artesanales y como leña. // Tree. The timber is used for house construction (balconies, beams) tool handles and due its hardness for sugar cane mills and firewood.

Minthostachys mollis, Lamiaceae

Chamena, muña

Arbusto. La infusión de las hojas se toma para curar los resfriados. // Shrub. Infusión of the leaves is used to cure colds.

Moena *Nectandra* sp. 5

Moena *Ocotea* sp. 2

Molle *Schinus molle*

Mora *Rubus* sp. 1

Morella pubescens, Myricaceae

Laurel

Árbol. La cera se usaba para hacer velas. // Tree. The wax is used to make candles.

Morero *Ceiba* sp.

Morocho *Myrsine* sp. 2

Mucuna sp., Fabaceae

Ojo de vaca

Bejuco. Las fibras de los tallos se usan para hacer sogas y cordeles; las semillas sirven para hacer collares o como amuleto. // Vine. Fibres of the stems are used to make ropes and strings, the seeds are used to make necklaces and as amulets.

Mullitos *Coix lacryma-jobi*

Muña *Minthostachys mollis*

Musa acuminata, Musaceae

Plátano // banana

Hierba cultivada. Los frutos verdes y maduros se sancochan y se usan como sustituto de papa, los maduros se consumen al natural. Para cicatrizar heridas se aplican emplastos de las hojas. Como antidiarreico se toma 2 copas del zumo de la raíz y hojas del brote con unas gotas de limón. Para aliviar el reumatismo se toma una copa diaria del zumo del tallo. Como febrífugo se toma limonada caliente con zumo del peciolo (cortina del plátano) o se toma 1 vaso del zumo del tallo cada día. Para el ganado se prepara un litro del zumo del tallo que toman como febrífugo. // Cultivated herb. The green and ripe fruit is boiled and used as a substitute for potato, and consumed mature. To heal wounds plasters of the leaves are applied. As antidiarrheal take 2 cups of juice from the root and leaves of the bud with a squeeze of lemon. To relieve rheumatism a beberage of the juice of the stem is taken. To lower fever hot lemonade with juice of the petiole or 1 cup of juice of the stem is to be taken daily. For cattle a liter of juice of the stem is used to lower fever.

Musa x paradisiaca, Musaceae

Plátano guinea // banana guinea

Hierba cultivada. Los frutos verdes y maduros se sancochan y se usan como sustituto de papa, los maduros se consumen al natural. // Cultivated herb. The green and ripe fruit is boiled and used as a substitute for potatoes, the ripe fruits is edible.

Myrcianthes sp. 1, Myrtaceae

Arrayán

Árbol. La madera se usa en la construcción de viviendas. // Tree. The timber is used for house construction.

Myrcianthes sp. 2, Myrtaceae

Lanche

Árbol. La madera se usa en construcción de viviendas, caminos, puentes; para elaborar muebles, mangos de herramientas y como leña. Los frutos maduros se consumen directamente. // Tree. The timber is used for house construction, paths, furniture, tool handles and firewood.

Myrsine sp. 1, Myrsinaceae

Corotillo

Árbol. La madera sirve para confeccionar muebles, en construcción de caminos y puentes, para mangos de herramientas y como leña. // Tree.The timber is used for furniture, paths, tool handles and firewood.

Myrsine sp. 2, Myrsinaceae

Morocho

Árbol. La madera se usa en construcción de viviendas, mangos de herramientas y leña. // Tree. The timber is used for house construction, tool handles and firewood.

Myrsine sp. 3, Myrsinaceae

Toche

Árbol. La madera se usa en construcción de herramientas, elaboración de muebles, mangos de herramientas y leña. // Tree. The timber is used for tools, furniture, tool handles and firewood.

Nabo *Brassica rapa* var. *rapa*

Naranja *Citrus aurantium*

Naranjilla *Solanum quitoense*

Nectandra sp. 1, Lauraceae

Ishpingo

Árbol. La madera se usa en construcción de caminos y viviendas (paredes), y mangos de herramientas. // Tree. The timber is used for paths and house construction (walls) and tool handles.

Nectandra sp. 2, Lauraceae

Ishpingo

Árbol. La madera se usa en construcción de caminos y vivendas. // Tree. The timber is used for paths and house construction.

Nectandra sp. 3, Lauraceae

Ishpingo

Árbol. Se usa como cerco vivo. // Tree. Used for hedges.

Nectandra sp. 4, Lauraceae

Ishpingo

Árbol. La cocción de hojas con granos de cebada y miel de abeja se toma para aliviar el mal de riñones. // Tree. Decoction of the leaves with barley grains and honey is used to alliviate kidney problems.

Nectandra sp. 5, Lauraceae

Moena

Árbol. La madera sirve en construcción de viviendas. // Tree. The timber is used for house construction.

Niphidium crassifolium, Polypodiaceae

Calahuala

Hierba epífita. La infusión del rizoma se toma para aliviar el mal de útero. // Epiphyte herb. Infusión of the rhizome is used to alliviate ututus problems.

Níspero *Eriobotrya japonica*

Níspero *Bellucia* sp.

Nogal *Juglands neotropica*

Nudillo *Paspalum haenkeanum*

Ñul *Commelina* sp. 1

Oca *Oxalis tuberosa*

Ochroma pyramidale, Bombacaceae

Palo de balsa // balsa tree

Árbol. La madera se usa en construcción de viviendas. La cocción de la corteza se usa para lavar las heridas, por sus propiedades hemostáticas y antisépticas. // Tree. The timber is used for house construction. Decoction of the bark is used to clean wounds for its hemostatic and antiseptic virtues.

Ocimum basilicum, Lamiaceae

Albahaca // basil

Hierba cultivada. La infusión de las hojas se toma para desinflamar el útero. Para aliviar la la conjuntivitis se coloca la semilla en el ojo. Para aliviar el mal de riñones se toma la cocción de las ramas. La cocción de ramas con sal se hace tomar a las vacas para expulsar la placenta. // Cultivated herb. Infusion of the leaves is taken to reduce inflammation of the uterus. To relieve conjunctivitis the seed is placed on the eye. Decoction of the branches is used to alleviate kidney problems. Decoction of the branches with salt is given to cows to deliver the placenta.

Ocotea sp. 1, Lauraceae

Canela moena

Árbol. La madera sirve para mangos de herramientas, y es de buena calidad para confeccionar muebles. // Tree. The timber is used for tool handles and furniture.

Ocotea sp. 2, Lauraceae

Moena

Árbol. La madera sirve para elaboración de muebles, construcción de caminos y viviendas (paredes), para mangos de herramientas. Usado como cerco vivo. // Tree. The timber is used for furniture, paths and house construction (walls) and tool handles.

Ocotea sp. 3, Lauraceae

Roble

Árbol. La madera se usa en construcción de viviendas (paredes) y como leña. // Tree. The timber is used for house consruction (walls) and firewood.

Odontoglossum sp., Orchidaceae

Orquídea // orchid

Hierba. Usada como ornamental. // Herb. Ornamental.

Ojé *Ficus insipida*

Ojo de vaca *Mucuna* sp.

Okuera *Vernonia patens*

Olluco *Ullucus tuberosus*
Oncidium sp., Orchidaceae
    Orquídea // orchid
    Hierba. Usada como ornamental. // Herb. Ornamental.
Orégano *Origanum vulgare*
Oreja *Auricularia* sp.
Oreja de perro *Plectranthus* sp.
Oreopanax sp., Araliaceae
    Make-make
    Árbol. La madera se usa en construcción de viviendas. // The timber is used for house construction.
Origanum vulgare, Lamiaceae
    Orégano
    Hierba cultivada. . En medicina se considera como planta cálida Las hojas frescas o secas se agregan a sopas y guisos. La infusión de las hojas se toma para aliviar el dolor de estómago y resfriados, y el macerado en aguardiente regula la menstruación. // Cultivated herb. The plant is considered "warm". The fresh or dried leaves are used in soups and stews. Infusion of the leaves is taken to relieve stomach pain and colds, and macerated in aguardiente used to regulate menstruation.
Ormosia peruviana, Fabaceae
    Huayruro
    Árbol. La madera se usa en construcción de viviendas y las semillas en confección de aretes y collares. // Tree. The timber is used in house construction; the seeds are used to make esarrings and necklaces.
Orquídea *Elleanthus* sp., *Epidendrum* sp., *Masdevalia* sp., *Odontoglossum* sp., *Oncidium* sp., *Phragmipedium* sp.
Ortiga *Urtica peruviana*
Oryza sativa, Poaceae
    Arroz // rice
    Hierba cultivada. Las semillas sirven para preparar sopas y guisos. La cocción de los granos tostados se toma como antidiarreico. // Cultivated herb. The seeds are used in soups and stews. Decoction of the toasted grains is used as an antidiarrheal.
Oxalis sp. 1, Oxalidaceae
    Chulco morado
    Hierba. Una copa del zumo de toda la planta o combinada con el zumo de chulco grande se toma 3 veces al día como antidiarreico. Para aliviar el mal de hígado se mastican las hojas con cola de caballo, verbena, berro y achicoria. // Herb. A glass of juice from whole plant or combined with juice of chulco grande is taken 3 times daily as antidiarrheal. To alleviate liver problems chewed leaves with a horsetail, verbena, watercress and chicory are used.
Oxalis tuberosa, Oxalidaceae
    Oca
    Hierba cultivada. Los tubérculos se sancochan y se comen directamente. // Cultivated herb. The tubers are boiled and consumed.
Pacae *Inga feuillei*
Paico *Chenopodium ambrosioides*
Paja mona *Setaria* sp.
Pájaro bobo *Tessaria integrifolia*
Pajul *Erythrina* sp.
Pajuro *Erythrina edulis*
Palo de agua *Vernonia patens*
Palo de balsa *Ochroma pyramidale*
Palo sangre *Dialium* sp.
Palta *Persea americana*
Pampaorégano *Lantana* sp.
Pan de árbol *Artocarpus altilis*

Pangakero *Vernonia patens*
Panicum maximum, Poaceae
    Pasto guinea
    Hierba cultivada. Usada como forraje. // Cultivated herb. Used as fodder.
Papa *Solanum tuberosum*
Papa madre *Dioscorea* sp.
Papaya *Carica papaya*
Papaya silvestre *Vasconcellea* sp.
Papelillo *Boungainvillea spectabilis*
Pashguete *Alternanthera* sp. 1
Paspalum haenkeanum, Poaceae
    Nudillo
    Hierba cultivada. Usada como forraje. // Cultivated herb. Used as fodder.
Passiflora edulis, Passifloraceae
    Maracuyá // passion fruit
    Bejuco trepador cultivado. Los frutos maduros se consumen directamente o en refrescos. // Climbing vine. Edible fruits.
Passiflora ligularis, Passifloraceae
    Granadilla // passionflower
    Bejuco trepador cultivado. Los frutos se consumen directamente. El zumo de las hojas, se toma 1 ó 2 veces como febrífugo, y una copa diaria alivia el mal del hígado. El emplasto de tres hojas o combinadas con hojas de chilca, se usa para reducir la inflamación causada por golpes. Para el dolor de cabeza se aplican compresas de la cocción de hojas con uñigán. Como antidiarreico se toma una copa de la cocción de las cáscaras del fruto con semilla de palta, también se puede agregar cortezas de guayaba. Para quitar el dolor de estómago se toma el zumo de 1-9 hojas. // Climbing vine. Edible fruits. The juice of the leaves has to be taken 1 or 2 times to lower fever, and a cup daily relieves liver problems. A plaster of three leaves or combined with chilca leaf, is used to reduce inflammation caused by blowes. For headaches apply compresses of decoction with uñigán. As antidiarrheal a decoction of the peels of the fruit with avocado sedes is used, one can also add of guava bark. To remove stomach pain juice of 1-9 leaves is used.
Passiflora nitida, Passifloraceae
    Quijo
    Bejuco trepador. Los frutos maduros se consumen en estado natural. // Climbing vine. Edible fruits.
Passiflora quadrangularis, Passifloraceae
    Tumbo
    Bejuco trepador cultivado. Para aliviar el mal de hígado se toma 1 copa diaria del zumo de las hojas. // Climbing vine. To alliviate liver problems a cup of juice of the leaves is used.
Passiflora sp., Passifloraceae
    Granadilla de montaña, maracuyá de monte.
    Bejuco trepador. Los frutos se consumen al estado natural. // Climbing vine. Edible fruits.
Pasto *Ichnanthus nemorosus*
Pasto de agua *Potamogeton* sp.
Pasto elefante *Pennisetum purpureum*
Pasto guinea *Panicum maximum*
Pedorrera *Stachys arvense*
Pelargonium roseum, Geraniaceae
    Geranio // garden geranium
    Sufrútice cultivado. Usado como ornamental. // Cultivated subshrub. Ornamental.
Penca azul *Agave americana*
Penca verde *Furcraea andina*
Pennisetum clandestinum, Poaceae
    Picuy, mashango blanco, huacache, quitahacienda, grama azul // kikuyu grass
    Hierba semicultivada. Usada como forraje. // Semi-cultivated herb. Used as fodder.

Pennisetum purpureum, Poaceae
Pasto elefante, elefantón // elephantgrass
Hierba cultivada. Usada como forraje. // Cultivated herb. Used as fodder.
Pennisetum purpureum x *P. phyphoides,* Poaceae
Kingras
Hierba cultivada. Híbrido usado como forraje. // Cultivated herb. Used as fodder.
Peperomia inaequalifolia, Piperaceae
Congona
Hierba cultivada. La infusión de las hojas se toma como febrífugo. El emplasto de las hojas se coloca sobre heridas para cicatrizar y desinfectar. // Cultivated herb. Infusion of the leaves is used to lower fever. Plaster of the leaves is used on wounds to heal and disinfect.
Pepinillo *Cucumis sativus*
Pepino *Solanum betaceum*
Pepino silvestre *Solanum* sp. 4
Perejil *Petroselinum crispum*
Persea americana, Lauraceae
Palta // avocado
Árbol cultivado. El fruto maduro se consume con sal, acompañado con pan o en ensaladas. Como antidiarreico la cocción de la semilla se toma 3 veces al día, o se toma una copa de la cocción de la semilla combinada con cortezas de guayaba o cáscara de granadilla. La cocción de la semilla sirve para lavados vaginales como antimicótico. // Cultivated tree. The ripe fruit is eaten with salt, served with bread or in salads. As antidiarrheal a decoction of the seeds is taken 3 times a day, or a cup of the decoction of the seed with guava bark or passion fruit peel. Decoction of the seed is used for vaginal washing as an antifungal.
Peruanita *Impatiens balsamina*
Petroselinum crispum, Apiaceae
Perejil // parsley
Hierba cultivada. Las hojas se agregan a sopas y guisos para dar sabor. // Cultivated herb. The leaves are used in soups and stews
Phaseolus vulgaris, Fabaceae
Frejol, frijol // common bean
Hierba cultivada. Las semillas se usan como menestra. La cocción de las semillas de frejol colorado se toma combinado con linaza como antianémico para las mujeres. // Cultivated herb. The seeds are used as vegetable. Decoction of the bean seeds with flaxseeds are used as an antianaemic for women.
Philoglossa mimuloides, Asteraceae
Agashul, ciso, mashango
Hierba cultivada. Usada como forraje, recomendado para ganado lechero. // Cultivated herb. Used as fodder.
Physalis peruviana, Solanaceae
Tomate bolsa // cape gooseberry
Sufrútice semicultivado. Los frutos maduros se consumen al natural. Para calmar el dolor de oído se colocan 3 gotas del zumo del cogollo (tallo y hojas tiernas). // Semi- cultivated subshrub. Edible fruits. To relieve ear pain 3 drops of juice are used from the bud (stem and young leaves).
Physalis sp. 1, Solanaceae
Tomatillo silvestre
Sufrútice. Los frutos maduros se consumen al natural. // Subshrub. Edible fruits.
Phoradendron sp., Viscaceae
Suelda con suelda
Hierba hemiparásita. La infusión de tallos y hojas se toma como desinflamante a causa de golpes, fracturas y torceduras o el emplasto de hojas se coloca en la parte afectada durante 8 días con cambios diarios. // Hemiparasite herb. Infusion of stems and leaves is taken as-inflammatory due to blows, fractures and sprains or a plaster of leaves is placed on the affected part for 8 days with daily changes.

Phragmipedium sp., Orchidaceae
Orquidea
Hierba. Usada como ornamental. // Herb. Ornamental.
Phyllanthus niruri, Euphorbiaceae
Chancapiedra // stone chanca
Hierba. La cocción de 100 g de toda la planta en 3 litros de agua se toma para disolver
cálculos renales, para calmar el mal de riñones y aliviar el mal de hígado. También se toma la
cocción de la planta combinada con uña de gato como agua de tiempo o el cocimiento de 50
g en un litro de agua con cola de caballo, uña de gato, grama dulce, linaza, cebada y pelos
de choclo o combinada con matico y cola de caballo. Para aliviar el mal de útero se toma el
cocimiento 200 g de la planta en 3 litros de agua con ramas de cadillo, cola de caballo, caña
de azúcar, cebada, linaza y pelos de choclo, o se toma la infusión del tallo 2-3 veces al día
durante 15 días. // Herb. Decoction of 100 g of the whole plant in 3 liters of water is taken to
dissolve kidney stones, to soothe kidney problems and alleviate liver problems. Decoction
of the plant combined with cat's claw, water or 50 grams in a liter of water with a horsetail,
cat's claw, sweet grass, flax, barley and corn tusk or combined with matico and horsetail. To
alleviate uterus problems a decoction of 200 g of the plant in 3 liters of water with branches of
cadillo, horsetail, sugarcane, barley, flax and corn usk, or take the infusion of stem 2 - 3 times
daily for 15 days.
Phytolaca sp., Phytolacaceae
Airampo
Sufrútice semicultivado. Usado como ornamental. // Semi-cultivated subshrub. Ornamental.
Picuy *Pennisetum clandestinum*
Pie de perro *Desmodium* sp.
Pilea sp., Urticaceae
Chancapiedra
Hierba. La infusión de las ramas se toma para aliviar el dolor de estómago. // Herb. Infusión
of the branches is used to alliviate stomach pain.
Pimpim *Echeveria peruviana*
Pimpinella anisum, Apiaceae
Anís // anise
Hierba cultivada. La infusión de los frutos alivia el resfriado y dolor de estómago. // Cultivated
herb. Infusión of the fruits relieves colds and stomach pain.
Pino *Pinus radiata*
Pinus radiata, Pinaceae
Pino // monterrey pine
Árbol cultivado. Usado como ornamental. // Cultivated tree. Ornamental.
Piña *Ananas comosus*
Piñón *Jatropha curcas*
Piper sp., Piperaceae
Matico
Arbusto. Medicinalmente se considera una planta cálida. Para aliviar el mal de útero se toma
1 taza del cocimiento de 100 g de hojas en 2 litros de agua en la mañana y tarde durante 8
días combinado con sangre de grado y uña de gato; también se toma 3 tazas de la cocción
de hojas, 3 veces al día combinado con lancetilla, pashguete, cola de caballo, malva y hojas
de achiote. Como agua de tiempo se toma la cocción de 2-3 hojas de malva en un litro de
agua con cola de caballo y linaza. Se usa en lavados vaginales. La infusión caliente de las
hojas se toma por 4 días para sanar resfriados, tos y dolor de cabeza, la infusión fría se
toma como antidiarreico. Para el resfriado se usa la cocción de las hojas con flores de sarsa
y flores de rosa en forma de baños. Para aliviar la tos se toma una copita (100 ml) de la
cocción de hojas con frutos de sarsa y alcanfor; o con el zumo de 1-2 naranjas y alcanfor.
Para desinflamar la hinchazón a causa de golpes, se colocan compresas calientes de la
cocción de hojas con llantén, cola de caballo, sal y jabón. Se lava las heridas con la infusión
de las hojas con llantén o masgoy para desinfectarlas; para cicatrizarlas se usa el emplasto
de las hojas o el zumo de las hojas con llantén y cola de caballo. Las heridas del ganado

se lavan con la cocción caliente de las hojas con sangre de grado. Para aliviar el mal de riñones se toma cada mañana la cocción de las ramas con cola de caballo y chancapiedra como agua de tiempo, o combinado con cola de caballo y choclo. Para sanar la prostatitis se toma 3 veces al día, la cocción de ramas con hojas de achiote, pelo de choclo, cáscara de papa y uña de gato durante un mes. El emplasto de las hojas soasadas se usa para calmar el dolor de reumatismo. // Shrub. Considered a "warm" plant. To alleviate uterus problems 1 cup of decoction of 100 g of leaves in 2 liters of water to be taken mornings and afternoons for 8 days with dragon blood and cat's claw, or 3 cups of decoction of leaves 3 times daily combined with lancetilla, pashguete, horsetail, malva leaves and achiote. As a beverage a decoction of 2-3 malva leaves in a liter of water with horsetail and flaxseed. Used for vaginal washing. Hot infusion of leaves taken for 4 days to cure colds, cough and headache, cold infusion is taken as antidiarrheal. For colds a decoction of flowers of sarsa and roses is used for baths. To relieve cough a cup (100 ml) of a decoction with sarsa fruits and alcanfor, or juice of 1-2 oranges and alcanfor is used. To reduce inflammation due to blows, hot compresses of a decoction of leaves from llantén, horsetail, salt and soap. Wounds are washed with infusion of llantén or masgoy to disinfect, to cure a plaster of the leaves or juice of the leaves with llantén and horsetail. The wounds of cattle are washed with a hot decoction with sangre de grado. To alleviate kidney problems a decoction of the branches and horsetail, chancapiedra or combined with horsetail and corn. To cure prostatitis a decoction of the leaves with achiote leaves, corn tusk, potato peels and cat's claw is used 3 times a day for a month. The soaked leaves are used as a plaster to relieve pain of rheumatism.

Pisum sativum, Fabaceae

Alverja, arverja // pea

Hierba cultivada. Las semillas se consumen como menestra. Se usa como forraje. En caso de varicela se bañan con el macerado de las ramas y granos de maíz blanco que actúa como febrífugo. // Cultivated heb. The seeds are used as vegetable and as fodder. In case of chickenpox the crushed branches with white corn lower the fever.

Plantago major, Plantaginaceae

Llantén // common plantain

Hierba. Medicinalmente se le considera una planta cálida. La infusión de las hojas se toma para aliviar resfriados, tos y mal de útero. El zumo de hojas con matico y cola de caballo desinfectan y cicatrizan heridas causadas por cortes; también se usa la infusión de las hojas con matico para lavar heridas. Para desinflamar la hinchazón a causa de golpes se usa la cocción de las hojas con matico, cola de caballo, sal y jabón en forma de emplasto, también en compresas calientes de las hojas con sal, o se toma la cocción de las hojas con cadillo como agua de tiempo 3 veces al día. Para curar gastritis se toma un vaso diario de la cocción de hojas con ortiga (hoja morada) y diente de león durante un mes. Para evitar la formaciónn de ampollas y disminuir el ardor de quemaduras se colocan las hojas soasadas. El uso de esta planta debe ser controlado porque afecta la visión. // Herb.Considered a "warm" plant. Infusion of the leaves is taken to relieve colds, coughs and uterus problems. The juice of leaves with matico and horsetail disinfect and heal wounds caused by cuts, the infusion of the leaves with matico are used to wash wounds. To reduce inflammation caused by swelling by blows a decoction of the leaves with matico, horsetail, salt and soap is used as a plaster, hot compresses with the leaves with salt or a decoction with the leaves and cadillo is used 3 times daily. To cure gastritis a daily glass of a decoction of nettle leaves and diente de león is to be taken a month. To prevent blisters and reduce heat burns the soaked leaves are used as a plaster. The use of this plant should be controlled because it affects the sight.

Platanillo *Heliconia rostrata*

Plátano *Musa acuminata*

Plátano guinea *Musa* x *paradisiaca*

Plectranthus sp., Lamiaceae

Oreja de perro

Hierba cultivada. Usado como ornamental. // Cultivated herb. Ornamental.

Plukenetia sp., Euphorbiaceae

Sachainchi de monte

Bejuco apoyante. Las semillas se sancochan con ajo y se consumen como menestra. //
Climbing vine. The seeds are boiled with garlic and consumed as a vegetable.
Plukenetia volubilis, Euphorbiaceae
Sachainchi // sacha peanut
Bejuco apoyante cultivado. Las semillas son comercializadas porque contienen Omega 3, se
sancochan con ajo y se preparan como menestra. // Cultivated climbing vine. The seeds are
sold as they contain Omega 3. Is consumed boiled with garlic.
Pomarrosa *Syzygium jambos*
Pona *Bactris* sp.
Pona *Iriartea* sp.
Pona *Wettinia* sp.
Portulaca grandiflora, Portulacaceae
Hierba cultivada. Usada como ornamental. // Cultivated herb. Ornamental.
Potamogeton sp., Potamogetonaceae
Pasto de agua
Hierba. Usada como forraje. // Herb. Used as fodder.
Pourouma sp., Cecropiaceae
Uvilla
Árbol. Los frutos maduros se comen al natural. // Tree. Edible fruits.
Pouteria caimito, Sapotaceae
Caimito // abiu
Árbol cultivado. Los frutos maduros se comen directamente o en refrescos. // Cultivated tree.
Edible fruits.
Pouteria lucuma, Sapotaceae
Lúcuma
Árbol cultivado. Los frutos maduros se consumen al natural. // Cultivated tree. Edible fruits.
Pouteria sp., Sapotaceae
Sachacaimito
Árbol. Las ramas secas sirven como leña. // Tree. The branches are used for firewood.
Protium sp., Burseraceae
Caraña
Árbol. La madera se aprovecha para confeccionar muebles, para mangos de herramientas y
algunos utensilios (cucharas, tableros de picar). // Tree. The timber is used fo furniture, tool
handles and kichen utensils.
Psidium guajava, Myrtaceae
Guayaba // guava
Árbol cultivado. Los frutos maduros se consumen directamente. La madera sirve para
mangos de herramientas y leña. Como antidiarreico se toma la cocción de la corteza 3 veces
al día, o se se toma una copa combinado con la corteza de granadilla y semilla de palta. El
macerado de la corteza con llonque (aguardiente) se toma para sanar resfriados y endurecer
huesos. // Cultivated tree. Edible fruits. The timber is used for tool handles and firewood. A
decoctin of the bark is used as antidiarrheal 3 times a day, or as a beberage combined with
passion fruit bark and avocado sees. The crushed bark with aguadiente is taken for colds and
to harden bones.
Pumapara *Eustephia coccinea*
Quijo *Passiflora nitida*
Quillusisa *Vochysia lomatophyla*
Quina *Isertia sp.*
Quinilla *Clarisia* sp.
Quitahacienda *Pennisetum clandestinum*
Rábano *Raphanus sativus*
Racacha *Arracacia xanthorrhiza*
Ramillete de novia *Hydrangea macrophylla*
Raphanus sativus, Brassicaceae
Rábano // radish

Hierba cultivada. La raíz tuberosa cortada en tajadas se usa en ensaladas. Para aliviar la tos, se toma diariamente la cocción de la raíz con 3 limones verdes en un litro de agua y azúcar quemado, en las mañanas y tardes. // Cultivated herb. The tuber root is used in salads. To relieve cough a decoction of the root with 3 green lemons and one liter water with burnt sugar is used mornings and afternoons.

Renaco *Ficus* sp. 3

Repollo *Brassica oleraceae* var. *capitata-alba*

Retrophyllum rospigliosii, Podocarpaceae

Romerillo

Árbol. La madera se usa en construcción de caminos (graderías) y mangos de herramientas. // Tree. The timber is used for paths (staircases) and tool handles.

Reygras *Lolium multiflorum*

Rheum sp., Polygonaceae

Ruibarbo

Hierba cultivada. Las semillas se colocan en la muela para calmar el dolor por sus propiedades analgésicas. // Cultivated herb. The seeds are placed on a infected tooth to calm the pain due to its analgetic virtues.

Rhoeo spatulata, Commelinaceae

Hierba cultivada. Usada como ornamental. // Cultivated herb. Ornamental.

Ricinus communis, Euphorbiaceae

Higuerilla // caster bean

Arbusto. El látex se usaba para confeccionar velas. Se colocan compresas calientes de las hojas sancochadas sobre el estómago en caso de indigestión. // Shrub. The latex is used to make candles. Hot compresses of the boiled leaves are placed on the stomach in case of indigestion.

Rifari *Miconia* sp. 5

Roble *Licania* sp.

Roble *Ocotea* sp. 3

Rocoto *Capsicum pubescens*

Rollinia mucosa, Annonaceae

Anona

Árbol cultivado. Los frutos maduros son comestibles. // Cultivated tree. Edible fruits.

Romerillo *Retrophyllum rospigliosii*

Rorippa nasturtium-aquaticum, Brassicaceae

Berro // watercress

Hierba. Para aliviar el mal de hígado se toma una copa diaria del zumo de las hojas, o se mastican con cola de caballo, verbena, chulco y achicoria. // Herb. To alleviate liver problems a daily cup of the juice of the leaves or chewed with horsetail, verbena, chicory and chulco is used.

Rosa *Rosa canina*

Rosa canina, Rosaceae

Rosa // rose

Arbusto cultivado. Usado como ornamental. El baño con la cocción de sus flores con flores de sarsa y matico curan el resfriado. Como febrífugo se toma la infusión de las hojas, o dos cucharadas de las flores combinadas con pimpim y clavel. Para aliviar la colerina se toma medio vaso de infusión de flores. El emplasto de las flores con hojas de hierba buena se usa como desinflamante de la hinchazón a causa de golpes. // Cultivated shrub. Ornamental. A bath with decoction of the flowers with sarsa and matico flowers to cure colds. Infusión of the leaves is taken to lower fever or two teaspoons of flowers combined with pimpim and clavel. To ease anger infusion of half a cup of the flowers is used. Plaster of the flowers with mint leaves is used against inflammatory swelling because of blows.

Rubiaceae

Tiniarkiro

Árbol. La madera se usa en construcción de viviendas, para elaborar muebles y mangos de herramientas. // Tree. The timber is used for house construction, furniture and tool handles.

Rubus robustus, Rosaceae
  Zarzamora
  Arbusto semicultivado. Los frutos se comen directamente. // Semi-cultivated shrub. Edible
  fruits.
Rubus sp. 1, Rosaceae
  Mora
  Arbusto. Los frutos se consumen al natural. // Shrub. Edible fruits.
Rubus sp. 2, Rosaceae
  Sarsa
  Árbusto. La cocción de las hojas con matico y flores de rosa, se usa en forma de baños para
  sanar los resfriados. Una copa (100 ml) de la cocción de frutos, hojas de matico y alcanfor
  se toma para aliviar la tos. Como desinflamante de la hinchazón a causa de golpes, se
  aplican emplastos de las hojas estrujadas o soasadas por una noche. // Shrub. Decoction of
  the leaves with matico and rose flowers is used in baths to cure colds. One cup (100 ml) of
  decoction of the fruits, matico leaves and alcanfor is taken to relieve coughs. As inflammatory
  swelling caused by blows, plasters of crushed or soaked leaves are used.
Ruda *Ruta graveolens*
Ruibarbo *Rheum* sp.
Rumex crispus, Polygonaceae
  Lengua de vaca // curley dock
  Hierba. Para calmar el dolor de oído se colocan 1-3 gotas del zumo del tallo. // Herb. To
  relieve ear pain 1-3 drops of juice of the stem are used.
Rumex cuneifolia, Polygonaceae
  Mala Hierba, hierba maría, lengua de buey
  Hierba. La cocción de las ramas se usa en forma de baños, o el zumo de las raíces se toma
  con un vaso de agua como febrífugo. // Herb. Decoction of the branches are used for baths, or
  a cup of the juice of the roots to lower fever.
Rumex sp. 1, Polygonaceae
  Uñigán
  Hierba. Como febrífugo las hojas se frotan en las cienes, se preparan baños, y se toma una
  copa del zumo de 3 hojas. El emplasto se usa para reducir la inflamación de fracturas. Para
  calmar el dolor de cabeza se usa compresas con hojas de granadilla. Para aliviar el mal de
  riñones se toma la infusión de las hojas con cola de caballo 3 veces al día, y para aliviar el
  mal de útero se toma la infusión de la raíz. // Herb. The leaves are rubbed on the forehead,
  used in baths, and a glass of the juice of 3 leaves is used to lower fever. A plaster is used
  to reduce inflammation of fractures. To relieve headache a compress is used with granadilla
  leaves. To alleviate kidney problems infusion of the leaves with horsetail is used 3 times a
  day, and to alleviate uterus problems an infusion of the root.
Ruta graveolens, Rutaceae
  Ruda // common rue
  Sufrútice cultivado. Es considerada planta cálida. Para aliviar el dolor de estómago se
  toma la infusión de las hojas. Como analgésico se colocan hojas molidas con semilla de
  limón en la muela afectada. Se toma una copa de la cocción de las hojas con gotas de
  limón y aguardiente para sanar la tos. Como antiemético se frotan las hojas en las cienes.
  // Cultivated subshrub. Considered a "warm" plant. To relieve stomach pain infusion of the
  leaves is used. As an analgesic ground leaves with lemon seed are placed on an affected
  tooth. A cup of decoction with drops of lemon juice and aguardiente cures cough. As an
  antiemetic the leaves are rubbed on the forehead.
Sábila *Aloe vera*
Saccharum officinarum, Poaceae
  Caña de azúcar, caña negra // sugar cane
  Hierba cultivada. El sabor dulce del zumo de los tallos, se consume directamente o sirve
  para elaborar chancaca. Las hojas se usan como forraje. Para aliviar el mal de útero se
  toma la cocción de 200 g del tallo en 3 litros de agua combinado con ramas de cadillo,
  cola de caballo, chancapiedra, granos de cebada, linaza y pelos de choclo como agua de

tiempo. Para aliviar la tos, los niños mastican los tallos soasados, o se coloca en la garganta externamente el zumo de la caña con infundia de gallina y papel azul de vela. // Cultivated herb. The sweet taste of juice from the stems, are consumed directly or used to produce molasses. The leaves are used as fodder. To alleviate uterus problems a decoction of 200 g stems in 3 liters of water combined with cadillo branches, horsetail, chancapiedra, barley, flax and corn tusk as a beberage. To relieve cough, children chew the soaked stems, or placed as a plaster on the throat with cane juice, infused chicken with blue paper from candles.

Sachacaimito *Pouteria* sp.
Sachaculantro *Eryngium foetidum*
Sachainchi *Plukenettia volubilis*
Sachainchi de monte *Plukenettia* sp.
Sachapajuro *Erithryna* sp.
Sachapapa *Dioscorea* sp.
Salvia sp. 1, Lamiaceae
Salvia
Hierba. La infusión de las hojas se toma 3 veces al día para aliviar el mal de útero. // Herb. Infusion of the leaves is used 3 times a day to alliviate uturus problems.
Salvia splendens, Lamiaceae
Chochocón
Hierba cultivada. Usada como ornamental. La infusión de las flores se toma como laxante. // Cultivated herb. Ornamental.
Sambucus peruviana, Adoxaceae
Sauco // elder tree
Árbol semicultivado. Los frutos maduros se consumen al natural. El zumo de las hojas se toma para eleminar los parásitos. Como laxante se toma media taza del zumo, o se añade el zumo de 1 limón y agua caliente para producir vómitos, también se emplea en enema. La infusión de las hojas se usa para curar resfrios. Un litro de infusión de las hojas se hace tomar a becerros como laxante. Para la poliomielitis se usa la cocción de hojas en baños o se colocan hojas soasadas como emplasto. // Semi-cultivated tree. Edible fruits. Juice from the leaves is used against parasites. Half cup of juice is taken as a laxative, or the juice of 1 lemon and hot water is added to cause vomiting, also used in enema. Infusion of the leaves is used to cure colds. One liter of infusion of the leaves is given to calves as a laxative. Decoction of the leaves is used in baths or soaked leaves are placed as plaster against polio.
Sanango *Faramea* sp.
Sangre de Cristo *Coleus blumei*
Sangre de grado *Croton* sp.
Sapote *Manilkara zapota*
Sarandaja *Dolichos lablab*
Sarsa *Rubus* sp. 2
Sauco *Sambucus peruviana*
Sayó *Weinmannia balbisiana*
Schinus molle, Anacardiaceae
Molle // peppercorn tree
Árbol. El saumerio de las hojas con alcanfor sirve para aliviar el reumatismo. // Tree.The juice of the alcanfor leaves used to relieve rheumatism.
Schkuhria pinnata, Asteraceae
Canchalagua
Hierba. Para aliviar el mal de hígado se toma la infusión de 200 g de las hojas en un litro de agua combinado con linaza y achicoria 3 veces al día. // Herb. Infusion of 200 g of the leaves in 1 liter of water combined with flax and chicory is used 3 times a day to alliviate liver problems.
Sechium edule, Cucurbitaceae
Chiljo, caigua espinuda // chayote
Hierba trepadora cultivada. Los frutos se comen en ensaladas y frituras. Se colocan 3 gotas del zumo del fruto en el ojo para aliviar la conjuntivitis. // Cultiated climbing herb. The fruits are

consumed in salads and fryed. To alliviate conjuntivitis 3 drops of the fruit juice is used.

Serraja *Sonchus oleraceus*

Setaria geniculata, Poaceae

Grama chilena // marsh bristlegrass

Hierba. Usada como forraje. // Herb. Used as fodder.

Setaria sp., Poaceae

Paja mona

Hierba cultivada. Usada como forraje. // Cultivated herb. Used as fodder.

Shaiña *Colubrina* sp.

Shambo (ver Melastomataceae)

Shimbillo *Inga* sp. 4

Shirimba *Inga* sp. 4

Sida rhombifolia, Malvaceae

Angusacha // arrow-leaf sida

Hierba. El emplasto de las ramas se coloca sobre la picadura de insectos para desinflamar y cicatrizar. La infusión de las ramas se toma como diurética. // Herb. Plaster of the branches is placed on insect bites to reduce inflammation and heal. Infusion of the branches is taken as a diuretic.

Siempre viva *Echeveria peruviana*

Siete colores *Coleus blumei*

Sigesbeckia sp., Asteraceae

Yacónsacha

Sufrútice. Para desinflamar la hinchazón a causa de golpes se coloca emplastos de toda la planta. // Subshrub. To reduce inflammation due to blows a plaster of the whole plant is used.

Siparuna sp., Siparunaceae

Añaskero

Árbol. Las ramas remojadas en agua se usan en baños, o como perfume para las mujeres por contener aceites esenciales. // Tree. The branches soaked in water are used in baths, or as a perfume for women as they contain essential oils.

Sirimbache *Inga* sp. 4

Smallanthus sonchifolius, Asteraceae

Yacón

Sufrútice cultivado. Las raíces tuberosas peladas se comen directamente. Es recomendada para aliviar la diabetes. // Cultivated subshrub. The tuberous peeled roots are edible. It is recommended to alleviate diabetes.

Smilax sp., Smilacaceae

Alambre de campo

Hierba trepadora. La cocción de la raíz con 200 g de hojas de achiote, ramas de cadillo y caña agria, se toma como diurética. // Climbing herb. Decoction of the root with 200 g achiote leaves, branches of cadillo and caña agria is taken as a diuretic.

Solanum americanum, Solanaceae

Hierba mora, cushay, Kuesh

Hierba. Como febrífugo la infusión de las hojas combinadas con pashguete y hierba santa se usa en forma de baños. Para sanar herpes se colocan las hojas secas y molidas en la zona afectada. El emplasto de las hojas se coloca en la frente, para calmar el dolor de cabeza. // Herb. Infusion of the leaves combined with pashguete and hierba santa is used in baths to lower fever. To heal herpes the dried and ground leaves are placed on the affected area. Plaster of the leaves is placed on the forehead to relieve headaches.

Solanum betaceum, Solanaceae

Pepino, tomate silvestre // tree tomato

Árbol cultivado. Los frutos maduros se consumen al natural, así como pelados y cortados en rodajas sirven para ensaladas y guisos. Como analgésico se colocan 2-3 gotas del zumo del cogollo o de hojas soasadas en el oído adolorido. Rodajas del fruto se coloca en la zona quemada para reducir la inflamación y ardor. // Cultivated tree. Edible fruits used in salads and stews. As an analgesic 2-3 drops of juice from the bud or soaked leaves are used for ear pain.

Slices of fruit is placed on the burned area to reduce swelling from burning.

Solanum esculentum, Solanaceae

Tomate // tomato

Sufrútice cultivado. Los frutos pelados y picados sirven para preparar sopas y guisos como condimenticio, cortados en rodajas para ensaladas. Como febrífugo se toma el zumo de las hojas 1 ó 2 veces al día. Como analgésico se coloca 2-3 gotas del zumo del cogollo o de hojas soasadas en el oído adolorido. Rodajas del fruto se coloca en la zona quemada para reducir la inflamación y ardor. // Cultivated subshrub. Used in soups, stews and salads. The juice of the leaves 1 to 2 times a day is used to lower fever. Used in salads and stews. As an analgesic 2-3 drops of juice from the bud or soaked leaves is used for ear pain. Slices of fruit is placed on the burned area to reduce swelling from burning.

Solanum mammosum, Solanaceae

Torocimuro // nipple fruit

Arbusto semicultivado. Usado como ornamental. // Semi-cultivated shrub. Ornamental.

Solanum quitoense, Solanaceae

Chile, naranjilla // quito orange

Arbusto cultivado. Los frutos maduros se consumen directamente o en refrescos. // Cultivated shrub. Edible fruits.

Solanum sessiliflorum, Solanaceae

Cocona

Arbusto cultivado. Los frutos maduros se consumen directamente o en refrescos. // Cultivated tree. Edible fruits.

Solanum sp. 1, Solanaceae

Caballo runtu, cashacaspi, espina

Árbol. Se usa como cerco vivo. La madera se usa en la construcción de caminos y puentes. Los frutos se usaban para lavar prendas de vestir por contener saponinas. // Tree. Used as hedge. The timber is used for paths and bridges. The fruits are used to wash clothes as they contain saponins.

Solanum sp. 2, Solanaceae

Cujaka

Arbusto. Se coloca el emplasto de las hojas para reducir la inflamación a causa de golpes, fracturas y torceduras. // Shrub. A plaster of the leaves is used to reduce inflammation caused by blowes, fractures and sprains.

Solanum sp. 3, Solanaceae

Tandal

Árbol. Las ramas secas sirven como leña. // Tree. The branches are used as firewood.

Solanum sp. 4, Solanaceae

Pepino silvestre

Arbusto. Los frutos maduros se consumen directamente. // Shrub. Edible fruits.

Solanum tuberosum, Solanaceae

Papa // potato

Hierba cultivada. Los tubérculos son fuente de almidón, se consumen cocidos con cáscara o pelados en sopas y frituras. Los cultivares mas usados son: «huayro», «amarilla», «perricholi», «chaucha». Para aliviar el mal de riñones se toma la cocción de la cáscara del tubérculo como diurético, o se combina con hojas de achiote, granos de cebada y linaza como agua de tiempo. Para aliviar el mal de hígado se toma el zumo de papa rallada, 3 gotas del látex de sangre de grado y medio limón diluídos en un vaso de agua, cada mañana por 9 días. Para calmar el dolor de cabeza, reducir la inflamación por conjuntivitis, golpes y como febrífugo se colocan tajadas de papa con sal en las cienes, en los párpados o la zona afectada a modo de emplasto. Como febrífugo se toma el zumo del raspado de los tubérculos en agua. Para sanar la prostatitis se toma la cocción de la cáscara combinado con hojas de achiote, pelo de choclo, uña de gato y matico, 3 veces al día durante un mes. // Cultivated herb. The tubers are a source of starch, eaten boiled with or without peels used in soups and fryed. The cultivars most commonly used are: huayra «,» yellow «,» perricholi «,» chaucha «. Decoction of the peel is used to alleviate kidney problems as a diuretic, or combined with leaves of achiote, barley and flaxseed as a beberage. To alleviate liver problems the juice of grated potato, 3 drops of sangre de grado and half a lemon in a glass of water is to be taken every morning for 9 days. To relieve headache, reduce inflammation of conjunctivitis, blowes and to lower fever potato slices are placed with salt on the forehead, on the eyelids or the affected area as a plaster. Juice from scraped potatoes and water is used to lower fever. Decoction of the peels combined with achiote leaves, corn tusk, cat's claw and matico is used to cure prostatitis 3 times daily for one month.

Sonchus oleraceus, Asteraceae
   Cerraja, serraja, cashengro // sow thistle
   Hierba. Para sanar la colerina se toma la infusión de las hojas 1-2 veces al día. Para aliviar el mal de hígado y sanar las infecciones, se toma 2 cucharadas del zumo de las hojas. Como febrífugo se toma una copa del zumo de hojas con cachurro y lancetilla. // Herb. Infusion of the leaves to heal the cholerine is used 1-2 times a day. To aliviate liver problems and heal infections 2 spoons of the juice of the leaves are used. A cup of the juice from the leaves with cachurro and lancetilla is used to lower fever.

Sorghum halepense, Poaceae
   Elefante, sorgo // Johnson grass
   Hierba cultivada. Usada como forraje. // Cultivated herb. Used as fodder.

Sorgo *Sorghum halepense*

Soya *Glycine max*

Spatodea campanulata, Bignoniaceae
   Árbol cultivado. Usado como ornamental. // Cultivated tree. Ornamental.

Stachys arvense, Lamiaceae
   Pedorrera // field woundwort
   Arbusto. La infusión de las hojas estrujadas se toma como carminativo. // Shrub. Infusion of the crushed leaves is taken as a carminative.

Suelda con suelda *Phoradendron* sp.

Suro *Chusquea* sp. 1, 2 y 3

Swietenia macrophylla, Meliaceae
   Caoba // mahogany
   Árbol. La madera es principalmente usada para confeccionar muebles y para mangos de herramientas. // Tree. The timber is used for furniture and tool handles.

Syzygium jambos, Myrtaceae
   Pomarrosa // pomme rose
   Árbol cultivado. Los frutos se consumen al natural. // Cultivated tree. Edible fruits.

Tagetes elliptica, Asteraceae
   Honrada
   Hierba cultivada. Las hojas se agregan a sopas y guisos para dar sabor y aroma. // Cultivated herb. The leaves are used in soups and stews for seasoning and aroma.

Tagetes terniflora, Asteraceae
   Huacatay
   Hierba cultivada. Las hojas se agregan a sopas y guisos para dar sabor y aroma, además se muelen con frutos de rocoto para acompañar a las comidas. Medicinalmente se le considera una planta cálida, se toma la infusión para calmar el dolor de estómago. // Cultivated herb. The leaves are used in soups and stews for seasoning and aroma. The fruits are ground with rocoto as for the food.

Tanacetum parthenium, Asteraceae
   Margarita // feverfew
   Hierba cultivada. Se usa como ornamental. // Cultivated herb, Ornamental.

Tandal *Solanum* sp. 3

Taraxacum officinale, Asteraceae
   Diente de león // dandelion
   Hierba. Para curar la gastritis se toma diariamente la cocción de las hojas combinadas con llantén y ortiga de hoja morada durante un mes. // Herb. Decoction of the leaves with llantén and purple-leaved nettle is used to cure gastritis daily for a month.

Tarwi *Lupinus mutabilis*
Tessaria integrifolia, Asteraceae
Pájaro bobo
Arbusto. La cocción de 100 g de ramas en un litro de agua, se toma como agua de tiempo por 15 días consecutivos para aliviar el mal de hígado y de riñones. // Shrub. Decoction of 100 g of the branches in a liter of water is used 15 days to alleviate liver and kidney problems.
Theobroma cacao, Sterculiaceae
Cacao // cocoa
Árbol cultivado. Las semillas tostadas y el mesocarpo de los frutos maduros se consumen como alimenticios. Las semillas son comercializadas. // Cultivatred tree. The roasted seeds and the mesocarp of the ripe fruits are eaten. The seeds are sold.
Thuja occidentalis, Cupressaceae
Tuja // arborvitae
Arbusto cultivado. Usado como ornamental. // Cultivated tree. Ornamental.
Tibouchina sp. Melastomataceae
Arbusto. Usado como ornamental. // Shrub. Ornamental.
Timbillo *Inga* sp. 3
Tiniarkiro (ver Rubiaceae)
Toche *Myrsine* sp. 3
Tomate *Solanum esculentum*
Tomate bolsa *Physalis peruviana*
Tomate silvestre *Solanum betaceum*
Tomatillo *Jaltomata sinuosa*
Tomatillo silvestre *Physalis* sp. 1
Tornillo *Cedrelinga cateniformis*
Torocimuro *Solanum mammosum*
Toronjil *Melissa officinalis*
Toropate *Trema micrantha*
Torurco *Axonopus compressus*
Toxicodendron striatum, Anacardiaceae
Itil, baldiko, matico de tres hojas
Árbol. La madera se usa en construcción de viviendas y mangos de herramientas. Se usa como cerco vivo. El látex es tóxico en los humanos. // Tree. The timber is used for house construction and tool handles. Used as hedge. The latex is toxic for humans.
Trébol *Trifolium sp.*
Trébol blanco *Trifolium repens*
Trébol rojo *Trifolium amabile*
Trema micrantha, Ulmaceae
Atadijo, toropate
Árbol. La madera se usa en la construcción de viviendas, las ramas para hacer brooms y las fibras de la corteza para confeccionar sogas y cordeles. // Tree. The timber is used for house construction, brooms and the fibres of the bark to make ropes and strings.
Trichilia sp., Meliaceae
Mashacedro
Árbol. La madera sirve para confección de muebles y mangos de herramientas. // Tree. The timber is used for furniture and tool handles.
Trifolium amabile, Fabaceae
Trébol rojo // red clover
Hierba cultivada. Usada como forraje. // Cultivated herb. Used as fodder.
Trifolium repens, Fabaceae
Trébol blanco // white clover
Hierba cultivada. Usada como forraje. // Cultivated herb. Used as fodder.
Trifolium sp., Fabaceae
Trébol
Hierba cultivada. Usada como forraje. // Cultivated herb. Used as fodder.

Tripsacum andersonii, Poaceae
Guatemal
Hierba cultivada. Usada como forraje. // Cultivated herb. Used as fodder.
Tripsacum sp., Poaceae
Maicillo
Hierba cultivada. Usada como forraje. // Cultivated herb. Used as fodder.
Tropaeolum tuberosum, Tropaeolaceae
Mashua
Hierba cultivada. Los tubérculos se sancochan y se comen directamente.
Tuja *Thuja occidentalis*
Tumbo *Passiflora quadrangularis*
Ullucus tuberosus, Bassellaceae
Olluco
Hierba cultivada. Los tubérculos se cortan en tajadas, se lavan con agua y sal para quitar el sabor amargo (mucílago) y se usan para preparar sopas y guisos. // Cultivated herb. The tubers are cut into slices, washed with water and salt to remove the bitter taste (mucilage) and are used in soups and stews.
Uncaria guianensis, Rubiaceae
Uña de gato // cat´s claw
Liana. Para aliviar el mal de útero, se toma una taza del cocimiento de la corteza con 100 g hojas de matico en 2 litros de agua, por las mañanas y tardes durante 8 días. Para aliviar el mal de prostatitis, mal de riñones y mal de hígado, se toma 2 tazas de la infusión o cocción del tallo. La cocción de la corteza con chancapiedra, o la combinación con ramas de cola de caballo, grama dulce, linaza, cebada y pelos de choclo, se toma para aliviar el mal de riñones. Para aliviar prostatitis se toma la cocción de la corteza con hojas de achiote, pelo de choclo, cáscara de papa y matico 3 veces al día durante un mes. Es contraindicada en mujeres gestantes, causa daño en manos y pies del feto. // Vine. To alleviate uturus problems a cup of decoction of bark with 100 g matico leaves in 2 liters of water is used mornings and afternoons for 8 days. To alleviate prostatitis, kidney and liver problems 2 cups of infusion or decoction of the stem. Decoction of the bark with chancapiedra, or combination with branches of horsetail, sweet grass, flax, barley and corn tusk is taken to alleviate kidney problems. Decoction of bark with leaves of achiote, corn tusk, potato peels and matico is used 3 times daily for a month o relieve prostatitis. It is bad for pregnant women as the plant causes damage for the fetus´ hands and feet.
Uña de gato *Uncaria guianensis*
Uñigán *Rumex* sp. 1
Urcomoena *Aniba* sp.
Urera caracasana, Urticaceae
Ishanga
Sufrútice. Usado como cerco vivo. Como analgésico en caso de reumatismo, se frota con las hojas la parte afectada. // Subshrub. Used as hedge. The leaves are rubbed on the the affected place as an analgesic in case of rheumatism.
Urera sp., Urticaceae
Ishanga hoja de yuca
Árbol pequeño. La madera se usa para confeccionar mangos de herramientas. Las hojas se usan como forraje. Usado como cerco vivo. // Tree. The timber is used for tool handles and hedges. The leaves are used as fodder.
Urtica peruviana, Urticaceae
Ortiga //nettle
Hierba. Para sanar gastritis se toma la cocción de las hojas con llantén y diente de león todos los días durante un mes. Para aliviar el reumatismo, la cocción de las hojas se usa en forma de baños. Las hojas se soban en la parte afectada para calmar el dolor de calambre. // Herb. Decoction of the leaves with llantén leaves and diente de león is used to cure gastritis to be taken daily for a month. Decoction of the leaves in baths is used to relieve rheumatism. The leaves are rubbed on the affected place to soothe the pain of cramp.

Uva *Vitis vinifera*
Uvilla *Cecropia* sp.
Uvilla *Pourouma* sp.
Uvilla grande *Dendropanax* sp.
Uvilla pequeña *Coussapoa* sp.
Valeriana selva *Valeriana* sp.
Valeriana sp., Valerianaceae
    Valeriana selva
    Hierba. El macerado de la raíz y base del tallo combinado con miel de abeja, se usa para calmar el dolor de cabeza y quitar el sueño. // Herb. The macerated root and stem base combined with honey, is used to relieve headache and sleeping problems.
Vasconcellea sp., Caricaceae
    Papaya silvestre
    Árbol. Los frutos maduros se consumen al natural. // Tree. Edible fruits.
Verbena *Verbena litoralis*
Verbena litoralis, Verbenaceae
    Verbena // seashore vervain
    Hierba. Las ramas se usan en la elaboración de brooms artesanales. Como febrífugo, aliviar el mal de hígado y colerina, se toma una copa del zumo de las hojas puro o diluído con agua (media taza). Como antidiarreico se toma la infusión de las hojas con alguna hierba amarga. Para aliviar el mal de hígado se mastican las hojas con cola de caballo, chulco, berro y achicoria. // Herb. The branches are used for brooms. To alleviate liver and anger problems a cup of the juice from the leaves pure or diluted with water (half cup) is used to lower fever. Infusion of the leaves with a bitter herb is used as antidiarrheal. Chewed leaves with horsetail, chulco, watercress and chicory are used to alleviate liver problems.
Vernonia patens, Asteraceae
    Palo de agua, pangakero, okuera
    Árbol. La madera se usa en construcción de viviendas. Se usa como cerco vivo. Media taza del zumo de ramas tiernas, se toma como antihelmíntico y para aliviar la colerina. Para calmar el dolor de oído se colocan 3 gotas del zumo de las hojas. Para reducir la inflamación a causa de golpes, se aplica el emplasto de las hojas. // Tree. The timber is used for house constructions and for hedges. Half a cup of juice from tender branches is taken as an anthelmintic and to alliviate anger. To relieve ear pain are placed 3 drops of juice from the leaves. Plaster of the leaves is used to reduce inflammation caused by blows.
Vicia faba, Fabaceae
    Haba // broad bean
    Hierba cultivada. Las semillas sirven para preparar sopas y guisos. Para desinflamar la conjuntivitis se colocan tres gotas del zumo de las hojas en el ojo. // Cultivated herb. The seeds are used in sups and stews. To reduce inflammation of conjunctivitis three drops of juice from the leaves are placed in the eye.
Vitis vinifera, Vitaceae
    Uva // grape
    Arbusto trepador cultivado. Los frutos maduros se consumen al natural. // Cultivated climbing tree. Edible fruits.
Virola sp., Myristicaceae
    Cumala
    Árbol. La madera es usada para construcción. Usado como cerco vivo. // Tree. The timber is used in constructions and as hedge.
Vochysia lomatophyla, Vochysiaceae
    Quillusisa
    Árbol. La madera sirve para construcción de viviendas y mangos de herramientas. // Tree. The timber is used for house construction and tool handles.
Weinmannia balbisiana, Cunnoniaceae
    Sayó
    Árbol. La madera sirve para construcción de viviendas (orcones, vigas), mangos de

herramientas y leña. Se usa para el curtido de cueros por la presencia de taninos en los tallos. // Tree. The timber is used for house construction (balconies, beams), tool handles and firewood. It is used for tanning hides due to the tannin in the stems.

Wettinia sp., Arecaceae
Pona
Palmera arborescente. Los tallos se usan en construcción de viviendas (techos, enchapado de paredes), puentes y caminos. // Palm. The stems are used for house constuction (roofs, walls), bridges and paths.

Yacón *Smallanthus sonchifolius*
Yacónsacha *Sigesbeckia* sp.
Yausa *Heliocarpus americanus*
Yausaquiro *Heliocarpus americanus*
Yuca *Manihot esculenta*
Yucca sp., Agavaceae
Árbol pequeño cultivado. Usado como ornamental. // Cultivated tree. Ornamental.

Yuquilla *Euphorbia cotinifolia*
Zanahoria *Daucus carota*
Zantedeschia aethiopica, Araceae
Cartucho // calla lily
Hierba cultivada. Usada como ornamental.

Zapallo *Cucurbita maxima*
Zarzamora *Rubus robustus*
Zea mays, Poaceae
Maíz // corn
Hierba cultivada. Toda la planta es utilizada. Las mazorcas (choclos) cortadas en rodajas sirven para preparar sopas y guisos; los granos, pelados y molidos para hacer tamales, secos y tostados para cancha. Las variedades más cultivadas son: blanco, morocho y amarillo (los granos sirven de alimento para pollos). Los tallos y hojas son usados como forraje. Para aliviar el mal de útero se toma la cocción de 200 g de los pelos de chochlo en 3 litros de agua por un día, combinados con ramas de cadillo, cola de caballo, caña de azúcar, chancapiedra, granos de cebada y linaza, como agua de tiempo. Como febrífugo y antiséptico en caso de varicela se usa en forma de baños el macerado de los granos combinados con arverja blanca. Para aliviar el mal de riñones se toma la cocción de 50 g de pelos de choclo en un litro de agua; también se toma combinados con ramas de cola de caballo, uña de gato, grama dulce, chancapiedra, linaza y cebada, o con matico y cola de caballo en un litro de agua todas las mañanas. Para sanar prostatitis se toma la cocción de pelos de choclo con hojas de achiote, cáscara de papa, uña de gato y matico 3 veces al día durante un mes. // Cultivated herb. The whole plant is used. The cobs (choclos) served sliced are used in soups and stews, the grains peeled and ground it is used to make *tamales*, dried and roasted to make *canchas*. The cultivated varieties are white, dark-haired and yellow (the grains are fed to chickens). The stems and leaves are used as fodder. Decoction of 200 g chochlo tusk in 3 liters of water combined with cadillo branches, horsetail, sugar cane, chancapiedra, barley and flaxseed is used to alliviate uturus problems as a beberage. As an antiséptico and in case of chickenpox the macerated grains with white peas are used in baths to lower fever. Decoction of 50 g corn tusk in a liter of water and combined with branches of horsetail, cat's claw, sweet grass, chancapiedra, flaxseed and barley, or matico and horsetail in a liter of water every morning is used to alliviate kidney problems. Decoction of corn tusk with achiote leaves, potato peels, cat's claw and matico is used to cure prostatitis 3 times a day for one month.

Zingiber officinale, Zingiberaceae
Ajo chino, kión // common ginger
Hierba cultivada. Los rizomas sirven para preparar sopas y guisos. Una copa del macerado del rizoma en aguardiente, se toma antes de dormir como tónico. // Cultivated herb. The rhizomes are used in soups and stews. A cup of macerated rhizome is taken as a tonic before bed time.

Este libro se imprimió
en los Talleres de:

GRAFICART
Editorial, Producción Gráfica & Publicidad

el 25 de noviembre del 2009

San Martín 375 ☎ *044 - 297481*
✉ *graficart_trujillo@yahoo.com*
TRUJILLO - PERÚ